The Oxford Handbook of

THE HISTORY OF EDUCATION

牛津世界教育史手册

The Oxford Handbook of
THE HISTORY OF EDUCATION

牛津世界教育史手册

约翰·L. 鲁里
艾琳·H. 田村 主编

何振海 孙 益 主译
张斌贤 张 弛 审校

河北大学出版社
·保定·

图书在版编目（CIP）数据

牛津世界教育史手册 /（美）约翰 · L. 鲁里(John L. Rury)，（美）艾琳 · H. 田村(Eileen H. Tamura)主编；何振海，孙益主译. -- 保定：河北大学出版社，2023.12

ISBN 978-7-5666-2112-2

Ⅰ. ①牛… Ⅱ. ①约… ②艾… ③何… ④孙… Ⅲ. ①教育史-世界-手册 Ⅳ. ① G519-62

中国国家版本馆 CIP 数据核字(2023)第 023396 号

冀图登字：03-2023-042

NIUJIN SHIJIE JIAOYUSHI SHOUCE

出 版 人：朱文富
责任编辑：翟永兴
装帧设计：赵 谦
责任校对：刘景坤
责任印制：常 凯
出版发行：河北大学出版社
地址：河北省保定市七一东路2666号 邮编：071000
电话：0312-5073003 0312-5073029
网址：www.hbdxcbs.com
邮箱：hbdxcbs818@163.com
印 刷：保定市正大印刷有限公司
幅面尺寸：170 mm × 240 mm
字 数：848 千字
印 张：65.5
版 次：2023年12月第1版
印 次：2023年12月第1次印刷
书 号：ISBN 978-7-5666-2112-2
定 价：398.00 元

中文版序

作为《牛津世界教育史手册》一书的编者，我们很高兴向读者诸君介绍该书的中文版。感谢何振海教授与他的同事们承担了该书的翻译工作，我们希望该书对中国读者既有趣又有用。

教育已成为现代社会的一项基本功能，有着非常悠久的历史。在中国这样一个有着上千年教育史的国家尤其如此，当然其他地区亦然。本书旨在为全球教育史提供一种指南，它不仅包括发生在诸如学校等正规教育机构，还包括在其他任何场所中的教和学的活动。

作为编者，我们认为，对教育史有一种全球性的认识，超越传统以国家和地区为中心的研究，这一点对所有对该领域感兴趣的人而言是至关重要的。在考虑本手册涵盖范围之时，我们了解到学者们围绕教育史的不同方面以及世界不同地区的教育史正在开展的重要研究。基于这种认识，我们遂着手将这些知识汇集到本书之中。

我们首先明确了本书中需要介绍的几大主题，随后联系相关学者探讨这些主题。这原本是一项艰巨的任务，但当我们收到建议，将本书（文献）范围主要限制在以英语出版的学术成果时，这项工作就变得甚是可行。在手册中，虽然我们的撰稿人吸收借鉴了广泛的文献史料，也包括其他语言的文献，但基本上是以英语文献为主，许多以其他语言出版的成果并未包括在内。各章对这些资料的使用情况各不相同，但我们希望所有章节都能为读者们提供有价值的信息。

如目录所示，本书共 36 章，分为 6 个部分，按照呈现顺序，分别涉及（教育）史学问题、前现代社会的教育（包括中国和日本）、世界各大洲国民教育制度的发展、大学史（包括亚洲的大学）、教育中的不平等和歧视，以及教育史上的改革和变迁。我们给予了各章作者相当大的自由度，来处理他们所负责的主题，同时我们作为手册编者，与牛津大学出版社（纽约）资深历史编辑南希·托夫（Nancy Toff）一起提供咨询指导。由此使得各章的篇幅和大体结构相当统一，每章末尾都包含了推荐书目，同时在写作风格、主题定位和解释框架上保持了多样性。

鉴于该手册的全球范围和历史视角的深度，我们希望它能对有兴趣了解教与学如何发生、教育制度如何发展以及人类面临的许多教育问题的读者有所启发。正如我们的撰稿人所指出的，民族国家的发展需要公民的忠诚，需要服务于经济和社会发展的智力资源，因而教育随之变得愈加重要。不过，在不同的社会和政治背景下，教育也有很大的不同。随着工业的兴起和技术的发展，就创造经济增长和科学进步所需的人力资本、技能和知识来说，教育成为其关键所在。因为国家及地区在全球市场上开展了新产品和新服务的竞争，所以源自正规教育的人力资本成了一种非常宝贵的资源。这些发展使得教育史对于理解塑造当今世界的广泛趋势和具体事件有着重要的意义。

当代社会，教育还是社会地位的一种指标，因为它与收入、财富和其他方面的地位变化联系在一起了。在历史上，学校教育主要通过限定某些群体进入高级别学校机构的方式，强化了这种差异。与此同时，对于在历史上被排除在上层社会及与之相关的社会和经济利益之外的群体而言，学校教育也是推动其获得平等地位的一种手段。该手册的第五部分涉及这个问题的许多方面，其中有几章是关于妇女、种族和少数民族群体、移民和其他遭受边缘化的人的教育，以及教育使他们受益的方式。全书的其他章节也涉及这些问题。在过去的五十年里，教育不平等问题已经成为西方教育史学术研究的一个主要焦点，该手册清楚地反映了这一点。

最后，该手册对有关教育的历史写作提供了有益的介绍，尤其是现代西方学者在该领域的研究分类和分析方法。关于如何更好地解释教育史的辩论激发了人们对各种主题的兴趣，特别是不平等、歧视和社会正义问题。这些问题在很大程度上是由 20 世纪 60 年代的社会运动引起的，尤其是关于妇女和其他边缘化群体平等权利的运动以及反殖民斗争。与此同时，历史学家可以获得新形式的证据，包括信件和日记、口述历史记录和定量数据。这些发展有助于将教育作为社会史的一个组成部分，使其在西方史学研究和写作中成为更具广泛吸引力的话题。教育史还受到了社会学、政治学、人类学和经济学等相关领域的影响，本手册也对此进行了阐述。

总体而言，本手册对整个教育史研究领域进行了概要式评述，其至少在西方英语国家（包括欧洲和许多前殖民地）得到了传播推广。我们希望它能对中国读者有所助益，并为中国和世界其他地方教育史研究的发展做出贡献。或许有朝一日，它将有助于对这个迷人的历史现象进行真正的全球研究。

约翰·L. 鲁里　艾琳·H. 田村

2021 年 12 月 30 日

手册的力量（代序）

由堪萨斯大学教授约翰·L. 鲁里（John L. Rury）和夏威夷大学马诺阿分校教育史荣休教授艾琳·H. 田村（Eileen H. Tamura）联袂主编的《牛津世界教育史手册》，汇集了来自美国、澳大利亚、英国、德国、葡萄牙、加拿大、南非、奥地利等多国的教育史学者，其中不乏在国际教育史学界素负盛名的学者，如曾任美国教育史学会主席和国际教育史常设会议主席的凯特·鲁斯曼尼尔（Kate Rousmaniere）、曾任美国教育史学会主席的威斯康星大学麦迪逊分校教授威廉·J. 里斯（William J. Reese）、伦敦大学学院教育学院首任布莱恩·西蒙教育史教授加里·麦卡洛克（Gary McCulloch，国际教育历史研究中心创始主任，曾任英国教育研究协会和教育史学会主席）、柏林洪堡大学教育史教授马塞罗·卡鲁索（Marcelo Caruso，《教育杂志》主编）等。

本书分 6 个部分、36 章，分别从教育史学的理论和方法、古代教育史、国民教育制度的演变、现代高等教育的兴起、教育中的不平等和歧视现象以及教育机构和教育改革实践等方面，系统、全面地梳理了世界范围内教育历史的演变线索，多层次、多视角分析了不同时期世界教育演变的不同侧面。在这个过程中，由于各章作者均为相关专题研究领域造诣颇深的专家，他们在清晰梳理历史线索的同时，也非常简要地呈现了各个专题的研究状况。因此，通过对本书的系统阅读，读者不仅能把握教育的历史演变过程，同时还能基本了解不同专题学界研究的进展。各章所附的数量不等的推荐书目为进一步拓展这种了解提供了导引。本书之所以称为“手册”，其原因即在于此。

近些年来，由于学术兴趣，我先后接触了部分相关学科的手册，例如，格林斯坦和波尔斯比的《政治学手册精选》（上、下册，商务印书馆 1996 年）、帕特丽夏·尤伊克和奥斯汀·萨拉特的《法社会学手册》（法律出版社 2019 年）、梅尔瑟和斯威德伯格的《经济社会学手册》（第二版，华夏出版社 2009 年）、德兰迪和伊辛的《历史社会学手册》（中国人民大学出版社 2009 年）和彼得·克拉克的《牛津世界城市史研究》（上海三联书店 2019 年）等。时间一长，有几个问题不自觉地出现在我的脑海中：为什么国外会出现这么多的学科手册？谁将是这些手册的受益者？为什么一些知名学者会致力于从事手册编写这类似乎并不“高大上”的工作？

通过浏览部分学科手册，我对它的作用有了一些粗浅的认识。对一位初次到访一个风景宜人的景区的游客而言，如果他希望充分领略景区的美景，那么，一份地图或一本游客指南无疑将为他提供极大的便利。而对于初次涉足一个学科领域的青年学子或打算选择本领域的前沿课题开展研究的年轻学者来说，学科手册无疑发挥了地图、游客指南的作用。它不仅提供了某个知识领域的概貌，而且对其中的关键环节（如同景区的重要景点）进行了深度呈现和“讲解”。因此，学科手册发挥着教科书难以发挥的重要作用。这对学生的深度学习更有益处。我想这可能是大量学科手册不断面世、不断修订的重要原因。正因如此，学科手册的主要受益者是相关专业的学生或年轻学者。

在浏览相关学科手册过程中，我还注意到一种现象，即诸多学科手册的主编和部分作者往往都是该学科领域具有重要影响的学者。他们为什么会去从事这类并不表现学术创造力的工作？这其中的原因可能非常复杂。学者的知名度肯定是促使出版商邀约他们担纲的重要原因。但在另一方面，或许也只有在相关学科领域浸润已久、对学科发展整体趋势具有足够了解的学者才可能把握学科知识体系的关键，并能简明扼要地梳理学术进展。这也正是学科手册能够发挥指南作用的关键所在。

客观地说，在很长时间内，国内教育学界对于人才培养工作重视不足，在为学生提供必要的学术服务方面（包括编写这类手册）做得不够，因此少有相关的成果面世。可喜的是，近年来这种情况有一些改观。北京大学出版社组织编写出版的“大学学科地图丛书”教育学与心理学系列包含了多个教育学分支学科的学科地图，填补了多年来的空白。希望在此基础上，教育学界同人能更加自觉地开展相关工作，为我们的学生提供更为丰富的学术资源，以不断提高人才培养质量，为教育研究事业输送大批优秀的生力军。

本书是继翻译欧洲大学校长常设会议组织编写的《欧洲大学史》（4卷）之后，北京师范大学外国教育史团队与河北大学外国教育史团队又一次友好合作的成果。借此机会，我要感谢所有参与编译和校对的学者，尤其是对何振海教授在整个工作过程中所表现的大局意识、责任感和专业精神表示由衷的赞赏。从年轻一代学者身上，我看到了外国教育史学科未来发展的希望。与此同时，我谨代表所有译者和审校者对河北大学出版社、对朱文富社长的大力支持表示衷心感谢。

張斌賢

2022年3月25日

目　录

致　谢

这本著作历时久矣。对本书而言，学术是一项集体的事业，这句熟悉的格言确属无疑。如果没有各章作者们的信守、创造与合作，编写这样一部范围宏大、品质上乘的牛津手册就几无可能。来自世界各地、观点包罗万象的作者们一起工作，这是一种挑战，但同样极有价值。对此，我们确实心存感激。

我们还要向与我们一同工作的牛津大学出版社的编辑们致以谢忱。首先是索尼娅·蒂克（Sonia Tycko），是她正式委托我们编写此书。在索妮娅为继续她的历史学者生涯而离开后，我们开始与资深历史编辑南希·托夫及其团队合作。南希毫不吝啬地为本书的结构提供了支持和指导，向作者反馈各章的改进建议，并用她的鼓励、幽默以及热切而明确的目标让我们接续前行。伊丽莎白·瓦兹里（Elizabeth Vaziri）协助挑选封面，朱迪斯·胡佛（Judith Hoover）通过专业的文字编辑让很多粗糙的细节更为通顺，汉娜·贝利（Hannah Bailey）精心编制了本书的索引。

最后还要感谢的是我们的朋友、家人，特别是我们各自的伴侣，他们从不过问这项工作还要持续多久，而是毫不动摇地支持这个项目。他们的耐心、理解和宽容，让本书漫长的写作过程变得易于忍受且更有价值。

撰稿人

詹姆斯·C. 阿尔比塞蒂（James C. Albisetti）肯塔基大学历史学教授，著有 2 部著作、40 篇论文（或著作章节），撰有 110 余篇书评。1994—1999 年任职于国际教育史常设会议执行委员会，2002—2003 年任美国教育史学会主席。

露西·E. 贝利（Lucy E. Bailey）俄克拉荷马州立大学教育的社会基础及质性研究副教授、性别与女性研究负责人、《期待——通信：一位女性写给一名联军士兵的信》一书的联合主编，现任《校园生活：教育传记杂志》编辑。

南希·比迪（Nancy Beadie）华盛顿大学教育学院教授、美国《教育史季刊》资深编辑，著有《共和国早期美国的教育与资本创造》（2010），该书曾获教育史学会杰出著作奖；有多篇学术论文发表在《教育研究评论》《教育史季刊》《儿童史》《社会科学史》《美国教育杂志》及《教师学院记录》等刊物上，曾两次获得教育史学会颁发的最佳论文奖。

芭芭拉·贝蒂（Barbara Beatty）卫斯理学院教育学荣休教授，著有《美国的学前教育：从殖民地时期至今的幼儿文化》等书。其成果对有关幼儿游戏和识字教学的争议性观点进行了考察。

克雷格·坎贝尔（Craig Campbell）悉尼大学教育史名誉副教授，主要著作（含合著、主编）有《澳大利亚学校教育史》（2014）、《综合公立高中》（2013）、《教育、变革与社会》（2013）、《安利高中》（2010）、

《学校选择》（2009）、《去大洋洲上学》（2007）等。

文森特·卡尔庞捷（Vincent Carpentier）伦敦大学学院教育学院教育史讲师、全球高等教育中心联合研究员，出版的著作有《19世纪和20世纪英国的教育体系与经济表现》（2001）、《全球不平等与高等教育：我们服务谁的利益?》（2010，合编），在各学术杂志发表论文多篇。

马塞罗·卡鲁索（Marcelo Caruso）柏林洪堡大学教育史教授、《教育杂志》主编，曾围绕国际教育史、教育比较史等主题在《儿童史》《教育史》《欧洲教育研究杂志》及相关著作中发表多篇论文。

路易斯·格罗索·科雷亚（Luís Grosso Coreia）波尔图大学人文学院助理教授，主讲教育史、比较教育学、历史教学论、公共政策等研究生课程，兼任由波尔图大学心理与教育科学学院主办的教育研究与干预中心研究员。

安斯利·T. 埃里克森（Ansley T. Erickson）哥伦比亚大学师范学院教育史副教授，著有《打造不平等的城市：学校去种族隔离及其限制》（2016）。

G. 安东尼奥·埃斯皮诺萨（G. Antonio Espinoza）弗吉尼亚联邦大学拉丁美洲史副教授，著有《近代秘鲁的教育与国家：1821年到1921年左右利马的基础学校教育》（2013），围绕秘鲁及拉丁美洲学术史、教育史撰写过多篇论文及著作章节。2018年获得全美种族研究协会颁发的罗伯特·L. 佩里（Robert L. Perry）指导奖。

詹姆斯·W. 弗雷泽（James W. Fraser）纽约大学历史与教育学教授，编著有12部著作，包括《教会与国家之间：多元文化美国里的宗教和公立教育》（2016年第2版）。

戴维·A. 盖姆森（David A. Gamson）宾夕法尼亚州立大学教育学副教授，著有《城市化的重要性：1890—1940年间的进步学区设计》（即将出版）、《美国学区景象的变迁：种族、性别、地理及地方控制的持续改革（1935—2015）》（2018，合编），在《教育研究者》《教育研究评论》《儿童史》《2007年全国教育研究学会年鉴》及《罗素塞奇基金会社会科学杂志》等刊物发表论文多篇。

艾萨克·戈特斯曼（Isaac Gottesman）圣若瑟大学教育系主任、副教授，著有《教育的关键转折：从马克思主义批判到后结构主义女性主义再到种族批判理论》（2016）。

凯伦·格雷夫斯（Karen Graves）丹尼森大学教育学教授，著有《他们曾是优秀教师：佛罗里达州对同性恋教师的清除》（2009）、《进步时代女孩的学校教育：从女性学者到居家市民》（2016）。

安德鲁·格鲁茨克（Andrew Grunzke）莫瑟尔大学教育学副教授，著有《恐怖影片里的教育机构：疯狂教授、学生团体和期末考试的历史》（2015），多部文集曾刊载其文章，如《借助大众文化开展教育：你不酷，恰是因为你用漫画教学》（2017）、《大众媒体中的美国教育：从黑板到银幕》（2015）、《美国儿童的塑造者》（2018）。

菲洛·哈奇森（Philo Hutcheson）阿拉巴马大学教育领导、政策与技术研究系教授，著有《专业的教授职位：工会化、官僚化与美国大学教授协会》（2000）和《美国高等教育：一部人民史》（即将出版）。

马克·乔亚尔（Mark Joyal）曼尼托巴大学古典学教授，曾合编《希腊和罗马的教育：文献汇编》（2008），著有《柏拉图戏剧：引介、评论与批判》（2000），另围绕希腊和罗马教育、希腊文学、苏格拉底和柏拉图、希腊手稿传统、古典学术史等撰有多篇论文及著作章节。

彼得·卡拉威（Peter Kallaway）南非西开普大学教育学荣休教授、开普城大学研究员，著有《种族隔离后的教育》（1997）、《种族隔离时期教育史：1948—1994》（2002，主编）、《非洲的帝国和教育：比较视角的形成》（2016，合编）。

朱迪斯·卡夫卡（Judith Kafka）纽约城市大学系统巴鲁克学院马尔克斯公共与国际事务学院副教授，著有《美国公立学校教育“零容忍政策”史》（2011），在《教师学院记录》《美国教育杂志》《教育史季刊》及美国教育研究协会出版的《教学研究手册》等刊物发表论文多篇。

阿德丽亚·劳伦斯（Adrea Lawrence）蒙大拿大学菲利斯·J. 华盛顿教育与人文科学学院临时院长，著有《来自一所印第安日校的教训：1902—1907年新墨西哥北部的殖民地谈判》（2011），围绕研究方法论、教育政策、教育史撰有多篇论文及著作章节。她还是教育史类电子杂志《教育史》的联合创办者。

安娜·伊莎贝尔·马德拉（Ana Isabel Madeira）里斯本大学教育学院助理教授，主要研究教育史、殖民教育史、发展教育学、国际与比较教育。曾参与教育史和比较教育领域多项国际项目及论著的研究与写作。

查尔斯·E. 麦克莱兰（Charles E. McClelland）新墨西哥大学历史学名誉教授，德克萨斯大学加尔维斯顿医学部医学人文研究所兼职教师。近期成果有《柏林大学史》（2014）、《研究型大学之母：作为世界领袖的柏林大学（1860—1918）》（2016）。

加里·麦卡洛克（Gary McCulloch）伦敦大学学院教育学院首任布莱恩·西蒙教育史教授、国际教育历史研究中心创始主任，曾任英国教育研究协会、教育史学会主席，其成果涉及教育研究史、教育史学、中等教育发展及其他众多主题。

黛安娜·L. 穆尔（Diane L. Moore）哈佛大学神学院宗教、冲突与和平课程讲师，宗教素养项目创始负责人，世界宗教研究中心高级学者，著有《克服宗教弊病：中等教育宗教学习的文化研究方法》（2007）。

海蒂·莫里森（Heidi Morrison）威斯康星大学拉科罗斯分校历史学副教授，著有《埃及的儿童与殖民现代性》（2015），主编《全球儿童史读本》（2012）。

小理查德·K. 纽伊曼（Richard K. Neumann Jr.）霍夫斯特拉大学

法学院教授，曾出版5部法学教材（含合著），其成果发表于《耶鲁法律和人文学科杂志》《乔治敦法律伦理杂志》《黑斯廷斯宪法季刊》《临床式法律教学评论》等刊物。

朴允景（Yoon K. Pak，音）伊利诺伊大学厄巴纳—香槟分校教育政策、组织与领导学系临时主管、副教授，致力于跨文化教育史、高等教育中的美籍亚裔以及多元化和平等方面的研究和教学。

保罗·J. 拉姆齐（Paul J. Ramsey）东密歇根大学教育社会基础副教授，曾就读于印第安纳大学教育史专业并先后获硕士、博士学位，著有《美国的公立双语学校：美国"多语寄宿屋"的历史》（2010）。

威廉·J. 里斯（William J. Reese）威斯康星大学麦迪逊分校教育政策研究与历史教授，著有《公立学校中的考试大战：被遗忘的历史》（2013）等多部著作。

威廉·理查德森（William Richardson）牛津大学近代史哲学博士，埃克塞特大学教育学名誉教授。

凯特·鲁斯曼尼尔（Kate Rousmaniere）迈阿密大学教育领导学系教育史教授，曾任美国教育史学会主席、国际教育史常设会议主席。

约翰·L. 鲁里（John L. Rury）堪萨斯大学教授，从事教育学、历史学、非洲和美国黑人研究，其成果聚焦于美国的教育不平等及相关政策问题。

布伦达·N. 桑亚（Brenda N. Sanya）科尔盖特大学客座副教授，成果发表于《非洲女权主义》《性别与教育》《左翼历史》《跨国社会评论》《教育政策前景》等刊物，及《动员的身份：新自由主义时代的中介主体与文化危机》（2014）、《肯尼亚50年：教育、性别与政策的重新调整》（2016）等文集中。合作编辑《课程调查》专刊《教育实践与（非）公民塑造》（即将出版）。

谢康伦（Conrad Schirokauer）哥伦比亚大学资深学者，《中国与日本文明简史》（2013年第4版）第一作者，《燮理天下：走近中国宋代的国家与社会》（1993）联合主编、撰稿人，宫崎市定《科举：中国的考试地狱》一书英文版（1976）译者。

克里斯托弗·M. 斯潘（Christopher M. Span）伊利诺伊大学教育学院副教授、学术副院长，著有《从棉花田到校舍：密西西比州的黑人教育（1862—1875）》（2009），联合主编《把过去作为开幕：当代视角下的美国黑人教育史》（2015）。

马克辛·斯蒂芬森（Maxine Stephenson）奥克兰大学教育史与教育社会学高级讲师（退休），著有《学校故事：学习障碍（儿童）与行政改革后的国家教育》（2014）、《这里的科目：教育中的联系与对立》（2008）、《一项文明的使命？》（2001）。

艾琳·H. 田村（Eileen H. Tamura）夏威夷大学马诺阿分校教育史荣休教授、美国教育史学会前主席，著有《捍卫正义：约瑟夫·栗原与美国日裔争取公平的斗争》（2013），编著《美国教育史上的歧视：边缘性、代理机构和权力》（2008）。

塞万·特齐安（Sevan Terzian）佛罗里达大学教育社会基础教授。著有《科学教育与公民：面向美国青年的博览会、俱乐部和英才找寻（1918—1958）》（2013），合编《大众媒体中的美国教育：从黑板到银幕》（2015）。

丹尼尔·特罗勒（Daniel Tröhler）维也纳大学教育学教授，曾出版 5 部著作，撰有 200 余篇论文和著作章节，很多成果被译为多种语言，所著《教育的语言：新教遗产、国家认同与全球志向》（2011）一书于 2012 年获得美国教育研究协会（B 部门）颁发的杰出著作奖。

樊德雯（Elizabeth VanderVen）独立学者，著有《每村一校：中国东北某县的教育改革（1904—1931）》（2013），在《近代中国》《二十世纪中国》等刊物发表论文多篇。

戴维·文森特（David Vincent）开放大学历史学荣休教授，基尔大学历史学名誉教授，剑桥大学艺术、人文与社会科学研究中心客座研究员（2015—2017），著有《大众扫盲的兴起：近代欧洲的读与写》（2000）、《希望我没有打扰：19 世纪英国的隐私及其窘境》（2015）、《隐私简史》（2016）。

安东尼·韦尔奇（Anthony Welch）悉尼大学教育与社会工作学院教育学教授，有数十年在亚洲和澳大利亚的教育经验，富布莱特学者、德国学术交流中心（DAAD）学者，拥有丰富的国际出版与顾问经历，著有《教育、变革与社会》（2017）、《东南亚高等教育》（2011）。

斯潘塞·E. 扬（Spencer E. Young）著有《巴黎大学早期的学术团体：神学家、教育与社会（1215—1248）》（2014），编著《跨国中世纪大学的边界》（2010）。

导论：一个多元且繁荣的领域

约翰·L.鲁里　艾琳·H.田村

教育史是一个古老而广阔的学术领域，其范围是全球性的，涉及 1
社会史、知识史和政治史等诸多学术范畴。至少早在19世纪上半叶，教育作为一个独立的制度领域，关于其系统性的历史描述就已经出现，与之相伴的是隶属国家的学校教育的兴起，更笼统地说，前者出现得甚至更早。此后的一个世纪（或更久时间）里，教育史主要关注的是该时期的重大教育进展——国民教育制度的出现。进入20世纪后，在很多国家，教育史开始成为教学、研究和写作中的一个特定分支领域，不过直到20世纪后期，教育史缺乏学术期刊、正规专业学会等学术要素的情况才有所改变。与许多其他的史学领域一样，经过一段时间之后教育史才获得了特有的学术认同。

一旦学术基础得以稳固，教育史的学术队伍便急剧扩张，20世纪60年代以后尤甚。大量成果是用英语发表的，但其他语言发表的成果也在增加。在很大程度上，这些不断增长的研究文献一直保持对特定地区教育问题的关注，这是由国家教育体系所决定的。但是，教育史与其他学科特别是社会科学的学者所做工作的接触，也为自身提供了更广阔的研究视野。因此，即便大量的研究和创作仍聚焦于国家层面限定的主题上，但作为一个多方面连贯融合的领域，教育史开始跨越学科边界。与此同时，教育史还经历了各种各样的诠释性和方法论的争鸣，进而导致了相当大的变化。

一个领域的形成与发展

2 最早的对教师和学校的现代历史记述肇端于18世纪。尽管这在时间上要早于19世纪正规或专门教师培训的兴起，但此类机构的出现却为教育史领域提供了坚实的专业基础。在这种情形下，教育史作为一门课程得到蓬勃发展。这门课程旨在让未来的教师们理解过去曾运用过的教学理论和教学方法，从而使他们为国家普及教育的目标贡献力量。这种教学是说教性的，连篇累牍讲述的是在探索为教育首选路径确立明确指导原则的过程中经历的成败得失。教育史也成为培养教育工作者职业认同的一种手段，而随着学校系统规模与复杂性的增长，这一点就变得更为显著。人们广泛地把这个领域与进步叙事联系在一起，经常将现代学校描绘成在逆境中前行的样子，特别是把当时的科层制和管理结构的分化刻画成教育思想与实践的顶峰。这种史学意图远非对过往教育问题进行批判性反思，而是为了强化对现有学校组织及其服务的社会和政治目标的专业承诺。

鉴于这种定位，在20世纪上半叶的大部分时间里，教育史领域的研究议题和史学本身都相当受限，其后的一段时间也是如此。由于教育史一般是在教育学院（系）里讲授，它在很大程度上和大学其他院系里历史学者的研究相隔离。这些学者中的很多人（尤其是人文领域的学者们）对教育作为一个学术领域的知识价值评价很低。也有少数历史学者曾研究过教育史的某些方面，但主要是将其视为社会史或文化史中的一个专题，而没有把教育史看作一个有显著特色并得到认同的历史学分支。结果导致教育史研究在某种程度上发展得不连贯和不均衡，相较于该领域中的大多数主题，只有个别主题（如大学史）得到了更多的关注。教育思想史研究的强大传统在欧洲格外显著，并对其他地区产生了影响。① 但该领域在很大程度上仍然与历史研究中更为广泛的趋向相隔绝。直至20世纪后期经济社会发展经历了深刻变革后，这种状态才最终得以改变。

与历史研究及写作中的其他分支领域相仿，教育史深受20世纪六七十年代发生的全球性社会与政治剧变的影响。随着世界各国学校系统内中等和高等教育入学人数的骤增，教育已经成为经济社会发展中异常重要的一环。由于对受教育程度的期望急剧上升，更高层次学校的入学机会和获得学业成就途径的不平等，成为极具影响力的政治问题。19世纪发生在工业化国家，以及几十年后发生在发展中国家的数百万农村人口向大城市的迁徙，加剧了城市的贫困问题。进入20世纪 3
之前就曾经爆发的社会阶层分化现象，到20世纪60年代之后再度成为备受争议的重大议题，在工厂就业减少和正规教育重要性与日俱增的情况下尤其如此。在相对较短的时间里，教育就突然成为一个至关重要的社会问题，影响到世界上日益增长的绝大部分人口，因此使得新一代史学家开始对此前未曾考察过的教育史中的各方面问题产生了兴趣。②

教育史并不是唯一一个受当时社会政治动荡影响的历史研究领域。

---

① On the development of history of education, see William Richardson, "Historians and Educationists: The History of Education as a Field of Study in Postwar England, Part 1: 1945-72," *History of Education* 28, no. 1 (March 1999): 1, 3. The classic critique in the United States is offered in Bernard Bailyn, *Education in the Forming of American Society* (Chapel Hill: University of North Carolina Press, 1960), passim. Also see Milton Gaither, *American Educational History Revisited: A Critique of Progress* (New York: Teachers College Press, 2003), chapters 3, 4. On the history of ideas, see Jeroen J. H. Dekkera and Frank Simon, "Shaping the History of Education? The First 50 Years of *Paedagogica Historica*—Introduction," Paedagogica Historica 50, no. 6 (2014): 707-716.

② Jeremy Suri, *The Global Revolutions of 1968* (New York: Norton, 2007), passim; Mark Kurlansky, *1968: The Year That Rocked the World* (New York: Random House, 2005), passim.

在世界很多地区，史学都从先前研究和写作中的政治取向，明确转向了社会史和经济史。那是一个“自下而上看历史”的时代，受到了社会抗争的影响（这些抗争多出现于西方国家的大学校园之内），各种形式的马克思主义理论的回潮也对此产生了影响。左翼史学家，如英国的艾里克·霍布斯鲍姆、E. P. 汤普森，法国的年鉴学派成员，连同德国的比勒菲尔德学派以及美国的彼得·斯特恩斯、格尔达·勒纳、赫伯特·古特曼等人，成为上述思想之源，颇具影响。人们重新燃起了对历史的兴趣，因为历史有助于揭示长期以来被忽视的社会变革的各个方面，尤其是非精英阶层或普通人的经历，以及形塑他们生活的那种外部环境。③

本着“新社会史学”的精神，历史学者也开始研究教育史中此前未被探索过的领域。这是修正主义教育史学的时代，它在很多国家都有显著发展。哈佛大学殖民史学者伯纳德·贝林对此做出了贡献，他在 1960 年呼吁要更多地关注正式和非正式教育的广泛影响，在现代学校系统出现之前的时代，学习是由这些教育来促成的。此外，法国的菲利浦·阿利埃斯、英国的布莱恩·西蒙和琼·西蒙，以及美国的迈克尔·卡茨、克拉伦斯·卡雷尔等史学家，也对教育在不同背景下的作用及其发展问题提出了新的思路。和贝林一样，他们没有用进步叙事的方式把教育描绘成逆境前行的样子。相反，这是一段关于不平等和冲突、反抗统治当局和剥削集团、深深植根于文化变革认同的传奇

③ Eric Hobsbawm, *The Age of Revolution, 1789-1848* (London: Weidenfield & Nicolson, 1962); E. P. Thompson, *The Making of the English Working Class* (London: Victor Gollancz, 1963); Jürgen Kocka, *Industrial Culture and Bourgeois Society: Business, Labor, and Bureaucracy in Modern Germany, 1800-1918* (New York: Berghahn, 1999); Peter N. Stearns, *1848: The Revolutionary Tide in Europe* (New York: Norton, 1974); Gerda Lerner, *The Majority Finds Its Past: Placing Women in History* (Chapel Hill: University of North Carolina Press, 1979); Herbert G. Gutman, *Work, Culture and Society in Industrializing America* (New York: Vintage, 1976).

故事。结果，人们对该领域的认知开始发生变化。从这个角度来看，在史学研究和写作的视界中，教育不再像是一个狭窄、孤立的河口。毕竟教育是一种制度，几乎涉及整个社会，包括那些长期备受歧视和排斥的群体。新的教育史不再是进步和胜利的故事。这正是修正主义教育史的巨大魅力所在：看上去它颠覆了长期以来与教育领域相关的传统叙事。

不只是教育史学者对历史概念的认知发生了变化。所谓“新史学”的兴起，让其他领域的历史学者也对教育有了兴趣，越来越多的人开始研究学校、学生和教师。他们作为大众体验的各个方面，值得持续研究，尤其是当认识到他们在更广阔的社会背景中的作用之后更是如此。其中一个显著标志就是 1969 年到 1973 年在普林斯顿大学举办的聚焦于教育史的国际学术研讨会，该研讨会由英国史学家劳伦斯·斯通主持。作为学界这一变化的反映，1971 年美国人文与科学院院刊出版了一期题为《今日历史研究》的专刊，收录了斯通、霍布斯鲍姆、费利克斯·吉尔伯特等学者撰写的不同方面的历史研究论文，其中有一
篇教育史论文。该文作者约翰·塔尔博特是普林斯顿大学一位从事法 4
国教育研究的青年历史学者，这篇论文也成为该领域实现关键转折的标志。塔尔博特认为，在有关儿童与家庭、识字能力与社会地位以及社会史中其他长期被忽视的问题的研究中，教育是联系双方的纽带。尽管他对将教育视为一个独特的研究领域仍有所怀疑，但这篇论文却代表了一个响亮的呼声，倡导要用更宽泛、更全面的方式把教育作为

历史问题加以思考。④

其他历史研究分支领域经常涉及教育，这些领域的兴起对把教育作为历史研究对象予以关注起到了推波助澜的作用，尽管这种作用无关痛痒。这些进展也反映了新社会史学的影响。前文提及的阿利埃斯的开创性工作就相当有影响力，远远超越了教育史的范围。他颇具鼓动性的"发现"儿童的论文，在法国和其他国家引起了更多的儿童史研究，同时也促使人们重新关注世界各地的家庭史和家庭生活史。由此在20世纪70年代以来，儿童史和家庭史作为一个成长中的研究领域得以显现。对性别问题的浓厚兴趣影响到上述进展，性别问题在历史经验中长期被忽视，特别是在路易斯·蒂莉和琼·斯科特对家庭生活中女性角色进行研究之后，这一点尤为明显。识字史与教育的关系更为密切，几乎在同一时期，识字史作为一个独特的研究主题，引起了经济史和社会史学者及其他对教育史感兴趣的学者的注意。有一段时期，心理学史研究也刺激了教育史研究。20世纪八九十年代流行的文化史又给教育带来了某种新的视角。所有这些方方面面的历史研究，都对人的发展的一个或另一个方面有着共同的兴趣，都对作为一种机构活动或个人活动的教育给予了持久关注。由此导致相较于20世纪60

④ Phillipe Ariès, *Centuries of Childhood* (New York: Vintage, 1962); Brian Simon, *Studies in the History of Education, 1780-1870* (London: Lawrence & Wishart, 1960); Joan Simon, *Education and Society in Tudor England* (Cambridge, UK: Cambridge University Press, 1966); Michael B. Katz, *The Irony of Early School Reform: Educational Innovation in Mid-Nineteenth Century Massachusetts* (Cambridge, MA: Harvard University Press, 1968); Clarence J. Karier, Paul Violas, and Joel Spring, *Roots of Crisis: American Education in the Twentieth Century* (New York: Rand McNally, 1972); John Talbott, "The History of Education," *Daedalus* 100, no. 1 (Winter 1971): 133-150.

年代之前，教育史成为一个焦点，吸引了更大范围的学者的关注。⑤

就在人们从这个角度重新考虑教育史的同时，一场小规模的方法论革命开始在历史学科内激荡，而这对教育史研究具有重要影响。随着用于研究和数据分析的现代计算机技术的出现，利用大规模定量证据来解决广泛的历史问题成为可能。可以理解的是，这种方法最易被经济史学者使用，不过没多久后也开始用于社会史，20 世纪五六十年代费尔南·布罗代尔及其年鉴学派的同事率先采用。其他地区，如在美国，斯蒂芬·特恩斯特伦关于社会流动性的研究颇有影响；在英国，彼得·拉斯莱特的团队关于家庭结构的研究也是如此。还有诸如城市史等很多其他分支学科也得到极大的复兴。看起来，历史研究和写作中很多悠久的方法正濒临根本性变革。

20 世纪 60 年代末，教育史学者开始采用上述方法，研究教育中的

---

⑤ On the history of childhood, see Peter N. Stearns, *Childhood in World History*, 3rd edition (New York: Routledge, 2017), introduction; Collin Heywood, *Childhood in Nineteenth-Century France: Work, Health, and Education among the "Classes Populaires"* (Cambridge, UK: Cambridge University Press, 1988); Joseph Hawes and N. Ray Hiner, eds., *Children in Historical and Comparative Perspective: An International Handbook and Research Guide* (New York: Greenwood Press, 1991), introduction. On family history, see Mary Jo Maynes and Ann Beth Waltner, *The Family: A World History* (New York: Oxford University Press, 2012); Tamara K. Hareven, "The History of the Family and the Complexity of Social Change," *American Historical Review* 96, no. 1 (February 1991): 95-124; Louise Tilly and Joan Scott, *Women, Work and Family* (New York: Holt, Rinehart & Wilson, 1978). On literacy, see Harvey Graff, *The Literacy Myth: Literacy and Social Structure in the Nineteenth Century City* (New York: Academic Press, 1979); David F. Mitch, *The Rise of Popular Literacy in Victorian England: The Influence of Private Choice and Public Policy* (Philadelphia: University of Pennsylvania Press, 1992); David Vincent, *Literacy and Popular Culture: England 1750-1914* (Cambridge, UK: Cambridge University Press, 1993); Carl F. Kaestle, "The History of Literacy and the History of Readers," *Review of Research in Education* 12 (1985): 11-53. On psychohistory, see Barbara Finkelstein, ed., *Regulated Children/Liberated Children: Education in sychohistorical Perspective* (New York: Psychohistory Press, 1979).

不平等及其与种族、社会阶层等因素的关系，在有关学校入学状况的定量研究中尤其如此。这种研究首先兴起于北美，并最终传播到世界各地。由于教育研究与统计方法的发展联系在一起，几十年来，学校产生了各种各样的统计数据，这之间的联系对部分教育史学者来说似乎是自然而然的，但对其他学者尤其是那些长期关注教育思想史的学者来说却并非如此。因而，定量时代在教育史研究中，与其在整个历史研究领域一样，都只是昙花一现。教育史学者对量化研究的兴趣转瞬即逝，说明他们对论据和方法的态度是相当折中的。在量化革命之前很长时间里就是如此，今天依然如此。⑥

在教育史学者所用的已有证据类型中，不仅有文献档案和统计数据（后者无法全然避免），还有对照片、电影、考古发现、建筑与家具设计、口述史等越来越复杂的分析。资料和方法上的这种进展为学者们提供了丰富的素材，使他们不仅能够研究教育领袖和其他杰出人物的生活与经历，更重要的是还能够研究构成社会大多数的那部分人，即普罗大众，包括少年儿童、父母和教师。

伴随着方法论的变革以及新的史学证据形式的出现，教育史学者开始更为自觉地运用社会理论。学校与工业化的关系，读写能力与社会不平等的关系，以及可能与社会冲突和变革理论相关的一系列问题，人们围绕这些问题进行了激烈争论。教育史学者们积极置身其中，提出了各式各样的观点立场。20 世纪 70 年代，新马克思主义观产生了相当大的影响，大西洋两岸的教育史著述中对此都有所体现。不过在当

---

⑥ Fernand Braudel, *The Mediterranean and the Mediterranean World in the Age of Phillip II*, vol. 1 (Paris: Armand Collin, 1966); Stephen Thernstrom, *The Other Bostonians: Poverty and Progress in the American Metropolis, 1880-1970* (Cambridge, MA: Harvard University Press, 1973); Peter Laslett, *The World We Have Lost: Further Explored* (London: Methuen, 1965); Harvey J. Graff, "'The New Math': Quantification in the 'New' History and the History of Education," *Urban Education* 11, no. 4 (January 1977): 403-440.

时背景下，该领域的反应各不相同，如美国的反应就相当尖锐，而英国、欧洲大陆和其他地区对之则颇多同情认可。或许更重要的是，这告诉我们，对教育史的思考不可能脱离社会和经济冲突与变革的宏观理论框架。很显然，以前人们满足于一部值得庆贺的关于教育发展及其成就的历史，现在这样的时代已经一去不复返，或许有人对此哀叹，但大多数历史学家都不愿意容忍这样一种对教育史简单而乐观的描述。⑦

全球背景下的教育史

在关于世界各地前现代时期的研究中，史学家们就已对教育所具有的全球性质有所回应。例如，东亚一直是史学研究的重要区域。学者们对回溯至公元前2000年的中国教育传统进行了考察，当时的书吏已学会在鹿骨和龟甲上刻画符号。中国在其历史早期就发展出了以儒家伦理为基础的复杂的教育传统，并最终传播到整个东亚甚至更广泛的地区。20世纪后期以来，东亚研究开始关注女性教育史和识字史，区域研究则揭示了民族国家内部广泛的多样性。

古希腊和古罗马也是历史研究的沃土。史学家们从学生功课和教

⑦ Carl F. Kaestle, "Social Change, Discipline, and the Common School in Early Nineteenth-Century America." *Journal of Interdisciplinary History* 9, no. 1(1978): 1-17; Diane Ravitch, *The Revisionists Revised: A Critique of the Radical Attack on the Schools* (New York: Basic Books, 1978); Asa Briggs, "The Study of the History of Education," *History of Education* 1, no. 1(1972): 5-22; Gary McCulloch and Ruth Watts, "Introduction: Theory, Methodology, and the History of Education," *History of Education* 32, no. 2(2003): 129-132; Joyce Goodman and Jane Martin, "Editorial: History of Education—Defining a Field," *History of Education* 33, no. 1(2004): 1-10; Konrad H. Jarausch, "The Old 'New History of Education': A German Reconsideration," *History of Education Quarterly* 26, no. 2(1986): 225-241.

学材料中找到了丰富的史料，包括阅读、书法和写作练习以及用于教
6 学的文学作品。史学家们持续关注的是过去的这些实践与后世西方教育发展之间的关系，包括与欧洲中世纪以及更久远时代教育发展之间的关系。

不依赖其与古希腊、古罗马的教育联系，中世纪欧洲自 12 世纪起实现了一项重大进展：一种由基督教神学占据课程中心的高等教育形式开始出现并逐渐演进，变为了大学。史学家们对这种变化以及大学的传播与发展进行了研究，研究内容还包括此后几百年间大学与日俱增的专业化和世俗化。

其他影响深远的变化发生在 19 世纪和 20 世纪的欧洲与北美，如工业革命影响下研究型大学在德国的率先出现，以及在两次世界大战期间和之后把大学作为服务军事目的的研究场所来使用等。从 20 世纪末开始一直持续到 21 世纪，全球化的加剧见证了学生群体国际化程度的增长，见证了卫星校园在国界之外的建立，也见证了涉及全世界学生的虚拟在线课程。

一种全球性的现象首先出现在 20 世纪早期的欧洲和北美，之后出现在亚洲和非洲部分地区，20 世纪后半期出现在拉丁美洲，表现为入学人数的骤增，这往往受到政府推动国家发展意图的刺激。与此同时，对中等后教育需求的显著增长也造成了紧张局面，原因是缺乏足够的公共资金，而且有限的人力、物力也无法满足入学需求的增加。

关于上述高等教育的深远发展，已有大量史学成果，这些成果集中在欧洲、北美和亚洲地区。20 世纪后期以来，种族、民族、阶级、性别、宗教等影响高等教育的因素的议题越来越受到史学家（尤其是北美和欧洲史学家）的关注。可以预期，在亚洲、拉丁美洲和非洲高等教育史研究中，这些也将成为备受关注的议题。至于比较和跨国高等教育史领域，则仍然任重道远。

20 世纪上半叶，相比教育史的其他领域，史学家们对大学史的书

写更感兴趣。不过此后的几十年里这种情况开始发生变化。20 世纪下半叶，关于教育其他更多方面的历史文献骤增，其中包括对世界不同地区国民教育体系发展的研究。随着民族主义的兴起，这种学校系统通过开展公民教育和国史教学的方式来推动国家利益的实现。用教育推动民族国家发展，这种观念肇端于 18 世纪后期的普鲁士，在随后几十年间传遍欧洲和北美，并在 19 世纪和 20 世纪推广至全球范围。

与世界其他地区一样，拉丁美洲的学校改革者也致力于扩大初等和中等教育、提高识字率，以此提升民众对政府的忠诚度，建设一个
更为繁荣的社会。这种努力在殖民地时期就已出现，独立之后得到加 7
强。史学家们对此进行了研究，如学校教育在建设强大的民族国家中的作用，以及对这些举措的不同反应等。不过不管是曾经研究过的问题，还是以前较少研究的问题（如教育中的性别问题及其与更大规模的社会之间的关系等），仍有大量工作有待开展。

和拉丁美洲类似，中东地区的教育制度史也表明，培养民族主义是普及教育的推动力。20 世纪上半叶，正规教育被用于激发反帝情绪、忠于国家领袖，这种情况一直延续到 20 世纪下半叶。已有的对这些或其他问题的研究说明，中东教育史是一个日益发展的研究领域，有望继续拓宽和深化。对澳大利亚、新西兰、北美、欧洲和亚洲的研究也是如此，在这些地区，人们期待史学家围绕更为广泛的教育主题（包括学校系统）继续进行深入研究。

比较而言，有关广袤非洲大陆的教育史的研究反而最少。在非洲，20 世纪 50 年代方才独立的各国政府开始把殖民地政府开办的学校扩充为国民教育体系。然而财政限制和供给能力的不足，使得向大众特别是农村地区提供优质初等教育的努力面临挑战，发展适当的中等职业教育也困难重重。最初有观点认为非洲民众只是西方影响的被动接受者，史学家们对这种观点提出了质疑，认为他们积极利用学校来迎合其政治、经济、社会议程。当然，仍有很多工作等待有志于此的研究

者去做，进而填补有关前殖民地、殖民地和后殖民地时期非洲教育的空白。

虽然现代教育在很大程度上是以民族国家为框架的，但对有关问题及其发展模式的历史研究却穿过国界、越过洲界、横跨全球。这种类型的历史研究、评论和分析久已有之。这主要源于对其他国家教育体系发展的好奇，甚或对因某种创新或成功而闻名的特定学校、地区的好奇。19 世纪后期，对德国或美国等在教育模式上处于领先地位的国家进行研究，变得相当司空见惯。不久之后，这种工作具备了学术气息，由此导致了比较教育这一学术领域的兴起，该领域在其形成阶段就有着浓厚的历史因素特征。比较教育最终会促成关于国际教育发展模式的持续性的社会学调查，其在理论和方法论上的重要启发是值得史学家认真思考的。

原本“民族国家”的概念提供了一种异常显著的研究框架，但由于史学家始终抱有探索其他国家和地区教育的兴趣，同时随着世界范围内不断增加的人口和思想流动以及全球性产品、贸易和通讯互联的高涨，“民族国家”概念的主导地位受到了强有力的挑战。20 世纪 90 年代见证了史学家们的一次突破，较小程度而言是见证了教育史学者的一次突破，他们接受了跨国主义的概念，认为需要对假设进行反思，对传统理解进行重新考量。有人推动重新思考跨文化、跨国家的议题，由此以新的方式审视超越民族国家的社会力量。[8]

8 方法论问题成为这种研究最大的绊脚石。因为这种研究需要不止一个国家的大量档案，需要具备多语言的能力。通常情况下，这种挑

---

⑧ Micol Seigel, “Beyond Compare: Comparative Method after the Transnational Turn,” *Radical History Review* 91(Winter 2005): 63; Mae Ngai, “Promises and Perils of Transnational History,” *Perspectives on History*, May 2012, https://www.historians.org/publications-and-directories/perspectives-on-history/december-2012/the-future-of-the-discipline/promises-and-perilsof-transnational-history.

战可以由两名或更多史学家通力合作的方式加以克服，结果是一些著作不再只有一个作者承担各章节的撰写。这方面有两个充满希望的领域相当有潜力，即离散移民研究和殖民地与后殖民地史。

19 世纪和 20 世纪，欧美殖民列强基于种种目的开办了学校、学院和其他教育机构。在这一过程中宗教势力提供了多方面协助，他们感兴趣的是通过学校能够将其特定信仰传统的优点传授给受教育者。这些活动往往取代或改变了本土的教育活动与教育机构，导致社会和文化的变迁，让殖民当局获得了更大的权力与声望。西方教育模式开始和进步观联系在一起，而这种进步观不过是受种族中心主义和歧视政策所怂恿的一种倾向，青睐的是本土精英和西方国家。在描写 19 世纪后期和 20 世纪殖民地背景下教育状况的早期文献中，清晰地反映了这种倾向。⑨

第二次世界大战后的解放斗争改变了西方国家干预原殖民地区的政治态势，史学家和其他学者看待这些地区教育发展的方式也发生了变化。西方学者和本土学者都承认并描述了殖民统治的很多局限，所谓的发展中国家为了让其公民做好迎接全球性未来的准备，在中小学教育方面进行了雄心勃勃的投资。然而，这些努力并未取得同等的成功，很多"新兴"国家在实现政治稳定和经济持续增长方面最终失败，因此旨在以新的视角重新审视其历史的后殖民地研究开始发展起来。

---

⑨ Robert F. Arnove, "Comparative and International Education Society (CIES) Facing the Twenty-First Century: Challenges and Contributions," *Comparative Education Review* 45, no. 4 (2001): 477-503; Eckhardt Fuchs, "Educational Sciences, Morality and Politics: International Educational Congresses in the Early Twentieth Century," *Paedagogica Historica* 40, nos. 5-6 (2004): 757-784. For examples of early colonial studies, see Arthur Gordon Butchers. *Young New Zealand : A History of the Early Contact of the Maori Race with the European , and of the Establishment of a National System of Education for Both Races* (Dunedin, New Zealand: Coulls Sommerville Wilkie, 1929); C. G. Wise, *A History of Education in British West Africa* (London: Longmans, 1956).

这种方式的历史写作考虑到了殖民统治对本土制度和实践的影响，经常会提出不同的社会和政治发展愿景，来说明失去了什么。这种研究或含蓄或明确地否定了如下观点：西方的经济发展模式代表了一条可预测的社会和政治改善之路。在这些论争中，教育往往被视为一个重要的考虑因素。[10]

后殖民地视角在某些方面遭到社会学者的挑战，20 世纪 70 年代以来，社会学者们采用了一种迥然不同的视角来观察教育的发展，即所谓的新制度主义。新制度主义者们主张，现代学校的发展受到了地位竞争的驱动，公众相信正规教育是通向美好未来的关键。他们还指出，学校的发展与民族国家的崛起也是联系在一起的，它必须将公民培养成对国家政体忠诚而负责的成员。有关入学人数扩张的研究表明，第二次世界大战之后学校教育变成了一个全球性的制度现象，其发展基本上与各国间的经济或政治差异无关。作为对新韦伯主义社会学家兰德尔·柯林斯影响的体现，约翰·M. 迈耶、弗朗西斯科·O. 拉米雷斯及其学生和同事开展了广泛的研究，对不同历史背景下教育机构的国际化发展进行考察。他们也对很多史学家产生了深刻影响，特别是在美国，学校改革和制度行为的研究在 20 世纪 90 年代开始崭露头角。当然，也有其他史学家对新制度主义观点进行了广泛批判，尤其是他们认为这种观点忽视了教育不平等这一重要方面，也忽视了在各式各样

---

⑩ Antonio Nóvoa,"On History, History of Education, and History of Colonial Education," *Paedagogica Historica* 31, suppl. 1(1995): 23-64; Ian Grosvenor, "From the 'Eye of History' to 'a Second Gaze': The Visual Archive and the Marginalized in the History of Education," *History of Education* 36, nos. 4-5(2007): 607-622; Clive Whitehead, "The Historiography of British Imperial Education Policy, Part I: India," *History of Education* 34, no. 3 (2005): 315-329; Antonio Nóvoa and Tali Yariv-Mashal, "Comparative Research in Education: A Mode of Governance or a Historical Journey?," *Comparative Education* 39, no. 4(2003): 423-438; David Johnson, "Comparing the Trajectories of Educational Change and Policy Transfer in Developing Countries," *Oxford Review of Education* 32, no. 5(2006): 679-696.

环境下用教育来克服社会问题的艰苦努力。这仍是一个颇受争议的问题。[11]

当社会学家在比较和跨国框架内用新的历史视角考虑教育问题时， 9
经济学家则继续从人力资本形成的立场来研究教育。这在很大程度上是第二次世界大战后的时代产物，且在20世纪六七十年代尤具影响，并在1990年以后经历了一次复兴。在这些新的研究兴趣中，经济史学家克劳迪娅·戈尔丁及其合作伙伴劳伦斯·凯茨的研究成果首屈一指。两位学者的研究成果始于20世纪90年代发表的系列文章，并在2008年《教育和技术的竞赛》❶ 一书出版时达到高潮。戈尔丁和凯茨认为，美国公共教育特别是中等教育的发展，提供了既有技能又有学识的劳动力，让国家的技术进步成为可能。尽管重点研究的是美国，但至少在教育和经济发展方面，该研究还是隐然将美国和其他国家进行了比较。此后，还有经济史学家也从其他背景出发研究了学校教育。和新制度主义者一样，戈尔丁和凯茨用历史归纳出一种更为一般化的教育理论，该理论将教育作为社会和经济发展中的一个因素。不过与社会学家不同的是，他们认为，教育直接导致了人力资本的形成和更大的

---

⑪ John W. Meyer, "World Society, Institutional Theories, and the Actor," *Annual Review of Sociology* 36(2010): 1-20; Stephen Carney, Jeremy Rappleye, and Iveta Silova, "Between Faith and Science: World Culture Theory and Comparative Education," *Comparative Education Review* 56, no. 3(2012): 366-393; John Boli, Francisco O. Ramirez, and John W. Meyer, "Explaining the Origins and Expansion of Mass Education," *Comparative Education Review* 29, no. 2(1985): 145-170; Evan Schofer and John W. Meyer, "The Worldwide Expansion of Higher Education in the Twentieth Century," *American Sociological Review* 70, no. 6 (2005): 898-920. For a comprehensive review of theories of educational expansion from the 1960s and 1970s and a variant of a neo-institutionalist explanation offered by a historian, see John E. Craig, "The Expansion of Education," *Review of Research in Education* 9(1981): 151-213.

❶ 该书中译本由商务印书馆2015年出版。此注码方式为译者注，后同，不再单独说明。

繁荣，同时意味着经济收益（学校教育带来的工资溢价）激发了很多美国人去追求接受更高程度的教育。⑫

20 世纪后期及 21 世纪以来，社会学家们就如何看待教育的国际化发展问题展开了争论，多数情况下，教育史学者们只是这场争论的旁观者。当然这并非意味着他们不去评判这些观点。一般而言，他们发现争论双方阵营所使用的统计分析总体上缺乏历史性，尤其是没有考虑到对教育机构产生影响的特定的社会和文化条件，也没有考虑到利用这些机构的人。观察到美国和其他国家的教育发展迅速是一回事，但说出其中的原因又是另一回事。社会学家和经济学家就这些问题提出了理论主张，但在这方面即使有量化证据的支持，历史学家仍能从参与者和目击者的立场来构建故事。其结果往往是对教育变革的叙事更为复杂和多变，避免了泛泛而谈，有利于细致入微地描写当地情景。这也推动了比较分析，但其方式仍关注于地方文化、政治条件的具体

---

⑫ For discussion of the human capital theory and research regarding the history of education during the 1960s and 1970s, see Craig, "The Expansion of Education," 168-198. On work following 1990, see Claudia Goldin and Lawrence F. Katz, "Human Capital and Social Capital: The Rise of Secondary Schooling in America, 1910-1940," *Journal of Interdisciplinary History* 29, no. 4(1999): 683-723; Claudia Goldin and Lawrence F. Katz, *The Race between Education and Technology* (Cambridge, MA: Harvard University Press, 2008); Peter Lindert, "The Unequal Lag in Latin American Schooling since 1900: Follow the Money," *Revista de Historia Económica* 28, no. 2(2010): 375-405; Stanley L. Engerman and Kenneth L. Sokoloff, *Factor Endowments , Inequality , and Paths of Development among New World Economics*, Working Paper No. w9259 (Cambridge, MA: National Bureau of Economic Research, 2002); Vincent Carpentier, "Public Expenditure on Education and Economic Growth in the UK, 1833-2000," *History of Education* 32, no. 1(2003): 1-15; Kerstin Martens and Ansgar Weymann, "The Internationalization of Education Policy: Towards Convergence of National Paths?," in *Transforming the Golden-Age Nation State*, ed. Achim Hurrelmann (London: Palgrave Macmillan, 2007), 152-172.

方面，以及影响学校和其他教育机构发展的诸多因素。[13]

自 20 世纪 70 年代起，这种教育比较史得到了更多关注，国际教育史常设会议的影响对此起到了一定的促进作用。委员会每年在世界不同城市举行的年会，汇聚了来自各国数以百计的学者，其会刊《教育史》（*Paedagogica Historica*）围绕会议主题发行专刊，专刊允许用比较史视角探讨各式各样的问题。在这方面，它既是一个引领潮流的论坛，也是在更大的教育史研究领域内对新方向进行反思的源泉。[14]

本着这一精神，一些反映这种方法的著作得以出版，这些著作考察了世界不同国家、不同时期教育的发展情况，对各种国家背景下的学校建设经验进行了比较分析。这些著作最初只是涉及一系列国家和 10
地区的论文集，不过它至少呈现出比较视角的前景。当然，在该领域出现一个分析能力强劲、构思全面的比较和跨国教育史研究与写作团队之前，还有很多工作要做。组建具有不同专业背景和方法论技能的史学家团队，很可能是达成此类教育史研究前景的一个渠道。当然，

---

⑬ David F. Labaree, *Someone Has to Fail: The Zero-Sum Game of Public Schooling* (Cambridge, MA: Harvard University Press, 2012), chapter 6; Marc Depaepe and Frank Simon. "Is There Any Place for the History of 'Education' in the 'History of Education'? A Plea for the History of Everyday Educational Reality in and outside Schools," *Paedagogica Historica* 31, no. 1 (1995): 9-16; Eckhardt Fuchs, "The Creation of New International Networks in Education: The League of Nations and Educational Organizations in the 1920s," *Paedagogica Historica* 43, no. 2 (2007): 199-209; Ines Dussel, "When Appearances Are Not Deceptive: A Comparative History of School Uniforms in Argentina and the United States (Nineteenth-Twentieth Centuries)," *Paedagogica Historica* 41, nos. 1-2 (2005): 179-195; Robert Anderson. "The Idea of the Secondary School in Nineteenth-Century Europe," *Paedagogica Historica* 40, nos. 1-2 (2004): 93-106; Joyce Goodman, "Working for Change across International Borders: The Association of Headmistresses and Education for International Citizenship 1," *Paedagogica Historica* 43, no. 1 (2007): 165-180.

⑭ Rebecca Rogers, "*Paedagogica Historica*: Trendsetter or Follower?," *Paedagogica Historica* 50, no. 6 (2014): 717-736; Dekker and Simon, "Shaping the History of Education?"

这需要大量的资源供应来确保组织如此大规模的研究项目。由于传统上大多数与教育和教育史相关联的经费资助机构都以国家或地方为导向，因此很难想象组织和维持这种研究的风险有多大。这仍是今后一个有待解决的问题。[15]

一个处于变化之中的研究领域

教育是一个全球性的现象，可以追溯到人类的最初阶段，因此作为一个学术领域，教育史的潜在边界的确相当宽泛。在机构史方面，正规教育在很大程度上是同特定地区的宗教或政府当局一起发展的，通常还具有独特的文化或社会因素。教育史早期的关注点也就往往从地方或国家的角度出发。此外，尽管 20 世纪六七十年代的修正主义历史学家持左翼观点，但他们同样普遍对机构问题感兴趣，其结果是自

---

[15] On special issues of the journal, see, for instance, Joyce Goodman, Gary McCulloch, and William Richardson, "'Empires Overseas' and 'Empires at Home': Postcolonial and Transnational Perspectives on Social Change in the History of Education," *Paedagogica Historica* 45, no. 6 (2009): 695-706; Ingrid Lohmann and Christine Mayer, "Lessons from the History of Education for a 'Century of the Child at Risk,'" *Paedagogica Historica* 45, nos. 1-2 (2009): 1-16; Eckhardt Fuchs, "Networks and the History of Education," *Paedagogica Historica* 43, no. 2 (2007): 185-197; Catherine Burke, "Containing the School Child: Architectures and Pedagogies," *Paedagogica Historica* 41, nos. 4-5 (2005): 489-494. For new comparative perspectives, see Marcelo Caruso, "World Systems, World Society, World Polity: Theoretical Insights for a Global History of Education," *History of Education* 37, no. 6 (2008): 825-840; Daniel Tröler, Thomas S. Popkewitz, and David F. Labaree, eds., *Schooling and the Making of Citizens in the Long Nineteenth Century: Comparative Visions* (New York: Routledge, 2015); Ian Grosvenor, Martin Lawn, and Kate Rousmaniere, eds., *Silences and Images: The Social History of the Classroom* (New York: Peter Lang, 1999); Barnita Bagchi, Eckhardt Fuchs, and Kate Rousmaniere, eds., *Connecting Histories of Education: Transnational and Cross-Cultural Exchanges in (Post) Colonial Education* (New York: Berghahn Books, 2014).

20 世纪中期以来的史学记载变得复杂而多面。

20 世纪 70 年代之后，随着史学家们开始更多地关注那些在教育系统中遭受排斥和边缘化的群体及个人，这个相当熟悉的叙事领域又增加了新的维度。尽管这可能没有像早年的激进分子那样，被以同样的方式贴上修正主义转向的标签，但根本而言其变革性丝毫不弱。因循更大领域内史学研究与写作的走势，教育史学者敏锐地将注意力从学校和其他教育机构转移到少年儿童和成人的经历上来，这种经历在他们的人生中占据了相当大的比重。在很多方面，这都代表了学术兴趣上一种新且敏感的社会文化转向。

在种族、民族和社会文化多样性研究领域，非洲人的离散现象一直以来都是美国教育史学者感兴趣的一个特定主题，同时也成为巴西、英国和世界其他有大量非裔人口聚集地区的学者的关注焦点。在美国，拉丁裔教育史研究一直不断发展，但亚裔教育史的研究仍有待发掘。以原住民为中心的教育史尚处于起步阶段。20 世纪学者们的相关著作对殖民地时期拉丁美洲、非洲、澳大利亚、新西兰和北美等地的原住民教育进行了探讨。就前殖民地时期来看，关于世界各地原住民的研究成果相当丰富，但却鲜有专门关注其教育史的研究。21 世纪以来， 11
史学家们广泛搜集各种史料来填补这一空白，包括仪式活动、吟唱、传说、建筑结构和考古发现等，以便将前殖民时期的教与学的方式拼接起来。[16]

同样，自21世纪以来，研究教育中性别问题的史学家也在拓展其

---

[16] On social diversity, see Diana Goncalves Vidal, Luciano Mendes Faria Filho, and Luciano Mendes, *As Lentes da História : Estudos de História e Historiografia da Educação no Brasil (The Lenses of History : Historical Studies and Historiography of Education in Brazil)* (São Paulo: Autores Associados, 2005); Ian Grosvenor, "Geographies of Risk: An Exploration of City Childhoods in Early Twentieth-Century Britain," *Paedagogica Historica* 45, nos. 1-2 (2009): 215-233; Helen Proctor, "Masculinity and Social Class, Tradition and Change: The Production of 'Young Christian Gentlemen' at an Elite Australian Boys' School," *Gender and Education* 23, no. 7 (2011): 843-856; Helen Proctor and Arathi Sriprakash, "Race and Legitimacy: Historical Formations of Academically Selective Schooling in Australia," *Journal of Ethnic and Migration Studies* 43, no. 14 (2017): 2378-2392; Guadalupe San Miguel Jr., *Brown, Not White : School Integration and the Chicano Movement in Houston* (College Station: Texas A&M University Press, 2001). On the African diaspora, see James D. Anderson, "Race, Meritocracy, and the American Academy during the Immediate Post-World War II Era," *History of Education Quarterly* 33, no. 2 (1993): 151-175; Marcus Vinícius Fonseca, "A arte de construir o invisível: O negro na historiografia educacional brasileira" ("The Art of Building the Invisible: The Negro in Brazilian Educational Historiography"), *Revista Brasileira de História da Educação* 7, no. 1 (January-April 2007): 13-50; Paul Warmington, *Black British Intellectuals and Education : Multiculturalism's Hidden History* (Abbington, UK: Routledge, 2014). On indigenous education, see Tim Allender, *Ruling through Education : The Politics of Schooling in the Colonial Punjab* (New Delhi: New Dawn Press, 2006); Muhammad Qasim Zaman, "Religious Education and the Rhetoric of Reform: The Madrasa in British India and Pakistan," *Comparative Studies in Society and History* 41, no. 2 (1999): 294-323; Peter Otiato Ojiambo, *Kenyan Youth Education in Colonial and Post-Colonial Times : Joseph Kamiru Gikubu's Impact* (New York: Palgrave Macmillan, 2017); Roland Sintos Coloma, "White Gazes, Brown Breasts: Imperial Feminism and Disciplining Desires and Bodies in Colonial Encounters," *Paedagogica Historica* 48, no. 2 (2012): 243-261; David Wallace Adams, *Education for Extinction : American Indians and the Boarding School Experience, 1875-1928* (Lawrence: University Press of Kansas, 1995); Kaye Price, *Aboriginal and Torres Strait Islander Education : An Introduction for the Teaching Profession* (Melbourne, Australia: Cambridge University Press, 2013), 1-20; Alexander S. Dawson, "Histories and Memories of the Indian Boarding Schools in Mexico, Canada, and the United States," *Latin American Perspectives* 39, no. 5 (September 2012): 80-99.

领域。他们一直在填补以往男性视角主导下出现的研究空白。他们对性少数群体（LGBTQ）等未被充分研究过的课题进行了探讨，也对进步教育等曾被长期研究过的课题加以批判，从而改变了对教育史的理解。而且，在对教育史已有文献中那些未被提及或未被充分提及的群体进行考察时，学者们认识到，拘泥于单一、割裂的类别群体的研究会人为地造成界限，也认识到跨越这种界限的重要性。他们理解了人的生活的复杂性，这种复杂性是在性别、种族/民族和阶层的交织中产生的。教育史研究对交叉概念的运用，为这个充满前景的学术领域奠定了基础，当然其研究还有待充分发掘。⑰

很多主题仍然吸引着教育史学者，不过后者往往以新的方式拓展和深化对这些主题的研究。例如，阿利埃斯的开创性研究发表之后，儿童史成为一个备受关注的主题，此后围绕该主题产出了相当数量的成果。研究的重点是，在从农业转移到制造业及随之而来的从童工转移到义务教育的过程中，这种转变对世界各地的儿童产生了哪些影响。特别是 20 世纪后期以来，史学家们对影响少年儿童的种族、阶层和性别问题进行了深入研究。他们还探讨了战争、技术、消费主义和全球化等环境问题对青少年的影响及其互动方式。

环境问题中的一个分支领域即城市化，成为史学家们感兴趣的课题之一，他们力争了解城市学校与学校系统的演变过程和相关问题。在 20 世纪下半叶，这项研究主要是在美国开展的，但随着城市化成为世界性的现象，以及城市衰退引发的严重关切，最终世界其他地区也

---

⑰ On LGBTQ school workers, see Jackie Blount, *Fit to Teach : Same-Sex Desire , Gender , and School Work in the Twentieth Century* (Albany: State University of New York Press, 2005). On female progressive educators, see Kathleen Weiler, *Democracy and Schooling in California : The Legacy of Helen Heffernan and Corinne Seeds* (New York: Palgrave Macmillan, 2011); Kimberlé Crenshaw, "Mapping the Margins: Intersectionality, Identity Politics, and Violence against Women of Color," *Stanford Law Review* 43, no. 6 (July 1991): 1241-1299.

开始研究这一课题。20世纪后期以来，城市教育史研究周旋于新方向和新方法之中，带有了政策含义，因为一部分学者关注的是阶层、种族、性别、语言以及宗教在学校中的作用，但另一部分学者则认为学校不仅是城市化的产物，还是城市生活的创造者。与城市教育相对的农村教育，以及从农村教育向城市教育的变迁，也是一个有待深入研究的领域。

世界各地的学校都聘任了教育工作者，这当然也是史学家一直感兴趣的课题。20世纪70年代以来，学者们运用定量和定性资料，对学校组织结构、教师与管理人员的活动和体验进行了分析。尤其是20世纪后期以来，史学家研究了在教学职业女性化背景下，种族、阶层、宗教、文化以及性别等在学校建筑和学校系统内部的相互作用。

但学校和学校体系这种正规教育并非史学家唯一感兴趣的教育类型。自1960年贝林发出要超越学校来看待教育过程的呼吁之后，尤其是十年后劳伦斯·克雷明再次重申这一呼吁以来，史学家们更加开放地对发生在校门之外的教育现象进行了考察。不过直至21世纪初，此类成果还相当少见。

从那时起，史学家们对非正规教育进行了研究，如俱乐部、学徒制、与工作相关的讲习所和研讨班等。他们还对非正式教育进行了研
12 究，这种教育没有事先的组织和计划，发生在日常生活之中，是一种随机性的学习，但时而却有着和学校学习同样甚至更大的意义。在这方面，史学家们已对缺乏文献带来的挑战做出了回应。例如，在研究前殖民地时期原住民的教育时，学者们转向了吟唱、宗教仪式、庆典礼仪和其他非传统意义的历史素材。在研究其他非正式教育时，需要分析报纸、杂志、电视、游戏、互联网、社交媒体等的教育作用。与此同时，是否发生了学习、发生了什么样的学习，这类问题带来的挑战也要加以解决，口述史、信件和个人日记等作为有价值的史料来源在这方面发挥了重要作用。

其他一些重要问题仍有待历史的关注。其一是残障教育史，在作为教育政策、研究和实践领域的所谓的特殊教育和残障学创立之际，残障教育史达到了巅峰。尽管它的历史非常久远，但史学家对此却甚少关注。其二，在测验史尤其是标准化考试史方面，也是如此。教育体系中的这些方方面面对世界各地的教育政策和教育者的工作有着巨大的影响。教育思想史曾经是教育史领域的支柱，但在 1970 年之后，除了对进步教育仍有研究外，教育思想史在很大程度上却被忽视了。[18]当然，尽管这些主题中每一个都需要更多的学术关注，但毫无疑问，随着教育理论和实践的持续发展，还会出现其他的主题。

---

⑱ Early works on disability include Barry Franklin, ed., *Learning Disability: Dissenting Essays* (New York: Routledge, 1987); Margaret A. Winzer, *The History of Special Education: From Isolation to Integration* (Washington, DC: Gallaudet University Press, 1993). Also see Hilda T. A. Amsing and Fedor H. de Beer, "Selecting Children with Mental Disabilities: A Dutch Conflict over the Demarcation of Expertise in the 1950s," Paedagogica *Historica* 45, nos. 1-2 (February 2009): 235-250; Jason Ellis, "Early Educational Exclusion: 'Idiotic' and 'Imbecilic' Children, Their Families, and the Toronto Public School System, 1914-50," *Canadian Historical Review* 98, no. 3 (Fall 2017): 483-504. A popular account on testing is Nicholas Lemann, *The Big Test: The Secret History of the American Meritocracy* (New York: Farrar, Straus and Giroux, 1999). Also see Eugenia Roldan Vera, "Towards a Logic of Citizenship: Public Examinations in Elementary Schools in Mexico, 1788-1848: State and Education before and after Independence," *Paedagogica Historica* 46, no. 4 (August 2010): 511-524; Anne Marie Ryan, "From Child Study to Efficiency: District Administrators and the Use of Testing in the Chicago Public Schools, 1899 to 1928," *Paedagogica Historica* 47, no. 3 (June 2011): 341-354; Nelleke Bakker, "A Culture of Knowledge Production: Testing and Observation of Dutch Children with Learning and Behavioural Problems (1949-1985)," *Paedagogica Historica* 53, nos. 1-2 (February-April 2017): 7-23. On progressivism in American education, see the special issue of *Paedagogica Historica* published in August 2003, volume 39, number 4, edited by William J. Reese: "American Education in the Twentieth Century: Progressive Legacies." Also see David F. Labaree, "Progressivism, Schools and Schools of Education: An American Romance," *Paedagogica Historica* 41, nos. 1-2 (February 2005): 275-288.

总 结

教育史是一个古老且颇具声誉的研究领域，历经沧桑巨变。就此意义而言，教育史绝非一个单一的学术领域，尽管促使其发展的因素是对更大的学术及辩论领域的反映，而这些领域又影响着教育的实践人士。教育是教学、研究和写作的独特舞台，历史是一个学科领域，具有教育和历史这两方面专业地位的教育史学者们一直在努力面对各式各样的受众群体。在学术上与更大范围的历史学专业隔绝数十年之后，教育史学者因其自20世纪60年代以来的工作而得到了相当程度的学术认可。这既是因为专业的历史学者对教育主题的关注层次越来越高，也是因为世界各地的教育学院中的历史学者对教育主题的关注范围越来越广，当然，支持和凸显他们工作的学术会议及学术期刊的作用就更无须多言了。

除了获得学术上的正当性，教育史学者们也一直和整个教育研究领域联系在一起，这是他们传统的服务领域。特别要指出的是，他们曾经探讨的一系列主题，业已被证明对世界各地的教育实践和社会政治生活都是至关重要的。随着全球社会变革的到来，文化多样性问题、社会和谐问题和经济不平等的问题变得越来越重要，而教育体系都或
13 多或少地都牵涉其中。有鉴于此，围绕教育主题进行历史研究和写作的学术领域，似乎依然重要，这既是对这些议题的折射，也有助于找到其所处困境的明确出路，并且对教育研究和历史学术都能做出有价值的贡献。

第1部分 教育史的解释框架

第 1 章　教育史中的共识与修正主义

加里·麦卡洛克

修正主义的基本原则是，对过去的理解尽管可被广为分享和一致 19
认可，但仍有可能受到挑战并得到有效修订。广义上的修正主义既可用于对人类历史的一般解释，也可用于特定的历史事件和趋势。在过去的一个多世纪里，现代史学开发出了一些技术手段来为修正主义提供信息并使之具有正当地位，从而为历史修正主义奠定了基石。历史修正主义理念和实践的基本前提是对历史伦理观和方法论以及史学解释的批判意识。现代史学倾向于鼓励修正主义的方法，这得到教育史学尤为热切的拥护。特别是由于人们对“传统”史学的规则和做法日益不满，修正主义因此更受鼓励。修正主义强调把对教育和社会之间关系的历史探索置于首要位置。与此同时，关于社会差异和冲突的性质与程度，关于教育史的研究范围是否仅限于现代学校教育史，就上述内容展开的频繁而激烈的争论也打破了人们的共识。这些争论受到了美国和欧洲既有学术成果的影响，但在世界不同的国家和地区背景下，其具体细节和发展轨迹也各有不同。21 世纪，历史修正主义在对教育史进行更新、对已被承认的观点进行质疑方面继续发挥着重要作用，这一贡献意义显著，几乎没有减弱的迹象。

历史修正主义

温斯顿·史密斯是乔治·奥威尔在其英文小说《一九八四》❶ 中虚
20 构的人物，他无疑是一个彻头彻尾的修正主义者。史密斯在真理部纪录司工作，任务是清除一切可能会给现行制度要求带来麻烦的历史记录，同时伪造出支持当前正统观念的证据。例如，他重写演讲稿，篡改原始的产量预测数据，使之与后来的数据一致。这一过程系统性地完成了对历史的修订。《泰晤士报》，这份在英国被广泛认可的新闻载体，也要经历“不断修改”，以便“不论哪一天的《泰晤士报》，凡是需要更正的材料收齐核对以后，那一天的报纸就要重印，原来的报纸就要销毁，把改正后的报纸存档”。这一流程同样适用于书籍、期刊、小册子、海报、传单、电影、录音带、漫画、照片等，实际上“凡是可能具有政治意义或思想意义的一切文献书籍”都同样适用。奥威尔以这种方式暗示：“每天，每时，每刻，都在不断地修改过去……全部历史都像一张不断刮干净重写的羊皮纸。”在史密斯看来，这种造假行为“不过是用一个谎言代替另一个谎言”。关于过去的一切都无法证实或证伪：“很有可能，历史书中的几乎每一句话，甚至人们毫无质疑的事情，都完全出于虚构。谁知道，也许很有可能，没有像‘初夜权’那样的法律，或者像资本家那样的人，或者像高礼帽那样的服饰。”①

这是关于修正主义的一个格外生动的示例，尽管是虚构的，但足以说明问题。20 世纪就有很多出于政治目的而修改历史的案例。在苏联，托洛茨基被从展示其革命领导作用的照片中删除，在历史中彻底销声匿迹。一些人枉顾历史事实和证据，否认第二次世界大战中发生

---

❶ 后文引用该书段落之译文，参见董乐山译、上海译文出版社 2011 年出版的《一九八四》中译本。

① George Orwell, *Nineteen Eighty-Four* (1949; London: Penguin, 1954), 33, 36, 63.

过犹太人大屠杀。在一些国家，学校的历史教科书似乎越来越和当下的政治正统观保持一致，而不是依赖于历史史实。这些例子充分表明，修正主义能够等同于枉顾真相或证据而篡改历史。这种篡改可以是歪曲，是编造，甚至是抹掉历史事件或历史人物。[2]

可以说，历史学为修正主义提供了很多可能性，但对那些恶意和不道德的修正手段也设置了一些预防措施。现代史学界反复倡导这样一种作法，即允许激烈的争论，但如果要挑战已被接受的对历史的解释，就需设定有效限制，争论要在充分考虑到这些因素的条件下进行。例如，要尊重现有证据，历史判断要严格地建立在对特定历史问题、特定历史时期的史料或数据的解读之上。诚信地运用史料是涉及学术伦理的问题。另一方面，在考察历史背景时要意识到，任何重新解释都与所评估的具体时期有关。此外，要修正以前的观点，就需要了解史学的趋势和争论。正是这些关键问题，往往成为塑造和制约历史修正主义本质的基础，或是像史学家爱德华·霍列特·卡尔所说的“现在与过去持续不断地对话”。也正是卡尔非常清晰地指出，作为社会的一部分，历史学家是如何随其视角的变化而调整和修正他们的历史观点的。[3]

这种总体倾向本身源于 19 世纪末以来历史观的普遍转变。尽管如 21

---

② Margaret Macmillan, *The Uses and Abuses of History* (London: Profile, 2009) discusses examples of abusing the past. Studies of history, politics, and state policy include Stephen Howe, "Viewpoint: The Politics of Historical 'Revisionism': Comparing Ireland and Israel/Palestine," *Past and Present* 168, no. 1 (2000): 227-253; Roger Markwick, *Rewriting History in Soviet Russia: The Politics of Revisionist Historiography, 1956-1974* (New York: Palgrave, 2001); Anita Shapira and Derek Peenswar, eds., *Israeli Historical Revisionism: From Left to Right* (London: Frank Cass, 2003); Anita Kurimay, "Interrogating the Historical Revisionism of the Hungarian Right: The Queer Case of Cecile Tormay," *East European Politics and Societies and Cultures* 30, no. 1(2016): 10-33.

③ Edward Hallett Carr, *What is History?* 2nd ed. (London: Penguin, 1987), quote on p. 30.

此，正如弗里茨·斯特恩曾评价的那样，大部分史学家似乎不太愿意清晰地表达其对历史的看法，久而久之他们的处理方式已经倾向于去适应同时期的社会、政治和经济环境，去反映更宽泛的思想潮流。在19世纪，随着现代历史学科的建立，史学家们普遍强调其工作的科学原理，在细致推敲可用的档案源的基础上，专注于民族国家及其政治制度的发展。到20世纪初，史学职业已然浮现，国家级历史协会的成立代表和支撑了这一职业，如美国（1889）和英国（1904），另外还伴有一些重要的期刊，如《历史杂志》（*Historische Zeitschrift*，1859）、《历史评论》（*Review Historique*，1876）、《英国历史评论》（*English Historical Review*，1886），以及《美国历史评论》（*American Historical Review*，1895）。专门化程度的提高，导致不同的史学家群体各自关注着政治、社会和经济领域中涌现出的新的具体问题。

20世纪，历史上一度占据主导地位的正统学说面临了一系列挑战，这些挑战形成了一股全面的历史修正主义浪潮。正如吉姆·奥贝尔基维奇所指出的："对新史学的要求总是肇端于对旧史学的不满。"以利奥波德·冯·兰克和托马斯·巴宾顿·麦考莱等史学家为首的经验学派和实证学派，曾强调高层政治或伟大人物的重要性，但这种观点受到了越来越多的批判性审视。从进步和改良的角度去描述过去，这种在20世纪30年代赫伯特·巴特菲尔德命名的"历史的辉格解释"的普遍倾向，后来也让位于对所谓进步的范畴及本质的质疑。从20世纪早期美国的查尔斯·A.比尔德，到20世纪60年代英国的爱德华·汤普森及同期倡导的工人阶级"新"社会史，马克思主义为以社会阶级冲突为框架的历史变迁提供了新的明确解释。在法国，以1929年创办的《年鉴》（*Annales*）杂志命名的年鉴学派开创了另一版本的历史修正主义。他们把关注点放在了心态史上，这是一种广泛涵盖社会科学的"总体史"，其领导者吕西安·费弗尔、马克·布洛赫、费尔南·布罗代尔的目的是超越此前占支配地位的对个体人物与个别事件的关注。④

自20世纪60年代开始，社会科学领域越来越多的理论探讨支持对历史众多不同维度的重新解释，从而引发了看上去像是一种“新史学”的历史修正主义的热潮。如1990年埃里克·方纳就代表美国历史学会祝贺“新美国史”的兴起。据方纳说，过去的20年间，美国历史已被“重塑”。他认为，“美国史学家重新定义了历史研究的本质，其灵感最初源于20世纪六七十年代的社会运动，这些运动打破了曾主导历史写作的‘共识’观点，另外也受到了从其他学科借鉴而来的新方法的影响”。由此他总结说：“和上一代相比，今天的美国史研究已经大为不同。”但他同时也补充说，“新史学”的多样性至少在某种程度上易于造成历史知识的碎片化，这会阻碍新史观的整合与统一。⑤

历史修正主义在20世纪的程度和影响可能有所夸大。作为英国社

---

④ Jim Obelkevich, "New Developments in History in the 1950s and 1960s," *Contemporary British History* 14, no. 4(2000): 125-142. For an overview of changes in approaches to history, see Fritz Stern, introduction to *The Varieties of History from Voltaire to the Present*, ed. Fritz Stern(London: Macmillan, 1956), 11-32; Peter Novick, *That Noble Dream: The "Objectivity Question" and the American Historical Profession*(Cambridge, UK: Cambridge University Press, 1988). The classic critique of Whig history is Herbert Butterfield, *The Whig Interpretation of History*(1931; repr. London: Pelican, 1973). Richard Hofstadter, *The Progressive Historians*(New York: Knopf, 1968) explores the Marxist interpretations of Beard and others; Edward Thompson, *The Making of the English Working Class*(London: Penguin, 1963) is a key example of the new social history of the 1960s. Overviews of the Annales School include Peter Burke, *The French Historical Revolution: The Annales School 1929-89*(London: Polity Press, 1990); Francois Dosse, *New History in France: The Triumph of the Annales*(Champaign: University of Illinois Press, 1994); Andre Burguiere, *The Annales School: An Intellectual History*(Ithaca, NY: Cornell University Press, 2009).

⑤ Eric Foner, introduction to *The New American History*, ed. Eric Foner(Philadelphia: Temple University Press, 1990), vii, x. See also James McPherson, "Revisionist Historians," *Perspectives on History*, September 1, 2003, https://www.historians.org/publications-and-directories/perspectiveson-history/september-2003/revisionist-historians.

会史学领袖之一的阿瑟·马威克在 1970 年颇为满意地看到，业内绝大部分史学家“继续专注于研究宪政问题，依然耐心地处理着细碎的事实而非解释，依然将档案文献奉为圭臬而并没有从其他学科借用工
22 具”。另一位英国史学家大卫·康纳汀也对“新”史学所谓之“新”提出了质疑：“他们中的许多人对他们特有的那种历史的新颖性或重要性做出了断言，这种断言往好了说是言过其实，往坏了说则是错误百出；我们应该采用同样的批判敏锐性、背景审查和长远视野，对他们关于历史的主张和声明进行评估，就像我们对待来自过去和关于过去的其他证据时所做的那样。”[6] 尽管如此，对挑战既有正统观念的普遍强调还是广受追随，这一趋势在教育史上更为明显。

修正主义与美国教育史

教育史中历史修正主义的典型案例出现于 20 世纪 50—70 年代的美国。20 世纪早期，教育史往往只是师范生课程的一部分，而不是出现在大学历史系。索尔·科恩观察到，在 19 世纪末 20 世纪初，教育史这一专门的课程在师资、教学量和教科书方面存在着严重的内部困境。实际上，教育院系的师资队伍中极少有训练有素的历史学家，而那些讲授教育史的老师也不能只专注于这一门课程。这种情况在很大程度上导致教育史孤立于同期的史学研究主流趋势，同时又放大了传统史学中已经过时的那些方面。在 20 世纪二三十年代，诸如埃尔伍德·克伯莱等史学家所做的教育史研究产出了大量成果，这些成果不带有什

---

⑥ Arthur Marwick, *The Nature of History* (Macmillan: London, 1970), 87; David Cannadine, *Making History Now and Then: Discoveries, Controversies and Explorations* (London: Palgrave Macmillan, 2008). See also Geoffrey Elton, *The Practice of History* (London: Fontana, 1967); Quentin Skinner, "Sir Geoffrey Elton and the Practice of History," *Transactions of the Royal Historical Society* 7 (1997): 301-315.

么问题，将过去的教育描述成一个在教育专业与美好的民族国家合作关系引导下，持续改进和完善的过程。第二次世界大战之后，其他一些教育史学者开始从社会改造主义角度认识教育史的目的。[7] 这种解释框架受到断然挑战，挑战首先来自于 20 世纪 50 年代发出的一项要求对教育在美国历史中的作用进行重新评估的倡议，随后来自于 20 世纪六七十年代出现的一种更为激进的史学批评。

20 世纪 50 年代，福特基金教育促进会资助成立了“教育在美国历史中的作用委员会”。在其支持下，委员会于 1958 年 12 月举办了一场由历史学家和其他学者参加、旨在提出新的研究主题的会议，史学家老阿瑟 · M. 施莱辛格将会议主题进行了拓展：教育是知识、情感和其他共同影响美国人性格塑造的因素总和。这使得教育史远远超出了现代学校教育体系的范畴，扩大到诸如家庭、教堂、图书馆、青年组织、成人协会、意见团体及职业等方面。委员会认为，相对于那些在大学教育院系中工作的狭隘而孤立的教育史学者群体而言，上述研究更应成为美国史学家们广泛的社会、政治和知识关注的组成部分。

关于修正主义教育史的公开宣示，是哈佛大学美国近代史学家伯 23
纳德 · 贝林于 1960 年出版的《教育与美国社会的形成》[2] 一书。该书反映并进一步引发了美国教育史的根本性转变。贝林指出，尽管有大量关于教育各个方面的论著，但教育在美国历史上的作用仍很模糊。在贝林看来，教育史需要更多地关注探索不同历史条件下教育与社会

---

⑦ Sol Cohen, "The History of the History of American Education, 1900-1976: The Uses of the Past," *Harvard Educational Review* 46, no. 3(1976): 298-330. For example, see Lawrence Cremin, *The Wonderful World of Ellwood Patterson Cubberley: An Essay on the Historiography of American Education* (New York: Columbia University Press, 1965); Gary McCulloch and William Richardson, *Historical Research in Educational Settings* (Maidenhead, UK: Open University Press, 2000), 37; Sol Cohen, "Traditions of American Education," *Historical Studies in Education* 12, nos. 1-2(2000): 169-181.

❷ 该书中译本由安徽教育出版社 2013 年出版。

之间的关系，换言之，既包括教育对社会的作用，也包括社会对教育的反作用。他指出，这是因为“教育不只是要反映并适应社会，一旦成形，它还会转而影响并作用于社会”。同时，贝林还呼吁应拓展教育史中“教育”的范畴和定义：它应该少关注现代学校教育的兴起，多关注发生在众多不同机构和环境下、遍布于个人生活和共同社会经验中的教育过程。“新”教育史的研究主题和问题不应仅限于学校、教师和正规教学，还应该更多关注“文化迁移的过程与内容”。贝林希望应该重新定义教育，“教育不只是一种正规的教学，而是文化实现代际迁移的完整过程”。这种主张随后被劳伦斯·克雷明进一步发展，克雷明认为教育史的概念应更为宽泛，包括要考虑到在广义上与教育有关的大众传媒以及越来越多的私人、准公共和公共机构的兴起。[⑧]

这种新的史学思想也遇到了一些抵制和批评，如威廉·W. 布里克曼。这位保守派的学者曾抱怨修正主义者在摧毁早先的正统理论时缺乏“谦卑”。他抗议说，“修正主义者朋友们”对教育史的某些方面一无所知，“因为他们刚开始接触这门学科，并没有花足够的时间来研究它”。尽管如此，修正主义方法总体而言还是成了一种普遍共识的基础，即教育史研究的应该是教育与社会的历史关系。例如，约翰·塔尔博特在写于 1971 年的成果中明言，新的教育史方法与传统方法的区别在于，前者现在关注的是教育与社会之间的相互作用。索尔·科恩对新史学的热情依然不减：“过去十年涌现出大量的美国教育史成果，这些成果思路开阔，与社会史和思想史领域紧密协调，对史学工具和

---

⑧ Richard Storr, "The Role of Education in American History: A Memorandum for the Committee Advising the Fund for the Advancement of Education in Regard to This Subject," *Harvard Educational Review* 46, no. 3 (1976): 331-354. Bernard Bailyn, *Education in the Forming of American Society: Needs and Opportunities for Study* (Chapel Hill: University of North Carolina Press, 1960), 48, 53, 14. See especially Lawrence Cremin's three-volume work, *American Education* (New York: Harper and Row, 1970, 1980, 1988).

方法的运用富于想象且老练娴熟。”科恩认为，就教育史而言，当前大学历史院系和教育院系之间没有明显分野，因为无论哪个院系的新教育史学者，在从事写作时，都不再把公立学校看成是明确的进步和历史的必然。按照这种观点，教育史的主要目的不再是培养职业自豪感，而是分析机构对社会变迁的适应，并强调教育理念和实践与社会、经济、政治背景的关系。他也承认，新的研究工作仍将延续传统的领域和主题，但他坚持要引入新颖的思路，因为那些要去回答的问题以及在研究这些问题时所用的方法，已经和过去大为不同。到1980年，尤 24
尔根·赫伯斯特得以宣告，修正主义“处在我们史学的前沿”，它提高了教育史在历史领域以及教育领域的地位。[9]

在这种新的共识的表象之下，教育和社会之间历史关系的本质这一问题，仍旧引发了热烈有时甚至是激烈的争辩。这些争论是围绕现代社会中学校教育的特征而出现的。根据由迈克尔·卡茨、克拉伦斯·卡雷尔及其他史学家为代表的自称为“激进修正主义”学派的说法，现代学校教育体系是在社会阶级差异的基础上发展起来的，是社会控制的手段，旨在维护既有的社会和经济结构。卡茨的目的是消除他所描绘的那种仿佛萦绕于教育改革周围的“情绪阴云”：“据传，大众教育始于人道主义热忱的激情火焰；但大多数城市学校系统都是冰冷、僵化且有几分枯燥乏味的科层机构。”穿过“虔诚雾气”，处于推广大众教育背后的利益动机才能显露真容，“社会领袖、焦虑于地位的父母、渴望升迁的教育家，他们出于各自的原因联合起来，企图将教

⑨ William Brickman, “Revisionism and the Study of the History of Education,” *History of Education Quarterly* 4, no. 4(1964): 214; John Talbott, “The History of Education,” *Daedalus* 100, no. 1(1971): 134; Sol Cohen, “New Perspectives in the History of American Education, 1960-1970,” *History of Education* 2, no. 1(1973): 82, 86; Jurgen Herbst, “Beyond the Debate over Revisionism: Three Educational Pasts Writ Large,” *History of Education Quarterly* 20, no. 2(1980): 131-132.

育改革强加于一个无奈的社会”⑩。

尽管在解释美国学校现有问题的历史原因方面，激进修正主义的批判颇为强大且具说服力，但其他一些修正主义史学家并未完全信服，他们认为过去并不像激进修正主义者所描绘的那样暗淡或简单。例如，戴维·泰亚克既批评了克伯莱的“欢呼派”传统，也批评了卡茨和其他人对公立教育的敌视，他说：“我既不支持传统文献描绘的那种对公立教育的热情赞颂，也不支持当前所流行的对公立学校人士的斥责以及将公共学校视为失败的看法。”保守派史学家黛安娜·拉维奇在对贝林和克雷明早期成果表示支持的同时，也很快着手“对修正主义者进行修正”。因此，修正主义思想的传播并未全然引发新的共识，即对教育与社会相互关系的普遍强调。事实上，发生在美国的激进教育史学者和其他学者之间的论战是对20世纪六七十年代持续不断的社会政治冲突的生动反映。到20世纪80年代末，卡茨可以相对客观地表示，在像他这样的一批史学家的努力下，“任何学者，只要稍微了解史学领域的新近成果，都不会再去单纯地叙述人道和民主的胜利”。但另一方面，他也抱怨说，一种新的基于政治的批评形式已经出现，他称之为“对修正主义者的抨击”。卡茨认为，如果辩论能够建立在激进修正主义者观点的基础上，同时保留批判性“前沿”地位，那现在就可以重启辩论。⑪

20世纪60年代出现的对修正主义的初始热忱及其论争，在20世

---

⑩ Michael Katz, *The Irony of Early School Reform: Educational Innovation in Mid-Nineteenth Century Massachusetts* (Cambridge, MA: Harvard University Press, 1968), 2, 218.

⑪ David Tyack, *The One Best System: A History of American Urban Education* (Cambridge, MA: Harvard University Press, 1974), 9; Michael Katz, *Reconstructing American Education* (Cambridge, MA: Harvard University Press, 1987), 136, 137, 159. See also Diane Ravitch, *The Revisionists Revised: A Critique of the Radical Attack on the Schools* (New York: Basic Books, 1978); Ira Shor, *Culture Wars: School and Society in the Conservative Restoration, 1964-1984* (London: RKP, 1986).

纪70年代逐渐消退，一些史学家随之提出要把教育史发展到“后修正主义”阶段。威廉·里斯和约翰·L.鲁里将后修正主义视为一种兼容并包的策略，外延广泛且涵盖多样，不过他们也建议后修正主义要表现为“一种对美国教育史新的分析叙述框架，既超越了贝林所批判的那种制度进步主义的立场，也超越了激进修正主义者的阶级支配和社会控制观点”。同时他们还评价说，这标志着“该领域新的成熟，它愿意接受教育的复杂性，将其作为一种社会政治变革的过程，需要斗争，也需要成长，有进步的希望”。为了展示这一点，他们将不同历史题材 25
的成果进行了汇编，主题包括殖民地和南北战争前的教育、黑人教育、教师、女童和妇女教育、儿童、高等教育、课程、城市和城郊教育以及联邦教育政策等。[12]

与此同时还出现了一批被称作激进的后修正主义的著作。与早期激进的修正主义者不同，新一代历史批评家的激进倾向不是政治上的，他们利用后现代主义的主张在方法论和理论层面去挑战正统史学。例如科恩倡导的关于“新教育文化史”的讨论，就受到了法国哲学家米歇尔·福柯思想的强烈影响。随后，遵循对知识模式进行历史建构的思路，相关研究进一步开展。托马斯·波普克维茨反对史学家素来对档案来源的依赖，认为这是美国教育史领域“经验主义尘暴”的基础，呼吁应专注于他所说的“理性风格”，“以挑战那些诸如历史现象之起

---

⑫ William Reese and John Rury, introduction to *Rethinking the History of American Education*, ed. William Reese and John Rury(New York: Palgrave Macmillan, 2008), 6-7.

源一样的主题表征，并把时空关系作为研究的问题”。⑬

总而言之，美国的例子很好地证明了历史修正主义对教育史学的贡献。20 世纪六七十年代，修正主义写作浪潮在该研究领域创造了一种新的文学。这有一定程度的共识作为基础，特别是对传统史学的强烈负面反应，以及对教育与宏观社会关系的强调。另一方面，与其说他们之间达成了广泛共识，不如说伴随其中的是关于上述关系本质问题更加热烈甚至是激烈的争论。

教育与社会变迁

其他很多国家也上演着类似的争论，不过根据具体地域和国家的情况，争论的重点有所不同。有些国家的修正主义教育史要早于美国，有些则要晚，同时共识的程度和性质也各不相同。例如，在英国，历史修正主义的趋势肇端于 20 世纪 40 年代，而澳大利亚和新西兰则出现于 20 世纪七八十年代。

在英国，传统教育史学尤为偏爱关于国民教育体系发展的教材，约翰·亚当森在两次世界大战期间编写的教材就是如此。其中暗含着社会渐进发展的辉格式主题，乔治·朗兹的作品就强调了这一点。这是为了追溯 20 世纪早期公共教育发展所带来的有益变化，这些变化合起来构成了朗兹所称的一场“静悄悄的社会革命”。彼得·戈登和理查

⑬ See Thomas Popkewitz,“Styles of Reason: Historicism, Historicizing, and the History of Education,” in *Rethinking the History of Education : Transnational Perspectives on Its Questions , Methods , and Knowledge*, ed. Thomas Popkewitz (New York: Palgrave Macmillan, 2013), 14. See also Sol Cohen, *Challenging Orthodoxies : Toward a New Cultural History of Education* (New York: Peter Lang, 199); Thomas Popkewitz, Barry Franklin, and Miguel Pereyra, eds. , *Cultural History and Education : Critical Essays on Knowledge and Schooling* (London: Routledge, 2001).

德·西莱特也注意到，教育史倾向于强调思想家和作家个人，过分关注教育立法，特别是关注牛津大学、剑桥大学及私立学校或“公学”等精英教育机构。[14]

在英国，伦敦大学教育学院院长费雷德·克拉克是修正主义教育史的先行者，他的短篇成果《教育和社会变迁：一种英国的解释》对此体现得尤为明显。他倡导“一种完整的文化与社会背景下的英国教 26
育史”，以凸显教育系统中的社会差异和不平等。战后，一些社会学家开始从事这方面研究，特别是奥利弗·班克斯和雷蒙·威廉姆斯等，他们和克拉克一样，认为历史分析是认识社会问题的重要工具。[15]

不过，最大程度实现克拉克愿景的是布莱恩·西蒙。克拉克希望，关于教育和社会变迁的关系，要有详尽的历史记录。西蒙从马克思主义的观点出发做到了这一点，他强调社会阶级冲突是英国教育史主要的解释因素。在这种背景下，西蒙指出了“英国教育史的新的功能，即阐明社会和历史的影响，这种影响在塑造学校及其所教内容方面发挥了强劲作用；同时，更为重要的功能是，将真正的教育理论与所谓的合理化区分开来，因为后者寻求的只是辩解搪塞而不是客观阐释”。据西蒙所言，这将赋予教育史新的功能，即“对社会史的一项重要贡

---

⑭ See John Adamson, *A Short History of Education* (Cambridge, UK: Cambridge University Press, 1919); John Adamson, *English Education 1789-1902* (Cambridge, UK: Cambridge University Press, 1930). George Lowndes, *The Silent Social Revolution: An Account of the Expansion of Public Education in England and Wales 1895-1965*, 2nd edition (Oxford: Oxford University Press, 1969). Peter Gordon and Richard Szreter, eds., *History of Education: The Making of a Discipline* (London: Woburn, 1989).

⑮ Fred Clarke, *Education and Social Change: An English Interpretation* (London: Sheldon Books, 1940); Fred Clarke, *The Study of Education in England* (Oxford: Oxford University Press, 1943). See also Gary McCulloch, *The Struggle for the History of Education* (London: Routledge, 2011), 33-34; Olive Banks, *Parity and Prestige in English Secondary Education: A Study in Educational Sociology* (London: RKP, 1955); Raymond Williams, *The Long Revolution* (London: Chatto and Windus, 1961).

献——它不是那种对法令条例的平淡记录，其间穿插着记载了一些‘领先于时代’的伟大教育家的思想”。这一信念支撑了西蒙自己的著作，包括他的四卷本《教育史》，这部历史跨度从1780年到1990年的著作颠覆了此前自由进步主义的正统学说，并很快成为业界标准。⑯

1972年，英国社会史学家阿萨·布里格斯提出，教育史应被视作“更大范围的社会史的一部分，社会史要广泛地从政治、经济角度进行解释，有必要的话还应加上宗教角度”。这一主张得到普遍认同。西蒙那种强调社会差异和冲突的修正主义观，在英国的背景下形成了广泛共识。尽管如此，人们对这种社会学说本质的认识仍有分歧，对此还需要进一步尝试提出新的、总体性解释。彼得·马斯格雷夫担忧的是，将社会阶层作为一种分析概念加以依赖，会破坏与其他理论模式间的潜在联系。例如，西蒙的著作中几乎没有提到性别不平等是社会冲突的一个源头，这是许多女权主义史学家在20世纪八九十年代就注意到的一个空白。例如，琼·普尔维斯注意到，教育史一直强调的都是男性和男孩而非女性和女孩的政策及经验。对性别差异、民族认同、宗教、传记及其他主题的进一步研究在很大程度上取代了对先前社会阶

---

⑯ Brian Simon,"The History of Education," in *The Study of Education*, ed. John Tibble(London:RKP,1966),95,Brian Simon,*The Two Nations and the Educational Structure 1780-1870*(1960;repr. London:Lawrence and Wishart,1965);Brian Simon,*Education and the Labour Movement ,1870-1920*(London:Lawrence and Wishart,1965);Brian Simon,*The Politics of Educational Reform*,1920-1940(London:Lawrence and Wishart,1974);Brian Simon,*Education and the Social Order ,1940-1990*(London:Lawrence and Wishart,1991). See also Gary McCulloch,"A People's History of Education:Brian Simon,the British Communist Party,and *Studies in the History of Education ,1780-1870*,"*History of Education* 39, no. 4(2010):437-457.

层的关注，也普遍认可教育在维持社会对立方面起到了推波助澜的作用。[17]

其他国家也出现了类似的关于修正主义的争论，有些在时间上要晚于美英，不过涉及的问题往往大致相同。在欧陆各国，尽管因所处社会和国家背景不同，教育表现各异，但有证据表明都普遍出现了对传统教育史的重新解释，也都倾向于支持更具批判性的社会史。在欧洲教育史学界居于领军地位的期刊《教育史》（*Paedagogica Historica*），本身就在20世纪90年代从自由进步主义教育的堡垒转型为一个国际性、自称为先锋型的成果平台。某种程度上这种新的史学和自美国发展起来的史学相类似，但更倾向于理论化，对处在社会边缘的学校教育无甚兴趣。[18]

---

⑰ Asa Briggs, "The Study of the History of Education," *History of Education* 1, no. 1 (1972): 5; Peter Musgrave, "A Model for the Analysis of the Development of the English Educational System from 1860," in *Sociology, History and Education: A Reader*, ed. Peter Musgrave (London: Methuen, 1970), 15-29; Jane Purvis, "The Historiography of British Education: A Feminist Critique," in Rethinking Radical Education: Essays in Honour of Brian Simon, ed. Ali Rattansi and David Reeder (London: Lawrence and Wishart, 1992), 249-266. See, for example, Joyce Goodman, Gary McCulloch, William Richardson, eds., *Social Change in the History of British Education* (London: Routledge, 2008); Joyce Goodman and Ian Grosvenor, "Educational Research—History of Education: A Curious Case?," *Oxford Review of Education* 35, no. 5 (2009): 601-616.

⑱ On trends in the history of education in Europe, see Detlef Muller, Fritz Ringer, and Brian Simon, eds., *The Rise of the Modern Educational System* (Cambridge, UK: Cambridge University Press, 1987); Jesper Larsen, ed., *Knowledge, Politics and the History of Education* (Berlin: Verlag, 2012); Marc Depaepe, *Between Educationalization and Appropriation: Selected Writings on the History of Modern Educational Systems* (Leuven: Leuven University Press, 2012); "Shaping the History of Education? The First Fifty Years of *Paedagogica Historica*," *Paedagogica Historica*, special issue, 50, no. 6 (2014); Matthew Kelly, "The Mythology of Schooling: The Historiography of American and European Education in Comparative Perspective," *Paedagogica Historica* 50, no. 6 (2014), 756-773.

27 20 世纪 70 年代，修正主义的争论在加拿大开始显著起来。同样澳大利亚也出现了对教育社会史的新兴趣，到 20 世纪八九十年代，在艾莉森·麦金农、帕芙拉·米勒和玛乔丽·西奥博尔德等史学家的著作中，对女孩和女性教育有了更多的关注。在澳大利亚，很多修正主义的成果都倾向于强调社会阶层和性别的密切联系，其中尤以伊恩·戴维和鲍勃·贝赞特最为典型。20 世纪 90 年代，印度曾试图按照在西方业已广为传播的“新史学”的精神，重新诠释教育史。当然其间也一直存有争论，像帕里马拉·拉奥等学者正在向一种既定史学发起挑战，这种史学强调的是帝国主义、反帝国主义、后现代和民族主义思想，更加倾向于叙事法和编年法，也包括关注贫民、女性、低种姓群体和社会底层的声音。在巴西，20 世纪 80 年代以来的史学调查也导致该领域出现了新的方法和新的激烈争论。[19]

另一个尤其值得关注和详细考察的案例是新西兰，他们直到20世纪80年代才开始转向修正主义的方法。这种情况下，在20世纪上半叶占据主导地位的是阿瑟·布彻斯的研究，当然到20世纪七八十年代也有其他人沿用了这种基本方法。布彻斯在20世纪二三十年代的研究成果提供了一部综合全面的新西兰教育史，那个时候，对学习教育的学生来说，除了英国史和欧洲教育思想等内容外，几乎什么都接触不到。布彻斯的成果极少有对现代学校教育的社会和政治意义的批判性分析。伊恩·卡明采纳了与布彻斯类似的观点。卡明是第二次世界大战后新西兰著名的教育史学家，他对位于新西兰最大城市奥克兰的教育委员

---

⑲ For Canadian revisionist history, see "Education and Social Change in English-Speaking Canada," *History of Education Quarterly*, special issue, 12, no. 1(1972); Donald Wilson, "From Social Control to Family Strategies: Some Observations on Recent Trends in Canadian Educational History," *History of Education Review* 13, no. 1(1984), 1-13. Australian literature includes Andrew Spaull, "Australian Educational History," *History of Education Quarterly* 21, no. 4(1981): 501-508; Alison Mackinnon, *One Foot on the Ladder: Origins and Outcomes of Girls' Secondary Schooling in South Australia* (St. Lucia, Queensland: University of Queensland Press, 1984); Marjorie Theobald, *Knowing Women: Origins of Women's Education in Nineteenth-Century Australia* (Cambridge, UK: Cambridge University Press, 1996); Ian Davey, "Capitalism, Patriarchy and the Origins of Mass Schooling," *History of Education Review* 16, no. 2(1987): 1-12; Bob Bessant, " 'Progress' and Revision in the History of Education in the 1980s," *Discourse* 12, no. 1(1991): 67-84; Colin Campbell and Geoffrey Sherington, "The History of Education: The Possibility of Survival," *Change: Transformations in Education* 5, no. 1(2002): 46-64. On India, see Suresh Ghosh, *The History of Education in Modern India, 1757-1998*, 2nd edition(1995; repr. New Delhi: Orient Longman, 2000); Parimala Rao, ed., *New Perspectives in the History of Indian Education* (Delhi: Orient Blackswan, 2014). On Brazil, see Jose Gondra, Carlos Vieira, Regania Simoes, and Claudia Cury, "History of Education in Brazil: The Construction of a Knowledge Field," *Paedagogica Historica*, 50, no. 6(2014): 822-829; Marisa Bittar and Amarilio Ferreira Jr., "The History of Education in Brazil: The Formation of the Field and Theoretical Influences," *Espacio, Tiempo y Educacion* 3, no. 1(2016): 61-84.

会的百年史研究很有影响力，而他的代表作、与其子艾伦合著的《新西兰国家教育史》，直至 1978 年才出版。[20]

在美国，争辩是其教育史研究的重要特征，但在新西兰，这一特征直到 20 世纪 80 年代才明显起来，这部分是因为新西兰整体的历史研究“仍处于不成熟的发展阶段，充斥着巨大的空白”。甚至著名教育史学家戴维·麦肯齐在 1984 年时仍能评论说，新西兰教育史领域的传统智慧，在很大程度上还是要归功于布彻斯在其开创性成果中奠定的思想体系。直到 1987 年，一组能被视为修正主义式的论文才得以发表。有两个主要原因造成了这种姗姗来迟：其一是新西兰教育史研究的孤立，这种孤立一方面是指新西兰在地理上孤立于其他国家，另一方面也是指新西兰的教育史研究孤立于其他社会科学；其二是在新西兰，社会和政治平等主义的“神话”力量经久不衰。在新西兰自身的社会史和社会学新研究的推动下，现在教育史的写作也开始对批判性探究表现出更大的兴趣。

在新西兰，新教育史的另一重要代表人物是罗伊·舒克。他比大多数人都更早地提出要采用“修正主义观点”，特别是要接受那些美国已有很好发展的见解。舒克本人强烈支持一种更为明确的理论方法，这种方法借鉴自 20 世纪六七十年代发生在美国的争论。如其所言：“美国修正主义教育史学者的工作，为重新对新西兰教育史进行类似评价
28 提供了可能。”而且，他特别倾向于追随“激进修正主义”的路线，即强调自 19 世纪末以来，随着社会、政治和经济利益结构的确立，社会

⑳ Arthur Butchers, *Education in New Zealand* (Dunedin, New Zealand: Coulls Somerville Wilkie, 1930), ix; Arthur Butchers, *Young New Zealand* (Dunedin, New Zealand: Coulls Somerville Wilkie, 1929), vii. Other examples of “traditional” history include Ian Cumming, *Glorious Enterprise: The History of the Auckland Education Board, 1857-1957* (Auckland, New Zealand: Whitcombe and Tombs, 1959); Ian Cumming and Alan Cumming, *History of State Education in New Zealand, 1840-1975* (Wellington, New Zealand: Pitman, 1978).

阶层的不平等在国家学校教育体系中被一再复制。舒克完全不认同社会逐渐走向平等的正统说法，相反，他坚持认为，学校是建立不同的供给模式基础上的，服务于复制既定的阶层、性别和种族结构。㉑

和其他国家一样，修正主义的出现并没有带来充分共识，而是引发了激烈的争论。20世纪90年代，新一代的教育史学者基于政治和社会批判提出了新的见解，但也认识到了其中的复杂性和细微差别。例如，有一部重要的著作对新西兰历史上一直遍布于学校教育中的政治争论进行了分析，它在运用"真正的历史方法书写教育史"的同时，还结合了理论概念。随着布彻斯和卡明统治地位的褪去，各种批判观点不断涌现，20世纪80年代末引发的这场争论在该领域产生了深远影响。然而，传统方法潜在的反弹力仍很强大，即便有批判学派的努力，

㉑ For revisionist discussions in the New Zealand context, see Mark Olssen, "What Really Happened? Varieties of Educational History," in *Reinterpreting the Educational Past: Essays in the History of New Zealand Education*, ed. Roger Openshaw and David McKenzie (Wellington: New Zealand Council for Educational Research, 1987), 21-38; Rollo Arnold, *A "New" Educational History for New Zealand?* (Wellington: New Zealand Council for Educational Research, 1973), 2; David McKenzie, "Ideology and History of Education in New Zealand," *New Zealand Journal of Educational Studies* 19, no. 1(1984): 2-9; Roger Openshaw, introduction to *Reinterpreting the Educational Past: Essays in the History of New Zealand Education*, ed. Roger Openshaw and David McKenzie (Wellington: New Zealand Council for Educational Research, 1987), 1-7; Roy Shuker, "New Zealand's Educational History: A Revisionist Perspective?," *Delta* 27(1980): 39; Gary McCulloch, *Education in the Forming of New Zealand Society: Needs and Opportunities for Study* (Wellington: New Zealand Council for Educational Research, 1986); Roy Shuker, *The One Best System? A Revisionist History of State Schooling in New Zealand* (Palmerston North, New Zealand: Dunmore Press, 1987); see also Neil Daglish, Gary McCulloch, Pavla Miller, and Roy Shuker, "Forum: A 'One Best System' in New Zealand," *History of Education Quarterly* 29, no. 2(1989): 261-277.

但传统方法却不会消失。[22]

我们在强调历史修正主义基于地区和国家情势以不同方式得以发展的同时，从西方国家的国际期刊、国际学术会议和专题研讨会以及计算机网络化等事物中，也可能会察觉到一种国际化的趋势。很自然地，21世纪初的这种修正主义的视角之一，就是教育史研究的“跨国”路径，也就是说，用跨越国界的方式去考察那些跨越单一民族国家的教育和社会现象。[23] 这其中有可能会出现打破共识的论战，而关于国家和跨国因素的相对重要性以及两者之间的张力，也可能会有进一步的争论。

总结性反思

在上述不同的国家背景下，我们看到了教育史对教育与社会变革关系的新的强调，尽管在不同时期他们有着各自不同的发展路径和前进步伐，但普遍都受到了来自美国和欧洲的历史修正主义的影响。每每在关于该领域的重点事项达成普遍共识时，新的争论就随之出现，

㉒ Roger Openshaw and Howard Lee, *Challenging the Myths : Rethinking New Zealand's Educational History* (Palmerston North, New Zealand: Dunmore Press, 1993), 9; Gary McCulloch, "Openshaw et al., *Challenging the Myths*," *History of Education* 23, no. 3 (1994): 317-319. See also McCulloch, *Struggle for the History of Education*, 18-20.

㉓ For example, see " 'Empires Overseas' and 'Empires at Home': Postcolonial and Transnational Perspectives on Social Change in the History of Education," *Paedagogica Historica*, special issue, 45, no. 6 (2009); "Internationalisation in Education: Issues, Challenges, Outcomes," *Paedagogica Historica*, special issue, 50, nos. 1-2 (2014); "Transnational Circulation of Reform Ideas and Practices: The Example of the Experimental and Community Schools (Versuchs und Gemeinschaftscheulen) in Hamburg (1919-1933)," *Paedagogica Historica*, special issue, 50, no. 5 (2014); Bernita Bagchi, Eckhardt Fuchs, and Kate Rousmaniere, eds., *Connecting Histories of Education : Transnational and Cross-Cultural Exchanges in (Post) Colonial Education* (New York: Berghahn, 2014).

所围绕的往往是那些还未解决有关阐释和方法的特定问题。

在史学中相对较小的分支学科里，毫无疑问是可以达成某些共识的。共识，是教育史学发展早期的重要组成部分，即使在修正主义占据主导地位时，共识仍然存在并发挥着作用。和一般史学一样，在教育史学中，历史修正主义也成了一个关键主题，而且这个主题在教育史学中可能要比在其他史学领域更为活跃，因为人们对先前的教育史基础文献的不满既深且久。这些文献需要一再修正，因为其中存在着自由主义、男性中心、经验主义、对学校的狭隘关注、局限于地区和国家等因素。总有值得抱怨之处，总有恨不能擦除的内容，盯着它们时，从不会令人心满意足或是能说句“足够了”。这种基本的不满留存于未来的修订和争论之中。

尽管动机各异，但就公平而言，教育史学者总体上仍恪守着历史 29
修正主义的信条，不会迷失于修正主义的滥用。它的实践者们对证据给予了应有的重视，正如他们尊重史学的发展态势一样。即便一直是潜在的斗争主题，但从根本上说，修正主义仍是一种道德追求。它还没有催生出一个“温斯顿·史密斯”，也没有创设出一个“真理部”，而且把我们的历史清除干净似乎也是不可能的。

推荐书目

Bailyn, Bernard. *Education in the Forming of American Society: Needs and Opportunities for Study*. Chapel Hill: University of North Carolina Press, 1960.

Carr, Edward Hallett. *What Is History?* (1961). 2nd edition. Repr. London: Penguin, 1987.

"Education and History." *Harvard Educational Review*, special issue, 46, no. 3(1976).

Larsen, Jesper, ed. *Knowledge, Politics and the History of Education*.

Berlin: Verlag, 2012.

McCulloch, Gary. *The Struggle for the History of Education*. London: Routledge, 2011.

McCulloch, Gary, and William Richardson. *Historical Research in Educational Settings*. Buckingham, UK: Open University Press, 2000.

Popkewitz, Thomas, ed. *Rethinking the History of Education: Transnational Perspectives on Its Questions, Methods and Knowledge*. New York: Palgrave Macmillan, 2013.

Reese, William, and John Rury, eds. *Rethinking the History of American Education*. New York: Palgrave Macmillan, 2008.

"Shaping the History of Education? The First Fifty Years of *Paedagogica Historica*." *Paedagogica Historica*, special issue, 50, no. 6(2014).

第 2 章　城市教育史

安斯利·T. 埃里克森

城市里的学校教育历来为教育史学者所关注，美国尤是如此。[①] 在 33
美国，教育史和城市史这两个领域即便不总是交织在一起，但基本上也是相伴而生的。这两个领域很早就已出现，不过在 20 世纪 60 年代时又获得了新的活力，这很大程度上是因为当时人们对城市和城市学校的关注，认为它们是危机的发源地。那一时期美国社会中去工业化和种族隔离导致的后果也受到了民众和学界的关注。此后 20 年里，城市史学家们对造成城市危机的多方面和广泛的根源进行了深入发掘，对一系列联邦和地方政策进行了追踪，这些政策结合了市场动态和社会偏好，将资源从城市中心吸引到白人居住的郊区。与此同时，城市学校系统，这个几十年前还是美国资源最丰富、制度最完善的系统，现在却在经费缩减的情况下只能为社会和经济上边缘化的儿童与家庭提供服务。正是在这种背景下，教育史学者开始越来越多地转向城市学校研究。

不过，20 世纪其他地区对城市教育及其历史的书写有着完全不同的发展路径。英国在 19 世纪中期实现了“城市化”，这意味着大多数居民生活在城市之中（比美国整整早半个世纪），但学界到 20 世纪 90 年代才开始关注城市。其他大洲和地区的城市化进程要缓慢得多，教育

---

① 感谢维奥拉·黄（Viola Huang）的研究协助。

史学者对此也甚少关注（基于一所美国大学观察的视角而言，至少从以英文出版的著作中就可看到这一点）。直到21世纪初，全球在城市居住的人口才占到多数。1910年时，美国的城市化已经开始，白人中除残障人士外几乎普遍都能接受小学教育，而当时世界上整整50%的人口还生活在巴西、俄国、印度和中国等入学率相当低下的国家。印度5—14岁儿童中能上学受教育的只有十分之一。尽管这些国家内部或国家之间存在着显著差异，但在整个20世纪，城市居民还是要比农村居
34 民更有可能接受正规教育。农业经济抑制了对教育的投资，而以城市为中心的商业经济及后来的工业经济的发展，使人们有了通过学校获得技能的需求。当然教育机会并不普遍，对城市里的工人阶级而言更是如此，但在城市里，经济因素（有时候是政治因素）还是使更多的教育投资成为可能。在中国，城乡教育差距一直是学者们关注的焦点；在拉丁美洲，城乡间的对比也刺激了这方面的研究。②

在发展中国家的教育史研究领域，很多研究的默认对象都是城市，例如，精英群体为其子女所建学校的坐落地点，以及位于该地点的学校能否提供广泛的上学机会，但对于该地点具体的城市生活却甚少关

---

② Latika Chaudhary, Aldo Mussachio, Steven Nafziger, and Se Yan, "Big BRICS, Weak Foundations: The Beginning of Public Elementary Education in Brazil, Russia, India, and China," *Explorations in Economic History* 49(2012): 221-240; Emily Hannum, "Political Change and the Urban-Rural Gap in Basic Education in China, 1949-1990," *Comparative Education Review* 43, no. 2(May 1999): 193-211; Suzanne Pepper, *Radicalism and Educational Reform in 20th-Century China: The Search for an Ideal Development Model* (New York: Cambridge University Press, 1996); Stig Thogerson, *A County of Culture: Twentieth Century China Seen from the Village Schools* (Ann Arbor: University of Michigan Press, 2002); Suresh Chandra Ghosh, *The History of Education in Modern India, 1757-2012*, 4th edition (New Delhi: Orient Black Swan, 2013); Alicia Civera, "Range and Limits of the Countryside Schooling Historiography in Latin America," in *Connecting Histories of Education: Transnational and Cross-Cultural Exchanges in (Post) Colonial Education*, ed. Barnita Bagcchi, Eckhardt Fuchs, and Kate Rousmaniere (New York: Berghahn, 2014), 61-84.

注。在拉丁美洲，以前的那些农业国，既经历了工业城市化进程，又处在后殖民地和/或后专制时代国家建设重要阶段。在这些国家里，主导性问题是国家建设和公民民主方面的问题，这些问题往往要在国家范围内进行研究。又如在印度学界，构成教育研究基本框架的是有关殖民地和后殖民地教育进程的研究，而非城市本身。

正如英国史学家戴维·里德在 1977 年所指出的那样，即便史学家已经对城市及其学校进行了广泛研究，但核心问题仍未得到解决。他问道：什么是城市教育？史学家应该如何思考城市与学校的关系？城市学校究竟是“一面反映社会紧张局势的镜子”（这种紧张局势源于城市内外其他广泛的力量），还是“一系列具体的问题”（这些问题既有别于对现代城市的理解，又对理解现代城市是不可或缺的）？[3] 在里德提出这个史学问题之后的近 40 年里，仍然没有明确的答案——当美国和英国之外的城市进入到研究视野后，更是如此。

在美国当前的普遍用法中，“城市教育”的含义尚无定型，且时而含糊不清。在 18 世纪、19 世纪和 20 世纪初，城市通常代表了围绕工业经济的密度、规模和社会多样性的特定组合。如今，人口统计学有时已经超越了地理范畴，用“城市”来描述有色人种学生的特征，无论他们居住在工业中心、郊区甚或远郊。在美国，考虑到“城市”和“危机”两者之间的紧密联系（尤其是在 20 世纪下半叶），“城市教育”也代表了经济衰退在教育上导致的后果，与之相伴或加剧的是公共投资的减少或者制度性混乱。在美国，城市的确经历了惊人的转变，强调危机或许也并无不当。然而，为了从历史角度认识学校和城市，在聚焦于危机时，我们也需要研究这种聚焦的益处及其局限。

美国之外的教育史学者观察到了一系列更广泛的城市景象并对其

---

③　Reeder, David, ed. *Urban Education in the Nineteenth Century* (London: Taylor and Francis, 1977), 1.

进行了解释。在其他发达国家，也包括发展中国家，城市中财富与特权、贫困与边缘的样态，在很大程度上与美国相反。在这些地方，贫民和新移民的社区环绕在大都市的周边，而富人仍集中在市中心。法国的郊区模式就是如此，与尼日利亚或巴西的自建式贫民窟更为相似，但不同于美国那种富人聚集于市郊的模式。

对于全球城市形态的多样性，以及美国社会中日益加剧的贫困、种族和阶级隔离、基建落后等情况，有部分学者做出了回应，所用的方式是把更多的因素聚拢到“城市”标签之下。如同乔治·诺布利特和威廉·平克所做的那样，将城市和那些“根本与地理无关”的社会与经济问题画上等号，这样或许会从其包容性中受益，也可能有助于“危机”概念在美国学术界发挥作用，即通过大幅度的简化处理来引起
35 注意。不过它还是晦涩不清的。在相关讨论中，如果剔除与自然、社会、政治和经济相关的地理因素，城市的概念就会失去其分析能力与特质。用严谨的分析去审视城市教育史的发展，注意到多样且变化之中的城市图景的乐观趋势，这不会阻碍而是会有助于我们形成关于“城市”和“城市教育”的清晰概念。

要考虑如何把城市教育用作教育史的一种解释框架，途径之一就是研究美国和英国，这两个国家出版的关于城市教育的英文历史文献最为成熟和完备。在这两个国家，“城市教育”作为重要的组织概念，已经用在了教育社会史和教育经济史领域，但在与城市有关的学校教育方面，仍有一些关键问题没有受到重视。本文还要对其他地区的学术研究进行讨论，这些研究补充或是挑战了美英的主流观点。对于戴维·里德提出的那个历久弥新的问题，即城市教育史到底是什么，本文也将进行探讨。

城市及其学校的史学研究路径

关于城市教育史的英文研究成果中，存在四大主题。第一，19 世纪和 20 世纪的大量研究都将重点放在了城市教育上，显然城市是学校教育发展的主要背景。城市状况，尤其是工业生产所导致的城市状况，刺激了对特定教育形式的需求。然而，学校与所在城市是如何互动的，或者说学校如何为城市建设做贡献的，这仍是一个较少关注的问题。第二，与欧洲、拉丁美洲和其他地区相比，美国的城市教育史尤其强调的是工业城市，且常常是芝加哥学派所说的同心圆模式的城市。第三，尽管美国教育史研究很是重视城市教育，但学界对城市背景下教育的关注还并不全面。特别是 20 世纪以来，史学家把大量精力放在了教育科层体系的形成、国家对教育的控制以及更广泛的政治经济相关问题上，相比之下，教育史中的一些重要主题并没有充分或只是部分涉及城市。第四，在新的研究中，那种认为城市是教育创新主阵地的观点受到了挑战，或至少受到了限制。这些新的研究强调的是在乡村背景下教育发展的重要性，或是在国家而非地方层面的重要性。

作为学校教育背景的城市

在美国教育史研究中，特别是在 20 世纪的美国教育史研究中，学
者们把城市情境作为首要关注点。他们都对 19 世纪和 20 世纪初的城市 36
进行了整体考察，视之为教育革新的场所，这往往是必然所需。当时的城市挤满了新的移民和移民社区，为了管控城市规模，应对城市多样性，满足城市工业经济需要，学校似乎成为至关重要的机制。1974

年戴维·泰亚克的《一种最佳体制》❶ 一书提出了一个最为有力且很是持久的观点，即塑造20世纪美国教育实践和组织主导模式的力量，就在城市的工业熔炉之中。

对泰亚克和他之后的许多作品来说，城市创新的传奇在第二次世界大战后的几十年里逐渐消失，而危机叙事则成为对城市教育的主要刻画。如果说在20世纪上半叶，城市学校比郊区或农村学校更先进、更富足、更完善，那么到了20世纪下半叶，这种平衡已经发生了变化。创新场所变成了危机之处，而学者们也常常把城市教育定义为城市崩溃的麻烦产物。

尽管这种对美国城市和学校的看法反映了城市形态的重大转变，但它对城市与学校互动的认识是相当肤浅的。它认为城市控制并限定了学校教育。学校面临着由城市形态（特别是工业形态）所导致的社会和政治斗争。尽管在对学校如何发挥作用、城市社区如何围绕教育进行斗争等问题的描述上，这些成果有其重要的共同价值，但它们却没怎么对学校是如何塑造城市这一问题进行研究。

这种范式的产生，部分上可能是因为当时的城市教育史研究有些出乎意料地脱离了具体的城市形态、建筑和人文地理因素。20世纪六七十年代一些研究19世纪教育史的重要成果，尽管结论不一，但它们对小规模城市的地理，以及地理、学校教育、阶级构成和等级之间的联系，给予了错综复杂的关注。不过随后的研究更多关注的是宽泛的社会结构和不平等问题，较少关注与城市空间形态相关的教育问题。

不愿将教育视为城市建设的力量之一，这也可能部分源于教育史和城市史领域之间的关系。教育史学者通常任职于教育学院，长期以来一直在机构史这一相对狭窄的领域内开展研究工作。他们解答的问题对他们的教育同行来说很重要，但他们的研究只是偶尔才会关联到

---

❶ 该书中译本由上海人民出版社2010年出版。

史学领域。城市史研究和城市学校史研究就这样被分置于两个截然不同的知识生产网络，并行发展，鲜有相交。例如，20 世纪八九十年代城市史学界出现了重大转变，但教育史学者们却并未立即参与其中。

20 世纪 80 年代，肯尼斯·杰克逊和阿诺德·赫希等学者对城市史 37
进行了重要的研究，而在此之前，泰亚克的《一种最佳体制》等成果就已经引发了大部分关于美国城市教育史的争论。泰亚克的著作完成之时，城市的兴起衰落似乎已成为城市经济和社会发展的必然过程。杰克逊和赫希的成果，及此后托马斯·萨格鲁的著作《城市危机的起源》，都对塑造 20 世纪特别是第二次世界大战后美国城市形态的结构力量与政策选择进行了强调。这些研究都把城市作为这样一个所在：它不是生态发展的产物，而是精心设计的人文政治建构。对这些重要成果，教育史学者并未立即做出回应，而对于学校教育问题，城市史学者也没有纳入其中。

在英国，历史学较少关注种族或民族分类，但却高度重视阶级构成问题，由此形成了若干学术路线，以展示对学校如何帮助塑造城市的思考。威廉·马斯登在生态框架内研究了城市发展与教育变迁之间的相互关系，他的研究起到了示范作用。马斯登认为，学校中的地位等级结构，复制了伦敦城内的阶级分隔界限，并与之相互作用，他将这一过程归因于“生态力量”，这种塑造了住宅景观的力量延伸到了学校并在学校得以强化。马斯登的方法在关于英格兰、苏格兰和其他欧洲国家以及澳大利亚的研究中都很明显，这种方法凸显了学校的如下作用：学校通过社区组建、公立学校划片或是选择学校和教育场所建筑等方式，参与到城市景观的构筑之中——由此走向了城市和学校更为互动的视角。④

1997年，美国学界开展的一项关于城市教育的历史社会学调查，在超越以城市为教育史之背景的观点方面，迈出了重要一步。约翰·L.鲁里和杰弗里·米雷尔强调了城市生态观和新城市社会学之间的过渡，后者关注的是导致城市发展变化的政策选择和利益诉求。因此鲁里和米雷尔呼吁，要按照新城市社会学的方式开展更多的历史研究，尤其是那种欣赏城市空间组织的研究，用昂利·列斐伏尔的话说，城市空间组织是创造出来的，而非按其自身意愿简单演变而来。⑤

过去十年兴起的城市教育史研究更加关注空间问题。在美国，第一波研究浪潮将关注重心放在了美国白人对终结学校种族隔离的反应上，这是驱使白人、中产阶级和富裕家庭迁向郊区的另一因素。学校

④ William Marsden, "Education and the Social Geography of Nineteenth Century Towns and Cities," in, *Urban Education in the Nineteenth Century*, ed. David Reeder (London: Taylor and Francis, 1977), 49-74; Roger Moore, "Haddow Reorganization in a Community Setting: A. H. Whipple and the William Crane School in Nottingham 1931-1938," *History of Education* 30, no. 4 (2001): 379-399; Eulalia Collelldemont, "Tracing the Evolution of Education through Street Maps and Town Plans: Educational Institutions in the Maps of Edinburgh during the Seventeenth, Eighteenth, and Nineteenth Centuries," *Paedagogica Historica* 50, no. 5 (September 2014): 651-667; Ian Grosvenor and Ruth Watts, "Urbanisation and Education: The City as a Light and a Beacon?," *Paedagogica Historica* 39, nos. 1-2 (2003): 1-4; Gary McCullough, "History of Urban Education in the United Kingdom," in *International Handbook of Urban Education*, ed. George Noblit and William T. Pink (New York: Springer, 2007), 943-958; Catherine Burke, editorial, *History of Education* 36 (2007), 165-171; David. N. Livingstone, "Keeping Knowledge in Site," *History of Education* 39, no. 6 (November 2010): 779-785; and the articles in Julie McLeod, ed., special issue of *History of Education Review* 43, no. 2 (2014)..

⑤ John L. Rury and Jeffrey Mirel, "The Political Economy of Urban Education," *Review of Research in Education* 22 (1997): 49-110; John Rury, "Race, Space, and the Politics of Chicago's Public Schools: Benjamin Willis and the Tragedy of Urban Education," *History of Education Quarterly* 39, no. 2 (Summer 1999): 117-142.

成为城市的塑造力量，主要是因为它激起了愤怒的抵抗，让人离校而去。⑥ 此后按这种思路开展的研究对教育与城市衰落和郊区兴旺之间的关系进行了更明确的考察，就城市教育而言，这有助于指明大都市群而非仅仅是中心城市的价值。这类研究逐渐发生了变化，原来强调"种族关系"是一种社会问题，后来则转向关注种族主义和白人至上主义是如何在教育及城市的政治经济核心领域发挥作用的。

在认识到学校以多种方式定义城市空间的作用后，新的关于美国城市的研究开始兴起，区域范围从康涅狄格州的哈特福德、密歇根州的弗林特延至北卡罗来纳州的罗利，研究不仅追踪个体或群体的学校偏好，还从地产开发商、慈善家到城市规划师和教育工作者的视角，记录了他们如何在城市景观中对处于城市发展中心的学校进行定位，以及如何帮助建立起隔离开种族和阶级的居住社区与行政辖区。玛尔塔·古德曼对加利福尼亚州奥克兰市进行的调查，研究了女性是如何通过塑造包括学校在内的建筑环境来服务儿童的。⑦ 认真研究学校和都市空间布局，有助于避免关于阶级复制或社会控制的广泛言论，同时

---

⑥ Ronald Formisano, *Boston against Busing: Race, Class, and Ethnicity in the 1960s and 1970s* (Chapel Hill: University of North Carolina Press, 1991); Jonathan Rieder, *Canarsie: Jews and Italians against Liberalism* (Cambridge, MA: Harvard University Press, 1985); Kevin Kruse, *White Flight: Atlanta and the Making of Modern Conservatism* (Princeton, NJ: Princeton University Press, 2006); Matthew D. Lassiter. *The Silent Majority: Suburban Politics in the Sunbelt South* (Princeton, NJ: Princeton University Press, 2005).

⑦ Karen Benjamin, "Suburbanizing Jim Crow: The Impact of School Policy on Residential Segregation, in Raleigh"; Jack Dougherty, "Shopping for Schools: How Public Education and Private Housing Shaped Suburban Connecticut"; and Ansley T. Erickson, "Building Inequality: The Spatial Organization of Schooling in Nashville, Tennessee after *Brown*," all in *Journal of Urban History* 38, no. 2 (March 2012); Andrew Highsmith, *Demolition Means Progress: Flint, Michigan and the Fate of the American Metropolis* (Chicago: University of Chicago Press, 2015); Marta Gutman, *A City for Children: Women, Architecture, and the Charitable Landscapes of Oakland* (Chicago: University of Chicago Press, 2014).

还可以记录下学校教育、种族主义和不平等发展之间的重要互动。

对城市（以及农村）的认识也是在教育中形成的，并受到教育的影响。对城市或农村的空间偏好在学校实践（如低年级的田野远足）中得到很好的体现，在全国性的关于大学或高中适宜选址的争论中也
38 有体现。一些教育实践活动，将学校课程与学生对所在城市的体验和认知联系到一起，或者往远了说，设想出“无政府式”的教育实践，把城市里的孩子从学校的物理限制中解放出来，在城市环境中进行广泛的学习。19 世纪阿根廷的城市被视为文明进步的堡垒，具有公民塑造的潜能，这与当时欧洲出现的城市理念完全一致。然而，到 20 世纪末这些城市却带有了消极意涵，成为衰败或暴虐的问题之所。⑧

近来一些城市史学者也开始关注教育与劳动力市场的相互作用。在相关研究中，有一部分成果肯定了就业在教育中的重要性，因为就业是城市或都市经济中时而具有竞争性的资源。另一部分成果则回归到 20 世纪 60 年代修正主义所争论的一些核心问题上，即在大都市里，学校课程有意识地将学生作为未来的劳动者进行培养，其间学校课程

---

⑧ Ines Dussel,“Republicanism ‘Out of Place’:Readings on the Circulation of Republicanism in Education in 19th-Century Argentina” in *Schooling and the Making of Citizens in the Long Nineteenth Century*,ed. Daniel Trohler,Thomas S. Popkewitz,and David F. Labaree (New York:Routledge,2011),131-152;Hester Baron,“ ‘Little Prisoners of City Streets’: London Elementary Schools and the School Journey Movement,1918-1939,”*History of Education* 42,no. 2(2013):166-181;Anthony Potts,“The Power of the City in Defining the National and Regional in Education:Reactions against the Urban Universities in Regional Australia,”*Paedagogica Historica* 39,no. 1(2003):135-152;Catherine Burke,“Fleeting Pockets of Anarchy:*Streetwork*. The Exploding School,”*Paedagogica Historica* 50,no. 4(2014): 433-442;Peter Medway and Patrick Kingwell,“A Curriculum in Its Place:English Teaching in One School,1946-1963,”*History of Education* 39,no. 6(November 2010):749-765.

如何成了推动经济增长的一种机制。[9]

对于1977年戴维·里德提出的有关城市教育史领域的问题，并列有两种关于城市和学校的观点：其一，学校是了解城市动态的重要窗口；其二，学校是城市景象的独立且重要的特征。新的城市教育史研究在越来越重视这两种观点的同时，也在探索第三种：学校何以成为城市建设的力量，又何以在被城市塑造的同时又帮助塑造了城市。这种探索不会代替对原有重要问题的关注（如政治经济资源、权力对持续塑造城市和学校的影响），也不会在有关辩论中选边站（如教育扩张是政治驱动还是经济驱动）。相反，它鼓励学者们去思考学校是如何参与其中的。

工业城市的首要地位

无论是作为与学校互动的背景，还是从与学校互动的角度来看，美国和英国大多数教育史研究中的典型城市指的都是工业城市。教育史学在美国出现之时，无论是在大众还是在学者的心目中，城市形态都只有唯一的一种版本。美国学者认为工业城市有着独特的地理生态，如芝加哥学派在著名的“同心圆模式”中所描述的那样，城市从制造业和商业中心地带向外拓展，而特权和财富也随之向外拓展到住宅区。这种模式的城市是20世纪70—90年代案例研究的主流。对秉持唯物主义传统、试图分析经济秩序和学校教育如何相互作用的教育史学者而言，围绕工业城市进行思考是有其意义的。工业纪律的反复灌输、工

---

⑨ Jack Dougherty, *More Than One Struggle: The Evolution of Black School Reform in Milwaukee* (Chapel Hill: University of North Carolina Press, 2004); Emily Straus, *The Death of the Suburban Dream: Race and Schools in Compton, California* (Philadelphia: University of Pennsylvania Press, 2014); Ansley T. Erickson, *Making the Unequal Metropolis: School Desegregation and Its Limits* (Chicago: University of Chicago Press, 2016).

业资本主义各种影响的平衡，激发了众多倡导教育之士，而工业生产方式同样也为学校系统提供了颇具影响的组织示范。

有关发展中国家的研究也指出，在促进教育普及方面，工业化是重要的推动力。然而，艾达·布尔新近关于挪威的研究对这一结论提出了挑战，她考察了18世纪挪威城市中的教育普及进程，将其实现的条件归因于商业经济的发展而非工业革命。商业经济及其在城市中导
39 致的阶级差异，使得城市明确支持普及教育。从布尔的研究中可以得出一种更为宽泛的意涵，即在促成教育投入方面，城市经济过程要比工业化更早发挥作用。有关印度和中国的研究也进一步支持了这一观点，在这两个国家，沿海商业城市和工业地区一样，教育都较早得到了发展。安迪·格林对工业在教育普及中的首要作用提出了全面批判。他认为，推动美国和欧洲普及教育的，并非来自工业或其他方面的经济压力，而是国家建设进程。[10]

美国学者在对高等教育的研究中跨越了工业模式。玛格丽特·奥玛拉对高等教育和城市当局通过科学创新和知识生产共同推动经济增长的作用进行了研究。最近，有关剑桥、芝加哥、纽约等城市的研究关注到大学对城市空间组织的影响，认为城市更新计划能否推进，要取决于该计划是否有助于营造或保护良好的校园环境。战后的城市建

---

[10] Ida Bull, "Industriousness and the Development of the School-System in the Eighteenth Century: The Experience of Norwegian Cities," *History of Education* 40, no. 4 (July 2011): 425-446; Chaudhary et al, "Big BRICS"; Andy Green, *Education and State Formation: Europe, East Asia and the USA*, 2nd edition (New York: Palgrave MacMillan, 2013).

设业已证实了大学的强大作用。[11]

最近一些强调学校在都市空间塑造中作用的研究，将关注点放在了那些具有多中心特征或后工业形态的城市上。这些研究已经从单个城市的参照坐标转到了城市群，将城市与不断扩大的、往往是有特权的郊区联系起来理解。不过，这种研究并没有在后工业城市化的背景下充分审视学校教育。欧洲背景下的学术研究能为美国学者书写新的郊区空间史提供重要范本。在21世纪初，美国的郊区面临着贫困、撤资、基建不足等问题，成为广泛意义上种族差异和文化多样性的温床。一项关于佛朗哥时期马德里工人阶级郊区的研究提出了这样一种空间布局。当时的天主教会和政府把"城市化"作为目标，这意味着对空间进行合理布局、隔离不同阶级、威慑工人阶级组织，这些郊区由此成为教会管辖的教育活动的中心，也成为曼纽尔·卡斯特所称的"公民学校"的工人阶级行动主义的枢纽。[12] 无论是转向城市群的参照坐标，还是有关郊区教育史的考察，这些研究共同考虑的是，学校教育如何与多样化的城市地理和经济形态相互作用。

---

⑪ Margaret Pugh O'Mara, *Cities of Knowledge: Cold War Science and the Search for the Next Silicon Valley* (Princeton, NJ: Princeton, 2005); Hilary Moss, Yinan Zhang, and Andy Anderson, "Assessing the Impact of the Inner Belt: MIT, Highways, and Housing in Cambridge, Massachusetts," *Journal of Urban* History 40, no. 6 (November 2014): 1054-1078; LaDale Winling, "Students and the Second Ghetto: Federal Legislation, Urban Politics, and Campus Planning at the University of Chicago," *Journal of Planning History* 10, no. 1 (February 2011): 59-86; Micheal Carriere, "Fighting the War against Blight: Columbia University, Morningside Heights, and Counterinsurgent Urban Renewal," *Journal of Planning History* 10, no. 1 (February 2011): 5-29.

⑫ Lassiter, *Silent Majority*; Kruse, *White Flight*; Erickson; *Making the Unequal Metropolis*; Straus, *Death of a Suburban Dream*; Highsmith, *Demolition Means Progress*; Maria del Mar del Pozo Andres and Teresa Rabazas Romero, "Exploring New Concepts of Popular Education: Politics, Religion, and Citizenship in the Suburbs of Madrid, 1940-1975," *Paedagogica Historica* 47, nos. 1-2 (February 2011): 221-242.

公民权、文化、宗教和校外学习

在美国和英国，城市仍然是教育政治经济学研究的首要对象。然而，有关城市的研究还没有深入到教育的其他关键领域：它与公民权、文化和宗教的关系，以及它与非学校或非建制机构的关系。

正如世界各地很多史学家所证实的那样，公民权，特别是新生和发展中共和国的公民塑造，是19世纪、20世纪推动公共教育普及的主要动力。尽管在某些情况下，城市有助于形成公民的身份特征，但城市中的工业贫困，以及多样、拥挤的城市中生活的隐匿性，似乎又往
40 往会阻碍到公民的塑造。在20世纪的中国，教育、城市主义和精英主义之间的联系，阻碍了城市之外教育的扩张。很多史学家认为，城市空间对学校教育有着特殊的要求和挑战，但很少思考的是，学校、特定的城市背景和公民观念如何相互建构。

20世纪六七十年代纽约市对学校教育实行了高度的地方民主治理，关于这一问题的研究，既表明对城市空间和公民权的关注仍具潜力，但同时也表明对这种关注的趋避。1982年艾拉·卡茨尼尔森的《城市战壕》一书主要关注的是社区政治，但也研究了专门针对教育开展的斗争，这本书有意识地将公民意识定位于工人阶级的身份认同和城市地理的关系之中。此后关于学校治理分权化的研究强调的是种族和民族的分际，对空间形态关注较少。[13]

---

[13] Ira Katznelson, *City Trenches: Urban Politics and the Patterning of Class* (Chicago: University of Chicago Press, 1981); Daniel Perlstein, *Justice, Justice: School Politics and the Eclipse of Liberalism* (New York: Peter Lang, 2004); Jerold Podair, *The Strike That Changed New York* (New Haven, CT: Yale University Press, 2004). The exception is Wendell Pritchett, *Brownsville, Brooklyn: Blacks, Jews, and the Changing Face of the Ghetto* (Chicago: University of Chicago Press, 2002).

近年来美国的一些研究成果中融入了教育、公民权和特定的城市背景等因素。长期以来，史学家们在描述19世纪早期与公民权相关的教育供给增长时，始终把美国北部城市里的非洲裔居民排除在外。然而，正如希拉里·莫斯所指出的，关于教育的讨论，深刻反映了关于公民权界限的争论。如果学校教育对于培养公民至关重要，但同时又否认黑人的公民权，那么黑人被公民权排斥和被学校排斥就会相互强化。莫斯对不同的城市进行了研究，指出不同的城市特性，比如巴尔的摩需要熟练的黑人劳工，这种特性有助于扩大受教育机会。莫斯还注意到，像巴尔的摩这种经济密集型城市，在学校之外开辟了很多种为黑人提供教育的途径。这些教育类型本身的目的不是培养公民，但它们帮助黑人对接受教育和获得政治地位产生了更强烈的诉求。20世纪三四十年代，纽约教育家伦纳德·科韦洛的本杰明·富兰克林中学要求学生参与社区研究项目，帮助当地新的住宅建设获得地方的支持和官方的承诺。科韦洛的工作深受20世纪初广泛的“社区学校”运动的影响，同时也受到约翰·杜威关于学校教育和公民身份的思想及其意欲将学校打造为社区纽带的驱动。⑭

将公民权和教育与城市空间一同加以考虑，这种迹象在美国城市黑人活动史领域也有体现。唐娜·默奇对加利福尼亚州奥克兰市的黑豹党❷行动进行了研究，研究表明：城市社区学院不只是一种正规教育机构，也是积极谋求公民权的中枢。学校校园与激进分子组织网络的边界间相互渗透，为黑豹党提供了组织化的活动基地。尽管学生组织研究往往被归到激进主义研究之列，不属于公民权研究，但学生组织

---

⑭ Hilary Moss, *Schooling Citizens* (Chicago: University of Chicago Press, 2009); Michael Johanek and John Puckett, *Leonard Covello and the Making of Benjamin Franklin High School: Education As If Citizenship Mattered* (Philadelphia: Temple University Press, 2008).

❷ 黑豹党是1966年在奥克兰市创建的一个黑人社团组织，1982年解散。

的其他案例同样启发了学生如何利用城市空间来实现他们的公民目标。这些丰富的事例应该促使史学家更为全面地思考如下问题：教育和新的公民身份愿景是如何在城市背景中相互关联并得以实现的。[15]

在美国，很多重要的教育史研究成果都把学校放到了文化和宗教冲突的核心地带。这种冲突是由一系列争论引发或是体现于争论之中，争论形式或是含蓄或是明确，争论内容包括师生使用何种语言，使用什么样的教材，教材描述了何种文化，或是学校提供了关于哪种意识
41 形态、道德或宗教的课程等。这是一种富有张力的教育史，但其中对城市的描述相对较少，或者通常只是把城市作为背景来认识，而不是将其作为一个与学校教育有特定互动作用的主题来研究。例如，近来关于学校教育、种族概念以及双语教育斗争的研究，涉及了全国最大的一些学校系统，但这些研究往往没有回答的问题是，在特定的城市政治、社会和经济背景下，其研究叙事会有哪些差异？此前，有观点认为是上流精英阶层将经济、政治和文化整合强加给了工人阶级和移民社区，与之相比，新的文化和宗教研究提供了更为细腻的认识视角。但是，这些新的研究成果仍然倾向于把城市作为一个相对静态的背景。如杰弗里·米雷尔所说，移民群体来到美国后，是通过学校教育实现"美国化"的；而诸如外语出版之类的机构以外的教育类型，则帮助他们去适应新的文化。同样，还有一项研究把殖民教育作为文化和语言的交锋平台进行了考察，研究者分析了香港这座殖民城市，不过并未审视城市本身在其中的作用。在这个过程中，城市是如何发挥作用的，这个过程又是如何帮助塑造城市的，对上述问题，该研究并未给予太

⑮ See, among others, Donna Murch, *Living for the City: Migration, Education, and the Rise of the Black Panther Party in Oakland, California* (Chapel Hill: University of North Carolina Press, 2010); Barbara Ransby, *Ella Baker and the Black Freedom Movement: A Radical Democratic Vision* (Chapel Hill: University of North Carolina Press, 2005).

多关注。[16]

美国城市史的开创性研究提供了一些研究路径，虽然教育史学者们还没有触碰过这些路径，但它们却能够为探索城市空间、公民资格与文化之间的互动关系提供有价值的思考。乔治·昌西的《纽约同性恋者》一书，将文化史与对城市背景的高度关注联系起来，这种背景包括适宜同性恋者的空间、互动和人际关系。[17] 昌西认真研究了城市形态及其与性和文化间的互动，那么继昌西之后的教育史研究又会如何发展呢?

对历史学家来说，超越作为教育唯一场所的学校，也是一个长久以来所面临的挑战。很多史学家都承认，教育史要比学校史广泛得多。然而，学校还是耗费了学者们绝大部分的学术精力。研究美国非裔教育史的学者，讲述了非裔美国人由于通常被白人教育机构拒绝和排斥而进行社区学习的往事，他们在研究中已经对其他机构（如教堂、俱乐部）和机构外（如家庭和学徒制）的教育给予了很多关注，然而仍然鲜有学者按照劳伦斯·克雷明 1988 年时提出的要求，认真研究出现教育活动的所有场所。这种缺失对城市教育史影响甚大，因为就研究校外学习活动而言，城市的空间密度，以及这种密度所包含的机构，

---

⑯ Diane Ravitch, *The Great School Wars: A History of the New York City Public Schools* (New York: Basic Books, 1974); Benjamin Justice, *The War That Wasn't: Religious Conflict and Compromise in the Common Schools of New York* (Albany: SUNY Press, 2004); Zoe Burkholder, *Color in the Classroom* (New York: Oxford University Press, 2010); Natalia Mehlman-Petrzela, *Classroom Wars: Language, Sex, and the Making of Modern Political Culture* (New York: Oxford University Press, 2015); Jeffrey Mirel, *Patriotic Pluralism: Americanization Education and European Immigrants* (Cambridge, MA: Harvard University Press, 2010); Anthony Sweeting and Edward Vickers, "Language and the History of Colonial Education: The Case of Hong Kong," *Modern Asia Studies* 41, no. 1 (January 2007): 1-40.

⑰ George Chauncey, *Gay New York: Gender, Urban Culture, and the Making of the Gay Male World, 1890-1940* (New York: Basic Books, 1995).

都使之成为非常成熟的研究对象。如果充分考察这一领域，可能就会发现，其他领域的研究成果之中已经出现了某些相关迹象。例如，史学家注意到了民权运动中一些组织者的教学活动，如大萧条时期埃拉·贝克在黑人聚集的哈莱姆区所做的工作；也有研究麻醉毒品交易的学者注意到，20 世纪 50 年代的青少年帮派是如何互相训诫以反对滥用毒品的。[18]

芭芭拉·芬克尔斯坦在 1992 年的一篇论文中，鼓励学者们思考城市何以成为一个教育性的存在。芬克尔斯坦确立了一系列从理解儿童到理解社区性质的不同主题，她认为，如果学者们从考察城市里的教育（或狭义而言专指学校教育），转向考察城市自身是如何开展教育的，那这些主题就更易理解。当学者们不是先去研究城市的危机和失败，而是去追溯城市的创立及其潜在价值，他们会更愿意接受这种观点。有关 20 世纪哥伦比亚城市的研究成果中，体现出了对城市作为一种教育力量的关注，在 20 世纪的哥伦比亚，城市不只是学习的发生场所，城市的形成（即城市的现代化过程）本身就是服务于教育的。[19]

42 给城市贴上危机之地的标签，让人们更容易看到发展中的问题，却很难注意到城市在建设性的组织模式、人类生产力或是获取成就等方面的积极因素。危机观的负面效应，以及美国城市研究特别是黑人社区研究的缺失，遮蔽了在城市空间里取得的那些伟大的富于创造性的革新。从美国那些最贫困、最不为人关注的群体中产生的风靡全球的嘻哈音乐，就是典型的例子。同样，这种负面模式让人很难看到多

---

⑱ V. P. Franklin, *The Education of Black Philadelphia : The Social and Educational History of a Minority Community , 1900-1950* (Philadelphia: University of Pennsylvania Press, 1979); Lawrence Cremin, *American Education : The Metropolitan Experience , 1876-1980* (New York: Harper and Row, 1988); Ransby, *Ella Baker*; Eric Schneider, *Smack : Heroin and the American City* (Philadelphia: University of Pennsylvania Press, 2008).

⑲ Martha Cecilia Herrera, "The City as a Modernizing Paradigm: Colombia in the First Decades of the Twentieth Century," *Paedagogica Historica* 39, no. 1 (January 2003): 65-74.

元性，那些在机构里或非机构背景下挣扎的人们，尽管面临着为生存而进行的政治和经济斗争，却表现出了希望与技能、知识与力量的丰富组合。

城市、学校和国家

城市于美国教育史中的首要地位，在与机构建设和教育科层制发展以及这一过程中新的国家职能的发展等相关问题上体现得尤为明显。泰亚克关于美国城市是“一种最佳体制”的观点，就是城市这种动力的例证，依靠这种动力，城市成为科层制模式、治理模式和政府职能模式的创造起点，而这些模式随后又扩展到了农村和郊区系统之中。

美国以外的城市较少作为标杆受到关注，不过在其他西方国家，新的政府职能还是由城市学校教育发展而来的。凯文・布雷霍尼对英国维多利亚时期儿童游戏的组织活动进行了研究，结果显示，民间发起的改革迅速地为扩大国家职能开辟了道路。同样是在英国，20世纪初期，学校制作家庭成绩报告卡和教育记录的做法，成为政府监管职能的先导。这种监督不仅限于学校内部，还广泛扩展到全国层面。在法国等教育高度国有化的国家，城市学校系统的主导地位较弱。人们一直认为，法国学校体系的权力主要掌握在中央和国家层面，不过，有关城市对法国教育发展作用的研究表明，在所称的中央集权（及其所暗指的民族国家能力）背后，一种更随意、多样和私人化的学校管理状况一直持续到20世纪。该研究指出，对法国公立教育集权化的强调是言过其实的，它掩盖了长期以来教育供给中的“地方作用和多样性”，尤其是在中等教育层面。对20世纪早期和中期一些发展中国家的研究表明，它们也存在法国这种情况。⑳

教育中的国家能力，以及借由教育所体现的国家能力，这个问题的关键之处在于，它涉及社会福利的供给。美国的史学家曾经提出这样一个问题：在各种各样的社会福利保障形式中，学校是如何发挥作用的。美国教育史学者认识到，第二次世界大战以来美国社会政策中有一个倾向，即把教育用作更稳健的社会服务供给的替代品。社会问题“泛教育化”，这种由戴维·拉巴里命名的现象，把对经济的积极干预，如创造就业机会、保障最低工资等类似举措，换成了不怎么可靠
43 的学校教育或是培训。㉑“泛教育化”绝非限定于城市这一背景，它还从第二次世界大战后美国反对社会福利的政治呼声中获得了支持，这种反对尤其反映了城市贫困的种族化问题。很多美国人认为贫困是文化或个人失败的产物，并不是结构性环境造成的，因此应该通过教育来进行补救。新近的一些成果对教育与 20 世纪初发展起来的广泛的社会福利供给之间的关系做了研究，认为城市及其学校为“公民福利国家”的形成做出了贡献，但学校教育只是社会福利的补充而非替代。㉒

---

⑳ Daniel Trohler, "Classical Republicanism, Local Democracy, and Education: The Emergence of the Public School of the Republic of Zurich, 1770-1870," in Trohler, Popkewitz, and Labaree, *Schooling and the Making of Citizens*; Kevin Brehony, "A 'Socially Civilising Influence'? Play and the Urban 'Degenerate,"' *Paedagogica Historica* 39, no. 1(2003): 87-106; Ian Grosvenor and Kevin Myers, "Progressivism, Control and Correction: Local Education Authorities and Educational Policy in Twentieth-Century England," *Paedagogica Historica* 42, nos. 1-2(February 2006): 225-247; Phillippe Savoie, "The Role of Cities in the History of Schooling: A French Paradox(Nineteenth-Twentieth Centuries)," *Paedagogica Historica* 39, no. 1(January 2003): 37-51. See also Chaudhary et al., "Big BRICs"; Hannum, "Political Change."

㉑ David Labaree, "The Winning Ways of a Losing Strategy: Educationalizing Social Problems in the United States," *Educational Theory* 58, no 4(November 2008): 447-460.

㉒ Miriam Cohen, "Reconsidering Schools and the American Welfare State," *History of Education Quarterly* 45, no. 4(December 2005): 511-527; Daniel Amsterdam, *The Roaring Metropolis: Businessmen's Forgotten Campaign for a Civic Welfare State* (Philadelphia: University of Pennsylvania Press, 2016).

这一研究方向仍在继续发展，然而过去十年间美国出现的其他研究，也对教育和国家建构中的城市中心观提出了疑问。新的研究并不否认城市学区是创新和科层制精细化的场所，但这些研究也指出，在农村和州的治理以及全国性新政策的实施管理过程中，也有其他的国家建构模式。南希·比迪研究了农村和小城镇的环境与教育建设以及与它们向资本主义市场的过渡之间有什么样的联系。特蕾西·斯特弗斯考察了20世纪早期各州为弥补农村学校缺陷而做的努力，并对州和城市同时出现两种教育权力扩张模式进行了区分。城市的特点是，控制和管理权掌握在精英阶层手中，而农村和州的特征是，通过谈判、激励等方式，实现与州的工作进程的协调合作。回顾第二次世界大战期间以及战后出现的教育项目，克里斯托弗·洛斯观察到，联邦政府通过与那些由士兵转为学生的公民之间的直接互动，强化了在教育方面的作用。洛斯和斯特弗斯明确指出，随着教育进一步发展了新的国家能力，其作用的发挥范畴也已不仅限于城市。无论是民众对教育作为一种国家职能的支持，还是关于国家权力的协商，都并非必然局限于城市。在这一点上，美国史学界更趋和欧洲以及拉丁美洲史学界相一致，他们一直以来强调的是公民权和国家，而不是城市创新；这一点和中国也有相似之处，在中国，关于国家能力的研究中，围绕农村教育发展所进行的调查要多于城市。[23] 新的研究并没有简单地把注意力从城市转移开，而是让史学家们有机会以越来越清晰的方式，重新审

---

[23] Nancy Beadie, "Education and the Creation of Capital: *or* What I Have Learned from Following the Money," *History of Education Quarterly* 48, no. 1 (February 2008): 1-29; Tracy Steffes, *School, Society, and State: A New Education to Govern Modern America, 1890-1940* (Chicago: University of Chicago Press, 2012); Christopher Loss, *Between Citizens and the State: The Politics of American Higher Education in the Twentieth Century* (Princeton, NJ: Princeton University Press, 2011); Trohler, Popkewitz, and Labaree, *Schooling and the Making of Citizens*; Thogerson, *A County of Culture*; Pepper, *Radicalism and Educational Reform*.

视城市空间、政治、经济和社会背景下的教育究竟有何独特之处。

总　结

1977 年，当里德开辟城市教育史这一领域并对其早期发展进行批判之时，他曾准确地注意到该领域基本形态中所存在的模糊不清的关键问题。城市教育都包括什么？史学家们如何根据他们的历史发现和他们所采取的史学方法来理解学校和城市的关系？在随后的几十年里，尽管以那些高度城市化的国家为中心（如美国和英国，但并不仅限于这两个国家）进行了大量的研究，但那些模糊不清之处仍然存在。很多史学家把他们的研究定位于城市，但有些情况下，超越城市背景去认识城市及其对教育的重要性，似乎也是理所当然的。之所以如此，部分原因是“城市危机”观念的力量使然，这种危机观念首先出现在美国，随后是英国和其他国家。谁要为教育场域中最麻烦、最不确定
44 的空间的研究进行辩护呢？虽然危机观念能够引发更多的研究，但仅靠这一观念是无法充分说明该领域中的相关问题的。它也不能确保所有关于城市教育的重要问题都已被提出。公民权和文化等城市教育领域中的一些重要问题，仍然没有得到充分探讨。

自 20 世纪 70 年代起，史学家们不再把城市作为背景，而是开始在互动视角下去界定学校与城市。在这类研究中，有些成果指出了学校定义城市景观的方式。其他一些成果则继续对学校在城市环境里面临的复杂需求和所需条件进行细致研究。这种研究的最大亮点是对城市空间组织的认真关注。对教育空间组织及其对政治、经济、文化和公民权的影响的类似关注，有时会被用到城市传统核心区以外的地区，或者是借助城市群的参照坐标，或者是专门聚焦于郊区或远郊的发展。这种研究，并没有因为多样性、隔离或是贫困的存在而被笼统地归到“城市”的一般概念内，而是提供了有价值的比较视角，去认识教育如

何在不同的地理形态中运行并产生特定的影响。在这个城市形态和人口结构广泛多样化的时代，特异性多一些要比少一些更有帮助。从全球种族隔离运动的实践与逻辑到城市的跨境建设，这些令人激动的新的城市史研究都采取了跨国性参照坐标，正因如此，特异性才依然重要。

城市形态的特异性，带来了一种更为坚定的意识，即城市教育史的讲述对于广泛的教育史视野是多么重要。如果我们能回答城市空间如何影响教育、教育如何影响城市空间，那么我们就能更清晰地认识到什么才是城市学校教育的“特定问题”，这也恰恰是里德建议我们要做的事情。

推荐书目

Goodenow, Ronald, and William Marsden, eds. *The City and Education in Four Nations*. Cambridge, UK: Cambridge University Press, 1992.

Grosvenor, Ian, and Ruth Watts, eds. "Urbanization and Education: The City as a Light and Beacon?" Special issue of *Paedagogica Historica* 39, no. 1(2003).

Reeder, David, ed. *Urban Education in the Nineteenth Century*. London: Taylor and Francis, 1977.

Ryan, James. *Five Miles Away, A World Apart: One City, Two Schools, and the Story of Equal Opportunity in Modern America*. New York: Oxford University Press, 2010.

Trohler, Daniel, Thomas S. Popkewitz, and David F. Labaree, eds. *Schooling and the Making of Citizens in the Long Nineteenth Century*. New York: Routledge, 2011.

Tyack, David. *The One Best System: A History of American Urban Education*. Cambridge, MA: Harvard University Press, 1974.

第 3 章　教育史中的方法

威廉·理查德森

48 历史方法的发展是教育史和人类文明史一项内在的自觉事业。而且，它包含了两种不同的历史实践：口述和文字，前者是人类社会自初期以来的传统特征，后者在约 5000 年前开始用于政治领域，预示着书面史成为可能。

不过，书面史方法在全球的主导地位，只是在过去的一个世纪里才开始出现，而且仅仅是 20 世纪 60 年代以来，全球大部分地区的书面史，包括教育的书面史，才从一个半世纪以前的国家优先，转向与文化相关的广泛领域。不过同样也是自 20 世纪 60 年代起，全球性的书面史方法在不经意间偶然与口述传统重新相遇，而在过去的若干世纪里，书面史方法几乎让后者黯然失色。

历史方法的出现

对历史方法的正式探讨最早可追溯至古希腊的希罗多德（活跃期从公元前 5 世纪 50 年代至公元前 5 世纪 20 年代）。不过从时间上看，希罗多德和与他相近时代的人，约处于文字发端至今这段历史的中间时期，而且口述史的出现一定远远早于书面文明。

在不同的文明中，最早的口述传统记录，都是为了承载知识而出现的，这些知识经过设计整理，以便代际传承。因此，最早形成的历史很可能是通过演说、歌唱或吟诵等方式来传播的。很显然，这种口头传统变化无常，很容易受制于听众而发生变化甚至被替换掉。从传递的信息（如背诵家谱或史诗）来看，以及就从业者对下一代演说新手的培养而言，口述法也都在相关社会里处于教育的核心地带。

此后，一些文明开始采用书面记录的方式，作为诸如贸易、财务和对外交涉等专门活动的辅助手段。在这些社会里，书面史主要服务于经济、官僚、军事和政治，同时也需要正规教育来使之得以存留。 49
因此，很可能从文字发端之时（青铜时代的美索不达米亚，今伊拉克，约公元前 3100 年），官署旁边就设立了供教师教初学者学习书写的场所，教师还在这里编制文字学习手册。当时，这种“原始文字”纯粹是作为行政工具而得以发展的，不过从约公元前 2600 年起，苏美尔的楔形文字和埃及的象形文字取代了原始文字，成为世界上最早设计出的记录自然语言的文字体系，广泛用于法律、文学和技术领域。伴随着这种文明创新，历史写作有了新的原始资料：国王年表、编年录、法律案例、神话传说、条令集、文书以及外交和王室通信等。

即使口述史和书面史从一开始都与教育紧密相连，但是由官僚文吏所做的历史记录与传统的口述史也会有所区别，这种记录是用文字固定下来的，不像口述史那样，会因为特定的听众而出现微妙的变化。两者的不同还在于，文字记录不怎么公开。不过，对于那些能够接触并阅读它们的人来说，这些文本是可以被系统研究的，也因此有可能会被私下修改、校订和加工。

中国的文字是独立发展起来的，出现的时间要晚于苏美尔。已知中国最早的文字是甲骨文，它是商朝王室文献的组成部分，可以追溯到公元前 1400 年到公元前 1200 年之间。刻有文字的甲骨可以被整理和保存，不过甲骨文最初用于记录神谕的功能后来逐渐丧失，而是借助儒家思想（在哲学上），作为政治和经济工具（在功能上），具有了占主导地位的地区影响力。希伯来文（公元前 9 世纪）和阿拉伯文（公元

4 世纪）的出现显然有同样的初始动机，都是为了精准记录宗教经文。世界另一边的中美洲，有一个例外情况（这种例外既体现于目的上，也体现于地理上），即在公元前 500 年左右包括玛雅语在内的文字的发展，这种文字至少在一定程度上是出于记录系统科学探索和观察结果的需要而发展起来的。①

不过，书面文献比传统口述更为可靠的观点，一直没有得到普遍接受。如柏拉图曾斥责文字是培养记忆力的一大威胁，同样，在印度次大陆，口述传统备受尊崇，以至于人们通过记忆而非文字来留存宗教经文，原因是人们认为文字方式不安全，从而导致南亚和中东地区现代文字的鼻祖——婆罗米文直到公元前 3 世纪中期才出现。同样，即便文字普遍出现后，在很多文明中，由职业演说家提供的教育仍然受到推崇。在古典时期的希腊，颂者们吟唱着史诗；在突厥地区，吟游诗人保留并传播着口述传统。在中欧，类似的教育功能也是由吟游诗人（盖尔和不列颠文明称作“bards”，欧洲大陆称作“minstrels”，斯堪的纳维亚和冰岛称作“skalds”）来承担的。尽管所有的社会都有语言，但并不是所有的社会都接纳了书写，其结果是，直到 19 世纪中期甚或更晚，传统口述仍然是这些社会宣扬或提炼历史经验教训的唯一手段。

不过，苏美尔王国出现的那种培养文士的活动还是成为一种模式，无论哪里，只要需要官员维护政权统治，或是需要僧侣祭祀宣扬宗教，就会重复这种模式。这种培训活动是在靠近官方档案馆的文士学校（“埃都巴”）里进行的，这里培养的精英人数虽小但规模不断增加，最早的关于文士学校的证据出现在约公元前 2350 年的贸易城市埃布拉。
50 这种状况直接促成了专门的文字历史的发展。因此在希罗多德和司马迁（活跃于公元前 100 年前后）的著作中，出现了对历史方法的正式关

① Peter T. Daniels and William Bright, eds., *The World's Writing Systems* (Oxford: Oxford University Press, 1996), 24, 33, 36-38, 43, 45, 73-74, 172, 191, 485-487, 559.

注，他们阐述了编撰书面史的意义，以及口头、文字和实物材料在提高史书编写水平方面的权威性。

公元前5世纪早期，希罗多德在运用希腊语中的爱奥尼亚方言进行写作时，主要采用了寓言、证言和神谕等口头资料，他还很乐于向读者展示相互矛盾的不同资料。不过，他也用到了一些书面记录和实物材料。这些书面记录被希腊城邦当局系统地保存在档案馆中。与希罗多德一样，司马迁为了写《史记》（约公元前100年），游走四方，收集包括口述证词在内的历史资料，不过他明显更依赖于一系列书面材料。司马迁对这些书面材料进行了讨论，并提醒读者注意不同文本中存在的大量矛盾之处。由此可见，早在2000多年前，受过教育的专业史学家对史料来源进行了查阅、运用和鉴别，这种核心史学方法已经在世界各地大行其道，并在此后的若干世纪里继续得到完善。

史学活动的中心地带有教育的存在。希罗多德被西塞罗尊称为"历史之父"，他的受众目标广泛，而他所从事的工作，被一位现代评论家称作是"大无畏的教化事业"。与之相反，和希罗多德几乎同时代的修昔底德则是为知识分子群体而写作。修昔底德刻意避开了那些流传广泛、看似权威的史料，把重心放在了因果分析上。这两位史学家都是教育家，他们的技巧手法开启了系统而明确的历史构建。司马迁也是如此，他对方法的兴趣与孔子有些许矛盾。儒家认为，历史写作的目的是要帮助建立一个理想政体并为之提供镜鉴，而司马迁既"受追求理想社会政治秩序的驱动，同样也受建立历史知识资源库的驱动"，这使得司马迁能够去追求对于独特或非凡之事的好奇心，而非单纯的说教。② 自那时起，历史文化与其教育功用就开始密切联系在了一起。

---

② Georg G. Iggers and Q. Edward Wang, *A Global History of Modern Historiography*(Harlow, UK: Pearson Education, 2008), 47-49.

启蒙史学与史学职业化

直到19世纪，就保存书面历史记载并对其进行分析的活动而言，全球范围内最强大的力量始终来自于宗教或者道德/哲学层面，无论是希伯来的戒条、儒家的传统、吠陀宗教的传承、希腊—罗马的哲学、基督教的护教学，还是穆斯林的学术。正因如此，史学实践在主要的宗教和政府教育机构中受到了重视，这些机构中文士教学和学术活动蓬勃发展。当然，无论在哪里，这都只是一小部分的文化精英。那些讲述家族传说、地方传统的人，或是在教堂、犹太会堂、清真寺、庙宇、圣殿或城市广场上发表演讲的人，与他们通过上述方式进行的史学实践相比，那一小部分精英们的史学活动就显得相形见绌了。

在这种情况下书面史的研究活动相当艰困，而且人与人、文化与
51 文化之间的交流相当有限。直到发明造纸术（8世纪与中国的雕版印刷术一并成熟）和活字印刷术（分别由11世纪中国的毕昇和15世纪中期德国的约翰内斯·古滕贝格独立发明）之后，知识的快速积累和学问的急剧扩张才成为可能。在中国，受偏于保守并在这一区域长期延续下来的儒家思想（从7世纪开始，治史之士就已经和中国的官僚系统融为一体）的影响，新的技术只能够服务于皇权意志。但是，在欧洲，与新技术相伴而行的则是势不可挡的贸易与政治野心的扩张，在这种情况下，金融、教育和文化的融合可能会产生最深远的全球影响。

欧洲这种状况的重要性怎么强调都不过分。西罗马帝国崩溃之后，经院学者（主要是正式教士中的修士和修女）在欧洲滋养出了长达千年的宗教传统，这种传统在很大程度上与非欧洲的学术文化相隔离。后来，首先是文艺复兴时期的知识分子拓展了史学实践，再之后，从17世纪起，绅士学者、实验科学家（有男性也有女性）、古物学家和史学家也对其进行了拓展。尽管世俗世界观进展缓慢，但是欧洲各类史

学家们还是越来越力图从他们的记述中剔除掉传说、神话和超自然因素的干扰。

到了18世纪，欧洲空前的商业活力和基督传教士的教育冲动结合在一起，使此前处于威胁之中的文化感受到了启蒙运动的冲击力：对新奇事物、商贸活动和异域情调的孜孜追求，对理性和信仰的教诲活动，以及建立在印刷文化爆炸基础上的知识、科学与技术的发展劲头。同时代的东亚地区也有类似情况出现，但程度稍逊，其结果是，随着付梓图书的作者在数量和范围上的稳步增长，全面关注“西方”（欧洲和北美殖民文化）的商业、宗教和教育开始成为一股全球性的力量，这种力量既体现在地缘政治上，也体现于史学方法的影响上。

关键在于，这种发展催生出一种为殖民扩张张目的史学。首先，到18世纪中期，史学中原有的那种百科全书式的驱动力，开始被欧洲知识界里的欧洲中心论所取代。这种论调与商业发展、科学发现及其技术应用的速度与范围紧密联系在一起。其次，知识界对历史方法进行了探讨和验证，史学家借此开创了一种世界性、跨语言的文献类型。史学家的职业生涯得以建立在独立的收入来源基础之上，这种收入来自于活跃的图书交易，而这正是一个包含有广泛阅读群体的市民社会的象征。

上述情况对其他地区的历史方法产生了深刻影响，这不只包括欧洲以外主要的文字文明，也包括那些无文字的社会。古物学家和伦理学家自其启蒙心态中产生了原始文明的概念。这种文明没有历史记录，但在这些“高贵的野蛮人”身上却体现出了荣耀与尊严。不过这也可被视为，所谓的“史前”社会（这一术语至今仍在考古学中沿用）也需要文明。与此同时，基督传教士正把在时间概念上具有明确指向性和目的性的圣经翻译成其他语言，这项持续了四个多世纪的工作必定是全球史上最系统的教育干预活动。世界上大约有6000种语言，而基督传教士就出版了1000多种语言版本的圣经，所及之处，以前或是没有文字，或是虽有文字但没有活字印刷术。③

52 启蒙思想带给历史方法的影响并不亚于其带来的挑战。例如，在欧洲的影响面前，阿拉伯世界对其引以为豪的历史写作传统的信任，也并非总是无动于衷。18 世纪最后的 25 年里，欧洲列强科学和贸易实力的不断增长给阿拉伯世界带来了一种焦虑感，这种突如其来且传播广泛的焦虑感动摇了前面所说的自信。作为回应，19 世纪的帝国御史编纂者以及对帝国庞大的档案文献的整理，使得历史方法得以重新反思，同时，与那种谄媚顺从的传统相比，宫廷史学家愈发青睐于文献考据。④

最后，18 世纪欧洲的知识分子开始对正规教育实践及其历史进行新的评价。洛克、卢梭、康德等著名学者都曾撰写过关于教育理论与实践的论著，同时也都进行了历史评价。在法国，孔多塞不仅在政治上主导了学校改革，还撰写了一部重要的史学著作❶，该书认为，人类的进步已被证明是通过发展教育来实现的。在英国，与孔多塞同时代的罗伯特·洛斯是文学批评和英语语法研究的先驱，他基于史料，为中世纪重要的教育革新家威廉·威克姆撰写了一部学术传记❷。其他启蒙学者，如伏尔泰、休谟和吉本等，他们通过在丰富的文献资料之中进行深刻的历史反思，为追求学术指明了新的方向。

不久以后，整个欧洲的史学活动延伸到了 19 世纪大学里新设的教授职位之中，这一教职的专业灵感来自于德国人的公正性和方法模式。其中最重要的人当属利奥波德·冯·兰克，他的第一部也是最具影响力的著作——《拉丁与日耳曼民族史：1494—1514》❸，体现出兰克为

---

③ Daniels and Bright, *The World's Writing Systems*, 777-778, 885.

④ Iggers and Wang, *A Global History of Modern Historiography*, 37-38, 86-87, 92-97.

❶ 即《人类精神进步史表纲要》，该书出版于 1795 年，当时孔多塞已于 1794 年去世。

❷ 即《温彻斯特主教威廉·威克姆的一生》，1759 年出版。

❸ 该书中译本由广西师范大学出版社 2015 年出版。

做到史料来源的广泛而耗费的精力，在该书第一版（1824 年版）序言中，兰克强调，正是这些史料的积累，才让他得以实现其展示过去、“如实直书”的主要目标。这是比仅仅去验证一系列事件更重要的尝试。冯・兰克要求对所有相关资料的来源都进行甄别，还要有区分出“最纯粹、最直接的文献”的鉴别力。由此，兰克从德国文献学的进展中，对文本考证有了新的强调，而他对历史学家的理想是，他们可以复原历史事件的全部内容。[5]

兰克坚持，对那些在创作时间上尽可能接近所记录事件发生时间的一手资料，要进行彻底和反思式的研究，这被称作“兰克史学”法。后来，考古学对史前器物进行了大规模的精准年代测定，兰克史学法由此得以强化，并且在欧洲和北美广为接受，成为最真实地还原历史事件、行为、动机和想法的手段。

史学实践与国民教育

关于过去一千年里历史方法在世界各地的演变，还有许多有待解决的问题。如果说有一种核心动力推进其发展的话，那这种动力似乎
来自于由文化精英所掌控的社会向民族国家的演进过程。在这个过程 53
中，史学越来越多地受到政治、社会和经济发展的文化影响，这种发展建立在或是服从于经验科学及其技术应用基础之上，由此一来，那些没有文字的社会中的世界观和口述史都不可逆转地被推向更为边缘之地。

教育是这一发展过程的组成部分。科学技术的崛起，是以对知识的好奇及其实证检验为基础的。自 16 世纪起，欧洲的大学和学术团体为之提供了资源，并且以一种比其他文明的学术机构更有活力、更为

⑤ Richard J. Evans, *In Defence of History* (London: Granta, 1997), 17-18.

躁动的方式，加速了这一过程。到 18 世纪中期，军事技术、重商主义和领土野心的紧密结合在欧洲开始酝酿，而这见证了欧洲民族国家向全球的殖民，以及对其他文化的塑造与征服。

为了强化这一势头，各国创办了大量学校系统，学生在学校里可以学习和汲取国史知识，这其中就包括试图对世界上的“帝国冲动”进行解释和辩护的内容。要知道，截止到 1914 年，地球约 85％的版图都和十几个欧洲国家以及美国、日本存在依赖关系。这种历史及认同于此的教科书，往往带有沙文和偏袒色彩。然而这种历史还越来越多地建立在了兰克史学法基础之上，这种方法被日渐庞大的职业史学队伍所运用。它明显拓展了历史知识的视野和图景，并且到 19 世纪末已成为欧美大学中史学家们对专业知识的主要诉求，同时也被证明是一种能够将各种广为认可的框架手段（如年代学和精确的测序归因等）整合到一起的专门技术。

同样重要的是，这种方法与框架的平衡在使用上也非常灵活。例如，在 1839 年到 1842 年的鸦片战争中，中国败于英国，这一事件产生的震动显然影响到明治天皇，让他此后带领日本走上了现代化的道路。这其中包括对儒家思想的彻底背离和深受西式方法影响的所谓“文明史”的发展，如鼓动民族主义、帝国建设，以及一直延续至今的政府对学校教科书的严密审查。同样，到 20 世纪 30 年代，史学研究仍然以兰克史学法为基础，继续为殖民统治的合法性正名（如牛津和剑桥的大学出版社出版了大量的英属印度史）。这也显示出，在适应各种差异极大的因果论（如自由主义或马克思主义对社会经济发展的解释）方面，以及在西方国家整合这种学术职业（这种职业自 20 世纪 60 年代初开始急剧扩张）方面，兰克史学法都是非常灵活的。

但是，假如帝国主义国家的史学家和教育家能够这样利用历史，那么处于殖民枷锁之下，或受到殖民枷锁威胁的文明地区的史学家和教育家当然也可以这么做。与西方一样，史学职业在这些地区也开始扩张，尽管规模要小一些。同样，学校系统也开始扩大，1870年左右，无论是历史方法的总体发展，还是它在教育中的特殊应用，两者都开始逐渐出现了趋同的模式，而学校系统的扩大则为之提供了舞台。

因此，从1898年到1911年，在革命爆发前的这一段危机时期，中国的学校和大学进行了重大改革。通过改革，史学家们得以采用经由日本传来的西式方法去构建一种新的国家史，进而从20世纪20年代末开始，发展出来一种以大学为基础的史学职业。这些新一代历史学家们按照兰克史学路线组织起来，开始将系统方法用于马克思主义的解读模式。

在阿拉伯世界，史学实践也具有了民族主义的目的。史学家们越 54
来越多地利用奥斯曼帝国后期在官方记录中新出现的学术实践，将重点放在了新生国家的政府档案上，以此勾勒出近来的政治轨迹。在这个过程中，基于史料的建国史研究方法，与作为伊斯兰主要学术传统的年代学的结构和形式，两者不大协调地结合在了一起。20世纪20年代，整个阿拉伯世界的史学实践也开始沿着西方的路线走向职业化。这种情况发生在国立大学而不是清真寺，与之相伴的是教育供给的扩大，如埃及和叙利亚新建的“国立学校”尤其重视历史教学。

在英国统治下的印度，19世纪50年代出现了一个紧迫问题，即共同的历史身份的性质问题，而这一性质可能会被用于满足民族主义之需。和其他地区一样，印度的学校系统是平行发展的。英国化的学校弘扬的是欧洲的古代成就及其衍生出的英国殖民思想体系，而在本土化的孟加拉学校中，教科书主要叙述的是印度古老灿烂的文明史。到20世纪二三十年代，在印度职业史学家中盛行的兰克史学，与大众化和富有理想浪漫色彩的孟加拉民间史运动并驾齐驱，后者有效利用了神话、族谱和习俗。在当时，这种调和妥协绝非印度所独有，和其他地区一样，由于本土政治家和活动家都在追求民族国家自治的路径，因而在1947年印度独立之前就已流行，且之后仍然流行的马克思主义思潮也加入进来。[⑥]

在前文提及的每一个地区，越来越多的史学家都开始以西方大学为基地，到那里学习或者在实践中采用兰克史学法。通过这些方式，全球性的职业史学家轮廓开始浮现。除了那些在极权国家（如纳粹德国）进行写作的人，以及那些在无文字社会里为了留存其口口相传的历史、教育和所创造的文化而努力的长者之外，全球范围内越来越多的带薪（职业）史学家们都对程序严谨性的本质达成了一致，即程序严谨性应该建立在一整套关于工作实践的共识原则基础之上，这些原则直接继承自希罗多德、司马迁及其追随者所拥护的核心理念：方法应该公开。

今天，在众多概述书面史研究方法要素的基础读物中，我们都可以找到如下共同原则：精确年表，严密评估史料来源，真实性，避免时代错位，史论的平衡，同理心和想象力，以及写作的精密、准确与雅致。

教育史：目的和方法

民族主义兴起之于全球文明社会的作用，与大学里的史学职业化，一同对教育史学产生了重大影响。不仅如此，这还因为，与这些趋势相伴而行的是国家建构。政府通过扩大学校系统规模并推动其现代化、世俗化的方式进行国家建构，借以宣传有关国家历史、道德目标和公
55 民义务的准则规约。这些规模扩大后的学校系统大体上是按照西方模式设计的，强调历史教学，对教科书进行严密监控以确保国家认同能得到监督。

---

⑥ Iggers and Wang, *A Global History of Modern Historiography*, 47-52, 101, 106-107, 137-147, 194-216, 224-243.

处于工业化和对外殖民进程中的国家最早感受到这种影响，它们率先通过学校教育实施了大规模的国家创建项目：18世纪90年代发端于普鲁士，19世纪30年代开始在美国各州推广，并在19世纪后的25年里普及到欧洲主要国家和日本。这种国家学校体系的合法性，不仅仅来自于在家长同意的情况下由国家对儿童进行大规模社会化，同时也来自于对这种由政府资助的新职业的入职者进行的大规模培训。对担纲这种新设公共岗位的教师进行培训，就需要专业教材，这为教育史教科书的出现提供了契机，此类教材首先出现在19世纪中期的德国，19世纪60年代末法国和英国也有了同样的教材（包括美国翻印的版本）。这些教材遵从进步逻辑，按编年体裁把从古希腊、古罗马到近代的著名教育家划归不同时期进行展示。日本与之不同，19世纪70年代，此前受西方影响而在教育领域进行的短暂模仿又被儒学的复兴所取代。在德国和法国的教材中，一个在近代出版但又超越所有题材的本土范例受到了强烈关注，这就是卢梭的《爱弥儿，或论教育》(1762)，该书被视为使教育理论和方法走向现代的划时代巨著。⑦

到20世纪之交，在西欧和美国，管理公共学校体系的专业人士，以及政治家和知识分子，都已经把学校体系视为国家和社会进步的铁砧，以及可供各自控制的殖民地效仿的典范。国家公职教师的聚集规模如此之大，他们和教育行政管理人员这一新的重要官僚阶层紧密联系在一起，共同培养出自己的史学队伍，目的是对国家通过立法和学校建设促成教育进步的进程做出系统性、激励性的记录——这是一种量身定制的历史，旨在反映和庆贺这种广泛的职业化进程的某一方面成就。在此后而来的那个世纪里，这些社会都经历了这种职业化。

当时在大学里已经出现了新的带薪（职业）历史学者阶层，他们

---

⑦ Daniel Tröler, "History and Historiography of Education: Some Remarks on the Utility of Historical Knowledge in the Age of Efficiency," *Encounters on Education* 7(2006): 11-12.

主要研究本国精英的政治和文化史（偶尔也会论及教育问题）。与之相伴的是，在和大学并行的师范/教育学院里，教师们也有机会塑造一种新型教育史。后者是一种混合类型的教育史。关于“伟大教育家”、先驱者和改革家的研究仍在继续且更为成熟，但同时也有新的研究加入，人们开始记述国民教育体系发展过程中法律和制度方面所取得的进展，这种记述以经验为基础、非常详尽且带有进步导向。这样一来，大致在1900年到1960年间，对史料来源的批判手法和社会改良的道德说教观两者之间被证明是有可能融合在一起的。这既有助于开辟新的社会和机构史研究领域，也有助于激励新入职的学校教师寻求在社会进步中发挥自己的作用。

在方法上，这种新的教育史学往往是一丝不苟地恪守着兰克史学的原则，不过其中也引发了一些紧张。虽然教育学术专著拓展了史学领域，但如果师范学校专业氛围中的读者认为这些著作“枯燥无味”，那它们也就失去了启发性。在20世纪二三十年代，当心理学取代对著
56 名教育家思想的研究成为教师培训的主科时，这种问题随即出现。英国的教育史学就是这样一个例子。在1899年启动的“维多利亚郡史”研究项目中，有很多卷都是基于档案文献对地方教育情况进行的调查。这些研究和其他一些权威著作如拉斯达尔的《中世纪的欧洲大学》（1895年第一版，1936年再版）❺，都延续并进一步深化了18世纪古物研究和大量机构史研究的传统。不过，这些研究只占据了学术光谱的其中一端，占据另一端的是那些具有进步导向的记录国家教育“兴起”的法定或官方教材，如柯蒂斯和博尔特伍德为大学教程出版社编写的那些教材。这些教材设计得简单易读，宗旨明确：为接受教师培训的学生提供指导，“让他们对即将参与其中的伟大事业有所理解”[8]。

---

❺ 该书中译本由重庆大学出版社2011年出版。

⑧ S. J. Curtis and M. E. A. Boultwood, *An Introductory History of English Education since 1800* (London: University Tutorial Press, 1966), iii.

在 20 世纪 60 年代末之前，英国和欧洲其他国家以及美国的教育史学都是这种连续统一体。此后，战后缓缓在高校里兴起的一种社会史趋势变成了洪流。借助社会史的蓬勃发展，教育史学在上述连续统一体的中间地带找到了适合的位置。当然在此之前，那股洪流一方面横扫了“上层史”在学术中的主导地位，另一方面也冲淡了对进步干涉主义国家的辉格式赞颂。

世界各地的情况各有不同，且都受到了更为广泛的史学影响。尽管在 20 世纪 20 年代开始的全球性史学职业化背景下，兰克史学法作为史学活动的普遍模式得到了进一步的发展，但解释框架却没怎么出现趋同迹象。马克思主义的解释、受女权主义和后殖民主义影响的解释，以及那些运用社会学、心理学和民族志进行的解释，绝不是教育史上的一个小插曲，它们表现不一，并且根据特定的国家偏好而有所起伏。

如果说教育史学自 20 世纪 60 年代初以来存在着一些非常普遍的趋势的话，那么这些趋势包括：在以证据为基础拓展和重铸远古史方面，考古学的影响日益加大；原威权国家中的教育史学者享有了更大的自由，能够采用国际史学界流行的主题和概念（如后现代主义）；对近现代（如自 1850 年以来）教育领域中国家教育体制的持续关注；不再局限于档案文献，更加开放地发掘新的史料来源，包括口述资料、视觉资料和人造器物资料等，同时努力应对风格、结构（特别是叙事）和意义等方面的问题。假如还有疏漏，那宗教对教育的推动或许是其中之一。在全球教育史学中，这是一个核心主题，今天也备受关注，但很显然被当代大多数史学家所搁置，他们在世俗化的驱动下开展工作，而且也努力在后殖民时代展示出他们的学术敏感性。

史料来源、技术以及史学家寻求解答的问题

尽管史学已有了突飞猛进的发展，但“绝大多数”史学活动仍然

57 “局限于图书馆和档案馆”，传统的兰克史学法还是占据了主导地位。[9]不过，技术的革新还是拓宽了人们的观念，使人们认识到毗邻学科中哪些会扩大史学视野，哪些会成为新的史料来源。

例如，在过去的一个世纪里，史学家和考古学家的联合，导致了大量可供研究的原始素材的出现。以前无法企及的问题，特别是关于更久远时代的问题，现在可以尝试进行研究，同时这还促使人们对公认的事实进行大幅度的重新评价。这种方式改变了有关书面文明确切起源的认识，前文对此已有概述；再举一个例子，位于英格兰北部哈德良长城附近的古罗马文德兰达要塞曾出土过木牍，对木牍铭文的解读，那些无论是以前可能设想到的事情，还是原本无从猜想的事情，都得以生动地展示出来。以前能够想到的是，即便远至北方前哨，罗马帝国的官僚机构内也都依赖于稳定的邮路往来，内容包括书信文书、财会记录、请假申请和值守报告等。以前不曾想到的有：考古学发现高级军官有家眷随身，要塞中的妇女可以写信，还有出现于92—103年左右为儿童布置的书写练习等。更意想不到的是，在要塞外小镇上的一座英式圆顶小屋里出土了一块木牍和一支尖笔，这些实物证据有力地表明，在与罗马军团的贸易过程中，当地有胆识的人不仅会说拉丁语，还很可能会用拉丁文写作。

考古学向教育史投射出明亮的光线，但这种光线是经过筛选的。与之相似，文献史料亦是如此。在文明社会里，史料的幸存状况并不一致，保存哪些文献的决定也可能会发生变化。一个稳定和非暴力的社会有助于文献保存，不过这种状况因地理位置的不同会有很大差异，同时历史中无处不在的意外事件也会对保存下来的史料进行筛选。这种情况对教育史中并不少见的目的论起到了重要的抑制作用（这种目

---

⑨ John Tosh, *The Pursuit of History: Aims, Methods and New Directions in the Study of Modern History*, revised 3rd edition (Harlow, UK: Pearson Educational, 2002), 56.

的论指的是教育是由时代发展而累积进步的)。中世纪史研究者尼古拉斯·奥姆曾发出如下警示：

> 有一种倾向认为：教育史是渐进的……量和质都在向前发展……毫无疑问，与公元800年或900年时相比，1500年时的学校、教师和受过教育的人要更多。然而，这种渐进式观点也并非完美。随时间推移，不断增加的证据也会为之打上失真的印痕。1500年有记录的学校数量要多于1400年，1400年又多于1300年，这只是因为有更多史料提到了这些学校。学校数量的增长，不单是因为当时创作了更多的史料，而是因为保存下来的史料更多罢了。时间越久远，史料损失就越大。教育是一种经济现象，而经济是有波动的。我们既要考虑到上升，也要考虑到下降。第一个尝试估计英国学校数量的人是威廉·宾厄姆，他在1439年指出，此前的50年里，英国有一半即70所学校关闭。[10]

奥姆指出了中世纪英国文化相对平静时期的不稳定性。无须多言，他所提及的不稳定性在其他时代的各个地域都被夸大了，例如西罗马帝国末期，欧洲的文化教育普遍中断，或如“文革”时期，全中国的知识表达都荡然无存。事实显然被夸大了。

然而，大部分教育史学家研究的是最近的历史，这不外乎是因为他们中的大多数人通过就业或职业兴趣与前文提到的国家教育体系联系在了一起。这项工作的史料来源既巨且丰，同时也可能令人应接不暇——就像可以援用的多种解释框架一样。除了海量累积的现代文献 58
记载外，还要加上过去150年技术进步带来的新的史料，包括摄影、电

[10] Nicholas Orme, *Medieval Schools: From Roman Britain to Renaissance England* (New Haven, CT: Yale University Press, 2006), 341.

影和录音等，所有这些经历着由数字化制作和存储导致的革命性变化。史料的保存与管理由此面临艰难挑战，与之相伴的还有文字检索技术带来的证据模式的不确定性，比如说，现今可以访问所有历史期刊数百万的电子页面，这就会导致不确定性。

虽然正规的历史研究或许杂糅有混乱的史料来源，但这也会导致对可能提出的问题、可能采用的创新程序进行反思和新的考虑。这些创新案例在教育史研究中比比皆是，且很容易说明。

首先，最常见的是这样一种惯例，即史学家先确定好一个力争解答的新的历史问题，然后开始围绕研究这一问题所需的最大限度的可用史料进行构思。近几十年来，这一过程涉及对新史料的寻找和开发，也涉及对原有史料的重新解释，以便对历史记录中所要还原的对象和内容进行调整。按这种方式，美国、欧洲和其他地方的教育史学家对如下问题进行了研究（大致以 20 世纪中期以来史学家关注的时间先后为序）："下层史"（强调那些非权势阶层，特别是那些社会等级较低以及受压制、受奴役者的经验与观点）；女性教育史；在主流文化中为获得认可和自治而斗争的少数群体（包括原住民、流离失所的族群、认为自己不属于规范的异性恋预期的人和残疾人等）的教育史。

这些领域的每项研究在实用性和概念性上都带有独创倾向，因而也就赋予研究本身以独创性。逻辑上的问题是：有哪些现存书面史料为史学家所忽略？答案包括信件、日记、回忆录、财会账目、馆藏文献、图书旁注、庭审记录、遗嘱等。概念上的问题是：源自社会科学中其他毗邻学科的哪些观点可能会激发对这些史料的新的和令人信服的解释？答案则蕴含在与社会学、社会人类学（特别是宗教方面）、政治学、心理学和其他专业研究（如教育、社会工作、医学相关专业）的对话之中。

其次，除了基于新史料解答新问题带来的动力之外，开发新的分析技术的尝试也带来了第二种程序创新，以此超越对文字记载的书面解释。20世纪60年代出现了两种创新：量化研究和口述史研究，前者的经历多有波折，而后者的影响力却与日俱增。

20世纪60年代，美国率先力推计量史学。量化研究似乎大有希望，它有利于提高历史分析的客观性，对历史模式的描述更为清晰，能利用计算能力，以及它至少有可能提出新而有力的因果论主张。但是，最初投入于量化研究的大部分精力在几十年的时间里就消耗殆尽，这表明它承诺得太多、太快了。但这一结局却也掩盖了它所带来的一些重要的长期收益。教育史学家运用量化方法，能够比以前更系统地考察识字率的发展情况。不过和有关就学率的研究一样，他们的研究结论尚不成熟。当对量化研究最初的乐观态度消退过后，随之而来的是一些指责之声。尽管如此，史学家寻求运用数据，尤其是有效的时 59
间序列数据，无疑是很重要的，而且，在经济学家和教育史学家之间建立起富有成效的关系，这种可能性仍然很大（假如这种可能性还有待开发的话），尤其是在工业化和全球化背景下，深入了解教育过程，对各式各样的受众群体而言仍然非常重要。[11] 出生队列调查就是一个突出范例，它本质上是一种社会科学的调查方法，在战后英国发展得尤为显著，通过这种调查，有关教育和社会结构的历史数据正在对当代的决策过程产生重要影响。

如果说时间序列数据的某些应用直到现在才得到充分重视，那么口述史发展到现在就已经很成熟了，它是一种得到广泛应用的技术，教育史的很多重要问题都是从中产生的。不过，和计量史学一样，口述史也存在程序上的难题。尤其是，根据兰克史学法的要求，对那些在创作时间上尽可能接近所记录事件发生时间的资料，要进行评估，

---

⑪ David L Angus, "The Empirical Mode in Quantitative History," in *Historical Enquiry in Education : A Research Agenda*, ed. John Hardon Best (Washington, DC: American Educational Research Association, 1983), 75-93; Vincent Carpentier, "Quantitative Sources for the History of Education," *History of Education* 37, no. 5(2008): 701-720.

在这种情况下，口述访谈作为一手资料实际上有很大的问题。通常在采用这些口述资料时，那些声称“我当时就在现场”的受访者似乎是提供了直截了当的证据，但是就严格的史学角度（如细节和时间）而言，在这类访谈中，回忆的准确性之低是众所周知的。因此，近来关于口述史证言内容的讨论中，就包括了对其价值的讨论，正如要深刻理解记忆的工作方式一样，无论是个人如何创作自传叙事，还是针对共同经历而展开的面向一系列个体的集体访谈（如战争创伤或极权统治下的生活），这些内容交织在一起，塑造了公共记忆。随着这项工作的推进，教育史学家或许可能会继续重视访谈资料，从这些资料中可以抽离出群体经验，如某种学校教育或是与非正规教育有关的社会群体习俗，同时他们也注意到，采访者所持意图会影响到受访者对往事的描述。不过，在史学家广泛采用的书面回忆录和自传中，同样也会考虑到读者和这些材料的创作目的。史学家一如既往的首要任务，还是在对手头史料进行解读时保持辨别能力，包括“反其道而行之”地去阅读史料。

同时，第三种，也是最不常见的程序创新形式，是过去 20 年左右的时间里，有些史学家，特别是那些作为合作团队成员的史学家，把注意力放在了历史上特定类型的人造器物上，以此来考虑需要调查的问题和他们可能支持的解释。简言之，这种方法可被称作“物质”调查法。

对教育建筑的风格进行研究，这在 20 世纪 70 年代就有预想，到 20 世纪 90 年代中期已在开展之中，不过要对该领域在教育史研究中的国际进展进行追踪的话，一个便捷途径是查阅《教育史》（*History of Education*）杂志自 2004 年设立的“史料与阐释”专栏刊载的论文。这一系列论文除了依旧重点考虑书面类型的史料来源外，还对照片、讲座录音、学校家具（课桌和黑板）、专利、图书馆、纸牌游戏等与史学方法的关系进行了讨论。同时，该杂志还在 2010 年出版了主题为“空间、场所和物质”的专刊，对相关问题进行了详细研究。这些论文与《教育与历史》（*Educació i Història*）杂志 2010 年的“摄影与历史”、《教育史》（*Paedagogica Historica*）杂志 2000 年的“视觉史”、2011 年的“纪录片”以及 2015 年的“物质文化”等专刊互为补充。

这种程序创新的发展无疑是兼容并包的，但仍有一些线索贯穿其中，帮助解释其内在动力。其一是一部分持进步思维的研究者，他们期待那些非书面史料会让教育史“更具民主性”；[12] 其二是出于解决 60
“教室文化与活力”这个教育史中核心主题的需要，该主题很难通过书面资料进行研究。在这方面，由马丁·劳恩和伊恩·格罗夫纳主持的国际合作团队有突出的表现，其成果是 1999—2013 年编辑出版的 4 本著作。在这 4 本著作中，来自 16 个国家的 35 位作者通过更广泛的学校教育节奏（“设计、技术、实物、惯例”）和精心筹划的教育展示，分阶段地把对教室的关注延伸到用于全球决策的教育数据建设与“可视化”上。[13]

重新审视书面史与口述史方法的分立

自 19 世纪初以来，帝国主义的扩张、跨文化交流以及面向国家建

---

[12] Inés Dussell,“The Visual Turn in the History of Education:Four Comments for a Historiographical Discussion,” in *Rethinking the History of Education :Transnational Perspectives on Its Questions ,Methods ,and Knowledge*,ed. Thomas S Popkewitz(New York:Palgrave Macmillan,2013),36.

[13] Ian Grosvenor,Martin Lawn,and Kate Rousmaniere,eds. ,*Silences and Images :The Social History of the Classroom*(New York:Peter Lang,1999);Martin Lawn and Ian Grosvenor,eds. ,*Materialities of Schooling :Design-Technology-Objects-Routines*(Didcot,UK:Symposium Books,2005);Martin Lawn,ed. ,*Modelling the Future :Exhibitions and the Materiality of Education*(Didcot,UK:Symposium Books,2009);Martin Lawn,ed. ,*The Rise of Data in Education Systems :Collection ,Visualisation and Use*(Didcot,UK:Symposium Books,2013).

构的教育规划，使职业史学取得了近乎普遍的领导地位。这种奉行兰克研究法的书面史学，牺牲的是那些曾经不断减少直至现在已彻底边缘化的少数文明，这些文明至今仍停留在口述史阶段。但是，对于那些没有确切日期的原始资料、文字或研究素材的问题来说，如果史学家希望或受托对这些问题进行研究，该如何开展研究？当上述史料来源都“保持沉默”，是不是没有其他求助渠道？这是当代史学实践主要的认识论局限吗？

这正是20世纪50年代史学家所面临的问题。在北美原住民土地索赔案件中，这些学者被要求提供专家证据；另外一些学者着手开展的是关于撒哈拉以南非洲地区的历史研究，原来的历史对该地区在文化殖民统治期间伊斯兰和欧洲的贸易、奴隶制和传教士记录等均有记载，而这些学者要追溯在此之前更久远的历史。在第一个事件中，专家呈递给美国法院的证据往往不为移民文化领袖所喜；在第二个事件中，由于觉察到植根于非洲口述传统的历史知识正在迅速消失，因此一些西方史学家从这项工作中产生了一种自相矛盾的紧迫感。

最初针对上述问题的解决方案是：在美国，寻找先前被忽视的书面资料；在非洲，对口述史进行系统分析。但是到了20世纪80年代，随着史学家和人类学家拓宽了早前上述活动的地理范围，这些研究开始采用一种更为融合的方法。“民族史学”，这是一个能够融合不同学科的混合学科。这时运用民族史学的方法，主要不是为了寻找发现新的事实，更多的是为了从跨学科的角度“理解文化接触与交流的对话维度”。⑭

这种交互作用产生了复杂的结果。一些在西方受过训练的非洲学者，借助传统做法，把口述元素用于创作持续的事实叙事。这种叙事

⑭ Michael E. Harkin, "Ethnohistory's Ethnohistory: Creating a Discipline from the Ground Up," *Social Science History* 34, no. 2(2010): 124.

的时间范畴一直向前追溯了 4 个世纪，且有的时候还得到了来自考古学的人造器物的证实。不过，基于兰克史学观，这种方法及其提出的要求也面临压力，因为不管作为第三方的旁听者或是记录者是不是专业人员，人们都越来越怀疑传统口述的一致性，也对在复述过程中涉及的政治因素表示了怀疑。人们也越来越清楚地认识到，虽然年表是经验主义历史学家关注的核心问题，但原住民族在讲述他们的文化传统时，年表对他们来说却是无关紧要的。因此，尽管对话式的接触和交 61
流可以让双方达成某种共识，但他们所追求的最终目标仍然大相径庭。

教育史学者一直在努力探索这种研究态势背后的意涵，这是尤为恰当的。因为从历史上看，美洲、大洋洲和其他地区的移民社会，通过学校特别是寄宿学校这些让人迷失方向的机构，系统性地把原住本土民族打到了从属地位。近年来，一些本土人士准备参与到西方史学研究中来，以此作为在这个充满敌意的全球化社会重申其身份和自治地位的手段。对这些人来说，控制教育特别是社区教育所传递的内容，已经成为愈发优先考虑的事项。这种对话的错综复杂之处，在戴维·诺伊费尔德的著作中有生动鲜活的描写，书中记述了加拿大公园管理局公务员和育空地区原住民代表之间的斗争，这场斗争是围绕应该如何对公众解释“加拿大故事”展开的，其中的公众既包括作为“第一民族”的因纽特人，也包括西方的造访者。[15]

那么这样一来，在今天的教育史学中，方法被置于何处呢？有三种调查模式似乎可以概括当前这种场景，这三种模式分别代表了三个非常独特的目的，但都指向了教育史这项整体事业。

首先是两类占主导地位的兰克史学研究模式：一是“为其自身”而追求记述新的社会史或文化史，二是将历史（通常与社会科学一起）

---

⑮ David Neufeld, “Parks Canada, the Commemoration of Canada, and Northern Aboriginal Oral History,” in *Oral History and Public Memories*, ed. Paula Hamilton and Linda Shopes (Philadelphia: Temple University Press, 2008), 7-29.

用于明确的教育/专业目的，其中往往带有服务于民族主义或进步主义理念的含义。其次是发生在原住民族和经验主义历史学家之间的一小股敌对性冲突。对原住民来说，西方的书面史方法几乎没有任何意义。对经验主义历史学家来说，他们要求程序必须严密的观念根深蒂固。双方的相遇从根本上对这种观念形成了挑战。

大多数研究在方法上保持了传统，这反映了兰克史学的主导地位。事实上，在有关该领域的评论中，很少发现有完全放弃经验主义史学的情况。对西方史学中常见的标志性内容，如民族国家、启蒙运动、档案文献、年表等进行抨击，是新近兴起的“理论”浪潮，而波普克维茨和其他来自 13 个国家的合作者在“反思教育史学”时，提出要打断传统方法，显然是受到了这种浪潮的强烈影响。尽管如此，波普克维茨所提的“修订”，反对“废除启蒙运动所致力于的理性与合理性”，也反对废除历史中“机构与变革的可能性”。波普克维茨等人开展这个研究项目的动机或许相当平淡无奇，是要使美国教育史学摆脱保守、狭隘和对“外国”理论的不信任，并将其置于后现代主义的“全球化史学思潮”之中。[16]

当民族主义或进步史观隐含不彰，或是兰克史学的程序呈现颓势，在回应这种现象的学术研究中就会出现针对惯用的经验方法的挑战，这种挑战非常普遍。第一个例子，丹尼尔·特罗勒批评传统研究未能促成更广泛的教育讨论；第二个例子，加里·麦卡洛克一再呼吁，历史学和其他所有社会学科之间要有互相通透的边界，以便为各自的研究项目注入紧迫感，由此实现其“历史可用”的理想，并以此为手段，

---

⑯ Thomas S. Popkewitz, “Styles of Reason: Historicism, Historicising, and the History of Education,” in Popkewitz, *Rethinking the History of Education*, 17-18; Lynn Fendler, “There Are No Independent Variables in History,” in Popkewitz, *Rethinking the History of Education*, 242, 227. See also Thomas S. Popkewitz, ed., *Cultural History and Education: Critical Essays on Knowledge and Schooling* (New York: Routledge Falmer, 2001).

通过迎面拥抱现在主义，来解决现在主义的困境。[17]

关于书面史学实践和单纯的口述史学实践两者之间的碰撞，也有少数成果对此问题进行了研究。此后传统的西方期刊报道了这些研究，从中可以明显看到有一种不同的目的论和现在主义。例如，吉莉恩· 62
韦斯在对澳大利亚原住民和加拿大“第一民族”的教育史进行调查时，她的目的是在西方学术话语和那些口述社会之间达成一种理想的“平等”。对于那些从西方思想中汲取的理论，有人仅仅是想灌输，与之相比，吉莉恩更具野心。但是，当她的努力被说成不过是依赖跨越文化边界的合作方式为原住民（或是和他们一起）创作基础的、非纪实性的原始资料时，这种努力在本质上似乎又是矛盾的。如何走出这一僵局，也正是加拿大政府和因纽特人代表正在应对的政治和概念困境：在人烟稀少的育空地区，既有原住民，也有靠这片土地为生的外来者，他们有着不同的历史；加拿大政府和因纽特人代表正在为这两种历史选择一个合适的公开表述，使之对双方都有帮助。一个解决方案是，开辟一个“中间地带”，这里“认可并适用多元意义”，包括联邦政府放弃其作为民族故事唯一掌管人的角色。[18]

根本性文化冲突（与后启蒙时代西方的认识论争论相反，这种根本性文化冲突是由其他因素如后现代主义引发的）的应对之道，在吴宗杰的一篇文章中也有所反映。在文章中，吴宗杰探讨了1895年之后西方历史主义的大规模引入对传统历史情感造成的侵犯，由此引出了对中国教育的试验性对策。但是，未来在什么样的社会、经济和政治环境下，他的建议才是可行的呢？中国教育应该回归以诗词歌赋诵读

---

⑰ Tröler, “History and Historiography,” 5-24; Gary McCulloch, *The Secondary Technical School: A Usable Past?* (London: Falmer Press, 1989).

⑱ William Richardson, “British Historiography of Education in International Context at the Turn of the Century, 1996-2006,” *Paedagogica Historica* 36, nos. 4-5 (2007): 578; Neufeld, “Parks Canada,” 23-25.

和文本形式为主的传统史学探究模式吗?[19]

在沉思这个问题时，教育史学家可能会进一步思考一个空白点。尽管在西方学术文献中，帝国和殖民化进程，包括殖民者和被殖民者的关系，都已得到越来越广泛的传播，但与此同时，却很少有成果书写被征服民族的本土教育史，包括其多样性、特有的程序，以及在压迫阴影下的韧性等。这方面的比较研究可以解决的问题是，本土史在方法上的共有特征，在多大程度上是由抗争压迫的共同形式所导致的。或者，这种文化叙事的方法是否存在地域共性抑或其他方面的共性?进一步而言，在认识论差异很大的地区，比如不同地区赋予事件和年代的重要性和意义就有很大差异，那么在这些地方，传统（非启蒙）的知识形式究竟代表了什么样的社群自治模式?或者干脆来说，本土史出于其性能和效果而必须以口头方式交流，那么前面所说的那种方式的写作行为会不会再一次破坏掉本土史的完整性呢?

推荐书目

Burke, Peter, ed. *New Perspectives on Historical Writing*. Cambridge, UK: Polity Press, 2001.

Carpentier, Vincent. "Quantitative Sources for the History of Education." *History of Education* 37, no. 5(2008): 701-720.

DeMallie, Raymond J. " 'These Have No Ears': Narrative and Ethnohistorical Method." *Ethnohistory* 40, no. 4(1993): 515-538.

Evans, Richard J. *In Defence of History*. London: Granta, 1997.

Gall, M. D., W. R. Borg, and J. P. Gall. *Educational Research: An Introduction*. 6th edition. New York: Longman, 1996.

---

[19] Zongjie Wu, "Chinese Mode of Historical Thinking in Its Transformation in Pedagogical Discourse," in Popkewitz, *Rethinking the History of Education*, 51-72.

Grosvenor, Ian, Martin Lawn, and Kate Rousmaniere, eds. *Silences and Images: The Social History of the Classroom*. New York: Peter Lang, 1999.

Henige, David. *Oral Historiography*. New York: Longman, 1982.

Iggers, Georg G., and Edward Wang. *A Global History of Modern Historiography*. Harlow, UK: Pearson Education, 2008.

McCulloch, Gary. *Documentary Research in Education, History and the Social Sciences*. London: Routledge Falmer, 2004.

McCulloch, Gary, and William Richardson. *Historical Research in Educational Settings*. Buckingham, UK: Open University Press, 2000.

McGregor, Heather. "Exploring Ethnohistory and Indigenous Scholarship: What Is the Relevance to Educational Historians?" *History of Education* 43, no. 4(2014): 431-449.

Petersen, R. C. *History of Education Research: What It Is and How to Do It*. Darwin, Australia: William Michael Press, 1992.

Popkewitz, Thomas S., ed. *Rethinking the History of Education: Transnational Perspectives on Its Questions, Methods, and Knowledge*. New York: Palgrave Macmillan, 2013.

Richardson, William. "British Historiography of Education in International Context at the Turn of the Century, 1996-2006." *Paedagogica Historica* 36, nos. 4-5(2007): 569-593.

Tosh, John. *The Pursuit of History: Aims, Methods and New Directions in the Study of Modern History*. Revised 3rd edition. Harlow, UK: Pearson Educational, 2002.

Tröler, Daniel. "History and Historiography of Education: Some Remarks on the Utility of Historical Knowledge in the Age of Efficiency." *Encounters on Education* 7(2006): 5-24.

第 4 章　教育史中的理论

艾萨克·戈特斯曼

65 1976 年，戴维·泰亚克在《哈佛教育评论》上发表了一篇关注教育史研究趋势的论文，文中提出了关于美国义务教育史的 5 种“解释模式”。他指出：“我对有明确阐述的解释理论印象深刻，但是一些异常现象是任何理论都无法解释的，对这些异常现象的探索，其价值同样令人震惊……对任何一种解释理论的真正信徒来说，用不同的视角去观察同一个现象似乎是不负责任的，但它至少提供了自我纠正的可能性，而不会对作者的自尊造成不必要的伤害。”泰亚克在这篇论文中提出的解释模式，借鉴自如下方面的学术研究：民族国家的政治建构和公民的培养，驱动制度变迁的民族文化冲突，组织理论和变革，经济学和人力资本理论，以及马克思主义对阶级冲突的政治经济学分析。他在文中总结道：

> 我已经确信，最近该领域的很多研究（包括我的研究在内），都过于含蓄地使用了因果模式。这些研究还倾向于限制价值判断的范围。例如，学校教育是精英阶层“强加”给心有不甘的工人阶级的吗？或者，约翰·杜威是公司资本主义的仆从吗？对史学家而言，要获得更复杂且更精确的历史感知，更多地意识到结果和意图之间的模糊关系（既包括历史活动的主角，也包括试图重现他们生活的历史学家），那么接受明确的、可供替代的模式，并

探究其价值假设，是大有裨益的。①

泰亚克采纳了肯尼思·伯克“观看之道全系不见之道”（a way of seeing is always a way of not seeing）的观点，这为关于史学研究中理论价值的讨论提供了很有帮助的切入点。史学家总要考虑与他们工作相关的理论，为什么这一点很重要？对此泰亚克在文中举了一个经典事例，并给出了清晰的推理：人们都是带着一定视角来观察这个世界的。它能够指导人们如何收集证据、收集什么证据以及识别证据的意义，并最终构建叙事及其对史学探讨的贡献。史学研究中，理论总是很重要的。问题是，我们是否意识到并且有意识地把解释框架以及支撑它们的价值、信仰与假设引入我们的学术研究之中。

除了举例说明史学家为什么要对理论进行深入思考之外，泰亚克 66
还在文中指出，关于理论在教育史中的应用问题的探讨由来已久。学界已有一些动作来强调对这种应用，包括《教育史》（*History of Education*，英国，2003）和《教育史季刊》（*History of Education Quarterly*，美国，2011）都曾出版过关于这一主题的专刊，不过与理论接触的时间可以追溯到更早。早在修正主义运动期间，美国教育史学中的很多学者就在考虑把社会科学中的理论探讨用于教育史学，泰亚克就是其中之一。最具影响力的成果是迈克尔·卡茨 1968 年出版的《早期学校改革之嘲讽》、塞缪尔·鲍尔斯和赫伯特·吉丁斯 1976 年出版的《资本主义美国的学校教育》❶，以此为标志，修正主义推动美国的教育史学者们将教育史和资本主义、精英阶层与各类机构的利益联系起来进行深入解读，在早先的历史叙事中，这些都曾被不加批判地赞颂过。

① David Tyack, "Ways of Seeing: An Essay on the History of Compulsory Schooling," *Harvard Educational Review* 46, no. 3(1976): 356-389.

❶ 该书中译本由中国台湾桂冠图书股份有限公司 1989 年出版；上海教育出版社于 1990 年出版了该书的另一译本，译本名为《美国：经济生活与教育改革》。

由此学者们转向包括马克斯·韦伯和卡尔·马克思在内的社会学家和哲学家的成果，向他们寻求概念指导，并且开始广泛运用社会科学中的理论作为解释框架。

显而易见，美国教育史学的上述举动并非偶然。在全球范围内，20世纪六七十年代人文社会科学的学术研究都转向了社会和政治理论，尤其是与左翼政治运动相呼应的激进理论，将之作为社会研究的框架模式。例如，借助布莱恩·西蒙的研究工作，马克思主义的解释框架进入到英国教育史学之中，时间上要早于美国。作为一个充满活力的马克思主义史学团体中的成员之一，西蒙在1960年出版了四卷本《教育史研究》中的第一卷。此外，向新的、更为激进的解读视角的转移，并不局限于对资本的批判性分析。格尔达·勒纳和琼·凯莉等学者在更广泛的历史学界也采取了行动，由此女权主义思想和对女性生活与体验的明确关注，也成为教育史研究中一个新的、重要的理论视角，其标志是《教育史季刊》在1974年、1979年分别出版的专刊“重新解释女性教育”及“女性对教育的影响”。

到20世纪80年代中期，学者们在《教育历史研究》（*Historical Studies in Education*，加拿大教育史协会）、《教育史评论》（*History of Education Review*，澳大利亚和新西兰教育史学会）、《教育史》（英国）、《教育史季刊》（教育史学会，美国）、《教育史》（隶属于国际教育史常设会议）等一些英文教育史期刊发表的论文，采用了各种理论框架，从社会学和政治学中的新制度主义，到文化和文学研究中的后结构主义理念，其范围远远超出了最初修正主义对资本主义和女权主义对父权制的批评。到20世纪90年代末和21世纪初，在该领域主要期刊上发表论文的学者们仍有进一步的举动，他们把新古典主义经济学理论、后殖民理论、社会资本理论、种族和民族批判理论、民族主义和跨国主义理论以及其他理论主张都融合到了研究之中。

20世纪60年代以来逐渐出现的上述走向，和教育史研究领域的发展保持了一致，很多国家都开办了教育史学术期刊、成立了教育史的专业学会。今天，全球范围的教育史学者都致力于和理论展开充满活力的对话，正在把这个领域推向新的发展方向。在泰亚克从事创作的 67
那个时代，诸如南希·比迪的《共和国早期美国的教育和资本创造》和杰夫·沃德的《黑人儿童拯救者：种族民主与青少年司法》等有着实质差异、概念丰富的著作，似乎不可能得到学界主流的称赞，更不用说被冠之以“杰出著作”之名，而实际上，比迪和沃德的这两本书就分别于 2012 年和 2013 年荣获美国教育史学会颁发的“杰出著作奖”。在 20 世纪 70 年代，人们打开《教育史》等该领域的前沿期刊，不大可能经常看到来自世界各地的学者所写的关于欧洲殖民和帝国主义的文章，更不用说将种族、性别和社会阶层之间的交集作为讨论焦点的文章了。但现在，如果没有这些论著，却是无法想象的。因此，泰亚克的论文不仅是一个很有用的例证，说明了理论的必要性，还很好地提醒我们理论对话的长期性，它所走过的路程，以及进一步拓展对话有多么重要。

什么是理论?

教育史在探讨理论时，倾向于采用两种不同但却相关的方式：作为历史哲学的理论，以及作为解释框架的理论。解释前者有助于明确后者的含义。

把理论作为历史哲学（或史学理论）来思考，会引出关于历史本质的本体论和认识论问题。本体论问题，涉及的是社会世界中存在的本质。研究者对社会世界的结构和功能有什么样的假设？如果不在时间和周期等方面限制对历史本身的理解，那么研究者对观念、话语、民族国家、人的能动性及其他众多决定性或缓和性因素（这些因素塑造、约束抑或推动和拉动历史）的作用又有什么样的假设？个人和社会群体的背景以及他们在其中的经验，在多大程度上是相似性多于差异性的，这对跨背景的归纳能力有何影响？研究者对社会现实的假设是什么样的，这些假设如何影响对教育史的理解？

认识论问题，涉及研究者如何“认识”社会世界。什么是认识，认识者（这里指的是历史学家）和待认识者（历史主体或研究对象）的关系是什么样的？研究者是否必须通过观察或体验来认识并最终支持关于社会世界的主张？如何识别和理解所收集到的他人（或是近代或是远古）的观察与经验信息？性别认同、社会阶层、研究者的种族化方式，或是上述所有甚或更多因素的交叉，是否会影响到研究者如何认识问题？

至少从希罗多德和修昔底德时代开始，本体论和认识论问题就已经嵌入到了西方史学史上，并一直延续到迪佩什·查卡拉巴提、琼·斯科特、海登·怀特等现代史学理论研究者的著作之中。很多史学家谈论历史，特别是在向那些并非史学家的听众谈论历史时，就好像历史是真实的存在（“我们知道发生了某事，因为我们有证据”），不过他们也敏锐地意识到，历史依赖于抽象思维、社会世界的概念化，这
68 些概念化构架了研究过程的方方面面，并创造了历史叙事。② 然而，虽然意识到了理论在史学研究中的作用，但包括教育史学家在内的大多数史学家，在研究中却很少开展《历史与理论》等期刊中可以找到的那些哲学对话。相反，在考虑其研究的解释框架时，有理论意识的史学家会更为频繁地触及史学研究中的认识论和本体论问题，而不是对

② On the landscape of historical theory in the twentieth century, see George G. Iggers, *Historiography in the Twentieth Century: From Scientific Objectivity to the Postmodern Challenge*, 2nd edition (Middletown, CT: Wesleyan University Press, 2005). On history and theory more generally, see Kerwin Lee Klein, *From History to Theory* (Berkeley: University of California Press, 2011); Sarah Maza, *Thinking About History* (Chicago: University of Chicago Press, 2017). William H. Sewell Jr., *Logics of History: Social Theory and Social Transformation* (Chicago: University of Chicago Press, 2005).

这些问题进行抽象的哲学讨论。

史学家通常把解释框架比喻为一个人观察世界的镜头。用泰亚克的话来说，解释框架是一种观看之道。正如史学理论试图描述和解释历史的本质一样，其他理论也试图描述和解释一系列社会现象。例如，为了理解资本主义是如何塑造学校教育政策和实践的，一些史学家采用了马克思主义政治经济学或人力资本理论，每种理论都就资本主义如何运作提出了不同的视角。再如，为了理解种族是如何塑造学校教育政策和实践的，一些史学家采用了种族批判理论，相关理论描述和解释了种族是如何被社会所建构的，以及个人和群体是如何被种族化、如何被置于权力和压迫体系之内的。人文社会科学领域的学者们从事着创造和发展理论、使理论概念化的工作，在上述每一种情况里，史学家们都从中有所借鉴，同时也对这些研究工作起到了促进作用。

正如人们所能预料到的那样，作为一门时常在社会科学和人文科学之间跨越的学科，历史学在对理论的使用上常常存在张力。例如，很多自视为人文学者的历史学家反感采用社会科学模式，认为它过于概括，过于依赖和历史无关的机械推理，因此无助于理解历史。而反过来，很多自视为社会学者的历史学家却认为，立足于人文学科的史学研究需要理论，因为任何对社会世界的解释能力和终极洞察都要倚重于理论。史学界的这种争论，在很多方面都和社会科学史上长期上演的争论（以设计实验为代表的测量传统和以民族志为代表的解释传统之间的争论）很是相似。当然，和所有关于“阵营”的叙述一样，虽然总有一些人处在边缘地带，但大多数人在某种程度上还是倾向于务实地运用理论。例如，一些学者帮助我们理解那些宏大的叙事，如欧洲帝国主义和殖民化的历史，与此同时他们也借助具体的概念工具（如侧重于理解种族化进程的工具），开展精细的文本分析。

和所有研究一样，史学如何应用理论，这样的方法论问题蕴含着政治问题，即史学家是怎样考虑学术和政治的关系。例如，近年来在史学领域出现了一种来自于“批判”的推力，它有明确的政治立场，很多学者，包括对此持赞同态度的学者，也都寻求在他们的研究中软化这些立场。比如，很多史学家都和泰亚克一样，将解释框架视为帮助理解历史事件的工具。虽然史学家可能有明确的政治立场，但他必须尽可能将之放在一边，以减少潜在的“偏见”，进而提高“客观性”。在这个意义上，理论是一种研究工具，必须区别于政治来加以认识。

然而，持“批判”视角的学者会接受他们的政治立场，而不是将其置于一边。这往往是为了承认史学研究中的权力和政治，并且突出
69 它们的关切。在这种情况下，理论不再是简单的描述和解释工具；相反，按照马克斯·霍克海默在1937年《传统理论和批判理论》一文中提出的著名立场，理论既是描述性的、解释性的，更是规范性的。理论和研究本身就是一种政治工具，一种使世界具有意义的方式，其明确意图是改变不公正的社会状况。③

除了主张政治立场外，近来历史学家们还采取行动来说明自己的站位。这关系到了身份和社会定位，比如种族、阶级和性别等研究路线，塑造了历史学家作为人和学者的身份。女权主义立场的认识论，有色人种女性在社会运动和社区工作中的交叉身份，这两者的触碰引发了上述举动，而这些举动又明确了一个观点，即历史学家的身份塑造了史学研究方法，也塑造了解释框架和政治立场。

同样，越来越多的教育史学者也持有了立场，有意识地从概念上把握空间和场所、时间和分期、权力和知识建构的关系等观点。总是将方法论视为政治，这种观点来自于一系列的哲学立场，包括以米歇

---

③ Max Horkheimer, “Traditional and Critical Theory,” in *Critical Theory* (1937), trans. M. J. O'Connell and others (New York: Seabury Press, 1972), 188-243. For further discussion of “critical” approaches in educational inquiry, see Isaac Gottesman, *The Critical Turn in Education: From Marxist Critique to Poststructuralist Feminism to Critical Theories of Race* (New York: Routledge, 2016).

尔·福柯为代表的后结构主义和后现代主义观，以及琳达·图西瓦·史密斯等人开展的挑战西方认识观念的原住民学术研究。④ 尽管上述立场仍然始于这个通过收集并解释证据就能认识的社会世界，但是，在用什么方式去认识和理解社会（和自然）世界这一领域，这些立场已经促成了大量的对话。同时还推动了其他对话，去了解如何将我们的工作视为更广泛的知识和政治承诺的一部分。

虽然很少明确参与关于历史哲学的对话，但方法论问题和政治问题对该领域的学术研究来说仍然是至关重要的。实际上，正是这种重要性帮助该领域的学术研究变得多样和充满生机，尤其在涉及具有重大意义的历史和当代问题时，活力愈发彰显。

教育史学者借鉴了各种理论框架，如马克思主义政治经济学、人力和社会资本理论、新制度主义、女权主义理论、种族批判理论、帝国和殖民主义理论、原住民研究和跨国主义等。每一种理论都引出了史学研究重点关注的方法论和政治问题。

马克思主义政治经济学

马克思主义的教育史研究方法，将学校视为资本主义社会阶级分

---

④ For a recent discussion of approaches to history of education that are influenced by the work of Foucault, see Thomas S. Popkewitz, ed., *Rethinking the History of Education: Transnational Perspectives on Its Questions, Methods, and Knowledge* (New York: Palgrave Macmillan, 2013). On indigenous critiques of Western epistemology, see Linda Tuhiwai Smith, *Decolonizing Methodologies: Research and Indigenous Peoples* (1999), 2nd edition (repr. New York: Zed, 2012).

化得以产生和复制的主要场所。⑤ 鲍尔斯和吉丁斯的《资本主义美国的学校教育》是运用马克思主义方法的经典著作，作为一部解读教育史的著作，在教育学界内外广为传阅。这部著作是 20 世纪六七十年代激进政治的产物，加之作者是具有马克思主义倾向的经济学家，因此该
70 书出版后既备受赞誉，也饱受抨击。鲍尔斯和吉丁斯认为，学校故意通过劳动分工的再生产（他们称之为对应理论）来复制现有的资本主义经济秩序，因此学校改革只有和反对资本主义的大规模社会民主运动结合起来，才有可能成功。教育史学界在 1976 年美国教育史学会学术年会特别论坛上对该书进行了专门讨论，论坛上提交的论文后来发表在《教育史季刊》上。很多评论对书中的主张提出了质疑，认为它没有看到学校教育中的“黑匣子”（学校和教室里面发生的事情），认为书中所采用的决定论方法似乎与历史不相关，等等。另一方面，该书也因其明确的政治立场和对资本主义直言不讳的批评而时常受到称赞。

自《资本主义美国的学校教育》一书出版之后，很少有其他教育史成果在写作中采用如此明确的马克思主义视角，戴维·霍根的作品是一个主要的例外，他基于团结的立场，对鲍尔斯和吉丁斯进行了批评。不过，教育领域马克思主义的学术研究还是相当丰富的，主要出现在课程研究和教育社会学等子领域，特别是流行于对教育采取“批

---

⑤ Samuel Bowles and Herbert Gintis, *Schooling in Capitalist America: Educational Reform and the Contradictions of Economic Life* (New York: Basic Books, 1976); Samuel Bowles and Herbert Gintis, “Schooling in Capitalist America Revisited,” *Sociology of Education* 75, no. 5(2002): 1-18; David Hogan, “Capitalism, Liberalism, and Schooling,” *Theory and Society* 8, no. 3(1979): 387-413; Gary McCulloch, “A People's History of Education: Brian Simon, the British Communist Party and Studies in the History of Education, 1780-1870,” *History of Education* 39, no. 4(2010): 437-457; Brian Simon, *Studies in the History of Education* (London: Lawrence and Wishart, 1960). On Karl Marx, the best collection in English remains *The Marx-Engels Reader*, ed. Robert C. Tucker, 2nd edition (New York: Norton, 1978).

判”方法的学者中，如珍·安永、迈克尔·阿普尔、迈克·科尔、安东尼娅·达德尔和戴夫·希尔。《资本主义美国的学校教育》仍流传甚广、颇具影响。对很多教育史学者来说，此书仍然是该领域采用明确的理论框架的最早案例之一，而且对大部分关于20世纪教育史上资本主义的作用的讨论而言，这本书也是一个试金石。

人力和社会资本

与马克思主义的资本研究方法相比，很多学者已经转向了以人力和社会资本理论为基础的框架。⑥ 简言之，人力资本具有集体属性，从性格到技术技能，都能使个体成为资本主义社会中的生产性成员。教育中的人力资本理论专注于认识学校如何生产人力资本，以及学校教

---

⑥ Claudia Goldin and Lawrence F. Katz, "Human Capital and Social Capital: The Rise of Secondary Schooling in America, 1910-1940," *Journal of Interdisciplinary History* 29, no. 4(1999): 683-723; Florian Waldow, "Measuring Human Capital Formation in Sweden in the Nineteenth and Early Twentieth Centuries," *Historical Social Research/Historische Sozialforschung* 27, no. 4(2002): 1940-1956; Gabriele Cappelli, "Escaping from a Human Capital Trap? Italy's Regions and the Move to Centralized Primary Schooling, 1861-1936," *European Review of Economic History* 20, no. 1(2016): 46-65; Nancy Beadie, *Education and the Creation of Capital in the Early American Republic* (New York: Cambridge University Press, 2010).（因英文版注释⑥过长，为便于排版和读者查阅，译者将该注释拆分为三部分，中文版注释⑥至⑧为英文版注释⑥。另，中文版注释⑨、⑩为英文版注释⑦；中文版注释⑪至⑬为英文版注释⑧；中文版注释⑭、⑮为英文版注释⑨；中文版注释⑯、⑰为英文版注释⑩；中文版注释⑱、⑲为英文版注释⑪；中文版注释⑳、㉑为英文版注释⑫。）

育史在多大程度上受到了有助于经济增长的人力资本生产的影响。⑦

20世纪90年代，美国经济学家克劳迪娅·戈尔丁及其合作者劳伦斯·凯茨开始使用人力资本理论。这个理论是美国经济学家、芝加哥经济学派成员雅各布·明塞尔和加里·贝克尔在20世纪五六十年代发展起来的一种新古典主义经济理论，用以解释美国公立学校教育的发展史。在与戈尔丁和凯茨的研究有所接触和交流后，教育史学者特别是欧洲的教育史学者（大多任职于大学经济学系），如瑞典经济学家弗洛里安·沃尔多、意大利经济史学家加布里埃尔·卡佩里，开始把人力资本理论用作国家学校教育体系发展的描述和解释框架。与此同时，包括戈尔丁和凯茨在内的很多学者，也开始运用美国社会学家詹姆斯·科尔曼和罗伯特·普特南在20世纪80年代和90年代分别提出的社会资本理论，这个理论关心的是那些帮助个体取得财富、地位并使他们能够参与到自由资本主义民主治理之中的社会网络、人际关系和

---

⑦ On human capital theory, see Gary Becker, *Human Capital : A Theoretical and Empirical Analysis , with Special Reference to Education*(Chicago: University of Chicago Press, 1964); Jacob Mincer, *Schooling , Experience , and Earnings*, Human Behavior and Social Institutions No. 2(Washington, DC: National Bureau of Economic Research, 1974). For purposes of comparison with Bowles and Gintis, see Samuel Bowles and Herbert Gintis, "The Problem with Human Capital Theory—A Marxian Critique," *American Economic Review* 65, no. 2(1975): 74-82. For a formative analysis of human capital theory in relation to education, see Theodore Schultz, "Capital Formation by Education," *Journal of Political Economy* 68, no. 6(1960): 571-583. On social capital, see James S. Coleman, "Social Capital in the Creation of Human Capital," *American Journal of Sociology* 94, suppl.: "Organizations and Institutions: Sociological and Economic Approaches to the Analysis of Social Structure," (1988): S95-S120; Robert D. Putnam, "Bowling Alone: America's Declining Social Capital," *Journal of Democracy* 6, no. 1(1995): 65-78. For a discussion of the use of social capital as a lens in social history, see Ben Fine, "Social Capital versus Social History," *Social History* 33, no. 4 (2008): 442-467.

功能组织等。正如戈尔丁和凯茨所言，社会资本是人力资本的“帮佣”。⑧

在运用人力资本方法的学者中，有人是出于认同资本主义的健康 71
发展，但更多的人是将人力和社会资本理念作为分析工具来详细说明学校教育和资本的形成过程，而不是作为一种倡导的立场。南希·比迪的研究就属于这种情况，她运用人力和社会资本理论，对美国早期纽约州北部导致其学校教育形成的资金和社会关系网络进行了追踪研究。

新制度主义

与很多教育史学者一样，美国教育史学者戴维·拉巴里认为，鲍尔斯和吉丁斯的社会再生产理论，以及由明塞尔和贝克尔最早提出、后被戈尔丁和凯茨借鉴的人力资本理论，这两种理论都带有过于强烈

---

⑧ 尽管皮埃尔·布迪厄在 20 世纪 70 年代关于社会资本的研究要早于詹姆斯·科尔曼，但布迪厄的研究较少受到教育史学者的关注。科尔曼和帕特南认为，在自由资本主义民主社会中，社会资本即便不是必需品，也是人人都所渴望的；布迪厄则将社会资本视为社会不平等的机制，因此必须将其理解为对资本主义更广泛批判的一部分。在教育社会学和教育人类学的许多讨论中，布迪厄关于社会资本的观点经常与他的文化资本观点一起讨论，因此对于使用社会资本框架的教育史学者来说，这一点特别值得注意。On Bourdieu, see Pierre Bourdieu, “Forms of Capital,” in *Handbook of Theory and Research for the Sociology of Education*, ed. John Richardson (Westport, CT: Greenwood, 1986), 241-258; Loic Wacquant, “The Sociological Life of Pierre Bourdieu,” *International Sociology* 17, no. 4 (2002): 549-556. For an example of an engagement with cultural capital in the history of education, see a special issue of *Journal of African American History* (volume 87, Spring 2002) titled “Cultural Capital and African American Education.”

的功能主义色彩，因此并不适合用于认识人类的机构世界。[9] 拉巴里在20世纪80年代曾作为社会学者接受培训，期间他接触到了马克斯·韦伯，进而使他将教育作为市场经济中的一项重要制度进行研究。基于这种定位，拉巴里开始认为，学校吸引了相对理性的人，他们做出教育决定、取得教育证书，目的主要不是为了获得知识，而更多是为了社会地位。

尽管拉巴里关注的是教育文凭，但他的研究却阐明了经济学、社会学和政治学领域一个更为广泛的理论观点，这种理论观点通常被打上了新制度主义的标签。新制度主义兴起于20世纪七八十年代，代表性学者有美国社会学家保罗·迪马乔、约翰·迈耶和沃尔特·鲍威尔，他们研究的是个人和集体与制度间的接触，将之作为理解社会组织内部行为的起点。对那些试图厘清教育政策体系和学校层面政策实施与改革之间复杂关系的教育史学家来说，这种类型的制度分析尤其具有吸引力。

近年来，社会学家从对基础教育（P-12）体系的关注，转向了采用对新制度主义既有赞同又有批判的方法，来解释高等教育的转变。例如，美国社会学家史蒂文·布林特及其同事认为，一项关于1975—2000年本科生选课情况的分析表明，在预测课程激励机制与主导选课模式情况的趋同性方面，新制度主义存在能力缺口。相反，他们认为，通识教育就是一个不趋同的例子，因为其中有众多相互竞争的选择，学生们没有遵从主导模式的激励。与经济学家开展很多教育史研究一样，布林特等社会学家进行的教育史研究也是建立在大规模数据的定

---

⑨ David Labaree, *How to Succeed in School: The Credentials Race in American Education*(New Haven, CT: Yale University Press, 1997); Steven Brint, Kristopher Proctor, Scott Patrick Murphy, Lori Turk-Bicakci, and Robert A. Hanneman, "General Education Models: Continuity and Change in the U. S. Undergraduate Curriculum, 1975-2000," *Journal of Higher Education* 80, no. 6(2009): 605-642.

量分析基础之上的，因此非常依赖于人力资本理论、新制度主义等经济学和社会学理论，以此来对数据进行建模和阐释。[10]

女权主义理论

在 20 世纪六七十年代的美国，女性史学家格尔达·勒纳和琼·凯莉等人在教育史学中引入女权主义工具，将女性的生活体验带入到历史叙事之中。[11] 教育史学者，尤其是该领域中的女性学者参与了这一进 72
程，并导致了前文曾提及的《教育史季刊》在 1974 年和 1979 年出版的关注女性与教育史的专刊。其中 1974 年专刊的开篇文章是由加拿大史

⑩ On the New Institutionalism, see John W. Meyer, "The Effects of Education as an Institution," *American Journal of Sociology* 83, no. 1(1977): 55-77; Paul J. DiMaggio and Walter W. Powell, "The Iron Cage Revisited: Institutional Isomorphism and Collective Rationality in Organizational Fields," *American Sociological Review* 48, no. 2(1983): 147-160; Paul J. DiMaggio and Walter W. Powell, eds., *The New Institutionalism in Organizational Analysis* (Chicago: University of Chicago Press, 1991). On credentialing, see Randall Collins, *The Credential Society: An Historical Sociology of Education and Stratification* (New York: Academic, 1979). On Max Weber, the best collection in English remains *From Max Weber: Essays in Sociology*, ed. Hans Heinrich Gerth and C. Wright Mills (New York: Oxford University Press, 1946).

⑪ Jill K. Conway, "Perspectives on the History of Women's Education in the United States," *History of Education Quarterly* 14, no. 1(1974): 1-12; Marjorie R. Theobald, "The Accomplished Woman and the Propriety of Intellect: A New Look at Women's Education in Britain and Australia, 1800-1850," *History of Education* 17, no. 1(1988): 21-35; Linda M. Perkins, "The Role of Education in the Development of Black Feminist Thought, 1860-1920," *History of Education* 22, no. 3(1992): 265-275; Mary Ann Dzuback, "Gender and the Politics of Knowledge," *History of Education Quarterly* 43, no. 2(2003): 171-195; Karen Graves, "'So, You Think You Have a History?': Taking a Q from Lesbian and Gay Studies in Writing Education History," *History of Education Quarterly* 52, no. 4(2012), 465-487; Oresta Lopez, "Women Teachers of Post-Revolutionary Mexico: Feminisation and Everyday Resistance," *Paedagogica Historica* 49, no. 1(2013): 56-69.

学家吉尔·康韦撰写的，她对教育史研究疏于女性生活提出了全面批评。

20世纪70年代以来，女权主义学术研究已经进入到教育史的核心地带。正如澳大利亚史学家玛乔丽·西奥博尔德在20世纪80年代末所指出的，女权主义“对西方教育史中的男性偏见提出了决定性的挑战”。女权主义还敦促教育史学者关注不同的社会身份（如性别与种族）是如何交织在一起共同创造教育体验的。例如，20世纪90年代初美国史学家琳达·珀金斯对19世纪中期到20世纪初期黑人女性的教育经历进行了研究，此举有助于推动教育史界去研究黑人女性的独特教育体验，而不是再把对文献中白人女性教育经历的关注放在主导地位。⑫

近年来，教育史领域的一系列学术研究，包括高等教育史、社会性别与生理性别史、劳工史等方面的研究进展，都是以女权主义思想为基础的。例如，在美国，史学家玛丽·安·祖贝克在琼·斯科特和格尔达·勒纳的影响下，提出社会性别是高等教育史的中心议题。祖贝克专注于社会科学领域女性学者的体验，阐明了支撑高等教育的性

---

⑫ On feminist theory, see Judith Butler, *Gender Trouble: Feminism and the Subversion of Identity* (New York: Routledge, 1990); Kathleen Canning, ed., *Gender History in Practice: Historical Perspectives on Bodies, Class, and Citizenship* (Ithaca, NY: Cornell University Press, 2006); Patricia Hill Collins, *Black Feminist Thought: Knowledge, Consciousness, and the Politics of Empowerment* (Boston: Unwin Hyman, 1990); Anne Enke, ed., *Transfeminist Perspectives in and beyond Transgender Studies* (Philadelphia: Temple University Press, 2013); Sandra G. Harding, ed., *The Feminist Standpoint Theory Reader: Intellectual and Political Conversations* (New York: Routledge, 2004); Evelyn Brooks Higginbotham, "African-American Women's History and the Meta-Language of Race," *Signs* 117, no. 2 (1992): 251-274; bell hooks, *Feminist Theory: From Margin to Center* (Boston: South End, 1984); Joan Kelly, *Women, History, and Theory: The Essays of Joan Kelly* (Chicago: University of Chicago Press, 1984); Gerda Lerner, *The Creation of Patriarchy* (New York: Oxford University Press, 1986).

别假设和权力动态。凯伦·格雷夫斯对教育中的社会性别与生理性别史研究进行了概述和批判性解读，同时也对教育史研究中缺乏对性少数群体相关问题的关注提出了批评。格雷夫斯在文中最后指出，对教育史学者来说，关注同性恋理论或许将会产出更多的成果。墨西哥史学家奥雷斯塔·洛佩兹回顾了20世纪20年代中期到40年代中期墨西哥的女性化进程及女性教师的日常抵抗行为。洛佩斯对数千份教师档案进行了评析，同时以法国哲学家米歇尔·福柯、美国人类学家詹姆斯·斯科特及其他学者的理论为基础，明确了许多导致工作场所斗争的结构性条件。⑬

种 族

尽管早在20世纪初，美国就有卡特·G.伍德森等教育学家采用历史视角看待种族问题，但直到20世纪70年代末，在V.P.富兰克林和

---

⑬ Philippa Levine, ed., *Gender and Empire* (Oxford: Oxford University Press, 2007); Carole R. McCann and Seung-Kyung Kim, eds., *Feminist Theory Reader: Local and Global Perspectives* (New York: Routledge, 2016); Cherrie Moraga and Gloria Anzaldua, eds., *This Bridge Called My Back: Writings by Radical Women of Color* (1981), 4th edition (repr. Albany: State University of New York Press, 2015); Afsaneh Najmabadi, *Women with Mustaches and Men without Beards: Gender and Sexual Anxieties of Iranian Modernity* (Berkeley: University of California Press, 2005); Linda Nicholson, ed., *Feminism/Postmodernism* (New York: Routledge, 1990); Joan Wallach Scott, "Gender: A Useful Category of Analysis," *The American Historical Review* 91, no. 5 (1986): 1053-1075; Joan Scott, ed., *Feminism in History* (Oxford: Oxford University Press, 1996); Mrinalini Sinha, *Specters of Mother India: The Global Restructuring of an Empire* (Durham, NC: Duke University Press, 2006); Bonnie G. Smith, *The Gender of History: Men, Women, and Historical Practice* (Cambridge, MA: Harvard University Press, 1998); Dorothy Smith, "Women's Perspective as a Radical Critique of Sociology," *Sociological Inquiry* 44, no. 1 (1974): 7-13; Deborah Gray White, ed., *Telling Histories: Black Women Historians in the Ivory Tower* (Chapel Hill: University of North Carolina Press, 2008).

詹姆斯·安德森等学者的努力下，美国和其他国家的教育史学者才将分析重点转移到有色人种群体的教育经历上来。[14] 在最初的关注于种族问题的学术浪潮中，最有影响力的成果是安德森1988年出版的《南方的黑人教育》一书。安德森将黑人教育置于一系列复杂、交错的背景内，对包括北方的慈善家在内的白人精英（他们在很大程度上决定了
73 教育体系的体制结构）的利益进行了特别关注。作为该领域最重要的成果之一，这本书因其内容和成熟精致的概念框架而屡获殊荣，包括美国教育研究协会颁发的“杰出著作奖”。

尽管安德森的研究广受赞誉，但是在这本书出版十年之后，教育史学界才涌现出大量关注种族问题的研究成果，包括反对在美国占主导地位的黑/白二元论的学术研究。2001年，维多利亚-玛利亚·麦克唐纳在小瓜达卢普·圣米格尔等早期学者研究的基础上，撰写了一篇关于美国拉美裔教育史的论文，这是一个标志性成果。在论文中，麦克唐纳主张建立对拉美裔教育史进行研究的新的学术体系，包括把重点转到美国西部（包括与墨西哥有关的帝国和殖民化进程），以及在教育史叙事中应使有关种族二元性的理解更为细化精致。

---

⑭ James D. Anderson, *The Education of Blacks in the South, 1860-1935* (Chapel Hill: University of North Carolina Press, 1988); Victoria-Maria Macdonald, "Hispanic, Latino, Chicano, or 'Other'? Deconstructing the Relationship between Historians and Hispanic-American Educational History," *History of Education Quarterly* 41, no. 3 (2001), 365-413; David G. Garcia, Tara J. Yosso, and Frank P. Barajas " 'A Few of the Brightest, Cleanest Mexican Children': School Segregation as a Form of Mundane Racism in Oxnard, California, 1900-1940," *Harvard Educational Review* 82, no. 1 (2012), 1-25; Roland Sintos Coloma, "White Gazes, Brown Breasts: Imperial Feminism and Disciplining Desires and Bodies in Colonial Encounters," *Paedagogica Historica* 48, no. 2 (2012): 243-261; Zevi Gutfreund, "Immigrant Education and Race: Alternative Approaches to 'Americanization' in Los Angeles, 1910-1940," *History of Education Quarterly* 57, no. 1 (2017): 1-38; Eileen H. Tamura, "Education in a Multi-Ethnoracial Setting: Seattle's Neighborhood House and the Cultivation of Urban Community Builders, 1960s-1970s," *History of Education Quarterly* 57, no. 1 (2017): 39-67.

自安德森和麦克唐纳的成果发表以来，美国教育史中种族、种族主义、种族化进程等方面开始融入一系列成熟的理论研究。美国以外的学者也对种族问题进行了复杂的探讨，尽管这些研究大多采用了明显借鉴自殖民主义研究、帝国和原住民研究的视角。美国的一些研究案例体现了理论方面的创新，这些创新被称作教育史学中的种族批判方法。例如，史学家戴维·加西亚、教育社会学家塔拉·约索和史学家弗兰克·巴拉哈斯采用种族批判理论，对20世纪初期到中期加利福尼亚州奥克斯纳德市墨西哥裔青少年的学校隔离问题进行了研究。种族批判理论显然已成为教育研究中一个很有影响力的理论框架，它尤其擅长梳理种族主义在学校教育政策和实践中的体现方式。罗兰·科洛玛没有采用种族批判理论，而是采用了后殖民理论，对20世纪初美国和菲律宾的白人与棕色人种被种族化、社会性别化和自然性别化的方式进行了解释。在研究亚洲和非洲的种族、种族主义和种族化问题（此外还有社会性别和自然性别问题），包括教育史问题方面，后殖民理论已经成为一种非常突出的学术方法。在教育史中，有关种族研究方法的其他案例还包括：史学家泽维·古特弗罗因德对20世纪上半叶洛杉矶的日本和墨西哥移民群体种族化和美国化进程中学校教育的角色进行的比较研究；史学家艾琳·田村运用文化资本和社区文化财富（由约索提出的观点）理论工具，对西雅图市的一个多民族城市点进行了研究，在这里社区服务中心的工作人员经过教育培训成了社区的建设者。[15]

殖民主义和帝国

20 世纪 90 年代以来，教育一直是欧洲殖民化和帝国史研究中一个

---

⑮ On race, racism, and racialization, see Les Black and John Solomos, eds., *Theories of Race and Racism: A Reader*, 2nd edition (New York: Routledge, 2009); Eduardo Bonilla-Silva, *Racism without Racists: Color-Blind Racism and the Persistence of Racial Inequality in America* (2003), 5th edition (repr. New York: Rowman & Littlefield, 2017); Kimberlee Crenshaw, N. Goyanda, and K. Thomas, eds., *Critical Race Theory: The Key Writings That Formed the Movement* (New York: New Press, 2005); Richard Delgado and Jean Stefancic, *Critical Race Theory: An Introduction* (2001), 3rd edition (repr. New York: New York University Press, 2017); George M. Frederickson, *Racism: A Short History* (Princeton, NJ: Princeton University Press, 2002); Stuart Hall, "Gramsci's Relevance for the Study of Race and Ethnicity," *Journal of Communication Inquiry* 10, no. 2 (1986): 5-27; Mathew Frye Jacobson, *Whiteness of a Different Color: European Immigrants and the Alchemy of Race* (Cambridge, MA: Harvard University Press, 1999); Gloria Ladson-Billings and William F. Tate IV, "Toward a Critical Race Theory of Education," *Teachers College Record* 97, no. 1 (1995): 47-68; Charles Mills, *The Racial Contract* (Ithaca, NY: Cornell University Press, 1997); Mae Ngai, *Impossible Subjects: The Making of the Illegal Alien in Modern America* (Princeton, NJ: Princeton University Press, 2004); Michael Omi and Howard Winant, *Racial Formation in the United States* (1986), 3rd edition (repr. New York: Routledge, 2015); Tara J. Yosso, "Whose Culture Has Capital? A Critical Race Theory Discussion of Community Cultural Wealth," *Race Ethnicity and Education* 8, no. 1 (2005): 69-91; Naomi Zack, ed., *The Oxford Handbook of Philosophy and Race* (New York: Oxford University Press, 2017).

重要的关注点。[16] 对美国以外的教育史学者来说，这成为种族、种族主义和种族化进程研究的主导框架，同时也是种族、性别以及资本主义经济秩序扩张交叉领域研究的主导框架。殖民化和帝国研究的方法， 74
在很大程度上借用了研究英属印度殖民化的学者们的后殖民理论，如迪佩什·查卡拉巴提和加亚特里·斯皮瓦克，还有东加勒比地区反殖民主义学者的成果，如弗朗茨·法农和艾梅·塞泽尔，以及爱德华·萨义德的文学学术研究成果。

众多成果广泛采用了殖民化和/或帝国作为研究框架。例如，英国史学家凯瑟琳·霍尔研究了教育在英属殖民地培养殖民主体中的作用，包括 18 世纪 90 年代的塞拉利昂和 19 世纪 30 年代的印度。法国史学家丽贝卡·罗杰斯通过英国女性的解释视角研究了法国对阿尔及利亚的殖民化。葡萄牙史学家安娜·伊莎贝尔·马迪拉对传教士活动（这是葡萄牙在非洲殖民化的一部分）的“教化中介”作用进行了研究。美国史学家德斯蒙德·伊肯纳·奥杜古研究了英国统治尼日利亚期间，地方对于殖民教育活动的反应。西班牙史学家加夫列拉·奥森巴赫和哥伦比亚史学家阿尔贝托·马丁内斯·博姆对拉丁美洲大规模的现代

---

⑯ Catherine Hall, “Making Colonial Subjects: Education in the Age of Empire,” *History of Education* 37, no. 6(2008): 773-787; Rebecca Rogers, “Telling Stories about the Colonies: British and French Women in Algeria in the Nineteenth Century,” *Gender and History* 21, no. 1(2009): 39-59; Ana Isabel Madeira, “Popular Education and Republican Ideals: The Portuguese Lay Missions in Colonial Africa, 1917-1927,” *Paedagogica Historica* 47, nos. 1-2(2010): 123-138; Desmond Ikenna Odugu, “Historiographic Reconsideration of Colonial Education in Africa: Domestic Forces in the Early Expansion of English Schooling in Northern Igboland, 1890-1930,” *History of Education Quarterly* 56, no. 2(2016): 241-272; Gabriela Ossenbach and Alberto Martinez Boom, “Itineraries of the Discourses on Development and Education in Spain and Latin America (circa 1950-1970),” *Paedagogica Historica* 47, no. 5(2011): 679-700; Soon-Yong Pak and Keumjoong Hwang, “Assimilation and Segregation of Imperial Subjects: ‘Educating’ the Colonised during the 1910-1945 Japanese Colonial Rule of Korea,” *Paedagogica Historica* 47, no. 3(2011): 377-397.

化进程和开发项目进行了批判性研究。韩国史学家朴舜勇（音）和黄秋景（音）研究了日本在韩国的殖民教育，进而将“开化”理念与同期欧洲在非洲的殖民教育活动相提并论。⑰

原住民研究

在澳大利亚、加拿大、新西兰和美国，原住民研究对教育史中的

⑰ On colonization and empire, see Aimé Césaire, *Discourse on Colonialism* (1955), trans. Joan Pinkham(New York: Monthly Review Press, 1972); Dipesh Chakrabarty, *Provincializing Europe: Postcolonial Thought and Historical Difference* (Princeton, NJ: Princeton University Press, 2000); Frederick Cooper, *Colonialism in Question: Theory, Knowledge, History* (Berkeley: University of California Press, 2005); Arif Dirlik, "The Postcolonial Aura: Third World Criticism in the Age of Global Capitalism," *Critical Inquiry* 20, no. 2(1994): 328-356; Frantz Fanon, *The Wretched of the Earth* (1961), trans. Richard Philcox (New York: Grove Press, 2004); Michael Goebel, *Anti-Imperial Metropolis: Interwar Paris and the Seeds of Third World Nationalism* (New York: Cambridge University Press, 2015); Uday Singh Mehta, *Liberalism and Empire: A Study in Nineteenth-Century British Liberal Thought* (Chicago: University of Chicago Press, 1999); Albert Memmi, *The Colonizer and the Colonized* (1957), trans. Howard Greenfeld(New York: Orion Press, 1965); Chandra Talpade Mohanty, "Under Western Eyes: Feminist Scholarship and Colonial Discourses," *boundary* 212, no. 3(1984): 333-358; Vijay Prashad, *The Darker Nations: A People's History of the Third World* (New York: New Press, 2007); Edward Said, *Orientalism* (New York: Pantheon, 1978); Gayatri Chakravorty Spivak, "Can the Subaltern Speak," in *Marxism and the Interpretation of Culture*, ed. Cary Nelson and Lawrence Grossberg(Urbana: University of Illinois Press, 1988), 271-313; Patrick Wolfe, "History and Imperialism: A Century of Theory, from Marx to Postcolonialism," *American Historical Review* 102, no. 2(1997): 388-402; Robert J. C. Young, *Postcolonialism: An Historical Introduction* (Malden, MA: Blackwell, 2001).

殖民主义、种族和性别研究有重要的影响。[18] 尽管时常会有对寄宿学校历史的关注（如戴维·亚当斯所做的标志性研究），但殖民化与反抗殖民化才是该领域的核心议题，这种议题远远超出了关于特定学校场所的研究，而且几乎总是成为有关历史斗争（包括当代的斗争）的研究框架。正如加拿大原住民史学家迈克尔·马克在其研究中所指出的那样，原住民青年对殖民教育的抵抗活动一直持续到现在。

通过大规模永久定居（强制搬迁原住民社区）实现殖民化，这种定居者殖民主义观近年来成为很多原住民研究的解释框架，借助乔迪·伯德、奥德拉·辛普森、帕特里克·沃尔夫及其他学者的研究，上述情况已成为原住民研究的理论焦点。除了对特定地区殖民化历程进行的研究（如夏威夷本土史学家朱莉·考米亚有关19世纪夏威夷“灭绝教育”的研究）外，定居者殖民主义在历史比较研究中也发挥了作用，如美国史学家玛格丽特·雅各布斯的著作《黑色人种的白人母亲》，这本书对19世纪末20世纪初美国西部和澳大利亚原住民儿童被强制迁徙和同化的历史进行了比较研究，该书曾获“班克罗夫特奖”。

以原住民研究为基础的学术研究为教育史学者提出了重要的方法论问题，因为它进一步模糊了理论和方法之间的传统界限，挑战了史

---

⑱ David Wallace Adams, *Education for Extinction: American Indians and the Boarding School Experience, 1875-1928* (Lawrence: University Press of Kansas, 1995); Michael Marker, "Indigenous Resistance and Racist Schooling on the Borders of Empires: Coast Salish Cultural Survival," *Paedagogica Historica* 45, no. 6 (2009): 757-772; Julie Kaomea, "Education for Elimination in Nineteenth-Century Hawai'i: Settler Colonialism and the Native Hawaiian Chiefs Children Boarding School," *History of Education Quarterly* 54, no. 2 (2014): 123-144; Margaret D. Jacobs, *White Mother to a Dark Race: Settler Colonialism, Maternalism, and the Removal of Indigenous Children in the American West and Australia, 1880-1940* (Lincoln: University of Nebraska Press, 2009); Helen Raptis with Members of the Tsimshian Nation, *What We Learned: Two Generations Reflect on Tsimshian Education and the Day Schools* (Vancouver: University of British Columbia Press, 2016).

学家关于相对客观性的主流观念。例如，加拿大史学家海伦·拉普蒂斯与其钦西安族的合作者一同完成了一部研究加拿大西部钦西安人社区教育经历的书，书中开篇即详细讨论了白人学者研究原住民社区以
75 及在此类社区内开展研究的意义。学者们接受了女权主义理论视角的立场和站位，或是开展了黑人、拉美人和亚洲人的种族批判理论研究，与这种情况类似甚至还经常合作的是，致力于原住民研究引发的方法论问题的教育史学者们，也正在大力推动该领域的发展，目的是在为公正的社会关系而开展斗争的过程中，发挥出史学研究的作用。[19]

跨国主义

学术研究中采用跨国主义框架，是为了让跨国界的思想交流和人员往来有其意义，并认识到教育在其中的作用，以及这一过程对教育

---

[19] On settler colonialism in indigenous studies, see Jodi Byrd, *The Transit of Empire: Indigenous Critiques of Colonialism* (Minneapolis: University of Minnesota Press, 2011); Glen Sean Coulthard, *Red Skin, White Masks, Rejecting the Colonial Politics of Recognition* (Minneapolis: University of Minnesota Press, 2014); Audra Simpson, *Mohawk Interruptus: Political Life across the Borders of Settler States* (Durham, NC: Duke University Press, 2014); Eve Tuck and K. Wayne Yang, "Decolonization Is Not a Metaphor," *Decolonization: Indigeneity, Education & Society* 1, no. 1(2012): 1-40; Patrick Wolfe, "Settler Colonialism and the Elimination of the Native," *Journal of Genocide Research* 8, no. 4(2006): 387-409. On research methodology and indigenous studies, see Linda Tuhiwai Smith, *Decolonizing Methodologies: Research and Indigenous Peoples* (1999), 2nd edition (repr. New York: Zed, 2012).

又意味着什么。[20] 这种研究也试图打破国界，来说明思想交流、人员往来的关联程度，以及掩盖于国家（和民族主义）历史之下的复杂的权力关系。这样一来，跨国主义的学术研究与殖民主义和帝国的学术研究就有了很大的重叠，包括同样涉及种族、性别和资本主义的交叉地带。以此为理论基础、采用跨国方法的跨学科研究，在很大程度上借鉴了如下领域的成果：文化和社会人类学，反殖民主义研究及文学文化研究，以及本尼迪克特·安德森、阿尔君·阿帕杜莱、詹姆斯·克利福德、斯图尔特·霍尔、王爱华、丝奇雅·沙森等人的成果。

所能预期的是，鉴于跨国主义概念化带来的形形色色的理论影响，采用跨国视角开展的教育史研究，如果不常常是兼收并蓄的话，那就是非常密集的。例如，德国史学家埃克哈特·富克斯提供了宽泛的视角，将网络作为教育史中跨国关系研究的概念工具；澳大利亚史学家琳恩·特雷休伊和凯·怀特黑德对英国和澳大利亚"教师/女性参政论者"的历史进行了比较研究；澳大利亚史学家蒂姆·艾伦德研究了英国和印度殖民地的思想运动；英国史学家乔伊丝·古德曼对日本教育学者粕谷芳关于英、德、美、日教育经历的比较研究进行了分析；澳大利亚史学家朱莉·麦克劳德和菲奥娜·佩斯利研究了1936年在夏威

---

[20] Eckhardt Fuchs, "Networks and the History of Education," *Paedagogica Historica* 43, no. 2 (2007): 185-197; Lynne Tretheway and Kay Whitehead, "Beyond Centre and Periphery: Transnationalism in Two Teacher/Suffragettes' Work," *History of Education* 32, no. 5 (2003): 547-559; Tim Allender, "Learning Abroad: The Colonial Educational Experiment in India, 1813-1919," *Paedagogica Historica* 45, vol. 6 (2009): 707-722; Joyce Goodman, "Gender, Cosmopolitanism, and Transnational Space and Time: Kasuya Yoshi and Girls' Secondary Education," *History of Education* 44, no. 6 (2015): 683-699; Julie McLeod and Fiona Paisley, "The Modernization of Colonialism and the Educability of the 'Native': Transpacific Knowledge Networks and Education in the Interwar Years," *History of Education Quarterly* 56, no. 3 (2016): 473-502; Diana Goncalves Vidal, "Transnational Education in the Late Nineteenth Century: Brazil, France and Portugal Connected by a School Museum," *History of Education* 46, no. 2 (2017): 228-241.

夷举办的关于原住民族“可教性”的国际教育会议。巴西史学家黛安娜·维达尔对巴西、葡萄牙和法国学校中存在的一种人工实物教学装置的传播情况进行了考察。[21]

总 结

在观察尤其是运用丰富、成熟和创新的方式观察教育史发展的过程中，我们仍然可以感受到当初泰亚克涉足这一领域时所持的关注和目标。宽阔的理论视野让这一领域变得生机勃勃、富于学识。毫无疑问，在未来若干年里，这个领域还会做出更多的贡献，因此可以说，教育史在理论方面有着光明的发展前景。

推荐书目

Anderson, James D. *The Education of Blacks in the South, 1860-1935*. Chapel Hill: University of North Carolina Press, 1988.

---

[21] On transnationalism, see Benedict Anderson, *Imagined Communities: Reflections on the Origin and Spread of Nationalism* (New York: Verso, 1983); Arjun Appadurai, *Modernity at Large: Cultural Dimensions of Globalization* (Minneapolis: University of Minnesota Press, 1996); Homi K. Bhabha, *The Location of Culture* (New York: Routledge, 1994); Laura Briggs, Gladys McCormick, and J. T. Way, "Transnationalism: A Category of Analysis," *American Quarterly* 60, no. 3 (2008): 625-648. Kuan-Hsing Chen and David Morley, eds., *Stuart Hall: Critical Dialogues in Cultural Studies* (New York: Routledge, 1996); James Clifford, "Diasporas," *Cultural Anthropology* 9, no. 3 (1994): 302-338; Paul Gilroy, *The Black Atlantic: Modernity and Double-Consciousness* (Cambridge, MA: Harvard University Press, 1993); Lisa Lowe, *The Intimacies of Four Continents* (Durham, NC: Duke University Press, 2015); Aiwa Ong, *Neoliberalism as Exception: Mutations in Citizenship and Sovereignty* (Durham, NC: Duke University Press, 2006); Saskia Sassen, *The Global City: New York, London, Tokyo* (Princeton, NJ: Princeton University Press, 1991); Steven Vertovec, "Conceiving and Researching Transnationalism," *Ethnic and Racial Studies* 22, no. 2 (1999): 447-462.

Bowles, Samuel, and Herbert Gintis. *Schooling in Capitalist America: Educational Reform and the Contradictions of American Life*. New York: Basic Books, 1976.

Dzuback, Mary Ann. "Gender and the Politics of Knowledge." *History of Education Quarterly* 43, no 2(2003): 171-195.

Garcia, David G., Tara J. Yosso, and Frank P. Barajas. " 'A Few of the Brightest, Cleanest Mexican Children': School Segregation as a Form of Mundane Racism in Oxnard, California, 1900-1940." *Harvard Educational Review* 82, no. 1(2012): 1-25.

Goldin, Claudia, and Lawrence F. Katz. "Human Capital and Social Capital: The Rise of Secondary Schooling in America, 1910-1940." *Journal of Interdisciplinary History* 29, no. 4(1999): 683-723.

Graves, Karen. " 'So, You Think You Have a History?': Taking a Q from Lesbian and Gay Studies in Writing Education History." *History of Education Quarterly* 52, no. 4(2012): 465-487.

Hall, Catherine. "Making Colonial Subjects: Education in the Age of Empire." *History of Education* 37, no. 6(2008): 773-787.

Jacobs, Margaret D. *White Mother to a Dark Race: Settler Colonialism, Maternalism, and the Removal of Indigenous Children in the American West and Australia, 1880-1940*. Lincoln: University of Nebraska Press, 2009.

Labaree, David. *How to Succeed in School: The Credentials Race in American Education*. New Haven, CT: Yale University Press, 1997.

Madeira, Ana Isabel. "Popular Education and Republican Ideals: The Portuguese Lay Missions in Colonial Africa, 1917-1927." *Paedagogica Historica* 47, nos. 1-2(2010): 123-138.

Marker, Michael. "Indigenous Resistance and Racist Schooling on the Borders of Empires: Coast Salish Cultural Survival." *Paedagogica Historica* 45, no. 6(2009): 757-772.

McLeod, Julie, and Fiona Paisley. "The Modernization of Colonialism and the Educability of the 'Native': Transpacific Knowledge Networks and Education in the Interwar Years." *History of Education Quarterly* 56, no. 3(2016): 473-502.

Tyack, David. "Ways of Seeing: An Essay on the History of Compulsory Schooling." *Harvard Educational Review* 46, no. 3(1976): 356-389.

第2部分　前现代溯源

第5章　古希腊和古罗马的教育

马克·乔亚尔

20世纪70年代之前，学界对古希腊和古罗马教育的研究主要集中 83
于教师和学生，以及那些与西方教育传统最为相似或对其影响最大的系统要素上，尤其是课程、经典作品、教学方法、教学材料和学校。上述内容有很好的理由继续在古代教育研究中占据很大的比重，不过，随着现代对“教育”的理解已有所扩大，加之社会史和人类学对传统古典研究的影响，人们对古希腊和古罗马人的童年、青少年和成年早期（既包括男性也包括女性）的其他特征也进行了更为深入的研究，如成年礼、入会式、公民教育。这个领域的时间跨度超过两千多年，而且对此后的一千五百余年也产生了显著影响，因此必须视之为一个极其广阔且有待挖掘的沃土。①

---

① The classic example of the traditional focus is Henri-Irénée Marrou, *Histoire de l'education dans l'antiquité*, 7th edition (1948; Paris: Editions de Seuil, 1975), which is also the fundamental work in the field. See also Jean-Marie Pailler and Pascal Payen, *Que reste-t-il de l'éducation classique? Relire le Marrou, Histoire de l'éducation dans l'antiquité* (Toulouse: Presses Université du Mirail, 2004); Yun Lee Too, *Education in Greek and Roman Antiquity* (Leiden: Brill, 2001), 1-21. For an orientation to and critical assessment of the modern scholarship on Greek and Roman education, see Mark Joyal, "Education," in *Oxford Bibliographies* (Classics), 2011, www.oxfordbibliographies.com.

史料来源与证据

我们对古希腊和古罗马教育的认识，源自于对多种古老的原始材料的学术应用。② 其中只有少数书面资料在其基本性质或目的上属于分析或理论性的。这当中，最具信息价值的教育论著是昆体良（约 40—约 100）的《论演说家的教育》❶，该书是古代文献中绝无仅有的一部详细描述当时罗马人和希腊人实际开展的教育实践的著作。这部著作价值显著，但其内在缺陷是只专注于精英教育，也即上层青年的智力训练，而这些人在希腊和罗马社会中只是少数。大部分的书面资料都不是描述性、分析性或全面性的，多是诗歌、戏剧、历史、哲学和修辞学等论著中附带的叙述或评论。不过也有一些重要文献属于例外情况，包括柏拉图的《理想国》《法律篇》以及亚里士多德的《政治学》《尼各马可伦理学》等，这些著作对教育的适当形式及其社会作用有大篇
84 幅的理论探讨。在诠释和运用这些史料时，必须从历史的角度加以理解，也必须对其文学体裁、戏剧背景和作者偏见保持警惕。

研究古代教育的史学家长期以这类文学作品为主要依据来构建他们的叙事。不过，很大一部分古希腊和古罗马教育的文字证据，是由学生和教师在活动过程中产生的“纪录性”材料构成的。这些文字通常写在莎草纸上，也有的写在木板、蜡版或是碎陶片上。这些物品大部分是在埃及的不同地点出土的，保存在干燥的沙土中。它们是教师

---

② For the presentation of a large range of source evidence(about three hundred separate items), see Mark Joyal, Iain McDougall, and J. C. Yardley, *Greek and Roman Education: A Sourcebook* (London: Routledge, 2009), as well as the collections of sources discussed in Joyal, "Education" (under the heading "Sources").

❶ 即《雄辩术原理》，该书中译本可见人民教育出版社 1989 年版《昆体良教育论著选》。

和学习者日常工作的产物，有的是学生在指导下书写的作业，有的是教师书写的书法摹本或教学手册。出自学生之手的材料尤其丰富；对这类材料的使用已经帮助改变了关于古希腊和古罗马教育的研究。遗存下的教师资料不是很多，但时间范围从公元前3世纪一直延续到中世纪。其他类型的文献证据还有离家求学的孩子与父母之间的通信。埃及还出土了许多学徒契约，充分说明了当时技术行业的学习状况。[3]

遗存下来的或完整或零散的希腊和拉丁石刻，记载了数以千计的官方决策和公共善举。很多铭文提供了教育活动或者社会中教育地位的有关证据，包括学生成功参与的由城市提供的教育或培训，公民或国王为城邦教育机构提供的物质支持，以及某位人士为学生、教师或学校所做的服务。另一种不同的铭文出现在墓碑上，这些铭文通常对逝者的职业进行了记录和评价，可以提供当时教师的社会地位等宝贵信息。石刻的使用在地理上分布极广，因而为了解古希腊和古罗马教育实践的传播情况提供了颇有价值的证据。涂鸦和绘画多是临时性的，但也有价值，可以揭示当地的识字水平和种类，有些内容也和教育经

---

③ For reliance on the literary evidence for Greek education, see F. A. G. Beck, *Greek Education, 450-350 b. c.* (London: Methuen, 1964); for Roman education, see Aubrey Gwynn, *Roman Education from Cicero to Quintilian* (Oxford: Oxford University Press, 1926). The first to utilize the full range of documentary evidence (but with limited analysis) was Marrou, *Histoire de l'education dans l'antiquité* (1975). For prominent examples of the application of students' materials, see Raffaella Cribiore's *Writing, Teachers, and Students in Graeco-Roman Egypt* (Atlanta, GA: Scholars Press, 1996), *Gymnastics of the Mind: Greek Education in Hellenistic and Roman Egypt* (Princeton, NJ: Princeton University Press, 2001), and "Education in the Papyri," in *The Oxford Handbook of Papyrology*, ed. Roger S. Bagnall (Oxford: Oxford University Press, 2009), 320-337; Teresa Morgan, *Literate Education in the Hellenistic and Roman Worlds* (Cambridge, UK: Cambridge University Press, 1998). Teachers' materials range from an extraordinarily well-preserved third-century bce teacher's notebook on papyrus (see Joyal, McDougall, and Yardley, *Greek and Roman Education*, 124-127) to medieval Latin-Greek bilingual readers which originated probably in the second century ce (see 169-170).

验相关。④

关于古希腊和古罗马教育的直接证据并不都是文字的。例如墓碑上描绘教师和学生（们）的浮雕。公元前 6 世纪特别是公元前 5 世纪的很多古希腊彩陶上描绘了各式各样的与教育有关的场景，此后的壁画也是如此。所有这些都需要有所依据地进行解释，而这往往会暴露学者间的分歧。考古发掘发现了许多从公元前 3 世纪到罗马帝国后期的体育场遗迹，这些建筑往往构成了希腊式和罗马式城镇的文化中心，有时候也构成了教育中心。关于学校本身的考古证据确实存在，但远不够丰富。⑤

大部分文学性的证据都是古希腊和古罗马上层社会的产物，或是对上层社会的反映，很多铭文证据也是如此。这些材料的地理分布广泛，远远超出了雅典和罗马的范围。相比之下，更能反映社会普遍做法的证据是那些纪录性的文献材料，因为这种材料的保存有一定的随机性。但其不足之处在于，它几乎完全出自埃及，而且反映的是从公元前 3 世纪到公元 7 世纪阿拉伯人征服埃及之前，生活在这里的希腊人
85 和罗马人的习俗。因此有必要追问，从这些材料中得出的结论能否推测埃及之外。事实上，出自埃及的证据表明，该地区的实践情况具有

---

④ See, e. g., J. L. Franklin Jr., "Literacy and the Parietal Inscriptions of Pompeii," in "Literacy in the Roman World," ed. Mary Beard, Alan K. Bowman, and Mireille Corbier, special issue of *Journal of Roman Archaeology*, suppl. 3(1991): 77-98.

⑤ For a notable example of controversy over artistic evidence (the implication of images on Greek red-figure vases for determining levels of literacy among Athenian women in the fifth century bce), see Allison Glazebrook, "Reading Women: Book Rolls on Attic Vases," *Mouseion* 5(2005): 1-47; Matthew P. J. Dillon, "Engendering the Scroll: Girls' and Women's Literacy in Classical Greece," in *The Oxford Handbook of Childhood and Education in the Classical World*, ed. Judith Evans Grubbs and Tim Parkin with Roslyne Bell (Oxford: Oxford University Press, 2013), 398-404. For recent excavation of an ancient school, see R. Cribiore, P. Davoli, and D. M. Ratzan, "A Teacher's Dipinto from Trimithis (Dakhleh Oasis)," *Journal of Roman Archaeology* 21(2008): 170-191.

显著的连续性，这与文学史料描写的情况大体一致。因此这两类证据可以互为补充。当然，对于一些重要问题，出自埃及的文献记录所刻画的教育形象，通常要比其他文学史料要更为细致入微。

青铜时代和古风时期

最早创作文字记录的希腊人，是青铜时代的居民（迈锡尼人），他们生活在迈锡尼、皮洛斯、底比斯、梯林斯以及希腊半岛的其他地点，包括伯罗奔尼撒和爱琴诸岛（特别是克里特岛）上。对约公元前1450年到公元前1200年时期的人来说，关于他们识文断字的证据只有泥板书，泥板形似棕榈叶或书页，上面刻有表意的希腊音节符号，现代学者称之为“线性文字B”。这是一个复杂的书写系统，包含约200个符号，因此必须进行专门的培训才能学会如何使用。对泥板书的研究显示，这种文字主要用于迈锡尼宫殿中的行政记录；其中没有提到教育活动，不过有少量泥板中说，大一点的男孩要陪伴在他们的父亲身边，以便接受父亲所在行业的训练。很显然，识文断字本身就相当难得，不过和同时期及较早时期埃及与近东地区那些享有相当威望的文士不同，制作这些泥板的迈锡尼人从未提及他们自己，而且在所有泥板上都没有发现可以译成“文士”的词。苏美尔和赫梯都曾遗存下数以千计有教学目的的楔形泥板书，与此形成鲜明对比的是，没有一块线性文字B的泥板被鉴定为学生习作。不过，对泥板上的指印、掌印的研究表明，这些泥板往往是由儿童制作的，这或许表明泥板抄写学徒制的存在。[6]

古代书面资料中几乎没有提到希腊古风时期（约公元前 800—公元前 480）结束前这一时期的学生、教师、学校或课程情况。历史学家希罗多德曾记载，公元前 496 年希俄斯岛上有一所学校毁于自然灾害，120 名学生中除 1 人外全部罹难（《历史》，6.27：1—2）[2]；据帕萨尼亚斯记载，公元前 492 年，一名奥林匹克拳击手导致一所学校倒塌，约 60 名儿童遇难（《希腊志》，6.9：6—7）[3]；雅典政治家埃斯基涅斯在公元前 346 年的一次演讲（《诉提马库斯》，9—12）中，描述了据推测由雅典立法者梭伦在公元前 6 世纪初制定的法规，主要涉及学校的开放时间以及在任意特定时间要求的最低学生人数（用于防止教师对其学生进行体力剥削）。一个简单的事实是，我们有关公元前 5 世纪初之前教和学以及儿童培养的证据，大多是间接性的，五花八门，因此对研究而言有很大挑战性。

尽管如此，我们所能够推断出的关于古风时期的情况，往往令人
86 浮想联翩，引人入胜。例如，荷马描述希腊传奇英雄阿喀琉斯是在年长的富尼克斯监督教养下成长起来的，富尼克斯从阿喀琉斯幼年一直

---

⑥ For evidence of Mycenaean scribes, see Thomas Palaima, "'Archives' and 'Scribes' and Information Hierarchy in Mycenaean Greek Linear B Records," in *Ancient Archives and Archival Traditions: Concepts of Record-Keeping in the Ancient World*, ed. Maria Brosius (Oxford: Oxford University Press, 2003), 173-177; also his "Scribes, Scribal Hands and Palaeography," in *A Companion to Linear B: Mycenaean Greek Texts and Their World*, ed. Yves Duhoux and Anna Morpurgo Davies (Walpole, MA: Peeters, 2011), 121-123, and 87, 113-121 for evidence of scribal practice on the Linear B tablets. For study of finger-and palm-prints, see Jeremy Rutter, "Children in Aegean Prehistory," in *Coming of Age in Ancient Greece: Images of Childhood from the Classical Past*, eds. Jenifer Neils and John H. Oakley (New Haven, CT: Yale University Press, 2004), 48, with references in n90; Palaima, "Scribes, Scribal Hands," 83-85.

❷ 该书中译本由商务印书馆 2005 年出版。

❸ 或译为《希腊道里志》。

陪伴他到特洛伊战争，始终是阿喀琉斯的导师（《伊利亚特》，9：438—445，485—495）。富尼克斯基本上被刻画为一名教师，这一角色在此后希腊和罗马社会很多儿童的抚养、教育过程中占据了关键地位。阿喀琉斯和富尼克斯之间是一种学徒关系，人们认为通过这种长期的交往、观察和练习，年轻人将学会如何脱颖而出、免于堕落。荷马的《伊利亚特》和《奥德赛》都曾展示了这种关系，不过这两部史诗并非证明古风时期这种关系的唯一证据。诗人忒奥格尼斯鼓励年轻人要不断地与那些品质优秀的长者进行交往，他和诗人品达都认为，美德是通过成为良好家庭成员的资格来获得的。这些关系的重点是人格及其对他人的影响，而不在于内容或方法，因为最终的目标不是培养技术专家，而是人杰和领袖，一个可以在城邦取得显赫地位的人。罗马上层人士，特别是在共和后期罗马的上层人士也都以类似方式为成年做准备。例如公元前1世纪初，法学家、政治家西塞罗就是在陪同年长的著名律师昆图斯·穆希斯·斯凯沃拉处理日常业务过程中，获得了许多法律训练和专业知识的。

当然，与埃及和美索不达米亚一样，古希腊也有实用技能方面的专才。例如，在《奥德赛》（17：381—386）中，荷马谈到了*demioergoi*，字面意思是“为民众服务的人”，他们向公众提供收费服务，从事有较高需求的行业；这些人中包括先知、治疗师、木匠和吟游诗人（如荷马本人）等。他们一定是通过学徒方式习得手艺技能的。与埃及、美索不达米亚和近东地区一样，青年男性往往是从他们的父亲那里获得技能，最常见的是在农业领域。实际上，据说梭伦在公元前600年左右曾制定了一项律法，规定如果父亲没教给儿子一门手艺，那么父亲年老之后，儿子就不必承担赡养义务（普鲁塔克：《梭伦传》，22：1）。同样，女孩所需的实践指导（主要是家务），无疑是由她们的母亲或其他女性近亲提供的。

据我们所知，上述教育活动都不是由国家组织的，而是通过私人安排开展的。不过，古风时期有一个希腊城邦把年轻人的教育作为了公共事务。在伯罗奔尼撒半岛的斯巴达，所有男性公民（只占人口一小部分）都要参与这种教育体制，很多古代文献称之为*agogé*（字面意思为“饲育”），这可能是这个神秘社会最显著的特征。现代对这种体制的重构，依据的是现存一些关于“饲育”的书面证据，不过现代学者对这些证据的可靠性有相当大的争议，但有把握确认的是，这些证据中的某些成分确属古风时期所有，包括：男孩在 7 岁左右离开家庭；按年龄分组；在条件匮乏的情况下接受严酷训练，以求体魄坚韧、自立自强；任命一名督导代父母执行严格的纪律；是公共食堂“共餐制”成员；另外，少年爱[4]的教育作用也得到认可。整体而言，这种制度在希腊世界肯定是绝无仅有的，不过，其中包含的一些元素也可以在希
87 腊其他一些城邦里找到。克里特与斯巴达的相似之处尤为明显：克里特的男孩也一样被分成“群组”，不过不用像斯巴达那样和家人分开；接受严格的体能训练，但生存条件不是那么极度匮乏；同样受到督导监管；在公共食堂用餐并进行社会交往；少年爱因其教育潜能而被善意看待。事实上，古风时期的斯巴达人和克里特人都属于希腊的多利安部落，这或许是两者存在相同之处的原因。然而，对希腊教育影响最深远的共同因素却是少年爱。

少年爱和成年礼

20 世纪 70 年代以来，古希腊年长和年轻男性之间教学关系的性质及其起源问题，引起了学者们极大的兴趣。毫无疑问，这种关系往往具有同性恋的色彩，而且一些证据表明，在精英圈里，这种关系的制度化程度比荷马、忒奥格尼斯和品达在其诗歌中所描述的还要高。埃

[4] 又称娈童恋，指成年男性对少年男孩精神或肉体上的爱慕。

福罗斯记录了克里特岛一种值得注意的习俗（斯特拉波：《地理学》，10.4：16—21），据他所说，“群组”中的青少年男子会成为成年男性（“情人”）渴求的对象，他们结对参加一系列经过精心安排的活动。人们很早就认识到，埃福罗斯描述的这种习俗就是一种成年礼，是青年男子进入成人社会的开始。这个情人事先和男孩的朋友们达成“阴谋”协议，由情人诱拐男孩，将之与集体隔离；期间，他们一同在乡下打猎，情人送给男孩一套军服作为礼物；男孩重新融入社群，随后披上独特的衣服。凡此种种都是成年礼的组成部分。这个仪式得到了社会的认可，这一点从其被称为“*nomos*”（即公认的传统“习俗”）就可以看出。在克里特出土的一个约公元前1600年的石杯上，描绘了后来埃福罗斯所证实的这种仪式，如果能确认这一点，那么“*nomos*”的起源就可以追溯到青铜时代。假使如此，那这种仪式的前身就不会是在希腊。⑦

人们可以对“*nomos*”起源的解说存有质疑，不过还有另外一种不同的证据能证明很早就存在这种教育性的成年礼，这就是神话。荷马告诉我们，喀戎曾教阿喀琉斯使用草药。更重要的是，在希腊文学中喀戎常常被描绘成阿喀琉斯的导师，阿喀琉斯和传说中的其他英雄们，一同在乡下追随喀戎学习如何战斗和狩猎。虽然喀戎是一个人首马身的人马怪，但他克服了自己的本性，用文明的力量对青年人施加影响；而他的“兽—人”性质，实际上正是青年人向理性成年人转变的象征。现在人们普遍认为，喀戎和阿喀琉斯以及其他英雄的关系，是男性成

---

⑦ For this rite as a *nomos*, see Jan Bremmer, "An Enigmatic Indo-European Rite: Paederasty," *Arethusa* 13(1980): 283-287; for its possible non-Greek origins, see Robert B. Koehl, "The Chieftain Cup and a Minoan Rite of Passage," *Journal of Hellenic Studies* 106(1986): 99-110, and his "Ephoros and Ritualized Homosexuality in Bronze Age Crete," in *Queer Representations: Reading Lives, Reading Cultures*, ed. Martin Duberman (New York: New York University Press, 1997), 7-13.

年礼在神话中的反映，这种仪式早在希腊文学出现之前就已经发端。最近学界提出了一个很有说服力的案例，已发现的早至公元前12世纪的实物证据中，就已经出现了喀戎在神话和成年礼中所扮演的那种教育角色。[⑧]

这种教学关系的一个常见特征是，少年爱被视为正当合理的，因
88 为它能让年轻的伴侣从一个良好的榜样角色中受益。柏拉图在他的对话录《会饮篇》（182a-b，184b-e）中明确解释了其中的原因，文中有个人物指出了当时斯巴达和雅典少年爱行为的重要相似点：就少年爱关系在培养和提高方面的目的而言，两个城邦一样，这种关系或许是美事，或许是丑事。就其本身来说，那项学校法令（希腊人错误地认为该法令是梭伦颁布的）支持“丑事”类型的少年爱关系，这在很大程度上应该避免。不过，区别并不在于有性（丑事）和无性（美事）；两者都是身体层面的。

古希腊文化中，少年爱、教育、成年礼和入会式之间的联系，有着高度的争议，也容易引起猜测。这种关系可以被视为希腊男性成长过程中的“公共”或“社会”层面，不同于父母私下对他们进行的教育。对于希腊女子具有教育意义的成年礼，人们虽然了解不多，但就所知部分而言是有较大把握的。最清楚的是，女孩也要按年龄分组，还要参加歌咏队。[⑨] 那些13岁左右的女孩们，在婚配之前要参加歌咏

---

⑧ For the centaurs' amalgamation of nature and culture, see G. S. Kirk, *The Nature of Greek Myths* (Harmondsworth, UK: Penguin Books, 1974), 207-212; for their place in Bronze Age rites of passage, see Susan Langdon, "The Awkward Age: Art and Maturation in Early Greece," in *Constructions of Childhood in Ancient Greece and Italy: Hesperia*, supplement 41, ed. Ada Cohen and Jeremy B. Rutter (Princeton, NJ: Princeton University Press, 2007) 175-180; and for evidence of Chiron in Greek art, see F. A. G. Beck *Album of Greek Education* (Sydney: Cheiron Press, 1975), 9-13, with plates 1-4.

⑨ Claude Calame, *Les choeurs de jeunes filles en Grèce archaïque*, vol. 1 (Rome: Edizioni dell'Ateneo e Bizzarri, 1977) is the seminal work on this topic.

训练，此后还要进行公开表演。她们学习的是唱歌、跳舞，不过这种经历有特别的教育意义，这不单是因为她们也曾参与体育训练和竞技，主要是因为她们吟唱的诗歌中包含了未来如何与男性相处的重要内容。因此，女孩通过成年礼获得的资格，帮助她们做好了以后为人妻母的准备。此外希腊人认为，音乐和舞蹈能够调节对快乐、痛苦和其他非理性冲动的反应，由此在心灵中营造出和谐的状态。由于歌咏表演与特定的神明或女神有关，而且歌咏队成员是由支付培训和表演费用的人来选定的，因此，参与歌咏表演一定是有限制而非普遍性的。

埃佛比

古风时期为成年而做的“原始的”准备，公元前 5 世纪相对富足的希腊人在读写、音乐和运动方面所接受的“先进的”教育，从公元前 4 世纪末直至近代之前整个希腊化的地中海地区、欧洲和近东地区普遍采用的读写教育，这三种教育长期以来一直是人们倾向于进行比较的对象。这种对比的根本性问题，不仅是古风时期结束后“饲育”仍在斯巴达存续，而且当某种类似于教育“制度”的事物出现之后，希腊人和罗马人还继续举办着成年礼。一个明显的例子是，从公元前 4 世纪开始，大多数希腊城邦强制其男性公民在 18 岁左右服兵役，服役时间从 1 年到 3 年不等，很多城邦称之为“埃佛比”。埃佛比一词指的是“处于”（*epi*）“青春年华”（*hêbê*）的男性的年龄，也就是处在成年的门槛上（即 *ephebos*）。现代研究已经表明，兵役期与成年礼在很多特征上都显著相关：根据年龄划分群体；这些群体在固定周期内和社群隔离，通常驻守在乡下；衣着独特；服役完成后重新融入社会。我们在古罗马也发现了类似的组织，尤其是他们的青年团。这种准军事组织除了有时候会包括女性成员之外，在很多方面都和埃佛比有着相同的特征。

89 埃佛比存在了很长时间。通常认为，作为独立机构的埃佛比在雅典发端于公元前334年，不久之后就在其他城邦扎下了根。随着时间推移，雅典的埃佛比出现了重大变化：公元前307年或公元前302年，埃佛比的期限缩短为1年，而且几乎同时，它不再具有强制性。从公元前119年起，一些有经济条件的年轻人从罗马、亚历山大里亚、希腊北部和其他更远的地方也到雅典来参加埃佛比。到这时，埃佛比逐渐变成了面向精英的学校。埃佛比最初的目的是为年轻人提供军事训练，虽然这一初衷从未被舍弃，不过它却越来越强调智力、竞技体育和社交方面的因素。例如，公元前122年制定的一项规定，要求埃佛比的学员必须参加由城邦主要哲学学校的教师举办的讲座。埃佛比本质上是希腊的机构，在公元前175年试图将耶路撒冷转变为希腊城市的失败的尝试中，它所扮演的角色是显而易见的（《马卡比书·2》，4：7—15）。在很多城市，包括埃及、北非、小亚细亚、近东以及更远的地方，埃佛比作为一种机构一直存在到罗马帝国晚期，公元4世纪之后便销声匿迹了。⑩

---

⑩ For the connection between the *ephebeia* and rites of passage(utilizing both mythological and anthropological evidence), see Pierre Vidal-Naquet, "Le chasseur noir et l'origine de l'éphébie athénienne," *Annales, Economies, Sociétés, Civilisations* 23(1968): 947-964; for the Hellenistic *ephebeia*, see Andrzej S. Chankowski, *L'Éphébie hellénistique: étude d'une institution civique dans les cités grecques des îles de la Mer Égée et de l'Asie Mineure*, Culture et cité, 4(Paris: de Boccard, 2010); for the *ephebeia* in Athens, see C. Pélékidis, *Histoire de l'éphébie attique, des origines à 31 avant J.-C.*, École française d'Athènes, Travaux et Mémoires 13(Paris: de Boccard, 1962); for the *ephebeia* during the Roman Empire, see Nigel M. Kennell, "The Greek Ephebate in the Roman Period," *International Journal of the History of Sport* 26(2009): 323-342; for the source material in general, see Nigel M. Kennell, *Ephebeia: A Register of Greek Cities with Citizen Training Systems in the Hellenistic and Roman Periods*, *Nikephoros* Beihefte 12(Hildesheim: Weidmann, 2006); for the *collegia iuvenum*, see H. W. Pleket, "*Collegium iuvenum nemesiorum*: A Note on Ancient Youth Organizations," *Mnemosyne* 22(1969): 281-298; Mark Vesley, "Gladiatorial Training for Girls in the *Collegia Iuvenum* of the Roman Empire," *Echos du Monde Classique*, n. s. 17(1998): 85-93.

公元前5世纪到公元前4世纪的课程

自公元前5世纪起，读写（文法）和音乐都成了一门课程或课程的一部分，学生们从7岁开始上课学习。[11] 这一时期的读写教育似乎已经相当成熟：前述在希俄斯岛那所学校罹难的120名学生当时正在学习文法；希罗多德称呼他们“*paides*”，即“儿童”，这表明他们正处在教育的早期阶段。尽管希罗多德这样记述，不过当时孩子们通常是在自己或老师家里，或其他方便的地方（甚至在户外），通过私人辅导来学习的，并不是在学校里学习，而且文法和音乐训练是由家庭出资进行的。到公元前5世纪下半叶，人们在谈到一套标准的课程科目时，往往包括了体育训练，雅典尤是如此。但令人难以置信的是，在此之前，体育训练并不是希腊年轻人教育中一个重要的构成要素。

那些能够学习这些课程2年或3年以上的人，大多来自于相对富足的家庭。在古希腊城邦中，体育训练有着明确的目的，然而在当时基本上处于口述文化的背景下，对于那些能够负担得起识字教育的家庭来说，读写能力的实用价值并不大。荷马史诗是文化学习的基础，因此《奥德赛》特别是《伊利亚特》所占据的文化核心地位，在一定程度上也就解释了这门课程中识字所被赋予的作用。作为一门课程，音乐所追求的也绝非实用，这门课程不仅包括演奏弦乐器和管乐器，还包括歌唱与舞蹈。到公元前4世纪末，尽管无论是希腊还是罗马的儿童还是要学会表演一些项目，但音乐最终注定要失去其在课程中的优势

---

⑪ See Joyal, McDougall, and Yardley, *Greek and Roman Education*, 46-47; A. D. Booth, "Douris' Cup and the Stages of Schooling in Classical Athens," *Echos du monde classique/Classical Views*, n. s. 4(1985): 274-280; David Pritchard, "Athletics, Education and Participation in Classical Athens," in *Sport and Festival in the Ancient Greek World*, ed. David J. Phillips and David Pritchard(Swansea: Classical Press of Wales, 2003), 306-308.

地位。

古希腊人和古罗马人的读写能力达到了何种水平？这个问题很是复杂，甚至现代学界仍存有争议。人们对“读写能力”本身的定义就相当不一致，而且在整个古代，希腊人和罗马人在不同时间、不同地
90 区获得的读写能力的程度也有很大的不同。古希腊特别是希腊化时期的一些女性（或许更多的是古罗马的女性），具备了读写能力。很多商人也掌握了行业所需的读写技能。可以肯定，希腊和罗马的家庭中，奴隶主在认为对自己有用的情况下会让奴隶学习文法，一些奴隶也会教主人家的孩子学习基本的读写技能。在古希腊或古罗马，大多数人都具备读写能力的国家或城邦几乎没有（即便有，数量也极少），不过到公元前 4 世纪，在地中海地区和其他地区的很多中心地带，口才已经成为希腊青年（主要是男性）所受正规教育中的核心元素。这一发展根植于公元前 6 世纪末出现的雅典民主政体。这种“直接”民主使得雅典公民（父母均为雅典人的 18 岁以上的男性）有机会在公民大会的露天会议上发言，能够参与那些经抽签决定成员的议事机构，也有机会担任为期一年的地方执政官。在城邦中脱颖而出的一个主要渠道就是通过训练学会富有说服力的演讲。然而正规教育，无论持续时间多久（最长的可到 15 岁或 16 岁），其中的传统内容只是附带或者偶然能教给学生这方面的技能，抑或根本不会涉及。这些工作留给了雅典以外的那些有创业心的希腊人，他们向愿意支付费用的人传授演讲技巧——修辞学（也教授其他科目），柏拉图及其同时代的人称之为“智者”。因而，智者提供的服务为那些没有世袭特权出身的人开辟出获得政治影响力的途径。

“智者”一词的字面意思是“智慧的实践者或提供者”，最早该词指的是文化教师，人们认为他们传播的是那些传统的、公认的智慧。这些人主要是诗人，以荷马为首。公元前 5 世纪那些用“智者”一词称呼自己的人，宣称他们所传播的知识、所教授的技能具有根本和永恒

的价值。但很多人并不信任这些智者，对他们进行了批评，因为在他们的修辞学教学中，客观真理仅处于次要地位，而且抬高了道德的相对性。如果柏拉图（公元前 427—公元前 347）所言被认可的话，那么苏格拉底（公元前 469—公元前 399）似乎就是智者最激烈的批评者之一。然而，尽管智者和苏格拉底有着不同的抱负与动机，但他们却有一个共同的重要信念，即我们的世界可以通过运用理性来理解，而不是诉诸神赋的因果论，因此把他们视为公元前 5 世纪人文主义的倡导者，是恰如其分的。

希腊化时期和古罗马的课程

即便在基督教出现于地中海地区并在公元 4 世纪成为罗马国教之
后，人文主义仍然是古希腊和古罗马教育的永恒特征。这反映于，虽
然在罗马皇帝的统治下，修辞学已经失去了政治功用，但它仍充当了
精英教育的塔尖。从公元前 3 世纪出现的一种识字“课程”上，这一点 91
也可见一斑。这种课程在结构上比以前出现的任何课程都要正式。它
的出现与希腊领土的扩张、亚历山大大帝以及此后 3 个世纪的希腊化时
期（约公元前 325—公元前 30）从利比亚到阿富汗的扩张带来的影响紧
密相关。公元前 323 年亚历山大大帝去世后，希腊文化和语言开始越来
越多地与那些以往很少接触到希腊的人共存。在埃及、小亚细亚、近
东、波斯和其他地方定居的希腊人，为了保持他们所知的故乡生活，
必须克服文化上的孤立。为此，他们复制了一套文教体系，这套体系
在整个希腊化地区采取了一种可辨识的模式。对这些希腊人而言，教
育是一个攸关身份认同的问题。

借助相关史料特别是埃及遗存的大量学生与教师的教育材料，我们对这一体系的性质和内容有了详细的了解，上述材料的复杂程度不一，既有读写方面的基础练习，也有诗歌学习和演讲稿撰写。尤其是

自20世纪90年代以来，对这些材料的分析已经成为古希腊和古罗马教育研究中最富成果的方向之一。在这一体系中，初学者主要是男孩，也有部分女孩。通常，学生首先学习单个字母的辨认、外形和发音，以及各种可能的字母组合的音节，然后是单音节、双音节和三音节的单词。单词包括那些对诗歌阅读有用的词，如神、女神和普通人的名字，以及一些发音不常见或很难发音的单词。同时学生们还要学习识别数字，这项练习与文法学习没有区别，因为希腊人使用字母来表示数字。这一阶段以及此后每个阶段的学习都涉及大量的记忆，且通过严格的纪律和体罚予以强化。到需要阅读和书写完整句子时，学生们要注意使用那些有文化教育意义或道德教化价值的素材，特别是被称作“*gnomai*”的单句格言，而非被称作“*chreiai*”的较长掌故和寓言。女孩的学习基本止步于这一层次。下一阶段是学习和阅读一部经典文学合集，包括荷马、训谕诗人赫西俄德、悲剧作家欧里庇得斯、喜剧作家阿里斯托芬和米南德，以及雅典雄辩家、政治家德摩斯梯尼等人的作品。经典文学集的基础是荷马的《伊利亚特》（尤其是前6卷）而不是《奥德赛》，因为后者呈现了人类和神灵的很多丑陋场景，不利于教学。所有这些为学习修辞学奠定了基础。学生们分阶段学习了讲述故事、确定论点、基于道德或临时需要设定立场、表述完整演讲（最终是即席演讲）、运用复杂的口头说服技巧等。主题通常来自于他们阅读中的戏剧场景及从中发现的问题。为数不多的学生也会追随某位哲学家学习，这名哲学家通常是某主要哲学学派的信徒，如学园派（柏拉图学派）、逍遥学派（亚里士多德学派）、斯多葛学派或伊壁鸠鲁学派等。⑫

这就是罗马人在公元前1世纪初开始采用的课程的基本结构。在此之前，理想的罗马教育，目标是灌输爱国主义、家国忠诚、虔敬、勇敢、坚韧等传统美德。这种教育的责任主要由孩子的家庭（包括家庭中的奴隶）和朋友承担。在公元前3世纪和公元前2世纪，罗马教育开始受到外来影响，与其原来的保守目标形成了竞争。原因是希腊文化
包括希腊的文教体系对罗马的影响与日俱增。在对希腊世界的军事和 92
外交活动中，罗马人见证了希腊的历史遗迹，随后与希腊人进行了接触，由此开始受到希腊的影响。尽管像马尔库斯·波尔基乌斯·加图（公元前234—公元前149）等罗马名人对希腊文化进行了抨击，但罗马上层阶级的普遍态度却愈发摇摆不定。比如，很多人对希腊的修辞学及其对罗马年轻人潜在的腐蚀作用忧心忡忡；在他们看来，雄辩家不应该是道德中立者。不过，他们承认希腊艺术、建筑和文学成就的优越性，而且认为，希腊教育的内容和目标更适合于主宰整个地中海地区和其他地区的统治阶层。到公元前1世纪前半期，一些罗马知名人士甚至前往希腊的城市去接受修辞学和哲学方面的高深教育。

这种教育“体系”在希腊语中被称为“*enkuklios paideia*”，尽管公元前1世纪末以前的资料中并未出现过这一称谓，但关于这个被视为欧洲文化“核心概念”的术语的研究却有很多，且存有争议。⑬ 在公元前1世纪末时，这个术语指的是学生在掌握了字母和数字等基础知识后所要学习的科目，首先包括文法、修辞、辩证法、算术、几何学、音

---

⑫ For close analyses of ancient educational materials from Egypt, see Cribiore, *Writing, Teachers, and Students in Graeco-Roman Egypt*; Cribiore, *Gymnastics of the Mind*; Morgan, *Literate Education*. For corporal punishment, see A. D. Booth, "Punishment, Discipline and Riot in the Schools of Antiquity," *Echos du monde classique/Classical News and Views* 17(1973):107-114.

⑬ L. M. de Rijk, "Εγκύκλιος παιδεία: A Study of Its Original Meaning," *Vivarium* 3 (1965):24.

乐理论和天文学，还包括法律、雕刻、绘画和医学等较少开设的科目。自公元6世纪起，在整个西欧中世纪，这些科目中的前三门被称作“三艺”，后四门被称作“四艺”（在东方希腊❺称作“*tetraktys*”）。这七个科目共同构成了罗马人所说的“博雅学科”或“自由学科”。用这些拉丁词汇来指代适合自由（*liber*）人所学的科目是有其实际意义的，它与更重实用的行业培训形成了对比。不过，和这个拉丁词汇相比，希腊语中“*enkuklios paideia*”一词的含义却很难解释。

“循环（*enkuklios*）中的教育（*paideia*）”，是这个词汇的字面意思，通常解释为“基础教育”“博学教育”和“完全教育”。最近，拉法埃拉·克里比奥雷提出了一种更贴近于字面意思的解释，这种解释也阐明了该词汇所指体系的基本特征。在这个系统中，学生们每达到一个阶段目标，就回到原点重新研读同一文本，再向更高的层次进发：“在攀登学术高峰过程中，‘运动员’并不是沿坡直上，而是缓步绕山前行。每绕一圈，都是在前一圈基础之上的扩展和丰富，同时还引入了新的材料，并且本着不同的目的、运用更深入的方式，对此前已接触过的文本作者和此前曾进行过的练习有了进一步的熟悉。”这种对“*enkuklios paideia*”的描述和对其含义的解释，有助于强调该系统的内容及其采用的方法，而不是偏重对其结构规范的某些假定。相比之下传统的假定是，希腊人，包括公元前1世纪之后的罗马人，从7岁开始接受正规教育，在那些被称作“语法教师”或“文法教师”的初级教师指导下学习3到4年的读、写、算等基础知识。此后，继续学习的孩子将进入由“文法家”（希腊语和拉丁语共用的一个希腊术语）主持的学校，在高级教师的指导下精细研读文学著作。16岁时，能继续学

---

❺ “东方希腊”是一个历史地理学概念，指的是古希腊—罗马世界里以希腊语为通用语言的东部地区，包括安纳托利亚、希腊、巴尔干、黎凡特和埃及等地。

业的男孩将跟随修辞学家学习雄辩术。[14]

表面上来看，这种模式对我们很有吸引力，因为它隐含着初等、中等和高等三个教育阶段，不过这种模式还是过于简单化了。虽然的确有学生严格遵循了这一模式，但对大多数学生来说实际情况存在明
显偏差。很多人不是在学校而是在家里学习读写的，指导他们学习的 93
不是语法教师或文法教师，而是家庭成员或“教仆”。教仆通常是家里的奴隶；在罗马家庭中，教仆（大多是男性，女性极为罕见）往往是希腊人，主要负责教孩子学习希腊语，在罗马上层家庭中（并不仅限于此）会说希腊语是很平常的事情。有些学生可能会跳过语法或文法教师而直接向文法家学习。语法教师并不总是把自己局限在初等教育层面，也常常会涉足那些本由文法家教授的课程。这样做的原因，或许是出于职业抱负，因为语法教师的地位较低；或者是因为缺乏合格的高级教师，特别是在那些人口稀少的地区。基于同样的原因，文法家也可能会提供大量的雄辩术训练，而这种训练本应是由修辞学家提供的。学生所学课程的范围往往也会受到教师能力的限制。甚至说与这些教师关联的头衔也并不完全是固定的。由于教育过程中存在这种不确定性，因此比起固化的结构假定，从标准课程的呈现方式和课程目标的角度去考察这种教育体制要更有意义。[15] 在 20 世纪 80 年代以来

---

[14] The quotation is from Cribiore, *Gymnastics of the Mind*, 129. For an example of the "traditional assumption," see James Bowen, A *History of Western Education*, vol. 1: *The Ancient World* (New York: Methuen, 1972), 43-216; on a smaller scale, see L. A. Hughes, "Education," in *The Cambridge Dictionary of Classical Civilization*, ed. Graham Shipley, John Vanderspoel, David Mattingly, and Lin Foxhall (Cambridge, UK: Cambridge University Press, 2006), 301-303.

[15] For the Romans' learning of Greek, see J. N. Adams, *Bilingualism and the Latin Language* (Cambridge, UK: Cambridge University Press, 2003), 9-15; for fluidity in the subjects taught at different stages, see A. D. Booth, "Elementary and Secondary Education in the Roman Empire," *Florilegium* 1(1979): 1-14, and "Litterator," *Hermes* 109(1981): 371-378.

的研究中，已有证据证明了这种导向的价值：有学者对希腊人和罗马人选择的课程阅读材料与主题进行了研究，在寻求对这种选择进行解释的过程中，这些学者已经证实，精英教育的目标尤重培养那些能够维护和延续其历史文化价值的公民。

亨利-伊雷内·马鲁在他那部颇具影响力的著作❻中，用三分之二的篇幅论述了希腊和罗马的教育。对于前者，他称之为“我们这个科目的核心”，是“真正有益”的部分；对于后者，他认为“不过是希腊化教育对拉丁环境的适应”。对这种目的论的观点，我们可以进行合理批判，但毫无疑问，由于相关史料特别是关于罗马帝国的史料的激增，马鲁的叙事要比以前更为可靠和精细。从有关证据中我们有一个重大发现，即国家参与到了教育供给之中，其渠道不是通过公共资金，而是通过对儿童成长的积极关注。在公元前4世纪，柏拉图曾表示，他坚信教育应该由国家提供，且无论男孩还是女孩都应接受强制教育；亚里士多德也认为，教育需要公共监管，在这方面他还赞扬了斯巴达人。在希腊化时期和罗马帝国时期的一些省区，当地的慈善家提供了大量资金用于发展自由民儿童（包括男孩和女孩）的教育；罗马的皇帝有时会出资任命修辞、哲学和法律教师；还颁布了规范教育体制的相关法律。而且，这些积极举措很可能会对提高总体的识字率起到积极作用。[16]

基督徒以及基督教统治下的帝国，对教育的兴趣并不亚于他们的

---

❻ 即《古典教育史》，原书出版于1948年，该书中译本由华东师范大学出版社2017年出版。

⑯ See Henri-Irénée Marrou, *A History of Education in Antiquity* (1948), trans. George Lamb (Madison: University of Wisconsin Press, 1956), 95, 96. On Plato, see Cynthia B. Patterson, "Education in Plato's *Laws*," in Grubbs, Parkin, and Bell, *The Oxford Handbook of Childhood and Education in the Classical World*, 365-380; on Aristotle, see Randall R. Curren, *Aristotle on the Necessity of Public Education* (Lanham, MD: Rowman & Littlefield, 2000).

前辈。传统课程的内容，特别是诗人们对众多有严重缺陷的神灵的描述，让基督教面临巨大难题。人们本以为基督教会依据圣经和其他宗教经典设计新的课程，但早期的基督徒们仍旧沿用了已有课程，这也证明了传统课程的效用。毕竟基督徒也需要能言善辩的追随者。关于这种延续性，有一个非常突出的例证，在一本 4 世纪的莎草纸笔记簿上，记录的内容和表述与公元前 3 世纪的一本教师笔记簿有很多重要的相似之处。非洲的护教论者德尔图良有一个著名的发问："学园（柏拉图的学校）与教会何干?"（《驳异端法规》，7）。不过这个问题有些虚
伪。基督教对原有课程（包括哲学）及其内容的态度是，它们不是目 94
的本身，而是一种预备教育，为获得真正的智慧（即"认识上帝"）做准备的预备教育。[17]

总　结

马鲁认为，希腊教育及与之相应的罗马教育的地位是至高无上的。这一观点并非由他原创。在马鲁提出这一观点的时候，以及在此之后的很长一段时期，人们对此都广泛认同。这个观点有其合理之处，而且如果研究古希腊和古罗马教育的主要目的，是为了追溯它们在后世教育实践与制度形成过程中产生的重要影响，那就更是如此。这个目标显然很重要，而且天然地引人关注：例如，我们可以研究"四艺"和"三艺"在中世纪西欧的作用，它们与古罗马博雅学科的关系，以

---

[17] The third-century bce notebook is cited in n3 above; for the fourth-century ce notebook, see Paul Collart, *Les Papyrus Bouriant* (Paris: Champion, 1926), 17-27; Joyal, McDougall, and Yardley, *Greek and Roman Education*, 233-234. For a balanced critique of Marrou's approach to the goals of early Christian education, see Hervé Inglebert, "éducation et culture chez les Chrétiens de l'Antiquité tardive," in Pailler and Payen, *Que reste-t-il de l'éducation classique ?* ,333-341.

及1453年君士坦丁堡陷落之前"*enkuklios paideia*"在东方希腊的坚守和延续等问题。这些都是具有历史意义的话题，因此从这个角度来看，我们在这里结束讨论似乎仅仅是出于方便。实际上，希腊和罗马教育所蕴含的内容远比马鲁所能预想的要多得多。就像教育史学者最为关心的传统领域一样，诸如学徒制、公民教育、成年礼、入会式等元素所反映的，是社会认为年轻人在特定时刻或是任何时间、场所都需要掌握并向他们灌输的重要知识。同时它们也反映了教育的连续性，只是方式不同而已。

推荐书目

Beck, F. A. G. *Album of Greek Education*. Sydney: Cheiron Press, 1975.

Calame, Claude. *Les choeurs de jeunes filles en Grèce archaïque*. Vol. 1. Rome: Edizioni dell'Ateneo e Bizzarri, 1977. English translation: *Choruses of Young Women in Ancient Greece*. Trans. Derek Collins and Janice Orion. Lanham, MD: Rowman & Littlefield, 1997.

Cribiore, Raffaella. *Gymnastics of the Mind: Greek Education in Hellenistic and Roman Egypt*. Princeton, NJ: Princeton University Press, 2001.

Cribiore, Raffaella. *Writing, Teachers, and Students in Graeco-Roman Egypt*. Atlanta, GA: Scholars Press, 1996.

Ducat, Jean. *Spartan Education: Youth and Society in the Classical Period*. Trans. Emma Stafford, P.-J. Shaw, and Anton Powell. Swansea: Classical Press of Wales, 2006.

Harris, William V. *Ancient Literacy*. Cambridge, MA: Harvard University Press, 1989.

Joyal, Mark. "Education." in *Oxford Bibliographies* (Classics), 2011. www.oxfordbibliographies.com.

Joyal, Mark, Iain McDougall, and J. C. Yardley. *Greek and Roman Edu-*

cation : A Sourcebook. London: Routledge, 2009.

Kennell, Nigel M. *The Gymnasium of Virtue : Education and Culture in Ancient Sparta*. Chapel Hill: University of North Carolina Press, 1995.

Marrou, Henri-Irénée. *Histoire de l'education dans l'antiquité* (1948). 7th edition. Paris: Editions de Seuil, 1975. English translation of the third French edition: *A History of Education in Antiquity*.

Trans. George Lamb. Madison: University of Wisconsin Press, 1956.

Morgan, Teresa. *Literate Education in the Hellenistic and Roman Worlds*. Cambridge, UK: Cambridge University Press, 1998.

Pailler, Jean-Marie, and Pascal Payen, eds. *Que reste-t-il de l'éducation classique ? Relire le Marrou , Histoire de l'éducation dans l'antiquité*. Toulouse: Presses Université du Mirail, 2004.

Too, Yun Lee, ed. *Education in Greek and Roman Antiquity*. Leiden: Brill, 2001.

Vidal-Naquet, Pierre. "Le chasseur noir et l'origine de l'éphébie athénienne." *Annales, Economies, Sociétés, Civilisations* 23 (1968): 947-964. English translation: "The Black Hunter and the Origin of the Athenian Ephebeia." *Proceedings of the Cambridge Philological Society* 194(1968): 49-64.

Wolff, Catherine. *L'éducation dans le monde romain : Du début de la République à la mort de Commode*. Antiquité synthèses, 16. Paris: édition Picard, 2015.

第 6 章　中世纪欧洲的教育

斯潘塞·E. 扬

98 中世纪时期，欧洲不存在一种单一的、具有明确课程的教育体系，而是有着多种类型的学校，各类学校在不同时期和不同地区蓬勃发展。不过教育目标却有着相当大的延续性，因为基督教以及一些古典传统，都以适合中世纪世界主次顺序的方式影响着学习过程。在将近一千年的时间里，教育既经历了停滞，也经历了革新；既对各式各样的教育理念与教学方法进行了抨击，也对它们有所保存。这种发展的许多方面直到今天仍以不同方式产生着回响。

古典时期和古代晚期的遗产

中世纪的教育以不同方式建立在古代和古代晚期的遗产基础之上。这种遗产有两个方面尤为重要。首先，它提供了一套文本、作者和科目，这些将成为整个中世纪时期的学习框架。那些“权威作者”的话语，对中世纪时期关于任何主题的探究都是很有分量的，被视为深入理解的基础。即便中世纪的学者通过严格考证发现了传统中的矛盾之处，或者在思考中意欲寻求新的方向时，仍然会对历史上的权威保持极大的尊重。12 世纪时，沙特尔的伯纳德所做的描述很好地诠释了他们对于权威的态度。据他曾经的学生索尔兹伯里的约翰所说，伯纳德把他和他的同事们比作“坐在巨人肩膀上的矮子”[①]。这些巨人中既有信奉基督教的作家，也有异教徒作家。对中世纪的学校而言，不同历史时期最重要的异教论著，主要来自亚里士多德、西塞罗、塞涅卡和新柏拉图主义者。除了圣经以外，4 世纪和 5 世纪教会中的教父们（以奥古斯丁为首），则从基督教的角度投下了长长的身影。在科目方面，马提亚努斯·卡佩拉在 5 世纪著成的《语文学与墨丘利的联姻》一书，确立了“七艺”的基本框架，而“七艺”的影响甚至超越了中世纪。 99
“七艺”包括“三艺”（文法、修辞、辩证法）和“四艺”（算术、几何、天文、音乐）。其他重要科目，如医学、法学，都大量借鉴了古代文献，神学也是如此。

历史上权威们的话语存在不相一致之处，同时异教与基督教之间以及基督教内部也都有着种种不同的声音，中世纪的学者们试图调和上述冲突矛盾，而由此造成的张力，成为中世纪教育遗产的第二个关键内容。学者们开发出一些调和技巧，在某些情况下，这些技巧使得那些看似不可避免的冲突能够得到化解。然而，有些人把教育的首要目的视为爱上帝而非单纯获取知识，对这些人来说，压力始终存在。哲罗姆那个广为人知的梦就切实反映了那些追求学问的中世纪学者所感受到的剧烈冲突：在梦里，哲罗姆发现自己站在了上帝的审判台前，他被指控是西塞罗的追随者，而非基督信徒。另有一些人则更为成功地渡过了这片危险水域，从而使大量异教的成果著述和思想观点得以成为传统的一部分，被人以教育之名而分享。

---

① John of Salisbury, *Metalogicon*, trans. J. B. Hall(Turnhout, Belgium: Brepols, 2013), book 3, chapter 4, p. 257.

加洛林王朝的教育

大多数建于古代的学校在5世纪时都摇摇欲坠。在此后的几个世纪里，新兴的明确以基督教为导向的学校取代了原来的学校。很多新的学校建在了修道院，并很快遍布欧洲大陆和英伦诸岛。这些学校对古典学术传统的保存发挥了至关重要的作用。8世纪时，修士比德曾在位于诺森比亚的贾罗修道院接受教育（他为中世纪的知识生活做出过自己的重要贡献）。他曾记载说，这些学校的学生既包括修士也包括世俗人士。不过，8世纪最重要的教育革新，是在法兰克加洛林王朝统治时期（8世纪中期开始掌权）发生的。

为了推动知识和文化的繁荣，查理大帝（768—814年在位）在其先辈的基础上实施了一系列改革。改革的核心就是教育，目的在于整饬社会的方方面面。这场改革有两份主要的“宣言书”，一是《大劝谕书》，一是《培育书简》。② 《大劝谕书》是一部法令集（以章节形式写成的行政文书，或称“*capitula*”），于780年3月分发给查理帝国领地内所有的教友和教会领袖。该书涉及很多行政事务，但尤为关注宗教事宜。第72章专门讨论了教育问题，要求王国内的每个修道院和每个主教教区都要开办一所学校，让孩子们学习读、写、算和吟唱。《培育书简》作于8世纪90年代，是专门写给加洛林王朝修道院的书信。信中指出修士们的信件中存在拉丁文书写质量欠佳的问题，进而敦促

---

② John J. Contreni, "The Pursuit of Knowledge in Carolingian Europe," in "*The Gentle Voices of Teachers*": *Aspects of Learning in the Carolingian Age*, ed. Richard Sullivan (Columbus: Ohio State University Press, 1995), 106-141. See also his excellent survey "The Carolingian Renaissance: Education and Literary Culture," in *The New Cambridge Medieval History*, vol. 2: *c. 700-c. 900*, ed. Rosamond McKitterick (Cambridge, UK: Cambridge University Press, 1995), 709-757.

他们更加积极地学习语言基础，以提高表达能力、加深对圣经的理解。这两份文书与其他训令法条表明了加洛林王朝的改革意图：规范社会上的典籍文本和宗教习惯，特别是要确保每一个宗教领袖、主教和修道院院长都接受过教育。其目的是，通过为现在和未来的神职人员提供更易接受的基础教育，形成基督教的“本源”模式，以实现帝国统一。

这些改革背后的推动力来自一批被带到查理大帝宫廷的知识分子。100
有些人，如比萨的彼得，是在战役胜利后被裹挟而来的；另一些人，如约克的阿尔昆，则是被查理大帝为有学术天赋之人提供的机会吸引而来。这些饱学之士除担任宫廷顾问外，还为王室贵族的孩子提供指导。这种教育环境有时被称作“宫廷学校”。不过教师通常不常驻宫廷，而是更倾向于去修道院学校或大教堂学校。

尽管加洛林王朝改革的任务是规范文本和实践，但其采取的方式是形形色色的，因地制宜。改革还是在很多方面取得了成就。其中有一个成就很值得注意，这就是加洛林小写体的传播。这种书写体最早出自于科尔比修道院，后来在意大利文艺复兴时期得到恢复，并成为现代书写体的基础。另一成就是出现了大量手稿，推动了教育实践的拓展。不过，这一时期最重要的教育成就，是永久性学校的扩张。最基础的是教区学校，遍及整个帝国疆域，供教士向其教区居民传授关于基督生活的基本知识。教区学校的教学集中于“主祷文”“信经”等基础内容以及阅读、书写和诵读等基本技能上。对阅读、书写和诵读学习都有帮助的《圣咏集》是每名学生必须掌握的首部课本。

有经济条件的学生可以在修道院学校或大教堂学校继续接受教育，他们大都出身名门，不过一些贫家子弟也能获得入学机会。这些学校也招收女生，特别是修道院学校，但遗憾的是几乎没有留下什么关于女生上学的蛛丝马迹。当时偶尔会有人对男女同校表示担忧，不过女孩在修道院学校接受的教育是由女性提供的。妇女相互之间以及向家中男性❶传授持家之道时，也会有一些非正式的教学活动。这一时期女性接受正规教育最典型的案例是多达。多达是一位贵族女性，她在9世纪40年代初的某个时段为她的儿子写了一本道德训导手册。这部题为《人生指南》的手册显示出她对异教和基督教的众多材料很是熟悉。多达并非个例；学者们颇有说服力地断言，对贵族出身的女性（包括宗教和非宗教）而言，受教育是相当普遍的现象。[3]

对男孩来说，修道院学校的中等教育通常在7岁开始，大教堂学校的中等教育在9岁或10岁开始。最初这两类学校的招生对象相同。后来，查理大帝之子的指导教师、阿尼亚讷的本尼迪克特修士采取措施，明令禁止非修道士入读修道院学校。到9世纪中叶，这两类学校的发展方向已经迥然不同。正如科尔比的希尔德玛修士指出的，修道院学校侧重于养成修士戒律，而大教堂学校侧重于自由学科。

尽管发展方向不同，但两者还是出现了一种共同的教育文化。自由学科中的文法是基础学科。学生们不仅接受拉丁语的文法训练，还接受包括地方语在内的其他语言的文法训练。文法学习从关注语言结
101 构开始。古人多纳图斯的《小语法》和《大语法》、普里西安的《语法惯例》，以及近人比德和阿尔昆撰著的手册是这方面的主要成果。课程中补充了词汇表，以辅助学习词汇。词汇表对来自不同著述中的单词进行了有序排列。教师们还对包括世俗典籍和宗教典籍在内的权威文献进行了语法分析。古典文学作品、圣经和教堂神父们的著作为之提供了适当的范本。这种对语言进行规范的方法有助于实现《培育书简》

---

❶ 原文如此，疑应为“女性”。

③ See Rosamond McKitterick, *The Carolingians and the Written Word* (Cambridge, UK: Cambridge University Press, 1989), 223-227; Valerie L. Garver, “Learned Women? Liutberga and the Instruction of Carolingian Women,” in *Lay Intellectuals in the Carolingian World*, ed. Patrick Wormald and Janet L. Nelson (Cambridge, UK: Cambridge University Press, 2007), 121-138.

所提的目标，使加洛林王朝的书面拉丁语更符合其古典形式。但这种做法也拉大了书面拉丁语和帝国境内源自拉丁语的口语之间的距离。[4]

“三艺”中的修辞学和辩证法也在加洛林王朝的学校里找到了一席之地。修辞学讲授的是修辞手法以及如何建构有说服力的论证。掌握这种技巧的人，就能够参与这个时代丰富多彩的文化活动，包括撰写各种主题的书信、史书和文章。辩证法学习用的是亚里士多德的《范畴篇》，还有波爱修斯和奥古斯丁的著作。加洛林王朝时期的学术大家们对这些文本的注释，存世量极大。辩证法训练的是推理技巧，通过运用三段论等分析工具，使得论证更为严密。这一时期出现了关于上帝的本质、圣餐和宿命论等问题的辩论，而掌握上述技能对参与这种辩论来说无疑是极有价值的。

“四艺”也受到关注。《大劝谕书》就对数学所能之事有所预期，它能够应对一些重要的工作，如计算复活节日期、绘制天体轨迹等。不过，加洛林王朝的学校并没有将自身局限于卡佩拉的自由七艺，它们根据教师的兴趣和能力，也提供其他领域的教学。一些地方，有人学习砖石等实用技能，也有人学习那些更多基于文本的科目，如占星术、法律和医学等。

虽然加洛林王朝的教育在兴趣指向和应用领域方面具有多样性，但很显然它仍是一种基督教性质的活动。《圣经》是核心文本，加深基督教的认识、恪守基督徒的生活是首要目标。不过，大多数学科中使用异教作品的现象也很普遍。对一些人来说，把世俗作品和宗教典籍放在一起进行学习，这种方式会再度引发哲罗姆所感受到的那种危机。有人尝试弥合其中的很多摩擦，但人们对此的欣赏程度不一。或许阿尔昆提出的观点最为典型，他把“七艺”视为基督智慧神殿的七根支

---

④ See Julia M. H. Smith, *Europe after Rome: A New Cultural History, 500-1000* (Oxford: Oxford University Press, 2005), 23-27.

柱——虽然不可或缺，但毕竟只是从属。

“虔诚者”路易去世后，加洛林帝国分崩离析。维京人、匈牙利人和萨拉森人的入侵进一步削弱了帝国残余部分的政治稳定，对知识和教育造成的负面影响也是可想而知的。当然，破坏还远未达到毁灭性的地步，这一点从秃头查理邀请爱尔兰著名学者约翰·司各脱·爱留根纳到其宫廷一事上就可看出。修道院学校和大教堂学校仍然处于教育结构的中心地位。不过在“奥托文艺复兴”（936—973）那样的复苏时期，又新建了更多的大教堂学校。这些新建学校把规矩（行为习惯）置于优先地位，强调教师的人格、举止而非教学内容，主要侧重于把学生培养为行政官员或宫廷职官。⑤ 即使那些曾在这些学校受训过的主教，他们得到的教会任职所需的技能也不同于他们的先辈。这种大教
102 堂学校模式一直延续到12世纪。不过在那时，欧洲又经历了另外一场更为剧烈的经济、社会和文化变革，对教育产生了巨大影响。

12世纪文艺复兴时期的教育

11世纪末和12世纪欧洲的文化和社会变革，被很多学者称为“12世纪文艺复兴”，这场变革既使教育获得新生，又将其推向新的发展方向。这一时期，人口激增推动了城市的扩张，为了满足人口增长，出现了新的居民区，原有居民区也有所扩大。这种城市状况为学校提供了适宜的场所。支撑上述发展的资源，部分来自于催生出商业革命的贸易复兴和经济货币化。货币使用的增加，使得更多的人有机会接受付费教育，付费教育也随之在城镇中开始兴盛起来。同时，新兴经济需要多种多样的技能，而这些技能要从有经验的教师那里习得。最后，

---

⑤ See C. Stephen Jaeger, *The Envy of Angels: Cathedral Schools and Social Ideals in Medieval Europe, 950-1200* (Philadelphia: University of Pennsylvania Press, 1994).

世俗和教会官僚体系的运行要依赖于书面文件，因此这些机构的扩张为那些设法获得了相关技能的人提供了晋升渠道和声望地位。这些职业道路的出现，也提升了人们接受更高层次教育的需求。

这一时期，处于教育阶梯最底层的是歌咏和阅读学校，主要指导儿童吟唱圣歌，传授基本的拉丁文知识。有关这类学校所留下的文献极为有限。不过，由于相当多的普通百姓都掌握了基本的读写能力，这就表明此类学校应该招收了大量学生。在这种学校之上的是文法学校，但实践中两者的区分并不明显。到14世纪时，随着歌咏和阅读学校的衰落，一些文法学校干脆就将其职能也整合进来。[6] 还有些地方为条件匮乏的幼童提供捐款，让他们能够受到初等教育。

在为献身修行生涯的年轻人和其他世俗青年提供教育方面，修道院学校仍然发挥着重要作用，不过入学的世俗青年越来越少。有些情况下，以维勒修道院的阿本杜斯为例，修道院学校甚至会成功地说服世俗青年接纳修道生活。很多修士，包括修女（如宾根的女修道院院长希尔德加德），都对教育的复兴做出了重要贡献。这种贡献既包括知识的创造，也包括知识的保存传承。虽然大多数修道院学校不是创新的中心，但它们持续提供了关于圣经和自由学科的完整教育。位于诺曼底的柏克修道院是一个重要的例外，柏克修道院的名人是安瑟伦，他从意大利北部到这里追随兰弗朗克学习。安瑟伦创作的一系列作品使之成为中世纪的著名神学家。他还是在课堂中运用对话和辩论的先驱，这些方法在中世纪后期的教育中居于核心地位。安瑟伦高度重视通过提问来教育学生，认为这种方法“对很多人来说都清晰明了且更

---

⑥ Nicholas Orme, *Medieval Schools: From Roman Britain to Renaissance England* (New Haven, CT: Yale University Press, 2006), 64-65.

易接受，对那些头脑迟钝的人来说更是如此”[7]。不过，辩论教学法最
103 为盛行的场所，还是修道院以外的学校。

大教堂学校在12世纪得到蓬勃发展。这种学校更加注重文本，特别是圣经和关于自由七艺的著作。此外，大教堂学校强调的是理性训练而非规则礼仪。这种特征使其从同时期的社会经济变革中获益良多。大教堂学校中，最重要的一些主要分布在法兰西北部，英格兰、德意志、意大利和伊比利亚也有一些。得益于商业复兴带来的良好条件，那些最好的学校往往能够吸引远道而来的学生。例如，拉昂的安瑟伦任教的学校就招收了来自英格兰和德意志的学生，他们渴望向这位德高望重的大师求教。在进一步完善学术研究中的问题法方面，拉昂的大教堂学校做出了重要贡献，同时它还启动了注解圣经的重要工作，其成果是著名的《标准注释》。《标准注释》整合了有关圣经文本段落的权威观点和评论，是课堂上学习圣经的基础。

不断增长的教育需求超出了修道院学校和大教堂学校的供给能力。为此，一些大教堂学校的校长开始向独立的教师颁发教学许可证，这些教师可以根据自己的能力开办学校，吸引学生缴费学习。竞争应该是非常激烈的，由此产生了很多思想上特立独行的学校。教师们经常会宣扬自己的优点、抨击对手的缺点。当时的证据表明，许多学生都在不同教师的学校里学习过一段时间。这些独立教师中，最值得记住的是皮埃尔·阿伯拉尔。阿伯拉尔出身于小贵族家庭，他并没有遵从家庭出身走上军事生涯，而是投身于学术事业。凭借敏锐的思维和非凡的自信，阿伯拉尔拒绝了他多位老师的邀请（包括拉昂的安瑟伦），最终在巴黎开办了一所自己的学校。在任教期间，他认识了自己的学

[7] On Anselm's particular contribution to this development, see Alex J. Novikoff, *The Medieval Culture of Disputation: Pedagogy, Practice, and Performance* (Philadelphia: University of Pennsylvania Press, 2013), 34-52. The quotation, from Anselm's *Cur Deus Homo*, is from 46.

生爱洛依斯，爱洛依斯是一位才华横溢的女性学者，他们两人经历了一段凄美的爱情故事。

在教学领域，阿伯拉尔也做出了重要贡献。在《是与否》一书中，阿伯拉尔列举了一系列问题，针对这些问题，他引用权威话语做出说明。在讨论相关命题时，这些说明既可以用于肯定也可以用于否定上述命题。阿伯拉尔把这些问题留给学生，希望他们能够通过分析表面上的矛盾之处，自己得出答案。他解释说，通过这种不确定的过程，人们才能抵达真理彼岸。这种将权威话语分置问题两边的方法，在彼得·郎巴德的《名言集四编》和格拉提安的《教令集》中逐渐成熟，这两本关于神学和教会法学的教科书被以后的大学所使用。

阿伯拉尔的作品，包括他的个性，招致了各方的反对。最著名的一位批评者是克勒福的贝纳尔，1140 年教皇对阿伯拉尔定罪这件事就是由贝纳尔引起的。贝纳尔还反对很多新的教育倾向，认为这些倾向沾染了傲慢这一致命原罪。反之贝纳尔声称修道院提供的环境更适宜学习，因此他热衷于劝说学生们离开新的学校，回归修道生活。贝纳尔提供了另一种视角，来观察 12 世纪文艺复兴时期似乎在推动教育扩张的各种不同的动力。这一时期，知识看似与其他商品一样可待价而沽。[8] 随着基于新方法的学校继续深受欢迎，类似的批评之声也会愈发猛烈。

多数情况下，自由七艺仍然是学习的基本框架，不过这一时期也出现了其他的知识体系。其中较为有趣的一种是由圣维克多修道院的休提出的，休是该修道院的教师和神学家。这个修道院坐落于巴黎郊区，是培养律修会修士的场所。休在他的《教育研究》一书中，将知识分为四种哲学科目：理论的、实践的、机械的和逻辑的。他罗列的 104

⑧ On knowledge as a commodity, see Jacques Le Goff, *Intellectuals in the Middle Ages*, trans. Teresa Lavender Fagan(Cambridge, MA: Blackwell, 1992).

独立科目共有21门，其中有传统的自由七艺，也有其他一些科目，这些科目通常不被认为是为了学习有关上帝的知识而设立的，包括纺织、军备、贸易、农学、狩猎、医学和戏剧表演。不过，休所展示的这种宽阔的教育视野在圣维克多修道院存在的时间并不长，因为后来的一些老师高度怀疑自由学科对神学的价值。

对自由学科的不信任，是由12世纪出现的一些革新事件引发的，尤其是亚里士多德的众多著述被译为拉丁文这一事件。一类是以前不为人知的逻辑学论著，被称作“新逻辑学”，包括《论题篇》《辩谬篇》《前分析篇》和《后分析篇》。这类论著彻底改变了自由学科中的辩证法。对这些论著越来越多的关注招致了一些人的不满，这些人本就对逻辑学影响神学议题颇感厌烦，现在则更为恼火了。不过，人们还是普遍认为“新逻辑学”是值得研究的。另一类论著导致的问题更严重，这就是亚里士多德的自然哲学论著。这些成果中包含的一些论断，在某些议题上似乎与基督教教义是相抵触的，如世界的创造、死后灵魂的命运等。直到13世纪中叶之前，巴黎大学始终禁止学习这些论著（这些论著在其他地方是可以学习的，而且在禁令解除之前，巴黎大学肯定有私下阅读和讨论这些论著的情况存在）。

整个12世纪，越来越多的人接受了教育，受过教育的人有了各种各样的机会，几个学科之间的边界随之愈发清晰。但新的问题也浮现出来。许多教师的生活很不稳定，为此他们需要不断地吸引学生以保障生计。一些开办有知名学校的城镇，迎来了有着不同社会、经济和文化背景的教师与学生，他们和城镇居民之间出现了紧张的关系。对这些问题的回应，导致中世纪欧洲最重要、最持久的教育遗产的出现。

大学的时代

至今，大学仍然是中世纪最伟大的制度成就之一。大学的出现带来了一些重要的特征，如面向诸多不同学习领域的结构化的学位项目和规制化的课程体系。大学还使得受过教育的人与中世纪其他精英之间关系更加紧密，因为无论是世俗政权还是教会当局，都与大学及其学者建立起重要的联系。不过，大学的发展或是长期繁荣并非一帆风顺，比如一些大学的存续时间并不长。在经历了相当长一段时间之后，大学才在中世纪的社会上稳定立足。此前人们并不完全清楚大学对教育意味着什么，也不清楚这种机构将会采取哪种形式。实际上，最终成为高等教育主导模式的大学，最初不过是在面对诸多压力（主要来自地方）并采取相关应对举措的过程中逐渐产生的。

试图查明大学确切诞生日期的任何努力都面临重重困难，较稳妥的说法是大学约出现于 12 世纪末 13 世纪初。博洛尼亚大学和巴黎大学在大学史上的地位尤为突出，因为毋庸置疑它们是最具影响力的两所大学，两者不同的发展历程向人们展示了这类机构不同运行方式的重要比对。最初，“大学”一词指的是被确认享有某种法律权利的教师或学生的社团组织，而不是一种教育机构，更适用于这种教育机构发展早期的术语是“studium”❷。有观点认为大学的制度根基并非源于欧洲 105
而是源于其他地区（伊斯兰地区甚或中亚）。实际上，大学是欧洲特定发展的产物，这才是对大学崛起的最佳解释。当然，欧洲中世纪晚期知识生活的丰富，显然与它对伊斯兰世界思想的吸收有关。

最早的大学可能是博洛尼亚大学，这所大学坐落于一个良好的商业地点，在神圣罗马帝国皇帝腓特烈一世为整个意大利半岛上的教育提供支持时，这里就已经有了学习法律的传统。1158 年，隆卡格利亚议会颁布了《安全居住法》，旨在为旅居学习的人提供安全保障。这项举措非常重要，因为学生如果不是学校所在市镇的公民的话，那他们就属于法律权利有限的外来人员。恰恰是这种情况，最终导致了博洛

---

❷ 国内通常译为“学馆”。

尼亚大学这所著名的“学生型大学”的创办。博洛尼亚当时有两所“大学”：“山内”大学面向的是意大利半岛的学生，“山外”大学面向的是阿尔卑斯山以外地区的学生。每个大学又根据地理区域进一步细分为若干管理团体，称为“民族团”。这两所大学都是为学习法律的学生设立的。第三所大学设立于13世纪60年代，面向的是文科和医科的学生。

早期“学生型大学”这一称谓蕴含的主要意思是，大多数教育规程都是偏向于学生而非偏向于教师。例如，教师必须整堂课全程讲授；授课内容必须覆盖整个教学大纲；听课学生如少于5人，教师将被处罚金；如要暂时离开博洛尼亚，教师需缴纳一笔保证返校的押金。⑨ 此类规定的目的是为了确保学生付费后能够学到技能，这些技能可帮助学生以后找到有钱可赚的工作。当时学生们最重要的优势就是有罢课权。如果所享特权受到忽视，学生和教师有时就会以离开市镇相威胁，让那些能够从他们身上获益的人蒙受经济损失。中世纪时发生过很多次大学罢课事件。一些罢课甚至导致了新大学的建立，如1222年博洛尼亚大学罢课后，帕多瓦出现了新的大学；1209年牛津大学的罢课则导致了剑桥大学的创办。学生在博洛尼亚大学占据支配地位的持续时间并不长。13世纪80年代，给教师发放薪酬的权力被自治市镇所接管，权力的平衡开始发生变化。此后的一些革新，如1364年借鉴巴黎大学模式创办神学院，又带来了其他影响。因此，中世纪后期博洛尼亚大学的教育，与其说是一种学生模式，不如说是混合模式，这种模式有着不同的灵感来源，同时为应对其他大学和市镇的竞争还进行了

---

⑨ See Hastings Rashdall, *The Universities of Europe in the Middle Ages*, ed. F. M. Powicke and A. B. Emden, 3 vols. (Oxford: Oxford University Press, 1936), 1: 195-197.

创新。[10]

博洛尼亚大学对外最重要的影响体现于法律学习方面。中世纪时期每所大学都提供法律教育，而博洛尼亚大学则提供了从课程和授课方式到考试和学位授予仪式的一整套标准，为其他大学所效仿。法律学习分为民法（罗马法）和教士法（教会法）两个领域。不过，胜任一个领域的工作，也要求对另一领域至少要有所了解，因此一些学生就会同时完成两个领域的学习，并获得“双法博士”的头衔。民法的 106
基础是6世纪东罗马皇帝查士丁尼颁布的法律汇编——《民法大全》。教会法基础文本的出现要晚得多。起初的基础文本是《教会法规歧异汇编》（即《格拉蒂安教令集》），如其冗长名称所示，该书通过解决特定法律案件的形式对教会大公会议和官方发布的那些看似存有矛盾的不同法令进行调和。不过教会法并非一成不变，而是不断发展的，因此法律教育也要随之适应这种变化。1234年，教皇格列高利九世委派雷蒙多·德佩尼亚福特将新的教会法令编入《格列高利九世教令集》中。《格拉蒂安教令集》和《格列高利九世教令集》组成的《教会法大全》成为教会法学习的基础材料。随着时间推移，新的教皇教令集陆续出现，如1298年卜尼法斯八世颁布的《第六教令集》，也被增列到法律课程之中。

在中世纪后期，接受过大学法律教育的人，无论是否获得学位，在社会上都享有很高的声望，也都会获得很多机会。例如，13世纪中期，卡斯提尔国王“智者”阿方索（1252—1284年在位）招募在博洛尼亚受过训练的人起草了《七法全书》，这是一部影响很大的法典，其中也包括关于大学教育的条款。类似的机会使得法律成为一门广受欢

---

[10] Peter Denley, "Communes, Despots and Universities: Structures and Trends of Italian *Studi* to 1500," in *Communes and Despots in Medieval and Renaissance Italy*, ed. John E. Law and Bernadette Paton (Farnham, UK: Ashgate, 2010), 295-306.

迎的学科，对于那些出身富足之家的人尤其如此。现有证据表明，在任何一所大学的学生群体中，法律专业的学生都占了相当大的比例。如 14 世纪末时，阿维尼翁大学有 83%的学生学习法律，西班牙萨拉曼卡大学中学习法律的学生比例也高于 50%。欧洲北部的大学里法律专业学生比重较低，但数量也很可观。⑪

巴黎大学是作为一个教师组织而产生的，目的是保护教师团体的利益，使之不受当地教会和世俗政权的侵扰。这种保护既包括教育事务，也包括司法管辖事宜。某些情况下教师团体是为了应对危机才扩张其特权的，不过这往往也是大学教师和外部当局特别是教皇或其代表之间相互合作的结果。这种合作的例证之一就是巴黎大学现存最早的章程。这份章程发布于 1215 年，是由巴黎神学家、教皇使节库尔松的罗伯特在与大学成员进行协商的基础上颁布的。⑫ 章程包含了有关课程设置、学术行为和各种常规程序的内容。早期还有两个关键性的冲突案例，分别发生在 1200 年及 1229—1231 年，当时世俗政权的执法者对大学学者进行了攻击，后者由此要求赋予（再度确认）他们的教会管辖权和其他重要的特权。最重要的成果是格列高利九世在 1231 年颁发的教皇敕令《科学之父》。当时王室谋杀了几位学者，从而引发了罢课，《科学之父》的颁布终结了这场冲突。格列高利九世的这份敕令也被称作巴黎大学“大宪章”，解决的是课程、大学自有规定执行权方面的问题，同时还批准大学在特权受到侵犯时有权进行罢课。13 世纪上半叶大学获得的这些特权强化了大学的自治权，同时还赋予其更大的教学许可权。在此后整个中世纪里，大学会面临周期性的机构危机，而上述权利帮助大学得以安然度过这些危机。

---

⑪ James A. Brundage, *The Medieval Origins of the Legal Profession : Canonists , Civilians , and Courts* (Chicago: University of Chicago Press, 2008), 268.

⑫ Stephen C. Ferruolo, "The Paris Statutes of 1215 Reconsidered," *History of Universities* 5(1985): 1-14.

巴黎大学提供的学科比博洛尼亚大学更为全面。唯一的例外是1219年巴黎大学禁止了民法学习，对此感兴趣的学生被迫转至附近的奥尔良。除此以外，巴黎大学授予的学位囊括了中世纪大学的每一种学科。一些王室编年史学家，如布列塔尼的威廉等人，热切地宣扬这里所能学到的各种不同学科，以及学者们所能享受的优遇条件。威廉 107 所言显然有夸大之嫌，不过对那些有雄心壮志和探索精神的人来说，巴黎的确是一个令人兴奋之所。甚至在大学出现之前，巴黎的学校就已经以其卓越的文科和神学而著称于世。这座城市吸引了来自欧洲各地的人，事实上，只有很少的学生是巴黎本地人。14世纪初时，巴黎汇聚的学者群体约为3000—3500人，他们是这座城市经济和社会生活的重要组成部分。[13]

在巴黎大学，文学院有着最年轻的教师群体，但学生人数最多，因此行政影响力相当大。文学院最低就读年龄是14岁，最低毕业年龄为20岁。获得学位的学习年限是6年，不过大部分人在达到这一要求之前就离开了。学院内部根据地理区域划分为四个民族团，每个民族团自行管理内部事务。作为主要的文科学习中心，巴黎大学文学院对其他大学的学院影响甚深。当然也有例外，最显著的是13世纪初在牛津大学讲授的亚里士多德自然哲学，在巴黎大学却被明令禁止。1255年，巴黎大学正式批准文学院的学生可以使用亚里士多德的自然哲学论著（其实有学生笔记可证实，这些论著在几年之前就已经进入了文

---

⑬ Nathalie Gorochov, "L'Université recrute-t-elle dans la ville? Le cas de Paris au XIIIe siècle," in *Les Universités et la ville au moyen age : Cohabitation et tension*, ed. Patrick Gilli, Jacques Verger, and Daniel Le Blévec (Leiden: Brill, 2007), 257-296; William J. Courtenay, *Parisian Scholars in the Early Fourteenth Century : A Social Portrait* (Cambridge, UK: Cambridge University Press, 1999), 26. For William the Breton's appraisal, see John W. Baldwin, "Masters at Paris from 1179 to 1215: A Social Perspective," in *Renaissance and Renewal in the Twelfth Century*, ed. Robert L. Benson and Giles Constable with Carol D. Lanham (Cambridge, MA: Harvard University Press, 1982), 138-172, here 40.

学院的课堂)。文学院的学生要继续学习“三艺”和“四艺”,此外以前曾被批判的亚里士多德的哲学论著(包括自然、伦理和形而上学三个分支),由于有了合法地位,也成了重要的学习科目。文科通常被视为学习神学、医学(有时也包括法律)的预备课程,这也就意味着那些“高级”学院的学者常常会以一种“家长做派”来看待文学院里的年轻同事。

有些时候,文学院内某种倾向的影响带来的焦虑,会导致他们采取公开的应对举措。比如,他们对阿威罗伊❸的著作带来的所谓影响进行的抨击,就属于这种情况。阿威罗伊是12世纪一位评注亚里士多德著作的穆斯林学者。类似的恐惧心理促使巴黎主教斯蒂芬·唐比埃以回应教皇约翰二十一世的关切为由,在和一些神学家协商之后,发布了著名的“1277年谴责令”。尽管受到谴责的很多命题与文学院教师实际教授的内容(或至少是教师的个人观点)并不一致,但教会当局担心的是,如果不明确地把神学真理置于哲学思索之上,那些易受影响的年轻学生将会倍感困惑。牛津大学在同一年以及此后的1284年,也分别受到了两次类似的谴责。

神学处于中世纪教育的顶峰,因此在中世纪后期的大部分时间里,巴黎成为最富才华的人学习神学之所。在大学出现之前,与文科一样,巴黎的神学教育也已经拥有了很高的声誉。不过,这座城市中神学学校的强大实力,才是确保大学长期健康发展的关键。诸如《科学之父》等文件中提出的举措,为大学提供了稳定的地方环境,正是因为希望巴黎的神学家能够为教会做出有价值的贡献,教皇才会支持这所新的机构。尽管如此,大学的成功还是要取决于其成员的团结程度,这与12世纪独立教师之间的竞争氛围形成了鲜明对比。神学教师对其学科的标准化,就是这种团结的显著证据。12世纪时,彼得·郎巴德的

---

❸ 即伊本·路世德。

《名言集四编》曾遭受众多抨击，不过这部著作还是作为神学的基础教科书沿用了数个世纪。此外，《格拉蒂安教令集》这部12世纪的教会法著作汇集了各种权威的观点，对神学领域那些最重要的问题做出了结论。每一名神学学生在成为大学教师之前，都必须讲授过《圣经》和《名言集四编》，其他要求还包括最低年龄（35岁）和最低学习年限（8年，包括至少5年的神学学习）。然而，神学家们在神学问题上以及他们对大学所负责任方面常有分歧，这方面的争论既激烈又严肃。对于行政事务，出身托钵僧团的神学家们采取的立场并不是一贯的。例如，1252年他们拒绝和他们的同事一起罢课，由此造成托钵僧和大学世俗教师之间的冲突，这一冲突的影响远远超出了大学范围。不过大体而言，不同背景的神学家们还是成功地使其团体发出的声音成为中世纪后期社会所认可的权威。[14] 中世纪后期最知名的思想家中，有很多都曾在大学里学习神学，包括托马斯·阿奎那、约翰·邓斯·司各脱、威廉·奥卡姆等。 108

在巴黎大学所能学到的最后一个学科是医学。尽管巴黎是中世纪后期一个较为重要的医学教育中心，但它也有一些竞争对手。最早处于领先地位的医学学校坐落于萨莱诺和蒙彼利埃，前者建于11世纪，但随着大学的出现，其重要性逐渐消逝。博洛尼亚大学以及后来的帕多瓦大学都成立了规模较大的医学院。大多数中世纪大学都设有医学

---

⑭ Ian P. Wei, *Intellectual Culture in Medieval Paris: Theologians and the University, c. 1100-1330* (Cambridge, UK: Cambridge University Press, 2012); Elsa Marmursztejn, *L'Autorité des maîtres: Scolastique, normes et société au XIIIe siècle* (Paris: Les Belles Lettres, 2007); Spencer E. Young, *Scholarly Community at the Early University of Paris: Theologians, Education and Society, 1215-1248* (Cambridge, UK: Cambridge University Press, 2014). On Peter Lombard, see Marcia L. Colish, *Peter Lombard*, 2 vols. (Leiden: Brill, 1994), 1: 79-90; Clare Monagle, *Orthodoxy and Controversy in Twelfth-Century Religious Discourse: Peter Lombard's* Sentences *and the Development of Theology* (Turnhout, Belgium: Brepols, 2013).

学科，但规模或许要小一些。传统的希腊经典以及晚近的伊斯兰文献是大学医学学习的中心，其中尤以盖伦、希波克拉底和阿维森纳的论著最为典型。文科学习曾从翻译运动中受益良多，医学学习也是如此。更重要的是，人们认为前期的文科训练有助于医学学习，使之能够用更短的时间取得学位。医学的理论学习和大学中其他同级别的学科大体类似，但是在学医过程中，即便不是全部学生，那也是绝大部分学生都要着眼于实践。不过，当时从医者中出身大学的人可能占比很小，因为中世纪欧洲的市面上还有很多其他的传统医学。大学排斥女性学医，不过社会上有些女性从医者对大学医学课本非常熟悉。大学里的医学和社会上的传统医学之间关系紧张，这种紧张最终导致后者地位下降，有时候传统医学从业者还会遭到起诉。

大学学习时限较长，加之大学城中生活费用高昂，因此绝大部分学生所能承担的学习时间很短，之后就得去从事其他工作。为了应对普遍的经济需要，大学里出现了一些机制，以确保那些最具天赋（或至少是关系最密切）的学生能够留下来完成学业。在一些大学出现了捐资兴建的学院，相当一部分学生借此途径得到了资助，这种情况在巴黎大学、牛津大学、剑桥大学以及后来新建的很多大学中尤为明显。学院为学生提供住宿，还建有图书馆，通常学生们都是来自特定地区，或学习的是特定学科，索邦学院是其中的代表。该学院是 1257 年罗伯特·索邦为神学学生兴建的。到中世纪末，学院在教学中承担了更重要的角色。学生在教育的高级阶段，还可以通过在教会中担任有俸圣职获取收入。通常这种职位不需要承担牧师职责，任职者也不必到职
109 位所在教区居住，由此学生们可以继续他们的学业。这一职位的竞争过程应该是非常激烈的，因而大学会定期向教会呈送请愿书，恳请教皇为学生提供有俸圣职。

14 世纪和 15 世纪，欧洲各地出现了一波又一波创办新大学的浪潮。到 1500 年，从葡萄牙到波兰，从阿伯丁到阿维尼翁，都有大学存

在。大学的扩张使学生们免于长途跋涉，而且很多新大学的基本定位是区域性的。百年战争和教会大分裂造成的政治紧张也推动了大学的区域化，因为学生发现，如果他们认可的教皇与校方拥护的教皇不同，那他们就不再受到学校的欢迎。人文主义在意大利和其他地区的兴起，也对大学传统带来了另外一种挑战。不过，虽然出现了上述这些变化，但晚期的中世纪大学仍然是一个充满活力的机构。社会上仍有很多精英在大学里接受教育，而教导他们的则是那些花了相当多时间研究现实紧迫问题的饱学之士。⑮

中世纪晚期的欧洲还有许多其他类型的学校，它们的重要性不应被大学所遮蔽。虽然大教堂学校和修道院学校的影响力有所降低，但仍然存续。修道院学校向那些将会从事牧师工作的人提供文科和神学方面的训练，其中也有少数人会到大学里继续学习神学。修道院学校的课程与大学所教课程类似，不过神学对文科学习的主导地位更为彻底。与大学相比，这类学校的教派色彩更强，因此在重大问题上，修道院学校的师生需要的是恪守所属教派的官方立场（例如，多明我会的成员就需要支持托马斯·阿奎那的思想），并不需要像大学那样提供革新性的解决方案。⑯ 学徒制职业培训非常普遍，初等教育在很多地方也继续蓬勃发展。不过，这些学校也受到了大学的显著影响。很多教

---

⑮ See, for instance, Daniel Hobbins, *Authorship and Publicity before Print : Jean Gerson and the Transformation of Late Medieval Learning* (Philadelphia: University of Pennsylvania Press, 2009).

⑯ See the introduction and essays in Kent Emery Jr., William J. Courtenay, and Stephen M. Metzger, eds., *Philosophy and Theology in the "Studia" of the Religious Orders and at Papal and Royal Courts* (Turnhout, Belgium: Brepols, 2012). Useful introductions to education within the Dominican and Franciscan orders are M. Michèle Mulchahey, *"First the Bow Is Bent in Study...": Dominican Education before 1350* (Toronto: Pontifical Institute of Mediaeval Studies, 1998); Bert Roest, *A History of Franciscan Education (c. 1210-1517)* (Leiden: Brill, 2000); Neslihan Şenocak, *The Poor and the Perfect : The Rise of Learning in the Franciscan Order, 1209-1310* (Ithaca, NY: Cornell University Press, 2012).

师本身就曾在大学学习过一段时间。初等教育阶段学生大部分的时间都花在了拉丁语学习上，如果学生能进入大学继续学习，掌握拉丁语将会帮助他们成功完成学业。这些形形色色的学校为相当一部分人提供了基本的教育。中世纪晚期，识字率因地而异，据估计，约克郡为13%—14%，雷根斯堡至少是14%，佛罗伦萨男孩的识字率为33%，不一而足。[17] 女性的识字率极有可能低于男性，因为能够上学的女童数量本就少于男童。

虽然大学公开排斥女性，但在中世纪晚期的教育活动中仍有不少女性的身影。她们中有抄写文员，有学院捐资人，也有成就斐然的作家。例如，博洛尼亚大学一位教授的女儿，名叫克里斯蒂娜·德·皮桑，她用法语撰写了多部重要的著作，以支持女子教育。《妇女城》[4]是克里斯蒂娜根据亲身经历撰写的一部中篇小说，小说中有个特定场景：主人公是一位博洛尼亚大学法学教授的女儿，这位博学的女性偶尔会代替父亲授课；当然为了避免让学生分心，她会坐在帘幕之后。[18] 另一位女子教育倡导者是律师皮埃尔·杜布瓦，他曾提议将受过教育的女性送到穆斯林人口聚集区里的基督徒家庭。他期待着这些女性有朝一日会和穆斯林男子结婚，进而让他们皈依基督教。另外，贝居安会院可能也提供了某种教育机会。贝居安会院是城镇中供女性平民信

---

⑰ Jo Ann Hoeppner Moran, *The Growth of English Schooling 1300-1548: Learning, Literacy, and Laicization in Pre-Reformation York Diocese* (Princeton, NJ: Princeton University Press, 1985), 181; David L. Sheffler, *Schools and Schooling in Late Medieval Germany, 1200-1500* (Leiden: Brill, 2008); Paul F. Grendler, *Schooling in Renaissance Italy: Literacy and Learning, 1300-1600* (Baltimore, MD: Johns Hopkins University Press, 1989), 78.

❹ 该书中译本由学林出版社 2002 年出版。

⑱ Christine de Pizan, *The Book of the City of Ladies*, trans. Earl Jeffrey Richards (New York: Persea Books, 1982), Ⅱ. 36. 3, p. 154.

徒追求宗教生活之所，这里不要求她们宣誓永离世俗生活。[19] 除女子外，非基督徒同样不被大学所接受，不过欧洲中世纪时少数民族犹太人创办了自己的学校，营造了非常积极的教育生活，大城市里尤其如此。这些学校专注于教授希伯来语和《圣经》。当同龄的基督徒入读大学文学院时，最优秀的犹太学生也进入到犹太学院学习犹太法典《塔木德》。犹太传统医学也有所发展。14 世纪时，有一些犹太学生进入到蒙彼利埃大学旁听医学课程。[20] 110

新的研究方向

在研究中世纪不同地区教育所发挥的作用时，侧重于特定的宗教秩序，或者侧重于更为彻底地将某种倾向、方法、学校置于地区环境下，这种范围较小的研究恰恰产出了很多新的、富有成效的见解。而这些具体研究也常常反映了史学专业中更普遍的趋势。例如，自 20 世纪 70 年代以来，阶级、性别和种族问题引起越来越多的关注。当这些议题进入到中世纪教育的特定背景中，又推动了相关的研究，如在修道院书籍制作过程中女性的参与程度，又如中世纪大学里学生的社会背景和地域分布等。不过，这个子域绝非仅是对普遍趋势的简单追随。例如，研究教育和知识生活的学者们很感兴趣的问题是：基督徒和非基督徒之间是如何互动的？这种互动又是如何丰富中世纪晚期的知识生活的？这些很久以前就曾活跃的主题在 21 世纪初又开始蓬勃发展。该领域的研究应该持续开展，以深化我们的认识，去理解教育与思想传播方式如何影响到中世纪基督徒和非基督徒之间的互动。

---

[19] Tanya Stabler Miller, *The Beguines of Medieval Paris: Gender, Patronage, and Spiritual Authority*(Philadelphia: University of Pennsylvania Press, 2014), 105-109.

[20] Pierre Riché and Jacques Verger, *Maîtres et élèves au moyen age*(Paris: Fayard/Pluriel, 2013), 291-294.

中世纪教育研究中还有一个很有发展前景的领域，即人们越来越倾向于认为教育机构甚或“经院哲学”并非孤立于当时的政治、社会和经济发展，而是与之密不可分地交织在一起。这一倾向不仅加深了我们对中世纪教育形态的理解，还进一步深化了我们对中世纪知识分子在各自学术领域所获显著成就的认识。而且，中世纪晚期思想和宗教的不断重构，使得14世纪和15世纪并不是腐朽衰败的，相反这一时期本身充满了活力，而且取得了丰硕成果。这有助于我们深入认识教育（特别是大学）在这一关键时期所扮演的角色。在这一领域，更为迫切的是要对大学进行综合研究，而这需要借助于有关该时期大学个案或区域个案的重要研究成果。在上述所有领域（也包括其他领域），历史学家以及相关领域（如文学）研究中世纪的学者不断推出新的成果，这表明围绕中世纪继续展开研究是有其光明前景的。

中世纪时期，虽然只有少数人接受了某种形式的正规教育，不过其中很多人都达到了很高的学术水平，程度远高于后人的一般设想。到中世纪晚期，虽然教育机会仍受制于社会和地理因素，或是受制于个人在教会中的地位，不过还是有多种渠道为人们提供相关训练，使
111 人能在日益复杂的社会结构中取得成功。能否受到期望或需要的教育，也要取决于是否有相当多的机会。如果说，当时促使人们去接受教育的主要因素，在今人看来很是陌生的话，那其实是在提醒我们，教育内容和教育机会是服务于社会的，而它们通常也正是社会目的的反映。

推荐书目

Baldwin, John W. *The Scholastic Culture of the Middle Ages, 1000-1300*. Prospect Heights, IL: Waveland Press, 1997.

Contreni, John J. "The Carolingian Renaissance: Education and Literary Culture." In *The New Cambridge Medieval History, vol. 2: c. 700-c. 900*, ed. Rosamond McKitterick, 709-757. Cambridge, UK: Cambridge University Press, 1995.

Courtenay, William J. *Parisian Scholars in the Early Fourteenth Century: A Social Portrait*. Cambridge, UK: Cambridge University Press, 1999.

Denley, Peter. "Communes, Despots and Universities: Structures and Trends of Italian *Studi* to 1500." In *Communes and Despots in Medieval and Renaissance Italy*, ed. John E. Law and Bernadette Paton, 295-306. Farnham, UK: Ashgate, 2010.

Ferruolo, Stephen C. "The Paris Statutes of 1215 Reconsidered." *History of Universities* 5(1985): 1-14.

Grendler, Paul F. *Schooling in Renaissance Italy: Literacy and Learning, 1300-1600*. Baltimore, MD: Johns Hopkins University Press, 1989.

Hobbins, Daniel. *Authorship and Publicity before Print: Jean Gerson and the Transformation of Late Medieval Learning*. Philadelphia: University of Pennsylvania Press, 2009.

Jaeger, C. Stephen. *The Envy of Angels: Cathedral Schools and Social Ideals in Medieval Europe, 950-1200*. Philadelphia: University of Pennsylvania Press, 1994.

Le Goff, Jacques. *Intellectuals in the Middle Ages*. Trans. Teresa Lavender Fagan. Cambridge, MA: Blackwell, 1992.

McKitterick, Rosamond. *The Carolingians and the Written Word*. Cambridge, UK: Cambridge University Press, 1989.

Orme, Nicholas. *Medieval Schools: From Roman Britain to Renaissance England*. New Haven, CT: Yale University Press, 2006.

Rashdall, Hastings. *The Universities of Europe in the Middle Ages*. Ed. F. M. Powicke and A. B. Emden. 3 vols. Oxford: Oxford University Press, 1936.

Riché, Pierre, and Jacques Verger. *Maîtres et élèves au moyen age*. Paris:Fayard/Pluriel,2013.

Verger,Jacques. *Men of Learning in Europe at the End of the Middle Ages*. Trans. Lisa Neal and Steven Rendall. Notre Dame,IN:University of Notre Dame Press,2000.

Wei,Ian P. *Intellectual Culture in Medieval Paris : Theologians and the University , c. 1100-1330*. Cambridge, UK: Cambridge University Press,2012.

第 7 章　近代以前中国和日本的教育

谢康伦

中国和日本很早以前就发展出了复杂而广泛的教育传统。中国教 114
育的要旨是良好德行的心性培育，是一个全面教育和自我修养的过程。这种教育重点体现于儒家思想和科考制度的首要地位上。日本虽然深受中国儒家思想的影响，但也进行了调整，使之能够适应日本独特的文化与制度。寺子屋、官办和非官办学校在近代以前的日本蓬勃发展，为武士和庶民提供教育。

中国：导论

中国的教育可以追溯到中华文明诞生之初的公元前 2000 年左右。最早的文字是刻于鹿骨、龟甲上用于卜算未来的铭文。必定有人教过那些刻字之人。虽然我们不清楚这些教师究竟是谁，但考古学家已经发掘出入门者初学刻字时用来练习的骨甲。上古的象形符号后来逐渐演变为标准文字，但即便如此，要想达到可接受的书写程度，还是需要长时间的持续练习。如果说学习在中华文明的孕育过程中起到了重要作用，那么对个人而言同样如此。早在西汉时期（公元前 206 年—公元 25 年）[1] 就已经有很明显的胎教传统了，时人刘向（约公元前 77

[1] 原书将西汉终年定为公元 6 年，经核实应为公元 25 年。

年—公元前 6 年）❷ 曾高度赞颂一位古代贤君之母❸在孕期间堪称典范的行为举止：

> 古者妇人妊子，寝不侧，坐不边，立不跸，不食邪味，割不正不食，席不正不坐，目不视于邪色，耳不听于淫声。夜则令瞽诵诗，道正事。①

照此行事，可保其子形容端正、才德过人。

115 尽管这些做法令人神往，但本文在此处所关注的既不是儿童抚育，也不是中国教育的萌生与早期发展，而是其成熟阶段的状况。这就要进入约一千年前的宋代（960—1279）。当时，印刷术使得普罗大众首次能够便捷地接触到书籍，为此后直到近代千百年的历史奠定了知识、制度和经济基础。就像胎教所展示的那样，德化观念植根于上古，并吸收了历史上的权威典籍。

中国：知识基础

在中国古代思想形成阶段的“百家争鸣”时期，孔子（公元前 551 年—公元前 479 年）只是诸子之一，但唯有他被独尊为“万世师表”。早在宋代之前很长时间，与孔子名字相关的学说就已经成为教育的主流。儒家典籍在课程中占据了主导地位。自 13 世纪起，这些典籍首以

---

❷ 原书将刘向卒年误写为公元前 76 年，经核实应为公元前 6 年。

❸ 即周文王姬发之母太任。

① Adam Smith, "The Evidence for Scribal Training at Anyang," in *Writing and Literacy in Early China*, ed. Li Feng and David P Branner (Seattle: University of Washington Press, 2011), translated by Anne Kinney as *Exemplary Women of Early China* (New York: Columbia University Press, 2014), 7.

《四书》为要，其次是那些早前认为先于孔子的古代经典（现在人们认识到直到汉代这些著作才最终成形）。这些经典中的《礼记》有载：子能食食，教以右手。② 下一阶段再教他们端正举止。对于幼儿举止规训的重要性，宋代大儒朱熹（1130—1200）也给予了回应和进一步的强调，他认为教育应始于孩提，包括教育他们如何适宜地言语步趋。朱熹所关注的教育问题，见于他编撰的《小学》一书，该书影响甚广，且虽名“小学”，但内容却很深刻。此外，将《四书》列于课程首位的也是朱熹。

对品行的关注，深深植根于儒家思想的源头。为了应对他们视为礼崩乐坏的文明危机，儒家和其他早期的教育家、理论家都更重操行而非言语。他们主要关注的是如何生活，而不是去理解宇宙本真。汉语本身就已经融入了这种观念，比如“教”，在汉语中更多指的是道德教化，而不仅仅是传授知识。在身心合一的传统中，思行必然无可割裂。

中国传统观念对位于身体胸部的心有很多种说法，人们把情感和认知、冷静的思考连同直觉都归于心。尽管这在解剖学上是错误的，但中国人对心的理解，更符合基于功能磁共振成像的现代神经科学，这一点要比西方曾盛行的笛卡尔身心二元论更胜一筹。然而，如何准确地翻译“心”，仍是一个难题：在汉字中，“心”既指代“心灵”，也指代“心脏”。例如，佛教著名的《心经》显然指的是“心灵”。英语常把这个词译为“heart-mind”或是“mind-heart”，这种翻译虽更精准，但也更显笨拙。另一个备选方式是采用音译。例如，日本著名作 116
家夏目漱石（1867—1916）就把“心”按照日语发音翻译成“*Kokoro*”，这也是他那部最受喜爱的小说的英文和日文标题。

---

② Michael Nylan, *The Five “Confucian” Classics* (New Haven, CT: Yale University Press, 2001); Chinese Text Project, *Li Ji*, Nei Ze: 72, trans. James Legge, https://ctext.org/liji.

心灵的教育需要内化先贤教诲，使之与自身融为一体，即“用心”学习。理想是实现全面教育或是修己。这意味着不仅要在理智层面上学习道德原则、掌握行为规范，还要学习日常如何行礼如仪，无论在公共场合还是在家宅之内，都要按照《礼记》和其他典籍所弘扬的文明生活的要求行事，恪守礼仪，直至成为自己的第二天性。教育不仅要培养良好习惯，还要学习如何思考、思考什么。

礼仪和行为规范，是区分华夷的标准。在其形成阶段，中华（和东亚）文明没有与外界其他同等文化水平或成熟程度的社会相接触。因此只存在一种教化之“道”，而必须把这种“道”作为培养后代的教学内容。人生来并不知道如何哀恸，不知道鞠躬时弯腰到何种程度、持续多久，也不知道如何衣着得体。我们必须要学习。但还远不止于此。

> 犬守夜，鸡司晨。苟不学，曷为人。
> 蚕吐丝，蜂酿蜜。人不学，不如物。③

这些诗句摘自于《三字经》（13 世纪）。在中国和日本，传统中儿童初学读写时要背诵《三字经》。教育不仅仅是把我们造就成完整的人——它首先是要让我们成为人。

理想状态下，博学和品德在一个漫长的过程中相互促进、相辅相成，使个人成为贤者，甚或追求达到圣人层次。圣人是思想、情感和行动始终保持一致的人，能够完全合乎他认为自身所处之境。即便是孔子也用了 70 年的时间，才达到将规则内化到“从心所欲，不逾矩”的程度。孔子从未自称为圣人，不过后世却把孔子和那些作为文明始祖的古圣贤君放到同等重要的地位。虽然此后的圣人少之又少，但圣

③ 作者译。其他未注明之译文均为作者所译。

人身份仍是儒家的理想典范，与基督教中的圣徒相差无几。

孔子曾将人分为三类。上等人是古代先贤，他们生而知之，不需教诲；下等人天生鲁钝，困而不学；介于两者之间的是像孔子自己那样可以为学的人。所幸的是，大部分人都属于可教之人。有两种和孔子观点不同的经典阐释，非常著名：一是孟子（约公元前372年—公元前289年）的性善论，一是荀子（约公元前312年—公元前230年）的性恶论。虽然两人认识不一，但他们均认为每个人都拥有相同的天赋本性和心灵。 117

后来的儒家学者认同这一点，并认为教育至关重要。在孟子看来，人的天性需要培育，正如嫩芽需要滋养，才能长成健康的植物。而荀子则强调，要想把天性本恶、不群和好利者转变为贤德之士，就必然需要认真的、专注的和终身的学习。孟子和荀子都认为“人皆可以为尧舜”。每个人都是可教的：“自天子以至于庶人，壹是皆以修身为本。”④ 这句话出自《礼记》中的《大学》一章，后者亦被单列为《四书》之一。

及至宋代，孟子与荀子的观点之争分出胜负，孟子的乐观的性善论占据了上风。他的《孟子》作为《四书》之一，也影响到后世的教育思想和教育内容。《三字经》开篇即谈到了人性本善和对教育的需要：

> 人之初，性本善。性相近，习相远。
> 苟不教，性乃迁。教之道，贵以专。

孟子应该会对诗句的第一节深以为然。荀子则会反对，不过他会甚为赞同第二节的内容，因为他曾提倡学生要像蚯蚓那样“用心一”，不要

④ Ian Johnson and Wang Ping, trans., *Dazue and Zhongyong* (Hong Kong: Chinese University Press, 2012), 135.

像螃蟹那样"用心躁"而四处乱爬。有一个常见的隐喻，即把人的自我完善比作玉石的磨砺过程。

无论是在中国还是在日本，儒学都并非唯一的一种学说，始终都需要注解。在中国，道家嘲笑孔子，认为书本知识是理解和应对世界的障碍；法家和墨家挑战了儒家的价值观；佛教徒想把人们从痛苦中开释出来，而不是让他们修己。寺庙和道观确实培养了僧尼道士，而对近代以前的大部分中国人来说，最早宋代现世的"善书"和后来明清时期的"功过格"，其中所体现的佛教和道家的轮回之说又进一步强化了儒家的道德伦理观。"善书"和"功过格"等文本具有教育使命和教育功能；它们的价值导向是儒家的，但并未进入到学校课程之中。儒家并没有垄断学校教育，不过儒家的价值观却构成了教育思想的主流，而且支配了教育的话语体系。

中国：基础课程

118 无论男女，自幼便被教育要服从长辈，站坐适宜，举止得体；教导他们要惯用右手。不过，男孩和女孩的教育差异很早就开始了。对女孩的要求是要表现得更为顺从。《礼记》建议教导男孩说话要清晰有力，女孩则要谦恭低沉。在7虚岁（约5周岁）时，男孩和女孩"不同席，不同食"。由于资料性质，也因为东亚地区教育实践的传统，后文大部分内容将集中于男性教育上。

汉代《孝经》教导的是孝道至上。着重强调模范效仿。《二十四孝》(元代，1271—1368)❹ 中刻画了孝敬父母的突出典范。

虽然没有相应的模范学生名录，但直至今日，即使没有读过《三字经》的人，也知道匡衡"凿壁偷光"、车胤和孙康"囊萤映雪"的故

---

❹ 原书写元代亡于1378年，经核实应为1368年。

事。如果茶水不能提神解困，人们可以效仿孙敬“头悬梁”，或者效仿苏秦“锥刺股”，以保持头脑清醒。神童会受到赞誉，不过耄耋老人梁灏的成功事例也向背诵《三字经》的孩童表明，坚持不懈，终有所获，立志向学，犹时未晚。

读、写是基础，其中以读为首。认字始于字典，有些字典上对每个字都有绘图示意。然后是启蒙读物。明（1368—1644）、清（1644—1911）时期的书肆提供了大量的启蒙读物，其中最广泛使用的三种启蒙读物被统称为“三百千”。“三”即《三字经》，“百”即《百家姓》，“千”即《千字文》。《百家姓》是一部迥然不同的启蒙读物，其中没有句子，也不讲故事，共收录438个姓氏（后来扩大到504个），以四言体例、八字一句、句句押韵的方式排列起来。这肯定是史上最枯燥乏味的文本了。人们能够想到的与之最接近的西方读物，大概就是有关《圣经》人物中“谁生谁”的记载了。《千字文》是三部启蒙读物中最古老的一部（约540年），旨在以不重一字的方式教授汉字（但确实有一个字重复出现了）。与《三字经》和其他启蒙读物一样，它提供了基本的道德教导，还介绍了自然、人类、文明和历史。

这些启蒙读物是共同的价值观、信息、思想和知识的宝库，值得研究。掌握了这三本启蒙读物，学生们就能认识约2000个汉字。以诗歌韵文形式去认识这些汉字，不仅有助于记忆，还免于学习如何加注标点。这项技能远非平淡无奇，需要对文本有着良好的理解。[⑤]

学习书写是从指导学生研墨、握笔开始的。此后是临摹简单的汉字，并将其写在方格之内，然后再学写复杂的汉字。远古练习刻字所用的骨甲，后来被成堆的纸张所取代。最初几年儿童也要学习基本的算术，不过算盘的学习会留待以后进行，将来在职业中需要用到它的

---

⑤ Endymion Wilkinson, *Chinese History: A New Manual* (Cambridge, MA: Harvard University Press, 2012), 295.

人会接受算盘的教学。

学完这些基础课程，人们就会具备基本的读、写、算能力，这足以让普通人度过一生，也让一部分人做好了到手工业和商业作坊当学
119 徒的准备。在城市上流社会，生意兴隆的商人们需要这种读写能力来经营商贾，或许还会翻阅一些对读者要求不高的话本读物以作消遣。

然而，对于那些渴望接受精英教育、打开通往科举考试大门的人来说，这样的教育仅仅是个开始。很少有考生能够一路应考高中“进士”，但即便只是通过了部分考试，也能够觅得一份工作，比如学校教师或私塾先生。医生、讼师、天文/占卜都需要专门培训，这都是相当有吸引力的职业。即使是在乡村中抄写文书或代写书信，也能使人（男性）免于农田劳作之苦。

科举考试的核心科目是《四书》，包括：《大学》（《礼记》中的一章），将个人修身与治国平天下联系起来；《论语》，被尊为传达了孔子的言行；《孟子》和《中庸》。《中庸》也是《礼记》中的一章，是理学和道德教化的经典基础，科考制度在 1905 年被废除之前，理学一直占据着主导地位。

明清时期，是否背诵全文共 99 010 个字的《礼记》可以自便，但是学生要想做好参加科举考试的准备，脑海中需要记忆的内容却是惊人的 621 206 字，1796 年缩减至 518 000 字，而且都是传统的文言文。学生从 8 岁开始到 15 岁完成这一基础课程，平均每天要背诵约 200 个字。⑥

除了核心课文，考生还需要熟悉朱熹的集注、中国悠久的历史以

---

⑥ Benjamin A. Elman, *A Cultural History of Civil Examinations in Late Imperial China* (Berkeley: University of California Press, 2000), 267; Cheng Duanli, “Daily Schedule of Study in the Cheng Family School, Graded According to Age” (*Chengshi Jashu Dushu Fennian Richeng*), in *Sources of Chinese Tradition*, comp. Wm. Theodore de Bary and Irene Bloom, 2nd edition (New York: Columbia University Press, 1999) 816-819.

及灿烂的文学。此外，自明清科考采用高度格式化的“八股文”后，考生们还要学习八股范文的写作。从 1370 年到 1756 年间，科考不要求考生写诗，但人们认为作诗是文人士绅的必备能力，书法也是如此。不同时期，科考科目的具体组成也有不同，但负担很重却是一以贯之的。

一路高中“进士”的机会微乎其微，但只要通过部分科考就能获得地位和声望。在这种情况下，课程显然就会以科考要求为模板。虽然也有一些敬业之师告诫学生要为修身而学，但学生们却普遍梦想着在科考中大显身手。功名之心胜过了献身无私学术。那些希望按照个人兴趣追求学术、抵触科考课程的学生会被告知，为了光宗耀祖，他们理应参加科考、求取功名。违抗父母之命和辍学退考都是不可能的。

在理论和法律上，科考对绝大多数男性开放，但作奸犯科和贩夫走卒之子被排斥在外。富裕家庭可以延聘塾师在家中施教。有些人或许不屑于进入学校，但可能会希望进入书院求学。

中国：学校

中国幅员辽阔，极为多样。与繁荣的长江流域相比，落后地区的
资源要少得多，但所有地域都有着共同的传统遗产。《礼记》有云： 120
“玉不琢，不成器；人不学，不知道。是故古之王者建国君民，教学为先。”后文又列举出不同层级学校的设立情况及其称谓，“家有塾，党有庠，术有序，国有学”。书中还概述了为期 9 年的学校教育内容，并描写了“大学”的开学典仪，包括“皮弁祭菜”“《宵雅》肄三”“入学鼓箧”等。这种叙述确否符合史实有待推敲，但应看到它已广为认可，不仅说明传统上对官学的支持，还强调了统治者对百姓所负的教育之责。另外，宋代还广泛接受了贤能治国的思想，即受过良好教育的人应受到礼遇。无论是官府还是社会都认同孟子的观点：劳心者治人，

劳力者治于人。⑦

诚如《礼记》所指，学校是儒家典仪之所，私学和官学均是如此。有些学校无力建造专门的祠堂，但还是会在孔子、朱熹或其他名家大儒的牌位或画像之前举行庄严仪式。朱熹本人赞成悬挂画像，但不赞成设立塑像。

宋代时，政府曾试图为所有男性开设学校。更有甚者，雄心勃勃的明朝太祖皇帝朱元璋颁布兴学令，要求在每个郡县设立官学，还下令把学校办到社会最基层的乡村之中（社学），其目的是“治天下”“所重者教化”。不过，施珊珊在对明代地方志详加研究之后指出，朝廷兴学令与地方的实际作为之间的关联性并不高。

朱元璋试图将科举备考与社学剥离，但徒劳无功。社学所做的是将伦理、礼仪和基本的文化教育结合起来。和其名称一样，社学的教学安排所反映的都是儒家的“教化”理念。值得注意的是，这类机构最受欢迎的称谓是“养正社学”⑧。

社学的变迁为观察明史中相互关联的若干方面提供了颇具吸引力的“晴雨表”，其中就包括地方儒学与佛教寺庙、乡间教祠的紧张对抗资料。为了地方儒学的利益，这些寺庙和教祠的建筑及场地会面临充公罚没的威胁。到16世纪，虽然社学通常是由派驻地方任职的官员经手创办，但办学经费主要来自于地方资助。

从政治上看，朱元璋兴学令的失败反映了中央和地方之间的紧张关系，在这种关系中，地方精英占了上风。除社学外，还有其他可替代的教育方式：富足人家可以延聘塾师到家任教；一些家族为巩固家族力量设立族学，为族内寒门子弟提供教育，期待他们学业卓异、科考中第，使整个家族受益。这种学校在长江中下游地区尤为兴盛，也

---

⑦ Chinese Text Project, *Li Ji*, Xue Ji, 1-5, trans. James Legge, https://ctext.org/liji, modified by author; *Mencius* 3A:4.

⑧ *Mencius* 3A:95.

是官场新生力量的重要来源。

此外还有一种学校称作“义学”，其功能与依赖地方资助的社学类似。17世纪时，这两类学校基本已无甚区别。不过令人不安的是，有迹象显示广东地区的一些社学开展了其他形形色色的地方活动，由此虽仍然名叫“学校”，但却有名无实。

中国：教师与教学

南宋叶采在《近思录集解》（成书于1248年左右）中，评注《近思 121
录》第十一卷“教学之道”时引用了下面的一段话。《近思录》是理学的经典著作，在中国和日本都有巨大影响。评注“教学之道”时，叶采首先重申了教育的重要性，并认为在婴孩有理解能力之前，就应开始施教。

> 孟子曰：君子有三乐，而王天下不与存焉。父母俱存，兄弟无故，一乐也。仰不愧于天，俯不怍于人，二乐也。得天下英才而教育之，三乐也。⑨

孔子本人就是一名教师。教学乃是最高尚的职业，从教之人理应受到最大的尊重。有文献曾指出：

> 必恭敬，和颜色，审辞令；疾趋翔，必严肃。此所以尊师也……故教也者，义之大者也；学也者，知之盛者也。义之大者，

⑨ *Mencius* 7A: 20. *Mencius*, trans. Irene Bloom (New York: Columbia University Press, 2009), 148; Wing Tsit Chan, trans., *Reflections on Things at Hand: The Neo-Confucian Anthology* (New York: Columbia University Press, 1967), 260.

莫大于利人，利人莫大于教。[10]

据载，孔子因材施教，会根据不同弟子的需要对他们说不同的话。理想状态中，教师应该是“情境教学”的人生导师。不过导师也需要纪律，前文提及的《礼记》中在有关设立学校的记载中，提到了名为“夏楚”的训诫教鞭，这是教师的常用工具之一。《三字经》中对《礼记》所言亦有回应：

子不教，父之过。教不严，师之惰。

中国和西方都一样，几乎没有老师不会鞭责惩戒学生。

122 与体操教练和军事教官一样，教师的大部分工作是训练学生背诵课文。王筠（1784—1854）有云：“学生是人，不是猪狗。读书而不讲，是念藏经也，嚼木札也。”[11] 有些教师认同这一观点，在教学中向学生阐释字义，也有很多初级读物向孩子们讲述有趣的故事。但是，当时人们普遍认为，14 岁以下的儿童记忆能力极佳而理解能力较弱，此后则逐渐翻转。因此，在受教育起始阶段强调死记硬背并无不当。

一篇文章诵读千百遍，或许并不必要，但要想书写得体，反复的练习确实是非常重要的，从中能让学生自己明白为什么有些字没有达到要求，并且能够锻炼他们对书法的视觉分析能力。运笔之时，犹豫不决则会下笔有失。现今的外语教学中，在向学生介绍语法和句式规

---

[10] For this and the next excerpt, see John Knoblock and Jeffrey Riegel, *The Annals of Lü Buwei* (Stanford, CA: Stanford University Press, 2000), 124-125, 47-48; Juanjuan Zhao, “Confucius as a Critical Educator: Towards Educational Thoughts of Confucius,” *Frontiers of Education in China* 8(2013): 13.

[11] Limin Bai, *Shaping the Ideal Child: Children and Their Primers in Late Imperial China* (Hong Kong: Chinese University Press, 2005), 40.

则前，先让他们背诵句型，其中的道理是相通的。当然，无论支持机械背诵的理由如何，一遍又一遍单调地背诵课文，肯定让所有听者都备受煎熬。

那时候和现在一样，当老师都不是一件全然无忧的事情。一位老师即便费劲心力，也会面临纪律问题，正如《红楼梦》（《石头记》）中所描述的那样：面对满屋子贾氏家族中的任性顽劣的子弟们，代课教师束手无策，难掌局面。对准备参加科考的人来说，教书不失为一种权宜之计，但教师的命运却不一定幸福。布置课业少的话，家长就会抱怨；但如果学业过于繁忙，学生就会心生恨意。

教师地位和教学方法总是会发生变化。作为朱熹之后最有影响的理学代表人物，王阳明（1472—1529）就对书本学习有所贬抑，他曾说："求之于心而非也，虽其言之出于孔子，不敢以为是也。"[12] 他倡导采用宽松的教学方法，强调"歌诗"，不过这方面的实际影响还有待考证。

中国：高等教育

中国古代中央官学的历史可以追溯到汉代（太学）。到明代时，位于北京和南京的两所国子监是主要的官办"大学"。明初，国子监中有数以千计的学子积极投身于学术生活，享有国际声誉。但到 16 世纪时，国子监失去了活力，沦为名存实亡的高等教育机构。

同样，明初期的很多官学功能完备、运行良好，且藏书丰富，引以为豪。不过到明中期，官学沉沦，仅仅成为人们记名以确保科考应试资格的场所。官学里的教师品阶很低，而且大都老迈年高，极少提

---

⑫ Quoted in Cynthia J. Brokaw, *The Ledgers of Merit and Demerit: Social Change and Moral Order in Late Imperial China* (Princeton, NJ: Princeton University Press 1991), 19.

供教学指导，孔庙祭典时方才露面。由此导致这一时期的高等教育变成了私学主导。有些人采取自学方式，穷其一生或大半生来备战科考。有些人聘请教师在家施教。其他一些人则入书院学习，书院也变成了文化学术和备考科举的中心。

123 白鹿洞书院是最著名的书院之一，日本也曾广为效仿。据记载，该书院创办于10世纪，朱熹在江西为官时曾重修书院。书院学规中引用的孟子语录清晰地表明了其道德和学术教育的目的：

> 父子有亲，君臣有义，夫妇有别，长幼有序，朋友有信。[13]

朱熹本人并不相信烦琐学规的作用，不过这并不妨碍他的追随者们制定严格的行为准则。这份准则教导学生“步立必正”，“毋跛倚”；“言语必谨”；“衣冠必整”；“视听必端”，“毋浮视，毋倾听”；“饮食必节”，“毋求饱，毋贪味”，“非节假及尊命不得饮，饮不过三爵，勿至醉”。准则最后允许学生“修业有余功，游艺有适性”，可以“弹琴习射投壶”，但须“各有仪矩，非时勿弄”，而且禁止“博弈鄙事”。

通过流传至今的三道试题，可判断出书院课程几乎覆盖了中国传统学术的全部范围。有一个问题要求学生分析宋代七位著名学者的思想与孔子本源学说之间的关系，还有一个问题要求学生将古代杨朱和墨子的异端邪说与朱熹意欲驳斥的佛教及道教思想进行比较，以此分析为何异端邪说会长久存在。

朱熹曾邀请其他学者到白鹿洞书院讲学，其中还包括陆九渊(1139—1192)。朱熹在哲学理念上与陆九渊意见相左，但他无疑非常

---

⑬ Wm. Theodore de Bary and Irene Bloom, compilers, *Sources of Chinese Tradition*, 2nd edition, vol. 1 (New York: Columbia University Press, 1999-2000), 743, 810-811; Wm. Theodore de Bary, Carl Gluck, and Arthur Tiedemann, *Sources of Japanese Tradition*, 2nd edition (New York: Columbia University Press, 2005), 253.

欣赏后者对孔子“君子喻于义，小人喻于利”之说[14]的解读。陆九渊关于这一说教式主题的解读，展示出理学把道德教化与哲学理念融为了一体。最初，宋代书院是理学的知识殿堂，但未等宋朝覆亡，书院就已向科举考试妥协。到 13 世纪理学盛行于科考之时，学子们就认为埋头苦读朱子之书是值得的。

明代书院仍是学术中心，也具有备考科举的职能。晚明时期，一些书院带有了政治色彩，并被朝廷禁毁。最著名的是无锡东林书院，该书院引导了一场政治改革，但最后以骨干成员遭受处决、书院被夷为平地而告终。晚明和清朝书院最终的结局还是走向了被朝廷招安。

朝廷是男性的天下，各级官府和教育紧紧交织在一起，接受着同样的儒家思想的滋养。教育通过弘扬国家价值观来服务于国家。它开启民智，也让百姓有能力批评朝政。黄宗羲（1610—1695）在《明夷 124
待访录》中，曾设想创办独立性质的书院以制衡朝政。尽管这一设想未曾实现，但从中显然可看出儒家教育的双重性：一方面使掌权者具有合法性，另一方面让少数有识之士能够对朝廷秉笔直言。

中国：女性教育

蓝鼎元（1680—1733）的《女学》是中国女学教材的集大成者，推动女学教材走向新的高峰。在撰修该书时，蓝鼎元理所当然地会借鉴班昭（约 48—约 114）所著的《女诫》。班昭是中国古代最著名的女性学者，她曾帮助其兄完成了《汉书》。班昭在《女诫》中提出的女性行为标准，即女性四德：妇德、妇言、妇容、妇功，被奉为经典。蓝鼎元以《女诫》和刘向的《列女传》为范本，谨守道德准则，以戏说方式简述理想的女性形象，其中有些故事弥足珍贵，有些故事也不同

---

[14] *Analects* 4:16.

寻常。蓝鼎元认为，女子之学异于丈夫之学，而这正是他撰修《女学》的原因所在。在《女学》自序中，他曾这样表述：

> 女子之学与丈夫不同。丈夫一生皆为学之日，故能出入经史，淹贯百家。女子入学不过十年，则将任人家事百务交责，非得专经未易殚究。[15]

《女论语》[5] 中是这样界定“妇功”的：“凡为女子，须学女工。纫麻缉苎，粗细不同。车机纺织，切勿匆匆。看蚕煮茧，晓夜相从。采桑摘柘，看雨占风。滓湿即替，寒冷须烘。取叶饲食，必得其中……刺鞋作袜，引线绣绒。缝联补缀，百事皆通。”

女孩们不仅要行为得体，还要学习如何勤俭持家，掌握纺纱、编织、针线、刺绣等技能。在明清时期，女孩还得裹小脚、穿小鞋。经年的缠足之痛让她们领教了如何忍受苦难。

相当多的学者认为应该教会女性阅读，但仅限于阅读和贞德举止、日常活动有关的作品。《温氏母训》告诫读者：“妇女只许粗识‘柴’‘米’‘鱼’‘肉’数百字，多识字无益而有损也。”另有人希望为人母者有足够的知识来教育孩子，但对此意见观点各异。《三字经》不仅赞扬了认真教子的孟母，也肯定了“能辨琴”的蔡文姬和“能咏吟”的
125 谢道韫。蔡文姬和谢道韫的例子显示出即使是女性也能取得显耀成就。《三字经》中没有言及女德问题，也没有谈到刺绣或是家务。人们对女

---

[15] Clara Wing-Chung Ho, “The Cultivation of Female Talent: Views on Women's Education in China during the Early and High Qing Periods,” *Journal of the Economic and Social History of the Orient* 38, no. 2(1995): 196; Susan Mann, “The Education of Daughters in the Mid-Ch'ing Period,” in Elman, *A Cultural History*, 21; Ban Zhao, “Admonitions for Women(Nüjie)” in de Bary and Bloom, *Sources of Chinese Tradition*, 828.

[5] 原书称后文出自班昭，经核实应出自唐代贞元年间宋若莘、宋若昭姐妹所撰《女论语》。

性乐师了解甚少，不过却知道很多女性诗人。实际上，虽然女性被排斥在科考之外，但也带来一些好处，这让女性从科考课程中解脱出来。尽管女性学者确实也熟读《四书》和其他经典，但她们有相当大的自由去追求诗歌，而且女诗人所做诗歌的数量和水平都不遑多让，令人慨叹。[16] 有人坚信女子德才难以兼备，但大量的事实表明此言差矣。

日本：导论

到1600年时，日本接受中国的影响已逾千载，但两国在文化和制度上存在着显著差异。德川幕府（1600—1867）是日本三代幕府中最后也是最成功的一代幕府。幕府首领称作幕府将军（征夷大将军），形式上由天皇授权，但握有国家实权。世袭的封建大名效忠于幕府将军，代为掌管幕府的大量财产，同时大名在其领地上是绝对的主宰。

德川幕府统治的两个半世纪里，社会安定，武士大多转变成儒家风格的官员。“驯服武士”的过程影响深远，且该过程因时因地而异。位于江户（现东京）的幕府直辖学校是正统理学的源头，到1867年幕府统治终结之前，约有27所藩校都以幕府直辖学校为模板[6]。政治上的割据状态和中国式科举制度的缺失，造成了巨大的地方多样性。例如，冈山藩的大名格外重视教育，到1764年，冈山本地设立了大约

---

⑯ Dorothy Ko, "Pursuing Talent and Virtue: Education and Woman's Culture in Seventeenth-and Eighteenth-Century China," *Late Imperial China* 13, no. 1(1992): 25. See Kang-I Sun and Haun Saussy, *Women Writers of Traditional China: An Anthology of Poetry and Criticism* (Stanford, CA: Stanford University Press, 1999); Dana Berg, *Women and the Literary World in Early Modern China, 1580-1700* (London: Routledge, 2013).

❻ 原文如此，疑有误。经查证，幕府时期的藩校多以幕府直辖学校为模板，而当时藩校数量虽因时而异，但远超过27所。

124 所“手习所”（即“寺子屋”），为平民提供初等教育。⑰

德川时代，大部分武士都在作为藩国政治中心的城下町生活和任职。只有武士允许佩剑，而且至少在理论上他们是凌驾于商、工、农这三个官方认可的世袭平民阶层之上的。不过，这一时期前所未有的经济增长让有进取心的平民从中获利，由此刺激识字需求不断提高，并为之提供了经济支撑。这种情况不仅出现在城市，也出现在农村，最早是负责税收的村长有了识字需求。村长是沟通乡村社会和藩国的中介，需要阅读和回复官府公文。农村中的其他精英人士，为了监督村长和应对法律/经济体制，也有动力去接受足够的教育。⑱

日本：平民基础教育

基础教育的场所和经费差异极大。冈山在这方面处于领先，不过这通常源于地方的主动。富足的乡村家庭在给自家孩子提供教育时，
126 或许会让贫寒子弟加入进来。大夫以及退休之后的家主们可能会全职或兼职任教。和尚、残疾农夫、浪人（无主武士）也是另外的师资来源。17 世纪的一部笑剧（日本称作“狂言”）曾这样打趣一位和尚。有人问他书法如何，他说：“我的字确实不好，写的像虫子爬，或是像麻雀跳。”村民们却很有把握，说“我们想让你教孩子们写字”，他则

---

⑰ Eiko Ikegami, *The Taming of the Samurai: Honorific Individualism and the Making of Modern Japan* (Cambridge, MA: Harvard University Press, 1995); Mary E. Tucker, "Confucian Education in Tokugawa Japan: The Case of the Shizutani School in Okayama Prefecture," in *État, Société Civile et Sphère Publique en Asie de l'Est*, ed. Charles Le Blanc and Alan Rocher, North American-European Symposium on East Asia (Montreal: Université de Montréal, 1998), 160, 165.

⑱ Richard Rubinger, *Popular Literacy in Early Modern Japan* (Honolulu: University of Hawaii Press, 2007), 22ff.

欢欣鼓舞地接受了邀请。[19]

无论是在城市还是在乡村，私立的书写学校通常都叫“寺子屋”，这个名称只是反映了它的源起，而非德川时代寺子屋的实际情况。当时，寺子屋是私人性质的世俗机构，旨在教人识文断字，大部分的课堂教学都是练习书写。有一篇寺子屋的训诫开门见山：“人生而为人，然不能书写则不堪似人。文盲亦是一种失明。”当时有很多老师自己编写入门教材，因而此类教材数量甚巨；有学者曾指出，德川时期这种教材多达1993种。孩子们大都从模仿《庭训往来》开始学习书写。《庭训往来》是当时使用最为广泛的三部入门教材之一，包含有12组往来书信❼，每月一组，主题涉及广泛，始于节庆祝福，终于疾病问候。该书是用受中文影响的旧式日语写成，在注音符号（假名）的海洋里，汉字漂浮其中。与现代日语一样，它介绍了一些词汇。汉字如果没太过时仍还可用的话，会出现在词汇中。另两本广为流行的入门教材分别是《童子教》和《实语教》，均用汉语写成。两本书的作者，后人乐观地认为分别是白居易（772—846）和弘法大师（空海，774—832），前者是日本人最喜爱的一位中国诗人；后者是日本佛教真言宗的鼻祖，也是一位文化英雄。这两本书在时间上都早于德川时期。它们阐释了儒家价值观，“不过在根本上将之视为佛教世界观的一部分”。然而随时间推移，书中的佛教元素渐为淡化。[20]

学校纪律似乎并没有过分严苛。一项标准的惩罚是让孩子站在课桌上或角落里手持香火计时。有一条训诫说，虐待女孩或幼童的男孩

---

⑲ Ibid.,36.

❼ 原书认为《庭训往来》包含12封书信，经核实该书由25封书信组成，除8月份3封外，其余11个月每月2封。

⑳ R. P. Dore, *Education in Tokugawa Japan* (Berkeley: University of California Press, 1965), 323, 276; Janine T. A. Sawada, *Confucian Values and Popular Zen: Sekimon Shingaku in Eighteenth Century Japan* (Honolulu: University of Hawaii Press, 1993), 117.

是“人形动物”，但没有详细说明如何进行惩处。

日本：官学与私塾

官方发起举办的藩校起步较慢，不过到18世纪时有所增加，约260个藩国中有216个兴办了藩校。虽然藩校的目的是对武士进行道德和公务知识方面的培训，将他们培养成官方的精英，不过有少数藩校（17所）也招收平民学生，其他藩校则允许平民参与公开讲座等一些活动。毕竟，如人们所想的那样，平民也需要接受道德教育。

男孩8岁入学，在此后的7年里，他们沉浸于中文课本的学习，不过不是用中文而是用中日混合的方式来阅读。这种方式由标注了日语音节和动词变化的汉字构成。有些情况下高年级的学生会参与指导这些孩子的学习。[21] 在汉字学习方面，中国的《千字文》以及《孝经》《大学》是最重要的教学用书，其次是《四书》，而后是其他中国经典。近代以前的东亚和近代以前的欧洲一样，精英的教育都要求掌握一门自己不会说的语言。

127 由于武士被视为文武兼备之人，因此人们普遍认为他们既应接受武道教育，也应接受文道教育。学校教授剑术、矛术以及其他武术技能，不过后来随着时间流转，这种教育变成了“正式的体操和规训的舞蹈”[22]。

藩校质量参差不齐，不过总体而言确实满足了武士教育的需要。部分藩校聘有名师，不过最具激励性和影响力的教学都出现于非官学[8]之中，这一点和中国相同。有些私塾主要招收武士，有些私塾则是平民和武士兼收。大阪的怀德堂主要招收的是平民。

---

[21] Dore, *Education*, 127.

[22] Ibid., 151.

[8] 相当于中国的书院，日本通常称作“私塾”。

日本：思想流派

德川时期，儒家和理学的各流派蓬勃发展，与神道相关的本土理论“武士道”亦是如此，此外被称作“兰学”的西方思想也得以引入。作为思想和教学的中心，日本的私塾和日本自身都具有同样的多样性。几个典型案例足以说明问题。

山崎暗斋（1619—1682）是朱熹和神道的热情拥趸，他在京都创办私塾时，一字不差地采用了朱熹的白鹿洞书院学规。该私塾的学生主要是武士。私塾以其严格和暗斋的讲座而知名。其他很多私塾的教学模式，也都是教师讲座、学生背诵。这种盲目的机械模仿免不了受到批判。一位重要的思想家、汉文直读法倡导者荻生徂徕（1666—1728）就曾抱怨说，有些学生甚至在课文中标记出了老师停顿下来清嗓子的地方。[23]

所幸的是，山崎暗斋私塾在京都坐落之处的街道对面，是伊藤仁斋（1627—1705）开办的另一所截然不同的私塾。伊藤仁斋出身富裕的平民家庭，他的私塾对市民持欢迎态度，采用小组阅读和讨论的方式开展教学。这两所私塾的不同之处还在于，暗斋推崇神道和理学，而仁斋则试图回归儒家本源，为此甚至排斥《大学》。他还非同寻常地对平安时代的文学巨著[9]持开放态度，由此被古板的儒家学者斥之为伤风败俗，遭受鄙视和谴责。

一个半世纪以后，另一位杰出的平民广濑淡窗（1782—1856）[10]在九州主持了一所大型私塾。私塾的入学者中武士仅占5.5%，但学校纪

---

[23] Marleen Kassel, *Tokugawa Confucian Education: The Kangien Academy of Hirose Tanso (1782-1856)* (Albany: State University of New York Press, 1996), 140.

[9] 指的是《源氏物语》等著作。

[10] 原文注广濑淡窗卒于1850年，疑系笔误。

律严明。学生们5点即起，6点之前打扫庭院，而后诵读和解释儒家典籍中的段落，7点洗漱、用餐。午餐和晚餐后允许学生散步，但全天其他时间都要用于上课和考试（每天考试3小时!）。晚上也要学习到10点方可休息。课程完全限定于儒学，几乎没有时间阅读小说等轻浮读物。也有一些专门的学校，包括提供“兰学”的小型私塾，其中大阪的怀德堂规模较大，也更突出，是儒家商业观念的发源地。罗伯特·鲁宾格认为，从更广泛的角度来看，到19世纪中期，无论是在课程方面，还是在作为服务于平民和低级武士的社会和政治“上升阶梯”方面，私塾都已“成为促变因素”。不过，无论私塾的开创性有多大，其入学者仍严格限定于男性。㉔

日本：女性教育

128 和其他问题一样，所有对女性教育问题的概括也都会受到地理和阶级差异的限制。在入学方面，虽然男孩是主导，不过德川时期的确也有女孩（包括平民女孩）上学，但不同地区以及城乡之间入学人数差异极大。艺伎需要非常复杂的教育。商贾之家要比农家更倾向于让女儿接受教育，以便让她们在自家店铺中帮忙，不过总有例外情况。当然，哪怕只是学习简单的假名音节，也要胜于一无所学。

虽然只有一个藩对平民女孩的教育做出了专门规定，不过在其他地区女孩也的确能够进入地方上的“手习所”或“寺子屋”学习，甚至出现了一些女校。和男孩一样，女孩首要接受的也是道德教育。道德教育用书之中，使用最广泛的是《女大学》（《女大学宝箱》）。该书教导女孩要成为乖顺女、贤良妻，告诫她们不可懒惰、不满、毁谤、

㉔ Ibid.,131;Richard Rubinger, *Private Academies of Tokugawa Japan* (Princeton, NJ:Princeton University Press,1982) 222.

嫉妒，尤其不可愚钝智浅，但该书间或强调“在这些恭顺品质之外，也应保留有攻击进取之心，能够具有《列女传》中那些巾帼英雄的惊人勇气，去捍卫自身荣誉、捍卫自己的丈夫”[25]。人们认为该书是理学家贝原益轩（1630—1714）所作，尽管存疑，不过这也是该书和贝原益轩本人声望的反映，该书的作者可能是贝原益轩的夫人，同样是一位学者、书法家和诗人。

另外还有一些面向女性的书籍。见过世面的女武士被鼓励阅读《源氏物语》及其他主要由女性撰写的平安时代经典著作。德川时代人们期待女性具有一定文化修养，能够胜任“艺术表演，如茶道、弦乐、舞蹈和击鼓、武术、视觉艺术（包括托盘画）、插花、书法，掌握诗歌等文学艺术，及礼仪方面的身体训练”[26]。

同时，和中国一样，在日本，男性主持家外公务，而女性则需做好准备操持家务。教育子女是她们的首要任务。在今天的日本，“教育母亲”一词带有负面含义，不过中日两国一样，显著的教育成就源于母亲做出的巨大贡献。

问题与展望

和世界其他地区一样，教育在东亚地区也是至关重要的。千百年来，它连接了生活与思想、具体与抽象。现代的学者在带来新概念和新数据的同时，也提出了新的问题。

中日女性史是目前比较热门的研究领域，这与女性教育研究密不

㉕ P. F. Kornicky, "Women, Education, and Literacy," in P. F. Kornicky, Mara Patessio, and G. G. Rowley, *The Female as Subject: Reading and Writing in Early Modern Japan* (Ann Arbor, MI: Center for Japanese Studies, 2010), 15; Dore, *Education*, 65.

㉖ Anne Walthall, "Women and Literacy from Edo to Meiji," in Kornicki, Patessio, and Rowley, *The Female as Subject*, 215.

可分。学者们现在强调认可女性的作用（其作用不仅仅是在教育儿童方面），然而却未能将女性在男权社会中的从属地位这一因素降到最
129 低。他们承认，由于有了像紫式部（10 世纪后期到 11 世纪初期）这样能力精湛的女性精英作家，中国和日本的文化得以极大丰富，但与此同时也有太多太多的文盲，无论男女，都在经受着严苛的经济和社会现实。

关于读写能力和知识传播方面的研究仍在很好地开展着，这表明，传统晚期的中国和日本与同时期的西方是很容易进行比较的。出版史和书籍史也是如此。在中国，教育是科考成功的先决条件，由此读写能力和社会结构密切联系在一起。不过学者们现在认识到，科举考试主要是提供了内部流动而非外部人士进入精英阶层的机会。在日本，出身决定命运，不过经济的发展刺激了平民阶层的文化普及；与此同时，中国的英才治国理念即便在上层武士中也得到强烈反响。

学者们对中央视角的超越，揭示出了中国以及在政治上更为分裂的日本的巨大多样性，从而进一步加深了我们对过去的理解，同时也使之更为复杂。随着中国从帝国向国家的转型和日本在一个多国并立的世界中寻求新的角色定位，区域和地方研究让我们能更好地理解两国的文化和政治态势。在这两个国家里，正是由于教育的历史十分悠久，才进一步强化了人们始终重视历史的意识。

除了对教育的社会诸方面因素进行研究以外，对教育的知识内容的重新评价也仍然持续活跃。最值得注意的是，中国转而开始对儒家思想给予积极评价，这与西方对儒家“德行伦理”的新的肯定相类似。教育仍然处于儒家思想的中心。

彭慕兰的《大分流：中国、欧洲与现代世界经济的形成》[11] 一书自

---

[11] 原文将该书书名误写为《大分流：中国、欧洲与现代世界的形成》，经核实应为现名。该书中文版由北京日报出版社 2021 年出版。

2000年出版以来，就引发了一场颇具启发性的辩论：西方变得比中国更强大，这是如何发生的？发生于何时？最近新出现的问题是："能持续多久？"这场讨论集中在经济史、社会史和政治史领域，不过学习教育史的学生最好也能注意到这场讨论并参与其中。

所幸的是，随着比较哲学、比较史学和跨国研究的发展，比较教育也正在逐步确立其地位。研究传统东亚地区的学生有足够的能力参与正在进行的有关如下议题的辩论：死记硬背和创造力培养，教学价值与鼓励批判性思维，普通教育与专业教育的平衡，发展个人天赋与培养社会团结意识，精英政治和确保公平。在参与辩论的过程中，他们能够学习过去，同时为未来做好准备。无论中国还是日本，历史都不能提供简单的答案，但的确能提供丰富的经验和思想。

推荐书目

Bai, Limin. *Shaping the Ideal Child: Children and Their Primers in Late Imperial China*. Hong Kong: Chinese University Press, 2000.

Berg, Daria. *Women and the Literary World in Early Modern China, 1580-1706*. London: Routledge, 2013.

de Bary, Wm Theodore, ed. *Sources of East Asian Tradition*. 2 vols. New York: Columbia University Press, 2008.

de Bary, Wm. Theodore, and John Chaffee, eds. *Neo-Confucian Education: The Formative Stage*. Berkeley: University of California Press, 1989.

Dore, Ronald P. *Education in Tokugawa Japan*. Berkeley: University of California Press, 1965.

Elman, Benjamin A., and Alexander Woodside, eds. *Education and Society in Late Imperial China, 1600-1900*. Berkeley: University of California Press, 1994.

Hsiung, Ping-chen. *A Tender Voyage: Children and Childhood in Late*

Imperial China. Stanford, CA: Stanford University Press, 2005.

Kassel, Marleen. *Tokugawa Confucian Education : The Kangien Academy of Hirose Tanso (1782-1856)*. Albany: State University of New York Press, 1996.

Ko, Dorothy. *Teachers of the Inner Chambers : Women and Culture in Seventeenth-Century China*. Stanford, CA: Stanford University Press, 1994.

Kornicky, Peter F. , Mara Patessio, and Gay G. Rowley, eds. *The Female as Subject : Reading and Writing in Early Modern Japan*. Ann Arbor: Center for Japanese Studies, University of Michigan, 2010.

Lee, Thomas H. C. *Education in Traditional China , a History*. Leiden: Brill, 2000.

Li, Jin. *Cultural Foundations of Learning—East and West*. Cambridge, UK: Cambridge University Press, 2012.

Meskill, John. *Academies in Ming China : A Historical Essay*. Tucson: University of Arizona Press, 1982.

Miyazaki, Ichisada. *China's Examination Hell*. Trans. Conrad Schirokauer. New Haven, CT: Yale University Press, 1976.

Rubinger, Richard. *Popular Literacy in Early Modern Japan*. Honolulu: University of Hawaii Press, 2007.

Rubinger, Richard. *Private Academies in Tokugawa Japan*. Princeton, NJ: Princeton University Press, 1982.

Schneewind, Sarah. *Community Schools and the State in Ming China*. Stanford, CA: Stanford University Press, 2006.

Tri, Christine Nguyen, and Catherine Depeux, eds. *Education et Instruction in Chine*. 3 vols. Paris: Edition Peeters, 2003-2004.

Wilkinson, Endymion. *Chinese History : A New Manual*. Cambridge, MA: Harvard University Press, 2012.

第 8 章　前殖民地时期西半球与太平洋地区的原住民教育

阿德丽亚·劳伦斯

考古学家杰克·W. 布林克曾在其 2008 年出版的《野牛涧遐想》一书中写道："实际上，人类为了使自己的世界变得宜居，所发挥的创造力的深度是无限的。"① 在 15 世纪至 20 世纪欧洲对西半球和环太平洋地区进行大规模殖民之前，那里就已经有多种形式的原住民教育，其中大部分被学界人士归到了政治学和人类学范畴，而非教育范畴。对于那种不同于学校的教育形式而言，它们的历史却被这种分类方式遮蔽掉了。事实上，有关前殖民时期西半球与太平洋地区的教育，只有屈指可数的二手资料来源。可以肯定的是，这些地方的人们都曾经参与过学习活动，并按照所在社群的标准正式"受教育"。但在 21 世纪初以前，教育史学家们对于他们的教育活动却都相对比较陌生。怎么会这样呢？ 132

要撰写被殖民者归类为"原始"的各民族的教育史，并不是一项简单的任务。一方面，殖民主义的思维方式和研究方法普遍存在，而且总会有一些根深蒂固的假设，这样往往就会把大量的教育证据排除在人们的认知范围之外。同样，由于在殖民过程当中死亡人数触目惊

---

① Jack W. Brink, *Imagining Head-Smashed-In : Aboriginal Buffalo Hunting on the Northern Plains* (Edmonton, Alberta: Athabasca University Press, 2008).

心，不少证据都被封锁或者丢失了。尽管有很多证据灭失了，但仍有很多证据被保存下来或者被复原。作为一位撰写原住民教育史的英国历史学家，我是原住民群体的局外人，同时也是殖民者阵营的后裔。我个人认为这个阵营充满矛盾、无法调和，享有特权但又非常痛苦。之所以认为一些人属于这一阵营，部分原因是基于一套关于那些没有
133 被认定为“白人”或自我没有认定为“白人”的人的文化假设。由于这些假设是认识论的指路明灯，因此可以作为一套障眼法：使得我和其他像我这样的人去援引那些感觉是“被证实的和真实的”叙述，而掩盖了挑战认知的问题、证据、解释和叙述。历史学家南茜·休梅克曾建议，“（对于这种有盲目倾向的认识论），最好的解决办法就是要明确作为人类思想基石的各个范畴的起源和本质，要在研究历史的时候意识到我们自己所处的范畴，并要有目的地试图发现过去人们使用了哪些范畴以及为什么使用”，以明确找到15世纪欧洲人殖民之前西半球和太平洋原住民社群的教育证据。②

要复原原住民教育史是有难度的，原因主要有两个。首先，西半球和太平洋的地理范围很广，生活在其中的人类社群数量也很大。因此，试图做一般性概括是鲁莽的，想做到全面论述也是不可能的。其次，在欧洲人和日本人殖民之前，生活在西半球和太平洋地区的许多民族都经历过毁灭性的人口损失，因为当时天花、麻疹和白喉等疾病的传播极其迅速，致死率很高。尽管人口统计学家曾对死亡人数的估计提出过质疑，但这些估计数字还是已经攀升到了全世界所有死于疾病人口的大约五分之一。伴随着这种世界末日般的人口死亡，随之而来的就是全面性的知识、艺术、文化甚至意义的惨重损失，当然也包

② Nancy Shoemaker, "Categories," in *Clearing a Path: Theorizing the Past in Native American Studies*, ed. Nancy Shoemaker (New York: Routledge, 2002), 56. For an elaboration on this notion, see the special issue of *History of Education Quarterly* (volume 54, issue 3, 2014) on American Indian education history.

括教育。发生过怎样的学习活动，它是如何发生的，又是如何改变世界的，要揭示或还原这些问题，须有一种兼具间接与直接、既有推测又基于证据的方法。这种方法是跨学科的，也可能完全错误，但应该认识到，诚如毛利族史学家内皮亚·马韦卡所言，“历史并不是一门完全清白的学科”③。

其他学者所写的关于该地区学习状况的证据是令人信服的。西半球和太平洋地区的各个民族不仅博学多才，而且富有创造性，极具生产性，有时甚至具有破坏性，因此他们通常会创造出迥异于世界其他民族认识世界的分类体系。这些民族发现、学习和传递知识的方式引起了人们的注意，并由此将殖民主义者的假设罩在了他们这个群体的头上。在 15 世纪和 16 世纪开始大规模殖民之前，西半球和太平洋的原住民族都是农学家以及经营海陆的渔猎者，是杰出的科学家，是艺术家和音乐家，是政治家，是历史学家和地理学家，也是适应性很强的经济参与者，而更甚者，他们还异常多样。

方法论和方法

在研究原住民历史的过程中，我们必须准备好做时间跳转、数据循环以及按高弧形轨迹来推进研究，这些都对历史学家所接受的按照文献记载进行研究的传统专业训练构成了挑战。由于这会打破过去的成见，同时还会破坏探究的前提假设，因此会让那些接受过传统训练

---

③　正如科学作家查尔斯·C. 曼恩所言：“截至 17 世纪前三分之一时，疾病已经夺走了 8000 万到 1 亿印第安人的生命。” Charles C. Mann, *1491: New Revelations of the Americas before Columbus*, 2nd edition (New York: Vintage Books, 2011), 108; Nēpia Mahuika, “New Zealand History Is Maori History: Tikanga as the Ethical Foundation of Historical Scholarship in Aotearoa New Zealand,” *New Zealand Journal of History* 49, no. 1 (April 2015): 5.

的人感到不安。对原住民历史而言，基本的历史地图结构定位并非严格聚焦于时间，而是场所。事实上，场所本身，包括其地理、植物群、
134 动物群和气候，就是研究的引导者、意义构建的来源以及知识的宝库。法学家、社会理论家和历史学家小万恩·德洛里亚曾写道，北美的原住民社群"把历史和地理结合起来，从而使之拥有了一种'神圣的地理'，换言之，在他们原来的家园里，每个场所都有大量故事，讲述了迁徙、启示和特定的历史事件，而其部落的现实状态正是这些故事累积而成的"。因此，场所就是一种课程类型，是一种以历史、道德、科学知识和经验认识论作为基础，每当人们探索或思考人类学家基思·H.巴索所说的那种"场所—世界"时就能回想起来的学习指南。④ 如果此言不虚，那我们又怎样才能了解到原住民社群在历史长河中是如何学习的呢？

如今的原住民社群以及来自不同学科的学者们，都已能够揭示和还原关于在 15 世纪后期大规模殖民之前西半球和太平洋地区的人们是如何学习和生活的涉及范围极广的信息。例如，阿里卡拉族历史学家、人类学家库努克斯·提里特·克洛帕通过认真调阅档案、仔细审查旅行记录和照片、实施语言恢复项目，以及通过在阿里卡拉人和波尼人❶社群里的高强度工作，已经可以将阿里卡拉人的语言、建筑形式、仪式、歌曲和历史进行复原了。同样，杰克·W.布林克，这位在加拿大

---

④ Keith H. Basso, "Stalking with Stories," in *Schooling the Symbolic Animal : Social and Cultural Dimensions of Education*, ed. Bradley A. U. Levinson (Lanham, MD: Rowman & Littlefield, 2000), 41-52; Keith H. Basso, *Wisdom Sits in Places : Landscape and Language among the Western Apache* (Albuquerque: University of New Mexico Press, 1996), 6; Vine Deloria Jr., *God Is Red : A Native View of Religion*, 2nd edition (Golden, CO: Fulcrum, 1992), 70, 122; Donald Lee Fixico, *The American Indian Mind in a Linear World : American Indian Studies and Traditional Knowledge* (New York: Routledge, 2003), 25.

❶ 阿里卡拉人和波尼人都是北美印第安人的分支。

阿尔伯塔省南部野牛涧地带工作的考古学家，也曾与黑脚族❷部落成员合作，试图发掘他们用于捕猎野牛的“野牛跳”悬崖构造，以重现18世纪引进马匹之前，北部平原的众多印第安群落使用该捕猎机关的情况。这种悬崖被使用的时间竟然长达5600—5800年，无疑表明了有深厚的地理和科学知识体系在发挥作用。夏威夷本土学者乔纳·拉阿卡普·伦查科通过分析公开出版的档案报纸，并与本土科学家密切合作，揭示出夏威夷人是如何认识周遭的科学、地理和历史世界的，而这些内容通过“梅拉”❸ 或吟唱得以传承。查尔斯·C.曼恩在其《1491：前哥伦布时代美洲启示录》❹ 一书中，综合了来自原住民社群、流行病学家、人类学家、考古学家、历史学家和法学家的大量研究，力图还原哥伦布及其船队抵达加勒比海之前西半球人们的生活状况。⑤

此类研究的大部分成果，出版于20世纪80年代末到21世纪的前20年间。实际上，以美国为例，早在19世纪末20世纪初，美国政府就开始聘请民族学家开展此类研究，那为什么要用这么久的时间这些成果才得以出版呢？根本原因在于，学者们自己提出的关于人们是如何结合所处时空认识自身的种种假设，似乎恰恰成了他们的研究盲点。例如，巴索认为，之所以缺少对场所的关注，是因为非本土作者并没有把场所作为历史知识、科学知识以及解释社群内部和社群之间关系

---

❷ 北美印第安人的一个分支。

❸ *mele*，夏威夷一种传统歌曲形式。

❹ 该书中译本由中信出版社2014年出版。

⑤ KuuNUx TeeRIt Kroupa, “Education as Arikara Spiritual Renewal and Cultural Evolution,” *History of Education Quarterly* 54, no. 3 (August 1, 2014): 303-322, doi: 10.1111/hoeq.12069; Brink, *Imagining Head-Smashed-In*, 19; Jonah La'akapu Lenchanko, “Kūkaniloko: A Hālau of Ākeaakamai of Kāne,” M. A. thesis, University of Hawai'i at Manoa, 2015, http://search.proquest.com.weblib.lib.umt.edu:8080/docview/1712662588/abstract/6593414940184A10PQ/1; David J. Meltzer, *First Peoples in a New World: Colonizing Ice Age America* (Berkeley: University of California Press, 2009), 231; Mann, *1491*.

的基础，而只是将其作为一个孤立甚至浪漫的个人沉思之所。为此，他建议学者们要通过提出这样一个问题来展开对原住民社群的研究："为什么所有个体必须相信他们自己及其周围环境，才能让他们的隐喻（或故事）'起作用'?"还有，人们是如何在彼此间分享和传播那些信仰和认识，以维护其知识体系和世界观的？正如考古学家戴维·J.梅尔策所说，不管怎样，"学问是累积起来的，最终可以延续若干代人，即便在完全依赖记忆和口头方式来传递知识的群体中也是如此"⑥。对这种研究而言，场所恰是研究的起点。

作为知识宝库的场所

135 很多以欧洲为中心的教育史，常把学校作为知识的场地进行发掘，与此不同的是，许多原住民族的教育史，发端于他们所处的场所，是关于这个场所的教育史，并且借由这个场所来得以体现。对很多民族而言，场所解释了他们的起源，以及他们作为一个社群是如何发展起来的；场所就是其价值观和共同身份的提示，因为在历史长河中是场所把这些人绑定在同一个共享空间里。场所也是一种证据，证明这些民族的祖先们非常关心后辈的学习：他们不厌其详地给分散各处的地标郑重命名，使后人在想象这些场所曾发生何事时，能够身临其境般地回忆相关事件。换句话说，对那些有心追求知识和智慧的人而言，场所就是知识的宝库和智慧的源泉。⑦ 从根本上讲，很多原住民社区所在之地，就是营养和药物的供应者，也是知识和道德的提供者。这就

---

⑥ Basso, *Wisdom Sits in Places*, 68, 106, 109; Meltzer, *First Peoples in a New World*, 231.

⑦ Basso, *Wisdom Sits in Places*, 127, 145-146; Deloria, *God Is Red*, 72-73, 122; Lenchanko, "Kūkaniloko"; Manuali Aluli Meyer, "Indigenous and Authentic," in *Handbook of Critical and Indigenous Methodologies*, ed. Norman K. Denzin, Yvonna S. Lincoln, and Linda Tuhiwai Smith (Thousand Oaks, CA: Sage, 2008), 217-232.

意味着，有关场所及其与人类社群之间关系的故事，都是知识的证据。

一个名为“田鼠医生”的故事就是这样的一个例子，故事来自于伊斯勒塔的普韦布洛印第安人，地点位于新墨西哥州阿尔伯克基附近的里奥格兰德河谷北部。19世纪末20世纪初的作家和冒险家查尔斯·拉米斯复述的这个关于田鼠医生的故事，是伊斯勒塔村普韦布洛族老人们在冬季月份里讲给孩子们听的。故事里有一只无赖形象的郊狼，他通过自己碰到的种种倒霉事件，以及帮助其他生灵的过程来传递各种知识。在“田鼠医生”中，神仙们差遣郊狼把一个袋子送到南方的“白云之巅”，要求他在任何情况下都不能打开袋子。但郊狼却没有忍住。在旅途中，郊狼肚子饿得咕咕叫，但又找不到任何东西吃，所以他偷偷打开了袋子。可袋子里装的却并不是什么食物，而是一袋子星星，袋子一松开，星星就一颗一颗地飞上了天空。作为对其恶行的惩罚，郊狼染上了让他痛不欲生的牙痛，受到“永远上蹿下跳，牙齿痛到嚎叫，得不到片刻休息”的诅咒。这种情况持续了很长时间，在此期间其他试图帮助郊狼解决问题的动物也会牙痛。牙痛成了一场瘟疫，土拨鼠首先向田鼠寻求帮助，后来四足动物的头领美洲狮也来向田鼠求助。田鼠同意了，他把以前仔细采来并收集到一起的灌木根，做成了一种膏药来治疗郊狼和其他动物。结果治疗很有效，田鼠被动物们尊为医生，从此便受到他们的保护。田鼠最后还把他的医疗知识分享给了人类，让他们学会了如何使用草药。

田鼠医生的故事从几个重要方面证明了知识的存在。第一，这个故事说明了如果一个人不听从最有学问的人的指示会发生什么。郊狼就是一个反面例子，其行为造成的恶果影响到了整个群落。第二，这个故事强调了人如何才能从其他人身上吸取某种教训。土拨鼠、美洲狮、郊狼以及最后的人，都是从田鼠那里学会了治疗牙痛的方法。第三，根据拉米斯的说法，伊斯勒塔的长者认为“田鼠医生”的故事非常古老，据他们所知，是这个世界很早就有的故事。这就意味着，这

个故事在被一代又一代的人分享，凸显了其在伊斯勒塔社区中的重要
136 性。第四，故事里关于白云之巅、灌木丛、动物之间关系以及传染病如何传播的具体信息，传递出某个场所是如何作为知识宝库的证据：它既是知识的滋养宝库，又是了解和尊重这种知识的本民族人们的导向标识机制。[8]

原住民社群、人类学家、考古学家和民俗学家以及其他人，已经解释了在知识形成——有时还只是字面上的构建——的过程中，场所是如何成为人们学习历史、地理、医学、农业和建筑的基础的。梅尔策写到，不同群体的人通过直接体验来了解自己家园的景观或所处的场地，首先就要了解这个地方的大致轮廓，然后再具体了解数百年来有关资源、气候和面貌的详细信息。北美平原上星罗分布的“野牛跳”清晰地表明了这一点。考古学家曾与原住民社群合作研究过一个叫“野牛涧”的地方（位于现加拿大阿尔伯塔省南部）。有考古证据表明，这种“野牛跳”的特殊机关，在 19 世纪早期马匹被引入狩猎之前，已经存续了约 5600 年。悬崖和起伏的丘陵地形是设置“野牛跳”的基础，这里长满不同种类的牧草，吸引了野牛群来到被草遮掩的悬崖上；在秋季及初冬季节，平原上的很多印第安部落会驱赶牛群（大部分是母牛和小牛）来到这里。人们用石头标记好驱赶野牛的巷道，并用稻草人加以强化，由此引导那些被挑中的牛群朝悬崖方向跑去。同时，人们还会伪装成野牛幼崽和狼群，随着野牛群一同奔跑，营造出了一种牛群边界的假象。

---

⑧ Charles F. Lummis, "Doctor Field-Mouse," *St. Nicholas: An Illustrated Magazine for Young Folks*, 1894. For additional examples of how indigenous communities used their extensive knowledge of place in surviving European colonization, see Andrew Cowell and Paul Moss, eds., *Hinono'einoo 3itoono: Arapaho Historical Traditions, Told by Paul Moss* (Winnipeg: University of Manitoba Press, 2001); Rebecca Solnit, *River of Shadows: Eadweard Muybridge and the Technological Wild West* (New York: Penguin Books, 2003), 103-113.

为了完成一次狩猎并加工100多头野牛的壮举，人们要掌握的知识必定是深刻而广博的。他们不仅要知道野牛吃什么以及火在食物加工中的作用，还要知道野牛在不同季节的生长变化状况，这些动物是如何社交的，它们是如何感知地形的，它们的弱点是什么，习惯什么，擅长什么，惧怕什么。人们必须知道以及鉴别哪些动物在哪个季节、哪个生命周期的特定阶段最富有营养。同样，人们也必须知道如何应对这些先剧烈奔跑、然后突然坠崖殒命的数量多、体型大的动物。最后，人们还必须知道如何快速地处理和运输数十上百只动物的尸体。这些经年累月积累起来的知识，现在被认为在很大程度上是符合科学的。这些知识通过日常生活和季节性实践，在社群内部一代又一代得以传播，这些实践既强化了野牛所具有的日常生活意义，也强化了本民族对于野牛的精神崇敬。正如布林克所写到的，人类的“智力、狡黠以及他们的观察和学习的能力”，即使在恶劣的气候条件下，也是他们赖以创造舒适而有意义的生活环境的手段。⑨

并非只有北美平原上的各民族才创造性地改变了他们的环境，北美洲、中美洲和南美洲的原住民社群也对其环境进行了改造。他们的建筑就是其世代积累传承的知识的一种证明。许多社群根据他们对所住地方的了解，形成了独特的住房结构和村庄布局。例如，那些随季节迁徙的社群，既有沿海的夏季村庄，也有内陆的冬季村庄，他们通常会发展出可移动的住房结构，如称作“tipi”的圆锥形帐篷和称作“wigwam”的棚屋。非原住民往往会对这些住房的便携性产生误读，认为它在体现原始风格同时，也是缺乏成熟科学技术的明证，并不认为它是人们从科学和地理角度对所处场所有所认识之后做出的精细调整。那些实行固定农耕的社群，通常会建造永久性房屋和具有稳定空

---

⑨ Brink, *Imagining Head-Smashed-In*, 12-19, 32, 37-39, 40-42, 60-70, 86-89, 103-178, 179-194; Meltzer, *First Peoples in a New World*, 231.

137 间的社区。这样的例子包括北美洲密西西比河沿岸的卡霍基亚城，奥格兰德河北部普韦布洛印第安人的众多社群，中美洲玛雅人的城市和古迹，以及南美洲安第斯山脉用砖铺道路彼此连接的印加人的城市。在特定的环境里，在困难的地点，通过营造建筑环境从而形成知识，这方面的证据可从上述定居性社区中获取。换句话说，卡霍基亚人、普韦布洛印第安人、玛雅人和印加人的城市，采用了克服环境限制甚至改造环境的设计尝试。

卡霍基亚人和玛雅人的城市都是原住民大都市的典范，这些城市的建设者对城市周边的自然环境已经进行了改造。以卡霍基亚城为例，这座位于现在美国圣路易斯市附近的名城存续于950—1250年间，城市的人让卡霍基亚溪改道，并且通过交错铺设砂层和土壤层，形成地基来稳定该城下方膨胀黏土的湿度。对卡霍基亚溪进行改道，为种植玉米提供了丰富的可耕地，同时也提供了可靠的淡水源。但由于伐移了树木及其根系，这种做法也对密西西比河及其附近支流沿岸的底部土层造成了破坏（因为这些树木和根系起到了固定河流漫滩土壤的作用）。当该城市的人口增长到大约1.5万人后，虽然玉米地年年有收成，但森林却失去了再生能力。暴雨最终淹没了卡霍基亚城周围的玉米地，燃料短缺，由此造成严重的问题。加之13世纪初的一场大地震将卡霍基亚夷为了平地（大约在1811年一场类似的大地震竟然使密西西比河谷发生了位移），彻底摧毁了这座城市。在关注卡霍基亚城兴衰的同时，查尔斯·C.曼恩还特别强调东部的原住民族是如何从卡霍基亚人过度种植的错误中吸取教训的：人们将一些林地用于种植玉米时，也建起了果园，种植山核桃、栗子、核桃、碧根果、榛子及其他树木，这样既可以稳固土壤，又可以为社群提供食物来源。

中美洲的玛雅人、奥格兰德河北部的普韦布洛印第安人和南美洲安第斯山脉的印加人，也改变了他们社群居住地原本的环境基础。对玛雅人而言，他们居住地下面的基岩本身是不可靠的。尤卡坦半岛由石灰岩（而非花岗岩或玄武岩）构成，这给生活在这个半岛上的人们带来了问题：他们需要从一个看不见的、骨质化的地下格栅里汲取淡水。为了解决这个问题，玛雅人建造了由石灰石碎石堆积而成的“陆地岛”，有效防止了雨水迅速流入地下的石灰石格栅。这些“陆地岛”上面建有花园或者叫作“milpas”的小型农田，起到了让土壤逐渐变得肥沃的作用。同样，玛雅人社群还建造了水库来储存淡水，通过广泛分布的灌溉渠和水沟输送到各处。除了复杂巧妙的工程系统和农业体系，玛雅人还建造了梦幻般的建筑、紧密相连的堤道以及纪念碑和球场。这些都表明，他们已经很好掌握了规划此类工程所需的数学知识，并具备了完成这些所需的社会和政治组织。可追溯到公元前 1800 年的玛雅文明所建造的基础设施，时至今日人们仍会发现，无论是其见识还是稳定性都令人叹为观止。[10] 很明显，玛雅人不仅了解他们家乡在地质上的限制条件，而且还找到了减少这些限制的办法。在这个过程中，他们逐渐形成了知识的复杂形式。

和玛雅人一样，普韦布洛印第安人和印加人也建造了独特的房屋和公共空间，同时，他们还形成了多种在干旱环境中种植作物的灌溉方法。普韦布洛印第安人的村庄都沿奥格兰德河而建，由独特的多层土坯房围隔出多个中央广场或多条街道。与村庄毗邻的是东部普韦布 138
洛人村落群所种植的农田，这些农田与奥格兰德河垂直并向远方延伸，其间灌溉沟渠纵横交叉。相反，在西部的普韦布洛人村落群，人们则习惯采用无灌溉的旱作农业，他们在沙漠里最适宜的地方种植作物，即使地点非常遥远。例如，霍皮族[5]的男人经常每天要跑上 100 英里去照料庄稼。在普韦布洛印第安人的许多村庄里，无论男女都要参与建造房屋，妇女们每年都要重新粉刷房屋，而男人们则要负责维护本村

---

⑩　Mann, *1491*, 295-304, 310-311.

❺　普韦布洛印第安人最西部的部落，居住在亚利桑那东北部、纳瓦霍保留地中部和彩绘沙漠边缘。

的灌溉渠。与北美洲的普韦布洛印第安人相似，印加人也创建了一个由城市、道路和农业梯田组成的广泛网络。他们建造了模块化的多层房屋，这些房屋用黏土砖作为外立面。但事实上，印加人的住宅由于反射穿过山顶和山谷的光线而呈现出耀眼的白色色调。许多印加人的社群用精确切割的石头砌成巨大城墙，将他们的城市包围起来。印加人的城市，就像印第安人的阿科马村❻一样，都建在方山或山丘的顶部，以便形成战略防御的阵地，那么，这就意味着人们必须把水、食物和其他补给运到人口居住地的中心。除了令人惊叹的城市外，印加人还建造了令人印象深刻的寺庙。在描述秘鲁的查文德万塔尔神庙时，查尔斯·C.曼恩指出，寺庙的建筑师们创造了“一种包含通风口和通道的隐蔽网络”。通过这个网络，当神庙的游客通过狭窄的走廊来到有点燃的火炬、屋顶很高的房间（每个房间都有一座石雕神像）时，都可以听到由僧侣发出的任何细微的声音。这座庙宇和其他庙宇的建筑，为僧侣和信徒们获得充分的感官体验创造了条件。经过建设的印加人的居住环境和周围景观，其意义深刻且影响久远，形成了一种对于生活在其中的人们具有重要意义的地理环境。⑪

将地形转变为充满意义的地理环境，是整个西半球和太平洋地区原住民在不断学习的一个标志。从安第斯山脉到夏威夷再到北美洲，

---

❻ 美国新墨西哥州西部普韦布洛印第安人村庄，位于阿布奎基西部的印第安人保留区。

⑪ Edward P. Dozier, *Hano: A Tewa Indian Community in Arizona* (New York: Holt, Rinehart and Winston, 1966), 127-132; Matthew Sakiestewa Gilbert, *Education beyond the Mesas: Hopi Students at Sherman Institute, 1902-1929* (Lincoln: University of Nebraska Press, 2010), 109; Adrea Lawrence, *Lessons from an Indian Day School: Negotiating Colonization in Northern New Mexico, 1902-1907* (Lawrence: University Press of Kansas, 2011), 27-28; Peter Nabokov and Robert Easton, *Native American Architecture* (New York: Oxford University Press, 1989), 367-409; Albert Yava, "We Want to Tell You Something," in *Native American Testimony: A Chronicle of Indian-White Relations from Prophecy to the Present, 1492-2000*, ed. Peter Nabokov (New York: Penguin Books, 1999), 246-252; Mann, *1491*, 258, 273.

"场所"都是过去和现在的基础特征。场所，或者说人们认为具有重要意义的地点的独特地理和生态，已然承担了教师的职能，成为创造意义的源泉。巴索在他关于亚利桑那州白山阿帕奇人[7]的著作中提到，经过命名的地点，都曾发生过重要事件，有可供吸收的经验教训。场所是这些事件和经验教训的宝库，是本民族历史的永久提醒，是与居住在那里的民族的一种对话方式。在那些发生过学习事件的场所，先祖们是所发生故事的最初学习者，而这些场所的命名，对先祖们来说是一种速记形式，同时也是先祖们的一种识别方式。[12] 来源于这片土地的故事，可以解释本民族是如何形成发展的，也可以说明他们是如何从因不当或不道德行为而导致的错误中学习的。

借助"梅拉"（或吟唱）以及皮科石[8]，乔纳・拉阿卡普・伦查科对于瓦胡岛在夏威夷群岛中的位置有了重新的认识。皮科石被置于瓦胡岛地理中心，是夏威夷"阿莱伊"[9] 出生地的标志。在瓦胡岛一处名为库卡尼洛科[10]的场所，皮科石阵（将脐带石置于中心摆成的阵列）通过定位环绕该岛的陆地、星辰和海洋，将所有夏威夷土著居民与该岛及其历史联系在了一起。库卡尼洛科是瓦胡岛的地理中心，因而它成为数世纪以来居于此处之人的精神中心。那些皮科石按四个基本方向各自对齐摆列，这也使得库卡尼洛科成为瓦胡岛周围地理方向定位的中心点。同样，它还是观测天体及其运动的中心位置。那些受过这方面知识培训的夏威夷学者，都了解这一陆地和天体知识，并且懂得皮科石所具有的历史意义。这些石头不仅减轻了"阿莱伊"出生时的痛

---

[7] 美国亚利桑那州中部的一个印第安原住民族。

[12] Basso, *Wisdom Sits in Places*, 5-6, 23-24, 29-30, 47.

[8] *Piko*，字面意思为"脐带石"，历史上一些夏威夷贵族家庭会找适宜的玄武岩石，在上面挖刻小洞，用来放置婴儿脐带，意在确保婴儿长寿。

[9] *ali'i*，即贵族，是夏威夷古代社会世袭贵族的专门称谓，被认为是神的后裔。

[10] 以夏威夷历史上一位著名女首领名字命名的地方。

苦，而且还帮助夏威夷的学者们掌握了月球运行的周期，并由此来规
139 划季节性仪式，形成在海洋上寻路的科学。去认识这一科学知识，并了解它是如何定位库卡尼洛科这一特定场所的，有助于学者深入理解这一民族，在历史长河中，是他们发现并运用了上述知识。⑬

对西半球和太平洋地区的许多原住民族来说，场所就是一种文本，提醒人们关注他们的先辈，以及可以从他们那里学到的科学与道德方面的经验教训。对这些场所的学习，成为一种跨学科、分层次的课程体系。正如白山阿帕奇部落的长老达德利·帕特森对巴索所言：

> 智慧寓于各个场所之中。它就像水永不干涸。你要喝水以维生，不是吗？那你也就需要从场所中汲取智慧。你须牢记所有与之有关之事；须知其名；须牢记许久以前该场所发生之事；须思虑之，不停揣摩之。由是，你的头脑便会愈发灵光；能知险于未生；将行稳致远，寿享绵长；明智博学，受人尊重。⑭

这样，你就成了有教养的人。

学习农艺学与创造农业形态

或许对于西半球和太平洋的原住民，特别是北美洲原住民的最大误解之一，就是认为他们主要是狩猎—采集者，不具备关于他们所居之地的科学知识，其社会政治根本谈不上复杂性，从根本上讲就是“原始的”社群。简言之，这些误解就是对原住民的错误观念。只要看

---

⑬ Malcolm Nāea Chun, *A ʻo Educational Traditions*, Ka Wana Series (Honolulu: Curriculum Research & Development Group, University of Hawaiʻi, 2006); Lenchanko, “Kūkaniloko”; Meltzer, *First Peoples in a New World*, 223.

⑭ Basso, *Wisdom Sits in Places*, 127.

看西半球农业发展的情况，事情就特别清楚明了。事实上，现今美国大陆近 70%的土地都以某种形式用于了农业。鉴于许多主要作物，如玉米、豆类、南瓜、可可、西红柿和土豆都起源于西半球，人们不应对这里有分布广泛的农业感到惊讶；而且有清晰的证据表明，这里的人们拥有涉及遗传学、气候、生态学、地理、园艺和资源管理的丰富知识。与这种先进的科学知识同时存在的，还有有利于思想交流和商业活动的广泛网络体系，以及种类繁多、彼此之间差别微妙的文化形式和礼仪习俗。也许最能够清楚证明这种知识存在的农作物就是玉米了。

玉米过去是、现在也依然是整个西半球的基础农作物。就是说，它分布广泛，品种繁多，人们已经针对其特性与相应的气候条件有了非常周到的安排。它存在于许多文明的饮食和礼仪惯例之中。玉米也是一种似乎具有神奇特质的作物：它不能自我繁殖，因此必然是由人创造出来的，或是像很多原住民社群所信仰的那样，它必然是由神明创造出来的，神明们将这种作物及其生长、照护和用途方面的知识分享给了人类。[15] 人们对玉米的精心培育、种植，为几千年美洲文明的发展奠定了基础。

历史学家和人类学家库努克斯·提里特·克洛帕，以阿里卡拉印 140
第安人从现在的墨西哥湾周围地区向密苏里河上游迁徙的故事作为开始，讲述了在该社群北上并最终找到及供其繁衍生息之地的过程中，“玉米母亲”所起到的重要作用。玉米母亲被认为是神的存在，她通过向阿里卡拉人展示如何选种、种植、照护、收获以及表达对玉米的尊重，帮助他们由一群流浪者转而发展成为一个繁荣兴旺的社群。当阿里卡拉人沿着密苏里河向上游迁徙后，他们逐渐蓬勃发展起来，创建了一个拥有高度发达的礼仪和商业形式的富裕社会，而这个社会的基

---

⑮ Mann, *1491*, 220-223, 367.

础正是玉米种植。玉米的种植，核心力量是妇女，她们是基因工程师、园丁，以及当之无愧的种植玉米的教师。事实上，妇女们正是玉米母亲的化身。当她们在种植自己的作物时，就会像玉米母亲一样教育自己的女儿和侄女，不仅告诉她们玉米的科学特性和营养特性，还会教给她们玉米的精神起源及其与本社群历史的关系。阿里卡拉人还会通过讲述社群的创世故事、周而复始的典礼及其相应的仪式，并通过歌谣等进一步强化这些内容。

曼丹人和希达察人[11]是阿里卡拉人沿密苏里河往北上溯的邻居，他们同样围绕着玉米种植形成并发展了自己的文化和商业习俗。与阿里卡拉人非常相似，曼丹人和希达察人也建立了巨大的粮食储藏库，他们利用这些储藏库扩大和巩固了遍及北美北部平原直到现加拿大境内的广泛贸易网络。与阿里卡拉人一样，曼丹人和希达察人的妇女基本上也是农民和基因工程师，她们种植的农作物都是一些营养丰富且非常适合当地恶劣气候的品种。历史学家伊丽莎白·A. 芬恩指出，早在盎格鲁人普遍定居下来之前，曼丹人和希达察人就有了广泛分布的玉米仓库，从前有一个叫作“双渠”（位于现北达科他州首府俾斯麦市北部密苏里河北岸）的曼丹人城镇，其粮食储藏坑洞可以容纳 7 万蒲式耳玉米[12]，足够填满一个奥运会比赛标准泳池大小的空间。16 世纪曼丹人和希达察人的人口高峰期，在心河[13]和密苏里河交汇处附近，这种巨型粮库遍布了大约 20 个村庄，表明随着其贸易网络延伸至现今加利福尼亚州、俄勒冈州、墨西哥湾、奥格兰德河北部，以及整个加拿大内陆直至哈德逊湾，这两个社群的商业力量已然十分可观，堪比阿里卡拉人在南部地区的影响。与其南部毗邻的阿里卡拉人一样，曼丹人和希达察人也形成了一些用于强化自身认识和热爱玉米的仪式，最为著名

---

[11] 均为生活在北美平原的印第安原住民分支。

[12] 约合 1 778.07 吨玉米。

[13] 美国怀俄明州境内的一条河。

的就是奥基帕节，历史上该节日每年都要上演，为期四天。[16]

玉米逐渐遍布美洲各地，在这个过程中，人们使这种作物适应了各种不同的气候。当欧洲人第一次接触到北美洲和中美洲数量惊人的原住民社群时，他们首先注意到的一件事就是，这些原住民社群的基础食物是玉米，并辅以豆类和南瓜。美国医学博士 E. 刘易斯·斯特蒂文特研究玉米繁育史长达 30 余年，他利用当地资料以及欧洲探险家所写的笔记和日志，追踪了玉米的传播范围，并认定其为西半球本土农业社区当中最具基础性影响力的农作物。在这里，几乎所有的社群都有关于追溯玉米如何传入、他们又是如何学会种植玉米的传统故事。从本社群的仪式以及艺术作品所反映的内容都可以明显看出，自从东海岸开始，沿北美洲和中美洲的水系向南，然后再到南美洲整个印加帝国的所有地区，玉米的重要性都有所体现。位于今天美国西南部的一些社群，还为玉米和其他作物建设了经过精心设计的灌溉系统。例 141
如，奥格兰德河以东普韦布洛印第安人社群，就要求每一位成年男性成员都要依照村庄的农业日历，参与清洁和维护灌溉沟渠的劳动。为了尽可能多地培育品种丰富、最有营养的农作物，农作物的种植、培育和收获必须在准确的时间段进行，因此有必要拥有一种与季节过渡同步的清晰准确的日历。为了将这些规律性模式灌输到社群成员的观念当中，就需要建立与日历相一致的规律性仪式制度和首领更替制度。

玉米在整个美洲的传播，创建起了清晰的、可供代际间传播的知识体系，这个体系包含了基因工程、农学、仪式与艺术形式、商业与外交以及建筑的内容。并且，这种发展大部分都是以共生的方式取得

---

[16] Kroupa, "Education as Arikara Spiritual Renewal and Cultural Evolution," 306, 310-318; Elizabeth A. Fenn, *Encounters at the Heart of the World: A History of the Mandan People* (New York: Hill and Wang, 2014), 19, 25, 99-101 234. For equivalencies, see "The Measure of Things," *Bluebulb Projects*, accessed November 21, 2016, http://www.bluebulb-projects.com/MeasureOfThings/default.php.

的。在北美洲，许多种植玉米的原住民社群在种植玉米的同时，都会种植其他伴生植物。环境史学家威廉·克罗农曾写道："在习惯于单品种栽培农田的欧洲人看来，这里的农业并非一种非常有序的农业。玉米秆成了豆类植物的爬藤支杆，南瓜的卷须杂乱地延伸到各处，整个农田的表面被密集的食用植物乱七八糟地覆盖着。"但这种三种农作物的配套种植，却遍布整个美洲。在北美洲的密苏里河上游，各社群还将向日葵添加到了混合种植当中；在现在的美国西南部和中美洲，西瓜、西红柿和辣椒以及其他植物也可能被添加到园圃当中，形成被称为"milpas"的传统小型农田。[17] 这种配套种植的方法被用来加固土壤。同样，他们还善于用火来改善土壤。

从北美洲的东北海岸，到整个北美大陆的内陆，再到南美洲的亚马孙河流域，火及其产生的木炭为土壤添加了有机化合物，提高了各原住民族种植农作物的产量。不同的原住民社群会规律性地利用火来创造理想的狩猎栖息地、清理农田和修建果园，在哈德逊河谷沿岸及北部平原的荷兰和英国殖民者们都曾经对此有过议论。令欧洲殖民者们感到害怕和不解的是，大量的原住民社群在他们来到这里之前，就已经懂得智慧用火的方式。这种用火方式利于创建猎物容易自投罗网

---

⑰ William Cronon, *Changes in the Land: Indians, Colonists, and the Ecology of New England*, revised edition(New York: Hill and Wang, 2003), 34-35, 43-46; Fenn, *Encounters at the Heart of the World*, 62-63; E. Lewis Sturtevant, "Indian Corn and the Indian," *American Naturalist* 19, no. 3(March 1, 1885): 225-234; C. S. Plumb, "Edward Lewis Sturtevant: A Biographical Sketch," *Missouri Botanical Garden Annual Report* (1899): 71-84, doi: 10.2307/2992167; Edward P. Dozier, *The Pueblo Indians of North America* (New York: Holt, Rinehart and Winston, 1970), 127-129; A. Ortiz, *The Tewa World: Space, Time, Being, and Becoming in a Pueblo Society* (Chicago,: University of Chicago Press, 1969), 32-34, 89-90, 106, 165-166n4; Joe S. Sando, *Pueblo Nations: Eight Centuries of Pueblo Indian History* (Santa Fe, NM: Clear Light, 1992), 23-25, 35-37, 43; Gilbert L. Wilson, trans., *Buffalo Bird Woman's Garden* (St. Paul: Minnesota Historical Society Press, 1987); Mann, *1491*, 225.

的环境，利于农作物生长，也有利于特定树木的生长。其中一个最有趣的例子是在亚马孙河流域发现的“黑土”。黑土是通过闷烧有机物并将其炭灰残渣混合到土壤中而形成的一种特殊土壤。这一过程不同于在割除和焚烧农作物后开出临时性农田（刀耕火种）的过程，因为用于烧制黑土的材料，其燃烧是不完全的，保留了材料本身和土壤当中的碳（没有被释放到空气中）。通过固定土壤中的碳，土壤的肥力至少可以提高一千年，甚至可能更久。在制造黑土过程中，原住民社群可以栽种培植果树林，这些果树能结出各式各样的食用水果；反过来，这种做法又似乎可以鼓励人们定居下来，所以使得像亚马孙流域这些地区成了人口非常密集的地方。例如，曼恩写到，在15世纪之前，就大约有20万—40万人生活在距离大西洋海岸350英里的圣塔伦高原一带。

火不仅被用来强化果园和庄稼的土壤肥力，还被用来创建野生动物保护区。整个北美的原住民社群，都利用火来创建可使人过上舒适、富足生活的生态环境。为了把野牛、麋鹿和鹿等大型猎物吸引到一个地方，人们烧掉了灌木丛，培育出植物生长茂盛、牧草味道甘甜的草场。克罗农曾写到，在东北林地[14]，原住民社群利用火在森林生态系统里培植出处于不同生长阶段的不同树林，仿佛一幅五彩斑斓的镶嵌图画，吸引特定的猎物前来自投罗网，同时还可以一并收获在他们种植的树木上结出的各种浆果和坚果。在整个美洲大陆，人们使用火的方 142
式都非常相似。但许多关于原住民在生态建设中利用火的知识，都被人视为愚昧落后而鄙弃一旁，让其笼罩在殖民者的阴影之下。但是，近年来人们利用沉积物层进行的林业研究，以及利用欧洲人在17世纪产生的档案资料所进行的史学研究，揭示出原住民社群有关如何形成其可耕种、可狩猎环境的知识是非常系统的。这表明人们对场所有细

[14] 从北美大西洋沿岸一直延伸到大平原东部，大致包括今北美中大西洋各州。

致入微的认识，包括气候、植物群和动物群。[18]

知识的记录

随着原住民社群培育出了自己的知识体系，他们也形成了不同的代际分享知识的方式。从讲述不同玛雅人首领和各社群历史的玛雅刻字石碑，必须视觉触觉兼用才能阅读的印加人“奇普”[15]，以及夏威夷人的“梅拉”，到地名、口头传说以及更具有普遍性的仪式，通过这些，知识和教育都被系统地转化成为文本形式，而这些文本形式却在之前的数个世纪里，一直没有为西半球和太平洋地区以外的人们所了解。部分的文本类型，如关于地名、口头传说和梅拉的文本，在其家乡社区都已经可以被看到；但其他类型的文本，如玛雅人的法典和石碑，到了20世纪后期才被破译；还有像印加人的“奇普”那种类型的文本，至今都还没有被翻译成可读的文本。

以其巨大的金字塔、石砌建筑和球场而闻名的玛雅人，创造了一种视野开阔的、永久性的建筑环境。这种环境见证了他们在经历集权和分权的左右摇摆后，社会政治的日臻成熟；见证了他们为思想交流、商品与技术贸易所建立的网络，以及他们关于时间、计时和书写的复杂概念。正是这种建筑环境，展示了玛雅人在长达约2700年（兴起于公元前1800年至公元前1600年，公元900年开始衰落）的历史长河里，其数学、科学、园艺和社会政治方面的知识状况，展现了被记载

---

⑱ Cronon, *Changes in the Land*, 48-53; Mann, *1491*, 283-287, 355-359; C. Steiner, W. G. Teixeira, W. I. Woods, W. Zech, "Indigenous Knowledge about Terra Preta Formation," in *Amazonian Dark Earths: Explorations in Space and Time*, ed. W. I. Woods (Berlin: Springer Science + Business Media, 2004), 193-204.

⑮ *khipu*，古代印加人的一种结绳记事的方法，由许多颜色的绳结编成，用来计数或者记录历史。这种结绳记事方法已经失传，目前还没有人能够了解其全部含义。

在法典和石碑上的各个玛雅人社群的历史，还包含了从公元前 400 年开始陆续修建的各种建筑和纪念碑本身。公元 900 年左右，玛雅的卡拉克穆尔城和穆塔尔城进行了一场旷日持久的战争，随之遭遇了严重的干旱，居民遂离开城市，关于如何阅读、阐释法典和石碑文字的知识便随之消失。由象形文字组成的法典和石碑直到 20 世纪七八十年代时才被破译。这些文字反映了玛雅城市的丰富历史，揭示了包含神历（卓尔金历）、俗历和长纪历在内的三种相互关联的玛雅历法，另外还包含了数学的内容。由此，玛雅人记录了知识创造的过程本身。

和玛雅人一样，居住在北美平原上的原住民族也采用象形文字，通过自创的冬日记述法依照时间顺序来记录重要事件。每年冬天，印第安人中的拉科塔族、黑脚族、曼丹族、达科塔族和基奥瓦族都要在兽皮上进行素描或绘画，记录这一年中最重要的历史事件。这些绘画或素描形成的图像，为冬日记述法的发明者充当了记忆工具。作为本社群的历史学家，这个发明者能够为人们娓娓道来每年的故事，提供关于场所、其他自然现象（如流星雨）以及每个事件参与者的背景信息。粗略估计一下，如今仍然存在有 100 种冬日记述的形式，尽管其中有一些是重复的。夏威夷原住民同样也创造了自己的文本，他们通过 143
由社群成员表演“梅拉”来对本民族的知识进行编码。

乔纳·拉阿卡普·伦查科揭示了生活在瓦胡岛上的夏威夷人是如何通过他们的“梅拉”来认识周围的自然和人类世界的。伦查科通过与夏威夷当代本土科学家进行沟通，查阅考古学研究成果以及由夏威夷本土学者在 19 世纪创建的以档案记录为主要内容的报纸，并参考“梅拉”的内容诠释，证明了夏威夷人已有系统的科学知识。这种知识是建立在他们积累的关于岛屿和海洋的历史经验和日常经验基础之上的。“梅拉”有点像是对大体一致的事物进行的分层排序。它们不仅追溯了夏威夷人的祖先和神灵的历史，还记录了有关地质学、天体、时间、土地管理、水文学和远洋旅行的科学知识。要让人们学习加工浓缩于这些歌曲中的知识，还需要一种具体的、实质性的教育相配合。这种教育采用特殊的教学方法，包括观察、倾听、反思和提问，以确保学生们正确理解全部知识，并在其头脑中尊重有加地规范运用。[19] 学习就是一种展示专门知识形式和个人成长过程的表演。

同样，其他不同类型的表演也起到了传递知识的作用。对于居住在密苏里河和心河上游沿岸、现在北达科他州平原地区的曼丹人来说，每年夏天举行的奥基帕仪式，主要是讲述本社群的历史，确认社群在世间的地位，并重申奥基帕造物主[16]对曼丹村庄所承担的义务，造物主本身就是村庄的组成部分。为期四天的仪式需要一年的准备工作，接下来人们就会迎来一场有具体顺序安排的反映社群历史的表演。一开始是召唤年轻人们来参加仪式，然后到了第四天仪式快结束时，会让几位年轻人强忍身体上的痛苦进行一番令人筋疲力尽的表演：他们的身体被悬挂在一个土屋的横梁上，胸前被割开一圈皮，他们的背部、手臂和腿部也被割开类似的皮圈，然后把野牛的头骨悬挂在上面。这样的仪式每年都要举行，社群的每个成员都要参与其中，充当不同的角色。当这个民族将他们对社群历史的理解以及对其价值观和期望的承诺表演出来时，所有个体就与整个社群一起构建起了一种包含知识、共享的本地体验，以及包含将人们紧密联结的共享情感与身体体验在内的集体教育文本。民族志学家戴维·德尔加多·肖特将其称为“按

---

⑲ Mann, *1491*, 280, 316; Dennis Tedlock, trans., *Popol Vuh: The Definitive Edition of the Mayan Book of the Dawn of Life and the Glories of Gods and Kings* (New York: Touchstone, 1996); Smithsonian National Museum of Natural History and National Anthropological Archives, "Lakota Winter Counts: An Online Exhibit," n. d., https://americanindian.si.edu/exhibitions/horsenation/wintercount.html; Tanis Thorne, "Anderson Wintercount," accessed December 7, 2016, http://faculty.humanities.uci.edu/tcthorne/wintercount/; Chun, *A'o Educational Traditions*; Lenchanko, "Kūkaniloko."

⓰ 又称“孤独者”，被曼丹人视为他们的造物主，是奥基帕节日表演仪式上的主要角色之一。

仪式表演出的知识”，这种知识在美洲许多原住民社群都很常见，它实际上是一种历史话语形态，遵循空间轮廓和表演形式，历经代际坚守，创作出可供阅读和诠释的文本。正如克洛帕所说，一个原住民社群在教育方面卓有建树最有力的标志之一，就是它的仪式，以及这种仪式投射、增强直至确认本社群世界观的能力。

因此，仪式和场所一起，成为有教育意义的记忆提醒者和阐释者，帮助记忆和解释历史以及其中的人类、神明和动物角色。和仪式上的表演一样，场所营造也是一种铭文，尽管它不一定是以书写形式出现的。那些从营造场所的行为中浮现而出的故事，以及对一个场所外部特征的描述（这种描述能够引出此处曾经发生过的故事及随后而来的学习活动），对于命名该场所的社群来说，是他们所认同的历史感和道德准则的证据。场所营造是当代人想象自己回到或是将自己“置身”于过去的一种方式，当他们对事情发生之地进行想象时，也就能够领会事情是如何发生的了。如果场所的名称不再能够反映其外部特征， 144
那么，场所营造则同样会提醒人们，通过景观和天气模式的变化去注意该场所随时间流逝而发生的变化。营造场所就是创作历史，营造场所就会产生学习。[20]

研究方向

早在15世纪和16世纪，在欧洲人开始大规模殖民之前，西半球和太平洋地区就已出现了不少人口众多、教育发达的地方。这个世界里有多种多样的生活方式、认识方式，以及改造和解读这个世界的方式。

---

⑳ Fenn, *Encounters at the Heart of the World*, 100-101, 120-130; David Delgado Shorter, *We Will Dance Our Truth: Yaqui History in Yoeme Performances* (Lincoln: University of Nebraska Press, 2009), 207; Kroupa, “Education as Arikara Spiritual Renewal and Cultural Evolution,” 315-318; Basso, *Wisdom Sits in Places*, 4-7, 13.

本文所列举的例子只捕捉到了这种知识的片段，仅表明这种知识系统化的深度和广度。对于教育史学者来说，这样做可以提供一个被长达几个世纪的殖民过程所掩盖的机会。我们可以通过寻迹多种类型的教育证据，来研究历史上各民族的传统知识以及他们在教育领域所做的系统努力。这可能意味着，我们要了解某个地理区域内的土壤科学和林业，并将该研究与考古发现、口头传说、地名和档案资料进行三角分析比较，以便厘清居于此处之人是如何认识他们周围的世界并使其概念化的。从更为根本的层面讲，这就要求我们要认真对待这样一个前提，即教育的表现方式是极为多样的，甚至包括一些我们可能尚未认识到的方式。相应地，这就意味着，我们要把通过仪式、故事或歌曲表演出来的东西作为象形（文字）文本来进行考察。学习解释这类文本需要有好奇心和谦卑感，这种好奇心和谦卑感支撑着探究模式，而探究模式又包含了不同社区是如何认识他们周围的世界。佳作可期，我们也任重而道远。

推荐书目

Basso, Keith H. *Wisdom Sits in Places: Landscape and Language among the Western Apache*. Albuquerque: University of New Mexico Press, 1996.

Brink, Jack W. *Imagining Head-Smashed-In: Aboriginal Buffalo Hunting on the Northern Plains*. Edmonton, Alberta: Athabasca University Press, 2008.

Chun, Malcolm Nāea. *A'o Educational Traditions*. Ka Wana Series. Honolulu: Curriculum Research & Development Group, University of Hawai'i, 2006.

Cowell, Andrew, and Paul Moss, eds. *Hinono'einoo 3itoono: Arapaho Historical Traditions*, Told by Paul Moss. Winnipeg: University of Manitoba Press, 2001.

Deloria, Vine, Jr. *God Is Red : A Native View of Religion*. 2nd edition. Golden, CO: Fulcrum, 1992. Fenn, Elizabeth A. *Encounters at the Heart of the World : A History of the Mandan People*. New York: Hill and Wang, 2014.

Kroupa, KuuNUx TeeRIt. "Education as Arikara Spiritual Renewal and Cultural Evolution." *History of Education Quarterly* 54, no. 3 (August 1, 2014): 303-322. doi: 10.1111/hoeq.12069.

Lenchanko, Jonah La'akapu. "Kūkaniloko: A Hālau of Ākeaakamai of Kāne." M. A. thesis, University of Hawai'i at Manoa, 2015. http://search.proquest.com.weblib.lib.umt.edu:8080/docview/1712662588/abstract/6593414940184A10PQ/1.

Mahuika, Nēpia. "New Zealand History Is Māori History: Tikanga as the Ethical Foundation of Historical Scholarship in Aotearoa New Zealand." *New Zealand Journal of History* 49, no. 1 (April 2015): 5-30.

Mann, Charles C. *1491: New Revelations of the Americas before Columbus*. 2nd edition. New York: Vintage, 2011.

Nabokov, Peter, and Robert Easton. *Native American Architecture*. New York: Oxford University Press, 1989.

Shorter, David Delgado. *We Will Dance Our Truth : Yaqui History in Yoeme Performances*. Lincoln: University of Nebraska Press, 2009.

Tedlock, Dennis, trans. *Popol Vuh : The Definitive Edition of the Mayan Book of the Dawn of Life and the Glories of Gods and Kings*. New York: Touchstone, 1996.

Warren, Donald. "American Indian Histories as Education History." *History of Education Quarterly* 54, no. 3 (2014): 255-285.

Wilson, Gilbert L., trans. *Buffalo Bird Woman's Garden*. St. Paul: Minnesota Historical Society Press, 1987.

牛津世界
教育史手册

第3部分 国民教育制度的兴起

第 9 章　国民教育制度：欧洲

詹姆斯·C. 阿尔比塞蒂

比较一下 1815 年和 2015 年的欧洲地图，就可以非常清楚地看出， 149
所谓“旧世界”的欧洲绝非一个平稳之地。从 1859 年意大利王国的创立[1]到 1871 年德意志帝国的建立，这期间欧洲消失了一些国家，但也出现了更多的新国家。在北欧和西欧，比利时、卢森堡和挪威在 1831 年至 1905 年之间获得了独立，爱尔兰在第一次世界大战后也获得了独立。随着奥斯曼帝国逐渐失去对巴尔干半岛的控制，希腊、塞尔维亚、罗马尼亚、保加利亚和阿尔巴尼亚也在 1914 年前出现。战争造成了沙皇俄国和奥匈帝国的崩溃，使波兰在经历 125 年的分裂后再度统一，也导致了芬兰、波罗的海三国、捷克斯洛伐克、奥地利、匈牙利和南斯拉夫（以塞尔维亚为中心）的独立。第二次世界大战时纳粹重新划定欧洲版图的企图失败之后，波罗的海三国再度被纳入苏联，波兰向西推移，而德国陷入了分裂：1947 年盟军管制委员会解散了普鲁士这个领头的德国一州。在欧洲大陆的南部边缘，作为更广泛的去殖民化进程的一部分，马耳他和塞浦路斯在 20 世纪 60 年代获得了独立。1990 年前后苏联崩溃，波罗的海诸国重获独立，白俄罗斯、乌克兰以及格鲁吉亚和亚美尼亚等几个欧亚国家也再获自由。南斯拉夫解体后出现了 5 个国家。2014 年俄罗斯从乌克兰手中夺走了克里米亚，苏格兰也

[1] 指的是 1859 年爆发的意大利资产阶级民主革命。

就独立问题进行了公投，但遭到否决。鉴于这段国家出现和消失的复杂历史，如果说过去的两个世纪只有一种“欧洲”教育史，那就过于简单化了。

19 世纪的初等教育

在 1815 年以前，把教育视为“国民的”或一种“系统”来讨论是
150 没有意义的。西欧和中欧的教育机构，大多与天主教会有关，可以追溯到中世纪。宗教改革，以及各国语言圣经译本的出现，使一些地方对教育的兴趣大增；到 18 世纪，信奉新教的瑞典、苏格兰和德意志部分地区因其相对较高的识字率脱颖而出。不过，在反宗教改革运动中天主教教团得以兴起，其中最著名的是为男孩开设中等学校的耶稣会、开设精英女子学校的乌尔苏拉修女会以及负责初等教育的基督教兄弟会。但是，近似于国民学校“系统”的事物直到 19 世纪才开始出现，这时一定年龄段的孩子才被视为了“学龄儿童”。

让许多儿童去上学，是一个困难重重且充满争议的过程，更遑论让这些儿童长期定期上学了。那些自己没上过学的父母常常会质疑让其子女入学的必要性。即便父母愿意让孩子上学，在 19 世纪初，他们也可能无力支付许多初等学校的学费，或者说这些家长可能需要让孩子在田间或家中劳作，或者需要让孩子外出务工挣钱。农业生活的节奏往往限制了学年长度，或是让学生们总有一段较长的时间无法上学。

美国南部的许多种植园主认为，对他们的奴隶进行教育会有危险。与这种想法一样，许多欧洲的政治、社会和宗教精英也把大规模扫盲视为潜在威胁。法国大革命时期活跃的新闻界，以及伦敦通讯协会等一些当时的激进团体，向世人展示了对不适当之人进行教育所具有的危险性。对很多神职人员来说，即便是最初级的科学素养也会危及信仰。直到 1872 年，耶稣会开办的杂志《公教文明》还在辩称：“识文断

字对虔敬生活而言，无甚必要。”[①] 尽管人们普遍认为，普鲁士之所以能在1866年打败奥地利，在1870年打败法国，其初等教育居功甚伟，但19世纪六七十年代担任俄国教育部长的德米特里·托尔斯泰却仍强调，“教育的政治危险”多于“其政治用途”。直至日俄战争俄国战败及经历随后的革命之后，改革家谢尔盖·维特才发出断言，“教育激起了社会革命，而大众的无知葬送了战争”。[②]

面对反启蒙主义者，倡导推广教育之士很容易自视为参与了一场反抗无知和迷信的启蒙之战，特别是在前两西西里王国那样的地区，直到1861年，这里的绝大多数人还从未上过学。19世纪工人运动的领袖们当然更倾向于接受教育而非蒙昧无知，经由德国人威廉·李卜克内西而为人所知的著名口号“知识就是力量”，就很好地说明了这一点。

在20世纪前三分之二的时间里，即便大多数史学家会对某些课程或政策提出批评，但对于推广学校教育是有益之举这种普遍认识，他们还是倾向于持附和态度的。不过，自20世纪60年代末起，更具批判性的学者却将小学教育解释为规训青少年按部就班地生活、循规蹈矩、接受社会和政治秩序的手段。约翰逊·理查德在一篇有关英国工业化的经典论述中指出：“维多利亚时代早期，痴迷于对穷困之人进行教育，这种情况最好被理解为是对当局、权力和主张控制权（或再度主张控制权?）的关切。”[③] 强调社会控制有助于纠正对19世纪学校教育的过

---

① “Dell'istruzione primaria obbligatoria,”*Civiltà Cattolica* 8, no. 135(1872):7, cited in Simonetta Soldani,“The Conflict between Church and State in Italy on Primary Education in the Period Following Unification(1860-1877),” in *L'Offre d'École/The Supply of Schooling*, ed. Willem Frijhoff(Paris:Publications de la Sorbonne, 1983), 104.

② James C. McClelland, *Autocrats and Academics: Education, Culture, and Society in Tsarist Russia* (Chicago:University of Chicago Press, 1979), 26, 116.

③ Richard Johnson,“Educational Policy and Social Control in Early Victorian England,”*Past & Present* 49(1970):119.

度美化，即使在英国，许多工厂主也都反对让他们最年轻的雇工去接受学校的规训。

19 世纪的很长时间里，虽然在欧洲一些工业化程度较高的地区，简化的“政治经济学”课程开始在灌输服从、尊重社会地位现状方面
151 发挥作用，但在这方面宗教才是最主要的手段。最初，民族主义或爱国主义并没有承担什么角色。在对法国、德国、法国轮替治下的阿尔萨斯—洛林地区进行的一项颇为吸引人的研究中，斯蒂芬·哈普指出：“约在 1850 年之前，一所‘好’学校并不需要讲授本民族的语言、历史和地理，老师也不一定要讲本族语，更不需要扮演忠诚爱国者的角色。”[4] 但是到 1900 年左右就不是这样了；共和制的法国、君主制的德国和帝国主义的英国，无不强调爱国主义是凝聚社会、确保政治忠诚的工具。当然，在奥匈帝国这样的多民族国家，普及初等教育过程中使用少数民族的语言（如捷克语），起到的作用则是瓦解一种忠诚而树立另一种忠诚。

18 世纪中期，普鲁士和奥地利都已经出现了书面上的义务教育法令。新独立的希腊在 1834 年、保加利亚在 1879 年首部宪法中，也都提出要施行义务教育。不过事实上直到几十年之后这种期许才开始变为现实。其他国家把重点放在了要求达到一定规模的市镇需建立学校，但没有规定强制入学。如西班牙昙花一现的 1812 年宪法、法国 1833 年的《基佐法案》（针对男童）和 1850 年的《法鲁法案》（针对女童）、瑞典 1842 年通过的一部法案、皮埃蒙特 1857 年的《卡萨帝法案》（该法颁布后随即适用于意大利其他地区，不过在很多地方都只是一纸空文，持续了几十年的时间）等，上述法案都属于这种情况。即便是英国《1870 年教育法》❷，也只是关注到了英国国教和非国教徒在学校教育供

---

④ Stephen L. Harp, *Learning to Be Loyal : Primary Schooling and Nation Building in Alsace and Lorraine ,1850-1940*(DeKalb:Northern Illinois University Press,1998),206.

❷ 即 1870 年颁布的《初等教育法》，又称《福斯特法案》。

给方面的差异，而没有迫使家长送孩子去上学；10年之后才加入了强制性规定，比苏格兰晚了8年。爱尔兰则直到1927年才要求强制入学。

不管是不是义务教育，学校规定的上学时长差别都很大。19世纪50年代，巴伐利亚出现了一种异乎寻常的情况：信奉天主教的儿童要上6年学，到初领圣餐为止；新教教徒则要上7年，到举行坚振礼❸。苏格兰在1872年将农村教区学校吸收进公立系统，规定学龄为6岁至12岁，这与当时英国、法国、荷兰和德国的大多数学校类似。1857年在西班牙引入义务教育的《莫亚诺法》只规定了3岁至9岁的区间；意大利1877年的《科皮诺法》也是如此，不过在城市地区，可能会多上两年学。沙皇俄国从未实行全国性的义务教育；到19世纪60年代，城市学校一般为6年制，而分散在农村的学校只有3年，且入学年龄也不大一样，从8岁开始。到1911年，葡萄牙的义务教育年限只有3年。

1900年前后，欧洲各地的入学率和识字率差别很大，有些情况下同一个国家内部也是如此。在多数地方，女性的识字率都落后于男性，不过到了19世纪末20世纪初，普鲁士、苏格兰、英格兰和法国95%以上的女性都能阅读。在识字率和入学率方面，南部和东部地区都远远落后。⑤ 到第一次世界大战前夕，意大利北部的皮埃蒙特识字率已经接近90%，但南部的卡拉布里亚还仅仅徘徊在30%附近。据估计，当时的俄国儿童最多有一半上过学，但他们中的许多人连3年制课程也没有完成。在任何一个时间点，似乎只有约30%的适龄人口经历了学校教育。

19世纪初时，入学人数增加，加上教师短缺，以及用于培训和(或)雇用教师的资金不足，催生出了教学实验。基督教兄弟会使用手势和指令系统来管理大额班级。不过更常见的是贝尔—兰卡斯特制，

---

❸ 圣餐和坚振均为基督教的主要圣事礼仪。

⑤ See the excellent graphs in *David Vincent*, *The Rise of Mass Literacy*: *Reading and Writing in Modern Europe*(Cambridge, UK: Polity Press, 2000), 9-10.

或称“导生制”教学，即由一位成年人借助年长孩子指导年幼孩子来
152 管理大规模班级。事实证明，这种方法不仅在英国盛行，而且在爱尔兰（在基尔代尔协会建立的非教派学校中）、法国、西班牙、1830 年后的希腊以及独立前的保加利亚也流行了好几十年。马塞罗·卡鲁索最近的一项研究强调了致力于培育心灵而非单纯传授技能的德国教师如何对贝尔—兰卡斯特制表现出非常强烈的抵制。

教师数量的增加及对导生制教学结果的不满使其迅速衰落。从 19 世纪上半叶起，许多国家开始对教师进行培训和认证。在大多数地方，男教师的培训计划先于女教师，特别是在天主教地区，那里的修女开办了许多女子学校。然而，纵观欧洲，人们可以发现这样一个趋势，那就是初等教育中女教师的增长贯穿了整个 19 世纪。然而，正如笔者在 20 多年前指出的那样，历史学家们经常用非常相似的措辞来描述这个过程，如“产生了明显不同程度的女性化”[6]。不过，在 1900 年左右，德国小学教师的 79%仍是男性；丹麦、奥地利和瑞士也差不多。相比之下，在政治、经济和宗教方面都存在重大差异的英国、瑞典、意大利和俄国，女性教师占比则为 66%—75%。

在法国、比利时、西班牙和葡萄牙等男女教师比例相当平衡的国家中，存在着让儿童与同性别老师学习的强烈倾向。事实上，正是出于为女童配备世俗女性教师的需要，法国才允许已婚女性继续工作。这是一项非同寻常的政策。在德国、荷兰的新教地区和斯堪的纳维亚半岛，男性教师显然是教过许多女童的，特别是在那些小规模的、只有一两个房间的农村学校里，这种学校必定是男女混合的；而在那些男女分校的大城镇中，女性则获得了为女童教书的职位。在俄国和意大利，之所以由女性来教男童，原因不仅是被吸引去教书的男性很少，

⑥ James C. Albisetti, “The Feminization of Teaching in the Nineteenth Century: A Comparative Perspective,” *History of Education* 22, no. 3(September 1993): 255.

而且还因为学校教育在孩子很小的时候就结束了。同样，英国女性只为“低年级”的男童教书，而不是“高年级”男童。

19 世纪初，教会依然是大多数的初等教育的中心。几乎在所有地方，神父和（或）牧师在监督和视察学校方面发挥了重要作用。1848—1849 年革命之后的法国《法鲁法案》、1854 年普鲁士关于教师培训和规范的《斯蒂尔条例》，以及 1855 年奥地利帝国与梵蒂冈签署的协定，都加强了学校和教会的联系。

在天主教占主导地位的国家中，爱尔兰的教会同反对英国“殖民主义”的民族抵抗运动关系密切，没有出现大规模的反教权运动，这点与众不同。与之相反，意大利王国和法兰西第三共和国则通过长期而激烈的斗争，分别在 1860 年和 1880 年后限制或取消了教会在学校中的作用。1878 年，比利时一场自由主义的政治胜利也产生了类似效果，包括取消宗教教学并增加对科学的关注，但 1884 年的保守主义反弹又使变革发生了逆转。在此之后，1911 年的葡萄牙共和国和 1931 年的西班牙共和国放弃了小学的宗教教育，但在独裁者安东尼奥·萨拉查和弗朗西斯科·佛朗哥时期又恢复了。

宗教混合的国家则面临着不同的议题。在德国的大部分地区，公立小学既可以是新教的，也可以是天主教的；有一个主要的例外情况出现于规模较小的拿骚公国，该国自拿破仑时代成立后，就在所谓的“同步学校”（*Simultanschulen*）中混合了各种教派。而英国数十年来始终未能找到类似的办法调和圣公会信徒和异见者之间的冲突，直到 1870 年后，他们的志愿团体才各自为初等教育提供了大部分资金。在 153
19 世纪的大部分时间里，荷兰既有世俗的公立学校，也有私立的宗教学校（包括新教学校和天主教学校）；直到 1917 年，新颁布的宪法及随后的立法才为这三种学校提供了平等的公共资助。

男孩的中等教育

在19世纪的欧洲，所有地区的政府当局和家长都没有把中等学校视为适用于某一年龄所有或大多数人的教育阶梯的组成部分。相反，中学教育明确地为精英服务，他们往往只占年龄组的不到10%。即使中等教育是在10—12岁之间开始的，其大部分学生也不是来自公立小学，而往往是来自于高级别教育机构隶属的单独设立的班级。除瑞典外，中学一般要收取高昂的学费。不过，这些学校也得到了国家的一些资助，因为它们是为未来的专业人员和公务员进入大学学习做准备的。

与初等教育一样，中等教育也与之前几个世纪的历史有联系；例如，英国的温彻斯特公学和伊顿公学可分别追溯到14世纪和15世纪。尽管在1773年教皇解散了耶稣会，但并没有摧毁天主教的古典学校理念，很多学校在其他教派领导下继续存续。不过，19世纪初由法国和普鲁士引领的教育发展，澄清了过去中等教育和高等教育之间的模糊界限，为国民教育体系的产生奠定了基础。

在近代早期的欧洲大学中，哲学院通常是神、医、法等“专业”学院的预备阶段。拿破仑统治时期，新成立的国立中学将“哲学学年”移转至中等教育的最后一年，并设置“高中毕业文凭”[4]，这是中等教育的毕业证书而非大学的预备学位（尽管在法国广义上的“大学”能够授予该学位）。随着国立中学的发展，法国出现了一种自11岁或12岁开始、为期7年的学制项目，重点学习拉丁语、希腊语和数学。地方市政当局资助的市立中学的课程可能更短，为有志于从商或从事技术职业的男童提供了更多的选择。法国教育系统的特点之一，是少量国

---

[4] *baccalauréat*，也称“业士文凭”。

立中学里还附有一种2年或3年制的课程班，年轻人在此为参加竞争性的入学考试做准备，以期考入巴黎理工学院和巴黎高等师范学院等精英院校。

1787年，普鲁士设立了名为“高中毕业会考”（*Abitur*）的毕业证书制度，但1812年进行了一次修订，同时还为所谓的“文科中学”（*Gymnasium*）推荐了课程，这为后来的发展奠定了基础。到了1832年，古典性的高中毕业会考成为获得大学录取资格的唯一途径。文科中学入学年龄为10岁，学制9年，入学前学生须接受经过3—4年的初等教育。文科中学所强调的课程科目与法国的国立中学相同，但稍重自然科学，通常还包括一门现代语言。

普鲁士模式逐渐扩展到了德意志其他邦国，这在很大程度上是因为，文凭的相互承认对于大学生在其他邦的录取是十分必要的。奥地 154
利帝国直到1848年后才引进了一些普鲁士官僚，让他们监督当地古典学校从6年制延至8年制，并推出了一种普通文凭，称作“中学毕业会考”（*Matura*），同时还把大学里的哲学院从预科性质变为研究导向，这与19世纪上半期普鲁士所采取的成功举措如出一辙。文科中学在俄国（1864年起实行7年制，1871年延长到8年制）、荷兰和斯堪的纳维亚半岛国家也有重大影响。后者中的瑞典和挪威分别于1864年和1883年设立了国家文凭。

相比之下，效仿法国国立中学的有比利时（称作 *athénée* 的公立中学）和独立后的保加利亚，在伊比利亚国家也有类似国立中学的压缩版。实际上，西班牙公立中学（*liceo*）的学生在14岁就要结束学业，而且1867年之后学校只提供两年的拉丁语教学，且没有希腊语课程。因此，西班牙的高中毕业文凭（*bachillerato*）并不能使毕业生获得大学入学资格。意大利设法将法国与普鲁士这两个先驱国家的学校术语合并起来，把较低阶段的4年制中学称作初中（*ginnasio*），较高阶段的3年制中学称为高中（*liceo*）。

从某种意义上说，所有这些古典中学的重点都是培养那些打算毕业并进入大学学习的男生。然而，在整个欧洲大陆，毕业之前就退学的学生要多于能够毕业的学生，这点在法国十分突出——大量的学生完成了课业，但却未能通过高中毕业会考。意大利中学的两段式设计为学生提供了一个便利的提前退出节点，葡萄牙公立中学（*liceu*）划分为 3 年和 2 年两个阶段目的也是如此。普鲁士还允许较小的城镇建立初级文科中学（*Progymnasien*），学制 6 年或 7 年；在 9 年制文科中学中，入学 6 年后会有一个明确的分界点，允许学生带着某些特权离开学校，比如学生可以以志愿役身份在军中服役 1 年，而不必以义务役身份服役 3 年，这被证明是一个恰当的时间点。1864 年俄国也引入了初级文科中学。

自 19 世纪初起，许多家长和市政官员就希望有一种不同的中等教育形式，与学制漫长的古典中学相区别。19 世纪三四十年代，普鲁士和其他德意志邦国开始发展“高级市民学校”（higher burgher schools）和实科学校（*Realschulen*），提供更多的现代语和科学教育；到 19 世纪末，这些学校演变成为 9 年制的实科中学（*Realgymnasien*，教拉丁语但不教希腊语）和高级实科学校（*Oberrealschulen*，不教古代语），且各自都有简化的学校形式。从这些更具现代性的学校毕业的学生逐渐获得了进入不断发展的高等教育领域的机会，在 1900 年德国召开一次学校大会之后，情况更是如此。

瑞典早在 1831 年就开始取消部分文科中学学生的拉丁文课程。荷兰于 1863 年建立了自己的“高级市民学校”。俄国的第一所实科中学可追溯到 19 世纪 60 年代；其毕业生在 1872 年获得就读技术学院的机会，但无缘进入大学。到 1914 年，俄国的文科中学实际上已经取消了希腊语教学，以补准备攻读医学和科学的学生所需的科学教学。在奥地利，其核心版图自 19 世纪 60 年代起设立了实科学校，加利西亚地区于 19 世纪 70 年代设立了这种学校；不过直到 1908 年，奥地利实科中学的毕业生才有机会进入大学。统一后的意大利则有着“技术学校”和“技术学院”的现代分流轨道，为学生接受科学和技术领域的高等教育做准备。法国多年来追求各种方案，自 1852 年起，国立中学的学生在入学 2 年后分流为古典和科学两类。在发现这种做法不尽人意之后，新任教育部长建立了一条更短的现代轨道，称为“专门中等教育”；1890 年左右，又转换为了“现代中等教育”。20 世纪初，法国效仿普鲁士，其高等教育向所有类型的高中毕业文凭持有者开放。到 1905 年，瑞典也建立起由古典、半古典和现代组成的完整轨道。

在古典中学以外创建其他形式的中学，对此最有争议的论点来自 155
教育学教授戴特莱夫·穆勒。在为一本大部头的德文书籍撰写的英文概述中，穆勒指出，普鲁士在 19 世纪晚期“发生了一种永久性的结构变化，这种变化的效果，简言之就是用旨在复制特定阶级和社会群体的学校类型，取代了那种促进社会流动、对多样化的社会群体中的学龄儿童均进行教育的学校系统”。[7] 在完成义务教育后从文科中学辍学的学生，或是学了 6 年无用的古典语的学生，是否真正具有后来与“综合学校”相联系的那种经历，是值得怀疑的。1900 年以后，进入现代分流轨道的入学人数急剧增加，这表明，假若可以不失去上大学的机会，那么许多男童和他们的父母就会急于摆脱强加的古典课程。相比之下，1902 年之后法国的现代语和科学类的中学轨道里并未出现类似的剧烈增长。

19 世纪，英国在男孩的中等教育方面独树一帜。在苏格兰，市镇学校总会保留一部分超过义务教育期限的学生（包括女生），一直到其 15 岁左右。大学招收的是所受教育相对较少的十余岁的男童，因此入学之初大学提供的是其他国家已经转入高中阶段的教育。直到 1888 年，

---

⑦ Detlef K. Müller, “The Qualifications Crisis and School Reform in Late Nineteenth-Century Germany,” *History of Education* 9, no. 4(1980): 315.

苏格兰才开始实行类似于欧陆模式的、学制更长的毕业证书制度，且直到20世纪20年代这才成为大学的录取要求。

英格兰在其他很多方面不同于欧洲大陆，不过19世纪初它也进行了重要的改革。虽然九大“公学”有着数百年的历史，但在当时的人看来，它们只是以前那种贵族和士绅学校的喧嚣遗迹。1828—1842年担任拉格比公学校长的托马斯·阿诺德是最具影响力的改革家。他的目标是在基督教道德、绅士举止和学术成就方面做出更大贡献——尽管与大多数欧陆学校相比，其学术性微不足道。他的助手和门生进入了其他领先的学校中，结果那种为帝国中上阶层提供教育的公学模式，就植入到了寄宿学校或日间学校等新的学校类型之中。

约翰·霍尼曾指出：“学校”这个词，在用于英格兰中等教育时，“需要仔细将其与……19世纪末或实际上自此以后法国和德国社会背景下的用法区别开来”⑧。英格兰的“学校”是一种范围更广的机构，涉及男童生活的方方面面，而欧陆的日间学校则不然。设有舍长的“斋舍”制、竞技体育的兴盛和“老生”网等因素使英格兰的学校生活与众不同。在学术方面，公学几乎不教科学，极少教数学，而且与法国国立中学或德国文科中学相比，公学也很少教现代语。他们准备的不是普通的毕业考试，而是争取牛津大学和剑桥大学名额与奖学金的大量竞争性考试；这两所大学本身提供的那种教学，在欧洲大陆国家已经转移到了高中阶段。

英国没有出现结构化的现代分流轨道。一些地方性文法学校当然没有提供公学的全部古典课程，但它们却没有像欧陆的一些现代学校

---

⑧ John Honey, “The Sinews of Society: The Public Schools as a ‘System,’” in *The Rise of the Modern Educational System: Structural Change and Social Reproduction, 1870-1920*, ed. Detlef K. Müller, Fritz Ringer, and Brian Simon (Cambridge, UK: Cambridge University Press, 1987), 152.

那样得到政治支持。《1902 年教育法》[5] 确立了向中学提供政府拨款的权力，设置了地方教育当局，但该法的结果是强化了古典科目的角色。156
截至 1912 年，有 183 所受公费补助的学校同时教授希腊语和拉丁语两种古代语，574 所学校教授拉丁语，只有 128 所学校开设了完整的现代课程。

女孩的中等教育

至少在 19 世纪前三分之二的时间里，几乎没有人主张女孩应接受与男孩相同的中等教育。除了极少数例外，女性既不能上大学，也不能担任公职，因此她们不需要古典课程教育。然而她们的“天职”是为人妻母，为了完成这些生活任务，她们也需要加以培养。与儿子相比，大多数上层社会的父母更担心女儿在与下层社会的孩子接触过程中受到任何可能的“玷污”。因此很多女孩主要在家中接受教育，也许会在小型的“精修学校”或寄宿学校中学习几年。有的地方设有女子中学，为了防止前述那种接触，女子中学通常包括了小学阶段。修道院女校往往将这种社会隔离发挥到极致。

一些君主创办了最早一批重要的高级女子学校，服务于特定的精英群体。例如俄国女皇凯瑟琳大帝[6]在 18 世纪 60 年代建立的贵族女子学院，以及此后 20 年里奥地利大公约瑟夫二世在维也纳建立的军官女儿寄宿学校和文官女儿学校。19 世纪初，拿破仑为荣誉勋章获得者的女儿也设立了几所学校，普鲁士国王腓特烈・威廉三世则建立了以其亡妻名字命名的路易丝基金会，把贫困贵族的女儿培养成家庭教师。

尽管 19 世纪上半叶德国的一些城市创办了市立女子中学，但这一

[5] 即 1902 年《巴尔福教育法》。

[6] 即叶卡捷琳娜二世。

时期面向更广泛群体的女子学校通常都是私立性质的。很少有学校会让学生待到超过 15 或 16 岁；与男校相比，女校不教古代语言，数学和科学也较少。大多数学校提供一门或多门现代外语，在本国语言文学方面的训练要好于男孩，还有家政技能；音乐等“额外”课程往往需要附加费用。

1858 年，作为沙皇亚历山大二世时期改革的一部分，俄国首次在全国范围内推行女子中学教育的系统化。教育部设立了两种类型的学校，一种是 3 年制，另一种是 6 年制，向所有社会阶层的女孩开放，但实际上仅向富裕阶层开放。从 1870 年起，上述学校分别被命名为“初级文科中学”和“文科中学”，虽然名称与对应的男校相同，但课程迥异。同时 6 年制学校延长至 7 年，且到第 8 年开设教学培训，接受培训的毕业生有资格在这些学校的低年级中进行教学。19 世纪末 20 世纪初以后，这些学校发展迅猛，接受中等教育的女孩数量因而超过了男孩。到 1916 年，男子文科中学几乎都不再教授希腊语，女孩开始接受与男孩同等的课程。

在法国，1880 年以提案人卡米耶·塞名字命名的《卡米耶·塞法》[7]，建立了一种女子国立中学系统，与男校相比，其学制较短，课程也不太严格。这样做主要出于政治而非学术动机，目的是把共和派男性的女儿和未来妻子从教会学校中转移出去。与俄国相比，法国女
157 子学校的发展要慢得多。1880 年，巴黎附近的塞夫勒还成立了一所专门的师范学校，以训练女性到新建学校中任教——与女修道院进行竞争，并不意味着放弃由女性监督和实施女子教育的做法。

19 世纪 60 年代中期，伊莎贝拉·加蒂·德·加蒙在布鲁塞尔创办了一所具有开创性的世俗女子学校，这是法国女子中学的一个重要范本。不过从全国层面来看，比利时在 1881 年效仿了法国模式，但新的

---

[7] 全称为《1880 年 12 月 21 日关于建立女子中学教育的法律》。

女子公立中学的规模要小于加蒂的学校，只招收12—15岁的女孩。在吸引目标群体方面，它们也不如法国的女子国立中学。

在天主教主导的意大利、西班牙和葡萄牙，人们都不愿意花钱建立这种不受欢迎的学校；因此在1880年左右，尽管天主教徒普遍反对男女同校，但这三国都开始让少数女童进入男校。1870年前后，德国、奥地利和英国的女性活动家也曾提出扩大女童入学机会的类似方案，但没有成功。不过在荷兰，自19世纪60年代起有少数女子中学得以发展，1871年时有10名女孩获准进入男孩中学就读。到1900年，荷兰接受中学教育的女孩中有三分之一是在男女同校的环境中就读的，这种学校里只有男性教师。

在俄国、奥匈帝国和德国的女子中学里，至少在由城市或州管理的学校中，男性教师占据着主导地位。在英伦三岛，伦敦的女王学院、都柏林的亚历山德拉学院等高级女校中也以男性教师为主。不过19世纪70年代初由女子公立日间学校公司建立的学校网络，以及19世纪末出现的少数寄宿学校，如罗丁女子学校和圣伦纳德学校中，就都只有女教师。

在大多数国家，允许女性获得大学入学所需的中学文凭问题引起了很大的争议。1861年，朱莉·多比耶在说服里昂当局确认并无法律禁止女性参加高中毕业会考之后，于37岁时通过了这一考试。法国也有其他女性断断续续地跟进，但她们没有别的备考途径，只能私下准备。1872年，奥地利的女性获准参加高中毕业会考，不过此后的情况与法国相同。1874年后，瑞典的几所女校获得了许可，只要其课程与男校相匹配，就可以自行颁发文凭；1886年丹麦也采取了同样的措施。1890—1896年，布拉格、维也纳和克拉科夫为女子开设了参加高中毕业会考的私人课程；在德国，1893—1894年，柏林、卡尔斯鲁厄和莱比锡也开办了类似指向高中毕业会考的学校。在巴黎，一些私立学校而非女子国立中学，在1900年左右开设了首批高中毕业会考预备课程。

两次世界大战的时代

说起 1914—1945 年的欧洲，人们更容易想到的是战争、独裁以及经济萧条，而不是教育改革。这三种现象都造成了入学、教学人员和课程的中断；第二次世界大战所带来的学生大规模辍学和设施的大规模破坏比第一次世界大战严重得多。

这一时期，在教育上发生最重大结构性变化的是苏联。苏联确立了从 8 岁到 17 岁的 9 年制普通学校理念，这种学校免收学费，实行男女同校，既不教授宗教也不教授古代语。从 1913 年到 1939 年，初级小
158 学以上的入学人数猛增了 25 倍。不过直到 1930 年，苏联才下令将义务教育年限从 8 年提高到 11 年，到 1939 年这一目标就几近实现。在第二次世界大战正酣之际，小学的入学年龄降到了 7 岁，但其意图是为了让学生早点毕业离校。斯大林政权还在男女同校的问题上有所反复，于 1943 年在大城市中推行单一性别的中学。苏联当局放弃中学男女同校的理由是“改善课堂秩序、学生行为和学习成绩”，而不是改变男女人际关系等其他任何意图。[9]

新独立的波兰取消了附属于中学的私立小学班级，但除此之外还是保留了从先前政府继承而来的古典、半古典和现代的分轨制。捷克斯洛伐克对男女平等甚为重视，政府接管了许多此前的私立单一性别中学，改行男女同校。在这两个国家，德语人口对自身在学校和其他领域成为少数民族的新处境反应很是消极。

在德国魏玛宪法的决策过程中，社会民主党人首次发挥作用，该宪法要求实行向所有人开放的 4 年制普通学校。波兰也出现了同样的变

---

⑨ E. Thomas Ewing, *Separate Schools: Gender, Policy, and Practice in Postwar Soviet Education* (DeKalb: Northern Illinois University Press, 2010), 8.

革。魏玛宪法还指出，混合教派的同步学校应该成为标准，而教派或世俗学校应该成为例外，不过在这方面以前的做法还是保留了下来。进一步的民主化尝试还包括开设第二条“现代”中学轨道，该轨道更加注重德语、文学和历史，此外还有为14岁以前一直在小学读书的儿童提供参加高中毕业会考的专门渠道。

出于对旧式精英阶层及其学校的敌视，纳粹政权保留了上述一些民主精神。然而，它却以种族和政治为由大规模解雇教师，导致从生物、历史到数学等各领域课程的崩坏，它还试图开女孩教育的历史倒车，设立了家政学的分流轨道，这一轨道很快就被人戏称为“甜点式高中毕业会考”。学生们被要求广泛参加希特勒青年团和德国少女联盟，致使学校秩序甚至早在1939年之前就被严重扰乱。

社会民主党在短暂统治残存的奥地利[8]期间，曾试图推行中学男女同校，但该政策很快就被撤销。然而，由于大多数女子中学采用了实科中学的课程，只有原来的维也纳女子文科中学得以保留，这意味着在混合性别学校学习古典课程的女孩人数是单一性别学校里的4倍。1938年“德奥合并”后，奥地利成为纳粹德国的一部分，接受了后者的教育政策。

第一次世界大战后，法国没有发生政权更迭，也没有立即进行教育改革。即便根据《贝哈赫法》[9]，1924年男校和女校实行相同的课程，但仍然不鼓励男女同校。不过女校普及程度的有限，还是导致到1939年时接受中等教育的女孩中有17%的人就读于“男”校。推动民主化的一个更重要的举措是免收中学学费，自1930入学的那届学生开始实施。直到1936年社会党领导的人民阵线政府时期，法国才废除了附属于国立中学的私立小学班，这一措施在20世纪40年代初的维希政权时

---

[8] 即第一次世界大战后作为奥匈帝国残存部分的奥地利。

[9] 根据时任法国公共教育部长贝哈赫命名的法案，又称《1923年5月3日法令》。

期被取消。不过这个战时政府又把原来的高等小学升格为现代中学，19 世纪晚期专门中等教育所经历的那种“使命蜕变”开始发生在这种学校类型身上。

159 英伦三岛也发生了重要的变革。正如汤姆·奥多霍诺所说，独立之后的“爱尔兰是少数几个教会对学校系统感到满意的国家，特别是在中等教育方面”。[10] 苏格兰为所有能够从中受益的人引入了免费的中等教育。英格兰的《1918 年教育法》[10] 要求为超过义务教育年龄的 18 岁人群开设补习学校，到 20 世纪 20 年代义务教育的年龄上限又被提高到 15 岁。不过由于预算限制，这一目标未能实现。1923 年，工党的 R. H. 托尼提出了一个概念，即 11 岁以上青少年的所有教育都应视为中等教育，并创造了“全民中等教育”的用语。1926 年的《哈多报告》采取了大致相同的立场，即根据 11 岁左右的选拔情况对所有儿童进行分流教育，不过没有随即立法。尽管如此，这个年龄段的孩子上文法学校的比例还是从 1910 年的仅 4%上升到 1935 年的 11%。直到《1944 年教育法》[11] 颁布后，才出现了颇受争议的“11 岁+”考试，这种考试是选拔学生进入文法学校、现代中学和技术中学的一种手段。

1923 年，意大利在公共教育部长乔瓦尼·秦梯利的领导下进行了全面的教育改革，墨索里尼称这是新政权中“最法西斯主义的”一部立法[12]。在相关条款中，法案规定将义务教育毕业年龄提高到 14 岁，小学入读 5 年后引入选拔机制[13]，限定大学须从古典高中的毕业生中招生，以缓解专业人员的过量培养。《秦梯利法》还做出了一个姗姗来迟

---

⑩ T. A. O'Donoghue, "Catholicism and the Curriculum: The Irish Secondary School Experience, 1922-1962," *Historical Studies in Education/Revue d'histoire de l'éducation* 10, nos. 1-2(1998): 140.

❿ 即《费舍法案》。

⓫ 即《巴特勒法案》。

⓬ 即 1923 年颁布的《教育法》，又称《秦梯利法》。

⓭ 经过选拔的学生将分别升入不同的中等教育机构。

的规定，即为女孩设立单独的中学，但这种试验只持续了几年。随后还进行了进一步的改革，在当时被称为“修饰”。1929年《拉特兰条约》⑭ 签订后，宗教与学校形成了某种关联。在这场“最法西斯主义的”改革仅16年后（1939年），秦梯利的继任者朱塞佩·博塔伊就发布了一项新的综合改革法令，即《学校宪章》，但多亏第二次世界大战爆发，这项改革从未完全生效。在墨索里尼统治下，意大利没能通过建立单独的女子学校的方式结束中学男女同校的局面，但佛朗哥统治下的西班牙成功地做到了这一点；在萨拉查统治时期，葡萄牙极大地限制了男女合校教育。

战后时代

在苏联控制下的东欧国家提高了入学率，推动了性别平等，并且通过延长普通学校年限和免除中学学费的方式，实现了更大程度的机会平等。随后入学率和识字率骤增，即便是早在1879年就已出台义务教育书面规定的保加利亚，情况也是如此。[11] 在阿尔巴尼亚，1939年只有很少的女孩接受中等教育，但到了20世纪70年代，女童已占入学人数的40%以上。1949年成立的民主德国（东德），政府吸收了魏玛共和国时期的民主主义和共产主义教育者，依靠他们先后推行8年制和10年制的普通学校。尤其是在战后早期，工人子弟在接受预备教育和进入大学学习方面获得了优遇。在所有苏联阵营国家，俄语都被列为必

---

⑭ 《拉特兰条约》是1929年意大利政府与梵蒂冈为解决双方关系问题而签订的一份条约，根据该条约，意大利政府允许在初等和中等公立学校讲授宗教课。

⑪ Krassimira Daskalova, “Nation-Building, Patriotism, and Women's Citizenship: Bulgaria in Southeastern Europe,” in *Girls' Secondary Education in the Modern World: From the 18th to the 20th Century*, ed. James C. Albisetti, Joyce Goodman, and Rebecca Rogers (New York: Palgrave Macmillan, 2010), 162.

修课，尽管常常不受欢迎；压缩或者取消了宗教教学；科学技术在课160 程中占据了重要地位。加入党的青年组织往往成为攻读高等教育的先决条件。

在苏联，斯大林时期恢复男女分校教育的政策持续时间很短，到1954年即告终结。不过，直到20世纪80年代，该国才与大多数发达国家一样，将入学年龄降低到6岁。

冷战时期，西欧实现了托尼所设想的“全民中学教育”。早期案例之一是瑞典，该国在1946年将义务教育从7年延长至9年，而且不对学生进行同质性分组。法国在1959年将义务教育延长到16岁，同时维希政府时期的现代中学变更为普通教育学校（地位要低于中等教育学校）。这种地位差异随着1975年综合中学的建立而消失，后者实行的是一种“5+4+3”结构的综合中等教育。1962年，意大利规定义务教育毕业年龄为14岁，并设置了综合性的普通初中；比利时于1958年取消了公立中学的学费，1969年在一名社会主义教育部长的领导下公立中学转设为综合中学。

在《1944年教育法》颁布后，英国于1947年将义务教育毕业年龄提高到15岁，1972年提高到16岁。虽然工党曾支持“11岁+”考试，认为这是一种打破阶级特权的方式，但很快就出现了另一种想法：早在1958年，迈克尔·杨就在《精英政治的崛起》这本反乌托邦的作品中，讽刺了这种考试可能导致的后果，他将其中一章的标题定为“对综合学校的威胁”[12]。20世纪60年代中期，执政后的工党确实采取行动建立了综合学校，以取代1944年的三轨制，但只取得部分成功。私立收费学校，尤其是传统“公学”仍然没有受到改革的影响。

尽管美国努力在德国占领区推行男女同校和综合学校，但联邦德

---

⑫ Michael Young, *The Rise of the Meritocracy, 1870-2033: An Essay on Education and Equality* (London: Thames & Hudson, 1958), chapter 2.

国（西德）在成立初期更注重“恢复”而不是改革。大力发展中学教育和建立一些综合中学的运动是在20世纪60年代中期才出现的，社会民主党领导的州比基督教民主联盟领导的州更容易接受这一改革。放弃单纯的考试选拔，而是引入“观察”或“定向”阶段来决定学生最后要分流进入的轨道，是德、法等国综合教育改革的共同选择。在这个阶段，教师和家长的意见以及学生表现出的兴趣和能力都会被考虑在内。总体上，这一过程所产生的社会再生产会比许多人预期或担心的要大，不过瑞典学者简·琼森也指出：“社会出身与教育成就之间的关联已经明显降低了。”[13]

随着中等教育的大幅扩张和对综合学校兴趣的上升，单一性别中学几于消失。瑞典于1962年关闭了剩余的女子学校。法国也采取了一系列措施，到1975年甚至将男女同校的范围扩大到国立中学。西德、后萨拉查时代的葡萄牙以及英国也采取了同样的措施，不过在英国仍有许多单一性别学校。比利时在1978年选择了男女同校，但相对庞大的天主教学校网络对此的抵制一直持续到20世纪90年代。德国对男女合校教育给女孩带来的不利影响尤有抱怨之声，特别是在20世纪80年代末90年代初。然而到20世纪70年代末和80年代，在很多地区女孩都已成为中学生（在某些地方甚至包括大学生）中的大多数。

1990年以来的问题

1989年柏林墙的倒塌，以及随之而来的苏联对东欧大部分地区控制的结束，导致了一系列重大变化，但几乎没有地方恢复到更早之前 161

---

⑬ Jan O. Jonsson, “Dismantling the Class Society through Educational Reform? The Success and Failure of Scottish School Politics,” in *The Comprehensive School Experiment Revisited: Evidence from Western Europe*, (2nd, enlarged edition, ed. Achim Leschinsky and Karl Ulrich Mayer(Frankfurt am Main: Peter Lang, 1999), 172.

的状况。前东德地区对与旧政权有联系而深受影响的教育工作者进行了最彻底的清洗，之所以能这么做是因为有大量的“西德人”来填补空缺。英语几乎在所有地方都迅速取代俄语成为第一外语。以前从苏联对抗纳粹德国的伟大卫国战争角度讲授的历史，现在也逐渐发生变化，开始涉及苏联与第三帝国所谓“合作”关系等问题。

与美国一样，西欧也见证了新自由主义的兴起，它更加强调评估和问责。英国或许是最显著的例子。20 世纪 80 年代，保守党首相撒切尔夫人发起了名为“回归基础”的运动。西欧许多国家在教育移民子女（无论是否合法）方面也面临着新的问题。对德国来说，当 20 世纪 70 年代大量土耳其和南斯拉夫“外籍劳工”拖家带口来到联邦德国时，问题就开始了；20 世纪 90 年代初，在采取限制政策之前，来自东欧和其他地区的寻求庇护的人潮一直接踵而至。英国和法国出现了大量来自前殖民地的移民，意大利则出现了来自北非和撒哈拉以南地区的移民。种族、语言和宗教的多样性程度前所未有，从而产生了诸如法国穆斯林女童戴面纱上世俗学校的争议。总而言之，即使是第二代和第三代的移民，他们也已经构成了新的教育底层，他们被分流的轨道属于名气最差的那一行列，甚至往往不能完成学业。英国情况有所不同，用教育学家约翰·格雷的话说：“非白人背景的人在 16 岁后继续学习的可能性至少与白人同龄人一样高（而且往往更高）。”⑭

自 1993 年底《马斯特里赫特条约》生效以来，欧盟成员国一直致力于教育合作。尽管交流涉及的大部分是大学阶段的学生和教师，但中学生和中学教师的交流也有所增加。教育应该促进人权和多元化的民主，学校系统在培养学生时必须纳入欧洲维度。但迄今为止，在这一最终目标上的进展不大。

---

⑭ John Gray, "The Fate of Comprehensive Reforms in England in the 1990s," in Leschinsky and Mayer, *The Comprehensive Experiment*, 137.

2000年以来开始实施的国际学生评估项目（一般称为PISA测试），刺激的往往是参与国之间的竞争而非合作。如新近出版的一本文集的编者所说：“很少有教育信息能如此迅速地转译为‘灾难’一词并导致国内的政治危机。很少有教育信息能如此迅速地转译为‘明星’一词。”[15] 尤其是德国人认为涉及问题解决方面的评估结果是灾难性的，不过根据教育学者丹尼尔·图勒的说法，主要的反应是强调这些评估无法衡量“内在的修养”，德国人的这种态度与两个世纪前拒绝导生制教学的态度遥相呼应。[16] 芬兰出人意料的强势表现让他们有些自鸣得
意。在汉努·西莫拉和里斯托·里内看来，这一成功源于教学职业的 162
声望和大众对学校的信念，即认为学校“应当是自主的、可信赖的，不受流行的质量保证和评价体系影响而享受行业清净的机构”[17]。

在许多方面，欧洲各地的教育系统在结构、学程和性别平等方面都趋于一致。今天的同质化程度可能比宗教改革以来的任何时候都要高。2015年开始的大规模难民危机似乎有可能使少数民族和宗教少数群体的教育成为国家的重大挑战，而在此之前，这一直都不是什么问题。

推荐书目

Albisetti, James C. “Catholics and Coeducation on the Continent: Rhetoric and Reality before *Divini Illius Magistri*.” *Paedagogica Histor-*

---

[15] Miguel A. Pereyra, Hans-Georg Kotthoff, and Robert Cowen, eds., *PISA under Examination: Changing Knowledge, Changing Tests, and Changing Schools* (Rotterdam: Sense Publishers, 2011), 1.

[16] Daniel Tröhler, “Concepts, Cultures, and Comparison: PISA and the Double German Discontent,” in Pereyra, Kotthoff, and Cowen, *PISA under Examination*, 248.

[17] Hannu Simola and Risto Rinne, “Education Politics and Contingency: Belief, Status, and Trust behind the Finnish PISA Miracle,” in Pereyra, Kotthoff, and Cowen, *PISA under Examination*, 239.

ica 35, no. 3(1999): 667-696.

Albisetti, James C. "The Feminization of Teaching in the Nineteenth Century: A Comparative Perspective." *History of Education* 22, no. 3(September 1993): 253-263.

Albisetti, James C., Joyce Goodman, and Rebecca Rogers, eds. *Girls' Secondary Education in the Western World: From the 18th to the 20th Century*. New York: Palgrave Macmillan, 2010.

Anderson, Robert. "The Idea of the Secondary School in Nineteenth-Century Europe." *Paedagogica Historica* 20, nos. 1-2(April 2004): 93-106.

Brock, Colin, and Witold Tulasiewicz, eds. *Education in a Single Europe*. 2nd edition. London: Routledge, 2000.

Brockliss, Lawrence, and Nicole Sheldon, eds. *Mass Education and the Limits of State Building, c. 1870-1930*. Basingstoke, UK: Palgrave Macmillan, 2012.

Caruso, Marcelo. *Geist oder Mechanik: Unterrichtsordnungen als kulturelle Konstruktionen in Preussen, Däemark (Schleswig-Holstein) und Spanien, 1800-1870*. Frankfurt am Main: Peter Lang, 2010.

Jacobi, Juliane. *Mächen-und Frauenbildung in Europe: Von 1500 bis zur Gegenwart*. Frankfurt am Main: Campus Verlag, 2013.

Leschinsky, Achim, and Karl Ulrich Mayer, eds. *The Comprehensive School Experiment Revisited*. 2nd, enlarged edition. Frankfurt am Main: Peter Lang, 1999.

Maynes, Mary Jo. *Schooling in Western Europe: A Social History*. Albany: State University of New York Press, 1985.

Müller, Detlef K., Fritz Ringer, and Brian Simon, eds. *The Rise of the Modern Educational System: Structural Change and Social Reproduc-*

tion, 1870-1920. Cambridge, UK: Cambridge University Press, 1987.

Pereyra, Miguel A., Hans-Georg Kotthoff, and Robert Cowen, eds. *PISA under Examination: Changing Knowledge, Changing Tests, and Changing Schools*. Rotterdam: Sense Publishers, 2011.

Savoie, Philippe, Annie Bruter, and Willem Frijhoff, eds. "Secondary Education: Institutional, Cultural, and Social History." Special issue of *Paedagogica Historica* 40, nos. 1-2 (April 2004).

Vincent, David. *The Rise of Mass Literacy: Reading and Writing in Modern Europe*. Cambridge, UK: Polity Press, 2000.

第 10 章　国民教育制度：北美

南希·比迪

164　梳理北美国民教育制度的兴起历程，面临三大挑战。

第一是定义上的难题。一个合理的问题是，北美三个主要国家之中的两个是否曾经发展过国民教育制度？与墨西哥相比，美国和加拿大的教育制度是联邦主义而非国家主义的，诸如资金、课程、许可和认证等几乎所有事务都由地方而非国家进行管理。而墨西哥早在 19 世纪 20 年代就出现了由中央国家权力管理教育的强大传统。

第二是上述不同的国民教育制度发展路径，反过来又对历史解释提出了挑战。19 世纪 20 年代，这三个国家都曾在辞令上做出过类似的表示，承诺支持由公共资助的大众教育系统理念。19 世纪中叶，三国均在省级层面为公共教育系统建立起基本的法律和行政结构。1870 年以后，教育作为国家政策的重要性，在三个国家都有所提高，国际上也是如此。然而到了 20 世纪中期，三国又在国民教育的政策制定方面，提出了三种截然不同的模式。这些差异是如何形成的？原因何在？

第三是史学方面的。尽管有关大众教育扩张方面的比较研究文献已相当完备，但大都讨论的是欧洲国家。对于影响制度特征变化的因素，这些文献即便是还未形成定论，但确已进行了广泛讨论。近来有关拉丁美洲教育的跨国比较研究，揭示了各国间在制度发展上呈现出的显著共性和差异。相比之下，以北美三个主要国家（暂且不说加勒比国家）为对象的比较教育研究领域的成果少之又少。基本的跨国比较和解释主张，甚至包括历史分期，都还有待推进，更遑论对之进行广泛的检验和辩论了。①

也的确有一些以聚焦于北美的跨国研究和比较研究成果，其主题包括原住民教育史、进步教育、多元文化教育、语言政策、种族化以及（国家间）边境地区的教育等。其中最具前景的研究，不仅要观察 165
国家间的相似走向，还要阐明实际的跨国影响网络。然而截至目前，几乎所有关于北美的文献都是双边研究，要么是美加两国，要么是美墨两国。在综合既有国别研究和最新文献的基础上，本文将采用一种更加广阔、涵盖多国的北美视角，超越两国二分法分析方式，更加细微地去理解任何一个历史节点上一系列的可能性，以及影响这些可能性的因素。

---

① Pavla Miller, *Transformations of Patriarchy in the West, 1500-1900* (Bloomington: Indiana University Press, 1998); Michalina Vaughan and Margaret Scotford Archer, *Social Conflict and Educational Change in England and France, 1789-1848* (Cambridge, UK: Cambridge University, 1971); Margaret S. Archer, *Social Origins of Educational Systems* (1979; repr. London: Sage, 1984); Andy Green, *Education and State Formation: The Rise of Education Systems in England, France and the USA* (New York: St. Martin's Press, 1990); Mary Jo Maynes, *Schooling the People: Comparative Local Studies of Schooling in France and Germany, 1750-1850* (New York: Holmes and Meier, 1985); Mary Jo Maynes, *Schooling in Western Europe: A Social History* (Albany: State University of New York, 1985); Peter H. Lindert, *Growing Public: Social Spending and Economic Growth since the Eighteenth Century* (Cambridge, UK: Cambridge University, 2004); Nancy Beadie, "Education, Social Capital, and State Formation in Comparative Historical Perspective: Preliminary Historical Investigations," *Paedogogica Historica* 46, nos. 1-2 (2010): 15-32; Hilda Sabato, "Political Citizenship in Nineteenth-Century Latin America," *American Historical Review* 106, no. 4 (October 2001): 1290-1315; Marcelo Caruso, "Latin American Independence: Education and the Invention of New Polities," *Paedagogica Historica* 46, no. 4 (August 2010): 409-417; Marcelo Caruso, "Literacy and Suffrage: The Politicization of Schooling in Postcolonial Hispanic America (1810-1850)," *Paedagogica Historica* 46, no. 4 (August 2010): 463-478.

18 世纪 50 年代到 19 世纪 20 年代的教育扩张与国家实验

18 世纪 50 年代到 19 世纪 20 年代，整个北美地区的教育得到了极大扩展。这种扩展大多是在没有中央政府干预的情况下进行的。不过在此期间，为了应对日益增长的需求，中央政府也尝试了对教育提供世俗或非教派性的支持。在城市里，由此产生的学校教育模式在不同的殖民地和国家背景下看起来大致相似，相反在农村地区却出现了相当大的差异。

纵观这一时期，国家在教育中的作用都非常类似，无论是在墨西哥、美国，还是加拿大的法语和英语区。国家专注于培养男性政治、文化和专业领袖的古典教育与神学教育，普通民众的教育则交由市场、宗教团体、地方教会或社区自主决定；或许会选择性地资助穷人教育，而这通常是由教会当局来管理的。18 世纪 50 年代以后，世俗教育、非教派教育和（或）基于市场的教育的相对重要性在整个教育中的占比有所提高，城市里尤其如此。不过，这种转变确切的动力机制因环境而有所不同。

1601 年以后，新西班牙[1]的教育是在双元权力结构下发展起来的：或是接受神职人员的管理，或是接受由市政当局支配的独立教师行会的管理。然而，从 18 世纪后期开始，殖民地政府采取行动，鼓励城市中的市政委员会自行开展教育活动，以此削弱教会和教师行会的权力。换言之，早在墨西哥独立之前，“国家”就已经开始推动非教派全民教育理念，该理念在 1821 年后成为墨西哥共和政府的言辞特征。不过这

---

[1] 16 世纪西班牙在美洲所设殖民地总督辖区的总称，范围包括现今的美国西南部和佛罗里达、墨西哥、巴拿马以北的中美洲、西印度群岛等地。

种尝试在很大程度上局限于城市，而且高度按阶级划分。②

新西班牙地区的导生学校，与大致同期美国和上、下加拿大地区❷城市里出现的市立慈善学校、孤儿学校和兰卡斯特制学校相类似。不过教会和国家在这些教育尝试中的作用是不同的。在法语区的下加拿大，天主教会和圣公会各自的主教管辖势力抵制国家扩张公共教育的计划，对此英国殖民政府最初也是无能为力。相关针对性提议中，有人提出采取双元教会权力模式，有人则主张采用新西班牙地区那种非教派城市的导生制学校。后一种观点尽管遭到教会反对，但最终还是 166
在不依赖国家支持的情况下发展了起来。不过公共部门仍旧受到压制，直到殖民地议会最终成功赢得英国王室和议会对1829年《托管学校法》的默许。③

与之类似，北美英语区城市公共学校教育自18世纪50年代开始的扩张也和英国殖民当局无关，或者说没有受到当局的特别支持，而是以市场为基础的，是在独立教师以及日益增长的商业阶层（他们构成了独立教师的收费对象）的努力下得到发展的。基于市场的学校教育的增长速度，明显快于总体人口的增长。它也从根本上挑战了通过市政与教会当局得到殖民地政府正式资助的那种学校教育的结构与文化，也给这些注重教授传统古典科目的教会学校以及政府资助的文法学校

---

② Eugenia Roldan Vera, "Towards a Logic of Citizenship: Public Examinations in Elementary Schools in Mexico, 1788-1848: State and Education before and after Independence," *Paedagogica Historica* 46, no. 4 (August 2010): 511-524.

❷ 均为当时的英属殖民地，上加拿大地区大致位于现加拿大安大略省，下加拿大地区大致位于今加拿大的魁北克省南部和拉布拉多地区。

③ Bruce Curtis, *Ruling by Schooling Quebec: Conquest to Liberal Governmentality—A Historical Sociology* (Toronto: University of Toronto Press, 2012).

带来了竞争压力。[4]

借助对当时欧洲类似的变迁进行比较，我们得以阐明这些教育变迁的动力。如通过比较分析英法两国的教育变迁，历史社会学家苏珊·阿彻指出，这一时期要挑战官定教会❸和贵族对教育的控制，主要分为两种策略，即“限制性”策略和“替代性”策略。所谓限制性策略在本质上是强制性的，包括强行从教会控制下取消其教育设施和权力。大革命时期的法国属于这种情况，在当时，“建筑物可能被征用，教育经费被充公，人员被排除在教学和管理之外”。此后法国的世俗军事政权通过限制性策略建立起一种新的教育管理体制，只有得到国家正式认证和许可的学校才能够运行。而替代性策略在本质上是竞争性的，英国就是这种情况，教会对教育的“统治地位受到教育市场竞争的挑战”。在英国，商人、工匠和异教人士组成的联盟并没有直接挑战教会的权威，而是实行替代性策略，利用他们的商业财富新建了一套平行的教育机构。[5]

阿彻的划分对比较北美以及欧洲不同背景下教育变迁的动力十分有用。18 世纪晚期的纽约市，就和墨西哥城、约克和蒙特利尔一样，那里日益壮大的商业阶层采取替代性策略，不断扩大基于市场的学校教育。面对这一情况，新成立的纽约州政府在 1795 年进行了干预，尝试在州的层面上系统地资助学校。不过，州政府还是让地方官员决定哪些学校将获得资助。市政当局选择将资金专门用于慈善学校（其中

---

④ Jon Teaford,“The Transformation of Massachusetts Education,1670-1780,”*History of Education Quarterly* 10(1970):301;Carl Kaestle,*The Evolution of an Urban School System:New York City,1750-1850*(Cambridge,MA:Harvard University Press,1973),52-74.

❸ 指的是得到国家或政府认可的居于主导地位的教会。

⑤ Margaret S. Archer,*Social Origins of Educational Systems*(1979;repr. London:Sage,1984),1:47-59.

大部分是由教会资助的），而不是资助那些在基于市场的学校中供职的教师。他们已经通过教师协会游说获得了一些份额。这一策略与新西班牙在同一时间颁布的政策类似。在这两种情况下，国家都是通过市议会采取行动，将资助投入慈善学校。不过在新西班牙，传统上是由法人团体性质的教师行会为教师颁发教学许可。因此决定将资金投入慈善学校，目的是为了接管行会的教学许可权。相比之下，纽约的教师协会从未在授予教师资格方面行使过任何正式的行会权力。就此而言，纽约市本身或者该州也都不能行使那种限制性的许可权。相反，从一开始，美国的地方、州和国家各级政治领导人主要是通过奖励或激励性的资助方式来实施教育政策的，并未采取限制性的控制方式。

美国早期教育政策中的这种分散式的处理方式，与宗教政教分离 167
深刻交织在一起。与新西班牙不同，宗教革命后的纽约不存在官定教会。在这种情况下，官方的宗教自由概念并不是一个世纪后在美国出现的那种宗教与国家的彻底分离，而是指官方对各种（基督教）宗教派别在市、州层面上采取中立政策。为了实施公共资助普通学校的政策，市议会选择将资金直接投入由多个教派主办的慈善学校，包括荷兰改革宗、贵格会、圣公会、路德宗和天主教等。至于谁有资格担任教师，则取决于这些教派当局自己的“限制性”权力。这样，地方自治与教会和学校的独立权威相辅相成，从而能对教育进行一定程度的行政监督，而国家又不会直接对“学校认证”和“教师许可”等事项进行集权控制。

通过与英语区的上加拿大进行比较，地方自治与宗教政教分离之间相互交织的动态关系就更加突出。很多在纽约州中起作用的教派、阶级和人口动态关系，在上加拿大也同样有效。然而，在上加拿大，英国国教在教育权力上的范围和性质，直到 19 世纪仍悬而未决。具体来说，殖民地政府能否利用中央政府的拨款来加强国教权威，这个问题存有争议。为了满足日益增长的需求，议会在 1816 年通过了《公共学校法案》。该法案将资金导向地方，最初为地方学校委员会赋予了相当大的自主权。不过它也为殖民地的行政委员会保留了一些监督权。1820年，行政委员会开始使用这种限制性权力，强行重组国教管辖的学校。该法案与其他法案一同激起了对殖民政府的反对，最终在1837—1842年叛乱中引起了关于议会和英国殖民行政当局权威孰高孰低的更为激烈的斗争。[6]

尽管在这些背景下，官定教会和殖民地政府之间的关系有些差异，但比较这一时期北美的教育发展，就能发现其中最引人注目之处，即1750年到1820年各城市的教育变化态势乃至变化时序是多么相似。三个国家在教会史和殖民地史上的差异真正导致出现不同之处的，似乎是农村。在农村地区，教育的发展往往更依赖于教会的支持，而教会的权威结构和对扫盲重视程度的不同，造成了教育发展出现相当程度的差异。比较分析所揭示的是，教会、国家和经济历史在农村地区是如何互动的，以及这些互动对国民教育发展的长期轨迹造成了什么影响。

在19世纪一二十年代的魁北克，以英语为主的农村社区居民的人均学校数、入学率和识字率都远高于法语农村社区居民。造成这种差异的原因众多，其中之一是移民的迁徙模式。魁北克的英语移民中，有许多苏格兰人和新英格兰人，其原籍地本身有着普遍接受学校教育和识文断字的悠久历史。移民们把这种传统及对学校组织的期望也随之带到了移入地。

168 与这种传统密切相关的，还有独特的宗教文化和教会组织实践。这种差异超出了新教和天主教之间的区别。不只是传统新教，还包括对英国国教持异议以及要求废除国教的那些新教教派，如苏格兰长老

---

⑥ Anthony Di Masico, *The Idea of Popular Schooling in Upper Canada: Print Culture, Public Discourse, and the Demand for Education* (Montreal: McGill-Queen's University Press, 2012).

会、新英格兰公理会、美国浸礼宗、盎格鲁卫理公会等，都与魁北克英语社区学校教育和识字率的广泛普及有关。关键是他们都不信奉国教，这一传统的重要性在于较低程度的等级化和权力结构的分散，它给予每个教派负责任的成员以相当大的自主权，让他们自行决定是否、如何以及在谁的监督下创办学校。相对的组织自主权将非国教派与圣公会（无论是天主教会还是英国圣公会）区别开来。在圣公会中，开展教育事业取决于能否获得许可并接受各等级主教的监督。事实证明，教会结构的这些差异对学校的组织具有重要意义。基本而言，非国教派的结构有助于地方的公共决策和进取心，使普通家庭能够为自己的目的筹措资金，并投资于地方学校和机构建设。

然而，为地方公共事业筹资和投资的能力不仅取决于占主导地位的教会结构，还取决于地方的政治经济状况。具体来说，它取决于普通家庭处置劳动剩余的控制力。对美国各地区学校组织和经费的比较分析表明，财富在相对独立的农村家庭中若能更广泛地进行分配，则能促进对普通学校教育更高水平的投资。在这一点上，政治经济状况也导致了魁北克农村学校教育的不同模式。直至19世纪中期，在大部分法语农村地区，农业生产是在庄园土地制度的结构中进行的。按照这一制度，大多数普通农户要将其劳动剩余以年租形式偿还给地主，地主不仅包括个人，还包括天主教教团和机构。天主教会的权力和庄园主土地租赁之间的相互加强，造成了大部分法语农村与英语农村之间的差异，进而对教育产生重大影响。正如柯蒂斯在谈到讲法语的魁北克时指出的那样："教会和庄园制度共同复制了农民的无知，原因无他，就在于教会和庄园主榨干了农村的剩余产品，而制度化的学校教育恰恰依赖于剩余产品的供应。”⑦

19 世纪 20 年代至 70 年代州教育系统的发展

19 世纪二三十年代，北美各地都曾在言辞上做出承诺，对公共资助普通教育的理念表示支持。然而，至少到 19 世纪 50 年代，人们对于这一理念在实践中究竟意味着什么仍有相当大的争议。存有争议的问题包括，如何对这种学校进行资助、资助多大规模、接受何人管理、依据哪些原则等。从 1850 年到 1870 年，对这些结构性问题的回答基本
169 定型。尤其是对教会和国家在教育方面的关系上，这三个主要国家都重新做了定义。不过在各国内部，这种关系的具体状况又因地而异。

具体来说，在 19 世纪二三十年代流行的是这样一种理念，即中央政府不仅应当资助面向穷人的慈善教育或面向特权阶层的学术学习，而且还应该支持甚至保障所有人的基础教育。在墨西哥，1821 年独立运动的领导人就阐述了这一理念。早期研究 19 世纪 20 年代墨西哥独立运动的英语编年史家曾记录说，旧政权之下的政策旨在“让人民处于无知之中”。相反新政权则宣称，“没有教育就没有自由；教育越是扬播天下，自由越是坚不可摧”。与之类似，到 1830 年，上加拿大地区越来越多的人将“欧洲老式、昂贵的教育机构”与美洲新式、更易得的模式区分开来，前者只是为少数人保留了学习机会，而后者则承认“智慧是广大人民值得拥有的品质”。与此同时的美国，早在 19 世纪初，新的各州宪法就普遍宣布：为了维护“自由政府”，必须“通过社区普

⑦ Roderick MacLeod and Mary Anne Poutanen, *A Meeting of the People: School Boards and Protestant Communities in Quebec, 1801-1998* (Montreal: McGill-Queen's University Press, 2004); Nancy Beadie, *Education and the Creation of Capital in the Early American Republic* (New York: Cambridge University Press, 2010); Curtis, *Ruling by Schooling Quebec*, 241.

遍传播”知识，因此立法机构有“责任”“鼓励”学校和教育手段的发展。⑧

尽管早期的相关言辞趋于一致，但国家“鼓励”教育的含义为何仍存争议。马萨诸塞经常被称为美国公共学校的先驱，但该州立法机构直到19世纪30年代中期才将学校教育的实际财政和管理权完全交给地方。其他一些州早在18世纪70—90年代就出现了州一级的学校基金。但大多数情况下，这些资金要么用于资助穷人的慈善学校，要么用于支持郡县高中开展高层次教育。纽约州于19世纪一二十年代、宾夕法尼亚州于19世纪30年代才分别根据公共学校法案建立了州一级的基金和行政机构，为大众基础教育提供系统性支持。

然而，与1821年独立的墨西哥和1866年独立的加拿大一样，美国也是一个由多个殖民地组成的联邦国家，不是统一的民族国家。因而系统的公共学校法案和学校管理是在州而非全国范围内发展起来的。由此导致地区差异极大。一般来说，美国东北部各州在南北战争前（1861—1865）首先形成了州级和全州范围的公共学校教育管理和资助制度，东南部紧随其后，至于中西部和西部的新领地，国家影响在这里要更强一些。早在17世纪80年代，美国在西部获得新领地时，就把从美洲原住民那里征用的一部分土地专门用于支持学校，以鼓励（白人）定居。不过最终还是由各州政府来制定条款，将联邦赠款转化为对地方学校的支持，这是一个持续了数十年的实施过程。

加拿大和墨西哥的公共教育制度也出现了地区差异。1833年，墨西哥合众国副总统瓦伦丁·戈麦斯·法里亚斯制定了一项广泛的全国教育计划。该计划要建立培训男女教师的师范学校，以及教授阅读、

---

⑧ John Milton Niles and Hezekiah Huntington, *A View of South America and Mexico* (New York: H. Huntington Jr., 1825), 1: 138-139; DiMascio, *The Idea of Popular Schooling*, 142-157; David Tyack, Thomas James, and Aaron Benavot, *Law and the Shaping of Public Education, 1785-1954* (Madison: University of Wisconsin Press, 1987), 43-76.

写作、算术与“政治和宗教教义问答”的小学，所有这些学校都由公共资金支持，并在州政府的监督下运作。不过联邦政府只在墨西哥城
170 的联邦管辖区内直接行使办学权。在该辖区内，联邦政府可以发布教育政策。但这对墨西哥联邦的其他各州来说，更多是示范性而非指令性的。

法里亚斯是墨西哥一位重要的自由主义领袖，在1833—1846年期间曾五次短暂地担任总统。与他相关的政策还包括将上加利福尼亚州的传教会世俗化及对军队与教士特权的限制，为此他没收了教会土地，并依靠国家权威重组了墨西哥大学。尽管法里亚斯的改革表面上相当激进，但学者们强调，在墨西哥独立前后，实际的教育组织依然具有相当大的延续性。牧师经常充任州督学，帮助执行州政策，而现有的教会和私立学校，则通过州权力之下地方当局的委托，继续实际承担大部分的教学活动。此外，19世纪40年代末至60年代末，由于内战和外国（美国和法国）侵略造成的财政困难，墨西哥的国家中央集权教育政策一再受到破坏。[9]

这种情况与同时期的美国和加拿大并无太大差别。在美国，19世纪30年代初，各州在口头上和立法上做出了强有力的承诺，支持公共教育，但1837年大恐慌[4]之后，州一级的学校资金又经历了很长一段时期的缩减、冲突和挪用情况。19世纪三四十年代也是一个政治冲突加剧的时期，期间州级政治领导层在对立党派之间频繁更迭，使得公共经费普遍缺乏稳定性。直到19世纪50年代中期的第二轮改革运动和

---

[9] Mary Kay Vaughn, “Primary Education and Literacy in Nineteenth-Century Mexico: Research Trends, 1968-1988,” *Latin American Research Review* 25, no. 1(1990): 31-66; Victoria-Maria McDonald, *Latino Education in the United States: A Narrated History from 1513 to 2000*(New York: Palgrave Macmillan, 2004).

[4] 指美国1837年爆发的经济危机。

立法之后，这些问题才在美国一些州得到实质解决。[10]

同样，19 世纪 30 年代末和 40 年代初的加拿大也经历了严重的政治危机，学校政策成为各省议会与殖民地行政委员会和总督争论的焦点。1837—1838 年叛乱导致政府对小学教育的资助在上、下加拿大消失了六年之久。虽然 1842 年后，州一级的资助又开始恢复，但在学校政策上的激烈冲突仍在继续。19 世纪 40 年代，在上加拿大，几乎每年都有一部新的学校法生效和（或）被殖民执行当局拒绝，每部法律都规定了不同的行政结构。直到 1850 年的《学校法》（1853 年作了一些修订），这些关于初等教育的公共支持和监督的条款才得到一定的解决。

所解决的问题主要是学校的资金和管理结构，由此也就包括了冲突管理的规模、条款和程序。被称为“学区”的地方单位，大多与城镇或庄园相邻，它们或多或少得到了永久性地位。这些学区有明确的边界，可以行使地方征税权，拥有法人权力来确保财产所有权，还有选举官员、决定教师的雇用、解雇和课程等许多事项的权力。在县一级，委派教育委员会负责收集学校运行报告，接收和分配省级公立学校资助，开展学校检查，并调解基层未能解决的纠纷。

尤其是上加拿大地区，在埃格顿·赖尔森（1844—1876 年任上加拿大地区公立学校总督学）的领导下，1850—1871 年该地区的学校运行平稳。赖尔森也在此期间成为上加拿大英语区“公共”教育愿景的
主要代言人。这一愿景以公共课程（包括读、写、算）为基础，并在 171
整个过程中注入了“自我管理”的原则，赖尔森称之为“共同的基督

---

[10] Carl Kaestle, *Pillars of the Republic: Common Schools and American Society, 1780-1860* (New York: Hill and Wang, 1983); F. H. Swift, *A History of Public Permanent Common School Funds in the United States, 1795-1905* (New York: Henry Holt, 1911); F. H. Swift, *Federal and State Policies in Public School Finance in the United States* (New York: Ginn, 1931).

精神”。柯蒂斯认为，在这一过程中，“公共教育中的‘公共’（common）一词，从‘基本’或‘平常’转变为‘共有’或‘集体’之意”。换言之，建立一个稳定的公立学校资助与组织体系，其结果是出现了一种新的规范性理想，即公共学校所能达成之目标。通过倡导公共课程和公共自律，上加拿大地区的不同人群将被锻造为“公共的”大众群体。这一理念中不仅蕴含着文化趋同的观念，而且蕴含着社会混合甚至社会平等化的观念。在赖尔森的表述中，公共教育意味着将“穷人置于富人同一水平上”。通过在平等的层面上进行社会接触和交往，不同社会阶层、不同宗教的成员将实现一定程度的社会和政治和谐。[11]

与上加拿大地区一样，1845年以后的美国也在公立小学教育的标准原则与结构方面出现了趋同现象。尤其是在美国各州宪法和法律关于公共学校体系的描述中，有三个原则经常出现。第一个原则是，州教育系统内应实行“免费”，意即通过“财产税和其他税收”给予全额资助。1845年，一些州的宪法中出现了这条原则，其中包括南部的德克萨斯州和路易斯安那州。第二个主要的规范性创新是，依照州的法律而建的学校教育系统应该是“统一的”和“公平的”。统一的地区学校制度将使州内的每个人都有同样的机会，这样完全靠各地方自发资助学校或决定入学条件所导致的那种不平等就不会出现。1848年后，这一观念开始出现于中西部和西部各州的宪法中。第三个创举是将公共教育中的非宗派主义原则正式写入法律。这是在19世纪40年代末到50年代首先在中西部和西部地区发展起来的，1876年的科罗拉多州宪法将其发展到顶峰。这些规定包括禁止使用公共资金支持教派机构，禁止接受公共资金的机构在雇用教师或录取学生时进行宗教宣誓或考验，以及禁止要求教师或学生参加宗教仪式。

---

⑪ Bruce Curtis, *Building the Educational State: Canada West, 1836-1871* (London: Falmer Press, 1988), 108, 111.

1850—1876 年，墨西哥也针对政教关系进行了重新谈判和法律修订。1857 年的新联邦宪法和随后的改革法案明确规定政教彻底分离。该法废除了教会法人的财产权，禁止神职人员参与公共教育，并成立了新的联邦司法和公共教育部。然而，这一禁令仅限于联邦辖区。其他地区的保守势力和天主教会对这种立法进行了相当程度的抵制。

在天主教和法语主导的下加拿大地区，1850—1876 年，也对政教关系进行了法律修订，但结果不同。虽然上、下加拿大地区经由地方选举产生的行政和税收当局基本结构相似，但当局的权力行使却导致了两种不同的道路。赖尔森在安大略省使单一、统合、“公共”的公立学校系统稳定了下来，而魁北克省却从制度上构建了新教、天主教并立的双元公立教育系统。这种分异性制度路径的要素出现在了 19 世纪 40 年代的立法中，该立法首次为上加拿大和下加拿大的公共教育系统设定了结构性条款。从一开始，这项立法就包含了一个“异议条款”， 172
允许某个城镇或地区里的宗教少数派退出地方学校当局，并获得一部分公共资金单独建立学校。表面上看，该条款是中立性质的，它对东部城镇的天主教少数派、法语区的新教少数派，甚至对英国国教辖区内的少数非国教派同等适用。然而在 19 世纪五六十年代，随着法国人在魁北克统治地位的提高，异议条款对新教教徒而言变得更加重要。蒙特利尔和魁北克两市从 19 世纪 40 年代中期就开始按照慈善学校的模式建立独立的天主教和新教学校委员会。到 1859 年，省一级的分离也已制度化，既要设置单独的师范学校，也要在公共教学委员会中有各宗教指派的代表。19 世纪 60 年代中期，随着加拿大联邦谈判的进行，新教教徒提出了设立自己的督学、控制自己学校和税款的诉求。这一诉求在 1867 年《英属北美法案》第 93 条中得到实际体现，该条款在宪法中确立了少数群体（魁北克省的新教教徒、安大略省的天主教徒）享有单独教育体系的权利。对此魁北克采取的保障形式是，由各自的省级委员会管理各自的学校系统，这种安排持续了近一个世纪。

总之，早在19世纪二三十年代，在民众之中普及教育和智慧的价值、由公众支持公共教育的必要性，这些基本的理念已在整个北美的自由主义力量中广为流行。这一时期，各省（州）和殖民地政府进行了第一次实验，让国家来建构和执行“全民”学校教育的系统性支持和管理。然而，事实证明，在19世纪30年代末至40年代初的经济萧条之下，以及伴随而来的关于国家权力的激烈斗争和冲突，这一时期的许多类似实验都遭遇了重大挫折。在19世纪五六十年代，各省（州）政府对小学教育进行公共支持和管理的基本结构和原则愈发稳定，并越来越多地被写入宪法和法律中。到19世纪70年代，这些原则包括：州立法机构负责建立公立学校系统；这些学校应侧重于普及基础教育；每个地方都应提供这种学校；普通人的学校应是“免费”的，并在公平的基础上向所有人开放；这些学校应得到国家和地方包括税收在内的资金支持；这种公共资助学校应体现某种形式的宗教自由思想，尽管这种思想的含义在天主教的魁北克省与北美的新教中完全不同。

19世纪70年代到20世纪40年代教育政策的国家化

从19世纪70年代到20世纪40年代，教育作为国家政策的重要性在北美三个主要国家中都显著提高。这三个国家都共同面对着将广阔国土和不同种族整合为统一的民族国家的挑战，也奉行着相似的教育
173 理念、政策和战略。在墨西哥，波菲里奥·迪亚斯政权的领导人于1888年推动通过了一项关于初等教育的联邦法案，旨在建立一个真正全国性、义务性、统一的学校教育体系。同样，19世纪80年代的美国也几乎要建成一个真正的全国性公共教育资助和监督体系。当然，在加拿大，联邦本身就是这一时期国家化的产物。同时，加拿大、美国和墨西哥的联邦政府都实施了针对原住民教育的重大国策。然而，尽管有许多相似之处，早期的偶然事件还是继续影响着三国在国家层面

不同的教育决策模式。

19世纪末20世纪初，墨西哥波菲里奥·迪亚斯政权的教育政策呈现出了明显的国家化倾向。在迪亚斯1876年登上总统宝座之前，墨西哥经历了几十年的外国干预和内战。当自由主义势力于1861年和1867年驱逐法国人而再次掌权时，他们重新确立了联邦政府致力于公共教育的目标，即免费、世俗、普及以及（表面上）强迫性的公共教育。然而，19世纪60年代的公共教育法仅在联邦辖区中有效，它们还受制于水涨船高的公共债务。直到墨西哥内战结束使得美国重新成为墨西哥的主要债权人、墨西哥政府在与美国商业利益集团结盟从而集中了资源和权力之后，大量、稳定的国家教育投资才得以可能。正如玛丽·凯·沃恩所报告的那样，在1878年至1910年期间，教育支出的绝对值和占联邦与州预算的相对值都有所增加，前者更是增长了近12倍。学校数量和入学人数也在同期增加了，小学学校数增加了1倍多，入学人数增加了3倍多。[12]

同时，各地区的学校条件仍然很不平衡。北部边境各州随着混合经济和城市化的迅速发展，为学校教育文化提供了强大支撑。相比之下，像尤卡坦州这样的南部经济体，依赖于原住民劳动力的劳役偿债制度，将大部分的学校资源集中于少数管理阶层。中部各州拥有大量在庄园制度下工作的劳动者，那里对学校的投资很少，入学和识字率也很低。有证据进一步表明，波菲里奥时期农村和城市化地区的教育供给差距有所拉大。原因之一是小地主的土地被没收，这往往以牺牲集体的村镇机构为代价。第二个原因是农业部门对童工需求的压力增加。第三个原因是联邦资助的实际行动。尽管波菲里奥时期教育管理的结构更加集中，但所有的联邦资金仍然流向了联邦区及其领地，而

⑫ Mary Kay Vaughn, *The State, Education and Social Class in Mexico, 1880-1928* (DeKalb: Northern Illinois University 1990).

将改善各州的教育工作留给了资源参差不齐的地方政府。这样一来，教育经费的增加实际上加剧了地区间的不平等。[13]

虽然加拿大与美国的核心和边疆地区的学校组织、入学率和识字率总体水平普遍高于墨西哥的相应地区，但在联邦对边疆地区教育的影响程度和限制上，三个国家都发生了相似的斗争。在加拿大，1867年的《英属北美法案》规定了在该领域内何种公立学校应被管理的条款。这些条款将学校的管理和经费下放给省级地方，同时保留了联邦一级的权力，如果省级立法机构违反了有关宗教和语言少数群体权利
174 的宪法原则，那么联邦有权否决。其后的事件则证明，容易行使这些权利的，只有那些在联邦成立时将之写入法律的省份，如东加拿大和西加拿大❺，而非那些联邦成立之前的省份（新斯科舍省和新不伦瑞克省）或此后才加入联邦的地区。联邦成立之后经历了漫长的谈判，谈判涉及了少数群体的权利，但更广泛的是关于联邦政府在边疆地区界定和执行这种权利的权力。[14]

这种结果可以解释为教育方面中央权力的软弱。但正如学者们越来越多地指出的，权力的分散并不一定就是权力的削弱。历史社会学家帕芙拉·米勒引用一项关于17世纪英国军事力量的研究，认为分权制国家不一定是软弱的，分权制也可以迸发出巨大的力量，能够从分散的地方调动财富和人力。政治学家和历史学家基于类似思路对美国进行了重点分析。他们认为，正如布莱恩·巴洛夫所说，美国的国家治理模式是作为一个“看不见的政府”发展起来的。国家政府通过一系列的土地政策、商业法规、宪法规定、法院判决和外交政策，设置

---

[13] Ibid.

❺ 即下加拿大和上加拿大。

[14] Manoly R. Lupul,“Educational Crisis in the New Dominion to 1917,” in *Canadian Education: A History*, ed. J. Donald Wilson, Robert M. Stamp, and Louis-Philippe Audet (Scarborough, Ontario: Prentice-Hall, 1970), 266-287.

了一系列结构性条件，使各州政府和非政府组织即使不受联邦政府的集中指导，也能实行全国性政策。从这个角度看，1870—1940年北美各国仍经历了发展“国民教育制度”的复杂过程，即便它们并不存在强大的中央集权式联邦教育权威。[15]

在美国，这一过程发生于南北战争后的一个较长时期内。受南部重建问题的影响，国会在战后制定全国性政策时也考虑了国家一体化的其他问题，如改变全国印第安人政策、关注城市移民问题，以及由国家专业组织长期推动标准化教育等。内战本身为推进全国教育议程提供了契机，因为南方各州的分离暂时改变了国会的权力平衡，使得三个具有全国意义的教育法案得以在没有南方反对的情况下获得通过：1862年的《莫雷尔法案》将联邦土地用于支持各州的农业、工业和科学教育机构；1865年建立难民、自由民及被弃土地局，以及1866年支持被解放奴隶教育的法案；1867年建立联邦教育部的法案，该部受委托收集美国各州和领地教育状况的全国性数据。

新成立的美国联邦教育部侧重于数据收集，体现了“看不见的政府”观念。它虽然没有正式的权力，但却通过颁布规范标准和分类系统塑造了“国民”教育政策，这些标准和分类成为日后立法的基础，也成为阐明国家政府在教育方面责任的喉舌。这些责任涉及南方重建

---

⑮ Miller, *Transformations of Patriarchy*; Brian Balogh, *A Government Out of Sight: The Mystery of National Authority in Nineteenth-Century America* (Cambridge, UK: Cambridge University Press, 2009). Other key articles and texts generally associated with this historiographical body of work include William J. Novak, "The Myth of the 'Weak' American State," *American Historical Review* 113 (June 2008): 752-772; Peter Baldwin, "Beyond Weak and Strong: Rethinking the State in Comparative Policy History," *Journal of Policy History* 17 (2005): 12-33; Elisabeth Clemens, *The People's Lobby: Organizational Innovation and the Rise of Interest Group Politics in the United States, 1890-1925* (Chicago: University of Chicago Press, 1997); Richard Franklin Bensel, *Yankee Leviathan: The Origins of Central State Authority in America, 1859-1877* (New York: Cambridge University Press, 1990).

和西部领地的教育政策，也包括从19世纪80年代开始、由联邦管理的美国原住民寄宿学校系统建设工作。国会成员们在认识到南方财政资源有限以及白人对普及自由民教育的强烈抵制后，也开始起草立法，
175 由联邦为教育提供资金并进行监督。1871—1890年，国会审议了20项旨在建立国民教育体系的法案，其中一些法案只得到参众两院之一的批准，却被另一院否决。19世纪80年代进行过5次表决的《布莱尔法案》在1884年和1886年曾两度几近通过，但最终未获成功。重要的是，这些拟议措施涵盖了各领地和各州的教育，影响到了美洲原住民、墨西哥裔美国人、西部的白人移民，以及南部的白人和非洲裔美国人。[16]

19世纪70年代到20世纪30年代，北美三个主要国家都将原住民教育作为制定全国性政策的核心目标。加拿大在1867年的立法明确规定了联邦政府对印第安人及其保留地的管辖权。1876年的《印第安人法》进一步阐述了这一责任条款，并明确关注教育问题。与美国一样，加拿大联邦政府历来将界定这项工作的责任留给教会和传教士组织。1883年，在调查了美国的类似机构后，加拿大联邦政府启动了一项新的“工业寄宿学校”计划。但在加拿大，部分由于宗教政治的原因，部分由于预算的压力，“新”工业寄宿学校计划还是由教会和传教士组

[16] Gordon Canfield Lee, *The Struggle for Federal Aid, First Phase: A History of the Attempts to Obtain Federal Aid for the Common Schools, 1870-1890* (New York: Teachers College, Columbia University Press, 1949); Ward M. McAfee, *Religion, Race, and Reconstruction: The Public School in the Politics of the 1870s* (Albany: State University of New York Press, 1998); Williamjames Hull Hoffer, *To Enlarge the Machinery of Government: Congressional Debates and the Growth of the American State, 1858-1891* (Baltimore, MD: Johns Hopkins University Press, 2007), 89-143; Henry W. Blair, *National Aid in the Establishment and Temporary Support of Common Schools: The Education Bill* (Washington, DC: Government Publications, 1887); Donald Warren, *To Enforce Education: A History of the Founding Years of the United States Office of Education* (Detroit, MI: Wayne State University Press, 1974).

织来管理运营。特别是在最初的四十年里，联邦关于这类学校的政策在全国范围内受到天主教徒和非天主教徒之间冲突的影响，而竞争性的联邦生均经费资助则进一步加剧了这种冲突。

从跨国的角度来看，这一时期在国民教育决策中值得注意的是，北美三个主要国家的联邦政府都在制定公共教育的统一标准上失败了。这一失败产生了重大影响，至今仍在教育与决策的结构和文化中发挥着作用。失败的后果之一是美洲原住民的教育被正式隔离。可以说，在美国或加拿大，唯一直接在联邦管辖下发展起来的教育系统，恰恰是面向原住民的。⑰

这一失败的第二个后果是重申了州级教育主管部门正式的自主权。在美国，它激发了州一级在1890—1930年的显著活力。同时，美国与墨西哥一样，州一级的自治加强了在资源不同的各州之间及各州内部具有不同政治影响力人群之间的实质性不平等。具体来说，在南方，由于未能建立起国民教育系统，以及同时出现的“吉姆·克劳投票法案”❻，导致了对非洲裔美国人教育投资的极度匮乏。1890年以后，任何旨在确保被剥夺选举权的人口（无论是南部的非洲裔美国人还是西部的墨西哥裔美国人）接受教育的“国家”干预政策，都由工业慈善家和改革者财团推行。少数族裔试图依靠联邦政府的影响力来解决侵犯公民权利的问题，但这在20世纪40年代和50年代之前几乎完全没

⑰ *The Historical Development of the Indian Act*(Ottawa:Treaties and Historical Research Centre, P. R. E. Group, Indian and Northern Affairs, 1978); J. R. Miller, Shinwauk's Vision: A History of Native Residential Schools (Toronto: University of Toronto Press, 1996); David Wallace Adams, *Education for Extinction : American Indians and the Boarding School Experience ,1875-1928*(Lawrence: University Press of Kansas, 1995).

❻ 泛指1876—1965年间美国南部各州以及边境各州对有色人种实行种族隔离制度的法律。

有成功过。[18]

在墨西哥，这种不平等最终导致了革命。为农村赋权、接受教育，这是 1910—1917 年墨西哥革命的核心任务。革命后，联邦政府实施了一项全面的教育计划，首次将联邦教育资金和人员扩大到了联邦地区以外。它围绕州级行政结构开展工作，有效建立起竞争性机构。1920 年，联邦政府发起了一场扫盲运动，招募了 2000 名教师深入乡村教育
176 农民。这种世俗性的传教式举措成为日后建立农村学校系统的切入点，该工作是在 1921 年成立的新公共教育部领导下独立进行的，属于联邦负责管理的项目。原住民教育是其明确的目标之一。到 1924 年，已经建立了数千所新的学校，联邦预算中用于教育、特别是农村教育的比例大幅增加。

坦率地说，如其组织者所设想的那样，这些农村和原住民教育措施的最初目标就是为了同化：让原住民“墨西哥化”和“现代化”，使其“融入……主流欧洲文化”。然而，这一概念也包含着对美国印第安人教育政策的批判，从墨西哥民族主义的角度出发，美国的美洲原住民寄宿学校系统似乎与主流发展相隔绝，因此注定会阻碍墨西哥的发展，而不是提高其国际竞争地位。因此，联邦官员倡导的是那种让原住民更充分融入国家的乡村教育愿景。虽然这一愿景最初是为拉美混血人口[7]和文化而提出的，但它也为替代性教育方案奠定了基础。由于原住民领袖和教师的部分参与，一些联邦学校成为针对土地改革、工

---

[18] Tracy Steffes, *School, Society, and State: A New Education to Govern Modern America, 1890-1940* (Chicago: University of Chicago Press, 2010); Robert A. Margo, *Race and Schooling in the South, 1880-1950: An Economic History* (Chicago: University of Chicago Press, 1990); James Anderson, *Education of Blacks in the South, 1865-1935* (Chapel Hill: University of North Carolina Press, 1988); McDonald, *Latino Education in the United States*; Carlos Blanton, *George I. Sanchez: The Long Fight for Mexican American Integration* (New Haven, CT: Yale University, 2014).

[7] 这里指的是拉丁民族和印第安民族的混血人口。

人权利和资源重新分配等问题的活动场所。

墨西哥化的举措与同一时期美国的美国化计划相向而行，并在某些方面做出了回应。墨西哥和美国的教育思想家与领导者们也进行了直接的思想交流。例如，20世纪20年代，墨西哥教育部副部长莫伊塞斯·萨恩斯就在哥伦比亚大学师范学院学习。他吸取了约翰·杜威、法兰兹·鲍亚士等人的思想，为墨西哥提出了一种以基于社区的行动主义为基础、以重建社会和政治关系为重点的国民教育愿景。与此同时，美国的知识分子关注的是阶级分化、种族隔离以及墨西哥人在美国遭受排斥等问题，他们把革命的墨西哥看作典范，以此说明对于联邦政府而言，将创建完整、多元的民主政治作为审慎的国家政策究竟意味着什么。[19]

尽管墨西哥化和美国化的项目在国家公民教育的目标方面相向而行，但它们在制度结构上也有所不同。在墨西哥，该项工作由中央集权的国家政府牵头，开发出自己的教师、建筑和课程等基础制度，以取代省属学校和独立学校。而美国的这项工作主要是由非政府组织发起、设计和推动的，如美国革命女儿会、商务局、全国妇女俱乐部联合会、美国退伍军人协会、全国教育协会，以及移民组织本身。这些组织以其联邦式的结构，特别适合借助美国分权的管理结构来实施

---

⑲ Vaughn, *The State, Education and Social Class in Mexico*; Mary Kay Vaughn, *Cultural Politics in Revolution: Teachers, Peasants, and Schools in Mexico, 1930-1940* (Tucson: University of Arizona Press, 1997); Andrae Marak, *From Many, One: Indians, Peasants, Borders, and Education in Callista Mexico, 1924-1935* (Calgary: University of Calgary Press, 2009); Elsie Rockwell, "Schools of the Revolution: Enacting and Contesting State Forms in Tlaxcala, 1910-1930," in *Everyday Forms of State Formation: Revolution and the Negotiation of Rule in Modern Mexico*, ed. Gilbert M. Joseph and Daniel Nugent (Durham, NC: Duke University Press, 1994), 170-208; Stephen E. Lewis, *The Ambivalent Revolution: Forging State and Nation in Chiapas, 1910-1945* (Albuquerque: University of New Mexico Press, 2005); Ruben Flores, *Backroad Pragmatists: Mexico's Melting Pot and Civil Rights in the United States* (Philadelphia: University of Pennsylvania Press, 2014).

“国家”政策。它们在多个层次上同时运作，动员了地方、州和国家各级的选民。虽然联邦机构及其政治领导人在支持和协调这些举措方面发挥了重要作用，但他们并没有正式的教育权威。相反，他们通过一个复杂的过程，有选择地加强非政府组织的活动。

当联邦政府确实介入教育领域时，通常与经济政策有关。其结果是，美国劳动力市场和地产市场的分割性、歧视性，往往会因其国民教育政策而得以强化。例如 20 世纪第一部重要的联邦教育立法，直接
177 向各州提供了大量用于职业教育的资金。这些项目扩大了一些人的机会，但却高度受制于种族、阶级和性别结构。20 世纪 30 年代，旨在稳定就业的新政政策通过补贴贫困青年入学扩大了教育机会。然而联邦住房政策却有意促成了社区和学校中的种族隔离。同时普通教育委员会、南方教育委员会、罗森瓦尔德基金会和卡内基基金会等政府外组织继续推动相关政策，旨在扩大被剥夺公民权人口的教育和工作机会，但这却往往强化了种族、阶级和性别的隔离和歧视。[20]

受 20 世纪初的民族主义的驱动，加拿大采取了许多与美国相同的形式，包括在教室里向国旗敬礼、开展职业教育等。和美国一样，这些政策是在省和联邦两级层面由政府和非政府组织之间的合作发展起来的。但是在结构上加拿大有一个重要方面与美国不同。与美国相比，加拿大在省一级实现了更大程度的标准化。到第一次世界大战时，各

---

[20] Nathan Grubb and Marvin Lazerson, *The Education Gospel : The Economic Power of Schooling*(Cambridge, MA: Harvard University Press, 2004); Harvey A. Kantor, *Learning to Earn : School , Work , and Vocational Reform in California , 1880-1930* (Madison: University of Wisconsin Press, 1988); Anderson, *Education of Blacks*; Adams, *Education for Extinction*; Jane Bernard Powers, *The “Girl Question” in Education : Vocational Education for Young Women in the Progressive Era* (London: Falmer, 1992); John Rury, *Education and Women's Work : Female Schooling and the Division of Labor , 1870-1930* (Albany: State University of New York Press, 1991); Kim Tolley, *The Science Education of American Girls : A Historical Perspective*(New York: Routledge Falmer, 2003).

省的督学系统负责推行了统一的学习课程、教科书和考试，而在美国大多数的州，城市、县和农村学区保留了得到州当局正式认可的高度自治权。第一次世界大战前省（州）级教育模式的些许差异，反过来又为20世纪中叶不同的国民教育决策模式奠定了基础。在加拿大和美国，第二次世界大战和冷战导致联邦政府加大对教育的投资和干预力度。然而，在加拿大，建立在联邦基础上的对少数族裔教育权利的历史性强化，继续引导着国家决策的更大结构。由此在1940年加拿大开始实施一项国家公民教育方案，该方案借鉴了进步主义和跨文化的观念（这些观念曾影响到墨西哥和美国的教育政策）。不过，加拿大是以从国家层面承诺支持甚至推动语言与文化多元化的方式来实施这一方案的。[21]

总 结

20世纪50年代、60年代和70年代是美国和加拿大教育领域国家政策发展的重要时期。尤其是在美国，联邦法院的裁决和立法的结合，对先前已确立的政府外模式进行了前所未有的联邦干预。例如1954年布朗诉教育委员会案的裁决，以及此前历史上曾出现过的诉案，如全国有色人种促进会以及代表其他少数群体的组织（如拉美裔美国公民联盟等）的诉案等，针对这些诉案的法庭裁决基本上解决了重建时期未完成的任务，将平等的教育机会列为联邦的公民权利。作为对上述事件的部分回应，国会在教育决策制定方面变得更加积极，颁布了相关法案为各州提供联邦资金，用于支持聚焦于国家确定需求的项目，

㉑ Robert M. Stamp, "Government and Education in Post-War Canada," in Wilson, Stamp, and Audet, *Canadian Education*, 444-470; Reva Joshee and Lauri Johnson, *Multicultural Education Policies in Canada and the United States* (Vancouver: University of British Columbia Press, 2007)

如特殊教育、数学和科学教育、贫困儿童的“补偿”教育和双语教育。在学龄人口规模及其教育持续性都在剧烈增长的时期，这些项目有效地对州教育部门和地方学区进行了重新定位，使之转向作为潜在资金
178 来源的联邦政府上。同时，1964 年的《民权法案》增加了联邦政府的影响力，要求它提供所有被最高法院当时或此后界定为公民权利问题的实质性教育服务。

尽管如此，美国国家教育政策本质上的政府外结构仍然存在。通过与加拿大的比较，可以看出这种结构的独特性。第二次世界大战后，加拿大和美国一样，以“国防”名义增加了联邦对教育的投资。然而，在这些国家化政策之后，加拿大放弃了建立国家教育部的想法，而是发展出代表制的决策模式。在这种模式下，省级的教育部门通过省际合作而不是通过自上而下的中央管理机构来协调政策，这种关系在 1967 年以加拿大教育部长理事会[8]的方式被确定下来。由于加拿大各省系统内实现了更大程度的标准化，这种结构使各省学校官员有了直接制定国家政策的途径。相比之下，在美国，负责办学的教育工作者和学校官员对国家政策没有直接的影响。相反，国家政策是由政治家、行业代表、慈善基金会和游说组织制定的，它们在很大程度上不承担任何正式的学校责任。同时，教育工作者在其专业领域内也被视为另一个有组织的压力集团。因此，“看不见的政府”仍然是美国的国家教育决策模式，即使它依旧不断受到争论。

到 20 世纪中期，北美三个国家已经形成了三种不同的可称为“国民教育决策”的模式。在这些模式中，只有墨西哥模式可以说是体现了“国民教育制度”的典型含义：即一个标准化的学校教育系统，它具有共同的国家课程、财政结构和认证系统，并由集权式的国家政府执行。这种“集权式”结构与加拿大特有的“代表式”结构、美国国

[8] 由各省教育部长组成的协调教育事务的机构，总部位于多伦多。

民教育决策中“隐性”的政府外结构可以明显区分开来。

推荐书目

Adams, David Wallace. *Education for Extinction: American Indians and the Boarding School Experience, 1875-1928*. Lawrence: University Press of Kansas, 1995.

Anderson, James D. *The Education of Blacks in the South, 1860-1935*. Chapel Hill: University of North Carolina Press, 1988.

Axelrod, Paul. *The Promise of Schooling: Education in Canada, 1800-1914*. Toronto: University of Toronto Press, 1997.

Beadie, Nancy. *Education and the Creation of Capital in the Early American Republic*. New York: Cambridge University Press, 2010.

Curtis, Bruce. *Building the Educational State: Canada West, 1836-1871*. London: Falmer Press, 1988.

Curtis, Bruce. *Ruling by Schooling Quebec: Conquest to Liberal Governmentality—A Historical Sociology*. Toronto: University of Toronto Press, 2012.

Kaestle, Carl F. *The Evolution of an Urban School System: New York City, 1750-1850*. Cambridge, MA: Harvard University Press, 1973.

Kaestle, Carl F. *Pillars of the Republic: Common Schools and American Society, 1780-1860*. New York: Hill and Wang, 1983.

Lewis, Stephen E. *The Ambivalent Revolution: Forging State and Nation in Chiapas, 1910-1945*. Albuquerque: University of New Mexico Press, 2005.

MacDonald, Victoria-Maria, ed. *Latino Education in the United States: A Narrated History from 1513-2000*. New York: Palgrave Macmillan, 2004.

Marak, Andrae M. *From Many, One: Indians, Peasants, Borders, and Education in Callista Mexico, 1924-1935*. Calgary: University of Calgary Press, 2009.

McLeod, Roderick, and Mary Anne Poutanen. *A Meeting of the People: School Boards and Protestant Communities in Quebec, 1801-1998*. Montreal: McGill-Queen's University Press, 2004.

Miller, J. R. *Shingwauk's Vision: A History of Native Residential Schools*. Toronto: University of Toronto Press, 1996.

Steffes, Tracy L. *School, Society, and State: A New Education to Govern Modern America, 1890-1940*. Chicago: University of Chicago Press, 2012.

Vaughn, Mary Kay. *The State, Education, and Social Class in Mexico, 1880-1928*. DeKalb: Northern Illinois University Press, 1982.

Vera, Eugenia Roldan. "Towards a Logic of Citizenship: Public Examination in Elementary Schools in Mexico, 1788-1848: State and Education before and after Independence," *Paedagogica Historica* 46, no. 4(August 2010): 511-524.

Wilson, J. Donald, Robert M. Stamp, and Louis-Phillipe Audet. *Canadian Education: A History*. Scarborough, Ontario: Prentice-Hall of Canada, 1970.

第 11 章　国民教育制度：澳大利亚和新西兰

克雷格·坎贝尔　马克辛·斯蒂芬森

在 18 世纪末和 19 世纪初英国殖民化之前，澳大利亚和新西兰就有着悠久的原住民历史。然而，教育史家主要关注的是后殖民化时期的教育发展。这些殖民和后殖民时代的教育史，涉及新西兰的毛利人和澳大利亚的原住民及托雷斯海峡岛民。然而，研究和写作的关注点集中在白人/帕克哈人[1]的学校史和教育史上。 182

有两种史学传统颇具影响力。其中的“辉格”传统包含对帕克哈人/白人现代公立国民教育制度产生过程的关注。重要的主题和事件有：教会与国家的冲突、产生公共教育制度的议会法案、“伟大的白人男性”在制度建设和改革中的意义，以及重要教育机构的创立等。撰写者们通常将其陈述框定在一个相当简单的进步叙事中。这种叙事也可以视为经验主义传统的一部分，而经验主义传统很少考虑研究和分析的理论基础。尽管如此，从这种传统中产生的研究成果变化多样，既有引人瞩目和精致复杂的研究，也有古物研究。这其中包括很多非批判性的机构史。

第二种史学传统自 20 世纪 60 年代以来主要出现在英国、加拿大和美国，是对新的社会史和修正主义史学尝试的回应。这一传统倾向于

[1] 毛利人对在新西兰定居的欧洲白人的称呼，中文可表述为“新西兰白人”。

把受教育者（特别是工人阶级）和一般的教育工作者（如教师）作为研究的主题。其中许多引人注目的研究重点考察了性别议题，尤其涉及女童和女性。它还把儿童史、青年史和家庭史同教育史联系在了一起。[①]

1788 年，英国人率先到达澳大利亚新南威尔士的杰克逊港，开始进行殖民。新西兰最初是大新南威尔士的一部分，1840 年成为一个单独的英国直辖殖民地，但此前的白人经商者和殖民者早已成为新西兰
183 历史的一部分。这两个最初作为殖民地的国家，都有着和原住民“接触”的复杂而艰难的历史。早在 20 世纪初，澳大利亚和新西兰就基本上成为大英帝国和英联邦内独立的自治领。与新西兰不同的是，澳大利亚联邦政府直到 20 世纪 60 年代才开始对教育产生浓厚兴趣。

原住民教育

1815 年，英国圣公会差会牧师塞缪尔·马斯登针对悉尼附近的毛利人发起了首个系统性的教育倡议。此前一年，新西兰在岛屿湾成立了第一所教会学校。艾莉森·琼斯和库尼·詹金斯在研究新西兰白人传教士与澳大利亚和新西兰的毛利人之间的早期关系时，指认出两者

---

① For broad surveys of the historiography, see Bob Bessant, "'Progress' and Revision in the History of Education in the 1980s," *Discourse* 12, no. 1(1991): 67-84; Craig Campbell and Geoffrey Sherington, "History of Education," *Change: Transformations in Education* 5, no. 1(2002): 46-64; William F. Connell, "Research and Writing in the History of Education," in *Australian Education: Review of Recent Research*, ed. J. P. Keeves (Sydney: Allen and Unwin, 1987): 29-65; Gary McCulloch, *Education in the Forming of New Zealand Society* (Auckland: NZCER, 1986); Thomas O'Donoghue, "History of Education Research in Australia," *Paedagogica Historica* 50, no. 6(2014): 805-812; Roger Openshaw, Greg Lee, and Howard Lee, *Challenging the Myths* (Palmerston North: Dunmore Press, 1993); Roy Shuker, *The One Best System? A Revisionist History of State Schooling in New Zealand* (Palmerston North: Dunmore Press, 1987).

不同的教育安排。[2] 尽管马斯登是为追求职业前景来新西兰传教的，但毛利人则将传教教育视为对其丰富传统知识库的补充。然而，作为基督教机构，传教学校同毛利文化中蕴含的传统信仰和价值观是相抵触的。这些尝试反映了“种族”和“文明”在意识形态上的联系，这种联系在英国和其他欧洲国家中产生了辩论，并支撑了鼓吹种族和文化优越性的欧洲中心论调。它为殖民地国家的同化议程提供了基石。乡村传教学校把圣经译文作为课本，以宗教为基础进行欧洲式的读写教育。不过学校的语言仍是毛利语，毛利人热情而成功地接受了以印刷媒介进行的读写教育。

1840年《怀唐伊条约》❷ 签署后，新西兰成了英国直辖殖民地。殖民地化导致局势紧张，毛利人对学校教育的兴趣也随之减弱。官方对传教士的支持成为强制规定，根据1847年的《教育条例》，官方将提供财政支持协助建立寄宿学校。条例允许毛利人作为传教士和教师为其社区进行培训。在《怀唐伊条约》签署后的18年里，新西兰建立起自治政府，同时新西兰白人定居者的数量也超过了毛利人，这引发了毛利人与定居者之间的关系危机。在随后的土地战争期间，学校被废弃。1867年颁布的《原住民学校法》建立起国立日间学校系统，该系统在名义上由毛利人学校委员会负责管理。不过，1880年颁布《原住民学校令》又明确规定，为毛利学生开设的原住民学校，其最终目的就是同化，直到1969年，这种学校才被撤销。

约翰·巴林顿和蒂莫西·比格尔霍尔撰写的《变迁社会中的毛利学校》考查了传教士教育和国立教育，记录了这一系统和那些掌控者的官方话语。而最近的研究，要么对国家主导的原住民学校在殖民化

---

② Alison Jones and Kuni Jenkins, *He Kōrero—Words between Us: First Māori-Pākehā Conversations on Paper* (Wellington: Huia, 2011).

❷ 英国王室与毛利人签署的一份条约。

过程中所发挥的作用进行了批判，要么侧重于教师、学生和社区的日常经验和参与。这导致了在面对同化进程（及其衍生物）、适应和整合时，出现了关于抵抗、斗争和适应的更为微妙的故事。由于他们相对孤立，也由于毛利人试图塑造这一系统来满足自身需要，因此原住民学校能够以温和的方式为毛利人关于“什么算作是学校教育”的观点提供支持。③

184 毛利学校的关闭以及第二次世界大战后城市化和工业化的影响，把毛利人带入了新西兰白人社区，进入到几乎不讲毛利语的学校。对此，毛利人在部落长老们的支持下，从所谓的“亚麻根”（即社区）层面发起了一场运动，结果导致 1982 年惠灵顿建立了首个“语言温床”（Te Kohanga Reo）。这是毛利语振兴运动和在所有教育部门实行全浸式教学的开端。这场运动是在国家体制外发展起来的，是地方社区的有机组成部分。

澳大利亚原住民和托雷斯海峡岛民的学校教育问题有不同的表现。澳大利亚的原住民语言不是一种，而是近 300 种。由于殖民地政府和原住民之间没有签订任何条约，以及“无主地”的糟糕假定（即认为在英国入侵时，澳大利亚的土地并无主人），使得畜牧业和农业常常无节制地加以扩张。由于殖民者试图将原住民社区边缘化，边疆地区出现了严重的抵抗和暴力行为。这种环境不利于在原住民中开展欧洲式的

---

③ See John Barrington and Timothy Beaglehole, *Māori Schools in a Changing Society* (Wellington: NZCER, 1974). More recent insights into the operation and closure of the system include John Barrington, *Separate but Equal? Māori Schools and the Crown 1867-1969* (Wellington: Victoria University Press, 2008); Judith Simon, *The Place of Schooling in Māori-Pākehā Relations* (Auckland: International Research Institute for Māori and Indigenous Education, 2000); Judith Simon and Linda Smith, eds., *A Civilizing Mission? Perceptions and Representations of the New Zealand Native Schools System* (Auckland: Auckland University Press, 2001); Maxine Stephenson, "Closing the Doors on the Māori Schools in New Zealand," *Race, Ethnicity and Education* 9, no. 3 (2006): 307-324.

学校教育。

马斯登对澳大利亚原住民的态度与对毛利人不同，他认为前者在基督教化和教育方面毫无指望。殖民地的统治阶级逐渐形成了这样一种态度，即如果要将原住民儿童转变为基督徒以及忠诚、诚实的劳动阶级，就应该在他们还很小的时候将其从原初社区带走。如同孤儿学校这种最早的公立学校试图改造桀骜不驯的白人儿童那样，1815 年成立的原住民研究所也试图对原住民儿童进行同样的改造。这个机构并不是特别成功，因为很难说服家庭把孩子送进这样的地方。死亡和逃跑乃是家常便饭。然而，它给当地和欧洲的白人访客带来了一些安慰，他们很清楚殖民定居地区原住民社会被破坏的情况。从 19 世纪 80 年代开始，随着种族化的人类科学逐渐将儿童划分为纯血统或不同程度的混血等级，原住民儿童应脱离父母的政策在半个世纪甚至更长时间内得到了强化。这些孩子因为混血出身而从家庭中被带走，故而被称为“被偷走的一代”。20 世纪初，西澳大利亚的首席保护官 A. O. 尼尔基于这些理由，大力鼓吹系统性地把儿童从家庭中带走。

殖民地政府的早期政策是为原住民设立保护官和保护地。保护官是家长式的。在原住民保留地中，保护官以专制的方式进行统治，人们几乎没有任何行动、言论和结社的权利。在开办学校的地方，人们对学校的期望值很低，教师也往往不尽如人意。

19 世纪和 20 世纪初，教会传教士为原住民儿童开办了许多学校，在那个教会被视作向大多数白人儿童提供公共教育的适当角色的时代，上述举措具有超越性。原住民家庭往往会发现，很难让自己的孩子满意地接受学校教育。吉姆·弗莱彻追溯了新南威尔士州的学校根据“整洁、衣着和礼貌”政策排斥原住民儿童的行为。19 世纪 70 年代以后，该殖民地的种族主义政策更加明确。这些政策允许白人父母阻止原住民儿童进入公立学校。

澳大利亚原住民的学校教育史还很不完善，类似于艾伦·威廉姆森著《托雷斯海峡岛民的学校教育》这样的优秀成果凤毛麟角。该研究将原住民土地保有权的存续与文化复原力联系起来，对学校发展进行了颇具说服力的叙述，其中也包括讨论了传教活动和殖民国家合理
185 化政策的意外后果。近来联邦政府对北领地[3]原住民社区的“干预”，延续了澳大利亚原住民与非原住民关系的艰难历史。这些干预包括尝试推进强制入学。原住民儿童的入学率、成绩和离开学校后的就业率通常是全国最低的。澳大利亚各州和北领地的新政策鼓励使用和自主选择原住民语言，这一政策受到了欢迎。然而，尽管该国各地原住民的教育史在细节上有所不同，但许多困难仍具有共性。[4]

国家与教会、公立教育和私立教育

当初建立新南威尔士州这个英国殖民地，一定程度上是为了给英国和爱尔兰的罪犯一个去处。这便是澳大利亚早期殖民地教育的背景。与英格兰相比，政府在提供学校教育方面更加主动。教育之所以受到重视，是因为它有可能培养出一批经过改造的殖民地人口。约翰·克莱弗利的《第一代人》仍然是理解殖民时代早期的重要指南。

殖民地初期没有独立的教会。殖民地的牧师对总督负责，管理主要由政府援助的学校。援助方式之一是让识字的罪犯来教书，课程以

---

❸ 澳大利亚境内一个直属联邦政府的领地，位于澳大利亚大陆中北部。

④ For work on the educational history of indigenous Australians, see Quentin Beresford and Gary Partington, eds., *Reform and Resistance in Aboriginal Education* (Perth: University of Western Australia Press, 2003); J. J. Fletcher, *Clean, Clad and Courteous: A History of Aboriginal Education in New South Wales* (Sydney: Self-published, 1989); Anna Haebich, *Broken Circles: Fragmenting Indigenous Families 1800-2000* (Fremantle: Fremantle Arts Centre Press, 2000); Gillian Weiss, ed., *Trying to Get It Back: Indigenous Women, Education and Culture* (Waterloo, Ontario: Wilfrid Laurier University Press, 2000); A. Williamson, *Schooling the Torres Strait Islanders 1873 to 1941* (Adelaide: University of South Australia, 1994).

英格兰教会的课文和教义问答为基础。19 世纪初引入的导生制被誉为最适合殖民地的教育方法。它不仅具有整齐划一的纪律性，而且能大规模地进行读写和算术教学。小型的私立学校在 18 世纪末之前开始出现。一些英格兰教会的神职人员为男孩们提供了古典语言的基本教学，但更受欢迎的是开设商业实用科目学校，这些学校提供“英语”课程，传授算术、英语语法和航海技能等。

对居住在流放罪犯的殖民地的家庭来说，要受人尊敬很不容易，不过让女孩上学可以对此有所助益。富裕一些的家庭更偏爱女家庭教师而不是学校。不过由于殖民地的性别很不平衡，要请到女家教也很难。1810 年成立了为富裕家庭开设的私立女子学院。对穷人来说，“主妇”学校❹可能会提供一些初级的阅读教学，可能还包括书写教学。⑤

成立于 1801 年的女子孤儿学校是第一所重要的公立学校。该校的使命是进行社会控制，其创始人相信他们的慈善事业将减少“被忽视”的女孩陷入犯罪和卖淫境地。人们认为，无节制的性行为以及父母的犯罪史很可能会在未来产生恶性循环。这是殖民地精英们关心的问题。殖民地时期和建国初期年轻人的社会史，是 20 世纪七八十年代澳大利

---

❹ 又称家庭幼儿学校，指由中老年妇女在家中开办的简陋的初等学校。

⑤ Feminist-influenced historical research has produced important studies of girls' education and women teachers. See Jill Blackmore, *Making Educational History: A Feminist Perspective* (Geelong: Deakin University Press, 1992); Patricia Clarke, *The Governesses* (Melbourne: Hutchinson, 1985); Noeleen Kyle, *Her Natural Destiny* (Sydney: New South Wales University Press, 1986); Alison Mackinnon, *Love and Freedom: Professional Women and the Reshaping of Personal Life* (Cambridge, UK: Cambridge University Press, 1997); Marjorie Theobald, *Knowing Women: Origins of Women's Education in Nineteenth-Century Australia* (Cambridge, UK: Cambridge University Press, 1996); Kay Whitehead, *The New Women Come Along* (Sydney: ANZHES, 2003); Elizabeth Windschuttle, "Educating the Daughters of the Ruling Class in Colonial New South Wales, 1788-1850," *Melbourne Studies in Education* (1980): 105-133.

亚修正主义史学的重要议题之一。[6]

教会和学校公司（1826—1833，Church and School Corporation）的成立，标志着作为英国国教教会学校的早期殖民地公立学校迎来了
186 高潮。理论上，该公司是由政府赠地支持的。它受到了对立宗教派别的反对，如卫斯理公会、长老会和罗马天主教会。这场宗教派别之间的斗争为澳大利亚学校教育史确立了一些重要的主题。一开始，大量的爱尔兰天主教信众就被剥夺了牧师和学校，到19世纪本就姗姗来迟的政府对其学校的援助也被撤销。这些事件被解释为是对多重不公平待遇的英勇抵抗，而它们又往往框定了天主教的教育史学。近来，在女权主义影响下开展的有关修女的工作与生活、学校中的专制主义带来的挑战以及教会内部虐童现象的曝光等方面的研究，对上述史学产

---

⑥ The main references include Bob Bessant, ed., *Mother State and Her Little Ones: Children and Youth in Australia 1860s-1930s* (Melbourne: Phillip Institute of Technology, 1987); Deborah Brennan, *The Politics of Australian Child Care* (Cambridge, UK: Cambridge University Press, 1994); Craig Campbell, "Modern Adolescence and Secondary Schooling," *Forum of Education (Australia)* 50, no. 1 (1995): 12-27; Ian Davey, "Growing Up in a Working-Class Community," in *Families in Colonial Australia*, ed. Patricia Grimshaw, Chris McConville, and Ellen McEwen (Sydney: George Allen and Unwin, 1985); Lesley Johnson, *The Modern Girl* (Sydney: Allen & Unwin, 1993); Jan Kociumbas, *Australian Childhood: A History* (Sydney: Allen & Unwin, 1997); Thomas O'Donoghue, "Child-Abuse Scandals and the Catholic Church," *History of Education Review* 32, no. 1 (2003): 1-15; John Ramsland, *Children of the Backlanes: Destitute and Neglected Children in Colonial New South Wales* (Sydney: New South Wales University Press, 1986); Geoffrey Sherington and Chris Jeffery, *Fairbridge: Empire and Child Migration* (Perth: University of Western Australia Press, 1998); Robert van Krieken, *Children and the State* (Sydney: Allen & Unwin, 1992).

生了调和效果。⑦

从19世纪30年代开始，新南威尔士州和后来的殖民地就试图建立不受教会控制的“国民”政府学校。各殖民地的教育法案（主要出台于19世纪70年代），造就了澳大利亚独特的公立学校制度。教育史家们对主要的公立学校创始人进行了大量传记研究。这段历史常常被阐释为理性、效率和明智的世俗主义政策的高歌猛进，但天主教历史学家则更多地将其视为一场灾难。修正主义历史学家不太关注制度建设和宗教冲突，而是更关注工人阶级家庭所受的影响。他们认为，公立教育制度开始改变童年的体验，增加了对潜在违法家庭的国家监控。另有研究表明，新的公立教育制度导致了现代教学职业的出现，该职业的特点是由大量未婚的年轻女性出任，收入微薄。另外，19世纪70年代开创性的《教育法》还使所有的教派/教会学校失去了国家的经费资助。这最终导致除天主教会和路德教会以外几乎所有的教会都放弃了小学教育。教派的工作转移到为新兴中产阶级和统治阶层服务的教会学院上来。上述事件构成了20世纪60年代至90年代教育史的研究

---

⑦ See Marie Therese Foale, *The Josephite Story: The Sisters of St. Joseph, Their Foundation and Early History 1866-1893* (Sydney: St Joseph's Generalate, 1989); Ronald Fogarty, *Catholic Education in Australia, 1806-1950*, 2 vols. (Melbourne: Melbourne University Press, 1959); Anne O'Brien, *God's Willing Workers: Women and Religion in Australia* (Sydney: New South Wales University Press, 2005); Thomas A. O'Donoghue, *Upholding the Faith: The Process of Education in Catholic Schools in Australia, 1922-1965* (New York: Peter Lang, 2001); Christine Trimingham Jack, *Growing Good Catholic Girls* (Melbourne: Melbourne University Press, 2003).

主题。⑧

19 世纪 70 年代，澳大利亚的学校已经形成了若干长期性的特征。教会学院以及 19 世纪 80 年代出现的少数学术性公立中学主导了中等教育。大的州级教育部门承担起为大多数人提供小学教育的责任。对大部分天主教儿童来说，他们则在资源匮乏的教区学校里接受教育。在第一次世界大战后，中等教育开始以新的机构形式普及起来。这些机构包括隔离性别的初级技术学校和家政学校，以及混合性别的新式高级学校、中心学校和地区学校。即便如此，在整个 20 世纪，将离校年龄从 13 岁继续提高的工作仍进展缓慢。

关于进步教育改革的争论始于 19 世纪末。尽管进行了改革尝试，但 20 世纪 30 年代到访的艾萨克·康德尔以及 20 世纪 50 年代到访的弗里曼·巴茨，这两位美国学者还是对澳大利亚学校系统中出现的僵化、集权和考试至上提出了严厉批评。在卡内基基金会资助下，澳大利亚和新西兰分别成立了教育研究委员会。这些组织是戴维·泰亚克所写的美国管理进步主义的有力倡导者。修正主义历史学家常常批评智力测试和分流举措，认为它们支持分化学校教育、支持学校等级制，而

---

⑧ Foundation studies include the following biographies: A. W. Martin, *Henry Parkes* (Melbourne: Melbourne University Press, 1980); A. G. Austin, *George William Rusden and National Education in Australia 1849-1862* (Melbourne: Melbourne University Press, 1958); Clifford Turney, *William Wilkins* (Sydney: Hale & Iremonger, 1992). Broader histories of emerging public education systems and their consequences include A. G. Austin, *Australian Education 1788-1900: Church, State and Public Education in Colonial Australia* (Melbourne: Pitman, 1972); Denis Grundy, "*Secular, Compulsory and Free*": *The Education Act of 1872* (Melbourne: Melbourne University Press, 1972); Pavla Miller, "Historiography of Compulsory Schooling: What Is the Problem?," *History of Education* 18, no. 2 (1989): 123-144; Pavla Miller and Ian Davey, "The Common Denominator: Schooling the People," in *Constructing a Culture*, ed. Verity Burgmann and Jenny Lee (Melbourne: McPhee Gribble, 1988): 18-35; Geoffrey Sherington, R. C. Petersen, and Ian Brice, *Learning to Lead: A History of Girls' and Boys' Corporate Secondary Schools in Australia* (Sydney: Allen & Unwin, 1987).

这些在一定程度上正是卡内基基金会干预的结果。[9]

随着冷战的到来，国家不资助非政府学校的政策难以为继。保守 187
派政府可以通过发动反共运动、承诺以征税恢复资助天主教学校等方式，来赢得天主教民众的选票。这些运动在20世纪70年代达到了高潮，结果导致澳大利亚学校委员会的成立，为所有学校提供资金。理论上，所有的儿童都能通过学校教育获得“平等的机会”。但在20世纪80年代，随着国家开始倾向于推行家长择校和学校市场化政策，弱校和贫困家庭的“需求”逐渐式微。结果财力雄厚的非政府学校越来越多，而公立教育的投入却越来越少。上述趋势的后果是学校等级制度的建立，以及新旧社会分化的巩固，历史叙述对此进行了批判。20世纪70年代之后，多元文化主义教育政策兴起。在新的资助环境下，希腊东正教、英国国教、路德教、犹太教、伊斯兰教等宗教团体，以及包括新教“原教旨主义”在内的许多其他团体，都开始创办自己的学校，这些学校还部分接受国家提供的财政支持。[10]

艺术学校和机械学院成立于19世纪初。关于成立这些机构的原因、

---

⑨ For studies of progressive and New Education in Australia, including revisionist critique, see M. D. Lawson and R. C. Petersen, *Progressive Education* (Sydney: Angus and Robertson, 1972); David McCallum, *The Social Production of Merit* (London: Falmer Press, 1990); Pavla Miller, *Long Division* (Adelaide: Wakefield Press, 1986); R. C. Petersen, "The Montessorians: M. M. Simpson and L. de Lissa," in *Pioneers of Australian Education*, ed. C. Turney (Sydney: Sydney University Press, 1983), 231-271; R. J. W. Selleck, *The New Education* (London: Pitman, 1968).

⑩ Studies that treat the rise of neoliberal influences historically in Australia and New Zealand are few as yet, but they include Craig Campbell, Helen Proctor, and Geoffrey Sherington, *School Choice: How Parents Negotiate the New School Market in Australia* (Sydney: Allen & Unwin, 2009); Craig Campbell and Geoffrey Sherington, *The Comprehensive Public High School: Historical Perspectives* (New York: Palgrave Macmillan, 2013); Roger Openshaw, *Reforming New Zealand Secondary Education: The Picot Report and the Road to Radical Reform* (New York: Palgrave Macmillan, 2009).

由谁使用，以及它们在形成文化和传播知识方面的责任等问题，一直存有争论。19 世纪 50 年代，澳大利亚开始出现大学，此后一直到 20 世纪 70 年代私立大学和天主教大学成立之前，所有的大学都是由国家拨款资助的公立院校。⑪

新西兰的国民教育发展经历了三个阶段：先是有组织、受利益驱动的殖民活动阶段，是由爱德华·吉本·韦克菲尔德的新西兰公司推动的；然后是相对自治的省议会阶段；最后是中央政府发展阶段。系统的殖民化将来自不同背景的人带到全国各地孤立的殖民定居点。由于教育并不是新西兰公司的优先事项，因此为定居者儿童提供教育的动力主要来自社区的关注和地方的期许。早期的学校是选择性的，为那些被认为没有适当的父母指导或支持的儿童或是能够支付费用的儿童提供教育。

英国在 1852 年给予新西兰自治地位后，省级体制得以建立，它促成了地方身份认同和对省的忠诚。各殖民定居点的教育在质量和数量方面都有所不同。例如，奥塔哥地区把教育放在优先地位，这主要是该地苏格兰传统的反映，1871 年，该地建成新西兰第一所大学❺。三年之后，坎特伯雷学院❻成立。然而，省与省之间的嫉妒，以及两所院校在学位授予问题始终未能解决的紧张关系，最后促成了一所以附属学

⑪ The historical literature on higher education is mainly institution-based and commissioned. Works that go beyond this approach include P. C. Candy and J. Laurent, eds., *Pioneering Culture: Mechanics' Institutes and Schools of Arts in Australia* (Adelaide: Auslib Press, 1994); Hannah Forsyth, Knowing Australia: *A History of the Modern University* (Sydney: New South Publishing, 2014); Tamson Pietsch, *Empire of Scholars* (Manchester, UK: Manchester University Press, 2013).

❺ 即奥塔哥大学，位于新西兰奥塔哥区首府达尼丁市，创办于 1869 年，1871 年正式开学。

❻ 今坎特伯雷大学，位于新西兰坎特伯雷区首府基督城。

院为基础的国立大学的建立❼。这种联盟办学模式一直持续到 1961 年。

19 世纪 60 年代，新西兰的学校在中央管理方面发展尚不充分，由此带来了一些局限，为缓解这种局限，当局采取了一些干预措施。利用已有的传教士学校和在省级体制下创办的学校，来解决两个全国性问题：与毛利人的紧张关系，以及城市贫困带来的影响。1867 年，《原住民学校法》明确了国家对毛利学校教育的控制，而《被忽视和犯罪儿童法》则向省级慈善机构提供支持，以教育那些被视为社会弊端的受害者和潜在罪犯的儿童。[12]

1876 年，省建制的取消❽使人们开始质疑地方教育在加强民族团结方面的作用。教育供给支离破碎，无法满足社区日益增长的期许。但并非所有人都赞成中央集权。1877 年建立国民教育制度之时❾，中央与 188
省在行政结构上就表现出了紧张的关系。中央教育部负责制定法规，按人口数分配法定拨款，并交由 12 个地区教育委员会管理。地方选举产生的学校委员会管理学校的日常工作，并监督法案中强制入学条款的执行。

经过多次辩论，人们得出结论，公立学校中的教学应该是世俗性的。但在实践中，法案里的模糊表述，使非专门学校得以在开放时间

---

❼ 即 1874 年正式组建的名为“新西兰大学”的大学联盟，1961 年解散。

⑫ Studies that examine provincial education include Arnold Campbell, *Educating New Zealand* (Wellington: Department of Internal Affairs, 1941); Judith Simon, “Historical Perspectives on Education Policy in New Zealand,” in *Politics, Policy, Pedagogy*, ed. James Marshall, Eve Coxon, Kuni Jenkins, and Alison Jones (Palmerston North: Dunmore, 2000): 25-68. On educational initiatives for “criminal and neglected” children, see Susie Jacka, “The Truant as an Interminably Malleable Subject,” *ACCESS Critical Perspectives on Communication, Cultural and Policy Studies* 29, no. 2 (2010): 61-72; Margaret Tennant, *Paupers and Providers: Charitable Aid in New Zealand* (Wellington: Allen and Unwin, 1989).

❽ 1876 年，新西兰为加强中央集权，废除了省级行政建制，仅为便于统计，将原有的 9 个省划分为 9 个统计区。

❾ 1877 年新西兰颁布了第一部全国性教育法令。

内开展短期的非强制性宗教教育。虽然在1964年之前并没有正式立法，但这种做法仍备受争议，尤其是那些受法案世俗条款驱动开办各自私立学校的教派主义者。与澳大利亚一样，教派主义者，特别是天主教会，认为他们作为纳税人却为自己的教育支付了双倍费用。到20世纪40年代，持续不断的游说才带来了一些小的让步，帮助一些较差的教会学校勉强维持。但直到1975年通过《私立学校有条件整合法》后，这些学校才在争取到公共资金的同时，获准保持其“特殊性”。⑬

关于新西兰国家教育发展的全面记述相对较少。1929—1930年，阿瑟·戈登·布彻以辉格史学传统开展了一项颇具创造性的研究，他采用翔实、赞颂式的笔调记录了教育家和行政体系的工作。前述决策中出现的紧张关系，被描绘为在达成共识进程中遭遇到的微小障碍。随着人们越来越关注这种紧张关系的影响以及由此产生的冲突，修正主义者开始对新西兰教育史的传统叙述有所回应。其结果是围绕教育政策制定的特定群体、问题和原则，对这段历史进行了有主题、有结构的讨论。最近，新的研究动向重新审视了教育在国家形塑与民族建构过程中的作用，它反映了修正主义者对国家干预教育的批评，以及

⑬ On religion in education, see John Mackey, *The Making of a State Education System* (London: Geoffrey Chapman, 1967); Colin McGeorge and Ivan Snook, *Church, State and New Zealand Education* (Wellington: Price Milburn, 1981); Rory Sweetman, *A Fair and Just Solution?* (Palmerston North: Dunmore, 2002).

全球化在不断变化的政治环境中的影响。⑭

在省级建制存续时期，经过充分培训有经验的教师仍是凤毛麟角。采用英国导生制后，教师们得以有些许机会在非教学时间接受教学法指导，主要城镇里的师范学校和培训机构也得到了发展。1878 年公布的条例，旨在建立教师考试、分类和认证的全国性统一制度。发展早期形成的僵化的教师等级制，限制了进步的教师实践和学生体验。对于这些反映澳大利亚经验的举措，1937 年新教育联谊会的演讲人到访新西兰时就进行了抨击❿，他们来此的目的，是声援首届工党政府的进步教育议程，及其实现教育机会平等的愿景。⑮

随着地方慈善机构对儿童贫困问题的关注，以及对欧洲幼儿教育认识的不断提高，国民小学对幼儿园的兴趣有所提高。不过由于班级

---

⑭ See Arthur Gordon Butchers, *Young New Zealand* (Dunedin: Coulls Somerville Wilkie, 1929); Arthur Gordon Butchers, *Education in New Zealand* (Dunedin: Coulls Somerville Wilkie, 1930); Ian Cumming and Alan Cumming, *History of State Education in New Zealand* (Wellington: Pitman, 1978); Leicester Webb, *The Control of Education in New Zealand* (Wellington: NZCER, 1937). Critical accounts include Roger Openshaw, Greg Lee, and Howard Lee, *Challenging the Myths* (Palmerston North: Dunmore Press, 1993); Roy Shuker, *The One Best System?* (Palmerston North: Dunmore, 1987); Maxine Stephenson, "Education, State and Society: An Historical Analysis," in *Nga Kaupapa Here*, ed. Vicki Carpenter, Joce Jesson, Peter Roberts, and Maxine Stephenson (South Melbourne: Cengage, 2008): 1-13.

❿ 1937 年，新教育联谊会在新西兰召开了一次会议，在一周的会期内，来自 7 个国家的 14 名客座演讲人先后发表主题演讲。

⑮ On the impact of the rigidly defined practices that shaped teacher training and classroom practice, see David McKenzie, "There Can Be No Contentment but in Proceeding," *New Zealand Journal of Teachers' Work* 2, no. 1 (2005): 8-16; Roger Openshaw and Teresa Ball, "New Zealand," in *Teacher Education in the English-Speaking World*, ed. T. O'Donoghue and C. Whitehead (Charlotte, NC: Information Age Publishing, 2008): 155-172; Maxine Stephenson, "Standardising Practice: Learning to Be Teachers for the New Zealand Nation," *ACCESS: Critical Perspectives on Communication, Cultural and Policy Studies* 29, no. 2 (2010): 37-46.

规模过大，而且教师准备不足，仿效欧洲幼儿园设立幼儿班的尝试起初并不成功。自1905年起这种情况开始发生变化，当时教师培训成为教育部议程的一部分，幼儿园的发展反映了欧洲观念和殖民背景的融合。直到1986年，幼儿园和托儿所之间仍有区别，但作为20世纪80年代末开展的重大教育改革的一部分，它们都被纳入统一的管理和认证框架。[16]

189 1989年，按照自由市场原则开展的教育结构重组，最终打破了1877年建立的国民教育三级行政架构。20世纪70年代的经济衰退，使得战后繁荣时期的社会福利政策成为日益沉重的负担，由此引发了对干预主义福利国家的普遍批评，其中对国家教育体系运作方式的批评尤为突出。同时，考虑到某些儿童群体所面临的社会和经济困难，人们也担心现行制度无法实现机会平等的目标。这些相互冲突的思想派别对现有制度的批评，导致了新西兰学校教育的行政管理、角色和特征的彻底改变。新的具有决策权的教育部取代了原来的教育部。教育委员会被解散，社区托管委员会作为独立的皇家代理机构负责管理学校。

新的教育管理体系引起了学者们对国家在教育发展史上的性质和作用的兴趣，但迄今为止，还很少有研究涉及志愿机构[11]在历史上的重要作用及其与国家关系的变化。[17] 如今，影响新西兰教育的主要因素是全球化的效应、毛利人的复兴、社会文化的多样性，以及越来越转向全面社会包容的政策。

---

[16] Helen May, *The Discovery of Early Childhood* (Wellington: NZCER Press, 2013).

[11] 意指非政府性的社会和民间机构。

[17] See Kay Morris Matthews, *Who Cared? Childhoods with Hawke's Bay Children's Homes and Orphanages 1892-1988* (Napier: Eastern Institute of Technology, 2013); Maxine Stephenson, "The Third Sector and the Governance of Education," *Journal of Educational Administration and History* 45, no. 4 (2013): 370-384.

课程改革和职业技术教育

教育供给的差异化是现代教育的一贯特征。它是一种机制，通过这种机制，特权和不平等按照能力、阶级、种族和性别得以维持和归化。在澳大利亚和新西兰，哪些学生应该获得何种知识以及通过哪些形式提供这些知识，其决定方式随着时间的推移而改变。在应对改善学生和学校绩效、进行竞争和实现社会包容的当代政策之间的矛盾时，它们具有了新的含义。

在新西兰，早期殖民定居者的学校教育偏重于宗教教育、英语语言、阅读、书写、算术以及工业培训。根据1847年《教育条例》为毛利人和贫困儿童建立的教派学校也是如此。到1874年，在国家指导下的学校里，课程越来越注重经济和职业方面的效用，以管理令人棘手的人口。

1877年的教育国家化将所有儿童置于公共监督之下。中心课程、考试和晋升制度的引入为学校启动了一个基于标准的组织系统，同时也注意到儿童的年龄和表现。除了推行强制入学，该系统还提供了一种手段，可以判断混杂有不同类别学生的群体能否取得成功，并引导他们获得差异化的教育体验。到19世纪末20世纪初，这个系统支撑了新西兰教育史上的两个重大发展：小学后教育的扩张和特殊教育的发展。1899—1915年担任学校总督学的乔治·霍格本是这两个重大发展的核心人物。

国家义务教育的目标是使学生成为有用与合格的公民，而中等教 190
育仍然是少数精英的特权。在1877年法案中，农村学校的高年级成为地区高中，提供学术和普通课程。有人呼吁要接受中等教育以适应现代工业世界，但这种呼声遭到当时学校的反对。比如，他们认为引入手工或技术课程会威胁到学校在推动社会流动方面的地位与作用。那些过去不能接受高等教育而参加了工作的年轻人，现在提出要在夜间继续教育班里接受职业培训。还有人主张加强科学教育。人们认为女孩需要接受家政培训，以便为她们的“自然”未来，即成为妻子、母亲和仆从做好准备。

霍格本引入了技术高中，将其作为一种实用的选择性方案，以补充现有教育供给中占主导地位的学术高中。通过小学毕业水平考试后，学生将获得学术性学校的免费名额。如果拿到的是次一级的文凭，即能力证书，则学生能免费接受职业教育。尽管一些为毛利人开设的教派寄宿学校已经提供了更为正式的学校教育，但霍格本还是拒绝了这种模式。他强调，对于那些十有八九要留在农村的毛利女孩和男孩来说，英语和手工训练课程才是最适合他们的。为了确保女性理解她们的天职，人们将基于优生学的母性观念纳入了课程，并在 1917 年将家政学作为了必修课。[18]

实行义务教育和根据能力升级，把那些不能与同龄人一起进步的“后进”的儿童区分了出来。随着优生论的发展以及有关儿童发展的新知识的传播，这些儿童成了一个亟待处理的问题。1907 年，霍格本出国考察了针对后进儿童的举措。他确信有必要提供各种形式的专门教育。回到新西兰后，他建立了该国第一个教管所，几年后又引进了不分级的特殊班级。在 20 世纪 70 年代开始出现对人权和社会正义的关注之前，这种通过隔离方式进行诊断和矫正的医学模式基本上没有受到质疑。

修正主义者关于霍格本时代各项举措的记载，突出强调了其挑战

---

[18] On home science as a university subject, see Jenny Collins, "Beyond the Domestic Sphere? A Home Science Education at the University of New Zealand, 1911-1936," *Journal of Educational Administration and History* 41, no. 2(2009): 115-130; Tanya Fitzgerald and Jenny Collins, *Historical Portraits of Women Home Scientists: The University of New Zealand 1911-1947* (Amherst, NY: Cambria Press, 2011).

平等主义理想的筛选机制，它使一些人享有特权，而另一些人被边缘化。[19] 在新西兰首个工党政府的反对下，水平考试在 1936 年被废。这一主要障碍消除后，中等教育的入学率迅速上升，到 1944 年达到了 85%，同时毕业离校年龄提高到 15 岁。由于人们要求学校提供更广泛的科目，以满足不同学生群体的需求和兴趣，因此培训学院开设了技术、家庭手工艺以及后来的商业课程。这为 1944 年发布的关于新西兰学校教育的《托马斯报告》所提的课程开发铺平了道路。在共同的核心课程之外，还有一些可满足个人需要的科目供人选择。到 20 世纪 60 年代，几乎所有的年轻人都上了中学，区分不同形式教育的趋势正在消失。此后的 10 年里，独立设置的技术高中也逐步废止。[20]

在学校教育和课程设置的分化方面，澳大利亚与新西兰有着相似的大致历史特征。同时，由于 6 个殖民地（1901 年实行联邦制后的各州和领地）都有着独立的学校教育史，它们之间也确实存在着差异。直到 20 世纪 70 年代，中央政府才开始对教育政策施加深刻影响。

在 19 世纪末，弗里德里希·福禄培尔的幼儿园理念越来越流行， 191
尤其是在中产阶级的"儿童拯救者"间甚为流行。幼儿园运动被认为是改善城市内城地区"贫民窟"中的儿童及其母亲与家庭生活的重要

---

⑲ See Ruth Fry, *It's Different for Daughters: A History of the Curriculum for Girls in New Zealand Schools 1900-1975* (Wellington: NZCER, 1985); David McKenzie, "The Technical Curriculum: Second Class Knowledge," in *The School Curriculum in New Zealand: History, Theory, Policy and Practice*, ed. Gary McCulloch (Palmerston North: Dunmore, 1992): 29-39; R. Wills, M. Morton, M. McLean, M. Stephenson, and R. Slee, eds., *Tales from School: Learning Disability and State Education after Administrative Reform* (Rotterdam: Sense, 2014). Also see L. Shaw, "More than the Ordinary Domestic Drudge: Women and Technical Education in Auckland 1895-1922," *History of Education Review* 38, no. 1(2009): 3-15.

⑳ On secondary education, see Howard Lee, "The New Zealand District High School," *Education Research and Perspectives* 32, no. 1(2005): 12-51; Gregory Lee and Howard Lee, "Comprehensive Post-Primary Schooling in New Zealand: 1935-1975," *History of Education Review*, 37, no. 1(2008): 56-76.

干预措施。不过，中产阶级居住的市郊很快也出现了幼儿园。幼儿园联盟是负责在澳大利亚各城市和城镇推广幼儿园最重要的组织。各州都成立了幼儿园教师培训学院。直到今天，澳大利亚政府仍然发现，要做到让所有儿童都能享受到多样化的学前教育和保育服务，这一点是非常困难的。

为了向工农业输送训练有素的劳动者，澳大利亚开办了一系列公立学校。20 世纪初，这些学校中有许多都是夜校。技术学校面向男孩，家政学校面向女孩。商业学校和班级可以是男女混合，不过到 20 世纪中叶之前，它们通常是为女生开设的。智力测试往往在分流年轻人进入不同的学校和学校内的不同课程方面发挥作用。就业指导是上述方法的补充。20 世纪中期的教育领袖们，如新南威尔士州的哈罗德·温德姆，为差异化的学校教育开发出测试制度，他们这些人的事业不时得到卡内基基金会的资金支持。

第二次世界大战后，塔斯马尼亚州、西澳大利亚州和新南威尔士州引领了综合高中的发展。南澳大利亚和维多利亚则是最晚关闭独立技术学校的州。20 世纪 70 年代，联邦政府学校委员会支持提高在校生数，赞成开发文凭证书（包括颁发给更多离校生的文凭）和发展综合学校教育。然而到 20 世纪末，政府政策的重点又从包容、机会和社会正义转移到了对青年劳动力的技能培训。随着非工业化的推进，青年的失业率越来越高。“新职业主义”进入到公共政策之中，出现了更加多样化的教育机构，这些机构把家长和青年视为客户。择校政策开始重塑澳大利亚学校教育的历史格局。

长期以来，提供行业、职业和专业的培训与教育一直是中等后教育机构的任务。19 世纪创办了很多重要的技术学院和农学院，悉尼、墨尔本、阿德莱德和霍巴特等地也相继成立了大学。在历史上，澳大利亚曾将高级教育学院和大学区隔开来，20 世纪 80 年代这种情况出现了转折，时任联邦劳动部长的约翰·道金斯提出了整合高等教育部门的要求。高级教育学院要么通过合并组建新的大学，要么被并入既有大学。这场“道金斯革命”的影响一直持续到了 21 世纪。

从殖民伊始，澳大利亚就将教育作为培养“有用人口”的主要手段加以倡导。原住民被“文明教化”，成为有用的工人（他们在 20 世纪 60 年代之前都没有完全的公民身份）。在 20 世纪 50 年代的人们看来，通过学校教育，工人阶级的男孩、女孩和家庭将变得不那么任性，并有望“适应”劳动力市场。中产阶级和统治阶级的儿童，那些足够聪明的人，将接受专业培训，甚至在中学的最高年级和大学中接受高等学术的熏陶以及应用科学和纯科学的教育。19 世纪，中小学要培养大英帝国的忠诚成员，而在此后的两个世纪，它们要培养的是澳大利亚的优秀国民和公民。学校在巩固澳新军团的国家神话方面发挥了至关 192
重要的作用，这种神话认为，澳大利亚之所以能成为一个伟大的国家，乃是源于其士兵的牺牲，尤其是第一次世界大战期间他们在土耳其和法国的牺牲。新西兰的学校在传播这种澳新军团传说的过程中，也发挥了形塑公民的作用。

乡村和偏远地区家庭的学校教育

在澳大利亚，农村社区及其政党长期以来一直关注农村开设学校的问题。杰弗里·布莱内在 1968 年《距离的障碍》一书中的论点，可以用来解释在澳大利亚人口稀少的农村和内陆殖民定居点推广学校所面临的困境。正如马尔科姆·维克关于 19 世纪南澳大利亚的研究所证明的那样，依靠小型社区的进取心和资源来完成这项任务，困难重重。因此人们尝试发展集中式的公立和天主教学校系统。新成立的教团，如圣约瑟夫修女会在农村和内地殖民定居点为天主教家庭开办了许多学校。集中式的公立教育系统在很多小型社区也配备有一名教师和一栋建筑，不过在 19 世纪 70 年代以后的至少半个世纪里，教师大都是缺乏训练的“临时工”，学校也属于临时性的。年轻女教师在与世隔绝的丛林学校中的传奇故事，成了文学作品和历史研究喜闻乐见的主题。

澳大利亚教育部门一直在努力解决这些问题。19 世纪和 20 世纪初，出现了由流动教师开办的巡回学校和半工半读学校。之后是函授课程和函授学校，再以后还出现了空中学校，并开始运用常规和双向无线电。20 世纪后期，在较偏远的社区，尚不能确保使用电视和更具前景的互联网。

富裕的农牧民家庭的孩子在大乡镇和首府城市上寄宿学校的可能性一般会大些。除农业学校外，州本身很少设立其他类型的寄宿学校。如果我们考虑到 20 世纪主要由教会赞助的寄宿和住宿机构中曝光的对儿童进行身体和性虐待的历史，那么这种忽视可谓明智。

成立于 20 世纪 20 年代的乡村党⑫，极力倡导在农村地区建立更多的学校。在新南威尔士州，1927—1941 年间曾两次出任教育部长的戴维·德拉蒙德帮助在阿米代尔建立了一所教师学院和一所大学学院。农村政治家支持建立政府综合高中（20 世纪 60 年代尤其如此），并且主张将其作为澳大利亚各州农村和城市通用的典型中学形式。[21]

与澳大利亚的辽阔相比，在新西兰，距离有着不同的含义，但它也对这个依赖第一产业的国家的教育构成了挑战。多数人生活在乡村地区，而学校却大多设在城里。如果孩子的居住地离最近的学校超过两英里，就可以申请豁免，但也为农村儿童提供了一些教育机会，包括补贴或资助学校、半工半读学校以及接受乡村巡回教师的教育等。

---

⑫ 澳大利亚主要政党之一，1975 年更名为“国家乡村党”，1982 年定名为“国家党”。

[21] Australian research into topics that target rural and urban education include R. C. Petersen and G. W. Rodwell, eds. , *Essays in the History of Rural Education in Australia and New Zealand* (Darwin: William Michael Press, 1993); Kerry Wimshurst and Ian E. Davey, "The 'State' of the History of Urban Education in Australia," in *The City and Education in Four Nations*, ed. Ronald K. Goodenow and William E. Marsden (Cambridge, UK: Cambridge University Press, 1992): 73-86.

希望孩子到城里找工作的乡下父母往往会要求一些地区中学保留学术课程。20 世纪 20 年代有两所男子农业中学发展了起来。一些富裕的农 193
民把他们的孩子送到寄宿学校，或者延聘住家的男女家庭教师。

大多数乡村学校都是男女同校的，只有一两间教室。孩子们通常步行或骑马上学；20 世纪 20 年代小规模农村学校合并，开始引入校车服务。吸引有经验的教师任教非常重要，但这并不总是那么容易。建立暑期教师培训学校，以及让受训教师在乡村学校实习，可以对此有所帮助。到 1938 年，为期 3 年的乡村服务，已成为教师评级阶梯上的一个强制性步骤。

1922 年起，函授学校开始为偏远地区的儿童提供课程。最初，接受函授课程的只有 167 名小学学龄学生，这一数字在之后的 6 年内增长了 4 倍多，同时还开设了中学课程。技术发展与更广泛的教育部门保持了同步，例如无线电广播（1937—1997 年）、今天的互联网、电子邮件以及跨站点互动教学技术。

澳大利亚和新西兰的乡村学校数量和学生人数都在持续下降，这反映了农业的衰退和小规模学校的持续合并。

总　结

澳大利亚和新西兰的学校教育史相对较短。对于在英国和北美出现过的历史压力，两国也都有所反应。两国都建立了以强制入学为特征的公立学校制度，并认为国家的进步将越来越依赖于持续的教育努力。在这一过程中，童年、青年和家庭的特征被改变了。这并非偶然。管理那些被认为不守规矩的或有问题的人口是早期学校的明确任务。两国拥有大量的原住民人口，这是造成其历史差异的一个原因，这种差异既存在于彼此之间，也存在于他们和其他国家之间。另一个原因是，两国都自视为进步社会的实验室，特别是在 1880—1920 年间。这有助于解释人们早期对进步主义新教育的兴趣，对政府改善民众生活的信心，以及建立促进就业和经济发展的学校的尝试。这还有助于解释那些寻求延长年轻人正规教育时限的努力。

纵观历史，学校一直对社会差异做出反应，在某些时候，学校还基于性别、社会阶级、民族、种族和智力差异而加强了社会差异。英国自由主义的意识形态，及其对教育作为国家和个人进步与机遇之基石的普遍支持，构成了这些移民社会的部分特征。在全球化加剧的时代，如何将上述理念转化为这样一种现实背景——承认社会多样性和选择已成为教育供给的重要政策目标，这已经开始重构两国教育史的书写。

在澳大利亚和新西兰教育史上，集权管理还是地方控制，是两国
194 普遍存在的主题。可能自相矛盾的是，在澳大利亚，农村人口分散的事实反而加强了向集中式公共教育系统发展的趋势，抑制了地方控制。在新西兰，为毛利人在其社区建立的集中式教育系统，比为定居者和新西兰白人儿童建立的国家教育系统要早 10 年。集中的冲动在这两个国家都不均衡。可治理性、公平入学、地方控制和基于信仰的学校教育权利等问题，只是影响教育供给不同历史的部分因素。近年来，在这两个国家中，由于受新自由主义影响的政策日益出台，集中管制的逻辑已经被打破，代之以市场定价和市场力量，以及不断减少的政府干预，至少那些曾经一度被认为能够提高社会福利和促进社会公正的集中性学校改革越来越少了。

在这两个国家的后殖民史中，有很多地方会提到英格兰和爱尔兰，有时是苏格兰和美国，较少提及欧洲国家。考察这些跨国影响的历史，对理解澳大利亚和新西兰这种国家的教育史尤为有益。在澳大利亚和新西兰的跨国和比较研究方面，还有很多继续推进的空间。这样的研究有可能帮助我们理解，为什么那些常见的国民教育体系与世界上其他国家既有相似又有不同。

这一领域面临的挑战是，如何编写符合后殖民主义和原住民观点

的原住民教育史，澳大利亚史学在这方面尤其薄弱。另一个挑战是，根据全球化进程中出现的最新力量，重新考虑与国家主权有关的问题及其与教育的关系。对于澳大利亚和新西兰这样的社会来说，这些议题具有特殊意义，并引申出下列重要问题：教育在公民形成中有何作用？学校和高等教育机构如何让年轻人为经济生产、劳动和市场组织这些新情况做好准备？尽管新环境带来的挑战要求对澳大利亚和新西兰教育史做出新的诠释，但现有史学对传统问题的思考还未枯竭。在教学职业性别化研究方面，虽然女性和女孩教育的相关研究已很出色，但男性和男孩教育的研究却几乎尚未起步。广泛而富有启发性的识字史和课程史仍有待书写。诸如此类的史学缺憾，会影响到未来良好教育政策的制定。

推荐书目

Austin, A. G., and R. J. W. Selleck. *The Australian Government School 1830-1914*. Melbourne: Pitman, 1975.

Campbell, Craig, and Helen Proctor. *A History of Australian Schooling*. Sydney: Allen & Unwin, 2014.

Fitzgerald, Tanya, and Jenny Collins. *Historical Portraits of Women Home Scientists: The University of New Zealand 1911-1947*. Amherst, NY: Cambria Press, 2011.

Forsyth, Hannah. *Knowing Australia: A History of the Modern University*. Sydney: New South Publishing, 2014.

Jones, Alison, and Kuni Jenkins. *He Kōrero—Words between Us: First Māori-Pākehā Conversations on Paper*. Wellington: Huia, 2011.

McCallum, David. *The Social Production of Merit: Education, Psychology and Politics in Australia 1900-1950*. London: Falmer Press, 1990.

McGeorge, Colin, and Ivan Snook. *Church, State and New Zealand Edu-*

cation. Wellington: Price Milburn, 1981.

O'Donoghue, Thomas A. *Upholding the Faith: The Process of Education in Catholic Schools in Australia, 1922-1965*. New York: Peter Lang, 2001.

Openshaw, Roger. *Reforming New Zealand Secondary Education: The Picot Report and the Road to Radical Reform*. New York: Palgrave Macmillan, 2009.

Openshaw, Roger, Gregory Lee, and Howard Lee. *Challenging the Myths: Rethinking New Zealand's Educational History*. Palmerston North: Dunmore Press, 1993.

Sherington, Geoffrey, R. C. Petersen, and Ian Brice. *Learning to Lead: A History of Girls' and Boys' Corporate Secondary Schools in Australia*. Sydney: Allen & Unwin, 1987.

Simon, Judith, and Linda Smith, eds. *A Civilizing Mission? Perceptions and Representations of the New Zealand Native Schools System*. Auckland: Auckland University Press, 2001.

Stephenson, Maxine. "The Third Sector and the Governance of Education." *Journal of Educational Administration and History* 45, no. 4(2013): 370-384.

Tennant, Margaret. *Paupers and Providers: Charitable Aid in New Zealand*. Wellington: Allen and Unwin, 1989.

Theobald, Marjorie. *Knowing Women: Origins of Women's Education in Nineteenth-Century Australia*. Cambridge, UK: Cambridge University Press, 1996.

Theobald, Marjorie R., and R. J. W. Selleck, eds. *Family, School and State in Australian History*. Sydney: Allen and Unwin, 1990.

第 12 章　国民教育制度：拉丁美洲

G. 安东尼奥·埃斯皮诺萨

在拉丁美洲，建立全国性公立教育体系是一个漫长而复杂的过程， 199
涉及本身也处于演变之中的政治框架和社会活动家。我们对这一历史过程的了解仍是不完整的，反映出史学研究的重点与差距。学术界更多关注的是如下四个主题：殖民遗产、教育与公民权、“教学国”以及教育与现代化。在葡萄牙统治的巴西和西班牙统治的其他拉美地区，殖民地的学校教育由地方进行管理和资助，实行社会区隔，并主要由天主教的神职人员提供。在殖民后期，开明的军官们致力于扩大和集中管理学校教育，并在一定程度使其世俗化，但成效有限。尽管大多数国家独立后采用了共和政体，但是殖民时期的遗产在制度和观念上仍有影响。政治和经济的动荡限制了中央政府管理和资助公立学校的能力，而将教育视作社会控制的手段而付出的种种努力招致了中下阶层民众的抵制。社会经济条件尤为限制了农村地区人口接受学校教育的机会。

19 世纪晚期，各国政府开始着手建立中央集权的国家公立教育体系，学界称之为“教学国”（西班牙语为“*Estados Docentes*”）。在出口激增、城市化以及某些情况下移民增加的背景下，各国政府试图更加有效地管理人力和物力，并增强国民的国家忠诚。中央政府的精英们也试图加强他们的统治权，维护他们对地方掌权者和下属群体的领导权。已有分散的公立学校网络、教育需求的持续增长以及教师群体的支持使得集权管理成为可能。起初，“教学国”为教育带来了更多资源，扩大了学校教育，并且努力提高教师专业化水平，并改善其工作条件与社会地位。与此同时，集权式的公立教育体系促使课程同质化，减少了地方对教育事务的影响。从 20 世纪早期开始，伴随着现代化进程的持续展开，各国政府频繁地与国际组织合作，开展扫盲运动，扩
200 张中等教育。这些自上而下的政策在数量上扩大了学校教育的涵盖面，然而执行过程中的高压也滋生了人们的不满。

拉丁美洲教育史的学术研究并不均衡，而且鲜有比较研究。此前的研究者指出了三种不同的研究方法。① 首先，传统观点将教育视为持续进步的，通常是从不太民主的分散混乱状态迈向比较民主的集中秩序。该研究方法偏向于表功，侧重于杰出的政策制定者、教育家和学校的成就。它展现了一种对初等和中等教育自上而下的叙事，研究重点在于规章和机构。相反，修正主义者的观点则突出了教育政策的缺陷。一些持修正主义观念的学者将精英主义教育理念和官方法规与学校教育缓慢而不规律的增长进行了对比。其他修正主义者关注的是精英们试图利用教育来巩固自身的政治权力，以及加强他们对更沉默、更有生产力的底层民众的控制。最后，一种较新的研究方法将教育政策、机构和实践视为国家和民族建构这一浩大工程的组成部分。这种创新性研究突出了大量社会活动家的媒介角色，将学校视为政治与文化进行对抗和交涉的舞台。部分学者对影响教育需求的物质和象征因素进行了调查，这是一个值得更多关注的问题。少量研究分析了正规

---

① Julie Leininger Pycior, “The History of Education in Latin America: An Overview,” *Trends in History* 3, no. 2(1982): 33-47; Gabriela Ossenbach, “Research into the History of Education in Latin America: Balance of the Current Situation,” *Paedagogica Historica* 36, no. 3 (2000): 841-867. On the Argentine case, see Carlos Newland, *Buenos Aires no es Pampa: La educación elemental porteña 1820-1860* (Buenos Aires: Grupo Editor Latinoamericano, 1992), 9-10, 21-26. For the Chilean case, see Sol Serrano, *Historia de la Educación en Chile, 1810-2010* (Santiago: Taurus, 2012), 1: 15-16.

教育中的性别建构和学校教育与识字率之间的关系，这两个问题也有待进一步研究。

殖民遗产

殖民秩序在拉丁美洲的教育中留下了持久的烙印。西班牙和葡萄牙的王室都委托天主教会为殖民地民众提供教育并对世俗教育工作者进行监督。除了教会的介入之外，学校教育还有其政治和实践目的，它主要集中于城市地区，社会区隔严重。经院哲学引入了重复练习和死记硬背的教学方法，这些方法在该地区有着悠久的历史。殖民地政府期望通过教育塑造有德行的臣民，以准备好履行其社会责任和经济职能。通过教导教义，神职人员使君主神圣主权合法化。教士们还通过灌输对政治和宗教权威的顺从以及对位高者的尊重，来巩固殖民秩序。

依照欧洲的传统，教育机构和教育工作者根据学生的年龄和性别来组织课程。小学面向约 7 岁以上的男孩传授教义、阅读、书写和基础算术。为了准备进入大学，年龄较大的男孩到中等教育机构就读，学习拉丁语和西班牙语（或葡萄牙语）语法。一些初级中学或寄宿学校也开设了相同的科目，并且还提供人文学科（拉丁语语法、文学和修辞学）和艺科（逻辑、物理和数学）。高级中学教授哲学，这是进入大学必备的最后一个科目。关于那些接受了中等教育但未进入大学的学生的职业问题，目前尚未有系统研究。因为他们具备读写能力且受过 201
人文熏陶，我们可以推断他们中有很多人到世俗或者教会官僚机构任职。②

殖民地时期的女性教育没有男性教育那么正规，也更有限，特别是在巴西，不过女性教育也存在社会区隔和教会介入的情况。社会对女性的期望是成为贤妻良母或是献身教会的修女。而接受精致的教育、获得学历、进入国家官僚机构或者在修道院以外的教会任职，这些并非社会对女性的期望。愿意让女儿接受教育的家庭会聘任私人导师，或者将女儿送到由女性开设的非正式私立学校或修道院内设的教室。在上述环境中，女孩们学习天主教教义、针线、阅读，偶尔也学习书写。在西班牙统治的美洲殖民地早期，私人慈善家与政府和教会当局合作，为男女孤儿、弃婴提供住所，且通常不分种族。但是孤儿学校却只招收那些被认定为“西班牙人”或者白人的儿童，7 岁左右入学。以学员、仆人或者奴隶身份进入修道院的少女会受到精神上的训练和一定程度的教育。有时，修道院也收养男性孤儿和弃婴或者与修道院中某位修女有关联的男孩，他们会受到某种教育。18 世纪末，巴西的修道院开始向精英阶层的女孩开展教学活动。到 19 世纪初，市镇议会和慈善团体开始创建女子学校。③

殖民地社会从名义上来说从一开始便是社团性质的，这意味着其臣民具有不同的法律权利和义务，必须接受符合所属领地或社会秩序

---

② John Tate Lanning, *Academic Culture in the Spanish Colonies* (London: Oxford University Press, 1940); C. H. Haring, *The Spanish Empire in America* (New York: Oxford University Press, 1947); Mario Góngora, *Studies in the Colonial History of Spanish America* (New York: Cambridge University Press, 1975).

③ Peter Bakewell and Jacqueline Holler, *A History of Latin America to 1825*, 3rd edition (Malden, MA: Wiley-Blackwell, 2010), 178; Bianca Premo, *Children of the Father King: Youth, Authority, and Legal Minority in Colonial Lima* (Chapel Hill: University of North Carolina Press, 2005), 83-90, 97-103; Carole A. Myscofski, *Amazons, Wives, Nuns, and Witches: Women and the Catholic Church in Colonial Brazil, 1500-1822* (Austin: University of Texas Press, 2013), chapter 3.

的教育。尤其是西班牙王室，将其臣民正式划分为“西班牙人”（欧洲人）和“印第安人”。王室希望神职人员将福音传递给原住民，推广伊比利亚语言，并尽可能地教授读写。在原住民城镇或者传教过程中，牧师通过口头或者大声朗读宗教教义问答的方式向原住民传递福音，教义问答手册有时以西班牙语或者葡萄牙语印刷，有时也翻译成本土语言后印刷。在以农村为主的地区，教会开展的读写教学十分有限，且不定期。因而，在城市和一些大的城镇之外，大多数底层印第安人能记住基本的教义，会说一些西班牙语或葡萄牙语，但多半仍是文盲。那些移居到较大定居点的非贵族印第安人有机会学习更多的伊比利亚语言，因为他们接触较多且有实际需要。然而，贫穷和极低的社会地位限制了他们受教育的机会。相比之下，西班牙自治领的本土精英因其地位和中介者角色而拥有更多的教育机会。君主政权支持他们的孩子到新西班牙和秘鲁总督辖区里的寄宿学校就读。这些学校同时开设初等和中等教育的教学科目。[4]

相比于印第安人、黑人或者混血后裔，白人拥有更多的正规教育机会。西班牙和葡萄牙王室希望欧洲人及其后代能够占据更高的社会地位，从事更受尊敬的职业，在殖民国家中承担更大的职责。神职人员为年轻的男性白人建立了小学、拉丁学校、学院和大学。耶稣会是参与殖民地教育最多的宗教团体，因而受到史学家更多的关注。在西班牙美洲殖民地，世俗的神职人员、方济各会、多明我会和奥古斯丁会也参与了教育活动。以巴西为例，方济各会、本笃会和加尔默罗会 202

④ Jonathan C. Brown, *Latin America: A Social History of the Colonial Period*, 2nd edition(Belmont, CA: Thomson Wadsworth, 2005), 159-162; Bayley W. Diffie, *Latin American Civilization: Colonial Period*(Harrisburg, PA: Stackpole, 1945); Haring, *The Spanish Empire*; Góngora, *Studies in the Colonial History of Spanish America*; Monique Alaperrine-Bouyer, *La educación de las élites indígenas en el Perú colonial*(Lima: Instituto Francés de Estudios Andinos, Instituto Riva-Agüero, 2007).

都积极参与教育活动。尽管有神职人员参与，但并非所有白人家庭都有能力负担其子女的正规教育。政府和教会当局提供了有限的奖学金，就获取该奖学金而言，家庭背景与人际关系和学术天分同等重要，甚至更加重要。因此，西班牙和葡萄牙自治领地区的大多数白人的读写知识并不完备，或者仍然属于文盲。⑤

社会和意识形态的转变逐渐给学校教育带来了变化，尤其是在18世纪。种族间的联合和文化融合导致了多种族“种姓”等级制的出现，使名义上按财产划分出的隔离在实践中更加难以执行。富裕的混血后裔家庭能够将其子女送入那些正式为欧洲人及其后代保留的学校中。传统的经院哲学偏爱得自于古代和中世纪权威的高度抽象的知识，而启蒙运动则引入了一种折中主义、经验主义和功利主义的教育观念。伊比利亚的统治者采纳了这一对教育的新理解，希望借以改造其领地，更好地利用现有资源，并教化民众，使其更加勤劳守纪。受到王权至上主义（一种主张在宗教事务中王权优先于教会的意识形态）的影响，王室也试图对天主教神职人员进行更加牢固的控制。耶稣会质疑了统治者的这一尝试，它广泛地参与了教育事务，很有可能是宗教教派中最为繁荣昌盛的一支。部分是为了回应这一挑战，葡萄牙国王于1759年将耶稣会驱逐出其领地，西班牙的国王于1767年效仿了这一举措。

---

⑤ Luis Martin, *The Intellectual Conquest of Perú : The Jesuit College of San Pablo , 1568-1767*(New York: Fordham University Press, 1968); Laerte Ramos de Carvalho, "A educaçao e seus métodos," in *História geral da civilização brasileira* ,ed. Sergio Buarque de Holanda, 2nd edition(Sao Paulo: Difusão Europea do Livro, 1968), 1: 2, 76-87; Raúl Sánchez Andaur, "Entre la cruz y la razón: El Colegio Jesuita San Francisco Javier de la Limpia Concepción(Chile 1610-1767)," *Revista de Historia de América* 137 (January-December 2006): 167-200; Pedro Guibovich Pérez, "Como güelfos y gibelinos: Los colegios de San Bernardo y San Antonio Abad en el Cuzco durante el siglo XVII," *Revista de Indias* 66, no. 236 (2006): 107-132; Edgardo Pérez Morales, "Vida material, religiosidad y sociedad colonial: Espacios, objetos y prácticas de consumo en el colegio jesuita de la ciudad de Antioquia, 1726-1767," *Historia Crítica* 38(May-August 2009): 333-362.

两者都没收了耶稣会的财产，接管了他们的教育机构，将之置于世俗神职人员和其他宗教教派的管理之下。一部分学者认为驱逐耶稣会的举措推进了高等教育的现代化，而另一部分学者则认为这一举措败坏了王室威信，并在某种情况下导致了教育机构的衰落。⑥

鉴于殖民后期的动荡，学者们普遍忽视了基础教育和中等教育的变化，这一状况一直持续到了近期。官方的改革旨在扩大受教育面、加强王室监督、培植政治忠诚和提高臣民的生产力。改革家批判了经院哲学的方法，包括体罚、机械学习和强调得体举止等。革新者认为，儿童先天便具有理性的本能，应该接受一种全面的、合乎道德的和有用的教育。殖民地政府试图更加严密地监督教会的教育参与，并在某些情况下试图减少这种参与。当局在某些地区维持了种姓或者阶级划分，而在另一些地方则没有保留此类划分。在秘鲁北部，马丁内斯·康帕尼翁主教于1780年为当地原住民社区的儿童建立了小学和职业学校。在西班牙本土动荡之际，康帕尼翁主教强调灌输对王室的忠诚。在萨尔瓦多西部和中部地区，原住民村庄利用公共资金维持小学的运行。拉迪诺人（泛指混血后裔、贫穷的西班牙人、黑人自由民和印第安外来者）的子女也可在这些小学就读，但需额外为此支付费用。在“西班牙人”的城市和城镇中，议会为学校支付相关经费，不过拉迪诺人必须按月支付学费。在卡利（哥伦比亚），牧师曼努埃尔·库埃罗于1787年捐赠了一笔慈善基金，用于建立一所免费小学，该学校对所有阶级和种族的男孩开放。在米纳斯吉拉斯州（巴西），一位当地企业家

---

⑥ Brown, *Latin America*; Lanning, *Academic Culture in the Spanish Colonies*; Diffie, *Latin American Civilization*; Góngora, *Studies in the Colonial History of Spanish America*; Carlos Newland, "La educación elemental en Hispanoamérica: Desde la Independencia hasta la centralización de los sistemas educativos nacionales," *Hispanic American Historical Review* 71, no. 2(1991): 335-364; G. Antonio Espinoza, "La reforma borbónica de la educación superior en Lima: El caso del Real Convictorio de San Carlos," in *El siglo XVIII en el Perú: Las reformas borbónicas*, ed. Scarlett O'Phelan(Lima: Instituto Riva-Agüero, 1999), 205-241.

在18世纪80年代遗赠了一笔慈善基金，用以为贫困儿童开设一所寄宿学校。寄宿生可以是任何种族，也不论其是否合法出生，但必须出身贫穷且品行良好。⑦

203 到殖民时期结束时，初等教育和中等教育已经显现出它们在后来独立初期所具有的一些概念、组织和社会特征。受启蒙运动影响的知识分子和教育家认为，儿童先天具有理性的本能，应该用一种全面而明智的学校教育加以培育和塑造。教化性的教育可以纠正儿童因错误教养而导致的缺陷，并将他们培养为勤奋守纪的成年人。尽管天主教的神职人员在教育事务上仍然发挥着重要作用，但政府在名义上承担了制定基本教育规则、监督学校与教师的职责。性别和年龄是学校组织课程的主要依据。尽管按照法律身份实施的有效的学校隔离有所下降，不过，基于阶级和种姓的隔离还在继续。在农村地区，原住民要么使用双语，要么单纯使用传统语言。包括印第安人和非印第安人在内的大多数人口，仍处文盲之列。

教育和公民权

尽管独立带来了政治体制的转变，但教育理念、方法和实践上的

---

⑦ Carvalho,"A educação e seus métodos";Premo,*Children of the Father King*,144-151;Susan Ramírez,"To Serve God and King:The Origins of Public Primary Schools for Native Children in Eighteenth-Century Northern Peru,"*Colonial Latin American Review* 17,no. 1(2008):73-99;Sajid Alfredo Herrera,"Primary Education in Bourbon San Salvador and Sonsonate,1750-1808," in *Politics ,Economy ,and Society in Bourbon Central America ,1759-1821*,ed. Jordana Dym and Christophe Belaubre(Boulder: University Press of Colorado,2007),17-45;Barbara Yadira García Sánchez,"La educación colonial en la Nueva Granada:Entre lo doméstico y lo público,"*Revista Historia de la Educación Latinoamericana* 7(2005):219-240;Thais Nivia de Lima e Fonseca,"Instrução e assistência na capitania de Minas Gerais:Das ações das camaras às escolas para meninos pobres(1750-1814),"*Revista Brasileira de Educação* 13,no. 39(September-December 2008):535-597.

变化却很有限。那种认为儿童先天具有理性本能、教育只是一种补救的启蒙观念仍具有影响力。学校教育可以纠正年轻人在早期成长过程中在道德和风俗习惯上养成的错误，也可以消除旧政权带来的无知和迷信。在政权交替的背景下，政治和知识精英继续将教育视作政治灌输、道德教化、节制情绪和服从于新建合法当局的一种手段。为了培养享有最低限度的知情和自由的个体，使他们能够成为享有选举权和被选举权的合格公民，精英们认为读写教育是不可或缺的。然而，读写能力并不是一个充分条件，政治选举权仅限于那些未失业或者未被强迫劳动的成年男性。随着时间的推移，该特权被收紧为那些达到一定财产数量和收入水平的成年男性。尽管独立后的国家将普及读写教育设为自身的目标，然而多个群体（未成年人和女性、奴隶和仆人、流浪者和赌徒）被正式排除在选举权之外，即便他们学会了读写。尽管如此，人们仍然期待学校教育能够给学生提供必要的知识和技能，从而使他们能够履行与其性别和社会地位相吻合的政治责任与经济角色。[8]

直到19世纪中叶，大多数拉丁美洲的国家都依靠地方政府、天主教神职人员和私人教育者提供学校教育，无论教育是否免费。中央和省级政府为公立学校提供不定期的小额补助，而将大部分经费和监督职责交给了城镇和市议会。在布宜诺斯艾利斯省，独裁统治者胡安·曼努埃尔·德·罗萨斯甚至在1838年取消了公共教育补贴。尽管市政当局在拉丁美洲拥有悠久的历史，在独立期间和独立后均能找到其在政治上的体现，但是它们仍在努力履行其教育职责。除了少数和临时

---

⑧ Newland, *Buenos Aires no es Pampa*, 28-40; Marcelo Caruso, "Literacy and Suffrage: The Politicisation of Schooling in Postcolonial Hispanic America(1810-1850)," *Paedagogica Historica* 46, no. 4(2010): 463-478; Serrano, *Historia de la Educación en Chile*, 1: 18, 61-62, 69; Cynthia Greive Veiga, "Schooling, Organisation of the Constitutional Monarchy and the Education of Citizens(Brazil, 1822-1889)," *Paedagogica Historica* 49, no. 1(2013): 34-42.

性的例外情况，早期的国家政府鼓励天主教神职人员继续开办小学。这些神职人员在授予教学许可上一直保持最低要求。因此私人教育者的知识、培训以及他们所运行学校的规模和课程普遍存在差异。[9]

204 19世纪，拉丁美洲的教师们在教学方法上不拘一格。个别教学、死记硬背和体罚虽遭到官方谴责，但并未彻底摒弃。导生制和裴斯泰洛齐的教育理念等现代方法也有所影响。独立后的精英对约瑟夫·兰卡斯特和安德鲁·贝尔共同开发的导生制寄予厚望。导生制是一种经济实惠且高效的方式，实现了有限教师教育众多学生的目的。每间教室内，一位教师同时监督多名“导生”或者学生老师，后者将教师指令传达给低年级学生。该方法在时间和空间上进行了严格的控制；纪律的基础是，通过让学生感到自豪的奖励，或是羞辱性的惩罚（不包括体罚），给学生留下深刻印象。当局大力推广导生制，包括提供培训课程、印刷必要的教学材料，有时甚至强制使用。随着时间的推移，导生制的效果开始参差不齐。由于政府财政支持的枯竭，该方法在使用上也并不一致，从未提供真正的大众教育。一些学者声称导生制能够将儿童培养为精英公民，但同期也有人反对这种新方法，认为它不

---

[9] Newland, “La educación elemental en Hispanoamérica”; Newland, *Buenos Aires no es Pampa*; Jerry W. Cooney, “Repression to Reform: Education in the Republic of Paraguay, 1811-1850,” *History of Education Quarterly* 23, no. 4 (Winter 1983): 413-428.

适合精英阶层。[10]

作为大学预备教育的传统中等教育，在19世纪演变为独立的中学。遗憾的是，围绕殖民地拉丁学校向中学转变的研究依然很少。智利政府于1843年推出了以拉丁语言和文学为重点的中学课程。官方的目的是依照罗马共和国的模式，培养具有良好道德品行的政治精英群体。政治家和教育家对此提出了质疑，他们期望有一种更为实用的学校教育，以适于当地的经济优先事项。政府于19世纪70年代对中学课程进行了改革，将拉丁语列为选修课，而把西班牙语语法、现代语言、数学以及国家史等列为优先课程。在新格拉纳达（现哥伦比亚），1846年成立的圣神学院融合了预科课程和大学课程，要求学习拉丁语和现代语言。[11]

19世纪下半叶，出口经济的蓬勃发展和财政收入的增长，激励了日渐壮大的精英派别推行教育改革。城市化和教育需求的不断增长是促成因素，对此还有待进一步研究。中央政府在资助和监督公立学校以及培训未来教师上承担的职责有所增加。政治保守派和自由派之间

---

⑩ Newland, "La educación elemental en Hispanoamérica"; Newland, *Buenos Aires no es Pampa*; Jerry W. Cooney, "Repression to Reform: Education in the Republic of Paraguay, 1811-1850," *History of Education Quarterly* 23, no. 4(Winter 1983): 413-428. Newland, "La educación elemental en Hispanoamérica"; Newland, *Buenos Aires no es Pampa*; Eugenia Roldán Vera, "El niño enseñante: Infancia, aula y Estado en el método de enseñanza mutua en Hispanoamérica independiente," in *Entre la familia, la sociedad y el Estado: Niños y jóvenes en América Latina (siglos XIX-XX)*, ed. Barbara Potthast and Sandra Carreras (Madrid: Iberoamericana-Vervuert, 2005), 51-88; María Helena Camara Bastos, "Educaçao Pública e Independências na América Espanhola e Brasil: Experiências Lancasterianas no Século XIX," *Revista história da educação latinoamericana* 14, no. 18(January-June 2012): 75-92.

⑪ Nicolás Cruz, *El surgimiento de la educación secundaria pública en Chile, 1843-1876: El plan de estudios humanista* (Santiago: DIBAM, 2002); Robert H. Davis, "Education in New Granada: Lorenzo María Lleras and the Colegio del Espíritu Santo, 1846-1853," *The Americas* 33, no. 3(January 1977): 490-503.

的冲突愈演愈烈。自1870年以来，自由派政府在不同程度上促使公立教育世俗化。与此同时，欧洲的天主教教会也掀起了开办中小学的浪潮，有时还得到政府的支持。私营教育企业为课程多元化做出了贡献。为促使教学专业化，各国政府开办了公立师范学校或教师培训学校，还常常聘任外国教育专家管理这些机构。一些学校采用了裴斯泰洛齐的教育理念，他鼓励关注学生的情绪和自然发展，强调直观教学，例如实物教学和实地考察。由于城市生活日渐舒适，加上就读师范学校的费用，这些学校的毕业生不愿意到农村地区扎根。在城市教育不断扩张的同时，由于经费不足和缺乏合格的教师，农村地区的学校教育
205 被落在后面。在那些原住民众多的国家，原住民主要生活在农村地区，大部分印第安人仍然无法接受正规教育。[12]

城市教育的扩张和公立师范学校的开设加速了女性教师的数量增长。自殖民末期以来，官方的说辞是，女性须接受教育，因为作为母亲她们对孩子产生早期影响。各国独立后，政治家和知识分子希望女性能够培养良好的未来公民，不过她们仍然被排除在公共领域之外。在独立后的几十年间，女性如何面对官方说辞中的政治和教育普遍主义与现实生活中受教育机会有限和社会经济机会不平等之间的矛盾？这是一个还有待进一步研究的问题。19世纪下半叶，面向女性的小学数量有所增加，而且也出现了新的女子中学，这引发了关于女性所受教育应到何种程度的论争。布宜诺斯艾利斯在经济超常发展时期，出现了一些女子职业和专业学校。随着城市教育在整个地区的扩张，女性被视为天生的教育工作者，而且她们愿意接受较低的薪酬，这都导致女性小学教师比例的增加。教学给精英阶层女性、贫苦的上层女性

---

⑫ Newland, *Buenos Aires no es Pampa*; Claude Pomerleau, "French Missionaries and Latin American Catholicism in the Nineteenth Century," *The Americas* 37, no. 3(1981): 351-167; Arilda Ines Miranda Ribeiro, *A educação feminina durante o século XIX : O Colégio Florence de Campinas , 1863-1889* (Campinas: Centro de Memoria-Unicamp, 1996).

和中产阶层女性创造了机会，得以过上职业生活、获得一定的经济自主权。[13]

创建“教学国”

19世纪晚期开始，各国政府逐步将公立教育的经费和管理集中起来。同时它们还在确定公、私立学校的课程与教科书方面承担了更大的作用。经济、社会、政治和意识形态因素共同推动了“教学国”的创立。更为广泛的原材料出口使得财政收入持续增长，当局由此得以负担得起教育的集权管理。与此同时，国家也没收了此前由地方政府管理的资源。不同于地方官员的观念，受欧洲实证主义影响的知识分子坚信，国家官僚机构能够以一种更加科学和有效的方式管理公立教育。上层阶级希望扩大学校教育的范围，以同等的内容和仪式，强化国家忠诚，尤其是对于那些移民和非白种人口而言。在保持对新兴大众政权控制的同时，国家政治领袖还将教育视为一种维护自身对地方掌权者权威的方式。快速壮大的中产阶层和充满希望的公立学校教师

---

⑬ Newland, *Buenos Aires no es Pampa*; Ribeiro, *A educação feminina*; Serrano, *Historia de la Educación en Chile*; Cynthia Jeffress Little, "Education, Philanthropy, and Feminism: Components of Argentine Womanhood, 1860-1926," in *Latin American Women: Historical Perspectives*, ed. Asunción Lavrin (Westport, CT: Greenwood, 1978), 235-253; Steven Palmer and Gladys Rojas Chaves, "Educating Señorita: Teacher Training, Social Mobility and the Birth of Costa Rican Feminism, 1888-1925," *Hispanic American Historical Review* 78 (1998): 45-82; Rosemarie Terán Najas, "'La Emancipada': Las primeras letras y las mujeres en el Ecuador decimonónico," *Historia de la educación: Revista interuniversitaria* 29 (2010): 35-55.

群体拥护集权化，期待改善自身生活状况，获得社会流动。[14]

“教学国”能够有效地提高小学的入学率和识字率，虽然在不同的国家和地区发展速度也有所差异。19 世纪上半叶，生活在偏远地区或奔波于家计的儿童无法入学就读。后来，城市化发展降低了读书的机会成本，这一趋势一直延续到了 20 世纪。国家对教育投入的增加，避免了上层和中产阶级对税收再分配的抵制。在 19 世纪最后的 30 年里，那些城市化程度更高、种族更为单一、不平等程度相对较低的国家
206 （阿根廷、智利、乌拉圭和哥斯达黎加）迈向了大众教育。20 世纪 20 年代起，墨西哥、萨尔瓦多、多米尼加共和国、委内瑞拉、厄瓜多尔、巴西、秘鲁和玻利维亚等国的入学率增速更高。在该地区最贫穷的国家（洪都拉斯、危地马拉、尼加拉瓜和海地），入学率直到第二次世界大战之后才得以提速。入学人数的增加在性别上是相对平等的。[15]

在 20 世纪的前几十年中，伴随着现代化进程的持续推进，“新学校”（西班牙语美洲区称作 Escuela Nueva，巴西称作 Escola Nova）教育学受到了新一代拉丁美洲教育家的青睐。这一术语泛指约翰·杜威（美国）、奥维德·德可罗利（比利时）、阿道夫·费里埃（瑞士）、玛丽亚·蒙特梭利（意大利）等教育家的进步教育思想。它批判了将教材和教师置于教育的中心、忽视了儿童天性和精神的实证主义方法。反之，“新学校”鼓励以学生为中心的方法，激发儿童内在的好奇心和

---

[14] Newland, “La educación elemental en Hispanoamérica”; Serrano, *Historia de la Educación en Chile*; Palmer and Rojas Chaves, “Educating Señorita”; G. Antonio Espinoza, *Education and the State in Modern Peru: Primary Schooling in Lima, 1821-c. 1921* (New York: Palgrave Macmillan, 2013).

[15] Serrano, *Historia de la Educación en Chile*; Carlos Newland, “The *Estado Docente* and Its Expansion: Spanish American Elementary Education, 1900-1950,” *Journal of Latin American Studies* 26(1994): 449-467; Ewout Frankema, “The Expansion of Mass Education in Twentieth Century Latin America: A Global Comparative Perspective,” *Revista de Historia Económica* 27(Winter 2009): 359-396.

对学习的兴趣。新方法包括杜威的“设计教学法”、费里埃的“活动学校”、德可罗利的“以兴趣为中心”以及蒙台梭利的自我教育等。一些政府开办实验学校来尝试这些技术。在巴西、阿根廷和智利，拥护“新学校”理念的教育家往往也倡导更多的政治民主。在后两个国家中，这些人也是支持教师工会的活动家。根据已有研究，“新学校”理念的影响是局部性和本土化的，对该理念的采纳具有折中性。这种理念在整个地区的实施及其影响还有待进一步研究。⑯

教育与现代化

国家更多参与教育，是将学校教育变为现代化手段的第一步。塑造文明公民的目标并没有发生改变，但是提高所有人口尤其是底层民众的生产力成为主要的教育宗旨。实际上，在一些国家，通过立法使识字成为投票的硬性要求，这与公立学校教育的扩张是相向而行的。在整个20世纪，现代化的含义在不同的国家和国际背景中不断演化。在20世纪初，原材料出口导向的经济，与自给自足的生产和规模较小但数量日增的日用消费品制造业并存。公立教育必须是民族主义的、可再生的和实用的。学校教育旨在增强民族凝聚力，改善学生的健康和卫生状况。尽管政治家和知识分子一致认为，教育必须培养守纪高

---

⑯ Newland,“The *Estado Docente*”; Sandra Carli,“The New School Movement in Argentina,”*Paedagogica Historica* 42, no. 3 (June 2006): 385-404; Rafael Ríos Beltrán and Martha Yanet Cerquera Cuellar,“La modernización de los contenidos y métodos de enseñanza: Reflexiones sobre la Escuela Nueva en Colombia,”*Revista Historia de la Educación Latinoamericana* 16, no. 22 (January-June 2014): 157-172; Iván N ez Prieto,“Adolfo Ferrière en Chile,”*Revista de Historia de la Educación* 3(1997): 49-68; Jens R. Hentschke, *Reconstructing the Brazilian Nation : Public Schooling in the Vargas Era* (Baden-Baden, Germany: Nomos, 2007).

效的农民和工人，但有人反对将学校教育限于职业培训。[17]

第一次世界大战和大萧条时期，走进国际市场的艰难以及进一步的城市化和国内市场的扩张，共同推动了农业商业化和进口替代工业。墨西哥革命政府在 20 世纪 20 年代之后采取的教育措施成为其他国家政
207 客学习的榜样。这些措施包括派遣教育使团到偏远的原住民社区、扩大以读写教育和农业培训为重点的农村地区教育、官方对精选过的某方面流行文化加以颂扬等。有研究表明，墨西哥各地对上述举措的反应是，学校成了政治和文化磋商的场所。农村社区有条件地接受了学校教育的文化，利用读写教育来捍卫自身的利益，而有时也会拒绝官方的反教权论。一些学者分析了类似政策在玻利维亚和秘鲁的实施状况，同时，另一些学者也提到了委内瑞拉和哥伦比亚的此类措施。20 世纪 30 年代，玻利维亚的农民社区利用拨给公立“核心学校”的经费，与进步的知识分子和激进的政治党派结盟，同时抵制类封建性的地主。20 世纪 40 年代，秘鲁的农民同样利用核心学校发展政治同盟，抗拒地方掌权者的要求。这些或者其他拉丁美洲国家中各地对此类措施的回

[17] Hobart A. Spalding Jr.,"Education in Argentina,1890-1914,"*Journal of Interdisciplinary History* 3,no. 1(Summer 1972):31-61;Donald L. DeWitt,"Educational Thought in Panama:The Pedagogical Movement of the 1920s,"*Caribbean Studies* 17,nos. 1-2(1977):134-145;Newland,"The *Estado Docente*";Serrano,*Historia de la Educación en Chile*,vol. 2, especially chapters 3 and 12.

应，尚需进一步加以研究。⑱

巴西和阿根廷的民粹主义政府都对其公立教育系统进行了改革和扩充，以此彻底革新其民众。巴西总统热图利奥·瓦加斯先后在1930—1945年以及1945—1951年执政，在其执政期间尤其是在其第一任执政期间，瓦加斯推动了进口替代工业化、农业商业化和社团主义。瓦加斯政权将公立学校教育视作灌输意识形态、对底层民众进行职业培训、维系精英阶层以及社会同质化的工具。1932年，为了给政府施加影响，一些持新学校理念或者支持新学校的教育家发表了一项宣言，号召义务、世俗和免费的混合性别教育。他们还主张教育分权、公立教育独立于党派政治。随着瓦加斯政权变得愈发独裁和社团主义，部分新学校支持者疏远了政府，也有一部分人成了教育行政部门的一分子。1933—1953年的有关数据显示，小学的数量增加了一倍以上，入学率提高了近10%，学生考试及格比例增加了8%。但是，有效入学人数和学业完成率增长不足1%。⑲

---

⑱ Mary Kay Vaughan, *Cultural Politics in Revolution: Teachers, Peasants, and Schools in Mexico, 1930-1940* (Tucson: University of Arizona Press, 1997); Stephen E. Lewis, *The Ambivalent Revolution. Forging State and Nation in Chiapas, 1910-1945* (Albuquerque: University of New Mexico Press, 2005); Andrae Marak, *From Many, One: Indians, Peasants, Borders, and Education in Callista Mexico, 1924-1935* (Calgary: University of Calgary Press, 2009); Aline Helg, *La educación en Colombia, 1918-1957: Una historia social, económica y política* (Bogotá: CEREC, 1987); Guillermo Luque, *Educación, pueblo y ciudadanía: La educación venezolana en la primera mitad del siglo XX, 1899-1950* (Caracas: Ministerio de Cultura), 2006; Brooke Larson, "Capturing Indian Bodies, Hearths, and Minds: The Gendered Politics of Rural School Reform in Bolivia, 1920s-1940s," in *Natives Making Nation: Gender, Indigeneity, and the State in the Andes*, ed. Andrew Canessa (Tucson: University of Arizona Press, 2005), 32-59; G. Antonio Espinoza, "The Origins of the Núcleos Escolares Campesinos or Clustered Schools for Peasants in Peru, 1945-1952," *Naveg@ mérica: Electronic Journal of the Spanish Association of Latin Americanists* 4 (Winter 2010): online.

⑲ Hentschke, *Reconstructing the Brazilian Nation*, 200-204.

在阿根廷，胡安·多明戈·贝隆将军的第一任政府（1946—1955）也将学校教育视作意识形态灌输和职业培训的工具。贝隆政府扩张了学校教育，提高了入学率，也提高了学生保有率和学业完成率。政府能够实现这一点，部分上有赖于向学生发放奖学金、提供交通和伙食等公共补贴。与此同时，公立学校成为一种工具，以灌输贝隆的思想、培养人们对总统及其夫人艾薇塔的个人崇拜。为此政府改革了教育内容，并出版了新的教科书和儿童杂志。贝隆在1956年的军事政变中被赶下台，之后，新政府试图通过罢免他执政期间所任命的工作人员、发布新的教学方案和教科书，以及废除与前总统相关的假期和仪式，来消除他给公立教育带来的影响与记忆。提供给私立学校的公共补贴曾于1954年被暂停，在这时得以恢复，新的天主教中学由此得以开设，而私立学校和教师培训学院的入学率也得以提高。[20]

第二次世界大战之后，唯发展主义和现代化理论鼓励拉丁美洲各
208 国政府与私营企业和国际机构以合作方式推进工业化。对现代化理论而言，从传统社会经济向现代资本主义社会经济的过渡阶段是有风险的，容易走向共产主义或引发起义。两种理论都将教育水平低视作经济发展的障碍。无论政治倾向如何，在20世纪下半叶，拉丁美洲国家都采取了有效措施减少文盲。到20世纪90年代初，这一地区的平均识字率已接近90%。20世纪60年代以来，保罗·弗莱雷的理念在进步主义教育者中的影响与日俱增。弗莱雷强调对话和提高觉悟是普及读写和促进积极民主参与的手段。各国政府还增加了中低阶层民众接受初等和中等教育的机会，这一点时而会得到联合国教科文组织、争取进步同盟等国外实体机构的支持。已有研究表明，这些政策的结果参差不齐。1968年，萨尔瓦多独裁政府实施了一系列改革，包括使用电视

---

[20] Mónica Esti Rein, *Politics and Education in Argentina 1946-1962* (Armonk, NY: M. E. Sharpe, 1998).

教育、集中培训教师以及推广侧重经济发展的课程等。学校的入学率有所增加，学生在某些科目上的成绩也有所提高，但改革的强制推行造成了社会的两极分化。[21]

学术展望

在未来的研究中，有四个主题尤为值得关注。在历史专著中，学校教育作为一种塑造和强化性别角色的方式仅被一笔带过。只有安德鲁·J. 柯肯德尔的一项成果颇值得注意，他对 19 世纪就读于巴西法学院的精英男性青年的社会化问题进行了研究。浪漫主义、自由主义以及到 19 世纪末的实证主义都对法学院学生在课堂内外形成性别、专业和阶级认同产生了影响。另一个值得关注的成果是安娜·玛丽亚·格切尔的著作，该著作探讨了 20 世纪上半叶厄瓜多尔的女性教育。作者指出，女性教师利用扩大的、世俗化的学校教育这一自由主义项目，来增加她们的工作机会，创建一个平行的公共领域，并投资于她们作为专业教育者的职业生涯。[22] 这些研究显示出从性别视角研究教育史的益处。

---

[21] Joel Wolfe, "Populism and Developmentalism," in *A Companion to Latin American History*, ed. Thomas H. Holloway(Malden, MA: Wiley-Blackwell, 2008), 347-364; Andrew J. Kirkendall, *Paulo Freire and the Cold War Politics of Literacy*(Chapel Hill: University of North Carolina Press, 2010); Carlos Newland, "Spanish American Elementary Education 1950-1992: Bureaucracy, Growth and Decentralization," *International Journal of Educational Development* 15, no. 2(1995): 103-114; Héctor Lindo-Fuentes and Erik Ching, *Modernizing Minds in El Salvador: Education Reform and the Cold War, 1960-1980*(Albuquerque: University of New Mexico Press, 2012).

[22] Andrew J. Kirkendall, *Male Student Culture and the Making of a Political Class in Nineteenth-Century Brazil*(Lincoln: University of Nebraska Press, 2002); Ana María Goetschel, *Educación de las mujeres, maestras y esferas públicas: Quito en la primera mitad del siglo XIX*(Quito: Flacso Ecuador-Abya Yala, 2007).

自殖民时期以来，学校教育一直致力于摒除使用母语。20 世纪 70 年代，一些拉丁美洲国家的政府开始扭转这一长期存在的趋势，实施双语教育项目。但围绕这些政策的实施、反应及其变迁的研究依然很少。关于学校教育与读写能力之间的关系，也有必要进行更多的研究。一些对 19 世纪智利人口普查的详细研究显示，具有读写能力的成年人与那些在家中接受过读写教育的儿童之间并没有直接的关系。相同的数据表明，职业不是读写能力的决定性变量，而且不同城市地区的识字率也存在显著差异。基于人口普查、婚姻登记、服役记录以及犯罪统计数据的定量研究显示，20 世纪上半叶，在很多拉丁美洲国家，学校教育的扩大和识字率的上升之间有密切关联。此外，正如在种族分离社会中可以预见的一样，读写教育扩张速度较慢与原住民人口（和
209 语言）的普遍存在有关。最后，在拉丁美洲，长期以来学校教育饱受旷课、留级和辍学之苦。自 20 世纪 80 年代以来，国家缩减了教育投入，这可能会进一步恶化这些问题。要找到切实可行的应对方案，就必须从历史的角度更好地去认识这些问题。[23]

推荐书目

Cruz, Nicolás. *El surgimiento de la educación secundaria pública en Chile, 1843-1876: El plan de estudios humanista*. Santiago: DIBAM, 2002.

Espinoza, G. Antonio. *Education and the State in Modern Peru: Primary Schooling in Lima, 1821-c. 1921*. New York: Palgrave Macmil-

---

[23] Newland, "La educación elemental en Hispanoamérica"; Newland, *Buenos Aires no es Pampa*; Newland, "Spanish American Elementary Education"; Serrano, *Historia de la Educación en Chile*, vol. 1; Javier N ez, "Signed with an X: Methodology and Data Sources for Analyzing the Evolution of Literacy in Latin America and the Caribbean, 1900-1950," *Latin American Research Review* 40, no. 2 (June 2005): 117-135; Frankema, "The Expansion of Mass Education in Twentieth Century Latin America.".

lan, 2013.

Frankema, Ewout. "The Expansion of Mass Education in Twentieth Century Latin America: A Global Comparative Perspective." *Revista de Historia Económica* 27 (Winter 2009): 359-396.

Helg, Aline. *La educación en Colombia, 1918-1957: Una historia social, económica y política*. Bogotá: CEREC, 1987.

Hentschke, Jens R. *Reconstructing the Brazilian Nation: Public Schooling in the Vargas Era*. Baden-Baden, Germany: Nomos, 2007.

Kirkendall, Andrew J. *Paulo Freire and the Cold War Politics of Literacy*. Chapel Hill: University of North Carolina Press, 2010.

Lindo-Fuentes, Héctor, and Erik Ching. *Modernizing Minds in El Salvador: Education Reform and the Cold War, 1960-1980*. Albuquerque: University of New Mexico Press, 2012.

Newland, Carlos. *Buenos Aires no es Pampa: La educación elemental porteña 1820-1860*. Buenos Aires: Grupo Editor Latinoamericano, 1992.

Newland, Carlos. "La educación elemental en Hispanoamérica: Desde la Independencia hasta la centralización de los sistemas educativos nacionales." *Hispanic American Historical Review* 71, no. 2 (1991): 335-364.

Newland, Carlos. "The *Estado Docente* and Its Expansion: Spanish American Elementary Education, 1900-1950." *Journal of Latin American Studies* 26 (1994): 449-467.

Newland, Carlos. "Spanish American Elementary Education 1950-1992: Bureaucracy, Growth and Decentralization." *International Journal of Educational Development* 15, no. 2 (1995): 103-114.

Rein, Mónica Esti. *Politics and Education in Argentina 1946-1962*. Armonk, NY: M. E. Sharpe, 1998.

Ribeiro, Arilda Ines Miranda. *A educação feminina durante o século XIX: O Colégio Florence de Campinas, 1863-1889*. Campinas: Centro de Memoria-Unicamp, 1996.

Serrano, Sol. *Historia de la Educación en Chile, 1810-2010*. 2 vols. Santiago: Taurus, 2012.

第 13 章　国民教育制度：亚洲

樊德雯

亚洲国家建立国民教育制度的过程跨越了一个多世纪，始于 19 世纪中叶，一直持续到 20 世纪后半叶。在日本、中国、伊朗等未被殖民的国家，这一过程大致分为两个阶段。在第一个阶段，西方传教士和具有改革意识的私人创办了与传统教育方法截然不同的新式学校。在第二个阶段，部分是受私人活动的启发，部分是受“现代化”、参与世界舞台竞争以及明确民族认同等因素的驱动，这些亚洲独立国家的政府开始建立官方的学校教育体系，旨在达到制度结构、课程和物质条件方面的普遍与统一。印度和马来西亚等被殖民国家遵循了一套略有不同的发展模式。那里的殖民地政府同样受到了个人和传教士的活动的影响，这些政府出于不同的目的，设法让更广泛的人得以接触到现代教育和现代学校。这些殖民地获得独立后，新的政府开始以类似于非殖民国家的方式推行国民教育制度。 213

不论具体情况和环境如何，大多数亚洲国家在建立国民教育制度时，都已经拥有了深厚的教育传统，且教育国家化与政治改革联系密切。此外，大多数亚洲国家所面临的挑战也极为相似，即如何在传统和现代、西方元素和东方本土元素之间取得平衡，如何资助新式学校，如何培训教师。最后，所有国家，无论是被殖民者还是殖民者，都必须应对来自西方或亚洲其他地区的外部模式和影响。

亚洲国民教育制度的故事，描述了不同社会群体，包括中央和地方政府、私人个体、文人、政客以及教育改革家，将外国模式和实践与自身传统和历史融合，创造出体现国家意识、并最终反映民族自决
214 观念的全新事物。在大多数情况下，可以理解的是，国家教育体系的宗旨在于塑造新的公民，他们将拥有共同的价值观和前景，为国家政体利益做出贡献。参与该过程的上述群体就一系列广泛问题进行了论争：新的教育应该服务于谁，如何确保尽可能多的人从中受益，什么样的课程能更好地服务于国家目标，女孩和妇女在新的教育系统以及国家本身之中应该扮演何种角色、如何扮演这种角色。

我们对亚洲国民教育制度发展方式的认识主要是基于一系列的研究，这些研究探讨了地缘政治发展、知识和文化论争、国家和地方教育法规以及儿童等问题。随着超越国家框架的案例研究逐渐增加，我们能够了解新的教育体系如何影响那些真正在学校就读的学生。这些案例研究涉及了女性教育、少数民族教育和农村地区教育等。未来还有更多的研究值得期待。特别是那些真正在新的国民学校就读过的学生能够提供更多的一手资料，这对本领域的研究是大有裨益的。亚洲国民教育制度开创者的声音仍然占主导地位，而了解儿童自己如何在新学校中经历他们的成长岁月，将有助于对不断扩张的研究图景加以平衡。此外，尽管很难追踪，不过该领域将从如下研究中受益，这些研究将更为具体地探讨新式国民学校中的教育如何从社会经济方面来改善人们的生活。

通过对日本、中国、伊朗、印度和马来西亚这 5 个代表性国家的国民教育的考察，可以清楚地勾勒出教育改革的实施和国民教育制度的建立过程。日本是首个成功建立国民教育制度的非殖民亚洲国家，是其邻国的榜样。中国同样从未正式受过殖民统治，其深厚的教育传统在历史上对其他亚洲国家产生了影响。作为世界上最古老的文明古国之一，伊朗在 7 世纪被阿拉伯人征服，后来演变为一个伊斯兰帝国。伊朗的国民教育制度发轫于 18 世纪初，本土伊斯兰特色和逐渐增加的西

方影响之间的张力影响到该制度的发展。印度之所以重要，不仅在于其幅员辽阔，还在于其国民教育制度的建立发生于后殖民背景下，也即脱离英国获得独立之后。最后，马来西亚同样处于英国的控制之下，它在推动教育改革项目时不得不应对极其多样化的人口和文化。

日　本

日本是首个推行国民教育制度的亚洲国家。作为一个相对孤立的
岛国，日本在历史上与中国和朝鲜以外的其他文明很少接触。1603 年
至 1868 年，日本处于德川幕府的严密统治之下，实行禁止臣民与外族
接触的锁国政策，至少从理论上说，日本的孤立状态明显加强。但实
际上，到 1853 年美国海军准将马休·佩里率领 4 艘汽轮驶入江户湾的
时候，相当一部分日本人已经接触过外部文化；重要的是，在长崎出
岛[❶]的非公开性的兰学塾中，一些日本异端学者接触到了西方的学术、
医学、科学和军事技术。1868 年幕府倒台、新的明治政府组建之时， 215
这批学者中有很多人帮助政府树立了雄心壮志，着意引入西方教育
模式。[①]

明治政府成立仅 4 年后，便实施了《学制令》，该法案勾勒了一套完全基于西方模式的国民教育制度，参考对象主要是美国模式，少部分是法国模式。明治时期教育改革之所以成功，除了政府热切引入西方学校教育之外，在很大程度上还要归功于其根深蒂固的教育传统。

---

❶ 日本江户时代幕府执行锁国政策所建造的人工岛，供来日贸易的荷兰人居住，现为长崎市的一部分。

① Richard Rubinger,"Education: From One Room to One System," in *Japan in Transition: From Tokugawa to Meiji*, ed. Marius B Jansen and Gilbert Rozman (Princeton, NJ: Princeton University Press, 2014), 195-230; Testuya Kobayashi,"Tokugawa Education as a Foundation of Modern Education in Japan," Comparative Education Review 9, no. 3 (October 1965): 288-302.

德川幕府末期，日本已经具备了启动新的教育改革的坚实基础，尽管这一基础并不均衡，也不正式；这就是超过 4000 所的寺子屋，一种传统的乡村学校，强调儒家教育，以平民和武士为教育对象（直到明治初期，这两个阶级都被有意识地隔离开来）。寺子屋在本质上充当了传统非正式学校网络与新式标准化学校系统之间的桥梁。德川幕府倒台之后，仍旧有许多寺子屋存续。一些寺子屋在继续提供以中国典籍为基础、强调机械背诵和汉字学习的传统教育的同时，也引入了许多西学科目，如数学、科学和体育等。

寺子屋是建立新的教育制度的（非官方）基石，但同时数世纪以来，日本也有一种寻求恰当教育模式的历史传统，在明治政府试图为日本塑造新的身份过程中，这种传统发挥了作用。自 17 世纪起，一些学者发展出被称作“国学”的思想流派，18 世纪达于顶峰。此前源于中国的儒学主导了日本的社会和政治生活，其对纪律和忠诚的重视与武士阶层的价值观产生了共鸣。发端于印度的佛教，此后经由中国和朝鲜的阐释与过滤，也强烈影响到日本的教育和文化生活。

国学学者以玷污日本本土传统为由，拒绝接受外来影响，而是转向了日本古代的文学传统和神道，强调日本的独特性，尤其是（据传的）神圣皇族血脉。重要的是，国学有助于在许多日本人的心中播下民族主义的种子，激发明治政府将大量的本土元素纳入《学制令》中。这些元素不仅对以西方为基础、作为学制核心的结构和课程作了补充，同时还向日本学童展示了强大的民族象征，其中最重要的是天皇，他的存在确认了日本神圣皇室血脉的根源。

明治初期，关于《学制令》中应保留多少传统儒家和神道的影响，存在很多论争。起初，西方模式占了上风。《学制令》确立的教育体系包含初等、中等和大学教育。初等阶段实行义务教育：所有儿童必须在学校学满 3 年。《学制令》主要直接借鉴自美国模式，支持学习英语，还宣扬了一些对大多数日本民众而言完全陌生的价值观，如社会平等和个人主义。②

《学制令》最显著的特征之一，在于它甚至提出要求女孩接受教育。不过，女孩接受学校教育的愿望往往被延误，部分原因是女性教师的数量过少。青木琴是最早进入现代官学就读的日本女孩之一，据她 216
观察所说："（我的父亲）告诉我，'你必须开始学习和读书……'。我这样回答他，'是的，我想学习，我想学英语；如果您能找到好的老师，就请让我学习'。然而我们没能找到，我一直在等，天天都在等。"③

日本教育现代化的另一障碍是经费。《学制令》颁布实施后的好多年里，仍有大量寺子屋继续开办，主要原因就是许多日本农村社区不想支付更多的强制性税金来资助新学校，而是更偏爱寺子屋。明治政府的应对举措是，通过规范寺子屋的组织和课程，将之纳入管控范围；因此，寺子屋和最早的《学制令》之间存在着制度连续性。一些寺子屋开始开设新的课程，推动社会平等；而新学制中的某些学校则开始匆忙地培训寺子屋教师，来教授新课程。

融合了西方、日本和儒学价值观的寺子屋，一直延续到19世纪80年代，最终被新的学制完全取代。随后在1882年，明治政府从美国模式转向普鲁士模式，后者强调教育要服务于国家而非个人。这种设想难以见容于传统的儒学家，最后双方达成妥协，将传统与现代融入一份文件，以此作为支撑所有日本教育的基本理念。这就是1890年由天皇本人"发布"、融合了儒学、神道和西方元素的《教育敕语》。重要的是，正是这一涉及社群、家族和皇权神性的《教育敕语》，比任何文

② Rubinger, "Education"; Benjamin Duke, *The History of Modern Japanese Education: Constructing the National School System, 1872-1890* (Piscataway, NJ: Rutgers University Press, 2009).

③ Quoted in James L. Huffman, *Modern Japan: A History in Documents*, 2nd edition (New York: Oxford University Press, 2011), 60.

件都更能激发日本人的民族主义情绪，将之驯化为忠臣顺民。④

起初，一些农民和保守武士反对新的学制，但仅仅几十年后，大多数儿童都进入了《学制令》设置的学校之中。与亚洲其他国家相比，日本现代教育制度的普及较为顺利，未受到殖民主义的影响，这被视为明治时期日本的最高成就之一。日本的成功，背后有许多重要因素，包括规模相对较小（比印度和中国小得多）、成功地将儒学和神道融入外国模式，以及明治政府也成功地将天皇塑造为民族自豪感和民族自决的象征。

中　国

在日本，天皇作为民族自豪感和力量的象征得以重获生机，中国则与之不同，中国的最后一个王朝（清朝）结束于 1911 年，人们再不会把皇帝视为文化统一的象征。很多世纪以来，以儒学为基础的科举考试一直主导着中国的教育领域，但到清末时逐渐失势，思想家们努力将他们与具有现代迫切性的新技术联系起来。尽管中国的皇权在不同历史时期都曾提倡过普及教育的宽泛概念，然而直到 1904 年，即清朝陷入最后的衰落期时，清政府才实行了义务教育制度，并于次年废
217 除了科举考试。在此之前，教育是非正式的，不受国家管控，大多属于私人事务。那些具有远大社会抱负的人为参加科举而读书，此外还有很多人在名为“私塾”的私人村学就读，以粗通文墨并掌握基本的儒家伦理。与日本寺子屋类似，私塾结构松散而灵活，规模、学生年龄和物质条件方面也不一致。但所有的私塾都有一个共同特征：强调背诵儒家经典，这有助于加强中国民众的文化凝聚力以及对良好教育

---

④ Rubinger, "Education"; Duke, *The History of Modern Japanese Education*; Huffman, *Modern Japan*, 60.

的一致性理解，在这方面私塾和寺子屋也是类似的。

值得注意的是，当日本的教育改革家努力将中国古代价值观融入其新的教育体系之时，中国人却把明治时期日本的教育制度视作教育改革的主要范本。20 世纪之交，诸多外国列强迫使中国签订了一系列不平等条约，其中就包括刚刚实现近代化并在 1894—1895 年甲午战争中击败中国的日本，这让中国人感到屈辱。由此在 1901—1910 年发起了全面性的“新政”改革。1904 年，新成立的学部在对两年前拟定的一部学校章程加以修改的基础上，发布了《奏定学堂章程》，这部章程与日本学制极为相似。

表面上看，中国的新学制与过去截然不同。新学制要求在全国各地开办新式学校，提供历史、科学和体育等各种新课程。女子教育成为中国教育改革家关注的一个焦点，1907 年清政府也针对女子学校的开办制定了专门方针❷。不过事实上，1904 年章程的起草者有意将传统元素和新元素、中国元素与日本及西方元素结合在一起。章程反映起草者之一、著名改革家张之洞的口号——“中学为体，西学为用”，由此将旧的方法用于新的目的。尽管增加了很多国外新式课程，但课程体系仍侧重于儒家经典和伦理的学习。当然，这些科目将以新的方式来呈现。在国家学校体系建立以前，每个学生都按照自己的节奏学习，只有在做好准备后才进入下一阶段，他们要从单篇或成套文献中习得政治、历史和伦理知识。而在新式学堂中，所有的学生都要以完全相同的速度学习儒家经典，相关规章中规定了他们每天要背诵多少行课文，每个科目都有专门设计配发的教科书。⑤

中国和日本之间的另一个重要区别是，在日本，天皇的传统形象被重新塑造并成为现代化和民族统一的象征，而在中国，孔子作为一

---

❷ 即《奏定女子小学堂章程》和《奏定女子师范学堂章程》。

⑤ Elizabeth VanderVen, *A School in Every Village: Educational Reform in a Northeast China County, 1904-1931* (Vancouver: University of British Columbia Press, 2012).

个传统象征闻名全国，围绕这一象征可以聚集起新的现代价值观，如民族主义和爱国主义。有趣的是，在王朝孱弱但仍苦苦挣扎求生的背景下，清政府的学堂章程里还是这样规定，皇帝虽仍位于百姓之上，但还是须屈尊降纡向至圣先师孔子致敬。⑥

清末的女子教育尤为值得一提，因为政府和改革者为女子教育制定了具体方针，与男性教育有很大差异。教育对于学龄男孩而言是强制性的，女孩则不然。但许多改革者指出，西方和（现代）日本的女
218 孩都在家庭之外接受教育，因此他们主张中国的女孩也应如此。19 世纪中叶，外国传教士在中国一些较大的城市和港口建立了最早的一批女子学校。这些学校主要提供西式教育，包括圣经学习、科学和体育。受此启发，不久后中国许多改革者也倡导女子教育，并开办女子学校，清政府认为其中部分学校过于激进，因为这些学校提倡性别平等、政治参与，更甚者是要推翻清朝。为此，清政府在认可女子教育对国家建设的重要性的同时，做出决定，在 1907 年颁布专门针对设立女子学校的方针，从而为现代女性教育打上更为传统的烙印。清政府采纳了“贤妻良母”的理想女性形象，将中国和亚洲古代的女性理想与民族主义目的相融合，这显然是借鉴了美国和日本明治时期的做法，日本的女性改革家下田歌子在 20 世纪初开办了一所女校，其中有很多中国女孩就读。在她位于东京的学校里，下田歌子培养学生如何成为能养育儿童的母亲、能扶持丈夫的妻子。⑦

新学制实行不久后，科考被废，清朝走向灭亡，被 1912 年成立的

---

⑥ Yapei Kuo, "The Emperor and the People in One Body: The Worship of Confucius and Ritual Planning in the Xinzheng Reforms, 1902-1911," *Modern China* 32 (March 2009): 123-154.

⑦ Kazuko Ono, *Chinese Women in a Century of Revolution, 1850-1950* (Stanford, CA: Stanford University Press, 1989); Joan Judge, "Talent, Virtue, and the Nation: Chinese Nationalisms and Female Subjectivities in the Early Twentieth Century," American Historical Review 106, no. 2 (June 2001): 765-803.

共和政权所取代。新政权在1912、1915和1922年相继出台新学制，取代了1904年学制。1922年学制主要借鉴于美国教育模式，进而在整个20世纪30年代持续激励着中国的国民教育制度。当时的中国人开始更加迫切地吸收外国元素以应对本土的危急状况和农业生活。这一时期，受美国教育家约翰·杜威启发的教育改革家们，开始更加直言不讳地挑战儒家模式，倡导儿童中心的教育理念。尽管一些创造性的尝试将本土和外来元素融合在了一起，但同期的中国教育从未完全克服教育最终应服务于社会和国家的理念。这里的国家是一个更为现代的概念，不仅受到了日本明治时期的影响，也受到了新的苏俄教育模式的影响。苏俄教育模式自20世纪20年代开始对外输出影响，一直持续到20世纪四五十年代，而当时的中国正向共产主义过渡。⑧

伊　朗

与中国和日本一样，伊朗由国家资助、普遍的公立教育也是衍生于西方的民主模式。伊朗在长达一个半世纪的恺加王朝（1779—1925）时期开始与西方建立联系，并逐步播下了现代教育的种子。在此之前，伊朗拥有引以为豪的深厚教育传统，这些传统主要发生于私人领域，主要面向中产和精英阶级。

早在公元前6世纪，上流社会的男孩就接受到一些体育和哲学方面的教育，不过读写能力直到几个世纪后才受到重视。642年，阿拉伯人

⑧ Douglas R. Reynolds, "Sino-Foreign Interactions in Education," in *Education, Culture, and Identity in Twentieth-Century China*, ed. Glen Peterson, Ruth Hayhoe, and Yongling Lu (Ann Arbor: University of Michigan Press, 2001), 23-30; Nina Y. Borevskaya, "Educational Pursuits in China and Russia," in Peterson, Hayhoe, and Lu, *Education, Culture, and Identity in Twentieth-Century China*, 31-53.

征服伊朗并在当地引入叫作“马克塔布”❸ 的阿拉伯式学校之后，伊朗迎来了教育的复兴。古兰经学校主要面向中上阶层男孩，教授阅读和书写。古兰经学校的高度灵活性与日本的寺子屋和中国的私塾相似，
219 可以设在清真寺和私人住宅等各式各样之所。而且，学生不按年龄和能力分组，都是一群人共同上课，通常由一名严厉的教师或穆拉❹授课，教师可以通过体罚方式维持纪律。[9]

继续学业的男孩进入名为“马德拉塞”❺ 的学校学习，这种学校与古兰经学校一样均为私立，且往往是宗教性质的。伊斯兰宗教学校的课程相当多样，兼顾了《古兰经》、圣训和伊斯兰法学等“伊斯兰学术”与医学和哲学等“西方科学”；教授阿拉伯语和历史的同时，也教授数学和物理。尽管古兰经学校主要迎合的是精英阶层的男孩，不过女孩偶尔也会随其兄弟一起上学。10 岁之后，她们要么停止学习，要么进入单独的学校学习，其课程与男孩就读的伊斯兰宗教学校中的课程类似，以《古兰经》和其他宗教典籍为基础，也包括文学、地理和历史。[10]

恺加王朝早期和中期，学校教育一片混乱，这一方面是因为 13 世纪蒙古入侵的影响，另一方面是因为随后几个世纪里的内部动荡。随着西方对伊朗的影响逐渐升级，握有政治和社会权力的人与其他精英阶层之间关系越来越紧张，前者指的是国王和“乌里玛”（伊斯兰宗教

---

❸ 一种小学程度的初等学校，后文表述为“古兰经学校”。

❹ 伊斯兰教国家对老师、先生、学者的敬称。

⑨ Soli Shahvar, *The Forgotten Schools: The Baha'is and Modern Education in Iran, 1899-1934* (London: I. B. Tauris, 2009); David Menashri, *Education and the Making of Modern Iran* (Ithaca, NY: Cornell University Press, 1992).

❺ 后文表述为“伊斯兰宗教学校”。

⑩ Shahvar, *The Forgotten Schools*; Jasamin Rostam-Kolayi, "Origins of Iran's Modern Girls' Schools: From Private/National to Public/State," *Journal of Middle-East Women's Studies* 4, no. 3 (Fall 2008): 58-88.

学者阶层），后者主要包括商人、地主和一群更具改革意识的知识分子，后者中的一部分人发起了巴比教和巴哈伊教两场新的宗教运动，来挑战伊斯兰教。尽管大多数人都认为伊朗落后于西方，但是关于如何才能让伊朗重现他们认为的昔日荣光，仍然缺乏共识。保守派，尤其是与政治领导层关系密切的乌里玛，寻求从伊斯兰传统历史中找到解决伊朗问题的办法，这意味着不仅要恢复穆斯林的价值观，还要保护伊朗免受外来影响。而人数日增的改革派则质疑保守派所提办法的效用，呼吁伊朗按照西方模式推进现代化。两者之间的紧张关系对伊朗教育系统的发展产生了长远的影响。

比较进步的改革派大体可以分为三类：外国人，尤其是来自德国、英国和法国长老会的传教士；世俗的改革家，其中大部分人曾在国外生活和接受教育；相对较新的巴哈伊教的部分信徒。他们认识到，由于古兰经学校和伊斯兰宗教学校这两种学校处于乌里玛的实际控制之下，因而对现有学校进行改革是徒劳的；相反，必须建立全新的现代学校。当时，无论是乌里玛相对保守的呼吁，还是更具进步性的改革项目，都未能得到伊朗领导层全心全意的支持，其结果便是，尽管启动了很多改革，但旧的方式仍然没有改变。领导层的举棋不定，加之保守派内部各派别关系的日益紧张，最终营造出一种上述三类改革人士都能独立建校且未遭太多反对的环境。

1830年前后，德国传教士在伊朗西北部城市大不里士建立了第一所现代学校。随后，其他来自英国、俄国和法国的传教士也相继效仿，为男孩和女孩分别建立现代学校。这些学校大部分位于城市，少量位于乡村。他们的建校活动在19世纪50年代受到抑制，当时的乌里玛迫使政府镇压具有改革意识的巴比教改革运动，该运动是巴哈伊教的前身，后者的信徒在建立现代学校的过程中扮演了重要的角色。不过到19世纪60年代，传教士开办学校的活动逐渐得以恢复。

巴哈伊教学校是一个特别有趣的例子，展示了伊朗人如何走在现

220 代教育的最前沿。20 世纪初，许多因素融合在一起，共同促使巴哈伊教建立学校。这些学校不仅受到该教信徒的欢迎，还受到伊朗许多世俗人士和穆斯林什叶派人士的青睐，他们更愿意把自己的孩子送往由本国人建立的学校，同时也被其高质量的教育所吸引。伊朗国王穆扎法尔丁支持教育改革；民众开始将教育视作实现社会上升的途径；越来越多的精英、官员和知识分子支持甚至直接皈依巴哈伊教。巴哈伊教学校的教育内容也吸引了很多人，因为它会在同一门课程中既体现传统元素也体现现代元素。巴哈伊教学校开设了 1911 年《教育基本法》所推荐的传统课程，重点是本土语、《古兰经》和数学，同时还充实了世界语、体育和音乐等各种新课程。女孩们也在巴哈伊教学校就读，除常规课程之外，还学习烹饪和花边制作等课程。就像日本和中国的现代学校一样，许多巴哈伊教学校都配备有地图、黑板、课桌等教学设备。

在独立团体建立现代学校的同时，伊朗政府也着手对教育采取更多的控制。基于国家的教育改革肇端于 1827 年开始的向国外派遣留学生，还包括建立专业学校，特别是军队管理下的军事学院。随着时间的推移，伊朗的一些主要城镇和省会城市都建立了中学。初等教育的进展则要慢得多，大多数小学仍属私人和宗教领域。1848 年，新即位的国王纳赛尔丁任命阿米尔·卡比尔任首相，基于国家的改革有所提速。卡比尔的教育理念兼具传统和现代价值观。他坚信，伊朗需要一个独立于任何宗教组织的、更全面的教育体系，且应该从那些和伊朗没有任何政治关系的国家聘请教师。在他的任期内，国家于 1851 年在德黑兰资助成立了一所名为“达尔弗农”的高等学校。这所学校经过扩张招生人数不断增加。8 年后，大不里士建立了另一所达尔弗农学校。与这两所达尔弗农学校相配合的是，伊朗在 1856—1857 年组建了教育部，这为进一步的教育改革铺平了道路。然而，随着国王纳赛尔丁决策的起伏不定，教育所取得的进展也是有起有落。纳赛尔丁对这些学校及其在欧洲的影响力愈发心有疑虑。不过，在 1934 年德黑兰大学成立之前，达尔弗农学校一直是伊朗最重要的高等教育机构。

19 世纪 70 年代，作为伊朗克服阶级结构僵化与文盲遍布的一种方式，义务教育开始在知识界盛行，尽管当时的倡导者寥寥无几。1906 年，国王穆扎法尔丁制定了一部宪法，5 年后又颁布了《教育基本法》，义务教育由此取得了一些进展。但这些仅是对普及教育的一种阐述，而非实际上的法律。直到 20 世纪 40 年代穆罕默德·礼萨·巴列维国王掌权后，真正的国民教育制度才得以建立。1943 年，为了扩张初等和中等教育，同时也因受到主要在德黑兰大学接受过西方教育的知识分子的鼓励，巴列维实施了《义务教育法》，并任命其中的一个知识分子阿里·阿克巴·锡亚西为教育部长。

根据伊朗的《义务教育法》，6—10 岁的儿童有资格接受为期 6 年的普及、义务和免费的基础教育。为了培训更多的教师，政府面向 6 年级毕业生开办了教师讲习班。到 20 世纪 60 年代初，伊朗大约 75%的城市适龄儿童顺利接受了学校教育。当然，义务教育起步缓慢，且实 221
施得也不尽如人意，特别是在农村和偏远的部落地区，这一点并不为奇。对此，国王在其发动的“白色革命”（涉及各领域的一系列改革）中，实施了“知识分子军团”项目，由教育部和军部联合管理，派遣高中毕业生到伊朗的乡村地区教书，以替代兵役。1968 年 7 月实施的《妇女社会服务法》与之类似，旨在给学校与乡村地区的妇女和女童现代家政的教育培训。尽管该项目更重数量而非质量，常常出现教师缺乏培训、辍学率较高等问题，但农村地区的状况还是因此而得到了改善。由于辍学率极高（尤其是女孩辍学率），国王于 1974 年将幼儿园和中学纳入到普及教育的范围。总而言之，巴列维统治时期的教育增长急速。到 1978 年伊朗革命前夜，官方数据表明 87%的学龄儿童正在接受小学教育。[11]

1979年，巴列维王朝被推翻，君主制被伊斯兰共和国所取代，此后，6—11岁的儿童继续接受义务教育，男性识字率达到90%，女性达到80%。巴列维国王和霍梅尼[6]之间虽有分歧，但两者非常重视教育。当然在不同的政权统治下，教育实施方式存在显著差异。巴列维治下的教育计划反映了西方的世俗价值观，而革命之后，男女同校被禁止，课程也被重新设置以反映伊斯兰价值观。[12]

印　度

作为一个殖民国家，18世纪处于英国统治之下的印度是最早接触到西方教育模式的国家之一。在此之前的正规教育是围绕传统印度教展开的。由此教学活动遵循着严格的种姓制度，不同种姓被刻意隔离开来。婆罗门是处于种姓制度顶端的祭司阶层，他们寻找贤能的教师指导他们学习吠陀经文，这些经文以宇宙和谐的概念为导向，包括本集、梵书、森林书和奥义书。刹帝利（武士）阶层和吠舍阶层的教育截然不同，前者注重军事，后者主要学习农业和商业。此外，这两个种姓等级的成员通常只接受初等教育。值得注意的是，有几个群体和种姓完全被排除在教育之外。尽管古代女童偶尔会和男童一起在“古儒”家中学习和充当学徒，不过随着时间推移，她们逐渐被排斥在教育之外。还有毋庸置疑的是，主要从事卑贱奴仆工作的第四种姓首陀罗，以及种姓之外做那些谁都不愿从事工作的“不可接触者”，都完全

---

[11] Shahvar, *The Forgotten* Schools; Menashri, *Education and the Making of Modern Iran*.

[6] 1979年伊朗伊斯兰革命的政治和精神领袖，革命后当选伊朗国家最高领袖。

[12] Laura S. Etheredge, *Iran* (New York: Britannica Educational, Rosen Educational Services, 2011).

无法接受教育。

佛教也是印度的传统宗教，强调众生平等、不遵循种姓制度，比
印度教更为包容。虽然佛教也对教育产生了影响（各种姓的印度青年
都能到佛教寺庙接受教育），但总而言之，印度的教育不过是强化了社 222
会等级和分化，因为不同类型的人经由教育分别通向了不同的结果。
吠陀教和佛教学生的教育本质上具有宗教性；前者旨在超越尘世的关
注，“直接体验梵天”，后者在寺院里虔诚地接受佛陀的教诲，在大学
中将其用于世俗事务。针对印度王子们的教育反而更加世俗化，主要
培养王室成员的治国能力。不同类型的传统教育在方法和使命上有显
著差异，但都极为尊重教师。⑬

与伊朗一样，印度对外国教育模式的第一次真正接触，发生在约 12 世纪到 16 世纪的穆斯林统治时期，期间引入了两种教育机构：古兰经学校和伊斯兰宗教学校。前者是附属于清真寺的小学，旨在同时让男孩和女孩获得基本的读写能力、熟悉《古兰经》；后者为精英男性提供教育。与古代一样，穆斯林统治时期的印度教育强化了社会等级制度，女性普遍无法接受教育。⑭

英国东印度公司统治印度次大陆时期（1757—1858），以及随后的英属印度时期（1858—1947），有很多人倡导应以西方教育模式为基础，建立全国统一的教育体系。在 19 世纪的前 20 年，孟加拉各地出现了很多英语学校。随之基督教传教士（包括天主教和新教）在整个次大陆用当地语言出版的著作也持续增加。东印度公司的早期政策（1813）强调复兴印度学术，也即强调学习传统梵文和阿拉伯语，尽管

---

⑬ Joseph Prabhu, "Educational Institutions and Philosophies, Traditional and Modern," in *Encyclopedia of India*, ed. Stanley Wolpert (Farmington Hills, MI: Thomson Gale, 2006), 23-28. Y. B. Mathur, *Women's Education in India: 1813-1966* (Bombay: Asia Publishing House, 1973), 1-3.

⑭ Mathur, *Women's Education in India*, 1-6.

他们与普及教育的课程相去甚远。这些事态的发展引发了一系列时常甚为激烈的论争，争辩印度传统应该保留到何种程度，在这场论争中明显出现了两大竞争派系。“英化派”❼ 主张，印度需要英语学校和西学来摆脱“黑暗”。而“东方派”❽ 则主张学习梵文和阿拉伯语，并认为印度人民最好用自己的方言接受教育，而整个次大陆上各地区间的方言差异极大。[15]

这场论争于1835年到达高潮，当时托马斯·巴宾顿·麦考莱撰写了《教育纪要》，该纪要指导了东印度公司的后续教育政策。麦考莱声称“欧洲一座优秀的图书馆中的一个书架就足以媲美整个印度和阿拉伯地区的全部本土文献”，他的目的是打造一个由接受过西方知识熏陶的印度人组成的小圈子，帮助英国管理这一庞大帝国。[16] 不同于印度教对种姓等级制度、宗教和社会地位的强调，英化派认为西方教育是平等的、世俗的、进步的和精英主义的，这一点得到了麦考莱和其他一些人的支持。鉴于此种观念，课程体系中删除了梵文和阿拉伯语。

不过东印度公司也认识到，由于印度人口众多，如果要实现大众教育的目标，就不能或至少不能立刻使用英语作为媒介。此外，该公司还担心在学校里忽视印度当地语言会冒犯印度人的情感和传统。因此，在“1854年急件”❾ 中，不仅要创建一个从小学到大学的全国性学校体系，而且在推广英语学校教育的同时，也推广地方语言学校教育。

---

❼ 也称“盎格鲁派”或“西学派”。

❽ 也称“东学派”。

⑮ Prabhu, "Educational Institutions and Philosophies," 26-28; Mathur, *Women's Education in India*, 1-6.

⑯ Quoted in Prabhu, "Educational Institutions and Philosophies," 23-28.

❾ 1854年由查尔斯·伍德主持发布的一份关于印度教育发展的方案，又称《伍德教育急件》。

重要的是，这份文件还呼吁促进女性教育和穆斯林教育。[17]

随着新兴的民族主义运动的发展，以及反对英国统治的公民不服从事件的普遍发生，在20世纪初的教育辩论中，外国模式的作用问题仍然占据着主导地位。在这场全国性教育辩论中，印度的一些重要政 223
治和文化人物，如圣雄甘地和泰戈尔采取了强有力的立场。两人都对现有制度以及英语和西学科目提出了强烈批评，认为它们与印度传统格格不入。不过，他们各自提出了略有不同的改革方案。甘地观察到本土教育的衰落并斥责了这一现象，提倡使用母语（无论哪个地区），并由印度本土教师讲授经济学、数学等“西方”科目。他还强调，教育应超越单纯的实用性，为道德和社会目的服务。因而他提倡学术和体力劳动、智力和工艺的结合。泰戈尔强调每个人都有与生俱来的创造性学习的可能性。[18] 他回忆起自身在公立学校的少年时代，并反感地提到“自己就像博物馆中的死标本一样毫无活力，而课程就像冰雹打在花朵上一样，从高处砸到我们身上”[19]。尽管二者有所差异，但他们在理论上甚至在实践中都试图利用传统象征来实现民族自决、民族主义和民族独立的现代目标。他们都创造性地依靠正规学校教育和大学的制度构架来传授传统知识。

印度独立后，甘地被暗杀，西方模式胜出，随之带来了一系列的长远影响。最为显著的是，学生的态度逐渐发生了转变，从对西方教育带给中产阶级更多就业机会的欣赏，转变为对自身文化和传统遭受忽视的愤慨。还值得注意的是，西方知识给印度当地居民灌输了一种

---

⑰ Prabhu, "Educational Institutions and Philosophies," 23-28; Mathur, *Women's Education in India*, 1-2.

⑱ Sanjay Seth, *Subject Lessons: The Western Education of Colonial India* (Durham, NC: Duke University Press, 2007); Prabhu, "Educational Institutions and Philosophies," 23-28.

⑲ Quoted in Seth, *Subject Lessons*, 166-167.

自卑情结。[20]

马来西亚

与印度一样，马来西亚也是在后殖民的大背景下建立起全国性现代教育体系的。在建立国民教育制度之前，日本和中国的某些文化共性确保了学校课程的相对统一。在这一点上，马来西亚与日本和中国产生了鲜明的对比。在1955年马来西亚独立之前，该国的学校教育完全缺乏标准化，基本上是按种群划分的：英国人、马来人、泰米尔人和华人。英国殖民政府并没有提供太多的教育经费，因为他们认为教育当地人是一项回报微薄的经济投资。[21] 因而，学校教育主要是由传教士和当地人负责。19世纪初，经英国统治者批准，西方传教士开办了一些英语学校，毫不意外，这些学校的目的是将当地马来人塑造成忠诚的臣民。流离海外的华人试图向已实行共和的祖国寻求其教育模式，建立了强调民族认同和公民身份的华文学校，而移居至此的印度人则为自己建立了泰米尔语学校。农村地区的马来人一般选择提供本地语教育的公立学校，而居于城市的马来人则更倾向于涌入英语学校。[22] 这样一来，马来西亚的教育成了一个大杂烩，不同的群体出于不同的目
224 的而上学，政府或当局就不同类型的学校推出不同的议程。例如，马来西亚的华文学校沿用的课程体系和中国的学校极为相似，即旨在重建中国士人阶级的古典教育，后来是仿照民国时期的新学校。相反，

---

[20] Prabhu, "Educational Institutions and Philosophies"; Seth, *Subject Lessons*.

[21] Martin Rudner, "Education, Development, and Change in Malaysia," *Southeast Asian Studies* 15, no. 1(June 1977): 23-62.

[22] Karen M. Teoh, "Exotic Flowers, Modern Girls, Good Citizens: Female Education and Overseas Identity in British Malaya and Singapore, 1900s-1950s," *Twentieth-Century China* 35, no. 2(April 2010): 25-51.

农村地区马来人的教育则侧重于基本的读写能力和维持社会稳定。

马来西亚和新加坡很早就出现了女子教育，主要也是在西方传教士创办的学校中。到1941年，马来西亚已经有了47所女子学校。19世纪末，随着中国女子教会学校的发展，马来西亚和新加坡的女子教会学校也吸引了越来越多的当地华人，其中许多人寻求与英国殖民者同等的社会和经济流动。教会学校（既有男校也有女校）对当地马来人（其中很多是穆斯林）没有吸引力。为了安抚这一部分人，殖民地政府建立了一些专门针对马来人的女子学校，这些学校的课程更为保守，主要传授基本的读写和家庭技能。[23] 尽管做了种种努力，但和其他亚洲国家一样，殖民时期马来西亚的女性入学率仍然很低，小学入学率仅为44%（同期男性小学入学率为78%），到1955年又降到37%。虽然马来西亚的女孩和妇女毕业后在劳动市场面临极大的歧视，但是到20世纪60年代后期，小学入学率还是上升到89%，这是一个显著的进步。

第二次世界大战后，马来西亚人缓慢启动了当地学校课程的标准化和现代化，然而直到1957年综合性初等学校体系步入正轨后，这一进程才宣告完成。其中一个重要目标是解决语言差异，以马来语为官方语言、以英语为国际语言进行课程标准化。解决方案是创建两种不同类型的学校——“标准学校”和“标准类型学校”，前者的教学语言为马来语，后者也要求学习马来语，不过主要教学语言是英语、中文或泰米尔语。在华文学校和泰米尔语学校中，英语也是必修课。这样的新学校与传统之间并没有出现尖锐的决裂，假如所有新学校教学语言都是马来语，那么这种决裂势必尖锐。这些学校都遵循共同的教学大纲和课程，这使得这些学校融合为一个体系，但同时又创造性地容

---

[23] Rudner, “Education, Development, and Change in Malaysia”; Teoh, “Exotic Flowers, Modern Girls, Good Citizens.”

纳了不同的文化和语言传统。

在语言方面，马来西亚政府赋予中学和大学教育的灵活性远低于小学。马来西亚 1961 年《教育法》规定，所有由政府资助的中等教育机构只能采用马来语或者英语作为教学语言。如果是前者，那么学校是免费的；如果是后者，那么学生需支付学费。对以前的华文中学或泰米尔语中学而言，这种过渡很是艰难。所有此类学校若想获得政府的资助，都必须转变为马来语中学或者英语中学。

马来西亚大学是马来西亚的第一所大学。1949 年成立于新加坡，1957 年在吉隆坡成立分部。该大学最初是为当地精英人士设计的，用英语授课。1961 年，马来西亚大学脱离其新加坡“母体”。到 20 世纪 60 年代中期，已经采取了以英语和马来语为主要教学语言的双语政策。1970 年，为了削弱英语语言和文化的垄断，一所马来语大学得以创立，即马来西亚国立大学。同时，高等职业教育的发展趋势也日益明显。1969 年，马来西亚理科大学在槟城成立。[24]

其他亚洲国家

225 亚洲其他国家根据其殖民或独立与否，也遵循了相应的类似模式。例如，印度尼西亚 1610—1942 年被荷兰人殖民，随后 3 年又被日本占领，而且印度尼西亚继承了极为多样化的民族和宗教，因而在后殖民大背景下，国民教育制度的建立成为一个历时多年的奋斗过程。作为 1959—1965 年“指导民主”的一部分，印度尼西亚正式开始建立国民教育制度，但直到 1973 年在前总统苏哈托领导下，教育才得以普及，苏哈托要求实施九年义务教育。印度尼西亚的建国五原则——信奉一个神明、社会正义、民族统一、人道主义和民主主义，是国家课程体

㉔ Rudner, “Education, Development, and Change in Malaysia.”

系的指导原则，尽管其重要性在1998年之后明显有所降低。

相反，泰国这个东南亚地区唯一未被殖民过的国家，其现代教育的道路相对平坦。19世纪中后期，在国王拉玛五世（朱拉隆功）的领导下，泰国进行了一系列现代化改革，其中最重要的改革便是教育系统的国有化。拉玛五世首先致力于为泰国精英人士提供教育，然后逐步将学校教育扩大到平民子弟。1887年，他设立了教育部，开始将教育系统化。20世纪初，在泰国君主制和私人利益集团的共同合作下，学校教育得以继续普及，并开始接纳女孩和青年女性。1921年，泰国实施了义务教育。1932年，泰国转变为君主立宪制国家，实行了一项不分社会背景、性别或身体限制，面向所有人的国民教育计划。㉕

未被殖民的亚洲国家，如日本和泰国，在普及现代教育方面的进展似乎要顺利得多。尽管这些地方的改革者尝试过（并在某些情况下结合使用）多种西方和外国教育模式，不过他们的改革相对没有受到殖民主义黑暗遗产的阻碍，这些黑暗遗产包括曾困扰印度和马来西亚的自卑情结、经济依赖和普遍的不确定性。无论如何，还有许多其他因素增加了构建现代教育系统的复杂程度，例如种族多样性、相互竞争的宗教和文化传统以及僵化的阶级结构。一般来说，像日本这样种族和文化多样性较少的国家，在实现教育体系现代化过程中所面临的障碍也更少一些；日本的改革家们属于同一个儒家社会结构，倾向于步调一致。伊朗则不同，伊朗有保守的穆斯林，有不断增加的传教士，还有日益兴盛的巴哈伊教。马来西亚也是有侨居于此的泰米尔人和华人。国家的规模、财政和政治因素也发挥了决定性作用。举例来说，

㉕ Joel. C. Kuipers, "Education," in *Indonesia: A Country Study*, ed. William H. Frederick and Robert L. Worden, 6th edition (Washington, DC: Library of Congress, 2011), 150-156; History of Thai Education, "Reform and Modernization," MOENet, Thailand Service Program, The Rise and Fall of Majapahit 1998, http://www.moe.go.th/main2/article/e-hist01.htm#e-sch.2.

日本和中国拥有同样的儒家文化，但是规模相对较小的日本，其现代教育改革得以和明治维新这一大规模政治、经济现代化改革相挂钩，而庞大、贫穷的中国，由于帝国衰落、内战频仍和外国入侵，在政治上面临着极大的不确定性，用现代普及教育取代有着千年历史的科举
226 制的努力过程充满艰困。当然，为了更好地理解这些论断的准确性，需要进一步深入研究每个亚洲国家建立现代教育体系的过程。

推荐书目

Cong, Xiaoping. *Teachers Schools and the Makings of the Modern Chinese Nation State, 1897-1937*. Vancouver: University of British Columbia Press, 2007.

Culp, Robert Joseph. *Articulating Citizenship: Civic Education and Student Politics in Southeastern China, 1912-1940*. Cambridge, MA: Harvard University Asia Center, 2007.

Duke, Benjamin. *The History of Modern Japanese Education: Constructing the National School System, 1872-1890*. Piscataway, NJ: Rutgers University Press, 2009.

Liow, Joseph Chinyong. *Islam, Education, and Reform in Southern Thailand: Tradition and Transformation*. Singapore: Institute of Southeast Asian Studies, 2009.

Mathur, Y. B. *Women's Education in India: 1813-1966*. Bombay: Asia Publishing House, 1973.

Menashri, David. *Education and the Making of Modern Iran*. Ithaca, NY: Cornell University Press, 1992.

Peterson, Glen, Ruth Hayhoe, and Yongling Lu, eds. *Education, Culture, and Identity in Twentieth-Century China*. Ann Arbor: University of Michigan Press, 2001.

Platt, Brian. *Burning and Building: Schooling and State Formation in Japan, 1750-1890*. Cambridge, MA: Harvard University Asia Center, 2004.

Ringer, Monica M. *Education, Religion, and the Discourse of Cultural Reform in Qajar Iran*. Costa Mesa, CA: Mazda, 2001.

Rohde, Achim. "Change and Continuity in Arab Iraqi Education: Sunni and Shi'i Discourses in Iraqi Textbooks before and after 2003." *Comparative Education Review* 57, no. 4(2013): 711-734.

Sengupta, Parna, *Pedagogy for Religion: Missionary Education and the Fashioning of Hindus and Muslims in Bengal*. Berkeley: University of California Press, 2011.

Seth, Sanjay. *Subject Lessons: The Western Education of Colonial India*. Durham, NC: Duke University Press, 2007.

Tikhonov, V. M. *Social Darwinism and Nationalism in Korea: The Beginnings (1880s-1910s): Survival as an ideology of Korean Modernity*. Leiden: Brill, 2010.

VanderVen, Elizabeth. *A School in Every Village: Educational Reform in a Northeast China County, 1904-1931*. Vancouver: University of British Columbia Press. 2012.

Yoo, Theodore Jun. *The Politics of Gender in Colonial Korea: Education, Labor, and Health, 1910-1945*. Berkeley: University of California Press, 2008.

第 14 章　国民教育制度：非洲

彼得·卡拉威

228 19 世纪和 20 世纪初非洲的殖民遭遇，标志着教育史上的一个关键时期。19 世纪末，欧洲列强或白人殖民者逐渐以军事征服了非洲大陆的大部分地区，这在非洲社会引发了一系列政治、经济和文化危机。在许多情况下，这些危机对今天的教育工作者来说仍然是一个巨大的挑战。特别是，从 21 世纪回顾殖民和独立时期，最引人注目的是正规教育系统的扩张，它首先是由 19 世纪的殖民政府建立的，然后在独立初期（20 世纪 50 年代至 70 年代初）大规模扩展。这个教育系统，最初在基督教传教士指导下建立，此后由殖民地当局详加部署，并在 20 世纪 50 年代以来的独立时期随着国民教育制度的引入而得到进一步调整，该体系最显著的是其保守性。

20 世纪 80 年代以来大众教育整体事业的衰落，在何种程度上是由地区控制之外的世界政治和经济力量所导致的？地方力量在何种程度上帮助形塑了这项教育事业的性质，使其在提供平等教育机会方面存在重大缺陷？国际和地方专家的结合如何有助于形成某种工具，以理解“发展”本质及其对教育领域的影响？教育史家已经尝试对这些问题做出解答。

他们也试图通过阐释不同时期各类经济政策的影响，以理解教育政策的目标。教育改革采用了不同的模式。一是调整课程结构，以适应农村社会或原住民文化的“需要”。二是采用福利主义的方法，利用第二次世界大战后的欧洲模式来推行旨在扩大经济分配和促进社会公平的教育政策。还有一种是通过收益率分析、人力规划或人力资源开发来推动现代自由市场和资本主义经济的发展。

殖民者在传教士学校和公立学校的介入是否只是抱着巩固军事胜 229
利的目的？他们是不是企图通过抽离原住民本土文化、教育形式以及社会控制，借机灌输西方的价值观和主张，俘获原住民的心灵，从而确保原住民更顺从殖民统治，更适合为新主人服务？将非洲人视为西方教育形式纯粹被动接受者的看法已遭到了最新研究的质疑。这些研究指出，非洲人往往具有能动性，他们将学校教育视为一个斗争领域，借此来实现他们自身（往往是多样化）的社会或经济目的。

在这种情况下，对于所谓的“非洲人”，包括北非、西非、东非、赤道非洲、中非和南非人，居住在农村或现代城市的非洲人，居住在德国、比利时、法国、英国、西班牙、葡萄牙殖民地或居住在利比里亚和阿比西尼亚[1]这样独立国家中的非洲人，豪萨、祖鲁、文达或其他社会的非洲人，他们对殖民教育现代形式的反应，我们能在多大程度上加以概括？为了全面了解这些问题，我们需要对所提供教育的性质进行调查：谁上了学，谁没上学，学校的管理、课程，以及是否可以假设这些特征无论何时何地都是一模一样的。

20世纪六七十年代的激进派教育研究往往持有这样一种观点，即“殖民化教育”乃是铁板一块，是以欧洲中心主义的教学大纲和语言为基础的。然而，现在已经有相当多的证据表明，并非所有的传教士或殖民教育者都会忽视原住民的语言和文化形式，或忽视对农业或职业教育的需求。还有相当多的证据表明，来自社区、家长和学生的压力，抵制了传教士和殖民地行政人员根据农村社会或非洲传统的“需要”来调整课程的企图。

---

[1] 即埃塞俄比亚。

关于殖民时期非洲教育的性质有一个最复杂的问题，那便是如何在具有时代特征的重大教育辩论的背景下，考虑教育事件和进程（它们逐渐被称作“政策”）。为了理解非洲教育的变迁，我们不能脱离欧洲、北美和中东教育的历史传统和发展，包括古典教育、精英教育、基督教教育以及伊斯兰教育。19 世纪末以来大众教育的兴起，同民族主义、民主制度、现代资本主义和城市社会的演进联系在一起，也对非洲教育造成了影响。它们还与课程改革、知识的世俗化以及将科学引入课程有关。从工业界引进的管理主义，应用于学校管理、控制和评估，也产生了新的影响。与所谓“进步教育”联系在一起的新哲学和教学法，借用心理学和社会学等新科学，将儿童和社区置于了教育经验的中心。所有这些都相当于教育、教学专业、学校和学校课程的职业化，使学生以特定方式为公民身份或工业世界做好准备。

在 20 世纪初英属非洲殖民地的背景下，这种复杂议程往往被简化为单向度的教育改革，传教士的教育措施在其中占据了主导地位。这些措施旨在传教并改进农村教育，以满足传教士幻想中与自然和谐相处的非洲社区的“需求”。自 20 世纪 20 年代起，改革教育和课堂语言
230 的建议获得了众多支持。这些措施的目的在于支持非洲农村的发展，并在学校课程中采用非洲文化和语言。

菲尔普斯—斯托克斯基金会的报告《非洲教育》（1922 年和 1924 年）是这种发展的基础。这些报告主要有四个基点：一是美国内战后重建时期南部黑人慈善事业的模式；二是印度殖民教育所谓的经验教训；第三点可以部分归结为教育中新管理文化的结果；第四点则是加强世俗力量和政府介入的需要。

英国殖民部 1925 年发布的《热带非洲教育备忘录》，标志着国家在这一领域的责任迈出了重要一步，尽管相关承诺的实现需要数十年的

时间。[①] 在战时的大部分时间里，多数英国殖民地的政策遵循这一模式：试图使传教士或国家的正规教育适应非洲农村的社会环境，或在小学中接受本土语言和其他教导。这些政策与殖民部倡导的间接统治概念相一致。

在所有殖民地中，都出现了殖民学校教育的扩张迹象，在每一种情况下，都涉及如何保持传统和西方教育观念在管理与课程设置等关键领域的平衡问题。法国模式强调同化，试图将西方的教育模式移植到殖民地环境里。比利时和葡萄牙殖民地也广泛采用这一模式。

法国模式通常意味着发展世俗教育而非传教士学校。无论这些政策在实践中的差异如何之大，但从南非到阿尔及利亚都有一个共同点，那就是采用欧洲语言的高中教学都是为能继续学业的少数精英准备的。尽管从20世纪30年代开始，根据新兴的语言学和人类学研究有关发展政策和教育的科学见解，正规教育系统中零星出现了引入非洲语言和文化的尝试，但这并未得到国家和教团对本土教育形式提供的支持。只有在1948年之后种族隔离时代的南非，对民族身份的强调才在教育话语现代化过程中发挥了正式的主导作用。

20世纪30年代：发展与教育话语

到20世纪30年代，英国殖民部开始认识到需要更系统的方法来解决非洲殖民地的发展和社会政策问题。这一趋势在哈雷勋爵1938年的

---

① Thomas J. Jones, *Education in Africa* (New York: Phelps-Stokes Fund, 1922); Thomas J. Jones, *Education in East Africa* (New York: Phelps-Stokes Fund, 1924); Kenneth King, *Pan-Africanism and Education: A Study of Race Philanthropy and Education in the Southern States of America and East Africa* (Oxford: Clarendon, 1971); Clive Whitehead, *Colonial Educators: The British Indian and Colonial Education Service 1858-1983* (London: I. B. Taurus, 2003).

《非洲调查》中得到了证实。这项调查代表了殖民地官员、传教机构、慈善基金会以及一批新科学顾问和研究人员的共同努力，他们为 20 世纪 60 年代在联合国教科文组织和世界银行支持下开展的研究铺平了道路。一种新的发展规划学的出现是这个时代的一个关键内容。然而，我们不能夸大其有效性，因为殖民地国家匮乏的资源和脆弱的性质对可能取得的成果形成了严重限制。

231 尽管如此，批评家维克多·默里、诺曼·利斯和 W. H. 麦克米伦还是对宗主国在这些问题上的思考产生了巨大影响，特别是关于东非的问题。他们使人们更敏感地意识到殖民地国家在福利、健康、医疗和学校教育方面的责任，即便第二次世界大战结束之后，还很少有非洲人被以任何严肃的方式带入这场辩论。[②]

随着强调殖民政策的福利面和承认非洲人社会文化需求的“社会福音”的出现，我们可以从传教士工作的新方法中找出这种情况的要素。[③]

关于殖民主义性质的辩论受到了法西斯主义和共产主义的影响，

---

② Lord Hailey, *An African Survey* (London: Oxford University Press, 1938); Helen Tilley, *Africa as a Living Laboratory: Empire, Development and the Problem of Scientific Knowledge, 1870-1950* (Chicago: University of Chicago Press, 2011); Johanna Lewis, *Empire and State Building: War and Welfare in Kenya, 1925-1952* (Oxford: James Currey, 2000); Joseph M. Hodge, *Triumph of the Expert* (Athens: Ohio University Press, 2007); Martin Thomas, Bob Moore, and L. J. Butler, *Crises of Empire: Decolonization and Europe's Imperial States, 1918-1975* (London: Hodder Education, 2008); Albert V. Murray, *The School in the Bush* (London: Longmans, Green, 1929); Norman Leys, *Last Chance in Kenya* (London: Hogarth, 1931); W. H. Macmillan, *African Emergent* (Harmondsworth, UK: Penguin, 1938). See also Diana Wylie, "Confrontation over Kenya, the Colonial Office and Its Critics 1918-1940," *Journal of African History* 18, no. 3 (1977): 427-447.

③ Penelope Hetherington, *British Paternalism and Africa* (London: Frank Cass, 1978); Richard Elphick, *The Equality of Believers: Protestant Missionaries and the Racial Politics of South Africa* (Scottsville, South Africa: University of KwaZulu Press, 2012).

各殖民地也普遍兴起了民族主义运动，在这种情况下，受国际联盟托管委员会的影响，人们初步尝试将非洲人理解为全球公民。越来越多的人试图接受各种改革，承认需要进行教育改革来实现福利、人力、公民权和文化变革的目标。

随着与1942年和1944年《殖民地发展法》相关的英国殖民部一套新的政策建议以及《非洲社会的大众教育》（1944）和《非洲公民教育》（1948）等重要政策文件的公布，在第二次世界大战引发的政治危机的背景下，国民教育制度的支架已经到位。由此导致人们重新思考殖民地教育在重塑全球政治格局中的作用。

众多一流中学正在培养新一批受过教育的精英，它们大多是传教士学校，如福拉湾（塞拉利昂）、阿齐莫塔（黄金海岸/加纳）、霍普·沃尔德与国王学院（尼日利亚）、阿莱恩斯（肯尼亚）、利文斯敦尼亚（尼亚萨兰/马拉维），以及南非的洛夫代尔、希尔德敦、泰格克鲁夫、依南达等。到20世纪30年代末，东非和西非也开始出现了建立高等教育机构的行动。

在法属北非、西非和赤道非洲，还很少有稳定的措施让教育适应地方需要和当地的主流文化。法国的教育政策始终没有脱离同化这一首要社会政治目标。北非的大多数人都使用阿拉伯语，但它在公立学校绝大多数学生的教育中几乎没有发挥什么显著作用。当然，对那些在社区学校或以清真寺为基础的伊斯兰学校中就读的人来说，通用语还是阿拉伯语。

法国的世俗教育政策毫不动摇地坚持法国的文化价值和法语的重要性，而这引发了与强调宗教传统的穆斯林教育目标之间的直接冲突。阿拉伯语和伊斯兰研究在国立学校中最被轻视。为了与奥斯曼帝国时期启动的改革保持一致，一小撮精英分子在教授欧洲课程的机构中接受教育。几乎不存在女孩教育。

在第三共和国时期，阿尔及利亚进行了支持同化政策的早期尝试，其基础是法国茹费理❷所代表的共和主义理想。这些尝试通过支持将阿尔及利亚穆斯林作为法国人进行教育的方式削弱传统教育。然而，法式初等教育的扩张遭到了被殖民者的反对和阻挠，他们认为这威胁到了他们的社会地位。尽管如此，到1908年，入读小学的穆斯林学生人数扩大到近3.3万人，约占学龄人口的4.3%。

232 但直到1938年，阿尔及利亚学校中的非欧裔儿童人数仅有10万余人。同年法属赤道非洲的在校生只有2.2万。到1958年，有20万学生就读于法属西非的公办学校，但即使在塞内加尔的威廉·蓬蒂师范学校等著名院校，学生的学业水平也相对较低，远不能与法国大城市的同类机构相提并论。

除此之外的其他地方，对未来的规划更是少之又少。在比属刚果，既没有努力发展小学后教育，也没有为非洲人提供在政府机构工作的机会，因为这需要接受高等教育。在葡萄牙殖民地安哥拉、莫桑比克和几内亚，情况也是如此。不过对极少数被同化的精英来说，这类学校还是提供了学习葡萄牙语的契机和有限的就业机会。

以上就是教育改革和新一代教育专家所处的背景，在20世纪50年代拉开帷幕的独立时代，他们精心营制了“教育规划”的基本要点，从而形塑了即将到来的国民教育制度。早在1944年，法国政府就宣布进行学校改革，做出了到1964年招收100万年轻穆斯林的承诺。这表明即使在保守的阿尔及利亚，也有扩大教育包容性的趋势。这也表明，在这个变革的时代，殖民国家正在权衡在何种程度上让未来的统治精英获得通向优质教育的现代权利。这同时表明，他们企图以向所有人提供某种形式大众教育的方式，来平息日益高涨的民族主义情绪。殖民地政府、传教士团体和不断发展的民族主义运动所面临的各种复杂

❷ 法国共和派政治家，曾于1880—1881年和1883—1885年两次担任第三共和国政府总理。

挑战及其应对，仍有待于审慎和详细的探索。④

20世纪60年代到80年代早期：国民教育制度

独立时代是非洲教育的乐观和扩张时代。小学入学人数从1965年的1200万增长到了1983年的5000万，高等教育的学生人数从1960年的2.1万增加到1983年的43万，是当时那个经济持续增长时期的反映。

1961年5月，联合国教科文组织在亚的斯亚贝巴举办的教育会议确定了独立时代非洲的教育需求和项目清单。后续在1968年内罗毕召开的重要会议上，大会的建议指出：教育制度尚未满足农村社区和大众初等教育的"需求"，而且缺乏防止辍学的举措，还需要精心设计适当的技术或职业教育系统，以补充占主导地位的正规中学体系。殖民地时代以来提出的议题并没有发生实质性改变。

正如克莱夫·哈伯所言，在新的非洲国家建立学校教育文化是一个复杂过程，充满了模糊性。在后殖民时代，缺乏根深蒂固的合法性的"脆弱国家"的存在（尤其是在农村地区），就意味着政府需要借助"现代"的表象来加强增强其浅薄的权威。其重要方式之一是向民众发 233
出信号，表明任人唯贤和大众机会是存在的，且会不断扩大。⑤ 学校系统的扩张正是朝这一方向转变的象征。但事实证明，要为多数人口提供高质量的大众教育，还是超出了新生国家的能力范围，这与殖民地国家曾出现的情况差不多，即便有着相对良好的经济增长也是如此。

这种新的强调意味着，作为政府机构，学校在民族国家的新时代

---

④ Spencer Segalla, *The Moroccan Soul* (Lincoln: University of Nebraska Press, 2009).

⑤ Clive Harber, *Education, Democracy and Political Development in Africa* (Oxford: Symposium, 2012), 41-42.

成为现代性的标志和象征，因而需要以现代科层制的方式加以组织。国家需要接管以前的教会学校，这类学校即使在独立后，还在大部分地区主导着教育领域。这些机构所体现的连续性为前文所述的教育改革的保守性提供了一种关键的解释。

尽管许多非洲殖民地在社会福利制度的规划方面取得了一些进展，但由于殖民地国家的能力不足且预算有限，因此直到1939年第二次世界大战爆发时，也没有取得多大成效。在战后新的政治氛围中，这些理想的实现似乎出现了曙光。但是，对教育政策演进的阐释，必须要在资金限制和现代非洲国家相对脆弱的背景下进行，而不是依靠国家建构、民主化、社区发展或工作培训这样的话语，正是这些话语主导了独立时期的教育讨论。

在令人振奋的“乌呼鲁”（斯瓦希里语中意为“独立”）氛围中，存在着一种危险，即让学校承担超出其能力的转型（“发展”）任务，并在失败后归咎于学校。这种情况的模糊性在于，人们一方面迫切希望进行变革，扩张国家教育系统，为所有人提供大众教育，另一方面还要应对最优秀者的需求，这种需求乃是殖民地中等教育系统曾为“少数幸运儿”⑥ 提供的文化教育，它往往采用前殖民者的语言。新的政治家们，与以前倡导改革的传教士或殖民地官员一样，很快就发现，教育创新的可能性极为有限，因为新兴精英们需要的是教会学校精英式的优质正规教育，而大众需要的是优质的“职业”教育，这两种需要存在矛盾。

尽管一开始进行了大量宣传，但无论是尝试引入与原住民文化密切相关的课程（刚果和上沃尔特［布基纳法索］），还是实验推广与农民生产相联系的职业和技术教育（西非），抑或是坦桑尼亚以“自力更

---

⑥ Rêmi Clignet and Philip Foster, *The Fortunate Few: A Study of Secondary Schools and Students in the Ivory Coast* (Evanston, IL: Northwestern University Press, 1966).

生教育”推动的农村社区教育，这些改革都没有获得根本性的支持。

重要的是，我们应在社区、家长和学生所认为的学术课程要为就业市场打开大门，特别是为任职于新建官僚机构打开大门的背景下，审视当时盛行的指向民主的大众教育的戏剧性言论。尽管有着诸多尝试，如推动教育民主化的普及初等教育计划、更加强调当地语言和文化、在学校推广科学、重构教育领域和工作领域需求之间的关系等，但教育改革的天平依然倒向了既有的读写教育，而不是致力于彻底的创新，虽然对提供更具多样性教育的需求是一种全球趋势。

众多与联合国第一个十年发展规划（1961—1971）相关的教育方 234
案，充斥着教育变革力量的修辞、热望和信念，但对于所继承的情况、过去的政策尝试、当代挑战的本质等问题，还缺乏详细的历史分析。

世界银行和联合国教科文组织在国民教育中的作用

1980 年发布的《教育：部门政策文件》，是世界银行对非洲教育的首次介入。这份文件强调了教育与发展之间的关系，重点是“平等化、效率和管理”。20 世纪 80 年代末世界银行的另一份里程碑式报告《撒哈拉以南的非洲教育政策——调整、复兴和扩充》（1988）[3]，又详尽阐述了上述观点。非洲教育史上的这个新阶段受到了新自由主义政策的影响，这些政策源于世界经济体系的重大经济变革。其特点有二，一是从战后的福利共识转向由市场主导的全球经济秩序，即所谓的华盛顿共识；二是在世界银行支持下进行的结构调整政策，这些政策在非洲债务偿还的背景下对社会支出进行了严格限制。这些报告应与菲利浦·孔布斯的《世界教育危机》（1985）[4] 和具有里程碑意义的、鼓励

---

[3] 该书中译本由浙江大学出版社 2008 年出版。

[4] 该书中译本由人民教育出版社 1990 年出版。

各国签署实施优质基础教育共同时间表的全民教育会议（1990 年在泰国中天，2000 年在塞内加尔达喀尔）报告一起阅读。

在随后几年里，基于全民教育目标承诺的《联合国教科文组织全民教育全球监测年度报告》常常为政策规划和分析提供基准。国际社会似乎致力于可持续发展的议程，并以大量援助计划为后盾，支持一项雄心勃勃的普遍愿景，即发挥学校教育在促进人类尊严、性别平权、减少不平等、安全与和平社会以及生态意识等方面的功能。然而，在与华盛顿共识相关的自由市场政策的影响下，这些倡议无法阻止福利和教育制度在改善穷人和边缘群体方面的广泛失败。理解这种新自由主义国际背景下批判性参与“发展规划”的政策，以及与很多非洲国家债务偿还有关的结构调整政策，是非常重要的。

为了凸显这些政策在言辞和现实之间的差距，2015 年的《全球监测报告》宣布，1990—2012 年，撒哈拉以南非洲的学校入学率总体上略有提高（从 78%到 80%），但与此同时，全民教育目标和基准却面临无法实现的重大风险，较贫穷的偏远农村地区以及边缘国家尤为如此。

这份《全球监测报告》和随后的其他报告表明，整体性的“教育服务恶化”已经出现，表现在“入学率停滞不前”、学校教育质量差、
235 辍学和性别偏见等关键问题上。这种不足是多种因素造成的，主要包括空前的人口增长、脆弱的政治和行政体制环境，以及国家在支持教育方面“日益严重的财政紧缩”。在全球 28%有可能无法实现这些目标的国家中，27%在非洲。

在尼日利亚，最贫困家庭的小学入学率从 2003 年的 35%下降到了 2013 年的 22%。不过，其他地方也有明显的改善迹象。莫桑比克是列入调查的最贫穷国家之一，但其初等和中等学校数量在 1992—2010 年

间增加了两倍。[7]

20世纪八九十年代，在制定解决教育问题的政策模板方面，世界银行对第三世界国家政策发展的影响十分普遍。在许多情况下，世界银行新的应对方案重新定义了公平的概念，以符合结构调整政策的整体轮廓：不再强调政府负责为所有人提供高质量的平等教育，而是越来越强调父母的经济责任或社区对学校的控制。

这一重新定义强调了“成本回收”，或者说，有能力的人可以在市场上自由购买优质教育。这种转变导致了非洲教育领域私立部分的大幅增长，因为人们觉察到公立教育的缺陷，许多有支付能力的精英父母认为，确保子女优质教育的唯一途径是逃离国立学校。在这些年里，私立学校的数量大幅增加，形式多种多样，有的是将公立学校的所有权转交家长和社区，有的是建立独立的私立性、宗教性或营利性学校。由此导致的总体后果是使城市贫民、农村青年、少数族裔、妇女等经济上处于边缘地位的群体越来越难以获得优质教育，特别是在中等和高等教育阶段。这些在教育财政紧缩时代制定的政策引发了一系列应对措施，旨在弥补由此带来的入学率和教育质量的下降。这些举措是通过新项目和方法、增加代理机构和非政府部门的介入而实现的。

一些国家尝试过取消学费，目的是让穷人的孩子留在公立学校并防止过早辍学，但几乎没有实现这一愿景的适当方案。[8]

根据国际货币基金组织和世界银行的结构调整政策，政府被敦促通过“调整、振兴和有选择的扩张”来寻求“提高效率”。为了降低大众教育的成本，他们向政府提出了一个关键建议，即引入“谁享受谁付费”和“成本回收”或“成本分担”的政策安排，将大量的学校教育责任转移给家长和社区，并允许更多的私有化空间。

---

⑦ UNESCO Education for All: Reports for 2000-2015 (Paris: UNESCO, 2015), 83; UNESCO *Global Monitoring Reports* (annual) (Paris: UNESCO, 2002), 97.

⑧ UNESCO Education for All, *Global Monitoring Report*, 2015, 93, 95.

人们提出了一些扩大替代选择特别是在普及初等教育方面扩大替代选择的建议，但同时又认为在学校中开展职业教育不仅代价高昂，而且对创造岗位和就业机会无甚效果。20 世纪 90 年代新出现的对“知识经济”的重视，是基于亚洲“四小龙”在人力规划和人力资源开发模式成功经验的认识，但由于非洲大多数地区缺乏工业化基础，这类经验对非洲教育政策具体内容的影响不大。[9] 虽然也会强调提高质量和
236 学术标准，但经济紧缩的环境使多数政府没有什么回旋余地。教育政策顾问认为，捐赠者的作用对于推动公平和实现“非洲赶超”至关重要，尽管捐赠者的确切含义往往模糊不清。

世界银行的政策方案往往颇具争议，也是国家不满的根源，因为其观点很大程度上受到世界银行政策方案规范和标准的影响，而不是基于独立的研究结果，为具体的教育环境量身定做。世界银行的建议往往被视为外国代理人员在既没有充分认识历史背景又不了解当地条件，还缺乏与当地协商沟通的情况下炮制的报告。珍妮·莫尔顿等人在《撒哈拉以南非洲的教育改革》一书中详细介绍了对马拉维、乌干达、贝宁、几内亚和埃塞俄比亚的干预措施，这些个案研究指出了参与过程中遇到的许多紧张情况。在非洲教育的援助问题方面仍然争议重重，因为尝试重构教育系统的结果往往不明确，而且几乎没有证据表明，这些举措为解决公平这一核心问题提供了方案。[10]

国际 21 世纪教育委员会提交联合国教科文组织的报告《教育——财富蕴藏其中》（又名《德洛尔报告》）❺，对“必要的乌托邦”进行了出色的国际综述，这种乌托邦乃是有意义的教育介入的前提条件，但

---

⑨ World Bank, *World Development Report 1998-1999: Knowledge for Development* (Washington, DC: World Bank, 1998).

⑩ Kenneth King, *Aid and Education in the Developing World* (Harlow, UK: Longman, 1991).

❺ 报告中译本由教育科学出版社 2001 年出版。

报告也对当代非洲背景下大多数国家实现这些目标所面临的挑战进行了清醒的评估。它特别批评了教育政策的宏观规划方法，这些方法忽视了当地意见，没有与当地从业者的观点相结合。

替代性模式

除了独立时代的国民教育制度改革外，与全球性激进教育改革运动相关挑战相伴而行的，还有种类繁多的各种倡议，这也是20世纪六七十年代教育辩论的特征之一。例如，与伊万·伊里奇、保罗·古德曼和赫伯特·科尔有关的美国去学校化运动、与20世纪60年代学生抗议有关的激进教育运动、中国的"文化大革命"、古巴革命，以及保罗·弗莱雷对拉丁美洲成人教育提出的挑战。

所有这些事件都影响了对非洲教育替代方案的思考。我们应该结合弗朗兹·法农、阿尔伯特·梅米以及其他人的成果来看待这些挑战，上述人士对整个非洲的民族主义运动提出了严厉的批判。[11]

加纳、尼日利亚和马拉维的"全国青年培训计划"，尼雷尔统治时期坦桑尼亚的"自力更生教育"，肯尼亚的"农村理工学院"，以及博茨瓦纳和津巴布韦的"职业队"或"生产教育"，这些都对国民教育制度的正规教育发起了挑战，并提出了实现农村发展战略和技能培训的各种干预措施。

在某些方面，这些举措让人想起殖民时期由传教士和殖民者实施

---

⑪ Stephen Castles and W. Wüstenberg, *The Education of the Future* (London: Pluto, 1979); Paulo Freire, *Pedagogy of the Oppressed* (Harmondsworth, UK: Penguin, 1972); Ivan Illich, *Deschooling Society* (London: Calder & Boyars, 1971); James R Sheffield and Victor P. Diejomaoh, *Non-Formal Education in African Development* (New York, African-American Institute, 1972); Frantz Fanon, *The Wretched of the Earth* (Harmondsworth, UK: Penguin, 1961); Albert Memmi, *The Colonizer and the Colonized* (New York: Condor, 1965).

237 的、旨在支持农村社区和农村职业教育发展的一系列替代性方案。在另一些方面，这些举措也复演了殖民时代建立正规教育的失败，事实证明正规教育是一种持久性的遗产，因为它能提供进入现代部门的机会，这恰恰是上学的主要动机。但由于非洲缺乏工业基础，亚洲“四小龙”在职业技术教育方面的经验难以激发非洲政府、学生和家长的想象。正规文化教育的保守模式仍然是进入商业和政府部门任职的捷径。

甚至连世界银行也试图通过促进非正规教育（农业教育、农村推广和培训、手工业培训、成人教育计划）来应对这一挑战。[12] 然而，像博茨瓦纳“职业队”制度那种强调基层发展和技能以促进地方发展的替代性方案，却很少能够吸引大量的人。政府由于成本问题对这些项目持谨慎态度，因为它们的花费往往和正规学校教育一样昂贵，但对大多数学生来说却仍是第二选择。

南　非

尽管南非和罗得西亚（津巴布韦）这两个晚期殖民国家的教育经历不同，但它们并没有完全脱离上述影响。虽然种族分离主义言论不绝于耳，即便黑人教育的质量往往相当糟糕，不过种族隔离教育确实建立了一个大众的国家教育系统。

1948年后，尽管种族隔离的教育制度在本质上严重偏袒白人，并在学校中鼓吹南非白人[6]的民族主义意识形态，但即使在这样不利的条件下，就学需求的极端重要性还是让学校为整个政治制度植入了“特洛伊木马”。从1976年的索韦托起义开始，学校就成了国家政治斗争的

---

[12] Philip Coombs and M. Ahmed, *Attacking Rural Poverty: How Non-Formal Education Can Work* (Washington, DC: World Bank, 1974).

[6] 又称“阿非利卡人”。

关键场所。在此背景下，实行种族隔离制度的政府启动了黑人教育改革计划。这些计划反映了世界银行很多正在推动的职业教育以及向学校管理机构和社区下放权力的改革。例如，1982年的《人文科学研究报告》提出了大规模扩张黑人教育系统的建议，这部分上是为了满足学生的政治诉求，但同时也特别关注了经济增长和通过扩大职业技术培训系统提供技能和人力的需要。⑬ 公立学校中精英学校的半私有化为中产阶级黑人儿童融入优质的城郊教育机构建立了付费机制，但与此同时绝大多数生活在乡镇或农村地区的非洲儿童，却被继续边缘化。在种族隔离政权的最后十年，这些政策创新为1994年种族隔离结束后开始的新民主时代提供了延续的框架。

与前述总体情况一致，精英教育系统战胜了使学校系统职业化或发展其他教育项目的举措。尽管口口声声说要为所有人提供平等的教育，但大多数儿童的学校教育质量仍然很差。

史学研究

有关非洲教育史的研究正深陷困境。在国际教育史常设会议上召集殖民地教育小组会议的尝试表明，只有少数年轻学者致力于这一重要的研究领域。⑭ 直到20世纪60年代，所有政府的教育报告，都会在其前言中概述所审查问题的历史背景。但为了与世界银行和其他机构开创的政策研究模式保持一致，这一传统已经被抛弃了。作为新时代的主要特征，现在主义让教育政策研究变得贫乏无味，削弱了理解教 238

⑬ Human Sciences Research Commission, *Provision of Education in the RSA* (Pretoria: HSRC, 1982).

⑭ For a summary of the work, see Peter Kallaway and Rebecca Swartz, eds., *Education and Empire in Africa: The Shaping of a Comparative Perspective* (New York: Peter Lang, 2016).

育问题根源的能力，并意味着原本可能从过往实践中学到的教训往往会被忽视。

大部分的史学研究，都是以独立以前某一殖民地（区）为对象，主要进行殖民地教育制度史的开创性研究。[15] 关于后独立时代深入的历史研究屈指可数，而针对非洲国家制度与其他第三世界地区之间的比较研究更是凤毛麟角。甚至英国在印度和非洲的殖民教育政策之间的比较研究也还有待开展。为北美、澳大利亚、新西兰或拉丁美洲的原住民制定的教育政策，也尚未与为非洲制定的教育政策进行比较。也没有研究对法国在中南半岛的殖民教育同其在非洲的实践进行比较。南非种族隔离时期的政策历史还有待详细研究。这些空白给教育研究者提出了挑战，这对我们理解教育政策的根源极为重要，它也将为解决非洲和第三世界教育目前面临的棘手问题做出重要贡献。

总　结

阿德里安·韦尔斯普在其重要报告《撒哈拉以南非洲的中等教育》中指出，当地教育在 21 世纪发展中所面临的挑战“十分紧迫且前所未有”。他认为，许多国家仍然缺乏对国家发展的长期规划，这体现在教育领域特有的“灭火政治”上，缺乏系统的、研究驱动的政策。这种论断指出了复杂的意识形态问题，这是最近政策分析和制定的特征。虽然可以从国际经验中吸取许多教训，但没有一项政策可以适用于所有地区。正如《德洛尔报告》所形象指出的，只有当改革能够使学校和教师准备好接受这些举措时，它才会奏效。任何国家背景下的政策

---

⑮ J. E. Anderson, *The Struggle for the School* (Nairobi: Longmans, 1970); A. B. Fafunwa, *History of Education in Nigeria* (London: Allen & Unwin, 1974); E. G. Malherbe, *Education in South Africa*, vol. 1 (Cape Town: Juta, 1925); E. G. Malherbe, *Education in South Africa*, vol. 2 (Cape Town: Juta, 1977).

选择，都必须符合当前的发展背景。这种战略需要对谨慎使用资源， 239
承认教育发展自下而上的顺序性，与国家的发展重点紧密结合，加强学校的自主性，确保中央的指导和支持，并建立反映相对行动能力的公私立伙伴关系模式。⑯

所有这些都意味着，政府的作用应该朝向如下方向：制定政策、设定标准、监测实现国家目标的进展，以及提供资金支持广泛、公平地扩大各级教育供应，从而确保穷人、农村人口、妇女和其他边缘群体的需求得到充分满足。所有这一切，都在呼唤一种更为灵活和更有历史依据的政策制定方法。

推荐书目

Blakemore, Kenneth, and Brian Cooksey. *A Sociology of Education for Africa*. London: George Allen & Unwin, 1981.

Bray, Mark, Peter B. Clarke, and David Stephens, *Education and Society in Africa*. London: Edward Arnold, 1986.

Cooper, Frederick. *Africa since 1940: The Past of the Present*. Cambridge, UK: Cambridge University Press, 2002.

Cowan, Gray L., James O'Connell, and David G Scanlon (eds.). *Education and Nation Building in Africa*. New York: Praeger, 1965.

Dore, Ronald. *The Diploma Disease*. London: Unwin Education Books, 1976.

Graham-Brown, Sarah. *Education in the Developing World: Conflict and Crisis*. London: Longman, 1991.

Hawes, Hugh. *Curriculum and Reality in African Primary Schools*.

⑯ A. Verspoor and SEIA Team, *Education at the Crossroads: Choices in Secondary Education in Sub-Saharan Africa* (Washington, DC: World Bank, 2008), 19-20; Jacques Delors, *Learning: The Treasure Within, Report to UNESCO on Education in the Twenty-First Century* (Paris: UNESCO, 1998).

London:Longman,1979.

Hawes, Hugh, and Trevor Coomb. *Educational Priorities and Aid Responses in Sub-Saharan-Africa*. London:ODA & Institute of Education,1986.

Hunter,Guy. *Education for a Developing Region :A Study in East Africa*. London:George Allen & Unwin,1963.

Jolly,Richard. *Planning Education for African Development*. Nairobi: East Africa Publishing House,1969.

Kallaway,Peter,ed. *The History of Education under Apartheid 1948-1994*. New York:Peter Lang,2002.

Kallaway,Peter,and Rebecca Swartz,eds. *Education and Empire in Africa :The Shaping of a Comparative Perspective*. New York:Peter Lang,2016.

King,Kenneth. *Aid and Education in the Developing World*. Harlow, UK:Longman,1991.

Moulton,Jeanne,Karen Mundy,Michel Welmond,and James Williams. *Education Reform in Sub-Saharan Africa:Paradigm Lost ?* Westport,CT:Greenwood,2002.

Ofori-Attah,Kwabena Dei. *Going to School in the Middle East and North Africa*. Westport,CT:Greenwood Press,2008.

Segalla,Spencer D. *The Moroccan Soul*. Lincoln:University of Nebraska Press,2009.

Thomas,Martin,Bob Moore,and L. J. Butler. *Crises of Empire :Decolonization and Europe's Imperial States ,1918-1975*. London:Hodder Education,2008.

Thompson,Alexander,R. *Education and Development in Africa*. London:Macmillan,1981.

Tilley, Helen. *Africa as a Living Laboratory: Empire, Development, and the Problem of Scientific Knowledge, 1870-1950*. Chicago: University of Chicago Press, 2011.

UNESCO. *Learning: The Treasure Within. Report to UNESCO of the International Commission on Education for the Twenty-First Century*. Paris: UNESCO, 1998.

World Bank. *Education in Sub-Saharan Africa: Policies for Adjustment, Revitalization and Expansion*. Washington, DC: World Bank, 1988.

第 15 章　国民教育制度：中东

海蒂·莫里森

241 我们今天所知道的教育机构，其结构和组织是相对较新的。不过，学校几乎一直是传播价值观和社会规范的场所。这一现象也出现在中东的历史和当下社会中。在中世纪，中东的富人捐资建学，以传播有关伊斯兰教的特定法律和道德阐释。近代早期，奥斯曼帝国对其广阔领土上的学校进行了中央化改革，以平息原初民族主义运动。在近代，殖民统治者试图边缘化原住民的知识形式，以削弱抵抗。后殖民时代的统治者则向学生植入了建立民族国家的思想。

中东的教育机构并非一成不变，因为它们一直与政权保持着联系。由于中东地区拥有诸多历史、政治和文化背景，故而不可能只有一种教育体制可供探讨。

前现代时期的中东教育（伊斯兰中世纪，1000—1500）

《古兰经》开篇始于“读”字，这是让信徒寻求知识的指令。《古兰经》的很多经文都赞扬了学习，许多先知的训诫也是如此，例如：“求知，哪怕远在开罗。”❶ 在阿拉伯半岛，早期穆斯林社区的教育主要

---

❶ 穆罕默德《圣训》中有“学问虽远在中国，亦当求之”的语句，原文疑为此句之笔误。

包括对《古兰经》和阿拉伯语的基本了解。富裕的家庭有时会聘用私人教师来家任教。由于慈善事业是伊斯兰教五大基本功修之一，因此社区内一些富裕的人士开设了一些名为“马克塔布”的公共学校，强调背诵、牢记《古兰经》。学校很可能坐落于清真寺内或依附于某个清真寺。教育通常始于5—7岁，人们认为这个年龄的儿童有了分辨善恶的能力。

在先知穆罕默德去世后不久，以及随后的几个世纪里（倭马亚王 242
朝和阿拔斯王朝），穆斯林社区就如何在尘世践行真主的旨意而莫衷一是。《古兰经》或《圣行》（先知的言行）很少涉及与日常生活相关的法律事务。各种宗教领袖纷纷出现，他们在穆斯林社区享有宗教权威。到伊斯兰中世纪，即11世纪，伊斯兰教法学在逊尼派内部形成了四大学派，每个流派均以创始人命名（哈乃斐派、马立克派、沙斐仪派和罕百里派）。逊尼派是伊斯兰教中最大的派别。目前大约10%的穆斯林属于什叶派，该派别也形成了不同的伊斯兰教法学派别。这些流派实行不同的伊斯兰法律（伊斯兰教法）类型，其差异主要源自对类比、共识、习俗和先例的不同重视程度。穆斯林所属的法学流派规定了个体从婚姻契据和贸易法规到个人饮食和卫生习惯的一切事务。伊斯兰法律是社会运作方式中不可或缺的一部分。

随着伊斯兰教法学形成了相互竞争的流派，地方的知名人士（统治者、省长、商人、军人和精英百姓）争相开设初等和高等教育中心，以教授他们所偏爱的伊斯兰教法学。当时的教育目标首先是培养领军式的法学家和伊斯兰教学者（乌里玛），其次是数学家、医生和天文学家。罗伯特·赫夫纳和穆罕默德·卡西姆·扎曼解释说：“无论所提供训练的确切性质为何，但毫无疑问，马德拉塞❷于中世纪在穆斯林世界

❷ 参见第13章“伊朗”部分，后文根据行文表述为“伊斯兰宗教学校”或“宗教学校”。

的崛起，是宗教知识和权威重新定位和规训的一部分，这一重新定位和规训具有深远影响。"[①] 精英百姓有时会开办公共学校与统治者竞争，而统治者开办公立学校则是为了改善其地位或平息酝酿之中的麻烦。通过捐赠助学，知名人士可以增强自己所属的伊斯兰教派别并重新导向特定宗教知识。例如，在大马士革、巴格达和开罗等大城市，带薪教职是精英家庭之间的竞技场。[②]

精英群体对教育的兴趣和经济投入的不断增加，使得初等教育体系比先知时代更为健全。捐赠逐渐覆盖了教师的费用，从而增加了穷人和孤儿受教育的机会。小学的课程不再局限于在石板上背诵，开始包括用羽毛笔与墨水进行读、写、算。围绕阅读教学出现了一些争议：阅读到底是应该通过韵文语法、法律文本还是（可能有违道德的）爱情诗歌来进行教学？[③] 由此出现了一些专门用于理解儿童教育心理学的育儿手册。其中一本手册建议父母在送子女接受正规教育或进入某个职业之前，先对学生进行倾向评估。另一本手册则宣称教育工作者对幼儿的性格和习惯负有更大的责任。到 15 世纪，小学已经成为城市景观的常规部分，通常位于市场和公共喷泉附近的主干道上。

小学生在能够背诵《古兰经》并完成了法学和语法的基本课程之后，就可以根据家庭所属法学流派进入相应的伊斯兰宗教学校学习。学校的学生和教师能够获得一笔津贴，他们研习语法、背诵、法律渊源、释义神学，在极少数情况下还涉及非宗教主题的学习，例如算数、天文学、医学、哲学和诗歌。学生们到遍及伊斯兰世界的宗教学校游

---

① Robert W. Hefner and Muhammad Qasim Zaman, eds., *Schooling Islam: The Culture and Politics of Modern Muslim Education* (Princeton, NJ: Princeton University Press, 2007), 10.

② Michael Chamberlain, *Knowledge and Social Practice in Medieval Damascus, 1190-1350* (Cambridge, UK: Cambridge University Press, 2002), 25.

③ Konrad Hirschler, *The Written Word in the Medieval Arabic Lands: A Social and Cultural History of Reading Practices* (Edinburgh: Edinburgh University Press, 2013), 84.

学，与尽可能多的学者一起学习。一旦学生能够背诵所有学者提供的所有材料，学者们便给他颁发一个文凭。背诵非常重要，因为法律学者必须能够追踪证明《圣行》有效性的传承长链。伊斯兰宗教学校均附属于清真寺。它们有教室和宿舍，有时还有医院、天文台、公共浴室和苏菲派❸修道院。中东最著名的宗教学校是10世纪成立于开罗的爱资哈尔大学和11世纪成立于巴格达的尼采米亚大学。中东的学者主导了系统而大批量的希腊-阿拉伯翻译运动，并为人文和科学做出了许多原创性贡献。正是因为这些知识上的进步，这一时期被称作“伊斯兰黄金时代”。 243

20世纪70年代以来，伊斯兰中世纪教育史的研究和书写方法已经发生了变化。在20世纪70年代，许多致力于伊斯兰史的学者使用语言学方法来理解从政治到文化的一切事务。以弗朗茨·罗森塔尔的《知识的胜利》一书为例，该书对《古兰经》要求掌握的阿拉伯语中“知识”这一概念的基本特征和多个侧面进行了广泛研究。20世纪80年代，学者在研究中东教育时通常采用欧洲社会和制度的视角。举例来说，研究可能会将西方大学和伊斯兰宗教学校进行比较。20世纪90年代，迈克尔·张伯伦等学者开始关注伊斯兰历史上教育的社会和文化影响，例如教育系统如何实现精英群体的再生产。伴随着儿童史研究领域的发展，有关教育的信息作为一个子课题也得以兴起。

近代早期的中东（1500—1800）

阿拉伯帝国在中东解体后，该地区分裂为地处西部（现土耳其）的奥斯曼帝国（1299—1922，现土耳其）和地处东部（现伊朗）的萨非王朝（1501—1736）与恺加王朝（1785—1925）。现被称作摩洛哥的

❸ 伊斯兰教一个神秘主义派别。

地区在那时得以保持独立，不过没有一个稳定的中央政府。无论是在奥斯曼帝国还是在萨非王朝，教育均继续在宗教的框架下进行。奥斯曼帝国是一个逊尼派伊斯兰社会，追随哈乃斐法学派。通常来说，在非穆斯林的奥斯曼社区，儿童接受的是隶属于各自所属宗教组织的教育。伊朗在萨非王朝时期皈依了什叶派，此后的教育转向了什叶派的宗教戒律。

中东教育系统的运作理念是，最先进的科学来自伊斯兰帝国的黄金时代。与欧洲大部分地区进入近代的方式有所不同，中东没有经历启蒙运动，在该运动中，学者们将科学定律置于上帝的定律之上。伊斯兰国家的教育主要受到10世纪的神学家、法理学家和哲学家安萨里著作遗产的引导，他将超自然知识置于穆尔太齐赖派（一个基于理智和理性思维的伊斯兰神学流派）之上。因此，奥斯曼帝国和萨非王朝/恺加王朝的初等教育目标都是背诵《古兰经》，而高等教育则集中于伊
244 斯兰教法。不同于奥斯曼帝国，萨非王朝的乌里玛独立于中央政府。萨非帝国的乌里玛逐渐发展为一种替代性的政治和社会权威，拥有比奥斯曼帝国统治下的乌里玛更高的地位。高度官僚化的奥斯曼帝国将伊斯兰宗教学校按照等级进行集权式管理，因此一个人在哪所学校上学将决定未来他在政府法律结构中的级别。在奥斯曼帝国，除宗教科学外，还有其他教育类型可供选择，如商业学校和行政与军事训练（如德米舍梅制度）。

教育与遭遇现代的中东：奥斯曼帝国和恺加王朝的改革

中东于19世纪迎面碰上了欧洲帝国主义。晚期的奥斯曼帝国（1789—1918）在世界舞台上的力量不断减弱，这在很大程度上是欧洲的技术发展和商业财富积聚所导致的。奥斯曼帝国的北非部分国土沦为法国殖民地后，伊斯坦布尔的苏丹实行了各种改革。坦齐马特改革

(1839—1876，坦齐马特的字面意思是奥斯曼帝国的“重组”）和阿卜杜勒·哈米德二世统治时期（1878—1909，又称“哈米德时期”），奥斯曼帝国试图实现教育体系的现代化。改革的最初目标是改善军事和民政管理。帝国在伊斯兰宗教学校系统之外，建立了医学、军事训练和民政管理的西式学校。1839 年开办了第一所培养未来文官的初等学校。

随着 1857 年教育部的成立及 1869 年《奥斯曼帝国教育条例》的颁布，教育开始向大众方向迈进。普及教育背后的主要动机是，在原初民族主义运动不断发展的背景下统一这个不断丧失羽翼的帝国。1856 年发布的《改革御诏》允许非穆斯林人士进入军队和官僚机构。公立中小学的目的是为奥斯曼帝国培养平等的公民，并教授统一的奥斯曼帝国史。塑造平等公民的努力，意味着学校里既有穆斯林也有非穆斯林。20 世纪初，苏丹在伊斯坦布尔为反叛部落和社区的儿童建立了寄宿学校。④ 第一所女子中学于 1858 年出现在伊斯坦布尔。奥斯曼帝国的学校建设计划效仿的是法国制度，尤其是在坦齐马特时期。派往欧洲的奥斯曼留学生引入了西方的科学和文化。

尽管新式学校有别于传统的古兰经学校，但实际上奥斯曼帝国的教育改革既非全然西式的，也非纯世俗性的，它是“伊斯兰现代主义”运动的一部分。该运动强调了伊斯兰与现代世界的兼容性。尤其是在哈米德时期，有批评者声称，解决帝国现有问题的办法，不在于模仿欧洲经验，而是要回归伊斯兰黄金时代，对此帝国统治者采取的抗衡方式是创办混合学校。为了争取宗教反对派的支持，帝国统治者还以国家名义聘用了一些乌里玛，以协助制定公立学校的课程，并将他们派往这些学校任职。帝国使用伊斯兰话语发布了具有世俗意识的法令。

---

④ Judith Cochran, *Democracy in the Middle East: The Impact of Religion and Education* (Lanham, MD: Lexington Books, 2013), 71.

245 大众学校教授伊斯兰伦理，以图复兴帝国的宗教-政治基础。举例来说，哈米德时期的一个教育委员会提议开设有关先知及其同伴的课程，向年轻人教授宗教原则。[5] 模仿西方世俗制度进行的教育改革也进行了奥斯曼化和伊斯兰化，以获得合法性。

19 世纪的埃及仍然属于奥斯曼治下的一个行省，然而因为其统治者穆罕默德·阿里（1805—1848 年在位），埃及经历了自己独特的教育改革。阿里是奥斯曼帝国的阿尔巴尼亚统帅，1805 年自封为埃及总督（该头衔直到 1867 年才被奥斯曼帝国正式承认）。阿里通过监督重点领域的现代化项目（尤其是军事、农业和教育领域）来实现他的目标：建立一个独立于奥斯曼帝国的埃及王朝。通过征兵制度，以及他创办的大型国有棉花农场所提供的经费，阿里组建了一支庞大的军队。阿里及其孙子伊斯梅尔帕夏（1863—1879 年在位）推进了由国家资助的教育计划，以打造一支欧洲风格的、忠于王朝的军队和文官队伍。

最初学校是面向技术培训的。1863 年教育部的成立和 1868 年《教育组织法》的颁布，确立了埃及初等教育的普及议程。目标是将大量宗教学校纳入政府管辖，并开设由政府资助的小学。1871 年，埃及政府建立了一所世俗性教学学院，以满足公立学校的教学需求。这些教育项目使越来越多的埃及小学生与国家有了接触。其课程旨在努力重塑家庭行为和性别角色，服务国家利益。[6] 例如，1873 年创办的埃及第一所公立女子学校（索菲亚女校），主要目标是培养贤妻良母以经营家庭、养育子女。总体而言，新的教育系统仍主要面向精英阶层。

---

⑤ Benjamin Fortna,"Islamic Morality in the Late Ottoman Secular Schools," *International Journal of Middle East Studies* 32, no. 3(August 2002):376.

⑥ Lisa Pollard,"Learning Gendered Modernity: The Home, the Family, the Schoolroom in the Construction of Egyptian National Identity(1885-1919)," in *Beyond the Exotic: Women's Histories in Islamic Societies*, ed. Amira El-Azhary Sonbol(Syracuse, NY: Syracuse University Press, 2005). pp 249-269.

为了赶超欧洲，恺加王朝也推动了教育系统的重组。伊朗的现代化进程被称作“尼扎姆新秩序”，始于19世纪初中央集权国家的建立。国家最初给教育设定的目标是培养政府官员，并为其新的现代常备军教授军事技术和科学。但是，不同于奥斯曼帝国，这里的集权化进程较弱，并且没有将乌里玛纳入教育的现代化事业之中。建于1851年的“达尔弗农”学校是在伊朗建立的第一所由国家资助的欧式学校。学校不受乌里玛的控制，提供关于医学、军事等技术主题的法语课程。这是一所大学，主要招收王室成员、王子和高级官员的子嗣。

到19世纪末，教育似乎已经成为国家的一个重要工具，其目标不再是为政府机构输送官僚，而是转向为国家培养大众的实用读写能力。但是，伊朗没有出台针对公立教育的国家政策，因而没有出现集中的教师学院或教科书。传教士及外国人开办的私立学校与民间开办的学校，一起成为适当的替代品。

由一些具有改革意识的人领导发起的新学校运动（1860—1906），得到了君主不同程度的支持，该运动试图为众多不同出身的学生提供中小学教育。发起人称他们的学校为“新”学校，以区别于传统学校。与过去几百年的学校不同的是，新学校纳入了非宗教主题，例如商业、 246
工业和国际外交，并且还有国家规定的课程、考试和制服。1888年成立的罗什迪耶学校采用了诸如语音学等新的教学方法，教授学生宗教文本之外的读写能力。乌里玛对这些非传统学校进行了强烈抵制。

在研究19世纪的教育时，传统方法聚焦于国家与伊斯兰教徒之间的派系冲突和对抗上。历史学家将这一时期归纳为西式学校和伊斯兰学校之间的较量。尽管传统和现代之间确实存在张力，但也存在着一系列回应。有一些案例成功地整合了西式教育，同时也保留了部分伊斯兰教育。阿卜杜拉·纳迪姆是19世纪埃及最杰出的教育改革家之一，他创办了反对殖民主义的伊斯兰慈善协会学校，这所学校既具有伊斯兰教的保守性，也具有现代性特征。[7]

面对迫在眉睫的西方帝国主义，中东并没有一味地消极旁观。种种迹象表明，早在北非沦陷之前，奥斯曼帝国的教育系统便已发生了改变。举例来说，奥斯曼帝国第一所海军工程学校建于1733年。西方并非中东改革的主要推动者，因为大量改革努力都源自于本土，初始动机是培训新的军事和民政管理人员。

中东被殖民区域的教育

19世纪，奥斯曼帝国的许多北非行省陷入欧洲的控制之下。法国人于1830年殖民了阿尔及利亚，并于1881年将突尼斯变为保护国。英国于1882年将埃及变成保护国，而从不属于奥斯曼帝国行省的摩洛哥在1912年沦为了法国的保护国。第一次世界大战结束之时，英国和法国将奥斯曼帝国的其余地区划分为不同国家，这些国家很大程度上构成了今天的中东版图。国界划分并未遵循已有的种族，因为之所以建立这些国家，是为了迎合欧洲在该地区的地缘政治利益。据传，约旦东部与沙特阿拉伯的“之”字形边界，是时任英国殖民大臣温斯顿·丘吉尔打的一个喷嚏造成的[4]，这是该地区国界系人为干预的一个明证。第一次世界大战后，主要的主权国家有伊朗和土耳其（以及阿拉伯半岛的部分地区），当然它们也受欧洲经济和社会的影响甚深。

欧洲殖民统治者将教育作为加强帝国对中东控制的工具。证据有三：第一，殖民地政府建立了一种两级教育体系，当地居民中仅有少数人能够接受欧式教育，而大部分居民被排除在教育之外。前者在精英殖民地政府中任职，后者成为目不识丁、无权无势的农民大众。第

---

[7] Linda Herrera,“ ‘The Soul of the Nation’:‘Abdallah Nadim and Educational Reform in Egypt(1845-1896),”*Mediterranean Journal of Educational Studies* 7,no. 1(2002):1-24).

[4] 一说是丘吉尔在划定边界时打嗝造成的。

二，欧洲的帝国项目主要通过灌输技术发挥功能。学校课程向当地居 247
民灌输的是，他们是劣等种族，没有能力进行自我统治。（在主权国家中，教会学校以这种方式扮演了和殖民地学校类似的角色。）第三，殖民统治者通过严格控制传统的伊斯兰学校，来遏制原住民主导的替代性教育。他们借助审查制度来监控这些学校的补贴和课程。

就教育这一工具的首次运用而言，殖民地官员有多种方式将原住民儿童挡在教育门外。首先，殖民地有四种学校类型——外国私立学校、公立学校、教会和教派学校、伊斯兰宗教学校。很少有原住民儿童能上外国私立学校，这些学校主要是为外籍人士在大都市接受高等教育做准备的。由殖民地政府开设的公立学校通常不属于义务教育，学生需缴纳学费以支付教师薪水。例如，在英国托管的巴勒斯坦，学校人满为患，英国人则希望村民筹资兴建校舍。[8]

殖民地官员将法语或英语定为全国教学和认证考试的语言，这使得只懂阿拉伯语的学生和教师无法参与其中。殖民地政府时常补贴私立学校而非支持公立教育体系。以黎巴嫩为例，法国托管当局制定了补贴私立教育的政策，据称是为了维护宗教自由。实际上，这忽略了为所有人提供教育这一价值更高的职责。[9]

殖民当局通常不设公立中学。而在政府任职又需要有中学文凭，这实质上就把大部分没受过教育的农民排斥在外，政府岗位则由外国人填补。以埃及为例，到1900年时该地只有3所公立学校。[10]

殖民统治者将儿童排斥在教育之外的另一个方式是不执行童工保护法。例如，在埃及，英国人让儿童在棉花田里劳作，以便推动本土

---

⑧ Ela Greenberg, "Educating Muslim Girls in Mandatory Jerusalem," *International Journal of Middle East Studies* 36, no 1(February 2004):4.

⑨ Cochran, *Democracy in the Middle East*, 141.

⑩ Selcuk Aksin Somel, "Education, Middle East," in *Encyclopedia of Western Colonialism Since 1450*(New York: Macmillan, 2002), 341. Book editor is Thomas Benjamin pp 337-345.

的工业革命。[11] 英国人辩称，埃及地区的父母没有让子女接受教育的意愿，因此学校是毫无意义的。当英国的殖民当局对埃及的教育进行投资时，这笔钱也主要流向了农业课程。

其次，入读外国私立学校、公立学校或者教会学校的儿童所受的最大教训之一是，他们自己的方式还不如西方的方式。在一些殖民时代成长起来的中东人所写的自传中，描述了教师、语言和课程如何向儿童传递耻辱感。例如，阿尔及利亚女权主义者兼作家阿西娅·德耶巴曾一年中有十个月都在法语寄宿学校就读，据她回忆，每当她返回家乡度假时，她的堂兄都会对她的西化行为持否定态度。由于她已经习惯穿着学校里的欧式服装，加上独立的生活方式，这使她有一种流亡感。对于大多数女孩来说，现实便是有限的学校教育和身体限制。流亡感还来自语言。德耶巴将法语称为“敌对语言”，即敌人的语言。她无法使用传统阿拉伯语进行写作，因为她的学习用语都是法语。法语是殖民者的语言；它是一种“沾满鲜血”的语言，一种暴力语言。[12]
由于教学语言是法语或英语，而不是阿拉伯语，这也意味着诸如历史、地理和社会研究等科目是有关法国或英国的。唯一涉及当地主题的课程向学生们传递的却是，他们的文化是他们落后的根源，因此才会被
248 殖民统治。[13] 一些中东人仍然记得，他们的学习时代弥漫着一种明显的恐惧感。学生在学校里所感到的羞辱和鄙视，表现在当外国教师在场时，他们的腿时常因恐惧而颤抖。[14] 因此，上学的儿童在自己的国家却

---

⑪ Heidi Morrison, *Childhood and Colonial Modernity in Egypt* (London: Palgrave, 2015), 32.

⑫ Christa Jones, "Growing Up in Colonial Algeria: The Case of Assia Djebar," in *Girlhood : A Global History*, ed. Jennifer Helgren and Colleen A. Vasconcellos (New Brunswick, NJ: Rutgers University Press, 2012), 52.

⑬ Pollard, "Learning Gendered Modernity".

⑭ Morrison, *Childhood and Colonial Modernity in Egypt*, 103.

与自己的文化相隔绝。

再次，殖民者通过确保当地民众无法轻易入读他们自身的学校，并破坏当地居民已经开展的教育改革，从而保持对该地区民众的控制。同样，殖民当局通过限制用于资助伊斯兰教育系统的虔诚捐赠，导致该系统的衰落。殖民当局将大型的伊斯兰大学转变为由国家控制的机构。原住民政治和宗教精英也逐渐将英法殖民学校视为社会进步的有效手段。子女就读于外国学校或公立学校的父母，有时也会聘任私人宗教导师，或将子女送入昆它布（附属于清真寺的学校）度过部分童年时光。尽管如此，较高的社会地位与纯粹的伊斯兰宗教教育之间曾经紧密的联系还是被打破了。

人们用法语“*évolué*”（先进的非洲人）一词指代那些经过欧式教育得以“进化”的殖民地臣民。殖民地管理者将“先进的非洲人”变成了一个特权群体，雇用他们担任殖民地行政职务。教育系统以分而治之的心态发挥其功能。受过欧式教育的本土精英群体，管理着广大未受过教育的当地居民，后者用来组织抵抗的伊斯兰学校越来越少。在伊朗等未被殖民的国家中，教育等级也发生了变化，即西式学校饱受赞誉，因为它们成为进入商业市场和实现政治抱负的工具。

研究殖民时期教育的学者们很是谨慎，不将殖民主义描绘成中东现代思想的发起者。例如，世俗教育的变革早在西方人到来之前便已开始，并非如传统叙事所认为的那样，西方为野蛮人带来了启蒙课程。此外，即便在中东人之间，对西方教育也是既有支持者也有质疑者。在奥斯曼帝国，一些劝诱改宗的教会学校也瓦解了当地部分基督教社区。

一些自传表明，尽管有父母的控制，孩子们还是经常自己做出决定。埃及女权活动家、学者宾特·沙蒂❺在自传中说：为了安抚保守的

---

❺ 本名阿伊莎·阿卜杜勒-拉赫曼，埃及女作家，艾因·夏姆斯大学教授。

父亲，她没有上寄宿学校，不过她和学校校长达成协议，可以借书在家自学，并参加必要的考试。当前有关殖民地教育史的学术研究，试图承认儿童们在与动荡的学校协商中所付出的艰苦努力。此外，学者们继续揭示了殖民压迫下原住民在维持自己学校方面所取得的成就。例如，在19世纪末，一群在法国体系中受过教育的突尼斯本地知识分子成立了一个文化协会，该协会提供世俗科目的阿拉伯语课程。约半个世纪后，这个协会发展成为突尼斯大学。整个19世纪，阿尔及利亚的伊斯兰教苏菲派（神秘主义）在保持本土教育中心的活力方面也发挥了重要作用。在英国托管的巴勒斯坦，最高穆斯林委员会于1925年建立了伊斯兰女子学校，该学校融合了传统的宗教学习和西式的基础教育课程。

民族主义与中东教育

249 第二次世界大战之后的几十年里，西方殖民主义在中东走向终结。法国在1956年、1957年、1962年分别从摩洛哥、突尼斯和从阿尔及利亚完全撤出。埃及于1952年从英国取得完全独立，伊拉克于1958年获得独立。1948年以色列宣布独立，当时巴勒斯坦地区由多个阿拉伯国家统治（直到1967年被以色列占领并持续至今）。从未被欧洲人占领的土耳其于1923年成为主权国家。民族主义对所有这些新国家的建立至关重要。20世纪上半叶，在整个中东地区，教育系统在民族主义意识形态建构中发挥了核心作用。曾经的宗教、军事和官僚培训目标被民族主义目标所取代。民族主义教育分为两个主要组成部分：反殖民主义/反帝国主义，树立对新领导人及其政府的忠诚。阿尔及利亚和埃及的经验说明了前者，土耳其和以色列的经验说明了后者。

中东最为激烈的殖民形式出现在阿尔及利亚，历时约130年。法国将阿尔及利亚视为自身的延伸，寻求一项长期的政策，来消除伊斯兰教，并让法国殖民者（定居者）成为这一地区的主要居民。阿尔及利亚的反抗始于法国入侵后不久，即始于阿卜杜勒·卡迪尔于1840年发起的起义。20世纪初，阿尔及利亚民族运动应运而生；它的宗旨是振兴阿拉伯文化和语言以及伊斯兰教。新闻界、广播电台、政党、工会和教育系统都为传播民族主义提供了渠道。阿卜杜勒-哈米德·本·巴迪斯和其他宗教学者于1931年创立了阿尔及利亚穆斯林乌里玛协会[6]。该协会致力于使阿尔及利亚人接受教育，以振兴其阿拉伯-伊斯兰传统和阿尔及利亚人的民族认同。协会要求将阿拉伯语立为官方语言，并恢复用于资助学校的慈善捐款。所有这些，连同那些人民党建立的学校，对于发展阿尔及利亚民族意识均至关重要。

在摆脱欧洲统治后的几十年里，许多中东国家仍然致力于打击帝国主义。这体现在叙利亚和埃及两国的一项短暂政治计划，该计划旨在建立一个名为阿拉伯联合共和国的泛阿拉伯国家。成立于1958年的阿拉伯联合共和国试图将所有阿拉伯国家合并为一个国家，建构起阿拉伯民族主义，这类似于奥斯曼帝国统治五百年间所经历的统一状态。建立阿拉伯联合共和国的灵感来自埃及总统、社会主义者贾迈勒·阿卜杜·纳赛尔，他因反对帝国主义而成为整个阿拉伯世界的英雄。纳赛尔将大众教育视为打破全球东西方力量不均衡的工具。阿拉伯联合共和国在概念框架、考试、等级制度、教科书和管理程序方面沿用了埃及的教育模式。阿拉伯语、穆斯林宗教和军事课程是纳赛尔教育体系的必修内容。纳赛尔曾表示，培养阿拉伯国家的所有年轻人是埃及的责任。他将埃及的教师借调给各阿拉伯国家，吸引大量阿拉伯学生
涌入埃及，并在国外建立了大学。20世纪中叶，埃及知识分子、教育 250
部长塔哈·侯赛因在他的传奇格言中体现了纳赛对普及免费教育的承诺："教育如同水和空气。"

---

[6] 亦译为"阿尔及利亚穆斯林贤哲会"或"阿尔及利亚伊斯兰学者协会"。

在大多数情况下，中东的民族主义运动试图塑造现代民族国家的公民。这意味着，用对世俗领袖的忠诚代替人们对真主及其代表（宗教领袖）的忠诚。民族主义者教导人们着眼于政府而非乌里玛，从而为其生活做出合乎道德与法律的决定。土耳其就是这一趋势的缩影，该国于 1923 年转变为世俗性的土耳其共和国。教育是总统凯末尔·阿塔图尔克（1923—1938 年在任）的一项政治事业。起草于 1924 年的《教育统一法》将包括外国学校和教会学校在内的所有学校都纳入教育部管辖范围，并废除了古兰经学校。1927—1949 年之间，学校里禁止开展宗教教育。土耳其语成为共和国唯一的教学语言，阿拉伯字母更改为拉丁字母。民族主义意识形态主要以三种方式推动了这些政策。学校有利于多民族和多语言公民的融合，从而加强了整个社会的结构。这些政策试图缓解接受传统教育的毕业生与接受世俗教育的毕业生之间的紧张关系。而且，教育系统推行了集中的管理、课程和教科书，鼓励人们承担对新的国家统治政权的责任。

与世界上的许多国家一样，中东地区的国家建设工作通常排斥少数民族群体继续推行其原有的教育。土耳其、叙利亚和伊拉克地区的库尔德人的境遇就说明了这一趋势，摩洛哥的柏柏尔人和西撒哈拉人亦是如此。巴勒斯坦人在以色列的待遇也反映了新国家通过教育系统实行的系统性歧视。在犹太复国主义运动（即在现以色列建立犹太国家的运动）的驱使下，面向以色列犹太学生和以色列阿拉伯学生（即巴勒斯坦人）分别建立了各自的教育系统。1948—1968 年，居住在新建以色列国的阿拉伯人生活在军事统治之下，在实行隔离的学校就读。犹太复国主义者认为阿拉伯人威胁到他们同质性民族认同的构建。相比于面向犹太儿童的学校，面向阿拉伯儿童的学校种类明显少得多。例如，1966 年时该地区共有 1254 所犹太小学，而阿拉伯小学只有 181 所；有 131 所犹太残障儿童学校，1 所阿拉伯残障儿童学校；有 167 所犹太中学，4所阿拉伯中学。[15] 除了教育机会不均等外，课程上也存在明显差异。随着以色列国的发展，由国家规定使用的教科书遗漏或丑化了巴勒斯坦历史。时至今日，针对以色列阿拉伯人的教育体系取消了一切促进巴勒斯坦民族认同的教学，这一点与犹太教育形成了鲜明的对比，后者的基础便是民族统一。

学者们从一个细微的角度看待中东的民族主义和教育。民族主义对于不同的人有不同的含义，即使对同一国界内的人而言亦是如此。围绕着教育政策和民族主义意识形态发生了多场斗争。尽管某些教育政策得以盛行，但历史学家还是发现了不和谐的声音、例外情况和不协调之处。以阿尔及利亚为例，其民族主义运动中有一种音量不大但却很值得注意的呼声，主张将阿尔及利亚同化为法国。一些“先进的非洲人”，如费哈特·阿巴斯，希望阿尔及利亚人学习如何变得更像法国人。在为期八年的阿尔及利亚战争期间，阿尔及利亚人所持的立场反映出他们在民族主义意识形态上缺乏统一性。为法国一方战斗的阿尔及利亚穆斯林要多于阿尔及利亚军营里的阿尔及利亚穆斯林。至于 251
埃及，历史学家注意到，尽管纳赛尔提出了继续改进的教育举措，但现实情况是该国缺乏将其理论付诸实践的资源。埃及的教育系统不堪重负，无法提供充足的设施和合格的教师。有一种倾向认为，土耳其共和国早期在公共领域是反对宗教的。实际上，一部分公民继续奉行不支持世俗主义的伊斯兰教的流行形式。这些公民敦促调和伊斯兰情结和土耳其民族主义，推动了20世纪40年代公立学校课程体系对宗教科目的重新引入。此外，凯末尔总统也并非反对宗教，而是抵制对伊斯兰教的“错误”解读。他坚信必须由国家监管教育，从而净化宗教，并使人们了解宗教如何与科学和谐共处。

在以色列，歧视性教育政策不仅存在于犹太儿童和阿拉伯儿童之

[15] Cochran, *Democracy in the Middle East*, 176.

间，也存在于犹太社区内部。尽管犹太社区里存在着教育平等的言论，但是社会结构上的不平等和地理上的区隔导致了以下现象：米兹拉希犹太人（其根源可以追踪到穆斯林为主的国家）子女就读于贫困的、单独设置的学校，而阿什肯纳兹犹太人（主要是欧洲血统的犹太人）子女则就读于享有特权的优质学校。

教育与当代中东问题

自20世纪70年代以来，有四种主要的社会力量影响着中东——新自由主义、独裁统治、战争和父权制。与当代世界其他大部分地区类似，中东社会在不同程度上面临着各种等级制度，包括资产阶级之于工人阶级、国家之于平民人口、武装之于非武装、男人之于妇女。诚如有关埃及、伊拉克、沙特阿拉伯和伊朗的案例研究所展现的那样，教育一直处于上述社会分化形式的核心。

许多中东国家在后殖民时期采用了社会主义经济体制。在随后的几十年中，尤其是自从东欧剧变以来，经济自由主义、自由市场资本主义和结构调整成为常态。对于中东和世界各地的许多发展中国家而言，国内外私人投资造成了严重的社会不平等，这在很大程度上与受教育机会的变化有关。例如，埃及总统安瓦尔·萨达特于20世纪70年代提出的外资开放政策，扭转了纳赛尔时代以公有部门为基础的经济体制，导致教育为社会流动提供的机会减少。纳赛尔执政时期，凭借免费教育以及大学毕业生就业保障政策，数百万曾经贫困的人口步入中产阶层。而萨达特执政时期，全民教育并不意味着平等的全民教育。一个人所处的地理位置和所拥有的社会经济水平成为决定教育质量的重要因素。学校成了存在至今的社会极度分化的金字塔得以复制的工具。大部分埃及人口属于贫穷和受压迫阶层，他们只接受了“维持生计的教育”，这是教育系统中最低限度的教育。国家法律规定，所有年满6岁的儿童必须接受8年制教育。大多数儿童只接受最基本的读写教育，最多也就是能够进入技术贸易学校就读。教师将所有学生视为一个整体，既不关注学生的个性，也不研究教学法，只有死记硬背。中东教育专家艾哈迈德·尤瑟夫·萨阿德表示："（学校代表着）国家与国民之间的政治契约，据此，前者向后者提供没有教育的免费证书，以换取后者的服从与感激。"⑯ 252

在此背景下，埃及形成了一个异质的教育市场。对一些学生来说，私立教育是选择性的。它可以包括聘请私人导师补习或入读私立学校。按照费用和教育质量升序排列：先是提供与公立学校相同课程的私立学校，再是用外语讲授本国课程的语言学校，最后是可授予外国文凭的国际学校。

私人补习与公立学校和私立学校并存，是埃及向自由市场经济过渡时期出现的一种现象。私人补习被称为"影子教育"，是对个人或团体收费的课外教学。它试图弥补过度拥挤的公立学校教室（通常多达80名学生），以及需要额外收入才能生存的低薪教师。课外指导大多密集地发生于教育系统的关键节点，也即当期末成绩和考试将决定学生的未来之时。所有社会阶层的学生都以不同的成本和质量参加私人补习，这是一笔可观的家庭支出。私人补习的高额费用和广泛实践（超过50%的人口参与其中）削弱了政府提供免费、平等教育的主张。⑰

教育制度附属于政治制度。这种关系超出了提供免费学校教育的范畴，也超出了政府所传播的教学理念。学校通常不会培养批判性思

---

⑯ Ahmed Youssof Saad, "Subsistence Education: Schooling in a Context of Urban Poverty," in *Cultures of Arab Schooling: Critical Ethnographies from Egypt*, ed. Linda Herrera and Carlos Alberto Torres (New York: SUNY Press, 2006), 105.

⑰ Sarah Hartman, "Education 'Home Delivery' in Egypt," in *Private Tutoring across the Mediterranean: Power Dynamics and Implications for Learning and Equity* (Rotterdam: Sense Publishers, 2013), 60. Editors: Mark Bray, Andre E. Mazawi, Ronald G. Sultana.

维。虽然“阿拉伯之春”带来了所谓的民主希望，但是中东的政治格局仍然把控在当权者的手中，特别是在沙特阿拉伯等中东产油国的手中。这些产油国均是食利型国家，此类国家的大部分财政收入源自“租金”或者向外国客户出售石油等高价本土自然资源。一般来说，食利型国家的公民依赖于政府广泛的社会福利，其经费主要源于租金。这就形成了一种服从模式，即政府通过财政支出的方式能够彻底“贿赂”或安抚其公民。由于公民不用交税，因此缺乏向政府施加压力的动机，从而经常盛行威权主义。教育制度并不培养可能质疑这一规范的独立思维。

沙特阿拉伯的王室对教育的财政投入是显而易见的，不过其对于知识生产、创造力和艺术的追求则不那么明显。随着 20 世纪六七十年代石油财富的积累，沙特王室开始为公立教育的基础设施提供经费，并建立官僚机构来实施、监督和评估教育政策。目前，各个级别的免费教育均由国家资助，国家还实施了初等义务教育。沙特阿拉伯的教育侧重于学科信息和技术能力的积累。它并不十分注重发展学生的终身学习能力，使其能够对知识进行反思、质疑和重构。沙特阿拉伯没有研究型大学。该国的学校非常注重宗教教育，这有助于传播系统而
253 统一的伊斯兰教，增进神权国家的利益。统治精英经常将西方和反伊斯兰教描绘成现有教育体系的替代方案。他们通过使教育缺少分析性和建设性批判，来保障自身利益。公民对此产生了一些抵制，而政府对此的改革措施主要牵涉到大学，但没有触及基础教育。

现代战争通常不是由身着制服的军队在战场上进行，而是发生于民用领域，战斗和非战斗人员的界限变得很是模糊。虽然存在国际法，但民用基础设施通常成为攻击目标，如基础教育设施。在战争中，教育工作者和知识分子伤亡惨重；学校建筑物和教育中心被损毁或破坏。从黎巴嫩内战（1975—1990）、第二次巴勒斯坦大起义（2000—2006）到后来利比亚与也门的战争，整个中东地区的现代战争都是这种情况。

伊拉克就是一个典型案例，该国在30年里遭受了三场国际战争：两伊战争（1980—1988）、第一次海湾战争（1990—1991）和伊拉克战争（2003年至今）。20世纪80年代，伊拉克的教育体系被认为是中东最好的教育体系，但该体系因为这些战争以及长达13年致其削弱的制裁（1990—2003）而不断退化。根据联合国儿童基金会推测，如果伊拉克继续保持其先前的教育发展速度，那么目前伊拉克男孩和女孩入学率应均已达到100%。事实则相反，1990—2000年，小学的入学率从90%下降到80%。目前的小学入学率约在68%—90%之间，其中仅有44%的学生在预期时间内完成了初等教育。⑱ 根据联合国教科文组织的报告，2007年伊拉克的中学入学率仅有48%，这其中只有38%能通过毕业考试。⑲ 战争导致了教室拥挤、教学质量差、学习材料严重短缺、流离失所、心理创伤、学者被暗杀或者流亡、教学楼成为不安全的场所或者被损毁以及家庭贫困（给儿童带来了养家糊口的经济压力）等各种问题，使得辍学率居高不下。

单靠统计数字并不能证明战争对教育的影响。战争也使学校课程政治化。作为社会再生产的场所，教育在树立减少或助长冲突的价值观方面能够发挥作用。在伊拉克，教派暴力的演变就是这种情况。伊拉克约有65%的什叶派和35%的逊尼派，库尔德人占伊拉克人口的多数，而库尔德人大多信奉什叶派。在萨达姆·侯赛因政权倒台后，以什叶派为主的新政府在美国支持下，将教育机构视为该国向新政治制度过渡的工具。例如，教育官员将侯赛因·萨达姆的名字从历史教科书中删除，取消了有关复兴党意识形态的课程，为带有前统治者名字

---

⑱ "The State of Education in Iraq," *Borgen Magazine*, last modified May 5, 2013, http://www.borgenmagazine.com/the-state-of-education-in-iraq/.

⑲ UNESCO, *National Education Support Strategy 2010-2014*, 27. https://unesdoc.unesco.org/ark:/48223/pf0000216873.

的学校更名。[20]

尽管中东在后殖民时代向大众教育迈进了，但是从国家资助教育的数量和质量上，以及从对教育的文化态度上，仍然存在明显的性别差异。当今许多中东国家的青年文盲率便表现出了性别差异。以摩洛哥为例，在15—24岁的年轻人中，男性文盲率徘徊在15%左右，而女性文盲率约为30%。也门两者的比例分别为5%和2%，埃及为10%和15%。[21] 即便在那些男女识字率大致相同的国家，性别仍可能成为教育
254 的障碍。一部分原因来自于20世纪70年代中东地区兴起的宗教激进主义。宗教激进主义者是在后殖民政府功能失调、西方支持的众多战争以及从西方引入新自由主义政策失败的背景下出现的。他们通常试图规范女性的行为，以实施新的社会秩序形式，而且尽管伊斯兰教一直都有重视教育的传统，但他们还是经常将近来女性在教育上的进步描绘成西方舶来品。

1979年革命后伊朗女性的境遇就是一个很好的案例。伊朗的革命者们团结一致，反对巴列维政权，他们认为巴列维政权腐败不堪，是西方的傀儡。然而，许多人对新的伊朗伊斯兰共和国在生活各领域(包括教育)施加的巨大变革感到惊讶。霍梅尼成功开展了针对男性和女性的扫盲运动。目前，伊朗男性和女性的识字率均达到了99%左

---

[20] Jonathan Finer, "For Iraqi Students, Hussein's Arrival Is End of History." *Washington Post*, last modified April 15, 2016, http://www.washingtonpost.com/wp-dyn/content/article/2006/04/14/AR2006041401591.html.

[21] UNICEF, "Statistics: At a Glance, Morocco," accessed September 18, 2016, http://www.unicef.org/infobycountry/morocco_statistics.html, UNICEF; "Statistics: At a Glance, Yemen," accessed September 18, 2016, http://www.unicef.org/infobycountry/yemen_statistics.html; UNICEF, "Statistics: Egypt," accessed September 18, 2016, http://www.unicef.org/infobycountry/egypt_statistics.html.

右。[22] 相比于20世纪初5%的整体识字率，这是一个巨大的增长。[23] 尽管如此，女性在接受教育方面仍然面临着诸多根本性限制。各级教育的教科书和课程被重新编写，以使人们效忠于神权领袖，并将年轻人转变为伊斯兰教所期望的战士。这些教育变革剥夺了妇女的权力，改变了她们的身份。女童被教导成为属于辅助角色的妻子和母亲，操持家务和照顾孩子。学校班级按性别单独设立，并对女性穿着进行限定。接受过教育的女性被局限于从事传统女性工作，例如教学和护理。女性法官遭到解雇。几十年来，伊朗的妇女运动成功地打破了一些限制受教育女性在公共领域自由从事工作的藩篱，特别是在医学领域。此外，伊斯兰女权主义者的势头正在上升，例如2003年诺贝尔和平奖获得者谢林·埃巴迪，她们利用自身在伊斯兰教法上所接受的教育，推动对宗教进行某些有利于性别平等的阐释。

总　结

“9·11”事件后，西方的学者和政界人士非常关注对中东地区儿童的教育，担心该地区的学校成为传授反西方主义的恐怖主义中心。许多学者将教育的发展置于历史背景中来回应这些担忧。中东教育历史悠久，教育和哲学方法丰富，对人类智慧贡献良多，且教育机构样态万千。伊斯兰教是中东的主流宗教，对民主、和平与平等的教学并没有天生的偏见。每个穆斯林都有义务去寻求知识。但是，伊斯兰教不应该被误认为是教育背后唯一的决定力量。在历史上，权力政治对整个中东地区的教育发展起到了核心作用。中世纪时期，富人捐资办

---

[22] UNICEF,“Statistics: Iran, Islamic Republic,” last modified December 27, 2013, http://www.unicef.org/infobycountry/iran_statistics.html.

[23] Cochran, *Democracy in the Middle East*, 95.

学，传播他们的伊斯兰教法版本。奥斯曼帝国时代，苏丹将学校集中管理，以普及同一种教育。英法两国利用教育为自己的殖民利益服务。就像世界上大部分地区一样，现代的中东也见证了由国家资助的、旨在国家建构和公民塑造的大众教育体系的发展。

推荐书目

Berkey, Jonathan Porter. *The Transmission of Knowledge in Medieval Cairo: A Social History of Islamic Education*. Princeton, NJ: Princeton University Press, 1992.

Brock, Colin, and Lila Zia Levers, eds. *Aspects of Education in the Middle East and North Africa*. Oxford: Symposium Books, 2007.

Chamberlain, Michael. *Knowledge and Social Practice in Medieval Damascus, 1190-1350*. Cambridge, UK: Cambridge University Press, 2002.

Cochran, Judith. *Democracy in the Middle East: The Impact of Religion and Education*. Lanham, MD: Lexington Books, 2013.

Fortna, Benjamin. "Islamic Morality in the Late Ottoman Secular Schools." *International Journal of Middle East Studies* 32, no. 3 (August 2002): 369-393.

Gil'adi, Avner. *Children of Islam: Concepts of Childhood in Medieval Muslim Society*. Oxford: Palgrave Macmillan, 1991.

Greenberg, Ela. "Educating Muslim Girls in Mandatory Jerusalem." *International Journal of Middle East Studies* 36, no. 1 (February 2004): 1-19.

Hefner, Robert W., and Muhammad Qasim Zaman, eds. *Schooling Islam: The Culture and Politics of Modern Muslim Education*. Princeton, NJ: Princeton University Press, 2007.

Herrera, Linda, and Carlos Alberto Torres, eds. *Cultures of Arab Schooling:*

Critical Ethnographies from Egypt. New York: SUNY Press, 2006.

Hirschler, Konrad. *The Written Word in the Medieval Arabic Lands : A Social and Cultural History of Reading Practices*. Edinburgh: Edinburgh University Press, 2013.

Morrison, Heidi. *Childhood and Colonial Modernity in Egypt*. London: Palgrave, 2015.

Moughrabi, Fouad. "Moving toward a Knowledge Society in the Arab World." *Arab Studies Quarterly* 31, no 4(Fall 2009): 17-31.

Ringer, Monica M. *Education, Religion and the Discourse of Cultural Reform in Qajar Iran*. Costa Mesa, CA: Mazda, 2001.

Somel, Selcuk Aksin. "Education, Middle East." In *Encyclopedia of Western Colonialism since 1450*, ed. Thomas Benjamin, 337-345. New York: Macmillan, 2002.

Wiseman, Alexander W., Naif H. Alromi, and Saleh Alshumrani, eds. *Education for a Knowledge Society in Arabia Gulf Countries*. Bingley, UK: Emerald Group, 2014.

第4部分　现代高等教育的兴起

第 16 章　现代欧洲的高等教育

文森特·卡尔庞捷

我们可以从三个关键的交叉维度来考察欧洲高等教育的历史发展： 259
空间、形态和理论基础。对于高等教育扩张的年代、类型及其阐释，也需要考虑到如下三个主题：高等教育在全球、国家和地方三重空间或地理之间的连接与摩擦；高等教育体系在入学机会、参与和机构分化方面的形态或轮廓；推动其扩张的文化、政治、社会和经济理论之间的联系与张力。

欧洲高等教育史可以划分为三个阶段：第一个阶段是 15 世纪以后，从与职业紧密结合的早期原型中世纪大学的自发创建，向晚期中世纪大学的规模和地域扩张的转变。第二个阶段是在近代早期，此时大学成为民族认同的重要特征，并且越来越多地参与到当时的王朝和宗教战争中，大学的政治基础得到加强。第三个阶段是近代晚期，接连发生的政治和工业革命，改变了大学的政治理论基础并引入了社会经济事项，这促成了大学的转型及高等教育其他形式的复苏。最后一个阶段是 1914 年以后，两次世界大战和大萧条导致了支撑高等教育的文化、经济、社会和政治因素的深刻转变。这为 1945 年后与福利国家、知识经济和冷战相伴而行的大众高等教育的实现创造了条件。这一过程被称为“大众化”。20 世纪 70 年代初的危机中断了这一涉及多个方面的发展进程，并在资金、入学机会和差异化方面对高等教育机构提出了挑战。这在它们的意识形态理论和组织动力之间引发了严重的紧张关系，危及高等教育的持续扩张。在当代有关高等教育政策和实践的辩论中，上述内容仍是核心议题。

高等教育的空间、形态和理论基础

260 对欧洲高等教育史的研究产生了许多解释，这些解释反映了欧洲高等教育的多维性以及时有争议的特征。观点的多元性既突显出对高等教育发展的起源及其结果进行整体描述的困难性，也鼓励人们在必要时应考虑采用跨学科方法来研究高等教育史。①

空间或地理维度，涉及高等教育在全球、国家和地方层面的扩展。全球维度一直存在。欧洲的高等教育不仅受到可追溯至古希腊和古罗马的欧洲自身高深学问的影响，也受到埃及、中国、印度和伊斯兰等地教育机构的影响。当然，欧洲国家已经影响到了欧洲之外的高等教育的发展轨迹。反过来，近年来其他一些国家也对欧洲高等教育产生了影响。美国高等教育的影响尤其值得关注。欧洲的内部交流始终是一个因素，这种交流受到学生和职员个人流动、机构合作以及政策的推动。尽管这促成在组织发展上出现了一些共同点，但欧洲高等教育体系仍旧与国家和地方的优先事务联系在一起。地理空间因素之间的联系（实际上也包括其中的张力）一直存在，但随着时间推移而有所变化。历史层面与现实状况的结合，带来了高等教育的“全观化”（全球/国家/地方）视角。②

---

① Joyce Goodman and Jane Martin, “Editorial: History of Education. Defining a Field,” *History of Education* 33, no. 1(2004): 1-10. Vincent Carpentier, “Quantitative Sources for the History of Education,” *History of Education* 37, no. 5(2008): 701-720.

② See Simon Marginson and Gary Rhoades, “Beyond National States, Markets, and Systems of Higher Education: A Glonacal Agency Heuristic,” *Higher Education* 43(2002): 281-309.

第二个需要考察的关键维度是高等教育扩张的形态或机构轮廓。考虑到招生、入学模式和机构分化之间的对应性（偶尔也有脱节），这一点是显而易见的。不同社会群体在录取、上学和学业成果方面存在广泛的不平等现象，特别是在社会阶层、性别、种族和其他因素方面，这表明高等教育的扩张和其民主化之间存在显著区别。上述不同群体的声音此前被排除在历史叙事之外，现在通过对不断变化的学生群体的研究，已经逐渐被听到。在国家内部和国家之间，不同群体在高等教育入学和参与程度上的不平等，往往体现在机构的分化上。因而机构分化可能导致了一个问题，即对不平等的适应。作为法人的中世纪大学的兴起，使欧洲高等教育的扩张成为全球高等教育史上的一个独特阶段。可以说，大学与其他高等教育机构之间的联系在不同国家、不同时代都有所不同，使得扩张模式的范围从高度分层的机构安排到紧密协调的系统不一而足。③

要考虑的第三个维度，涉及了与教会、国家、经济等诸多机构部门相关的不同理论基础（文化的、政治的、宗教的、社会的、经济的、党派的）。例如，一种颇具影响的解释认为，19 世纪高等教育的扩张是
261 由政治、经济发展和技术推动的。这些影响来源之间不断演变的张力和联系，反映了高等教育力量或共识关系的变化，对资金、公平和质量均有影响。④

---

③ Examples include Pierre Bourdieu and Jean-Claude Passeron, *Les héritiers, les étudiants et la culture* (Paris: Editions de Minuit, 1964); Diane Reay, Miriam David, and Stephen Ball, *Degrees of Choice: Class, Race, Gender and Higher Education* (Stoke-on-Trent, UK: Trentham Books, 2005); Carol Dyhouse, *Students: A Gendered History* (London: Routledge, 2006); Roy Lowe, "Structural Change in English Higher Education, 1870-1920," in *The Rise of the Modern Educational System*, ed. Detlef K. Müller, Fritz Ringer, and Brian Simon (Cambridge, UK: Cambridge University Press, 1987), 173-178; Harold Silver, "Things Change but Names Remain the Same: Higher Education Historiography," *History of Education* 35, no. 1 (2006): 121-140; Burton R. Clark, *The Higher Education System: Academic Organisation in Cross-National Perspective* (Berkeley: University of California Press, 1983). On the expansion of higher education, see Martin Trow, *Problems in the Transition from Elite to Mass Higher Education* (Paris: OECD, 1974); Ulrich Teichler, "Diversification? Trends and Explanations of the Shape and Size of Higher Education," *Higher Education* 56 (2008): 354; Harold Perkin, "History of Universities," in *International Handbook of Higher Education*, ed. James J. F. Forest and Philip G. Altbach (Dordrecht: Springer, 2006), 159; David Watson, *The Question of Conscience: Higher Education and Personal Responsibility* (London: Institute of Education Press, 2014), 2-10. See also Jussi Välimaa, "On Traditions and Historical Layers in Higher Education," in *Towards a Cartography of Higher Education Policy Change: Festschrift in Honour of Guy Neave*, ed. Jürgen Enders and Frans Van Vught (Enschede, Netherlands: 2007).

④ Peter Scott, *The Meanings of Mass Higher Education* (Buckingham, UK: Society for Research into Higher Education, Open University Press, 1995); Vincent Carpentier, "Public-Private Substitution in Higher Education: Has Cost-Sharing Gone Too Far?," *Higher Education Quarterly* 66, no. 4 (2012): 372.

从高深学问到法人性质的中世纪大学

12 世纪到 16 世纪中叶见证了早期欧洲高等教育向大学的逐步发展，以及随后在封建制度的各种政治议程中争取自治的斗争。在早期阶段，大学的兴起就带来了高等教育机构控制的问题，这对其内部治理产生了重大影响。然而，以职业培训为基础的原型大学的自发创建与晚期中世纪大学更具地域性的发展之间却存在着差异。在此期间大学的入学规模无甚变化，且只招收男生。⑤

中世纪早期的特征是，大学系在原有非正式高深学问组织的基础上自发创建的。大学是中世纪的产物，尤其是 12 世纪的产物，这个世纪有时被称为社团的世纪。在其与高等教育关联到一起之前，“universitas”一词被用来定义一个代表一群人利益的、具有独立地位的团体。因此，大学以行会或法人联合体的形式出现，其权利与教师和学生的身份及其执照和头衔有关。从某种意义上说，它们是之前高深学问组织形态的法人化，如大教堂学校或 Studium Generale❶。从传统上来看，大教堂学校更具地方色彩，对教师个人非常依赖。大学馆则预示着最早的一批中世纪大学是由来自不同国家的教师和学生组成的社团，他们在欧洲各地旅行，使用拉丁语作为国际通用语。此外，学馆是由宗教或政治当局创建或认可的机构。这给准确区分“学馆”和“大学”带来了一定的困难。因此，自治和作为法人团体行事的权利的实现，可能成为这个时期一所大学最显著的特点。事实上，从大学馆到大学的宪制性发展，这种变化往往是在与当地发生冲突之后做出的一种回应。毕竟，最早的一批大学往往不得不对当地的政治和经济问题做出

---

⑤ Perkin,“History of Universities,” 161.

❶ 通常译为“大学馆”或“总学馆”。

回应。他们通过古典课程（音乐、几何、算术和天文）和高级技术学问（神学、法律和医学）产生和传播的知识，不仅被认为是统治者威望的来源，而且为教会、国家和关键职业培养了人才。[6]

地方环境的影响体现在最早的两所原型大学的创建上：博洛尼亚大学（1088）和巴黎大学（1150），前者是由学生组成的雇佣教师的行会，后者是由教师组成的向学生出售服务的行会。以博洛尼亚大学为例，学生大学模式的建立，是为了应对东道主城市的敌意。学生（大多是外国人）感受到的是来自老师的威胁而非保护。于是，他们成立了行会，由此慢慢引导他们改变了大学的管理。这种模式与巴黎大学作为对当地教会统治的回应而发展起来的教师行会形成了鲜明对比。
262 另一所原型大学出现在英格兰。牛津大学（1167）早已存在，但由于巴黎大学教师的到来而得到了加强。剑桥大学（1209）是由某些从牛津大学分裂出去的学者创立的。虽然这两所大学明显受到了巴黎大学模式的影响，但它们却都发展了自己的学院，让教师和学生住在一起。这种机构形成了独特的英格兰学院模式。不同国家的大学组织模式对整个13世纪的第二次大学组织发展浪潮产生了强烈影响。在职业培训需求的推动下，西班牙和葡萄牙分别在萨拉曼卡（1218）和科英布拉（1290）创办了各自的第一所大学；法国在蒙彼利埃（1220）和图卢兹（1229），意大利在那不勒斯（1224）和罗马（1303），也都创办了新的

---

⑥ Paul F. Grendler, *The Universities of the Italian Renaissance* (Baltimore, MD: Johns Hopkins University Press, 2002); Alan B. Cobban, *The Medieval Universities* (London: Methuen, 1975), 23; Olaf Pedersen, *The First Universities* (Cambridge, UK: Cambridge University Press, 1997), 154; Jacques Verger, "Patterns," in *A History of the University in Europe*, vol. 1, *Universities in the Middle Ages*, ed. Walter Rüegg (Cambridge, UK: Cambridge University Press, 1992), 35; Hastings Rashdall, with editors Frederick M. Powicke and Alfred B. Emden, *The Universities of Europe in the Middle Ages*, Vol. 1. 2nd edition (Oxford: Oxford University Press, 1936), 1-10. ; Cobban, *The Medieval Universities*, 75.

大学。这些发展预示着未来高等教育中地域认同的趋势将愈加明显。⑦

14 世纪以后，高等教育有所扩张并发生了变化。尽管职业化的使命仍然很重要，但大学还是越来越受到政治的推动。早期大学的自发创建让位于晚期中世纪大学的战略性扩张，这是由封建秩序中的权力斗争推动的。这导致了大学数量的大幅增加，在 1300 至 1500 年间从 20 所增加到了 70 所。大学不得不在政治和宗教冲突中寻找自己的位置。无数的小规模政治冲突、战争以及天主教会在阿维尼翁教皇问题上的大分裂（1378—1418）加剧了这种趋势，导致许多学者逃离他们的国家。这种困难局面致使欧洲各地仿效早期大学模式创建新大学。因此，北欧和南欧的“学馆”分别受到了巴黎大学和博洛尼亚大学的影响。中欧和北欧也有了新的发展，德意志国王查理四世❷试图使布拉格成为德意志帝国的中心，于是创建了布拉格大学（1348）。布拉格大学之后是维也纳大学（1367）、佩奇大学（1367）、海德堡大学（1387）和科隆大学（1388）。随着苏格兰圣安德鲁斯大学（1409）、格拉斯哥大学（1451）和阿伯丁大学（1495）以及北欧国家的乌普萨拉大学（1477）和哥本哈根大学（1479）的建立，大学网络逐渐覆盖整个欧洲。⑧

这一时期高等教育的一个关键变化，是第一批大学的国际性趋于淡化，这也是国家和地区发展进程的直接结果。早期的国际流动形式逐渐衰弱，这一形式曾经造就了欧洲高等教育的原初体系。随着地方政治力量对大学的影响越来越大，大学的国际性也逐渐减弱。从地方封建秩序向民族国家建设的转变，这一近代早期的特征进一步加剧了

---

⑦ Ted Tapper and David Palfreyman, *Reshaping the University: The Rise of the Regulated Market in Higher Education* (Oxford: Oxford University Press, 2014), 23.

❷ 原文误写为查理二世。

⑧ Cobban, *The Medieval Universities*, 116, 120; Perkin, "History of Universities," 159.

上述趋势。[9]

从民族国家化到启蒙运动：近代早期的高等教育

就高等教育而言，欧洲历史上的近代早期可分为两个阶段。17 世纪中期之前，民族国家化进程、宗教竞争以及日益增长的精英学生群
263 体的出现，导致了大学数量的大幅增加。17 世纪中期以后，大学扩张开始放缓，其他形式的高等教育得以复苏，这是由民族国家发展放缓以及对世俗、专业和科学教育更多的新需求（这种需求和启蒙运动的兴起有关）造成的。有三个词可以恰如其分地描述这些变化：“扩张、分化和专业化”[10]。

尽管应该谨慎地解释这些证据，但研究表明，从 16 世纪中期到 17 世纪中期，大学入学人数有所增长。例如，牛津大学和剑桥大学的招生人数从 1550 年的 100 人上升到 1650 年的 1000 人。从 1575/1600 年到 1650 年，适龄人口组中接受高等教育的百分比，在德国从 1.2 上升到 2.8，在荷兰从 0.2 上升到 0.7，在葡萄牙从 1.4 上升到 2.4。这种扩张可以解释为国家持续发展与宗教冲突的综合结果，由此导致教会和国家寻求大学的支持。事实上，在 16 世纪和 17 世纪，西班牙、俄国、法国、意大利、普鲁士和瑞典等民族国家的建立或巩固都在急剧加速。大学数量的增长也与宗教改革时期（1517—1648）天主教和新

---

[9] Jeroen Huisman and Frans van Vught, "Diversity in European Higher Education: Historical Trends and Current Policies," in *Mapping the Higher Education Landscape: Higher Education Dynamics*, ed. Frans van Vught (Dordrecht: Springer, 2009), 17-38; Cobban, *The Medieval Universities*, 118.

[10] Quote from Willem Frijhoff, "Patterns," in *A History of the University in Europe*, vol. 2, *Universities in Early Modern Europe (1500-1800)*, ed. Hilde de Ridder-Symoens (Cambridge, UK: Cambridge University Press, 1996), 79.

教之间的分裂有关。大学成为几个世纪里政治和宗教冲突的影响因素。这一趋势，加之教会和国家对学者和学生流动的抑制，致使早期大学具有的国际特征被进一步削弱。⑪

近代早期的另一个显著特征，是出现了一种新的高等教育社会理论基础。这可能与精英主义有关，大学招生的变化表明了这一点。大学组织变得更加贵族化，并专注于精英教育这一新的社会功能。此外，在意大利文艺复兴和基于推理与实验证据的人文主义复兴的影响下，一种处于萌芽阶段的文化转变也正在发生。这些新的理念引发了关于课程和新学科的争论，表明实践与理论同等重要，刺激了复兴大学的专业面的努力。这为启蒙运动到来后大学面对的新挑战奠定了基础。

高等教育的发展并不总是线性的，17 世纪下半叶大多数欧洲国家大学入学率的下降就表明了这一点。从 1650 年到 1750 年，德意志帝国适龄人口的大学入学率从 2.8%降至 1.7%，荷兰从 1.8%降至 1.5%。从 17 世纪中期到 18 世纪中期，牛津大学和剑桥大学的新生人数从 1000 人减少到大约 100 人（大致相当于 16 世纪中期的水平）。人们提出了许多理由来解释这种下降。不过，原本推动高等教育扩张的宗教竞争的放缓，这一原因不能低估。第二个因素是 17 世纪末启蒙运动的兴起，它受到了文艺复兴时期传承下来的人文主义理念的推动，其特点是对科学、理性、发现和创新充满兴趣，而当时的大学却往往不注

⑪ Lawrence Stone, *The University in Society*, vol. 1 (London: Oxford University Press, 1975), 6; Maria Rosa Di Simone, "Admission," in Ridder-Symoens, *A History of the University in Europe*, 312; Hilde De Ridder-Symoens, "The University as European Cultural Heritage: A Historical Approach," *Higher Education in Europe* 31, no. 4(2010): 374; Perkin, "History of Universities," 170.

重这些。[12]

启蒙运动以两种方式重塑了高等教育。第一，它迫使大学做出改变。在某些情况下，它还促成了改革。例如，大学是苏格兰启蒙运动的重要推动者。第二，启蒙运动新建或者重建了学术团体或学会，这些机构提供了大学之外的教学活动，特别是学术研究活动。17 世纪初，
264 意大利首先建立了科学学会，随后法国和英国的学会也相继建立。百科全书派等社会团体的出现，以及诸如大学校等正规高等教育机构的建立，表明在大多数国家，一场科学革命正在大学之外发生，不过苏格兰和荷兰是明显的例外。[13]

革命、动荡、突变以及欧洲高等教育新模式的创立（1789—1914）

漫长的 19 世纪，特点是整个欧洲的政治动荡，它强化了高等教育背后的党派和经济理论基础。18 世纪末 19 世纪初的革命和危机对大学构成了威胁，也带来了机遇。总而言之，这一时期导致了高等教育机构的进一步分化和国家高等教育模式的发展或加强，这些模式包括以研究为导向的德国模式、中央集权的法国模式和学院制的英格兰模式。英国工业革命和法国政治革命打破了旧制度的政治、社会和经济秩序。

---

⑫ Di Simone, "Admission," 312; Perkin, "History of Universities," 171; Claudia A. Zonta, "The History of European Universities: Overview and Background," in *The Heritage of European Universities*, ed. Nuria Sanz and Sjur Bergan (Strasbourg: Council of Europe, 2006), 27-40; Di Simone, "Admission," 1996, 311; Stone, *The University in Society*, 6.

⑬ Robert D. Anderson, *European Universities from the Enlightenment to 1914* (Oxford: Oxford University Press, 2004), 20. Olaf Pedersen, "Tradition and Innovation," in Ridder-Symoens, *A History of the University in Europe*, 485; Ben R. Martin, "Are Universities and University Research under Threat? Towards an Evolutionary Model of University Speciation," *Cambridge Journal of Economics* 36(2012): 8.

大多数欧洲国家都因此受到政治、社会和经济动荡的冲击，这对大学和其他高等教育机构产生了严重影响。某种意义上说，这个以“革命年代”为特征的时期，标志了现代高等教育制度的诞生。[14]

该时期最显著的发展之一，是法国大革命促成了高等教育的多样化、集权化和专业化。革命者们并不信任旧大学及其与国家和教会的联系。1791 年，他们颁布了禁止法人社团的《谢普雷法》，导致两年以后各大学被关停。同时，他们增设了更多专业性的“大学校”，如巴黎理工学校、巴黎高等师范学校等。高等教育体系由此变得更加分化，在随之而来的革命和反革命时代也很不稳定。例如，大革命镇压了社团性大学，但是拿破仑在 1806 年又重建了这些大学，让其处于帝国大学的保护之下，帝国大学是一个控制全国各地区学院（facluties）的单一机构。这是欧洲首个尝试建立的全国性高等教育系统，实行集权管理，崇尚功利主义，旨在满足关键军事和民事岗位的需求。1848 年革命后，第二共和国再次取缔大学，直至 1896 年第二帝国重新恢复大学，将学院转变为地区大学。

法国大革命理想的传播，通过鼓舞人心或武装暴力，影响了整个欧洲的高等教育。1789 年至 1815 年间，欧洲的大学数量从 133 所下降到 83 所，这揭示出大革命反大学立场所产生的影响。拿破仑时代的专业化进程，以及对发展职业导向机构的关注，在被占领的意大利表现得很明显，1810 年意大利创建了第一所大学校，即比萨高等师范学校。中央集权的拿破仑模式也影响了西班牙（1857）和整个意大利（1859）
的国家高等教育体系。1806 年普鲁士败于拿破仑，促成了 1810 年柏林 265
大学的建立和洪堡模式的兴起，它重视研究和学术，强调教学和研究

⑭ Eric. J. Hobsbawm, *The Age of Revolution* (London: Abacus, 1962).

的统一，以及学术自由与国家管理和资助的结合。⑮

英国的变化并没有那么剧烈，但也很明显。对多元化的需求导致了1826年伦敦大学的建立，与牛津大学和剑桥大学不同，这是一所世俗性、功利主义的大学，招收非国教的学生。1836年，伦敦大学转变为伦敦大学学院，同1829年成立的伦敦国王学院一起并入新组建的联邦制伦敦大学，加上1832年杜伦大学的建立，英国高等教育的多样性进一步增强。尽管政治和宗教因素明显主导了英国的高等教育进程，但与科学和专业化相关的经济理论基础也正在形成，只不过速度比其他地方慢一点。实际上，以红衣主教纽曼的大学理念（1850）为标志的英格兰模式，侧重于学生宗教和道德品质的形成，而不是职业培训或研究。另一个因素是，英格兰大学所密切关联的是这个日益壮大的帝国而非工业的发展需要。实际上，英国第一次工业革命（1760—1820）主要是以纺织品为基础的，纺织品依赖的是个体创新者的实践知识，而非学术或科学研究的形式化知识。那个时代的大多数发明都是在大学之外发展起来的，受过训练的工人通常并不需要接受高等教育。但从19世纪20年代起，英格兰的大学经常因缺乏专注实际问题的研究和学术探究而遭到批评。尽管当时发展了一些形式的职业高等学校，如机械研究所❸，但当时有一种新兴的观点却认为，高等教育必须进行变革，在重视人文的同时，还要对科学给予更多的重视。然而，这一目标还需要另一场工业革命来实现。⑯

---

⑮ Christine Musselin, *The Long March of French Universities* (London: Routledge Falmer, 2004); Walter Rüegg, "The Europe of Universities: Their Tradition, Function of Bridging across Europe, Liberal Modernisation," in Sanz and Bergan, *The Heritage of European Universities*, 46; Ridder-Symoens, "The University as European Cultural Heritage," 376.

❸ 又译“机械讲习所”或“技工学校”。

⑯ Robert D. Anderson, "The Idea of the University Today," *History and Policy*, March 1, 2010, www.historyandpolicy.org/papers/policy-paper-98.html; Michael Sanderson, *The Universities and British Industry 1850-1970* (London: Routledge & Kegan Paul, 1972).

19世纪下半叶发生了几个彼此关联的重大变化，比如第二次工业革命、长期的经济萧条和殖民的扩张。所有这些都对高等教育产生了强烈影响，包括加强科学教学与研究的理由更加充分，与社会阶层和性别有关的社会公义进程的早期迹象有所显露。第二次工业革命（1860—1914）涉及与电和化学相关的生产过程，需要更高水平的技术创新和正规化、系统化的知识。而且，这是在英国、美国、德国和法国之间日益激烈的国际竞争的背景下发生的。这场新的创新竞赛促成了研究型大学和新的高等教育分层体系的出现，区分了欧洲各地的古典大学和高等技术教育机构。1840年至1890年，新设立的技术中学，成为专注于大学研究和学术的洪堡模式的补充。法国增加了大学校的数量，并引入了大学改革，试图学习德国以重视科学和学术（人们认为这是1870年法国战败的一个关键原因）。瑞典在斯德哥尔摩（1878）和哥德堡（1891）分别建立了专攻科学的新大学。这些变化与欧洲之外的主要经济竞争对手所进行的改革不谋而合。美国著名的1862年和1892年的《莫雷尔法案》用联邦土地出让金来资助新的农业和技术院校。英国花了一些时间来赶上这一潮流。1865年至1882年间，威尔士建立了5所大学，1889年立法通过首个大学学院的年度财政拨款。在 266
英格兰，城市大学的发展是对中产阶级追求更高社会地位和寻求满足其新的技术或产业需要的课程的综合反应。1900年至1909年间，伯明翰、利物浦、曼彻斯特、利兹、谢菲尔德和布里斯托尔陆续建立了6所城市大学。尽管有此进展，但与德国和法国相比，英国的政府支持明显不足。这种在高等教育投入上的差异，与第一次世界大战之前、之后全球经济实力平衡的变化有关。⑰

与此同时，高等教育的社会理论基础也正在慢慢形成。城市大学

---

⑰ Musselin, *The Long March of French Universities*, 13; G. W. Roderick and M. D. Stephens, *Education and Industry in the Nineteenth Century* (London: Longmans, 1978), 107.

的改革和大革命时期的遗产，将大学限定于主要为资产阶级服务，工人阶级仍然被排除在外，由此导致大众教育运动的兴起。自 19 世纪 70 年代起，上述情况促成英国大学推广运动及欧洲其他地区的类似发展，如 1899 年法国和比利时的平民大学。虽然这些举措在当地取得了成功，但其招生范围仍然有限。

社会公义进程的另一个方面与女性接受高等教育有关。1867 年的瑞士、1873 年的瑞典分别出现了相关运动。在法国，女性获得首个学士学位可追溯到 1875 年。在英国，尽管伦敦大学在 1878 年、苏格兰的大学在 1892 年才向女性授予学位，但英国女子学院的创办，以及女性得以缓慢进入主流大学的时间，却可追溯至 19 世纪 50 年代。牛津大学和剑桥大学分别从 1920 年和 1948 年开始授予女性学位。实现两性平等是一个漫长的过程，欧洲各地的进展并不均衡。英国大学生中的女性比例不断上升，在第一次世界大战前夕达到 27%，而法国和德国只有 7%，意大利只有 6%。[18]

大众化的源起、发展与危机

1945 年后，欧洲出现了一个主要由公共机构主导的大众参与高等教育的进程。这显然是社会和经济长期转型，以及 20 世纪上半叶两次世界大战和大萧条所引发深刻变化的结果。1973 年的社会经济危机改变了这一进程，但高等教育的扩张并未停止，而是在高等教育既有理

---

⑱ Brian Simon, *Education and the Labour Movement* (London: Lawrence and Wishart, 1965), 86; Tom Steele, *Knowledge Is Power! The Rise and Fall of European Popular Educational Movements, 1848-1939* (Oxford: Peter Lang, 2007); Dyhouse, *Students*; Rebecca Rogers, "Learning to Be Good Girls and Women: Education, Training, and Schools," in *The Routledge History of Women in Europe since 1700*, ed. Deborah Simonton (London: Routledge, 2006), 119.

论基础、空间和形态方面造成了张力。

20世纪上半叶是一个非常不稳定的时期，最终导致了高等教育范式的转变。这一转变是由两次世界大战和大萧条之后文化、经济、政治和社会的理论基础相互融合所驱动的。第一次世界大战对高等教育机构造成了破坏，但战争同样越来越需要大学为之提供服务。大学的使命对于军事用途的教育和应用研究都很重要。高等教育的战略角色，在诸如1919年英国大学资助委员会这样的新机构的建立中得到了认可。大萧条时期暂时的资金削减并没有逆转公众参与度提高的总体趋势。 267
第二次世界大战以空前规模的战斗和破坏，导致学校关停，带来了经费、人员和学生入伍的压力，也带来了课程意识形态的压力。然而，尽管有这些限制和干扰，高等教育机构仍然投身到了两个前沿：一是技术的前沿，协助在诸如工程、冶金和化学等关键领域里的研究；二是意识形态的前沿，参与到法西斯主义、共产主义和资本主义的思想论战之中。[19]

世界大战和大萧条的长期遗产是强化了高等教育的各种基础，包括教学、研究和服务职能。更重要的是，正是这一历史时期将大学的这些职能紧密联结到了一起，并开启了1945年后大众化的进程。首先，战争对社会、经济和文化的广泛破坏加强了教育的社会理论基础。来自社会各阶层的男性和女性，一起参与到共同的生存斗争之中，这一事实有助于让新的民主观深入人心，以支持进步和包容的教育政策。其次，再度确认了高等教育的经济理论基础。事实上，研究和创新以及劳动力培训的重要性已经得到明确，这预示了后来大多数欧洲国家

---

[19] Sanderson, *The Universities and British Industry 1850-1970*, 231; Michael Shattock, *Making Policy in British Higher Education 1945-2011* (Maidenhead, UK: Open University Press, 2012); Carpentier, "Public-Private Substitution in Higher Education"; Peter Gosden, *Education in the Second World War: A Study in Policy and Administration* (London: Methuen, 1976), 155.

出现的人力资本进程。战争和大萧条的另一个经济影响，是使得社会系统的公共资金更容易被接受，人们对于税收和解决不平等问题的必要性持更欢迎的态度。最后，强化了高等教育的政治或地缘政治的理论基础。战争和大萧条引发了冷战时期资本主义和共产主义政治体系之间的意识形态之争，处于冷战的核心地带，而高等教育体系在其中发挥了关键作用。[20]

战后时代的特点是福利国家的兴起、知识经济和去殖民化进程，而大萧条和战争时期的这三个遗产对于理解战后时代非常重要。此外，冷战也影响到了高等教育。这一时期，尤其是20世纪60年代，被认为是高等教育大众化时期，入学人数大幅增长，资源也不断增加，不过大学入学和参与程度的不平等仍持续存在。

高等教育大众化的第一个阶段发生在1945年至1973年间。在此期间，社会、经济、政治和地缘政治的理论基础的结合，为将高等教育视为公共产品提供了充足的理由。这是国家干预的正当借口。从某种意义上说，福利国家和经济发展的人力资本进程是一致的。税收资助的高等教育成为战后产业经济不可分割的一部分，其特点是通过累进工资政策使生产力收益得以重新分配，这是一个良性循环。与此同时，公共支出转向社会项目，为新的生产力来源做出了贡献。在大多数欧洲国家，大众化是在公共资助和（或）公共控制的高等教育体系下进行的。对许多国家来说，例如北欧集团和那些采用洪堡模式或拿破仑模式的国家，这种发展只意味着已有趋势的加速。但对其他国家来说，它却改变了高等教育的形态。例如，在英国，新的公共供给和公共资金的增加，表现为政府对大学收入的贡献从1945年的50%升至1973年的90%。由于其他原因，在西班牙、葡萄牙和希腊等西方极权国家，

---

⑳ Thomas Piketty, *Capital in the 21st Century* (Cambridge, MA: Harvard University Press, 2014).

以及中欧和东欧诸国，国家干预的力度也很大。知识在冷战中的战略作用，加速了东西方国家对高等教育支持力度的增强。[21]

这些理论基础的结合促进了对高等教育的投入，并极大改变了高等教育的规模和形态。1949 年至 1984 年间，欧洲的大学数量从 204 所增加到 524 所。在大多数西欧国家，20—24 岁人口的入学率也有所增加，从 1950 年的 4.5%增加到 1960 年的 6.4%和 1975 年的 17.4%。在许多国家，教职员工人数的增加足以维持生师比，但在其他一些国家，入学率的提高还是导致了生师比的降低。尽管大众化的驱动力是巨大的，但并不能完全掩盖在入学机会和参与程度方面持续存在的不平等。例如，英国女大学生的比例从 1951 年的 21%升至 1974 年的 33%，这表明性别准入是高等教育扩张的关键推力，但也揭示出性别平等远未实现。类似的现象也适用于低收入和少数族裔群体，他们的人数和比例有所增加，但代表性明显不够，尤其是在精英大学中。类似结论同样适用于法国。[22] 268

高等教育系统形态的另一关键变化是，在大多数国家，扩张的进行加剧了高等教育机构的分化或分层。在英国，政府实施了 1963 年《罗宾斯报告》所建议的扩张计划，创建了新的大学和新的公立高等教育机构，包括多科技术学院和教育学院。战后法国的扩张计划通过建

---

[21] Robert Boyer and Yves Saillard, *Regulation Theory: The State of the Art* (London: Routledge, 2002); Louis Fontvieille and Sandrine Michel, "Analysis of the Transition between Two Successive Social Orders: Application to the Relation between Education and Growth," *Review: A Journal of the Fernand Braudel Center* 25, no. 1 (2002): 23-46; Carpentier, "Public-Private Substitution in Higher Education," 369; Michael Dobbins, *Higher Education Policies in Central and Eastern Europe* (Basingstoke, UK: Palgrave Macmillan, 2011), 21.

[22] Guy Neave, "Patterns" in *A History of the University in Europe*, vol. 4: *Universities since 1945*, ed. Walter Rüegg (Cambridge, UK: Cambridge University Press, 2011), 51. Percentages from Ulrich Teichler, "Graduation and Careers," in Rüegg, *A History of the University in Europe*, 4: 321; Reay, David, and Ball, *Degrees of Choice*.

立大学技术学院来补充新的大学和大学校，这种学院提供2年制高等教育文凭，是大学之外的新的研究中心。大学与技术院校之间的差异，也构成了荷兰和德国高等教育扩张的基础。因此一个关键问题就是，多样化究竟在多大程度上代表了社会群体之间差异的扩大，或者在多大程度上反映出它们之间新的不平等。表面上看，英国和法国这样的国家似乎限制了其高等教育机构分层的程度，而德国和荷兰只有一个单一的层次，瑞典总体来说也维持了一个层次。以多元化形式出现的高等教育扩张，却明显对不同国家的不平等产生了不同的影响。问题就在于这种分层是功能性的，抑或仅仅是社会分层的反映。总而言之，在大众化的第一阶段（1945—1973），高等教育的组织越来越国家化，并与保持福利国家性质紧密相关。欧洲体系的建立最终还是以高等教育的自由放任政策为其特征。由此造成高等教育的国际性（如学生流动）这一重要内容，只能用与前殖民地和冷战有关的地缘政治术语来表达了。总之，20世纪60年代末所见证的高等教育大众化，是由强大的社会经济理论基础来驱动的，是由机构分化来塑造的，并得到了国家高等教育体系发展中的大量公共资金的支持。[23]

20世纪70年代的社会、经济和政治危机，使上述情况发生了很大变化，直接或间接改变了大多数国家高等教育的理论基础、空间和形态。因此，大众化的第二阶段在一个以快速和根本性变革为标志的背景下到来了。福利国家的衰落、冷战的结束、新的全球强国和新技术的出现，对第二次世界大战后发展起来的高等教育制度提出了挑战。这一时期的大众化进程达到了一个新的水平，但不平等现象仍然存在。

㉓ Peter Scott, "Unified and Binary Systems of Higher Education in Europe," in *Goals and Purposes of Higher Education in the 21st Century*, ed. Arnold Burgen (London: Jessica Kingsley, 1996), 41; Teichler, "Diversification?," 361; Hans De Wit, "European Integration in Higher Education: The Bologna Process towards a European Higher Education Area," in Forest and Altbach, *International Handbook of Higher Education*, 461-482.

入学率总体上大幅上升，许多国家开始接近 50%这一高等教育普及化的门槛。尽管仍然存在严重的不平等现象，但大多数国家却都实现了性别平等。社会经济群体之间的差距有所减小，但他们在入学、参与 269
和机构分化方面的差距仍很明显。

这些好坏参半的结果，加上高等教育的持续扩张和有待完成的民主化，可能和大众化与拨款优先次序之间的紧张关系有关。20 世纪 70 年代的经济危机不仅加强了高等教育的经济理论基础，而且还改变了经济理论基础的重点，即更加强调低税率安排，与传统人力资本议程相辅相成（或相逆而行）。这种重心的转移导致政策制定者忽视了其他非经济的理论基础，并低估了社会效益。高等教育社会职能的转变，慢慢削弱了它被视为公共物品的理由。因此，20 世纪 70 年代及以后的危机对高等教育的公共资源产生了重大限制，这往往与增加大学入学机会的进程是相悖的。这些发展在增加资金投入、公平和质量的目标之间制造了越来越紧张的关系，为重塑高等教育体系带来了巨大压力。对一些国家来说，公共支出的限制意味着高等教育扩张的放缓、分层的加剧，以及（或者）供给质量出现严重问题。在许多国家，紧缩政策导致了借鉴于私立部门的新公共管理改革的发展，这些改革对教育的适切性，以及由此产生的问责与专业自治之间的紧张关系，一直是激烈辩论的焦点。㉔

危机带来的另一个变化是，一些国家引入私人资金，以弥补国家支持的减少。这包括实施成本分摊政策（增加国际和/或国内学生的费用和捐款）及引入其他私人资金来源，如商业活动。对于这些变化的

㉔ Claire Callender, "Student Numbers and Funding: Does Robbins Add Up?," *Higher Education Quarterly* 68, no. 2(2014): 180; Simon Marginson, "Higher Education and Public Good," *Higher Education Quarterly* 65(2011): 411-433. Christophe Charle and Jacques Verger, *Histoire des Universités XIIème-XXIème siècles* (Paris: Presses Universitaires de France, 2012).

适宜性和可持续性，一直存在着较大争论。关键问题包括，更多的私人资源是带来了额外的资源，还是只能（部分）替代日益减少的公共资金？它们对入学和大学参与度有何影响？同样，人们还担心高等教育市场的不完善以及学生从合作者向消费者的角色转变带来的影响。这些问题已经与2008年全球危机后的不平等问题，以及危机与不平等相互关系的广泛讨论联系在了一起。

高等教育系统形态的另一个变化，包括私人（或非营利）提供者的出现（或回归），以及诸如开放大学等传统机构之外的在线教育机构的变化。关于私人办学影响的辩论，实际上是关于私人资金问题众说纷纭的反映。一个关键的问题是，私人资金的增加和新的服务类型是否反映了高等教育领域不平等的加速，还是朝着更加多样化的方向发展。[25]

这种系统形态的根本变化，离不开高等教育地理分布的实质性变革。对高等教育产生强烈影响的全球变化，包括冷战的结束、泛欧高等教育模式的构建、以新自由主义为特征的特定形式的全球化的加速以及新的参与者（如中国、印度、巴西和俄罗斯）的出现。全球力量以两种方式加速（而不是创造）了20世纪70年代末在国家层面开始的变革。首先，当前经济全球化形态的竞争重点，以及对税收的更大控制，加大了高等教育公共投资的压力。第二，1995年生效的《服务贸易总协定》促进了全球高等教育市场的发展，刺激了各国内部和国家之间的竞争。

270 此外，全球化还加速和改变了高等教育的国际化进程。尽管大学一直都是国际化的，但学生和教职员工的流动性在进一步加快，新型

---

[25] Carpentier, "Public-Private Substitution in Higher Education"; Roger Brown, *Higher Education and the Market* (Abingdon, UK: Routledge, 2010); Tristan McCowan, "Expansion without Equity: An Analysis of Current Policy on Access to Higher Education in Brazil," *Higher Education* 53, no. 5(2007): 579-598.

流动也在不断增加，包括提供实体的（课程或校园）和虚拟的（在线）跨境高等教育。世界各地的国际化参与度都有所提高，但这种参与的形式及其背后的理论基础在各国却有所不同。尽管政治和文化的理论基础仍然存在，但需要增加收入以应对公共资金的减少，已日益成为大学吸引国际学生、发展海外校园和远程教育的关键影响因素。这些发展对各国内部和国家之间不平等的影响，一直是人们的辩论内容，2008年全球危机以来更是如此，这场危机暴露出全球、国家和地方层面之间的关键矛盾。全球高等教育的发展方向可能与其他社会和经济因素一起，有助于解决经济增长、公平、民主和可持续性等这些彼此关联的问题。

可以说，欧洲高等教育的发展已经对其他地方的高等教育产生了影响。这种影响涉及多种理论基础，包括成员国更紧密的政治一体化、知识经济的发展和社会的凝聚力。欧洲一体化也从两个方面影响了高等教育格局的重塑。第一，它通过欧盟对促进师生流动的研究合作和项目的资助，加强了高等教育系统之间的联系。例如，自1987年以来，通过伊拉斯谟计划（即“欧共体大学生流动行动计划”），流动学生的人数从3000人增加到了20万人。第二，欧洲加强合作重塑了各国的高等教育体系。例如，1999年，29个欧洲国家的教育部长签署了《博洛尼亚进程》（该进程不是欧盟的政策），以加强其高等教育体系之间的衔接（共同的三级学位体系、质量保证的协调、学分转换和学历互认）。此后签署国的数量不断增加，并采取了一系列举措来促进欧洲高等教育的发展。

各国高等教育模式之间的差异或许可以解释为什么趋同政策会在各国之间有不同的解释和讨论。由于各国体制不同，博洛尼亚进程的影响也有所不同。欧洲政策议程背后的理论基础同样引发了广泛辩论。一些人对姗姗来迟的经济和政治协调进程表示欢迎，而另一些人则认为这是推动市场化的变相尝试。后一种观点强调了博洛尼亚进程与

2000年欧盟关于经济发展的《里斯本战略》之间的联系，认为这是以经济为主导的理论基础的明证。然而，欧洲的合作不应被看作是不同于高等教育其他影响因素的另类，在许多情况下，它已然被视为各国改革的驱动力。[26]

总 结

欧洲高等教育的历史显示出各种各样的变化和连续性，这并不令人奇怪。当然，自中世纪以来，高等教育的扩张是巨大的，并引发了实质性的改变，这使得对不同时期的高等教育体系进行历史比较变得
271 十分困难。然而通过长期视角所揭示的反复出现的趋势、问题和机制，却值得我们去思考。

第一，历史的视角表明，政治、文化、社会和经济的理论基础一直存在，但它们之间的联系和重要性顺序却随着历史的发展而反复变化。经济的理论基础并不新鲜，可以追溯到大学刚开始时的职业化理念。但其影响随后却在更具人文主义（或苏格拉底思想）的时代处于次要地位，直到19世纪末的第二次工业革命成为战后国家高等教育政策的关键驱动力、新的维度出现后这种情况才发生了改变。然而，尽管各种理论基础一直都在竞争，但重要的是，它们必须保持一致，以

㉖ Susan Robertson, *Globalising UK Higher Education*, LLAKES Working Paper 16 (London: Institute of Education, 2010); Elaine Unterhalter and Vincent Carpentier, *Global Inequalities and Higher Education* (Houndmills, UK: Palgrave Macmillan, 2012). See also Roger King, Simon Marginson, and Rajani Naidoo, *A Handbook on Globalization and Higher Education* (Cheltenham, UK: Edward Elgar, 2011); Philip Altbach and Jane Knight, "The Internationalization of Higher Education: Motivations and Realities," *Journal of Studies in International Education* 11, no. 3-4 (2007): 290-305; Huisman and van Vught, "Diversity in European Higher Education," 35; Jürgen Enders, Harry de Boer, and Don Westerheijden, eds., *Reform of Higher Education in Europe* (Rotterdam: Sense Publishers, 2011), 2.

反映高等教育的多维度。存在这样一种风险，即经济和财政理论基础的主导地位可能会有霸权式的发展，削弱仍然重要的文化、政治和社会的理论基础。

从历史的角度得出的第二个经验是，高等教育一直受到其全球、国家和地方层面之间的联系和张力的影响。高等教育机构从一开始就是具有国际性的地方机构，后来逐渐成为国家建设工程的一部分。当然，国际化的水平在今天要重要得多，大学向全球实践的转变正在兴起，但与此同时也面临挑战。

第三，长期的观点认为，高等教育的形态既有变化，又有连续性，反映了高等教育扩张与民主化之间的联系和潜在张力。机构分化是否推动了真正的多样化，而不是推动了社会分层的等级化进程，这仍然是一个关键问题。

总而言之，从长远角度来看，高等教育的理论基础、形态和空间之间衔接的动力机制并不稳定，对此起推动作用的共识在历史上会有规律地发生变化。当然，不断变化的理论基础、空间和形态是更大的社会、经济和政治力量带来的后果，这是高等教育政策无法一力解决的。

推荐书目

Aldrich, Richard. "The Three Duties of the Historian of Education." *History of Education* 32, no. 2(2003):133-143.

Anderson, Robert Dean. *European Universities from the Enlightenment to 1914*. Oxford: Oxford

University Press, 2004.

Carpentier, Vincent. "Public-Private Substitution in Higher Education: Has Cost-Sharing Gone Too Far?" *Higher Education Quarterly* 66, no. 4(2012):363-390.

Charle, Chistophe, and Jacques Verger. *Histoire des Universités XIIème-*

XXIème siècles. Paris: Presses Universitaires de France, 2012.

Cobban, Alan B. *The Medieval Universities*. London: Methuen, 1975.

De Ridder-Symoens, H. *A History of the University in Europe*. Vol. 1: *Universities in the Middle Ages*. Cambridge, UK: Cambridge University Press, 1992.

Dyhouse, Carol. *Students: A Gendered History*. London: Routledge, 2006.

Lowe, Roy. "Structural Change in English Higher Education, 1870-1920." In *The Rise of the Modern Educational System*, ed. D. K. Müller, F. Ringer, and B. Simon, 173-178. Cambridge, UK: Cambridge University Press, 1987.

Musselin, Christine. *The Long March of French Universities*. London: Taylor & Francis, 2004.

Perkin, Harold. "History of Universities." In *International Handbook of Higher Education*, ed. J. J. F. Forest and P. G. Altbach, 159-205. Dordrecht: Springer, 2006.

Rashdall, Hastings, with editors Frederick M. Powicke and Alfred B. Emden. *The Universities of Europe in the Middle Ages*, Vol. 1. 2nd edition. Oxford: Oxford University Press, 1936.

Sanderson, Michael. *The Universities and British Industry 1850-1970*. London: Routledge & Kegan Paul, 1972.

Silver, Harold. "Things Change but Names Remain the Same: Higher Education Historiography." *History of Education* 35, no. 1(2006): 121-140.

Trow, Martin. *Problems in the Transition from Elite to Mass Higher Education*. Paris: OECD, 1974. Watson, David. *The Question of Conscience: Higher Education and Personal Responsibility*. London: Institute of Education Press, 2014.

第 17 章　德国的大学及其影响

查尔斯·E. 麦克莱兰

德国大学的主要意义在于它的开创性，即强调探索新知识，而不 275
是把相对固定的专业准则从老一辈传给年轻一代。教学人员越来越多地从那些研究、发现和发布新解释的学者与科学家中招募，这些活动是大学教职本职工作的一部分，大学期待他们继续开展这些工作。18 世纪时大学愈发珍视的是学识，甚或是受学生欢迎的程度，但在 19 世纪初的教育改革者看来，仅具备上述两点就远远不够了。从那时起，在重新焕发活力的公务员队伍的监督下，在与教授队伍中更具创新精神的成员的合谋下，改革者们团结起来，提出希望获得更多科学（尽管无论当时还是现在，德语中“*Wissenschaft*”一词的准确含义仍深晦难懂）的诉求。这不仅意味着教授扮演吸收和传递知识的传统角色，而且意味着有了新的角色，即通过原创性的研究，系统地、动态地为经典知识的扩展做出贡献。学生们（被寄予希望）能学习这些新方法并加以应用。因此，知识不仅会以固定的标准形式被传承下来，而且还会得到扩展和改进。通过培养，学生们将以开放的姿态终身从事研究活动，并能够运用最新的学术和科学方法。因此，他们基本上会养成习惯，促进终身道德和智力的成长，以实现教化的目标。

虽然德语中的科学作为一种意识形态，其具体内容不一定能很容易地转移到中欧德语区以外的国民教育体系之中（甚至不一定能轻易转移与之相匹配的机构中），但德国的学术和科学还是在 19 世纪取得了

巨大的胜利，这激起了其他国家的兴趣，要采纳改革后的德国大学的
主要元素。到 19 世纪末，英国、美国、东欧大部分地区和斯堪的纳维
亚半岛以及日本的大学都吸收了德国大学的特点，并将其嫁接到本国
体系之中，甚至连法国和俄国的大学也是如此（但程度较小）。在美
276 国，增加学士后学位和研究生院就是这样的一种移植。另一个不太明
显的移植是思想习惯和实践习惯的移植。例如，初创之时的斯坦福大
学（1891），有一半教授都曾在德国学习过，其校训“自由之风永远吹
拂”就源自文艺复兴时期德国人文主义者乌尔里希·冯·胡滕的短文
集《谩骂》。

一个相关的发展是，到 1900 年，理工学院演变成名义上等同于大学的学校。它们也影响了其他国家高等教育的发展，尽管影响方式比大学模式更为分散和多样化。德国道路造成了高等教育机构永久分裂成为纯粹科学和应用科学两个部分，后者在 19 世纪下半叶通过努力争取到了与前者同等地位的认可。相比之下，其他国家要么赋予其技术和专业院校更高的地位（如法国），要么将其众多职能都纳入到了已有大学之中（如美国）。因此，19 世纪改革后的德国大学改变了高等教育机构的角色，也改变了早在 17 世纪就建立起来的科学院和学会的角色。在一些可能被称作是法国或拿破仑改革的变异体中（这种变异体在苏联和其他国家持续到了 20 世纪），促进科学和发现的角色仍主要是由科学院（自然科学，也包括文学和其他主题）承担的。然而，传统的学识渊博的专业精英，仍是由学院或系部来培养。

1900 年左右，大学的独霸地位在另一条战线上开始瓦解。德国的理工学院不仅取得了与大学同等的地位，而且自身也在理论上取得了突破。但是，由于大学既被要求提供新的研究发现，又被要求培养更多的专业人才，造成大学本已艰困的财政状况愈发捉襟见肘，这导致在第一次世界大战之前建立起越来越多的纯研究机构（如现在业界熟知的马普学会等研究机构）。这些研究机构几乎将教学和研究职能完全

脱钩；它们最初是想用先进的理论方法来解决工业、军事和其他利益相关者实际应用的问题。

尽管失去了作为研究中心的主导地位，但德国大学仍然是成功的典范，这足以证明，其他地区的高等教育机构中聚集研究资源和研究人员是有其合理性的。20 世纪，大学面临严峻的挑战：两次世界大战导致学生和教职员工的锐减；在两次世界大战之间的大部分时间以及第二次世界大战之后的财政匮乏；无论是在教学还是研究中，意识形态政权对学术自由原则进行了灾难性干预。到 20 世纪末，德国的高等教育和研究机构最终形成了一个全国性的“体系”，这一体系恢复了许多过去成功运作的原则，但它显然失去了在 20 世纪前三分之一时间里仍普遍存在的那种被其他国家争相效仿的地位。

第二次世界大战后和两德统一后，德国大学的重建（或者在一些批评者眼里是“恢复”），可以视之为是对以前危机时代的所谓优势的再次求助，这种优势就是将大学教学和研究角色结合起来的洪堡模式。无论这种模式的精确形态如何，其核心原则都是在 18 世纪德国和其他
地方大学体系的病态危机中孵化出来的。19 世纪头几年，拿破仑对神 277
圣罗马帝国疾风骤雨式的“创造性破坏”，反倒提供了一片沃土，促成了往往是无可比拟的计划的发展，这些计划希望可以拯救或改造一些值得挽救的东西，而这些东西源自于那些被当时很多人看成是愚昧腐朽的旧制度的机构废墟之中。

18 世纪传统大学的危机与复兴

19 世纪以前，德国并不存在。诚然，德语正在成为一种书面语言，慢慢取代拉丁语成为大学的教学用语，但德意志的一些王公们还是更喜欢在自己的宫廷里写法文、说法语。位于维也纳的哈布斯堡王朝皇帝，是神圣罗马帝国（以德语为主）的选帝侯，此外还统治着语种多

样的中欧地区，领土延伸至俄国和土耳其。18 世纪最后 25 年里，德意志地区的大学都是中世纪或教育活动十分活跃的宗教改革时期的遗产。它们大多是作为君主或教会的机构建立的。1871 年德国统一时的领土上（不包括哈布斯堡的领土），1700 年时就有 28 所大学存在。当时绝大多数大学的在校生都不足 300 人，或者说所有大学的学生总数大约有 7000 人，而一个世纪前大学生的总数是 8000 人，到 1790 年时进一步下降到了 6000 人。除个别大学外，大部分大学都备受严厉抨击，因为它们墨守成规、课程僵化、腐朽堕落、道德松懈，并且毫不涉足启蒙运动时期兴起的科学与哲学。在 18 世纪初，像莱布尼兹这样对大学改革感到绝望的科学领军人物，发起了创建新的科学院（比如在柏林新建的科学院）的运动，以图绕过大学。在 18 世纪末期，改革者甚至呼吁彻底废除大学。

对大学的批评当然不仅限于德意志各邦国和法国。著有《罗马帝国衰亡史》（出版于 1776—1789 年）❶ 的爱德华·吉本回忆自己在牛津大学的经历时，说那段时光是“我一生中最懒散、最徒劳无益的时光”，原因在于教师们死气沉沉。① 牛津大学和剑桥大学至少有丰厚的捐赠，这是大多数欧陆大学所无法企及的，它们在很大程度上只能依赖学费。1789 年后法国大革命最早的行动之一，就是将大学连同混乱旧制度的其他方面一并废除。1767—1773 年间耶稣会遭到镇压，这对天主教大学的教学产生了消极影响。宗教改革后，德意志各邦国及其大学之间的宗教分歧导致了它们不断强化各自神学院的权威和超正统性，而这些神学院又往往对其他学科进行严格控制。同时，由于国库通常空虚，教授们通过垄断特许权（如贩售酒或木柴），或者从他们获赠后出租出去的微薄农田里收取农作物，才可以在可笑的工资和学生

---

❶ 该书中译本可参见商务印书馆 1996 年版。

① Edward Gibbon, *The Autobiography of Edward Gibbon* (New York: Meridian, 1961), 72.

学费之外获得一些补偿。这些商业活动分散了一些教授的注意力，致使他们对讲授课程漫不经心，甚或期末仍无法完成讲授。

一旦获得正教授的全职教席，教师们就倾向于原地不动，因为几乎没有任何学术流动性。由于裙带关系和通婚而产生的多代教授家庭
并不少见。考虑到教授职位的报酬微乎其微且明显还在减少，根据家 278
族或学院关系等非学术标准做出的任命胜过了为吸引新鲜血液而做的努力。1796 年，非奥地利德意志地区共有约 650 名普通教授，再加上 6 所奥地利大学的话，总数略少于 800 人。虽然这使得师生比例接近 1∶10，但这并不一定是件好事，因为能够用于教师薪酬的学费更少了。虽然有辅助讲师、“临时”教授和私人讲师，但这些人几乎都在等待并希望被任命为全职教授。许多人还要在其他行业兼职，因为他们从各种渠道获得的补充报酬仍无法维持生计。

写作为大学教师获得经济利益带来了一些希望，但市场青睐的却是百科全书和教科书。在 19 世纪，所有类似于教授们宣布新发现的学术和科学出版物，如专著或专业期刊文章，都要在几十年之后才能问世。比较活跃的大学教师可能会被尊称为“饱学鸿儒”。但他们中却很少有人会受到鼓励去深入研究问题。事实上，传统大学的奖励制度倾向于知识的广度和个人的知名度，而不是学术深度和开拓创新。一位才华横溢的学者一旦被任命为教授，往往期望在收入微薄的职业-报酬的阶梯上逐级晋升，首先在文学院任教，然后在一个或多个高级学院任教：医学院、法学院和神学院。其中神学院作为“科学的顶端”，由于上面已经提到的原因，对新思想是最不开放的。法学院在某种程度上更愿意偏离罗马法的枯燥道路，但是也并不像一些日益理性的国家官僚机构所希望的那样鼓励创新。由于神学和法学是绝大多数德意志学生所追求的职业选择，因而人们就更容易理解批评家们无休止的抱怨：大学知识和当下知识需求间的鸿沟越来越大。

应对僵化——哈勒大学和哥廷根大学的自由重商主义

有些孤立的政治家或者学者，被服务上帝和恺撒的新观念所打动，有心尝试改革，但即便如此，还是有很多因素阻碍了德意志大学的改革。顽固和保守的资深教授，往往和其他地方精英，以及通过他们的学生和地方教会及统治集团有着密切的关系，因此实际上几乎不会受到解雇或纪律处分的影响。尽管他们的收入可能微薄，但其来源在很大程度上却超出了任何政府或教会赞助人在名义上对他们的控制范围。改革的经济诱因仍然很少，因为大多数德意志邦国在财政上都是仅够勉强维持。开销巨大的军事行动耗尽了绝大部分的邦国预算，一场接一场的战争或领土占领（如瓜分波兰）大约持续了半个世纪。仅余的少量用于支持创新的研究经费，似乎更适合花在皇家科学院上，比如在普鲁士（1700）、汉诺威（1742）和巴伐利亚（1759）建立的皇家科学院。

279 为满足年轻人那种可察觉到的对现代和实用教育的需求，另一个解决大学改革困难的办法就是建立全新的学校。贵族子弟们对守旧的大学教育十分厌恶，加上他们的支付能力强，因而推动了 17 世纪末骑士学院的兴起。骑士学院通常提供大学课程中所缺乏的现代实用知识：击剑、骑马、舞蹈、现代语，以及其他对未来的行政管理、宫廷生活和外交职业有用的科目。它们是家庭教师和/或游学的一种替代或延续，但花费更低。各种军事学校和学院，甚至是专门培养军医、工程师和建筑师的学校，都满足了学生的需要，这种需要是大学无法满足的。

一个较少见的选择是建立新的、不受传统积习束缚的大学，这类大学的部分目的是招收骑士学院所面向的贵族子弟。1694 年创办的普鲁士哈勒大学就是首批成立的此类大学之一，该校实际就是在原有骑士学院的基础上建立起来的。其思想取向在很大程度上借鉴于路德宗虔敬主义传统，后者将“实用”的基督教和道德生活提升到神学的繁文缛节和仪式之上。作为一种宗教运动，虔信主义大体上可以与约翰·卫斯理的循道宗相比较，它在一定程度启发了循道宗。更重要的是，与新教和天主教的正统教义相比，虔敬主义至少在一开始就为新思想的引入提供了更大的空间。哈勒大学主要教授之一克里斯蒂安·托马西乌斯试图将骑士学院富有吸引力的现代课程、科学科目和文官培训结合起来。哈勒大学吸引了许多贵族，他们可以支付更高的费用且有一定的社会声望，尤其喜欢学习法律，但同时该校也吸引了大量未来的牧师和学校教师。然而，经过一代人之后，哈勒大学的虔敬派教师却日趋保守。1723 年，随着备受欢迎的启蒙运动早期哲学家克里斯蒂安·沃尔夫被驱逐，这所大学失去了作为新学术所在地的荣光。②

其他的一些德意志政治家也注意到，一所不那么强调神学但却非常重视法学及在哲（文理）学院开设一些现代学科的新大学，也可能吸引富家学生。其中一位就是格拉克·阿道夫·冯·闵希豪森，他的角色很像是英王乔治二世这位汉诺威王朝缺席统治者的总督。在哥廷根开办的新大学（1734—1737）将有意识地从欧洲各地招收富有的上流社会学生，希望他们支付高额学费，主要学习一种有利于贵族权利（如在英国）的现代法律，而不是扩大皇权的“王权至上论”（如在普鲁士的哈勒）。汉诺威总领地上议院欣然慷慨地支持建立这样一个机构，它将有效地促进他们自己的辉格党权利，并扭转由于送其子弟出国或在游学中接受教育而造成的经费流失。聘请不会沉迷于极端思想或争议之中的神学家，创建新的科学院和大型图书馆，付给教职工高

② 腓特烈二世在 1740 年登上普鲁士王位时的第一个行动就是恢复沃尔夫的教授职位，但哈勒大学的名声已经受到了损害。有关 18 世纪改革运动的更多内容，参见：Charles E. McClelland, *State , Society and University in Germany , 1700-1914* (Cambridge, UK: Cambridge University Press, 1980), 34-93。

薪，甚至是付给在其他地方被鄙视的哲学院教师们高薪，以及吸引通过发表学术成果而获得广泛声望的学者，所有这些举措，就是哥廷根大学赌博成功的一部分内容，同时也为大学教育的现代化形式设定了新的参数。除了强调一种新的法律，它还提供了以前由骑士学院提供的升级版的时尚知识入门，使得大学成为一种宫廷精修学校和未来的现代管理者培训基地。闵希豪森本人在担任这所大学的学监以及后来担任首相期间，监督并见证了他创办的这所大学的成长。

280 一所新大学，埃尔朗根大学（1743）有意识地仿效了哥廷根模式。其他一些旧大学也尝试进行了类似的改革，但大多数传统学院的惯性却无法打破。直到 1789 年后，法国爆发的日益强烈的变革浪潮才将德国大学推到了不得不改革的境地。然而，经过新改革的高等教育机构的成功，却提供了一种实实在在的选择。同时，德国许多领导人，面对着拿破仑式的对摇摇欲坠的德国大学的敲打，本身就曾在新的大学里学习过。

教授时代的曙光（1810—1860）

法国大革命以及拿破仑发动的战争推翻了大多数邻国的旧制度，并唤醒了大多数国家中预示划时代变革的新运动。有着千年历史的神圣罗马帝国崩溃了，其近 1800 个成员实体，从邮票大小的男爵领地到普鲁士这样的大国，都面临着重组。很多大学和庇护它们的邦国一起消失了。与许多冒充解放者的侵略者一样，拿破仑激起了新的民族抵抗精神。在中欧，这种抵抗就包括在利用危机而采取前面提到的许多改革措施的同时，努力保留大学的形式。

柏林大学（1810）的建立就是一个很好的例子。哈勒大学从普鲁士分离出去后，不得不关闭并寻找一个替代品。首都柏林提供了一个负担得起的选择：有一座空旷的宫殿、一个极好的皇家图书馆、愿意兼任教授的博学的科学院成员，以及一批全国知名且雄心勃勃的学者，其中许多人最近因为学校关闭而失业。在普鲁士短暂的改革时期，这所新兴大学获得了管理自己事务的相对自治权、扩大了教师和学生的学术自由度，并从哲学家费希特和施莱尔马赫以及威廉·冯·洪堡和亚历山大·冯·洪堡兄弟等思想家那里汲取了一套高瞻远瞩的教学和研究目标。公立中学系统特别是精英式的文科中学的重组和扩张，加上对进入公务员和高级教学职业的严格要求，极大地推动了这所大学哲学院的发展，因为哲学院最有可能通过重视科学来证明其新价值。不仅是正规的哲学，而且语言学、历史学、地理学和其他自然科学，都因大学拥有的那些研究精深、著作等身的国际知名教授而获益匪浅。法学院和稍晚一些的医学院，也逐步变成了同等受到人们关注的院系。

柏林大学的成功刺激了其他重要新兴大学的创建，特别是 1819 年的波恩大学和 1826 年的慕尼黑大学，并且王室也下令对幸存下来的旧式大学进行改革。即使有些皇家法令对学术自由不利，比如 1837 年“哥廷根七君子”抵制王室践踏汉诺威宪法而被解职，德意志相互竞争的王公们也乐于争抢这些才能出色的受害者。在反动压迫盛行之际，许多大学拥有的相对且脆弱的学术自由，也使得作为包括民族主义和自由主义在内的新政治和社会运动代言人的教授们，受到了前所未有的关注。许多教授及其学生一起被卷入了 1848—1849 年的动乱之中，281
尽管持革命立场的法兰克福“教授议会”在很大程度上是一个错误的命名。他们的努力并未能在德意志建立一个统一的、宪政的和议会制的政权，但这一失败却唤醒了像俾斯麦这样的君主制捍卫者和社会精英，使其更加追求自上而下的统一。

尽管经济实力较弱，但在拿破仑时代幸存下来的、领土扩大了的德意志各邦国发现，追求文化和科学是一种很是实惠的方式，能够助其提高合法性，并博得日益壮大的中产阶级的欢迎。随着学术流动性的增加，著名教授和他们最好的学生进入了卖方市场。在新兴的公共领域，教授们甚至在其专业领域之外进行演讲和写作，这极大引领了文化、政治和科学的创新。即便大学在培养公务员、教师、牧师和作家等类型的人才，在塑造着新的民族文化，但通常它们的规模仍然很小，而且没有什么差异，因此主要是少数大学的教席教授，在本地甚至在全国范围内发挥其不成比例的影响力。

研究所时代的扩张、复杂性和新顾主（1860—1918）

19 世纪 60 年代之后的半个世纪，不仅见证了德意志高等教育体系的惊人扩张，而且还见证了在一定程度上推动高等教育发展与分化的社会经济、政治和军事领域的剧变和增长。快速的工业化、城市化、普鲁士霸权下民众参与的国家统一，以及对科学和学识重要性的空前重视，构成了 1871 年建立的德意志帝国的特点。众多汇聚了新的财富的德意志邦国（它们常常被奥匈帝国和其他外国教育系统所效仿），给作为大学预备阶段的中等教育以及包括理工学院在内的高等技术教育投入了巨资，后者到 1900 年逐步提升到了大学的地位。

拿破仑战争结束之后的半个世纪里，学生人数变化不大，实际上 1840—1870 年间的学生数量比 1830 年还要少，每年大约有 1.2 万至 1.3 万人。但后来入学人数急剧上升，1880 年达到 2.1 万，1890 年超过了 2.8 万，1910 年超过了 5.3 万。如果不是传统拥有四个学院的大学与新兴的技术学院有了实际上的分拆，中学后学生人数的增长还会更加显著一些。这种分拆的需求也促使教授队伍不断扩大和分化。在柏林大学，通常来说这是德国最大的大学，正教授人数从 1830 年的 49
282 人增加到 1860 年的 52 人，1910 年增至 94 人。然而，新的教学和研究职能的主要承担者却是副教授和讲师，这些人在 1830 年时占大学教员人数的 50%多一点，到 1910 年则超过了 80%。同年以学生学费为报酬的无薪讲师就在全部491名教师中占了60%。③ 对于政府来说，这是应对（即使不能完全跟上）不断增长的学生需求的一种经济有效的方式。然而，教席教授与希望有朝一日取代他们的年轻讲师之间的差距却越来越大，这一差距日趋僵化为一种制度等级，因为数十家旨在促进研究和通过研究学习的新的国家资助机构都是由正教授们主导的，大学自治也是他们的专属辖区。某些学院的发展，特别是医学院和哲（文理）学院，远远超过了神学院和法学院，从1860年到1910年，医学院和哲学院的教学职位分别增加了400%和近200%。

各种研究机构、研讨班和实验室（统称为研究所）的迅速崛起，在很大程度上反映了正在不断扩大的医学、自然科学、人文学科和社会科学等知识领域的研究力度。柏林大学和其他大学的古老传统是，教席教授除了把一些明显需要单独存放的材料放在图书馆和医疗诊所里外，通常会把自己的工作材料和工具存放在家里。但是，随着19世纪60年代以后学科的分化，特别是从19世纪80年代以后，新的分支学科和领域，如现代外语，被提升到了独立学术学科的地位。这些学科在过去被认为只是严肃学科的附属品。

比较1860年和1910年柏林大学机构的名单，似乎神学院的变化最小。法学院虽然增加了三个研讨班和一个图书馆，但倾向于（与神学一样）不把这门学科提高到像其他两个学院那样的科学/研究水平。这并不是因为神学院和法学院的教授逃避研究，而是牧师、法官、律师和行政管理人员的培养需要一种相对封闭、融合的方式，而不是通过革命性的发现来实现。相比之下，医学院拥有12个独立的专业研究所、近20个医院附属诊所和科室，以及10个其他研究所和集合体，其中一

---

③ Charles E. McClelland, "Die disziplinär organisierte Forschungsuniversität, 1860-1918," in *Geschichte der Universität Unter den Linden, 1810-2010: Biographie einer Institution, Praxis ihrer Disziplinen*, 6 vols, ed. Heinz-Elmar Tenorth (Berlin: Akademie-Verlag, 2010-2013), 1: 432, : Table 16.

些又细分为多个科室，并拥有自己的教授负责人。哲学院改变了原来单一学科的状态，吸纳了18个新的研究所，其中一些下面还有许多系，由此还原成为一个完整的人文学科群。自然科学共有17个新的研究所，其中大多数学科都拥有自己造价不菲的独立建筑物，内有实验室和其他基本设施，确保了第一次世界大战期间柏林大学在自然科学界的声誉。当时，这所被称为“弗里德里希—威廉大学”的学府，拥有近70个研究所、研讨班或类似的独立实体，致力于学术研究和高级教学活动。尽管其他大学，尤其是规模较小的大学，无法与这些数字相提并论，但它们的发展趋势却是一致的。

到1914年，地处柏林、慕尼黑和莱比锡这三个德国最大城市的大学，共招收了全国近一半的学生。但是，即使在其他19所中型和小型的高等教育机构里，学生人数的扩大也意味着大学不再主要招收其社会地位分别由受教育程度或血统决定的文化资产阶级和贵族，而有越来越多的学生来自经商和办企业的市民阶层家庭以及不那么富裕的白领阶层家庭，后者被称为中产阶级。可以说，到第一次世界大战时，德国已拥有了欧洲社会最开放的高等教育体系，尽管当时有批评者担心，到1914年时，包括女性在内的毕业生会“生产过剩”，由此造成“博士毕业失业者”。

德国大学所扮演的中学后教学和前沿学术研究双重角色的融合，在20世纪的头几年确实被铸造成了一种普遍认可的神话，并以负责创
283 建柏林大学的普鲁士官员威廉·冯·洪堡的名字命名。然而，尽管这种教学与研究的融合被誉为德国文化的独特创造，但显而易见的是，先进工业社会的研究需求已不能完全由建立在多元、文化自治的联邦州的研究型大学模式来予以满足了。一个全国性的“纯粹”的研究基金会——威廉皇帝学会（现马普学会），主要通过私人资助的方式建立起来，以维护大学之外不断扩大的主要自然科学研究所的序列。颇具讽刺意味的是，威廉二世是在1910年柏林大学百年校庆上宣布这一消

息的。④

海外声望、国内衰落与纳粹灾难（1918—1945）

第一次世界大战给德国大学带来了灾难性后果。大多数男大学生和许多年轻的教授都是预备役军官，因此剩下进行正常教学和研究的就只有骨干教授、疗养伤员和越来越多的女大学生了。巴黎和约的签订和噩梦般的通货膨胀导致了国家破产，使大学和其他许多机构一样，变得破败不堪。也许是因为自称“学生”比“失业者”更好，而且随着魏玛共和国新政府进一步开放大学教育，年轻人挤满了大学的讲堂和研究所。由于就业机会少、竞争激烈，大学毕业生心生怨恨。这种怨恨不仅是因为犹太人和外国人的就业比例明显过高，而且大量的妇女也涌入了就业市场，这无疑使得在1929年世界大萧条全面爆发之前，许多德国男学生早就熟悉于纳粹党的民族主义、仇外主义、反犹太主义和性别歧视宣传。纳粹对有抱负的、受过教育的专业人士的承诺，是限制这些“非雅利安人”和“变性人”接受大学教育的机会，所谓“变性人”，是他们指称职业妇女的代号。

1933年纳粹掌权之后对德国大学进行的清洗，更让形势雪上加霜。20世纪30年代，数百名著名学者和科学家因政治或种族原因被免职，这使得德国所有学术领域的领导地位都遭受到巨大损失，而对像美国这样愿意邀请他们前往的其他国家来说，却是巨大的收获。即使德国教授在战前就获得了成就和认可，例如获得诺贝尔奖，但无知和受意识形态驱使的纳粹政策还是宣扬诸如“雅利安物理学”之类的无稽之谈，宣称像阿尔伯特·爱因斯坦这样的犹太人所设想的任何东西都是

---

④ Charles E. McClelland, “Inszenierte Weltgeltung einer prima inter pares? Die Berliner Universität und ihr Jubiläum 1910,” in *Die Berliner Universität im Kontext der deutschen Universitätslandschaft*, ed. Rüdiger vom Bruch(Munich: Oldenbourg, 2010), 243-254.

错的。高等教育中的一些学科比其他学科更严重地受到纳粹对研究的专横要求的破坏。例如，法学和医学比某些领域更容易受到纳粹的干涉，而希特勒对技术魔力的兴趣促进了工程科学某些领域的发展。但是，无论纳粹在和平时期施行的政策得失如何，随着 1945 年第二次世界大战德国的战败和毁灭，大学和技术学院的人力资源都面临枯竭，基本上都停办了。

重建、停滞、扩张（1945 年至今）

284 大学在许多方面甚至更深刻地受到了 1945 年“关键时刻”的影响。大学的大部分建筑被炸毁，教职员工和学生死的死、伤的伤，或者被抓到战俘营中。在德国向占领它的四个同盟国投降后，政府几乎完全停摆，而且资源匮乏，大学在很多方面都需要彻底改头换面。起初，同盟国的联合去纳粹计划对教职员工进行了进一步清洗，但只有在极少数情况下，大学才能重新吸引那些被纳粹清洗过的人。苏联和其他战胜国（美国、英国和法国）之间的冷战发展迅速，标志着后者放松了对纳粹成员的清洗，但在某些方面前者对大学的清洗却加强了。因此，西方盟国开始忽视或淡化他们自己国家专家小组提出的彻底重塑德国大学教育的建议。⑤ 地处柏林周边苏联占领区的大学，在经历了最初还能对资产阶级和共产主义反法西斯主义者持容忍态度的一段时间之后，开始按照苏联的路线，并以日益激进的方式重建大学以及其他高等教育机构和科学机构。到了 1949 年，随着相互竞争的西德（德意志联邦共和国）和东德（德意志民主共和国）分别下辖各州的正式建

---

⑤ Charles E. McClelland, “American Reform Efforts: German Professional Education after World War II,” in “Mutual Influence on Education: Germany and the United States in the Twentieth Century,” ed. Jürgen Heideking, Mark Depaepe, and Jurgen Herbst, special issue of *Paedagogica Historica*, n. s., 33(1997): 265-275.

立，再谈论一个有着相似的组织机构和目标的“德国大学体系”，就越来越不准确了。西德，连同德语区的瑞士，以及1955年后摆脱占领保持中立的奥地利，或多或少继续恢复到战前至少是名义上的前法西斯的常态，而东德则遵循类似于其他以苏联主导的华约国家的模式。在前一种模式下，高等教育在很大程度上仍然受到联邦各州的关注，但大学在很大程度上是自治的；而在后一种模式下，高等教育受到集权和政党控制，最为重要的研究职能被重新分配给了国家科学院。

1949年后，联邦德国在占主导地位的基督教民主党的统治下政治稳定，很长时间都倾向于大学的恢复而非创新，而民主德国则有意识地利用改革将大学转变为社会和政治工程的服务机构。为了培养受过教育的忠诚精英，民主德国倾向于让对党忠诚的人的后代上大学，这对资产阶级出身的学生越来越不利，甚至还引进了农民、工人为教师，以纠正长期以来把这些社会阶层排斥在高等教育之外的传统。这样的改革带来了关于民主德国的大学正在被改造成“锤炼干部的熔炉”的指责。同样遵循苏联模式，许多开展原创研究的责任从大学转移到了由科学院监管的研究所。但自封为“民主”国家的民主德国却并没有向广大学生敞开大门。其社会制度不需要大量的神学家和律师，但长期缺乏工人，部分原因是因为数百万人已经逃到了西方。民主德国的第三个大学改革计划始于1968年，旨在实现高等教育结构的同质化，将传统的研究所合并为类似院系的部门，强调知识的实践方面，并在整体上试图推动适龄学生向职业培训而不是大学学习的方向发展。在这最后一次改革之后，民主德国的大学生人数在1970年达到了14.3万人的高点，在该政权结束前，这个数量也只下降了10%。[6]

联邦德国的日益繁荣，以及从1969年大联合政府开始的国家政治 285

⑥ “Anzahl der Studenten an Fach-und Hochschulen in der Deutschen Demokratischen Republik(DDR) von 1949 bis 1989(in 1.000),” *Statista*, http://de.statista.com/statistik/daten/studie/249273/umfrage/studenten-in-der-ddr/.

左倾导致政府被社会主义主导，都为西德高等教育的改革和高等教育机会的扩大开辟了道路。20 世纪 60 年代世界范围内的学生抗议运动在西德大学显得尤其引人注目。为了响应高等教育民主化的要求，新兴大学和后来的新型第三级教育机构，如 *Gesamthochschulen* 和 *Fachhochschulen*，即综合性大学和应用科学大学，陆续建立起来。随着高等教育机构录取标准更加包容，大学生人数急剧上升，联邦政府提供的助学金使学生可以负担得起学习费用。⑦《高等教育基准法》(1976) 试图进行全面的结构改革。其他带有民主意图的改革减少了教授的传统权力，更加有利于学生和教职员工。学生人数从 1965 年的不足 25 万，而 10 年后增加到前者的 3 倍多，1989 年更达到 150 万人，与此同时，学术性失业率也在不断增加。1990 年，由于前民主德国与联邦德国合并，加之进一步的正常增长，使得 2013 年的大学生人数达到 260 万。⑧ 尽管德国大学采取措施努力扩大从事教学工作的教师队伍，限制一些热门学科的招生人数（通过制定入学限制条款），但几十年来，大学长期过度拥挤始终困扰着大多数的大学和其他第三级教育机构。

德国大学也受到了博洛尼亚进程的影响（自 1999 年以来），这是一项旨在协调几乎所有欧洲和部分亚洲国家高等教育体系的多国协议。其结果是，德国重新引进了学士和硕士学位。然而，批评人士却抱怨说，这一进程的一些目标，如提高全球学生流动性和缩短高等教育年限，并没有实现。缩小课程范围，将重点放在就业技能而不是传统的教化上，这是学术圈经常发出的另一种哀叹。正如在全球化冲击下的许多其他国家一样，批评人士抱怨官僚控制的增加、教学和研究自主权的减少以及不适合高等教育的各种商业模式的侵入。最后，为了对

---

⑦ 《联邦培训援助法》。

⑧ "Studierende," *Destatis*, https: //www. destatis. de/DE/ZahlenFakten/Indikatoren/LangeReihen/Bildung/lrbil01. html; "Hochschulen," *Destatis*, https: //www. destatis. de/DE/ZahlenFakten/GesellschaftStaat/BildungForschungKultur/Hochschulen/Hochschulen. html.

抗大众型大学日渐平庸的现状，德国政府在所谓的“卓越计划”中向那些渴望成为精英机构的大学提供了额外资金。批评人士却又抱怨说，那些获得精英地位的大学所得到的好处，往往体现在了那些擅长应用知识和市场知识的机构，比如工学院。

大学在国家和社会中的作用

关于德国高等教育方向的争论当然不是什么新鲜事。当年随着洪堡兄弟过世，时评家们纷纷哀叹大学已死。近年来洪堡模式本身的真实性已经受到人们的质疑，认为它是一种虚假的建构，主要由柏林大学的神学教授和威廉皇帝学会等研究机构的负责人阿道夫·冯·哈纳克在一个多世纪前炮制而成。具有讽刺意味的是，洪堡关于高等教育的理想目的、成熟人格的形成等思想观点的复兴，恰逢大学在扩大实用性和经济性研究方面的作用减弱之际，似乎这成为对大学失去权力和资金的一种安慰。[9]

事实上，德国公众对教育（包括高等教育）重要性的广泛接受， 286
以及德国的科学（可能德国社会比其他大多数社会都更热衷于科学），都促进了其在欧洲所有主要国家中最广泛的学术研究。尽管关于德国大学的大量旧文献引人怀旧，甚至是对母校理想化的颂扬，但近几十年来严肃的社会和科学史学家对这一主题的关注已经产生了详尽的研究成果，几乎没有留下任何空白。[10] 对世界其他地方来说，这些研究成果唯一的弱点是，它们大多是用德语出版的，由于其体量巨大并且内容复杂，很难找到译文。

---

[9] See Mitchell G. Ash, ed., *German Universities Past and Future* (Providence, RI: Berghahn, 1997).

[10] 最近的两个例子是六卷本《柏林大学史》和同样令人印象深刻的五卷本《莱比锡大学史》。

无论在仪式上如何呼唤高尚的理由，德国大学始终在切实承担着专业培训的任务。无论大学是培养有文化的新教牧师、中小学教师、有能力和忠诚的受过法律培训的公务员，还是由大学诊所和实验室培养的以科学为导向的医生，人们通常都希望它能够满足国家和社会不断变化的需求。事实证明，教授们不仅愿意为学术而学术，而且愿意让学术为政治事业，如国家统一、19 世纪 70 年代反天主教的文化斗争或军国主义服务。我们还必须回顾，在现代历史的大部分时间里，作为德国组成部分的联邦各州所实行的文化自治，不仅促进了不同机构之间的良性竞争，而且也促进了地方创新，为教授和学生的流动提供了崭新的机会。

然而，正是德国大学这种从拿破仑战争中崛起的经过改革的机构，将其四个传统学院如此紧密地结合在一起，以至于它排斥为新兴职业培养人才，这些职业包括从工程学和应用科学到工商管理、美术和初等教育。因此，为这些日益学术化但据称是庸俗的新兴职业创建或升格的第三级学校，至少意味着自 1900 年将理工学院提高到与大学平等的地位以来，大学对于第三级教育的统治已经结束。洪堡和哈纳克相隔一个世纪的愿景，很难承受得住在接下来的一个世纪的大部分时间里，从希特勒到民主德国最后一位领导者埃里希·昂纳克等人对学术传统的强烈蔑视。

然而，德国大学的某些特征仍然是一种遗产。学术自由的观念是所有科学知识（包括物理知识、社会知识和人文知识）的重要基础，这一观念产生了某些制度性保障，这种保障从德国到美国至今仍然是显而易见的。从 1915 年起，约翰·杜威和他的美国大学教授协会提倡采用德国的教授学术终身制，就是这样一个例子。尽管近几十年来，德国模式受到了美国化和全球化的侵蚀，但给予毕业生的维护和尊重，尤其是授予“博士”这一珍贵头衔，反映了一种评估知识价值的替代方式，这种方式可能超越了某些社会对亿万富豪、社会名流以及其他在全球媒体上稍纵即逝的奇人奇事的崇拜。正如谨慎的学术研究解构了从洪堡兄弟零散著述中提取的神话一样，在那种认为德国大学实际上赋予了所有学生科学思维和丰富个性发展这一令人质疑的程式化论断背后所隐藏的理念，至今仍然是一个重要的遗产。大学作为传统文化的宝库，应该是一种具有公信力的机构。不仅如此，它还是人类知识无限发展的实验室，应尽可能避免被外部政治、军事或商业利益利用。这种认识主要是由德国的例子和经验带给当今世界的。

尽管今天德国大学的节日和学生喜欢的音乐，与威廉时代古老而 287
精致的节日和音乐已经没有什么相似之处了，但今天仍有一些学生还在唱着古老的拉丁歌曲《何不纵情欢乐》。这首创作于18世纪的德意志作品，时至今日仍被传唱：

吾校无穷；
教授万岁；
所有的毕业生万岁；
所有的学子万岁；
祝愿大家前程似锦！

推荐书目

Baumgarten, Marita. *Professoren und Universitäten im 19. Jahrhundert: Zur Sozialgeschichte deutscher Geistes-und Naturwissenschaftler*. Göttingen: Vandenhoeck & Ruprecht, 1997.

Becker, Thomas, and Uwe Schaper. *Die Gründung der drei Friedrich-Wilhelms-Universitäten: Universitäre Bildungsreform in Preußen*. Berlin: De Gruyter, 2013.

Burtscheidt, Christine. *Humboldts falsche Erben: Eine Bilanz der deutschen Hochschulreform*. Frankfurt: Campus, 2010.

Ericksen, Robert P. *Complicity in the Holocaust: Churches and Universities in Nazi Germany*. New York: Cambridge University Press, 2012.

Hoffmann, Jessica, Helena Seidel, and Nils Baratella, eds. *Geschichte der Freien Universität Berlin: Ereignisse, Orte, Personen*. Berlin: Frank & Timme, 2008.

Hossfeld, Uwe, Tobias Kaiser, and Heinz Mestrup, eds. *Hochschule im Sozialismus: Studien zur Geschichte der Friedrich-Schiller-Universität Jena 1945-1990*. 2 vols. Cologne: Böhlau, 2007.

Jarausch, Konrad. *Deutsche Studenten* 1800-1970. Frankfurt: Suhrkamp, 1984. Lundgreen, Peter, ed. *Wissenschaft im Dritten Reich*. Frankfurt: Suhrkamp, 1985.

McClelland, Charles E. State, *Society and University in Germany, 1700-1914*. Cambridge, UK: Cambridge University Press, 1980.

McClelland, Charles E. *The Mother of All Research Universities. Berlin as World Leader, 1860-1918* Lanham, MD: Rowman and Littlefield, 2016.

Ringer, Fritz K. *Education and Society in Modern Europe*. Bloomington: Indiana University Press, 1979.

Rüegg, Walter, ed. *A History of the University in Europe*. 4 vols. Cambridge, UK: Cambridge University Press, 1992-2011.

Schmeiser, Martin. *Akademischer Hasard: Das Berufsschicksal des Professors und das Schicksal der deutschen Universität 1870-1920*. Stuttgart: Klett-Cotta, 1994.

Tenorth, Heinz-Elmar, ed. *Geschichte der Universität Unter den Linden, 1810-2010: Biographie einer Institution, Praxis ihrer Disziplinen*. 6 vols. Berlin: Akademie-Verlag, 2010-2013.

Tent, James F. *The Free University of Berlin*. Bloomington: Indiana University Press, 1988.

Turner, George. *Hochschule zwischen Vorstellung und Wirklichkeit: Zur Geschichte der Hochschulreform im letzten Drittel des 20. Jahrhunderts*. Berlin: Duncker & Humblot, 2001.

Universität Leipzig, ed. *Geschichte der Universität Leipzig 1409-2009*. 5 vols. Leipzig: Leipziger Universitätsverlag, 2010.

Werner, Anja. *The Transatlantic World of Higher Education: Americans at German Universities, 1776-1914*. New York: Berghahn, 2013.

第 18 章　加拿大和美国的高等教育

菲洛·哈奇森

289 人们对于加拿大和美国之间关系的一个共同评价是，两国拥有着世上最长的不设防边界。这种开放性表明了两国之间交流的潜力，而这种潜力部分反映在两国高校的发展上。其中既有重要的相似之处，也有显著的差异，提醒人们关注这些关键机构和国家背景的复杂性。

人们一直认为，加拿大经常模仿美国，相当依赖美国的举动。这一假设有内在道理，在加拿大高等教育及其与美国高等教育相似性的多个研究中明显可见。然而同样明显的是，加拿大的高校也追求独立的道路，有些方面与美国并不相同。于是这就重新定位了两国的高等教育历史，不是美国，而是两国。还有一个明显的错误，就是普遍用"America"一词来指代美国，因此最好尽可能多地使用"United States"（或缩写为 U. S.）。无论美国各地区间的差异有多大，加拿大还有一个与美国非常显著的区别，即使用两种官方语言。因此，同时考察加拿大英语和法语的高等教育是很重要的。

在这方面，一个有用的工具是趋同和趋异的概念。这两个国家的高等教育机构和系统在多大程度上彼此相似？这个趋同的问题必须考虑到其与趋异之间的张力，那些两国高等教育的不同方面，有时甚至会变得愈发不同；在这种情况下，某些条件似乎相似，但同时也存在反映出二者之间重要差异的不同点。以下七个主题提供了理解这些问题的途径：财政状况、入学率、种族和民族问题、宗教、地区主义、性别和战争。

发展中的异同之处

加拿大和美国的高等教育发展有许多趋同的例子，尽管这些例子 290
是在明显不同的时期出现的。这两个国家都有一些非常古老的高等教育机构。哈佛学院始建于1636年，拉瓦尔大学始建于1663年（最初是一所培养牧师的神学院，1852年获得大学特许状）。两国的早期高等教育机构都重视宗教；此外，在19世纪之前，它们都一直排斥妇女和有色人种。许多高等教育机构都是从隶属于某个宗教教派转向世俗取向的。两国的大学都努力保持财务偿付能力，经常寻求将学费收入作为解决方案。它们被各自的政府视为实现州、省和国家目标的手段。

在美国，各个高等教育机构之间的声望存在巨大差异。加拿大确实也有一批一流的高等教育机构，例如多伦多大学就作为一所一流研究型大学经常受到关注，但美国的某些学院和大学既有悠久的历史又有惊人的财富，这使得它们尤其与众不同。自20世纪90年代末以来，哈佛大学捐赠基金价值就已经达到300亿至450亿美元（因经济态势的变化而有所起伏），远远超过多伦多大学在21世纪头十年获得的20亿美元的捐赠。然而，仅仅关注经济因素方面的差异是不够的，因为高等教育机构通常都要与自身的财政状况和其他一些因素（比如学生特征）做斗争。宗教和国家的利益在这些机构的发展中也发挥了重要作用。

就两国高等教育机构的差异而言，其他因素同样重要。考察两国高等教育的入学者，同时考虑国家经济和宗教信仰等方面的差异，为历史比较提供了起点。这类研究表明，尽管美国的高等教育入学率较高，但入学者的特征以及他们在大学中的作为，并未显示出美国比加拿大更为平等。美国更倾向于鼓励将高等教育作为提高社会和经济地位的手段，但历史上对少数族裔，特别是非裔美国人、犹太人、拉美人和其他移民群体以及妇女却存在严重歧视。另一个因素与入学规模有关：1871 年，加拿大的 17 所学院和大学，共有约 1500 名学生；而在美国，1869—1870 年共有 563 所高等教育机构，约有 53 000 名学生。这两个国家的入学人数从 19 世纪末和 20 世纪初都开始缓慢增长，但增长率几乎一样。结果是 19 世纪 70 年代初，两国大学入学人数的差异仍很明显。然而，到了 20 世纪 60 年代，两国大学就学率的差距却明显缩小。1956—1957 年，在 18—24 岁的人口中，加拿大有 6%、美国有 14%是全日制学生；到 1984 年，两国的大学就读率分别为 14.5%和 21%。由此可见，20 世纪 50 年代中期美国的就读率是加拿大的两倍
291 多，而 30 年后，美国的入学率却只比加拿大高 30%多一点。到 1988 年，这一差距进一步缩小：包括非全日制学生在内，18—24 岁的学生中，加拿大有 62.2%、美国有 67.7%接受高等教育。第二次世界大战后，这两个国家都经历了一场持续推进的高等教育大众化运动。

关于早期差异的一个重要提示是，在美国，准备教书的师范学校的学生都被计入受高等教育的人数，而在加拿大却没有被统计进去。此外，在 19 世纪，美国的大学入学人数统计中经常还包括预科学校的学生。或许更严重的问题是，许多美国高校通过开办预科部，招收未达到大学入学条件的学生甚至年龄更小的学生，为他们提供中等教育，以此获得学费收入来维持学校的运转。例如，1880 年，阿肯色大学校长自豪地宣布该校的入学人数在全美排名第四，而忽略了 450 名入学学生中有 300 人是预科学生的事实。

同样具有挑战性的是美国初级学院的学生人数统计，历史上这些学院通常设置在中学里，直到 20 世纪 60 年代仍然更多配备的是高中教师来教学。最早的这类学院是 1901 年在美国建立的乔利埃特初级学院（初级学院是社区学院的前身），而加拿大直到 20 世纪 60 年代才出现类似机构。不管怎样，由于师范学校、军事学校和初级学院都是中学后

教育的一种形式，于是从19世纪中期到20世纪60年代，两国的高等教育机构的入学人数呈现出显著差异。①

因此，至少在20世纪60年代之前，从入学机会角度看美国高等教育的规模是非常重要的；那里的学生在入学上有更多的选择。与规模有关的另一因素是高等教育机构的类型和目标。从20世纪初开始，美国2年制学院的数量和招生人数开始稳步增长，这一增长在20世纪60年代急剧升温。到20世纪60年代末，各州以每周一所的速度建立社区学院。这种机构类型也在加拿大盛行。就2年制机构而言，这两个国家在全球范围内都是相对独特的。它们之间的一个区别是，美国的2年制学院一开始就强调其转学功能，这些学院的领导者认为，他们为学生提供了进入4年制学院和大学的机会；直到第二次世界大战后，劳动力准备才成为一个同等重要、甚至更重要的目标。然而在加拿大，较早的2年制学院在劳动力准备方面的使命要更为强烈一些（不列颠哥伦比亚省和阿尔伯塔省除外），只是在最近几十年才强调了转学功能。这两个国家之间的另一个区别是，在魁北克省，打算上大学的学生从12年级开始在普通和职业学院进行中学后阶段学习，他们在此期间决定是上大学还是就业。这些机构的发展是魁北克寂静革命的结果，当时的魁北克居民为争取对他们的语言和遗产的认可而斗争。尽管存在这些

---

① Paul Axelrod, "Higher Education in Canada and the United States: Exploring the Roots of Difference," *Historical Studies in Education/Revue d'histoire de l'éducation* 7 (Fall/Automne 1995): 151-153; Eldon L. Johnson, "Misconceptions about the Early Land-Grant Colleges," *Journal of Higher Education* 52(July-August 1981): 333-351; John Saywell, *Someone to Teach Them: York and the Great University Expansion, 1960-1973* (Toronto: University of Toronto Press: 2008); "Table 305. 30: Number and Percentage of Degree-Granting Postsecondary Institutions with First-Year Undergraduates Using Various Selection Criteria for Admission, by Control and Level of Institution: Selected Years, 2000-2001 through 2014-2015," *Digest of Educational Statistics* (Washington: USGPO, 2015); John D. Dennison and Robert Fleming, "Community College," *Canadian Encyclopedia*, last edited December 15, 2013, http://www.thecanadianencyclopedia.ca/en/article/community-college/.

差异，但在这两个国家，社区学院为学生提供了一个额外的接受中学后教育的机会，这与其他国家显著不同。[②] 近年来，社区学院继续为两国高等教育的规模差异提供有用的例子：2013 年的一份报告显示，加拿大约有 150 所公立社区学院，而 2011 年美国共有 977 所此类学院，另外还有 82 所私立 2 年制学院。[③]

教派和地区差异

292 为更全面了解两国学院和大学的异同，从教派主义角度进行分析，是对两国财富和入学人数差异之外的必要补充，因为在美国有多个教派。[④] 英国圣公会对加拿大学院和大学的控制与影响在 19 世纪逐渐减弱，而在这两个国家，天主教会对其高等教育机构的控制一直持续到 20 世纪。[⑤] 几个世纪以来，美国的学院和大学一直都在更加多样化的宗教环境中运营，与它们有联系的教派从天主教、犹太教和浸礼会到超验冥想和世俗主义不一而足。同样重要的是，对高校来说，尤其是人

② Axelrod,"Higher Education in Canada and the United States," 145; see also Table 301. 20,"Historical Summary of Faculty, Enrollment, Degrees Conferred, and Finances in Degree-Granting Postsecondary Institutions: Selected Years, 1869-1870 through 2012-2013," *Digest of Educational Statistics*, 2014, http://nces. ed. gov/programs/digest/d14/tables/dt14_301. 20. asp? current=yes; Dennison and Fleming,"Community College"; Thérèse Hamel, "Teacher Training in Turmoil: The Experience of Professors in Normal Schools and Faculties of Education during the Quiet Revolution," in *Historical Identities: The Professoriate in Canada*, ed. Paul Stortz and E. Lisa Panayotidis (Toronto: University of Toronto Press, 2006), 183-204.

③ Saywell, *Someone to Teach Them*;"Table 305. 30"; Dennison and Fleming,"Community College."

④ Axelrod,"Higher Education in Canada and the United States," 141-175; Helen Lefkowitz Horowitz, *Campus Life: Undergraduate Cultures from the End of the Eighteenth Century to the Present* (Chicago: University of Chicago Press, 1988).

⑤ Axelrod,"Higher Education in Canada and the United States," 154.

口较少地区的院校，很难维持仅以一个教派的学生为基础的招生。因此，实用主义和宗教宽容，在很大程度上与美国大部分地区缓慢却稳定地摆脱单一教派身份的做法有关。

这种转变在加拿大是以不同的形式出现的。例如，多伦多大学在其创建和后来与几个教派学院结成联盟的过程中，体现出一种在一个更大机构中将不同学院进行制度性调整的战略，这与美国每个学院都在进行招生和入学调整的普遍做法形成了鲜明对比。在这两个国家，大学学位的价值都得到了宗教派别的承认，因为学位代表着学位持有者的地位，而大学则是加强道德的工具。这两个国家的大学都经历了宗教复兴，尽管在加拿大复兴的力度较小。在美国，学生的宗教复兴有时会造成高校的关闭，要么是因为他们不去上课，要么是因为校长停办学校以阻止宗教复兴，如 19 世纪 40 年代早期的耶鲁大学就是如此。⑥

美国高等教育还有一个重要元素与加拿大有着显著区别，这就是地区主义。一方面，高等教育的市场竞争在美国各地是不同的。这导致当地的公民和教会支持者分别建立相互竞争的高校，这有助于高等教育的持续发展。到 19 世纪末，这些动力还最终促成了高校在研究、研究生培养等方面目标的实现。这些活动，连同它们的世俗性，都成为两国大学所推崇的目标，但一个多世纪以来，这一现象在美国更为突出，主要是因为那里高等教育机构的竞争性质所致。另一方面，多伦多大学，这所堪称加拿大领先的研究型大学，在重视研究方面起步

---

⑥ Jurgen Herbst,"From Religion to Politics: Debates and Confrontations over American College Governance in Mid-Eighteenth Century America," *Harvard Educational Review* 46(September 1976): 397-424. See also Axelrod,"Higher Education in Canada and the United States," 156-159.

较晚，1922年才成立研究生院就很说明问题。⑦

关于美国高等教育的扩张，整个国家的地方领导者都渴望获得文明和地位的象征，而在城中有一所高校是一个明显的优势。当然，高校教堂的尖顶是整个边疆灵感和文明的象征，从很远的地方就可以看到，尤其是在山上建造此类教堂的趋势更甚。因此地方主义和宗派主
293 义在美国高等教育的扩张中起到了强有力的作用。⑧ 发生在许多层面上的这种形式的竞争，在美国似乎更具活力，1701年获特许开办的耶鲁学院，就是对哈佛学院的一种既深思熟虑又直接的回应。

加拿大的地区主义在社区学院转学功能上的差异上表现得很明显。在沿海诸省、魁北克和渥太华，强调这类学院的劳动力准备职能，而在阿尔伯塔和不列颠哥伦比亚等西部省份则更加重视转学功能。美国在一定程度上也是如此。长期以来，尽管每个地区都有私立学院和大学，但东北地区一直以私立为主，而在南部、中西部和西部地区，州立院校更为显著。美国推动高校发展的地方特征表明，在这两个国家的机构数量和入学人数增长的更广泛模型当中，发展的动力存在一定的差异，指出这一点非常重要。

两个国家的另一差异也值得注意。19世纪末，美国在国际上步入了成熟阶段，其领导人敏锐地意识到，学院和大学是国际成功的潜在象征。例如，纽约市哥伦比亚大学的尼古拉斯·默里·巴特勒就意识到大学培养国家领导人的潜力。作为这一过程的一部分，巴特勒和其

---

⑦ Martin L. Friedland, *The University of Toronto: A History* (Toronto: University of Toronto Press, 2002).

⑧ Joseph Ben-David, "Scientific Productivity and Academic Organization in Nineteenth Century Medicine," American Sociological Review 25 (December 1960): 828-843; Friedland, *The University of Toronto*; David B. Potts, "American Colleges in the Nineteenth Century: From Localism to Denominationalism," *History of Education Quarterly* 11 (Winter 1971): 363-380.

他大学校长，如哈佛大学的阿伯特·劳伦斯·洛厄尔，认真制定了一套将盎格鲁撒克逊白人新教教徒纳入而将犹太人排除在外的录取程序。这在一定程度上是民族主义的表现，其特点是假定犹太人不是具有代表性的美国公民。此外，美国一些一流大学将其对国家事务的兴趣扩展到努力去获得国际声誉方面；其中一个重要做法就是在美国教授中发展研究精神。曾在专注于科学（有组织的科学研究）的德国大学接受过教育的人，涌入美国大学担任教授，深刻改变了美国的高校和院系。例如，高校课程中的选修课部分就是研究专门化的结果。这得益于功利主义课程的发展，比如19世纪末的商业研究，在一定程度上是对商业和企业期待的回应。

研究精神在加拿大也愈发重要，尽管那里的院校在任命专家型教师方面遇到了困难，因为大多数合格候选人都来自美国或英国。这体现出与美国之间的重要差异。在美国，大学自确立研究的重要性以来，往往会从自己的研究生项目或其他美国研究型大学聘请教师。20世纪以来，随着研究重要性的提高，其他国家的大学和学院越来越多地寻求从美国院校中吸纳获得博士学位的教师。⑨

社会和文化差异

比较这两个国家的另一方法，是从文化和社会角度解读其高等教育史。从19世纪末到20世纪70年代初，加拿大的院校数量和学生人数持续增长。用一位历史学家的话来说，这一时期反映了“宗教与世俗、地区主义与民族主义、女权主义与男性统治、繁荣与萧条、战争

---

⑨ Harold Wechsler, *The Qualified Student: A History of Selective College Admission* (New Brunswick, NJ: Transaction, 2014); Laurence Veysey, *The Emergence of the American University* (Chicago: University of Chicago Press, 1965); Saywell, *Someone to Teach Them*.

与和平之间相互竞争的紧张关系”⑩。

294 这些紧张关系为审视两国高等教育的异同提供了背景，同时也为地方主义提供了有益的补充，地方主义在美国建立学院和大学的过程中非常重要。在这两个国家，大多数学院和大学都在为改善自己的财务状况而苦苦挣扎；繁荣并不常见，经费上的不确定性常常隐约可见。与加拿大相比，美国的高等教育机构从州政府和联邦政府援助中的获益更多，但也不要夸大这种援助。从 1862 年的《莫雷尔法案》中获得资金的院校，几乎没有哪个在招生方面有良好表现，这种状况甚至持续了几十年。尽管 1890 年的《莫雷尔法案》确实为黑人学院提供了资金，但南北方持种族主义立场的立法机关与州长基本都不会悦纳并在经费上支持这些院校。当然，1862 年的《莫雷尔法案》还是确立了联邦政府支持高等教育的承诺。

加拿大和美国高等教育机构另一个主要的财政差异，是美国有巨富之人的支持。例如，马修·瓦萨尔创建了一所同名的女子学院；约翰·洛克菲勒在 19 世纪 90 年代为芝加哥大学提供了大量资金。最后，从 19 世纪末开始，美国的学院和大学越来越多地建立起自己的捐赠基金，至少在一定程度上防止了年度收入的不稳定。以哈佛大学为例，查尔斯·艾略特校长帮助制定了一项长期战略（最终还被其他院校采用），鼓励捐赠者基于任何目的进行捐款。这笔由艾略特留下的捐赠基金筹款的制度遗产，在 2016 年为哈佛大学带来了大约 380 亿美元的捐赠。然而，这些财富中的大部分都与在哈佛就读过的白人男性，以及他们后来在赚钱的职业上取得的成功有关，同时也与家族财富有关。

---

⑩ Paul Axelrod and John G. Reid, eds., introduction to *Youth, University and Canadian Society: Essays in the Social History of Higher Education* (Montreal: McGill-Queen's University Press, 1989), xiii. A. B. McKillop, "Bissell's 'Great, Good Place' and the History of Higher Education in Canada: Reflections on the Symposium," *Historical Studies in Education/Revue d'histoire de l'éducation* 14(2002): 309-318.

黑人学院或大多数的女子学院都得不到如此广泛的资助。⑪

两国女性高等教育既不同又有相似。例如，美国更有可能为女性创办高校，而在加拿大，女性最初更有可能在专科学校接受高等教育，尽管在合众国早期（18世纪末和19世纪初），美国就有许多女性通过专科学校接受了高等教育。其中一些机构最终转变为了女子学院，比如乔治亚州的拉格朗日学院，其前身是1831年开办的一所女校，20年后成了一所学院。⑫ 这两个国家趋同方面最为显著的地方是，白人女性在高校里的学术和社会生活体验，以及她们一直不断变化的对于自己毕业后角色的预期。此外，有关她们学院社会体验的研究，突出反映了男生和女生课外活动的情况。拉美裔、美洲原住民和亚裔女性在高等教育中的历史，是一个仍需深入探索的研究领域。

几个世纪以来，西方高等教育一直以男性为中心，美国和加拿大的高等教育机构在很长一段时期里都是只有男性。尽管美国的欧伯林学院在1834年就允许女性入学，但直到19世纪下半叶都很少有机构步其后尘。在加拿大，19世纪80年代之前女性往往被排除在高等教育之外。这种转变的一个重要部分是早期女性主义价值观缓慢而小心翼翼地传播，美国的艾玛·威拉德就是一个例子，她在1821年创办了一所培养女教师的学校。几十年间，这些女教师在美国各地找到了工作岗位，并在当地社区立足的同时获得了独立地位。后来加拿大也出现了类似的女性职业运动。例如，19世纪80年代，达尔豪斯大学的女生从 295

⑪ Eldon L. Johnson, "Misconceptions about the Early Land-Grant Colleges," *Journal of Higher Education* 52(July-August 1981): 333-351; Bruce A. Kimball and Benjamin Ashby Johnson, "The Beginning of 'Free Money' Ideology in American Universities: Charles W. Eliot at Harvard, 1869-1909," *History of Education Quarterly* 52(May 2012): 222-250; Marybeth Gasman, *Envisioning Black Colleges: A History of the United Negro College Fund* (Baltimore, MD: Johns Hopkins University Press, 2007).

⑫ Barbara Solomon, *In the Company of Educated Women: A History of Women and Higher Education in America* (New Haven, CT: Yale University Press, 1986).

一开始虽然能上大学但无人能顺利毕业，到后来能够圆满完成教育或护理专业的学习，并最终在这些领域找到了工作。[13]

在西方，男性主导高等教育始于中世纪的欧洲大学。由于大学长期缺乏女性，一旦她们来到校园就会受到欢迎。认识到这一点非常重要。例如，文学和辩论社团在19世纪美国学院的学生中间很受欢迎，但它们却一般都有明显的性别和阶级划分。在许多情况下，女性不得不在男女同校的院校里建立她们自己的文学社团，尤其在富有声望的男女同校的高等教育机构里（如州立旗舰大学）更是如此。同样，在19世纪末20世纪初，多伦多大学的男女学生通常都有各自的课外活动组织。尽管男女学生在校园生活方面继续存在差异，但自20世纪60年代以来，这种差异已不再那么明显。美国的一个重要例子是体育运动，特别是校际体育运动。最初，校际体育运动是学院男性（以及他们的教练和教师）的领域，随着广播和电视收入的增加，这一领域得到加强。自20世纪70年代初以来，根据联邦法律法规，男女大学生在校际体育运动中的参与率已愈加接近平等，但迄今为止，大学男子橄榄球和篮球仍是两大高收入的体育项目。针对21世纪初美国和加拿大校际体育的一项比较研究表明，加拿大校际体育在电视收入方面微乎其微。此外，加拿大的大学生运动员更可能“偏学术”一些❶。

在19世纪末20世纪初，无论男女都对中学后教育如何促进职业成功的细节更感兴趣。这时两国都进入到中学后教育对提高社会经济地位起重要作用的时期。这也是女性越来越多地看到学院毕业后工作机会的时期，尽管最终追求贤妻良母这一传统角色的压力在逐渐减轻，

---

⑬ Anne Firor Scott, "The Ever Widening Circle: The Diffusion of Feminist Values from the Troy Female Seminary," *History of Education Quarterly* 19(Spring 1979): 3-25; Judith Fingard, "College, Career, and Community: Dalhousie Coeds, 1881-1921," in Axelrod and Reid, *Youth ,. University and Canadian Society*, 26-50.

❶ 指大学里的学生运动员还是主要侧重于学术与智力活动，而非单纯侧重于竞技体育。

但在20世纪下半叶仍然还很明显。此外，在美国的学院和大学里，传统上兄弟会控制着学生在校园里获得社会地位和经济地位的机会。兄弟会以各种各样的方式，控制着社会生活和学生会主席、报纸编辑等职位，这类职位在进入学院之前和之后都提供了重要的人脉。尽管后来兄弟会失去了曾经在大多数校园里的影响力，但其力量在一个多世纪的时间里还是非常强大的。即使是在兄弟会制度较弱的院校，如加州大学伯克利分校，女性学生在获得学生会中有影响力的职位时也遭遇到了困难，这些职位可以让她们在大学毕业后获得更多的机会。[14]

研究的重要性与日俱增

大学在研究方面的作用日益明显，某种程度上学院也是如此。战

[14] Becky Bradway-Hesse, "Bright Access: Midwestern Literary Societies, with a Particular Look at a University for the 'Farmer and the Poor,' " *Rhetoric Review* 17 (Autumn 1998): 50-73; Christine A. Ogren, "Where Coeds Were Coeducated: Normal Schools in Wisconsin, 1870-1920," *History of Education Quarterly* 35 (Spring 1995): 1-26. Keith Walden, "Hazes, Hustles, Scraps, and Stunts: Initiations at the University of Toronto, 1880-1925," in Axelrod and Reid, *Youth, University and Canadian Society*, 94-121; Horowitz, *Campus Life*; Nigel Roy Moses, "Establishing Precedents: Women's Student Activism and Social Change in the (Canadian) National Union of Students, 1972-1979," *Historical Studies in Education/Revue d'histoire de l'éducation* (Fall 2010): 75-93; John R. Thelin, *Games Colleges Play: Scandal and Reform in Intercollegiate Athletics* (Baltimore, MD: Johns Hopkins University Press, 1994); Natalie M. Geiger, "Intercollegiate Athletics in Canada and the United States: Differences in Access, Quality, and Funding," *College Quarterly* 16 (Summer 2013), http://collegequarterly.ca/2013-vol16-num03-summer/geiger.html; Chad Garfield, Lynne Marks, and Susan Laskin, "Students and Careers: Queen's 1895-1900," in Axelrod and Reid, *Youth, University and Canadian Society*, 3-25; Solomon, *In the Company of Educated Women*; Veysey, *The Emergence of the American University*; Linda Eisenmann, *Higher Education for Women in Postwar America, 1945-1965* (Baltimore, MD: Johns Hopkins University Press, 2006); Charles Dorn, " 'A Woman's World': The University of California, Berkeley, during the Second World War," *History of Education Quarterly* 48 (November 2008): 534-564.

争从四个有趣的方面凸显了大学研究工作的重要性：为赢得战争，政府必须投入大量资金；大学拥有可以获得资金支持的学科和研究领域；战争使得校园中男女生的角色发生变化；战争影响了学术自由的状况。

296 在第一次和第二次世界大战期间，加拿大和美国的情况都表明了研究对于实现国家目标的重要性。尽管研究活动早在第一次世界大战之前就已经开始了，但随着第一次世界大战的爆发，两国的高校和大学教师对于研究的兴趣都有所上升，并在两次世界大战之间的时期得以加速。虽然两国有一些合作，例如在第一次世界大战期间为飞艇生产氦气，但各高校往往比较关注自己的教师在专业知识方面的优势，希望得到政府的支持来进行研究。第二次世界大战表明，政府有兴趣利用高等教育来促进国家利益和赢得战争。这一时期，大学教师和大学本身对于研究的兴趣也在增长，这是提高高校和教师个人声誉、增加资源的一种手段。这些大部分属于科学和技术领域的研究工作及取得的成就，表明政府增加研究投资都给各自国家带来了益处。[15]

因此，对这两个国家来说，研究都变得愈发重要，尽管美国比加拿大更早开始加大力度推进研究。美国第一所研究型大学是 1876 年建立的约翰·霍普金斯大学，而如前所述，多伦多大学直到 20 世纪 20 年代才设立研究生院。

两国高等教育机构研究的广度和深度都远远超出了战时为国家服务的范围。领域的日益专业化和学术科目重要性的提升，通常决定了知识的创造，甚至促进了跨学科学术研究的发展。即使在没有受到大规模政府投资影响的领域，情况也是如此。针对跨学科和学科内研究的调查提供了有用的例子。从 20 世纪 40 年代初到 80 年代的 40 多年间，魁北克大学历史学系一直潜心进行中世纪研究。这个过程非常复

---

⑮ Friedland, *The University of Toronto*; Vannevar Bush, *Science, the Endless Frontier* (Washington, DC: GPO, 1945).

杂，历史学家并没有创造一个研究领域，然而他们却从中获得了益处。在蒙特利尔大学，20 世纪 60 年代的招生人数增长（因此大学生成为其中的一支重要力量）、大学世俗化以及由校长和副校长共同治校等几个因素，为该校的中世纪史研究提供了基础。尽管在 20 世纪 60 年代，人们对跨学科的兴趣激增，但持续的专业化还是导致了以历史学为核心的研究领域的转变。与其他许多案例一样，这门学科的方法论也逐步开始把研究主题限定在历史研究的范围内。同样，在美国，跨学科研究的兴起既有学科基础，也有教授的兴趣，这些跨学科研究包括美国研究和黑人研究等领域。然而，这两个领域的重要区别在于，前者的兴起至少部分是因为冷战和对建立国家理解的兴趣，以及对美国文化重要性的兴趣，而后者则是为了应对 20 世纪 60 年代的民权运动而发展起来的。在这些及其他例子中，强有力的政治和社会关注对区域研究的发展产生了重要影响，其中一些是联邦政府的兴趣所导致的，另一些是社会或政治运动造成的。近东研究和女性研究也是对外部力量的回应，尽管就后者而言，校园中的女性也是建立这一研究领域的倡导者。20 世纪 60 年代以前的美国女性经常面临一大问题：她们可以在美国大学里获得博士学位，但这些大学却不太可能聘用她们。此外，她们的研究工作往往致力于运用社会科学来解决社会问题，或是寻找与男性科学家的合作空间来继续努力成为科学家。[16]

297 总而言之，研究职能和高等教育大众化是两国高校的两大核心。学生生活在战争期间发生了巨大变化，而后来和平时期的社交活动（如舞蹈、约会）则消耗了学生的大量精力。有趣的是，在世界大战期间，两国学生生活中的共同变化是，女生越来越多地参与领导活动，例如担任学生报纸的编辑。女生还积极投身于为赢得战争所做的努力，这往往是基于人们对女性在支持男性方面扮演适当角色的期望，例如，让她们志愿加入红十字会。大学男生的生活也发生了变化。在加拿大和美国，年轻男性都加入了校园军团，为服兵役做准备。[17]

---

⑯ Veysey, *The Emergence of the American University*; James Hull, "Federal Science and Education for Industry at McGill, 1913-1938," *Historical Studies in Education/Revue d'histoire de l'éducation* 13(2001): 1-17; Rebecca Lowen, "Transforming the University: Administrators, Physicists, and Industrial and Federal Patronage at Stanford, 1935-1949," *History of Education Quarterly* 30(Fall 1991): 365-388; Mike Almeida, "Des enfants de la guerre: Les centres de recherche universitaires canadiens, 1945-1960," *Historical Studies in Education/Revue d'histoire de l'éducation* 21(Fall/Automne 2009): 1-22; Bush, *Science, the Endless Frontier*; Roger Geiger, *Research and Relevant Knowledge: American Research Universities Since World War II* (New Brunswick, NJ: Transaction Press, 2004); Marc Potter and Yves Gingras, "Des 'études' Médiévales *à* 'l'Histoire' Médiévale: L'essor d'une Spécialité dans les Universités Québécoises Francophones," *Historical Studies in Education/Revue d'histoire de l'éducation* 18(Spring/Printemps 2006): 27-48. Frederick Rudolph, *Curriculum: A History of the American Undergraduate Course of Study Since 1636* (San Francisco: Jossey-Bass, 1993); Mary Ann Dzuback, "Gender and the Politics of Knowledge," *History of Education Quarterly* 43(Summer 2003): 171-195; Margaret W. Rossiter, *Women Scientists in America: Struggles and Strategies to 1940* (Baltimore, MD: Johns Hopkins University Press, 1983).

⑰ Dorn, " 'A Woman's World' "; Nancy Kiefer and Ruth Roach Pierson, "The War Effort and Women Students at the University of Toronto, 1939-1945, in in Axelrod and Reid, *Youth, University and Canadian Society*, 161-183; A. B. McKillop, "Marching as to War: Elements of Ontario Undergraduate Culture, 1880-1914," in Axelrod and Reid, *Youth, University and Canadian Society*, 75-93; Carol Gruber, *Mars and Minerva: World War I and the Uses of the Higher Learning in America* (Baton Rouge: Louisiana State University Press, 1975).

在战争期间，大学教师经常面临不同的挑战。学术自由的核心是教师有权根据自己的专业知识进行研究或教学，而不管社会的各个不同阶层面临着怎样的挑战。战争给社会科学家带来了特别的压力，他们选择不参与有可能损害学术标准的宣传活动。虽然这两个国家的大学教师都倾向于支持以国家利益为目标所做的努力，但冷战对于美国的重要性却远高于对加拿大的重要性。因此，随着识别甚至开除共产党员和其他异己分子的措施的加强，美国教授们的工作受到了越来越多的威胁。[18]

总　结

加拿大和美国的高等教育在入学率、机构繁荣、种族和民族问题、宗教和世俗性、地区主义和民族主义、女性主义和男性参与以及战争与和平经历等方面存在着历史的差异，也有相似之处。然而通常情况下，随时间推移，趋同性在塑造加拿大和美国高等教育机构方面发挥了更大的作用，尽管其中的细微差别需要仔细关注。

虽然两国步伐不同，但都见证了高等教育从早期强调培养精英到扩大入学机会的发展。迟至20世纪60年代初，加拿大高等教育入学率仅占大学适龄人口的9%，而在美国，这一比例约为30%。美国在第二次世界大战后就已经走上了大众化高等教育的道路；而加拿大直到20世纪60年代后期才开始同样的努力，并提高了对研究的重视程度。

---

⑱ Gruber, *Mars and Minerva*; Ellen Schrecker, *No Ivory Tower: McCarthyism and the Universities* (New York: Oxford University Press, 1986); Michiel Horn, "Academic Freedom in Wartime: The Canadian Experience in the Twentieth Century," in *Cultures, Communities, and Conflict: Histories of Canadian Universities and War*, ed. Paul Stortz and E. Lisa Panayotidis (Toronto: University of Toronto Press, 2012), 202-226; Michiel Horn, *Academic Freedom in Canada: A History* (Toronto: University of Toronto Press, 1999).

此外，在捐赠方面，尽管两国的大多数高等教育机构在财政上都很困难，但美国却有一批非常富有的学院和大学。二者之间的主要区别是，美国富有的捐赠者数量更多。19 世纪末以来，这些捐赠者为确保学院和大学的成功做了很多工作，即使那些数额没有达到数十亿美元的捐赠也是如此。

两国在种族和民族认同方面有重要差异。虽然加拿大和美国都有部落学院，但只有美国才有黑人学院和服务拉美裔的学院和大学。具有残酷讽刺意味的是，在美国，美洲原住民的教育很早就开始了。他们在经历了持续不断的挑战、近乎种族灭绝的情况下，像哈佛学院、达特茅斯学院、威廉—玛丽学院等殖民地学院都曾声称要为他们提供
298 教育服务。加拿大的高等教育并没有搞类似排斥活动的历史条件。以美国黑人学院为例，其起源是为获得自由的奴隶服务的机构。这就预示着这些机构要在各个领域努力争取得到认可，包括高等教育认证甚至是体育项目。鉴于两国的白人女性和有色人种的机会有限，因此都有长期存在的不平等问题。20 世纪 10 年代，随着美国加入第一次世界大战，美军试图评估其士兵的智力，以确定谁有资格胜任何种任务。智力差异的假设开始与基于测试的貌似客观的评估联系在了一起，却没有考虑诸如受教育年限等基本特征。[19] 这种假设在 21 世纪仍然明显存在，因为人们总是执着依赖标准化测试成绩。针对性别的区别对待仍普遍存在，这在人们对接受高等教育后男女角色的预期中体现得很明显。

两国的宗教派别在建立和维持学院与大学方面都发挥了重要作用。但有个关键区别：在美国，由于存在众多教派和不同宗教信仰，导致了大学的生源竞争，最终也导致了在研究和声望方面的竞争。

---

[19] John L. Rury, "Race, Region, and Education: An Analysis of Black and White Scores on the 1917 Army Alpha Intelligence Test," *Journal of Negro Education* 57(Winter 1988): 51-65.

在这两个国家，男性的学生、教师和管理人员握有参与学生活动、从事研究等方面的权力。在第二次世界大战后，以前被边缘化的一些群体在加拿大和美国的校园里取得了进步，尽管他们仍然面临边缘化的问题。

在 20 世纪的战争时期，由于大学教师对自然科学和物理科学有着浓厚的研究兴趣，使得两国联邦政府都把重点放在了提高学院和大学服务国家利益的能力上。在美国，学术自由面临着更多的挑战，包括 20 世纪 50 年代政府无情解雇涉嫌与共产主义有联系的教授的趋势。

综上所述，加拿大和美国有着许多重要的共同特点，但同时历史也告诫我们，两国围绕高等教育机构及相关人的事件和转变，却发生在不同的时期。两国早期的学院都强调宗教，但却逐渐转向更加关注世俗方面。在 19 世纪之前，白人女性及有色人种几乎没有机会接受高等教育；从那以后，随着社区学院的兴起，基于性别、人种和种族的高等教育入学机会增加了。高校的财务稳定仍面临挑战。

两国政府都越来越多地将高等教育机构视为实现国家目标的手段。然而，差异仍然存在，更多的时候是在细节上。美国高等教育事业的规模更大，这是一个重要区别。美国学院和大学之间的竞争似乎比加拿大更为激烈，这也是由该国所具有的地方主义的历史条件决定的。加拿大的学院和大学当然也有自己的支持者，但在美国，私立和公立高等教育机构在 18 世纪都开始了机构间的竞争，并有了各自的支持者。美国有着悠久的私人资助高等教育的传统，它始于 19 世纪末，之后一直势头不减，尽管黑人学院获得的资助与以白人为主的院校不在一个水平上。美国的学院和大学培养了自己的博士毕业生，自己提供了教师来源。作为美国高等教育最为公开的面孔——校际体育运动，始于 20 世纪 60 年代，但在 20 世纪早期就已经奠定了深厚的根基。而有证
据表明，加拿大人一直都强调学术而不是体育。这两个国家都有一种 299
创新的高等教育制度形式，即社区学院。因此，在细节上的趋异和总

体上的趋同还会继续成为这两个国家高等教育机构的特点。

推荐书目

Axelrod, Paul, and John G. Reid, eds. *Youth, University and Canadian Society: Essays in the Social History of Higher Education*. Montreal: McGill-Queen's University Press, 1989.

Gasman, Marybeth. *Envisioning Black Colleges: A History of the United Negro College Fund*. Baltimore, MD: Johns Hopkins University Press, 2007.

Geiger, Roger. *Research and Relevant Knowledge: American Research Universities Since World War II*. New Brunswick, NJ: Transaction Press, 2004.

Horn, Michiel. *Academic Freedom in Canada: A History*. Toronto: University of Toronto Press, 1999.

Horowitz, Helen Lefkowitz. *Campus Life: Undergraduate Cultures from the End of the Eighteenth Century to the Present*. Chicago: University of Chicago Press, 1988.

Saywell, John. *Someone to Teach Them: York and the Great University Expansion, 1960-1973*. Toronto: University of Toronto Press: 2008.

Schrecker, Ellen. *No Ivory Tower: McCarthyism and the Universities*. New York: Oxford University Press, 1986.

Solomon, Barbara. *In the Company of Educated Women: A History of Women and Higher Education in America*. New Haven, CT: Yale University Press, 1986.

Stortz, Paul, and E. Lisa Panayotidis, eds. *Cultures, Communities, and Conflict: Histories of Canadian Universities and War*. Toronto: University of Toronto Press, 2012.

Stortz, Paul, and E. Lisa Panayotidis, eds. *Historical Identities : The Professoriate in Canada*. Toronto : University of Toronto Press, 2006.

Thelin, John R. *Games Colleges Play : Scandal and Reform in Intercollegiate Athletics*. Baltimore, MD: Johns Hopkins University Press, 1994.

Veysey, Laurence. *The Emergence of the American University*. Chicago: University of Chicago Press, 1965.

Wechsler, Harold. *The Qualified Student : A History of Selective College Admission* New Brunswick, NJ : Transaction, 2014.

第 19 章　亚洲的高等教育

安东尼·韦尔奇

302　亚洲高等教育融合了各种古老源头与现代支流：高度多样化，它的过去仍然萦绕于它的现在，同时也面临着一系列新的发展和挑战。亚洲的高等教育与儒家思想一样古老，至今仍影响着韩国、中国（包括台湾）、越南和日本。长期以来，亚洲的高等教育拥有多样的宗教传统（佛教、基督教、印度教、伊斯兰教）和广泛的发展起点，既有高度先进的高等教育体系，如新加坡；也有中等收入国家的高等教育体系，如泰国和马来西亚；还有非常落后的高等教育体系，如缅甸、阿富汗和老挝。许多体系目前都宣称抱负远大，但更多的体系则在资金、治理、入学机会和公平等问题上苦苦挣扎。如何在尊重当地传统和知识与吸收外来知识（主要是西方知识）之间达成平衡，一直是持久不断的辩论话题。一个广泛的变化过程发生了。在这个过程的起初，确定学术的核心和外围相对来说没有什么问题，但到了本章所述发展时段结束时，亚洲已然显示出一个更加多极的知识世界，其中，一些国家（地区）的高等教育体系基本上仍然处于外围，而另一些体系却已经取得了长足的进步。

亚洲的概念

亚洲的概念本身在地理和概念上都是有问题的。一些亚洲（和非亚洲）的学者把它描绘成欧洲文化的产物，给其强加了形形色色的“其他”：其他民族、其他文化和其他语言。[①] 亚洲由45至50个国家组成，总人口超过40亿，通常包括南亚地区（印度、巴基斯坦、尼泊尔、孟加拉国、不丹、马尔代夫和斯里兰卡）、中亚国家（土库曼、吉尔吉斯、阿富汗、乌兹别克、哈萨克、塔吉克），东亚（中国［包括台湾、香港、澳门］、蒙古、朝鲜、韩国、日本），东南亚（东盟十国，包括文莱、柬埔寨、印度尼西亚、老挝、马来西亚、缅甸、菲律宾、新加坡、泰国和越南），中东部分地区（以色列、约旦、巴林、伊朗、伊拉克、科威特、黎巴嫩、卡塔尔、沙特阿拉伯、叙利亚、阿拉伯联合酋长国、也门）以及通常所说的高加索地区（土耳其、亚美尼亚、阿塞拜疆、格鲁吉亚）。阿富汗在这里属于中亚，但有时或经常归到南亚。 303
这些定义虽然并不具有普遍性（西方术语里的“中东”和“近东”，现在更普遍地被称为“西亚”），但却让人感觉到亚洲作为一个概念的复杂性，进而也让人感觉到难以对亚洲高等教育的增长和多样性加以公正对待。[②] 地区主义、民族认同（其中许多人突破了国界）和全球化的扩展，是近几十年来任何分析都会涉及的更为深入的概念性问题。

过去对现在的困扰

要了解亚洲现代高等教育体系的发展，必须从长远的历史视角去看。儒家也许提供了最为清晰的例子。有一种高等教育形式约与柏拉

---

① See, inter alia, Edward Said, *Orientalism*, 2nd revised edition (London: Routledge and Kegan Paul, 1994); K.-H. Chen, *Asia as Method: Toward Deimperialisation* (Durham, NC: Duke University Press 2010).

② For ASEAN, see "Overview," http://www.asean.org/asean/about-asean/overview. See also the UN's Geoscheme for Asia, UN Statistics Division, "Methodology," http://unstats.un.org/unsd/methods/m49/m49regin.htm.

图学园同时出现，在一千多年后的唐宋时期得以正式确立，核心课程以四书五经为基础，一直持续到20世纪初，在中国和越南都有。③

另一个例子，可以说是亚洲第一所高等学府，即公元前360年，中国战国时期建立的稷下学宫；其教师包括孟子、荀子、邹衍和慎到，慎到是道家和法家的先驱。当北京大学校长蔡元培（1916—1926年在任）着手这所大学的改革和现代化时，他有意援用了稷下学宫广揽人才的精神，又沿袭了儒家对于修身和道德的强调。

当然，印度也以受人尊敬的思想体系和机构而自豪，如古老的梵文学校和伊斯兰宗教学校等。印度一些受人敬仰的机构其影响仍然存在，例如那烂陀寺，位于现在的比哈尔邦，曾经是著名的佛教学术中心，在其鼎盛时期招收学生达数千人，其中一些来自现在的尼泊尔、中国、中亚和韩国。其中最杰出的校友之一玄奘，着力把佛教传播到中国。他在那烂陀寺驻留了7年，将657本经书带到了长安（今西安）。现在，该寺在重新建立和振兴的过程中，其课程有意地迎合了古老语言的复兴，这又是一个过去影响现在的例子。约2700年前兴建的塔克西拉古城（位于现巴基斯坦），其特色是提供包括科学和艺术在内的广泛课程。位于现在古吉拉特邦的瓦拉比，和位于现在比哈尔邦的超戒寺，都是相互竞争的佛教高等教育中心，后者下设6所学院，每个学院有108名教师，还有一个作为整个机构中心的科学宫❶。关于印度早期

---

③ On the Jixia Academy, see Richard Hartnett, *The Jixia Academy and the Birth of Higher Learning in China: A Comparison of Fourth Century bc Chinese Education with Ancient Greece* (Lewiston, ME: Edwin Mellen 2011). On the persistence of the Confucian model, see Ruth Hayhoe, *China's Universities 1895-1995: A Century of Cultural Conflict* (New York: Garland, 1996); Anthony R. Welch, "The Internationalisation of Vietnamese Higher Education," in *Reforming Vietnamese Higher Education*, ed. Grant Harman, Martin Hayden, and Pham Van Nghi (London: Springer 2010), 197-213.

❶ 原文如此。据查相关文献，超戒寺的中心是观音殿，观音殿设六重门，每门置有守门学者接受各方问答、辩论或挑战。此处的科学宫指的应是观音殿。

的伊斯兰教高等教育中心，值得一提的是位于现在德里的豪兹卡哈宗教学校，该校由菲鲁兹·沙于1352年建立。它是图格鲁克王朝最重要的伊斯兰教机构之一，也是达尔伊斯兰（伊斯兰世界）规模最大、设备最好的神学院之一。④

最后，必须考虑伊斯兰教早期高等教育中心对现代高等教育体系具有的广泛重要性。其中包括巴格达著名的智慧宫和开罗的爱资哈尔大学。它们的历史起源比巴黎大学或牛津大学都要早，但在非洲却有与它们比肩的例子，特别是廷巴克图的桑科尔清真寺大学（现马里），
以及摩洛哥菲斯的卡鲁因大学。这些中心将伊斯兰世界内外的学者们 304
紧紧吸引到一起，也是不同领域（数学、天文学、医学、哲学）的主要学术和学习中心。虽然伊斯兰学术的黄金时代早已过去，但这也是一个经久不衰的传统，其影响已蔓延到亚洲其他地区，对此本文稍后将有进一步关注。⑤

亚洲近代大学的兴起

亚洲最早的近代大学成立时间要晚得多，开始于16世纪，而且通

---

④ For scholars at Jixia, see Hartnett, *The Jixia Academy*. For Nalanda's revival, see Alya Mishra, "Revived Nalanda University Will Balance Local and Global Research," *University World News*, February 16, 2014, http://www.universityworldnews.com/article.php?story=20130213115825860. On the Hauz Khas, see Anthony Welch, "A Mediaeval Centre of Learning in India: The Hauz Khas Madrasa in Delhi," *Muqarnas* 13(1996): 165-190.

⑤ For the earlier history of Islamic higher learning, see inter alia, George Makdisi, *The Rise of Colleges: Institutions of Learning in Islam and the West* (Edinburgh: University of Edinburgh Press, 1981) and his later *Religion, Law and Learning in Classical Islam* (Aldershot, UK: Variorum Press, 1990). On more contemporary Asian currents, see Anthony R. Welch, "Seek Knowledge throughout the World? Mobility in Islamic Higher Education," in *Internationalisation of Higher Education and Global Mobility*, ed, Bernhard Streitwieser (Oxford: Symposium Books 2014), 135-150.

常由基督教传教士注入了来自西方的重要元素。成立于1594年的澳门圣保罗学院，是一家耶稣会的机构，据称是东方第一所西式大学/学院（尽管它的姊妹机构，位于印度果阿的圣保罗学院，是在它之前50年即1544年根据国王多姆若昂三世的谕令建立的，1556年的时候该学院扩展了世俗学科）。在其发展的重要阶段（1594—1762），澳门圣保罗学院吸引了来自东西方大约16个国家的学生。[⑥] 值得注意的是，当时一位官员反对澳门的提议，质疑这“可能是西方化的项目”[⑦]。这种在16世纪末表达出来的反复出现的困境，其实是一个持久的主题：如何将近代（主要是西方）知识的要素融进来，同时又保留亚洲传统的关键要素。如今基督教教会的高等教育机构依然存在，主要分布在韩国和菲律宾；在东亚其他地区，早期传教士留下的遗产就不那么明显了。在非洲和拉丁美洲部分地区，这类机构的规模还稍有扩大。

日本明治维新时代（1868—1912）是一个无与伦比的国际开放时期，一个寻求包括教育在内的改革理念的时代。岩仓使团和其他外派使团在欧洲和美国寻找最先进的学习形式，由此导致了高等教育方面的重大改革。当时的人们判断，德国的教育体系是最先进的，这意味

---

⑥ On St. Paul's, see D. M. G. Dos Santos, "Macao, the First Western University in the Far East," in "The Jesuits 1594-1994: Macao and China. East Meets West," ed. L. Sa Cunha, special Issue of *Review of Culture* (Cultural Institute of Macao), no. 21, 2nd series (1994); Y. Camus, *Macao and the Jesuits: A Reading through the Prism of History. From the Growth of Macao in Late Ming Times to Saint Paul's University College and Its Role* (Macao: Matteo Ricci Institute, n. d.), http://www.riccimac.org/doc/monographs/1/macao_and_the_jesuits.pdf.

⑦ Camus, *Macao and the Jesuits*, 16. For the complex Western influence on Asian education, see inter alia, Philip Altbach, "Twisted Roots: The Western Impact on Asian Higher Education," and Shigeru Nakayama, "Independence and Choice: Western Impacts on Japanese Higher Education," each in Philip Altbach and Viswanathan Selvaratnam, eds., *From Dependence to Autonomy: The Development of Asian Universities* (Dordrecht: Kluwer, 1989), and more recently Welch, "The Internationalisation of Vietnamese Higher Education."

着它对明治时代日本高等教育体系的发展产生了最大的影响，但不是唯一的影响。明治之前的 1858 年建立庆应义塾，是一所早期欧式机构，后来发展为私立庆应义塾大学。它在 1890 年建立起大学部，设有经济、法律和文学三个系，但直到 1920 年才被日本政府授予大学称号。东京大学创建于 1877 年，是在以前的汉学塾、国学塾、医学塾和洋学塾等基础上发展而来，并自称是沿袭自 1630 年林罗山创建的一所私立儒学机构。京都大学成立于 1897 年，是第二所帝国大学，无论从声望还是研究成果方面，现在仍然被认为是仅次于东京大学、排名第二的全国性大学。

关于中国第一所近代大学的说法尚存有争议，但也许最有价值的说法是，1895 年盛宣怀获得清朝光绪皇帝的许可，建立了中西学堂，后来成为北洋大学（1903）和天津大学（1951）的核心部分。一年后
(1896)，盛宣怀再次获得皇帝批准，建立南洋公学，即后来（上海） 305
交通大学的前身。两年后（1898），光绪皇帝下令建立京师大学堂，这是北京大学的前身。这三所大学都是中国顶尖的大学，北京大学被普遍认为是这一体系中的明珠。对北京大学产生巨大影响的是改革先驱蔡元培，他在德国莱比锡大学以及法国逗留的那段时间，对他后来任北京大学校长时期产生了重要影响。他试图融合东西方的精华，并痛斥他所认识到的中国传统高等学问中迂腐的学究做派。⑧ 位于长沙的湖南大学（1926）声称拥有一个历史更悠久的谱系，其中包括著名的岳麓书院。该书院创建于宋朝开宝年间（968—976）的 976 年，尽管这个机构在此后数百年间经历了许多不同的迭代。

---

⑧ See, inter alia, L. Zhang, "Cai, Yuanpei(1968-1940)," *Prospects : Quarterly Review of Comparative Education* 23, nos. 1-2(2000): 147-157; R. Mak, "The German Intellectual Tradition, Cai Yuanpei and the Founding of Peking University," in *Transmitting the Ideal of Enlightenment : Chinese Universities since the 19th Century*, ed. R. Mak(Lanham, MD: University Press of America, 2009), 35-52.

在东南亚，1611 年建立的以托马斯·阿奎那命名的圣托马斯大学，是该地区的首所大学。1619 年获准授予神学和哲学学位，1645 年由罗马教皇英诺森十世授予大学地位，1680 年教皇英诺森十一世授予其颁发其他学位的权利。圣托马斯大学的历史比哈佛更为悠久，现在仍是高等教育中一所重要的天主教院校，其在当地的声望要比在全球的声望还要更高。它悠久的历史可以与拉丁美洲那些同为天主教的、服务时间最长、最有声望的高等教育机构相媲美。

殖民主义与后殖民时代的发展型国家

殖民主义对亚洲高等教育体系的影响深刻而持久，尽管这种影响不完全是积极正面的。殖民主义破坏了当地的传统，带来了一些棘手问题，即面对往往专横的输入，如何保持当地在知识、语言、管理和文化诸方面的优势。一些国家，尤其是日本，虽然免受殖民统治，但在第二次世界大战后，美国的占领顾问还是“建议”其全盘采用美国模式，这一做法深刻影响了该体系的后续发展。印度、马来西亚、新加坡和缅甸等国家受到英国殖民主义的强烈影响，而中南半岛的印支地区则更多受到法国意识形态和制度模式的影响。西班牙影响了菲律宾高等教育的早期发展，而俄国和随后的苏联则影响了中亚各国（一度还影响了中国和越南）。美国对 20 世纪的菲律宾、第二次世界大战后的日本以及 1975 年以前的越南南部影响最大。英国殖民主义因其广泛的影响力，在亚洲的影响更为强大和持久。但是，本土大学也对全球的大学产生了重塑作用：虽然有人认为，没有一所亚洲大学真正起源于亚洲，但这种说法并没有意识到当地传统是如何强烈地重塑，有时
306 甚至是抵制西方模式的。19 世纪末 20 世纪初担任印度总督的寇松勋爵曾因此宣称，“东方是一所学者从不拿走学位的大学”，但他并不是唯一一个惊讶于当地“复制品”与原作有多么不同的人。

法国在越南的影响，某种程度上与其在非洲法语区的影响相似。例如，摩洛哥第一所现代大学——拉巴特大学成立于 1957 年，后于 1975 年改组为穆罕默德五世阿格达尔大学。与英国殖民主义不同，法国在非洲的活动更多是为了扩展法国世俗文化的影响，因此阻碍了传教活动。在越南，19 世纪后半叶，法国殖民主义从南部（当时称为南圻）向北延伸，导致法国高等教育机构小范围的传播，特别是在河内和西贡。最终的结果是造就了少量的当地学者，他们进一步的知识发展与宗主国法国紧密联系在了一起。越南与非洲的经历有些不同，天主教是法国对其另一项输入；事实上，在 1975 年越南统一之前，教会最初统治着在顺化和大叻的大学，后来这些大学成了国立大学。17 世纪由法国牧师亚历山德罗创制的越南语罗马字母表，逐渐取代了作为传统儒家高等教育基础的汉字。早期的外国高等教育机构包括一所医药学校（即后来的河内医科大学）、一所师范学院、一所工程学院和一所法律学院，所有这些机构都设在河内。

然而，殖民者的目标与像胡志明这样有独立思想的学生的民族主义理想发生了冲突。这些人后来在法国期间，与法国及俄国的共产主义者接触之后变得激进起来。因此，与亚洲其他地方一样，殖民者希望能够打造一个与宗主国有着密切联系和依赖关系的地方精英阶层的目标并非总能实现。事实上，在某些方面，本土大学被证明是孕育民族主义和殖民异见的温床。但这些机构较为简陋，目标较为有限，往往侧重于培训熟悉殖民者语言的地方公务员，以及数量有限的其他专业人员，如医生、律师、农艺师和药剂师。由于殖民地管理者没有太多的抱负雄心，这就意味着，在 20 世纪 40 年代初，据估计仅有 3%的越南人受过教育；大多数人仍然是文盲。1954 年法国在奠边府的最终失败，预示着法国在越南和中南半岛高等教育领域影响力的进一步减弱，尽管 2009 年河内科技大学的成立表明，越南政府有意选择法国作为合作伙伴。同样，1975 年美国及其盟军失败后，越南实现了社会主义统治下的国家统一，造成美国在南方的影响力下降（北方受苏联模式的影响更大）。[9]

第二次世界大战后取得独立的东南亚国家（印度尼西亚，1946 年；菲律宾，1946 年；马来西亚，1957 年），在国家能力有限和技能型人才广泛竞争的情况下，采用当地人取代殖民地管理者和学术人员带来的困境，影响了各国高等教育体系的发展。在所有东盟国家中，泰国是唯一不曾被西方殖民的国家，不过在第二次世界大战前，欧洲对它的影响虽然有限，但仍显而易见。有人认为日本在 1941 年对泰国的入侵产生了持久的影响，不过战后泰国的发展却往往更多地受到英国和
307 美国思维的影响。菲律宾与前宗主国美国在高等教育上的联系脐带基本上没有断裂；在印度尼西亚，第二次世界大战开始时，只有三分之一的教师是印尼人（其中一些人参加了争取独立的斗争），这一情况为其战后高等教育的发展和扩张带来了挑战。[10]

英国在印度统治期间的一个重要成果，就是于 1817 年在加尔各答建立了印度教学院（后更名为总督学院），这是第一所“欧式”高等学府，后来又于 1857 年在加尔各答、孟买和德里建立了大学，不过就像它们所效仿的伦敦大学一样，这些大学最初仅仅是考试机构。所有机构中的教学语言都是英语，与法国殖民者的目标一样，目的是培养和

---

[9] For colonial influences on Vietnamese higher education, see Welch, “The Internationalisation of Vietnamese Higher Education.”

[10] For postcolonial development in Indonesia, see William Cummings and Salman Kasenda, “The Origin of Modern Indonesian Higher Education,” in Altbach and Selvaratnam, *From Dependence to Autonomy*, 143-166. For developments in the Philippines, see Andrew Gonzales, “The Western Influence on Philippines Higher Education,” in Altbach and Selvaratnam, *From Dependence to Autonomy*, 147-171. For Malaysian postwar indigenization, see Viswanathan Selvaratnam, “Change amidst Continuity: University Development in Malaysia,” in Altbach and Selvaratnam, *From Dependence to Autonomy*, 187-205.

保持对英国的情感，灌输西方知识，维护英国人的统治。[11] 英国东印度公司统治初期，无论是对贸易的重视，还是对培养地方亲善的渴望，都推动了当地高等教育机构的建设，如普纳学院、加尔各答宗教学校和贝纳拉斯梵语学院，这些机构的教学媒介是梵语、波斯语或阿拉伯语。直到 1837 年，英语才取代波斯语成为官方语言和宫廷语言；因此，以英语为媒介的教育出现得较晚。这种机构模式将本土高等教育的悠久传统一扫而光，导致甘地于 1931 年在英国皇家国际事务研究所的一次演讲中对此提出了严厉批评，他说印度当时的文化水平比 50 年前或 100 年前还要低（他称跟缅甸一样低），究其原因是因为殖民者未能对当地历史悠久的认识论和教育传统给予应有的重视。尽管如此，这一高等教育体系在 1947 年印度独立后还是有所扩大，包括约 20 所大学和 600 多所附属学院。到 1980 年，进一步扩大到 132 所大学和 4738 所学院（其中许多是政府资助的私立院校或用赠款建立的院校），这些机构的入学人数占适龄人口的 5%左右。一些人批评这种事实上的对私立高等教育的国家化，既影响了办学主动性，也降低了办学质量，不过机构数量的增长却并没有放缓。

尽管不是严格意义上的殖民主义，但 1979 年苏联入侵阿富汗后，极力扶持一个在阿富汗国内鲜有人拥护的附庸政权，这无疑导致了当

---

[11] For Indian developments see Pawan Agarwal, *Indian Higher Education : Envisioning the Future* (New Delhi: Sage, 2009); N. Jayaram, "Higher Education in India: Massification and Change," in *Asian Universities : Historical Perspectives and Contemporary Challenges*, ed. Philip Altbach and Toru Umakoshi (Baltimore, MD: Johns Hopkins University Press), 85-114; Aparna Basu, "Indian Higher Education: Colonialism and Beyond," in Altbach and Selvaratnam, *From Dependence to Autonomy*, 167-186. For Afghanistan, see Anthony R. Welch and Attaullah Wahidyar, "Evolution, Revolution, Reconstruction: The Interrupted Development of Higher Education in Afghanistan," in *Ideen und Realitäten von Universitäten (Universities: Ideas and Realities)*, ed. Marc Fabian Buck and Marcel Kabaum (Frankfurt: Peter Lang, 2013), 153-175.

地高等教育体系的重大重塑，包括体制革新、课程修订、师资数量和入学人数的波动，以及对已有机构的重塑或创建新机构，这些新机构包括 1985 年创建的喀布尔理工大学、1987 年的巴尔赫大学和 1988 年的赫拉特大学。总的入学人数大幅下降，部分原因是与苏联结盟的阿富汗民主人民共和国决定将征兵年龄从 22 岁降至 18 岁。众多学者或被处决或遭监禁；约近千人逃离了这个国家。结果，作为重点院校的喀布尔大学无法再开设工程学科。将辩证唯物主义等科目引入必修课程，这也导致一些本国教师的离职。但在这种情况下，尽管不断遭到攻击，数百名苏联专家仍在各大学勤勤恳恳地工作。正如在社会主义政权（如越南）中的常见现象一样，成千上万的阿富汗学生被送往苏联继续深造。尽管有苏联的干预（或者也许正是因为有这样的干预），但还是造成了毁灭性的后果，亲苏和反苏武装之间的战争导致许多知识分子（包括喀布尔大学和理工大学的苏联专家）遇害，博物馆和图书馆的藏品被洗劫一空。

“发展型国家”这一术语，用于描述的是东亚和东南亚国家在政府主导下出现的经济发展和快速增长现象，而人们围绕发展型国家所进行的争论，或多或少与这种发展的某些方面尤为相关。显然，在韩国、
308 日本和中国（包括台湾）等东亚国家（地区），高等教育过去是、现在仍然是加速国家发展总体目标的支柱。新加坡、越南和马来西亚等东盟主要成员国的情况也大致相同。有鉴于此，我们毫不奇怪地发现，当前的知识经济话语只相当于是人类资本主义理论的最新伪装，其中高等教育是一个关键组成部分。东亚地区深受儒家传统影响，它不断从这口深井中汲取营养，长期受儒家哲学的影响的越南也是如此。

镇压知识分子：对高等教育的攻击

亚洲现代高等教育的发展在很大程度上是一种进步和增长，近几

十年来尤其如此。这种进步与成长既是数量上的，也是质量上的，虽然有时前者更甚于后者。尽管如此，近几十年的历史，如果不探讨其被灾难性事件打断的情况的话，这段历史就是不完整的。下文所述案例并非亚洲独有。非洲的大学同僚们也受到了迫害，如1982年肯尼亚逮捕学者，1989年尼日利亚对学者进行政治迫害、关闭大学，乍得和刚果民主共和国攻击和监禁学术人员，津巴布韦拘留和威胁学者，南非种族隔离下的焚书事件，以及埃塞俄比亚的德格政权（1974—1991）发起的“红色恐怖”❷，导致埃塞俄比亚的高技能人才大量外流，造成知识流散。后果之一就是非洲比其他任何地方人才外流的情况都更为严重，这一现象严重阻碍了高等教育的更快发展。在拉丁美洲，智利的皮诺切特政权（1973—1990）取缔了政治学和社会学，强迫约2000名学者和20 000名学生离开大学；1976年阿根廷军事政变对大学师生进行政治迫害；尼加拉瓜的索莫扎政权在1974年以后对高等教育领域日益残酷的镇压。这些都是即便不独特但也值得关注的例子。[12]

在亚洲，发生在中国、柬埔寨和阿富汗的三个事件对高等教育的破坏规模和影响也较为突出。事件发生时，都曾产生一种与正规高等教育根本对立的制度，导致了高等教育机构被关闭，图书馆、博物馆

---

❷ 推翻末代皇帝海尔塞拉西后，独裁者门格图斯发动的一场清洗政治异己的恐怖运动。

⑫ For Africa, see Y. G. -M. Lulat, *A History of African Higher Education from Antiquity to the Present* (Santa Barbara, CA: Greenwood 2005), and his earlier work "The Development of Higher Education in Africa," in *African Higher Education: An International Reference Handbook*, ed. Damtew Teferra and Philip Altbach (Bloomington: Indiana University Press, 2003), 15-31. For Latin America, see Simon Schwartzman, "Policies for Higher Education in Latin America: The Context," *Higher Education* 25, no. 1 (1993): 9-20; Jorge Balan, "Latin American Higher Education Systems in Historical and Comparative Perspective," in *Latin America's New Knowledge Economy: Higher Education, Government and International Collaboration*. Jorge Balan (Washington, DC: Institute for International Education, 2013), 7-20; Rodrigo Arocena and Judith Sutz, "Latin American Universities: From an Original Revolution to an Uncertain Transition," *Higher Education* 50, no. 4 (2005): 573-592.

和实验室被破坏，学者和学生也遭受迫害。

在中国，由毛泽东领导发动的“文化大革命”（1966—1976），是破“四旧”（旧思想、旧文化、旧风俗和旧习惯）斗争的一部分，当时导致全国的大学在事实上关停了三年（1966—1969），许多大学甚至停办整整十年，超过500万受过教育的城市知识青年（“上山下乡”）和许多学者被派往农村地区（包括“五七干校”），向农民或劳动者学习
309 经验，其间很多人遭受了迫害。图书馆和博物馆的藏品被毁。在经历了十年的混乱、暴力和无政府状态之后，1976年的高等教育入学率仍然未能恢复到1966年的总体水平，虽然女性入学的比例（可能包括来自农村地区的女性的比例）有明显上升。一大批中国最优秀、最聪明的人，也就是所谓“迷失的一代”，这时青春已逝，错过了接受高等教育的机会。

柬埔寨红色高棉（1975—1979）时期，大规模关闭了大学，其中一些大学被改造成再教育营或农业单位，受过教育的阶层遭到系统性迫害，其中数千人被杀害。据亚洲开发银行后来的一项评估得出的结论，75%—80%的大学师生遭到屠杀或被迫逃亡。1979年当越南人入侵柬埔寨时，据估计只剩下不超过300名受过高等教育的人；而其中的大多数一旦有可能便离开了柬埔寨。在当时最坚固的监狱，即臭名昭著的“第21号安全监狱”，曾关押了约14 000名囚犯，其中有为数不少的知识分子，这些人大约只有12个人幸存下来。红色高棉留下的深远后遗症，是大学、知识和赋予这两者生命的个人的共同毁灭。

塔利班政权在阿富汗的崛起对高等教育产生了灾难性的影响。喀布尔大学独特的图书馆藏被洗劫一空，实验室设施被毁，许多学术人员被迫逃离，不少人一去不复返。即便是没有被大炮炸毁的东西，也被一个更关心所谓精神纯洁而不是高等教育进步的政权掠夺或摧毁殆尽。喀布尔大学收藏的大约20万本关于阿富汗的书籍和专门资源成了废弃物，这所大学和其他大学的学生们被告知他们不需要图书。这个

时期的新建机构反映了伊斯兰的意识形态，其中包括建立了伊斯兰研究大学（后又被塔利班关闭），还有伊斯兰大学。后者是由阿富汗伊斯兰党在其领袖古勒卜丁·希克马蒂亚尔领导下于1989年建立的。其他机构则反映了国外伊斯兰的影响：阿卜杜拉·本·马苏德大学，是从巴基斯坦的白沙瓦迁移过来的，在苏联撤军后于1991年由伊斯兰促进会创办；伊斯兰教育和技术学院，由沙特阿拉伯伊斯兰救济会和世界穆斯林联盟在白沙瓦的哈亚塔巴德建立。1989年在白沙瓦建立的乌玛哈图尔·莫米宁大学对女性有着特殊的意义，尽管后来逐渐衰落下去了。然而，相对更大的遗产仍然是损失和破坏。

尽管在每一种情况下，随后的重建和扩张都能够弥补之前物质上的损失，但要从对生命、知识和机会所造成的破坏当中恢复过来，却更为困难。⑬

现代性自相矛盾的遗产

近几十年来，亚洲各地的高等教育体系不断发展和成熟，尽管差异很大，但也存在着相互关联的张力和挑战。在这一实质性变革的过程中，增长是巨大的，令人惊异。但很显然远不止是扩张：从世界范 310
围来看，亚洲高等教育无疑已获得更大的影响力，且不仅仅是数量上

---

⑬ On Cambodia, see David Ayres, *Anatomy of a Crisis: Education, Development and the State in Cambodia 1953-1998* (Honolulu: University of Hawaii Press, 2000); David Sloper, *Higher Education in Cambodia: The Social and Educational Context for Reconstruction* (Bangkok: UNESCO Regional Office, 1999); Asian Development Bank, *Cambodia: Education Sector Study* (Manila: ADB, 1996); "Khmer Rouge History," *Cambodia Tribunal Monitor*, http://www.cambodiatribunal.org/history/cambodian-history/khmer-rouge-history/. On China, see Hayhoe, *China's Universities*; Jianmin Gu, Xueping Li, and Lihua Wang, *Higher Education in China* (Hangzhou: Zhejiang University Press, 2009). On Afghanistan, see Welch and Wahidyar, "Evolution, Revolution, Reconstruction."

的。曾经被视为异域风情的中心，或许也被视为西方体系勤奋研究生供给源的亚洲，到了20世纪的最后十数年和21世纪初时，不同高等教育体系内部和彼此之间的差异越来越大。因此，亚洲各个体系融入全球知识体系的程度，以及它们在全球知识体系中的特殊地位，逐步出现明显的差异。虽然全球化进程以及日益高涨的地区主义对各国高等教育体系构成了越来越大的挑战，但亚洲、拉丁美洲和非洲的各国政府并不总是那么愿意放松对学术机构的控制，也不愿意对全球观让步太多，而是把国内放在优先位置。尽管在东盟和“东盟＋”的背景下，尤其是在中国，地区主义在亚洲高等教育中显露出成功的迹象，但其发展程度却仍落后于欧洲。在欧洲，各国政府已经普遍接受了像伊拉斯谟和苏格拉底这样的大学生交流计划。对此，亚洲各国更多显示出口头上的支持，但并没有意愿将控制权让渡给地区性倡议。

近几十年来，高等教育体系的大众化进程（大众高等教育通常被定义为至少占适龄组入学率的15%）引发了一种更为明显的紧张关系，这种现象在许多亚洲国家蔓延，也蔓延到了非洲和拉丁美洲的一些地区，重塑了这些地区的高等教育。在20世纪的最后20年里，发展中国家的高等教育入学率实际上翻了一番，尽管各个国家的增长率差别很大，但总体上几乎没有入学率下降的迹象。最引人关注的是，在不断上升的入学人数与停滞不前的公共财政状况之间，鸿沟不断加深。[14] 东亚和东南亚地区的政府，尤其是中国（包括中国台湾）、日本和韩国，面临着人口即将减少的情况，纷纷推出了雄心勃勃的扩大高等教育的计划，既是为了满足那些完成了中学学业、立志进入大学学习的人日益增长的需求，也是为了推动国家的发展。然而，在许多情况下，这一决心并未带来相应的资金增加。事实上，以实际价值计算，资金减

⑭ See, inter alia, Asian Development Bank, *Counting the Cost: Financing Higher Education for Inclusive Growth in Asia* (Manila: ADB, 2012).

少的情况并不少见，至少以生均获得数来衡量是减少了。由此产生了一些相应的影响。首先可能是资源上的压力增加了，资源包括学术和行政人员、图书馆、实验室和教室，以及学生的宿舍等。也许最明显的例子，是中国高等教育体系的急剧增长，从 1999 年到 2004 年左右，中国高等教育体系呈指数级增长，每年招生增长率在 25%到 35%之间。由此产生的压力很快在该系统的各个方面显现出来：难以征聘到合格的学者，图书馆资源捉襟见肘，师生比例情况严重恶化，学生宿舍和教室十分拥挤，学术和行政人员都忙碌不堪，他们花在学生或研究上的时间在减少。为了应付日益增加的入学人数，许多大学开始建设大楼和新校区，在这一过程中学校要承担巨额债务，有时还会带来贪腐风险。

高等教育私有化是国家政府越来越无力或不愿意为这种增长提供足够资金的一个结果。这一趋势之所以有趣，原因很多，特别是因为公立高等教育体系的发展在不同程度上与民族国家的崛起有关，包括
在后殖民时代的亚洲、拉丁美洲和非洲。私有化有两种相互影响的形 311
式：一方面，亚洲许多高等教育体系中，私立高等教育的增长超过了公立高等教育（菲律宾、中国台湾地区、日本和韩国并非如此，这些地方的私立高等教育规模已经大于公立高等教育）。

与此同时，将公共高等教育机构私有化的趋势也在不同程度上发生了。随着公共资金的减少（至少就生均经费而言），入学人数增加所带来的压力有增无减，公立大学被迫让收入来源多样化。为此，大学采取了多种形式，但在东南亚大学，一个常见办法是设立平行项目，即通过形形色色的推广项目、高级管理项目或学历项目等，收取高额费用。这些项目的入学标准远低于主流公立机构，在某些情况下实际上意味着开放入学。虽然这些课程的授课人员与公立高等教育机构的授课人员相同，但这些课程要么在晚上进行，要么在周末进行，很快就因标准低、设施不足而受到广泛批评。在越南、马来西亚、印度尼

西亚和泰国，高校受到的腐败指控多与以下问题有关：招收远远超过规定限额的学生，误导性招生广告，向一些富有的私立大学学生收取高额费用以进入公立院校（这在印尼称为“特殊通道”），与国家官员勾结，修改学生成绩让他们入学，财务状况不够透明，等等。[15] 在阿富汗，新的私立高等教育机构如雨后春笋般涌现，其中一部分的质量令人生疑。他们的教师通常由来自巴基斯坦的学者组成，这些人的资历并不总是最高的，学历真假难辨，也没有确定的正式身份。在缅甸，对于私立高等教育机构虽然没有明确的法律规定，但这些机构在实践中也存在。阿富汗和缅甸的例子都说明了一个一直存在的问题：在国立高等教育体系供给能力紧张和透明度有限的情况下，国家对于高等教育领域（有时包括新兴的私立机构）监管的范围和质量也是有限的。

另一个长期存在的遗留问题是，综合东西方的尝试是十分困难的。这正是蔡元培在民国时期努力改革高等教育时面对的问题。中国的格言“中学为体，西学为用”（中国的伦理学知识是根本，西方的知识是实际运用）可以明显反映这一点。同样，日本的明治维新也试图在保留日本核心价值观的同时，汲取学习西方知识中的精华。许多亚洲体系都阐述了这个问题，但很少有体系能令人满意地解决这个问题。同样的困境也存在于非洲的高等教育中，也许在马兹鲁伊所提出的两个要素当中得到了最好的阐述：向内看自己的祖先（包括其伊斯兰遗产），向外看更大范围的人类。[16]

在众多的亚洲高等教育体系中，雄心勃勃的进程往往包括建立世界一流高等教育机构的目标。在马来西亚，马来西亚理科大学被指定为顶尖大学，为其提供额外的资源，与此相伴随的是，人们对它将在

---

[15] See Anthony R. Welch, *Higher Education in Southeast Asia: Blurring Borders, Changing Balance* (London: Routledge, 2011); Asian Development Bank, *Counting the Cost*. For Afghanistan, see Welch and Wahidyar, “Evolution, Revolution, Reconstruction.”

[16] Ali Mazrui, *The Africans: A Triple Heritage* (London: Little, Brown, 1986).

短时间内跃入国际研究型大学行列有了更高的期望。越南的应对策略是建立“模范”大学，主要与德国或法国等更为成熟的体系进行合作。作为目前东南亚最富有的国家，新加坡采取了双管齐下的做法，大量投资建设自己的国内高等教育机构，同时也吸引一些美国的主要院校来设立分校。在英文期刊和主流期刊上发表文章的广泛压力，产生了喜忧参半的结果。中国是分层程度最高的高等教育体系之一，特意挑选了几十所领先的高等教育机构进行重点建设，以帮助它们获得额外的资源，并对它们寄予更高的期望。这一战略取得了成功，越来越多 312
的领先高校进入各种世界排名之中。另一个亚洲巨人印度所取得的成功相对要少得多。在东南亚体系中，新加坡尽管规模较小，但在各种排名中表现最好。相比之下，伊斯兰高等教育机构很少出现在排名中。

私有化的趋势往往会强化另一个令人担心的模式。在许多亚洲体系中，公立高等教育传统上由中产阶级和城市青年主导，于是有才华的穷人就只能去私立高等教育机构或海外机构就读（如果它们提供奖学金的话）。私立高校的扩张拓展了机会，但往往增加的是质量差的机构，课程选择有限，且常常集中在商业、信息技术方面，或许还有某些语言等内容。许多私立机构的收费很高（同时公立大学的高需求项目也提高了学费）。事实上，许多贫困学生经常面临着为低质量课程支付比他们在公立学校的中产阶级同龄人更高学费的境况。在许多体系中，少数民族青年也处于不利地位。在印度，为表列种姓、表列部落❸、其他落后阶层以及其他人保留名额的政策，在结束不平等方面并没有完全起效。马来西亚长期以来对马来人的优惠政策，实际上剥夺了许多华裔和印度裔公民的权利，这一政策在2003年被正式废除。在缅甸，罗辛亚族穆斯林被禁止进入职业学院，在教育方面受到更普遍的歧视。在非洲，激烈的种族纷争有时也会导致失败方实际上被禁止

---

❸ 表列种姓和表列部落指的是印度宪法规定给予保护的社会弱势群体。

接受高等教育。在南亚和中亚，女性的大学入学率仍然极低。

随着亚洲经济的持续增长（除日本外，其他亚洲国家的经济增长率远远超过北美、欧洲或大洋洲），在全球知识经济受到热捧的时代，高等教育所扮演的角色更加突出。以前对初等和中等教育以及某种程度上的职业教育的强调，现在已被人们对于高等教育在促进经济和社会发展方面的作用更广泛的认识所取代。随着几个亚洲经济体摆脱以廉价劳动力为支撑的制造业核心的时代，它们越来越面临着避免所谓中等收入陷阱的挑战。要做到这一点，就意味着要调整经济的方向，使其不再依赖制造业，而是更加依赖服务业和以高科技知识为基础的经济（高等教育是这类经济的关键先决条件）。这些趋势，再加上势头不减的需求，不太可能保证在可预见的未来实现公平，同时至少要有一两所院校跻身世界一流大学之列的竞争压力也不太可能减轻。

悠久的历史，对教育、教师和高等教育的持续尊重，以及在日益全球化的竞争环境中由国家主导的发展模式，这些因素结合起来，都非常有利于某些亚洲高等教育模式的发展。而其他的一些模式就不那么令人满意了。很明显，随着知识世界更加多极化（近几十年来，知识世界的轮廓越来越明显）的发展，亚洲高等教育扮演了更为突出的角色，与其传奇的历史更为贴合。与此同时，哈佛大学和耶鲁大学的校长以及亚洲本土的一些批评人士却纷纷指出，国家主导的发展对高等教育机构自治和学术自由的限制，制约了亚洲大学的进一步崛起。
313 同样，正如上述分析所表明的那样，各高等教育体系内部和各体系之间仍然存在着严重的不平等；大多数的高校，甚至部分国家整个的高等教育体系，仍然是处于边缘而非核心位置。尽管其中部分体系已经取得了长足的进步，但真正具有包容性的高等教育，仍然是亚洲各国高等教育体系的未来目标。成功形成吸纳东西方最优秀内容的综合知识体系的诱人承诺，尽管到目前为止还没有实现，但仍然有了很多进展。相比欧洲，亚洲高等教育的区域化尚不成熟，但无论在东盟还是

“东盟+”各国，都显示出了实现区域化的希望，特别是与中国的区域化合作。[17] 同样的战略在拉丁美洲和非洲也很明显，其中拉丁美洲的进展更大一些。

虽然已经取得了很大的成就，但在亚洲高等教育体系的演变方面，仍有许多基础的史学研究有待完成（非洲和拉丁美洲的高等教育体系也是如此，尽管西班牙语的记录比英语记录能更好地服务于后者）[18]，包括比较史学和区域发展史，不同地区（包括宗教传统）之间知识运动和机构运动的传播，以及阶级/种姓、性别、种族和城乡不平等的问题。虽然联合国教科文组织及其统计研究所的努力，以及亚洲开发银行和世界银行进行的研究，都意味着现在有更全面的数据库和信息可以为高等教育学者提供更好的服务，但这些分析却并不总是符合历史学家们的兴趣，也不能反映过去和现在之间的重要联系。

在一个高等教育空前扩张的时代，亚洲大部分地区面临的关键挑战与人们理想的人文模式有关。例如，中国和印度丰富的人文传统可以为世界提供很多东西，包括在高等教育领域。但是，如何将如此丰富的诠释传统与西方现代高等教育形式中的精华融合起来，仍然是亚洲许多国家面临的挑战。为了迎接这一挑战，无论亚洲本地学者还是国际学者，都要以他们的历史眼光为此做出重要贡献。

推荐书目

Agarwal, Pawan. *Indian Higher Education: Envisioning the Future.*

---

[17] See, for example, Anthony R. Welch, “The Dragon, the Tiger Cubs and Higher Education: Competitive and Cooperative China-ASEAN Relations in the GATS Era,” in *ASEAN Industries and the Challenge from China*, ed. Darryl S. L. Jarvis and Anthony R. Welch (Basingstoke, UK: Palgrave Macmillan), 139-122.

[18] J. J. Brunner and R. F. Hortado, *Education Superior en Iberoamerica: Informe 2011* (Santiago, Chile: Centro Interuniversitario de Desarrollo, 2011).

New Delhi: Sage, 2009.

Altbach, Philip, and Viswanathan Selvaratnam, eds. *From Dependence to Autonomy: The development of Asian Universities*. Dordrecht: Kluwer, 1989.

Altbach, Philip, and Toru Umakoshi, eds. *Asian Universities: Historical Perspectives and Contemporary Challenges*. Baltimore, MD: Johns Hopkins University Press, 2004.

Arocena, Rodrigo, and Judith Sutz. "Latin American Universities: From an Original Revolution to an Uncertain Transition." *Higher Education* 50, no. 4(2005): 573-592.

Ashby, Eric, and Mary Anderson. *Universities: British, Indian and African*. London: Weidenfeld and Nicholson, 1966.

Chen, K. -H. *Asia as Method: Toward Deimperialisation*. Durham, NC: Duke University Press, 2010.

Hartnett, Richard. *The Jixia Academy and the Birth of Higher Learning in China*. Lewiston, ME: Edwin Mellen, 2011.

Hayhoe, Ruth. *China's Universities 1895-1985: A Century of Cultural Conflict*. New York: Garland, 1996.

Lulat, Y. G. -M. *A History of African Higher Education from Antiquity to the Present*. Santa Barbara, CA: Greenwood, 2005.

Makdisi, George. *The Rise of Colleges: Institutions of Learning in Islam and the West*. Edinburgh: University of Edinburgh Press, 1981.

Mazrui, Ali. *The Africans: A Triple Heritage*. London: Little, Brown, 1986.

Said, Edward. *Orientalism*. London: Routledge and Kegan Paul, 1978.

Teferra, Damtew, and Philip Altbach, eds. *African Higher Education: An International Reference Handbook*. Bloomington: Indiana University Press, 2003.

Welch, Anthony. *Higher Education in Southeast Asia: Blurring Borders, Changing Balance*. London: Routledge, 2011.

Welch, Anthony. "The Internationalisation of Vietnamese Higher Education." In *Reforming Higher Education in Vietnam*, ed. Grant Harman, Martin Hayden, and Pham Van Nghi, 197-213. London: Springer, 2010.

Zhang, L. "Cai, Yuanpei (1968-1940)." *Prospects: Quarterly Review of Comparative Education* 23, nos. 1-2 (2000): 147-157.

第 20 章　专业与专业教育

小理查德·K. 纽伊曼

316 历史上的三个博学专业是法学、医学和神学。在高等教育中，有时候神学胜过了其他两个学科，因为许多学院和大学都是由宗教组织建立和运作的。然而，在现代高等教育中，神学与哲学或文学一样是一门典型的学术科目，而神职人员则往往在专门的神学院（而非大学）接受专业教育。现在的专业还包括建筑、教育、心理治疗、牙科、兽医、工程、会计等。

专业教育面临着一些不寻常的张力。这些张力为讨论法学、医学、建筑学和教学这四种专业的教育史提供了背景。法学和医学有着悠久的专业教育历史。建筑与之相反，它被认为比法学和医学两种专业教育都更晚，在进入大学前这种专业教育是在工匠的作坊里进行的。中小学教学作为一种专业得到承认则是更晚的事情，而教育系科进入大学的路途也更为曲折。

专业不同于其他的职业。专业人员要承担受托义务，为其委托人或患者的最大利益而工作。所有专业都需要执业许可或其他规定，只允许那些能够证明其拥有相应知识的人进入，或在最严格的执业许可管理制度下，只允许证明其拥有知识同时还要具备相应技能的人方可进入。商业并不是专业。商人不需要执照，对客户没有受托人义务，也不需要受过专门教育。一些知名企业家没拿到学位就离开了大学，他们还可能由此从中获益。

“专业院校”和“专业教育”并不是同义词。后者在概念上要宽泛得多。

在美国，医学院的毕业生拥有博士学位，但不能立即获得行医执照。在获得执照之前，要在医院有一年的博士后实习期，而达到专业
化要求，还需要在医院进行为期几年的住院实习。这些一般实习和住 317
院实习都是医学研究生教育的组成部分，由经过单独认证的机构来提供。医学教育联络委员会负责对医学院校进行认证，研究生医学教育认证委员会负责对实习研究生和住院实习医生进行认证。

在许多国家，学生中学毕业后就立刻开始学习法律，相当于美国人眼里的学士学位主修科目。要在这些国家获得司法从业执照，毕业生必须完成一年或一年以上的全日制法律实践课程，或在大学以外授课的同等课程，然后在全国律师协会的监督下进行实习。这种专业教育是法律学位加上法律实践课程再加上学徒制的总和。

专业是建立在思维方式基础上的，而这些思维方式对于专业之外的人来说仍然是个谜。这不仅限于诸如版权法条款或心脏病症状等领域的知识。也许更重要的是，这也是运用这些知识所需要的思维模式，唐纳德·舍恩称之为“行动认知”。对于外行来说，运用专业知识的能力似乎很神奇。但对专业人士来说，这是其存在状态的一部分，深入其内心，以至于专业人士无法想象没有它的生活。

认知本身和行动认知都很重要。专业学院的教师经常用一个短语开头“像……一样思考”。比如，“像律师一样思考”，就是利用法律和其他工具来解决人们带给律师的各种问题；“像医生一样思考”，就是用医学知识来诊断和治疗疾病；“从建筑学角度思考”，是将设计问题的解决可视化。做好专业准备，就是既要知道，还要会做。

专业领域的知识，可以并且经常被当作纯粹的知识来教授，而不需要任何关于如何在专业工作中使用这些知识的指导。一个教师可以站在一两百个学生面前，讲授人体解剖学或程序法规则。一个认真听

讲、认真记笔记、认真阅读课本的学生，就很可能会学到相当多的解剖学或程序法知识。但如果没有进一步的培养，学生还是不知道如何诊断疾病或进行辩护。

专业人士的行动认知，无法用语言完全清楚地解释给另一个人听，除非这个人是同行中人且对此已有理解。这是所有形式的专业教育中最困难的教育挑战。当舍恩与各种专业院校的学生交谈时，他发现："在他们的实践教育中，有一种深刻的神秘感。因为老师们知道如何讲授的那些内容，以学生们当时的经验是无法理解的。"① 在一个专业中，学生只有通过做他还不知道该怎么做的工作，才能学会如何在行动中思考。

专业教育的历史可能显得难以捉摸。在某个地方和某个时间，某一门专业的学习可能会受到大学的欢迎，并在大学里享有很大的威望；而在另一个时间和地点，情况却可能恰恰相反。这种不一致只是表面性的，事实并非如此。大学教师和管理者一直把专业知识的研究和教学视为高等教育的一项崇高使命。但历史上，关于行动知识的研究和教学则恰恰相反。行动知识，只有通过舍恩所说的"偏离轨道的实践教育传统，即规范课程之外或与规范课程并行的传统"，而不是在讲堂上，才能真正被教授。②

自 19 世纪末以来，专业教育中最深刻的变化是行动知识逐渐被提
318 升到接近纯粹知识的地位。在医学领域，这就是教学医院史，关键事件是巴尔的摩约翰·霍普金斯医学院的成立，所属医院开业于 1888 年，而医学院于 1893 年成立。在法学领域，这就是法学院的临床式和其他技能的课程史，关键事件是法学教育专业责任委员会的成立，该委员

① Donald A. Schön, "Educating the Reflective Legal Practitioner," *Clinical Law Review* 2(1995): 231, 249.

② Donald A. Schön, *Educating the Reflective Practitioner: Toward a New Design for Teaching and Learning in the Professions* (1987; repr. San Francisco: Jossey-Bass, 1990), 15.

会由福特基金会资助，从 20 世纪 60 年代末一直持续到 70 年代。在建筑学领域，并没有关键事件，因为这个专业也是一门艺术，行动知识始终处于首要地位。

在任何专业中，行动知识都是在该专业的实践场所或模拟环境中通过体验的方式习得的。在教学医院里，学生协助诊断或在监督下治疗病人。医学教育称之为“床边学习”。在法学院的法律诊所里，学生在教师的指导下为客户提供咨询和代理服务。在法学院的其他体验式课程中，学生要撰写法律备忘录和简报，进行谈判，提出建议，并做模拟法庭工作，但并没有实际的客户。在建筑学院里，学生将在设计工作室进行建筑设计。

不同专业，体验式学习的程度各有不同。尽管设计工作室和教学医院是建筑学和医学教育的核心，但在历史上，法学院几乎不存在体验式学习，甚至在今天，它最多被视为专业知识教学的补充。在不需要研究生法律实践指导或学徒制的美国，所有即将进入实践领域的专业人员中，法学院毕业生可能是准备最不充分的。医学、临床心理学、建筑学、教育学、牙科学、兽医学和药剂学，所有这些专业都需要在专业院校和毕业后进行更多的体验式学习。

在某些时代和某些地方，从事专业工作是不需要执业许可的。例如，外科手术通常由理发师进行。19 世纪，在许多国家任何人都可以提供法律咨询、自称为医生或者进行建筑设计。执业许可制度结束了这一切。它还改变了专业教育，后者要教给学生通过执业许可考试的所有必需知识。

在由政府管理所有或几乎所有高等教育的国家中，高校一级的质量控制由教育部或受教育部监督的实体进行。而在大多数高等教育机构都是私立性质的国家中，这一职能是通过认证来履行的：一所学院或大学由来自其他学院和大学的管理人员和教师进行评估。这属于同行评议，在这其中，公众通常只是象征性的角色。

然而，专业学院的认证却并不是纯粹的同行评议。这种认证通常是由教育工作者和相关专业人士共同实施的。专业学院的认证之所以不同，是因为专业学院的学生并不接受普通教育。专业人士要确保毕业生有资格从事他们的专业，这才符合他们的利益。就此而言，在美国，法律是最薄弱的专业。在建筑学方面，认证现场考察小组的四名成员中只有一名是教育工作者。另外三人是建筑师、建筑学专业学生和执业许可颁发机构的代表。而法律专业，在通常由七人组成的现场考察小组里，有五六名成员均为其他法学院或大学的教师和管理人员，只有一人是律师或法官。

319 除了认证，质量控制还来自专业教育本身。教育不仅通过传授，而且还要通过探索发现专业知识和行动知识，来提高本专业的实践标准。就专业知识而言，从医学院实验室和教学医院里产出了大量有关疾病和治疗的研究。

行动知识的发现并不那么显而易见，因为它不像纯粹科学那样容易被公开发表。为了教会学生如何行医，从约翰·霍普金斯大学的教学医院起，真正的教学医院就必须探索什么才是最有效的教学形式，比如有关诊断推理的教学形式。行动知识是通过累积渐进的见解得以发展的，但这些见解最初是谁发现的，通常很难确定。经过很长一段时间后，关于哪种智力过程较其他过程更为有效这一问题，教育领域逐渐达成了共识，形成了默契。

这是一个合理但未经证实的假设，即有浸润式体验学习的专业与没有浸润式体验学习的专业相比，其实践标准和实践知识标准要高一些。不过只有在由集体开展实践知识教学的情况下，才能做到这一点。例如，学徒制就不能做到这一点，除非师傅们形成一个自己的社群，彼此分享见解。只有当一个专业的见解在整个业界中得以传播时，该专业的实践标准才能得到提高。除非经过其他人的讨论、供人研究学习，经过实证检验，否则任何见解都是狭隘的。

尽管实践知识在不断传播，但专业教育与大学的关系却不太稳定。与巴黎大学并称欧洲历史最悠久大学的博洛尼亚大学，创始于11世纪，最初是一所法律学校，后来发展成为了现代意义上的大学。但专业教育在大学里也有时受到怀疑甚至遭到鄙视，被视为行业学校另眼相看。知且能做的专业，有时比只知而不能做的专业声誉要低。托斯丹·凡勃伦曾言，法学教师就像是体育教练，而法学院“在现代大学里跟击剑学校或舞蹈学校的地位差不多”。③ 大学对教师的评价主要是根据他们能产生多少可发表的知识，但为培养知且能做的人才的专业教育，其所做的努力，却并不是为了知识而生产知识。

同样的张力也可能发生在专业学院内部。一些教师专门教授专业知识，而其他教师专门教授如何使用这些知识。那些教授专业知识的教师，经常使用的教学材料大都是以符合大学预期形式来出版的。而那些教授如何使用专业知识的人则不是这样，即便他们所教的内容可能在智力上是同样严谨的。

前述四种专业中，医学在现代大学中的声望最高，建筑学的地位低于法学，教学专业的地位最低。因为医学既是一门科学，也是一门专业，所以医学院的全体教师都可以随时提供现成的可发表的发现，大学其他院系，如化学或物理系的教师，会认为他们的方法论是严谨的。而建筑学则完全相反。它既是一门专业，也是一门艺术。因为它是一个视觉领域，充满图像而不是文字或数字，所以它产出的各种发表成果相对较少。建筑学并不发现知识，但它是最具艺术创造力的专业，它对知识的贡献就是我们生活其中的建筑环境。与医学、法学、甚至建筑学不同，教学往往被视为半专业的领域，并饱受身份焦虑的困扰。而且，由于大多数人都经历过学校教育，许多人相信他们不用

---

③ Thorstein Veblen, *The Higher Learning in America* (1918; repr. Stanford, CA: Academic Reprints, 1954), 211.

经过这种专业教育，照样知道应该教什么和怎么教。

320 在大学之外，专业的自我教育也有着悠久的历史。最早的专业教育形式是学徒制。当一个专业逐渐呈现出行会的特征时，就可能会规范学徒制，并可能通过向学徒群体进行口头讲解来弥补学徒制本身的不足。或者，高级专业人员可能会开设讲座并向参加的学徒收取费用。所有这些安排聚集到一起，最终就可能演变为一所独立的、不附属于大学的专业院校。

同时，大学可能会有一些院系（通常是小规模的院系）教授该专业某些方面的内容。于是，这两个平行的教育体系就会彼此共存。因为直到 20 世纪初期，大学教育都还被认为是一种奢侈品。只是在部分国家，大学文凭才与某个专业的更高职位关联在一起。在某些情况下，大学提供了更好的专业教育，而另一些情况下，大学提供的专业教育却更差。

一所不附属于大学、独立的语言学院或亚洲研究学院，要么不切实际，要么显得反常。学者们需要一个大型的跨学科图书馆和其他共享设施，学生们需要能学习到众多不同领域的课程。但是一所大学的专业学院往往与大学的其他部门分开运作，即使它们是在同一个校园里。专业学院通常有自己的图书馆；其学生很少在其他院系学习课程；它们的校舍也通常不在大学校园内。

独立的专业院校继续存在，特别是在美国。其中一些学院，如梅奥临床医学院，受到了广泛尊重，这些独立设置的学院一般都提供扎实的专业教育。但现在这样的学院比以前少了。往往由于专业学院遇到了财务困难，同时大学又认为增加一所法学院或医学院，能够提高大学的声誉，在这种情况下，许多独立的专业学院并入了大学。

法 学

博洛尼亚大学始建于11世纪，当时是学生们聚集在一起学习法律的地方。他们并没有注册入学，因为原本这里就没有学校。学生来了之后，租一张睡觉的床，再找一位导师。后来，学生们因为觉得导师和房东收费太高，给予太少，受到了他们的剥削。于是，学生们组织起来，并威胁说除非房东把房租降到合理水平，而且导师少收费、多教书，否则他们就要搬到别的城镇，请其他导师来教。

导师们无精打采的教学激怒了学生们，他们每个人都单独付给导师一笔钱，如果导师的教学不够严格，他们就会感到上当受骗了。于是，学生们集体制定了规则，希望所有导师都遵守，不遵守的导师就会受到大家的抵制。查尔斯·霍默·哈斯金斯曾写道：

> 要求教师遵守一整套严格的规定，以保证每个学生支付的费用物有所值。从最早的（学生）章程（1317）中，我们得知，教授不得擅自缺席，哪怕是一天也不行，如果他想离开城镇，必须缴纳押金以确保返回。在常规讲座中，如果他不能保证有5名听众
> 的话，就会被罚款，形同缺课……他必须从铃响开始上课，下一 321
> 次铃响一分钟内下课。他不能在授课当中跳过某一章节，也不允许把难题拖延到一堂课的最后，他必须系统地开展教学工作，每学年的每个学期都要如此。不允许教师整个学年都讲授导言和参考书目。④

最终，导师们自己组织起来并成立了学院和系部，这些学院和系

④ Charles Homer Haskins, *The Rise of Universities* (New York: Henry Holt, 1923), 15.

部相互联系，合并为一所大学，神学、医学和其他学科也都加入进来。导师们占了上风，因为他们才是永久性的，而学生总是临时性的。

奥利弗·温德尔·霍姆斯曾说，“法律是为坏人制定的”，而博洛尼亚学生们所制定的规则就是用来约束坏导师的。也有非常好的导师，例如佩波和伊尔内留斯，前者被誉为“博洛尼亚光明灿烂之光”，后者被哈斯金斯称为“给予博洛尼亚声誉的教师”。⑤

学生们聚集在博洛尼亚并不是为了成为律师，他们聚集在一起是为了学习法律，这是两码事。在社会科学和行为科学诞生之前，学习法律对于理解一个人所生活的世界是很重要的。法律主要是可执行的规则，而受过教育的人就会了解这些规则。早在19世纪，在法律变得更加现代、复杂和专业化之前，对于欧洲人而言就是如此。受过教育的人，即使没有在学校里学过法律，也要懂得法律。在给巴尔扎克的一封信中，司汤达曾说，在写他的第一部伟大的法语小说《巴马修道院》时，“为了获得正确的基调，我每天早上都要读两三页《民法典》”，这就是我们知道的《拿破仑法典》。司汤达要熟悉该法典，是因为它规定了公民作为社会一员的权利和义务。⑥ 早期大学法律专业的部分学生后来成了律师，但我们不知道具体有多少人，可能只是一小部分。

只有作为一门学术科目，法学才能成为一所伟大大学发展的核心。作为一门学术科目，学生学习法学仅仅是为了了解它。如果学生想要用它来做什么事，将它作为工具来解决问题，那就必须到其他地方学习如何行事。学生可以在大学里学法律，然后再跟着律师当学徒。然而，这可能不是最常见的途径。可以负担得起大学教育的富裕家庭，可能并不希望他们的儿子进入律师行业。

19世纪中叶时，大学里的法学学科都倾向于遵循两种模式。一种

⑤ Ibid.,12.

⑥ *To the Happy Few: Selected Letters of Stendhal*, trans. Norman Cameron (London: John Lehmann, 1952), 371.

是由博洛尼亚大学创建的模式。在欧洲大陆，法学过去是、现在仍然是本科学位，是普通自由教育的一部分。在美国人看来，这非常类似于本科生的专业领域。今天，一个拥有欧洲法学本科学位的人并没有资格获得律师执照。为此，研究生预科阶段（通常在大学外）是必要的。本科阶段的法学学生当中，除了未来的律师以外，过去有、现在仍然有不少未来的高级公务员和企业高管。

这是那些欧洲大陆国家及其前殖民地大陆法系国家的历史模式，现在这些国家仍然是这种模式。英国则在朝着大陆模式演变，先取得法学本科学位，再经由研究生阶段以获取从业许可。但在美国却逐渐发展出大学法学院，学生从法学院毕业后，就有资格参加律师考试并获得执业许可，无须经过研究生预科阶段。

在 19 世纪中叶，大多数美国律师受教育的经历都和林肯一样，他
们是边在律师事务所当学徒边阅读法律书籍的。在“杰克逊时代”及 322
其后，当时流行的观点认为，受过教育的精英不应该控制各专业，如果识字量足以阅读并记住一些法律知识，任何人都应当能够从事法律工作。大学里法学院本就为数不多，规模不大，且全职教师也很少。在美国东北部一个国际化的城市，一位精英律师可能上过某大学的法学院（这种教育不过是自由教育的替代品），获得了一份文凭，但这份证书在很大程度上不过是证明了他来自于一个富裕的家庭，足以支持他成为一名有教养的学生而已。

这种情况从 1870 年的哈佛大学开始发生变化，当时克里斯托弗·哥伦布·兰德尔成为该校规模很小（只有 3 名全职教师）的法学院的院长。接下来的 20 年里，兰德尔领导下的法学院发展出今天美国大学法学院的几乎所有特征（只有一个特征除外）：为非法学本科生提供 3 年制学位；采用案例教材进行苏格拉底式的教学；将法律图书馆作为法学院的中心；配备一支没有法律实践经验甚至对此没有兴趣的学术教师队伍。只有一个典型特征在这一时期尚未开始出现，这就是行动知

识的教学。兰德尔的法学院里唯一教授的技能就是阅读和分析司法意见，而这只是法律实践的一小部分。

将律师的整个教育置于大学的控制之下，这虽然看似一种进步，但也是一种限制。部分原因是大学乐于教授知识，但不愿教授行动知识，美国的法学院只是把法学当作知识来讲授，直到 20 世纪 70 年代，临床法学、法律写作和其他技能的教学才开始发展起来。1928 年，卡内基教学促进基金会发表了一份关于美国法学教育的报告，报告指出："恐怕没有任何一种实践性职业的培养工作，能比大多数美国法学院为培养美国律师所做的工作更具学术性的了。"尤其是与医学、建筑学、牙科学和工程学相比，更是如此。从某种程度上说，这种判断在今天仍然是正确的。最近一项对 2000 多名美国律师进行的研究，确定了 26 项法律实践所必需的能力，其中只有 3 项在大多数美国法学院有对应的必修课程。⑦

尽管美国与其他英语国家都接受了判例法的遗产，但北美以外的法学教育却朝着相反的方向发展。早在 20 世纪 90 年代欧洲博洛尼亚进程开始之前，虽然英国法系在内容和分析方法上与欧洲大陆法系有着根本的不同，导致其各门课程和科目的教学方法与大陆法的教学方式不一样，但英国法学教育已经在整体结构上大体类似于欧洲大陆的模式了。

英国法律职业分为事务律师（主要是办公室律师）和出庭律师（主要是出庭辩护）。大多数事务律师和出庭律师都有法学学位，但实际上法学学位并非必需。一位有志从事律师职业的人可以先获得其他领域的学位，然后再参加一年的转专业课程。要想成为一名事务律师，

---

⑦ Alfred Z. Reed, *Present-Day Law Schools in the United States and Canada*, Bulletin No. 21(New York: Carnegie Foundation for the Advancement of Teaching, 1928), 215; Marjorie M. Shultz and Sheldon Zedeck, "Predicting Lawyer Effectiveness: Broadening the Basis for Law School Admission Decisions," *Law & Social Inquiry* 36(2011): 620.

经过以上过程的毕业生还需要参加一年的法律实务课程，之后在律师事务所从事为期两年的学徒式实习。要想成为一名出庭律师，毕业生需要接受一年的专业培训课程，然后是一年的实习期，类似于事务律师的实习期。上述课程都受到事务律师和出庭律师专业组织的严格监管。因此，在英国，成为一名出庭律师需要 5 年时间，而大多数情况下成为一名事务律师需要 6 年时间，所有这些时间都要花在学习法律和如何实践法律上。但在美国，成为一名律师却至少需要 7 年，比世界上任
何地方都要长。尽管如此，美国律师学习法律的时间还是要比欧洲律 323
师少得多。美国学生 7 年中只有 3 年是在法学院度过的。在此之前，学生必须花 4 年时间学习法律以外的任何东西，事实上，这是学生随机选择的。无论是法学院，还是司法执照的颁发机构，都不在乎他们在那 4 年里学的是什么。

在法律学习之前先去读 4 年的非法律学位，美国这项独特的要求始于兰德尔领导下的哈佛大学，因为他更喜欢法学院里都是一些有教养的男性（女性当时还不被允许入学），他们接受过古典教育，能够用拉丁文阅读维吉尔[1]的作品。不过他的这一要求之所以影响到整个美国的法学教育，却有着另外的原因。其实当时人们并不认为 4 年的非法律学习是磨砺每个人思想的必要条件。只有那些移民及其子女尤其是犹太人的思想是有问题的。因此这样做的目的是将法学教育的成本增加一倍以上，通过这种方式将那些人挡在法学院的门外，而对于没有被高费用挡在门外的人，就给他们灌输一些在盎格鲁-撒克逊的学院环境下所拥有的所谓的高尚价值。

1870 年以来美国法学教育中，最突出的特征或许就是苏格拉底案例教学法，但它在北美以外的地方几乎没有产生影响。在判例法以外的国家，这无关紧要，因为大陆法系和其他法律体系并不是通过司法

[1] 即古罗马著名诗人普布留斯・维吉留斯・马罗。

判例来构建法律的。即使在其法律体系源于英国的判例法系国家，苏格拉底案例教学的接受程度也比较有限。

欧洲的法学教育是通过在拉丁美洲、非洲和亚洲大部分地区的殖民统治而在国际上传播开来的。几乎无一例外，宗主国的法律都变成了殖民地国家的法律，当地的律师通常在宗主国按照殖民者的方式接受教育。“例如，在新加坡和马来西亚，几乎所有的律师都是在英格兰接受培训的。”⑧ 甘地成为革命者之前，在南非和印度从事法律工作。他在英格兰学习法律，以英国出庭律师的风格在法庭上辩论，身着英式套装，而不是像他晚年领导非暴力不合作运动时赤裸上身、腰缠白布。

独立后，前殖民地的法学教育可能会逐渐演变成更准确地反映当地文化规范的教育。然而，在某些环境下，这种情况却根本没有发生。虽然香港现已回归中国，但香港法院目前的运作与英国法院基本一致，香港的法规与在威斯敏斯特制定的英国法规非常相似，香港的两所法学院也是建立在英国法学院模式基础之上的。另一方面，印度尼西亚走了自己的路，荷兰法学教育的痕迹所剩无几。殖民者的法律和法学教育往往在殖民地独立之后还继续存在，因为去殖民化时期恰逢世界工商业和个人权利现代化的开始，而欧洲法律对此有着现成的规范。

即使在那些未正式成为殖民地的国家，如暹罗（现在的泰国），当地法律体系的现代化常常也意味着要采纳欧洲法律许多方面的内容，包括法学教育。日本也从来没有被殖民过，但第二次世界大战后美国占领期间，日本引进了美国和英国的法学教育方法，近年来的改革则

---

⑧ Bruce A. Lasky and M. R. K. Prasad, “The Clinical Movement in Southeast Asia and India,” in *The Global Clinical Movement: Educating Lawyers for Social Justice*, ed. Frank S. Bloch (New York: Oxford University Press, 2011), 37.

仿效了美国法学院的现行做法。[9]

从国际上来看，在过去的半个世纪里，美国对法学教育最重要的影响是体验式教学的普及。在美国，20世纪70年代，法学教育专业责任委员会为开设法律教学诊所的美国法学院提供了经费支持。20世纪 324
90年代，苏联阵营各国在去苏化的形势下，开始转变各自的法律体系，美国的法律实务专家则帮助这些国家的法学院建立了法律诊所。此后，这一现象蔓延到了西欧、非洲、亚洲和拉丁美洲。

然而，在任何地方，甚至在美国，法律诊所都没能发挥像教学医院在医学教育中那样的作用。各地法律专业的研究生教育比其他任何专业都更少关注行动知识。尽管美国是法律诊所教育的发源地，但美国律师在执业前实际进行的体验式学习却比其他许多国家都要少。

医　学

中世纪时，伊斯兰世界在科学方面远比欧洲先进，医学也是如此。例如，“医院”的概念就起源于8世纪的巴格达。[10] 医院对医学学习和教育至关重要，因为只有在医院里，有经验的内科和外科医生才能分享医术、相互学习，没有经验的医生才能向他们的前辈学习。然而，到欧洲文艺复兴时期时，伊斯兰国家就已不再是世界医学的领头羊了。

---

[9] Malee Pruekpongsawalee, “Thammasat Clinical Education and the Delivery of Legal Services: A Historical and Personal Perspective,” in *Educating for Justice around the World*, ed. Louise G. Trubek and Jeremy Cooper (Brookfield, VT: Ashgate, 1999), 118, 120; Shigeo Miyagawa, Takao Suami, Peter A. Joy, and Charles D. Weisselberg, “Japan's New Clinical Programs: A Study of Light and Shadow,” in Bloch, *The Global Clinical Movement*, 105-108.

[10] Sami Hamarneh, “Medical Practice and Education in Medieval Islam,” in *The History of Medical Education*, ed. C. D. O'Malley (Berkeley: University of California Press, 1970), 39, 40.

在欧洲，自 12 世纪和 13 世纪起，博洛尼亚、蒙彼利埃、牛津和巴黎等地的大学或独立医学院校开始开设医学课程。但大多数内科和外科医生都是以学徒形式来学医的。这些都是原始的学习体验，因为没有专业组织或政府来进行监督。师傅传授给徒弟的与其说是知识，倒不如说更多的是无知。

美国的第一所医学院是由费城学院（现宾夕法尼亚大学）于 1765 年创办的。国王学院（现哥伦比亚大学）于 1767 年、哈佛学院于 1783 年也开设了医学院。但是，一个想要接受医学院教育的美国人，如果他的家庭能够负担得起的话，他宁愿去欧洲学习。在约翰·霍普金斯医学院及其教学医院建立之前，欧洲的医学教育比美国任何一所学校都要好得多。但这种状况却与大部分美国人并不相干，因为给他们看病的那些内科和外科医生，从未在学校里学过医。

几百年来，医学教育的一个基本问题是，学徒制作为一种可接受的教育形式，是否会被学校教育所取代。在解决了这个问题的国家，随之而来的问题是：如何处理专业知识的学术教学与临床知识的实践教学之间的关系。

今天，美国医学教育的第一年和第二年主要是在大教室里上基础的科学课程；第三年通常被称为病房学年，因为这一年里学生主要是在教学医院里进行临床轮转，开展床边学习；在第四年，学生将完成他们的病房轮转并上一些选修课。然后学生会被授予医学博士学位，并开始实习期和住院医阶段的医学进修教育。在其他国家，医学教育与此大致相似，但并不完全相同。在美国，威廉·奥斯勒和亚伯拉罕·弗莱克斯纳是最早提出这种教育形式的核心人物。今天，在他们最初产生影响的一百多年后，他们的名字比任何其他人的名字都更经常出现在最新的美国医学期刊检索中。奥斯勒不是一位在大教室里讲
325 课的教师。弗莱克斯纳也不是一名内科或外科医生，他根本没有接受过医学训练，而是一位大学教育的改革者。

在欧洲，不同地区、不同时代的学生在医院里接受的教育程度不尽相同。至少从18世纪起，医院教学在德国、英国和法国就很普遍，而且有证据表明，18世纪之前就已经出现了这种情况。在美国最好的医学院，这种情况是到19世纪中期出现的。不过这还不是我们今天所理解的床边学习。

那时通常学生只是看着教师行医。教师可能会四处走动，在病房里巡诊，后面跟着几十个学生，他们簇拥在一起，看老师可能做什么，或者听老师可能说什么。这一过程中教师也许会忽略学生，或者他会以病人为道具，即兴做场小型演讲。这并不是“做中学”，而是通过看和听来学习。这更可能相当于是一场带示范的讲座，就像托马斯·依肯斯的画作“格罗斯诊所”和“阿格纽诊所”里所展示的那样。对于外科教授而言，则是边给病人做手术，边解释他在做什么，而学生们就坐在一旁观看和聆听。

医学教育史（也许是所有的专业教育史）上，最重要的事件是约翰·霍普金斯医学院及其教学医院在巴尔的摩的创立。医院是在1888年开业的，医学院于1893年成立。医院先开业是因为它是医学院的智力中心。床边学习并不是课堂学习的事后补救，相反，课堂学习的目的是让学生到病床边去，在那里可以学到临床思维。

在霍普金斯医学院之前，美国的医学教育几乎全面落后于欧洲。在霍普金斯医学院之后，以及弗莱克斯纳在霍普金斯基础上所做的事情之后，情况就不一样了。美国的医学教育有了巨大的进步，同时也变得异常昂贵。维持一所教学医院的开支是惊人的。学生们在实验室里验证一下课堂上讲授的基础科学知识，这虽然花费较少，但仍旧很是昂贵。

霍普金斯医学院至少在三个方面有明显的突破。第一，虽然霍普金斯的临床教师可能会在学生观察的时候开始行医，但学生很快就会在教师边观察边批评的情况下进行诊断和治疗。学生将通过亲自动手来学习如何做。类似的事情在欧洲的某些地方和某个时期曾经出现过，但是很罕见，而且即便有这种现象，也没有被制度化为每个学生完整的临床经验。

第二，在霍普金斯之前，学生所在的医院并不是真正的教学医院。大部分是普通医院，只是它们允许在这里进行教学罢了。然而，约翰·霍普金斯医院却是专门为教学设计的。学生是其存在的理由。

第三，允许在其医疗场所进行教学的普通医院，只与医学院有着松散的联系，或至多是医学院的附属机构。但是霍普金斯医院却是医学院的中心，医学院的课程都是围绕医院来组织的。

促成这一变革的人是奥斯勒。他是加拿大人，曾在宾夕法尼亚大学任教多年，他被任命为约翰·霍普金斯医院的内科主任。他把病房当作教室，目标是向学生灌输他所说的“临床智慧”。他曾写道：“教授学生的自然方法，就是让学生从病人开始学习，从病人继续学习，
326 从病人结束学习，把书本和授课作为工具，作为达到目的的手段。”奥斯勒撰写了《医学原理与实践》一书，这是“第一本伟大的现代医学教科书”，也是当时“英语世界里占主导地位的医学教科书”。奥斯勒成了一名世界著名的内科医生，病人们舍近求远也要来请他诊治。但他并不认为这些是他最宝贵的成就。相反，他写道：“除了‘我在病房里教过医科生’的这句话，我不想要别的墓志铭。”[11]

弗莱克斯纳是一位医学学习和教学方面的理论家，他认为美国的每一所医学院都要办成奥斯勒的模式，否则就不要办了。卡内基教学促进基金会委托他调查医学教育的质量，他于 1910 年向基金会提交了一份多达一部书厚度的报告，是美国高等教育界最具影响力的文献

---

[11] Quoted in W. R. Bett, *Osler: The Man and the Legend* (London: Heinemann, 1951), 74; Michael Bliss, *William Osler: A Life in Medicine* (New York: Oxford University Press, 1999), ix, 191; Gert H. Brieger, "Clinical Teaching and Clinical Science in American Medicine, 1900-1950," *Clio Medica* 21 (1987-1988): 47, 49.

之一。

弗莱克斯纳坚持美国和加拿大的每一所医学院都要符合霍普金斯标准，他列举了那些不符合该标准的学院，并详细解释了不符之处。他写道：在最好的医学院里，“学生不再只是观察、倾听、记忆。不错，他的确需要这样做。但他自己在实验室和诊所的所有活动才是其接受医学教育和训练的主要因素。现在（即1910年）的医学教育既包含学习，也包含学习怎样做。除非学生知道怎样做，否则他是无法真正弄清医学知识的”⑫。这是该报告中最为广泛引用的一段话。

弗莱克斯纳的报告发表之后，有一期《纽约时报》进行了报道，标题是“制造无知医生的工厂：卡内基基金会令人震惊的报告称，这个国家在成批地制造不称职的医生”。公众一片哗然，他们深感没有霍普金斯模式的教学医院，就不可能有一所可信的医学院。自此，北美的医学院，要么收购一所教学医院，要么与另一所拥有教学医院的医学院合并，要么永久停办。部分独立的医学院被大学吞并，而许多医学院则彻底消亡了。

正是以此为起点，医学教育才真正从体制和知识上融入美国大学。美国大学正在德国模式的基础上重塑自身，成为学习和研究的中心。一座真正的教学医院，在概念上，它是一项巨大的智力成就，不仅要有助于研究工作，还要为学习活动提供便利，因为医学实践的每一部分都可以用来进行实证分析。医学院由此成为衡量其他专业学院的基准。

1910年弗莱克斯纳的报告发表后，卡内基教学促进基金会派他到欧洲去评估那里的医学教育。1912年，他发表了一份评估报告，结论是英格兰没有真正的医学院，因为没有一个机构能够提供结合学术与

---

⑫ Abraham Flexner, *Medical Education in the United States and Canada*, Bulletin No. 4(New York:Carnegie Foundation for the Advancement of Teaching,1910),53,emphasis in original.

临床的完整的医学教育。[13] 牛津和剑桥只教授美国医学院称之为基础科学的专业知识。学生毕业后获得医学学士学位，然后再通过在一家与大学无关的医院实习获得临床经验。作为学徒，能有这些职位相当不错，但他们只是学徒，学习是靠耳濡目染，而不是教学的结果。

在法国，弗莱克斯纳发现那里所有的医学院都在大学里，并且在慈善医院有专门的病房，但“法国所有的医学院都还没有被认为是一个有机的整体”[14]。大学校园里的学术教师和远在慈善病房里的临床教
327 师相互忽视，没有任何行动来协调他们的课程和教学。弗莱克斯纳对临床教学的印象很深刻，但他认为法国医院的教学方法过于依赖学生对教师举动的观察和模仿，并未赋予他们责任，也没有对他们的做法进行评判。

弗莱克斯纳发现，德国的临床教学方法是一种示范性讲座，教师在讲座中描述某个医学问题和解决问题的正确方法。有些讲座还包括学生们在教室里（而不是在病房里与病人）一起完成任务的练习。学生并没有学会“如何解开病人带来的难题”[15]。德国的临床教学曾一度更加个性化，也更接近霍普金斯模式，但到了 19 世纪末，在入学人数迅速增加的压力下，教学质量每况愈下。

在这三个国家中，弗莱克斯纳几乎没有看到学生获得实务知识所必需的教学上的自律，正如 1913 年 C. M. 杰克逊所说：“永远不要告诉学生任何他自己能观察到的事情；永远不要得出他自己能得出的结论或告诉他能自己推理得出的解释；永远不要为他做任何他能自己做

⑬ Abraham Flexner, *Medical Education in Europe*, Bulletin No. 6 (New York: Carnegie Foundation for the Advancement of Teaching, 1912), 192.

⑭ Ibid., 231.

⑮ Ibid., 179, 167.

的事。"[16]

通过正式和非正式的殖民统治和范例，欧洲的医学和医学教育观念传播到了世界各地。殖民强权通常会建立自己的医疗保健系统，并要求专业人员满足其从业执照和教育的要求。在没有被正式殖民的国家，传教士在建立医院和学校时可能会先设定标杆。例如，1916 年时中国的 26 所医学院中，有 13 所是传教士开办的。[17]

最近几十年里，美国教学医院里的学习环境已遭受侵蚀。奥斯勒在霍普金斯的那种手把手教学，变得越来越难找到。它并没有消失，不像 19 世纪末类似教学方法在德国的那种境遇。但在这两个国家、这两个时代，教学方法的衰退程度却惊人相似。在德国，当入学人数激增、教师资源供不应求时，就出现了这种情况。在美国，管理性医疗的出现和政府开支的缩减，使临床教师转向通过教师指导实习计划来获取收入。他们中的许多人现在很少教学或根本不教学了。

建筑学

正如医学既是一门专业又是一门科学那样，建筑既是一门专业又是一门艺术。专业和艺术都是在设计工作室学习的。学生在那里规划建筑，在他们的工作中接受批评，并学习如何从建筑角度思考问题。建筑学院是围绕设计工作室组织起来的，建筑教育的价值观和实践就是工作室的价值观和实践。从本质上讲，建筑教育的历史就是法国工作坊及其演变为设计工作室的历史。

工作室的教师通过确定选址，以及明确学生必须为其设计的建筑

---

[16] C. M. Jackson, "On the Improvement of Medical Teaching" in *Medical Education and Research*, ed. J. McKeen Cattell(New York: Science Press, 1913), 92.

[17] Pierre Huard, "Medical Education in South-East Asia(Excluding Japan)," in O'Malley, *The History of Medical Education*, 367, 373.

类型来布置选题。学生坐在设计桌旁，边绘图边思考。律师用文字思考，工程师用数字思考，建筑师则是用图片思考。在设计工作室里，学生可能会长时间悄无声息地工作。教师可能偶尔会关注一下某位学生，然后走开又去关注其他的学生，师生很少交谈。或者教师会问学
328 生一些问题或做一些简短的评论。或者教师会通过画一些与学生设计相关的内容来进行直观的评论，这时学生们会在一旁观看。而双方之间的交流就远远胜过几句对话所能达到的效果了。

这种设计工作室就像一个艺术课堂，许多学生都在其中画同一个模型。事实上，设计工作室和艺术课堂有着共同的祖先。1816 年成立的巴黎美术学院，就是由 1671 年成立的建筑学院和 1648 年成立的绘画与雕塑学院合并而成的。

从此以后，绘画、雕塑和建筑被“作为一门学科来教授”[18]，建筑教育开始采取现代形式。在建筑学方面，在学校里的学习就是在一间工作坊里学习。在那里，学生们与一位导师（学校认可的建筑师）共享空间。学生们在那里互相评判对方的作品，同时导师可能会做出要么正面要么负面的评判。

从 19 世纪中叶开始，一些在法国学习过的美国建筑师开始在美国自己的工作坊里授课。到 20 世纪初，在一所能授学位的建筑学院接受正规教育，已成为美国青年建筑师的通用凭证。当美国大学开办建筑学院时，他们聘请在工作坊受过培训的师资，并将工作坊更名为设计工作室，使其运作更适应大学环境；同时创建辅助课程，来补充工作室教学，并为学生进入工作室学习做好准备。

在英格兰，建筑教育走的是另一条道路。圣保罗大教堂的设计师克里斯托弗·雷恩爵士于 1669 年被任命为皇家工程的测量总监，他将

---

⑱ Peter Collins,“Architectural Criteria and French Traditions,”*AIA Journal* 46,no. 2 (August 1966):67,70.

工程“不仅视为建造和维护建筑物的一种组织，还视为一个建筑学校和更广泛意义上的建造学校。在这里，各种各样的技能和才能都可以得到培养和发展”。于是，一位木匠可以逐渐承担起更大的责任，在表现出一定培养前途之后，以协助方式学习建筑，并最终成为一名建筑师。一名细木工可以同样做到，一名泥瓦匠学徒也是如此。

参与工程建设之外，有抱负的人还可以在一名建筑师手下当学徒或者实习生。学徒以劳动支付学费，实习生则以金钱支付学费。到1819年，英格兰三分之二的建筑师都是通过当实习生来学习建筑的。也有其他路径：没受过教育但有才华的人可能会通过学手艺进入建筑行业，这时的房屋建造者可能已经开始设计他们要施工建造的建筑了。而在另一个极端，上层阶级当中接受过教育、有创造力的人，也可能会从事建筑设计工作，他们基于“文艺复兴时期的信念，即绘画、雕塑和建筑艺术只是同一设计艺术的三个分支，因此它们之间的转换轻而易举”⑲。

工作坊的学习方式在被引入美国建筑学界后，并没有陷入这种典型的英式混乱状态，美国建筑学界对于效仿法国的方法非常热衷。但建筑学是一门艺术的观念在英格兰早已确立，没有设计工作室就难以学习到任何艺术。最终，要想获得建筑师的执照就需在建筑学院接受正规教育，这里的教育活动不仅在教室同时也在设计工作室里开展。

建筑教育的历史没有其他专业教育的历史那么复杂，因为核心问题很快得到了解决。学院不需要打败学徒制。前者吸纳了后者，就像法国的艺术学院和工作坊的关系一样。并且，知识教学与实务知识教学之间的资源分配也并不难确定。在所有艺术当中，懂艺术却做不到的人，就只是一个旁观者。

---

⑲ Mark Crinson and Jules Lubbock, *Architecture , Art or Profession ? Three Hundred Years of Architectural Education in Britain*(New York:Manchester University Press, 1994),7,20.

教　学

329 在美国，教学专业教育的历史，经历了从师范学校到教师学院，再到大学教育研究生院的发展历程。师范学校是美国最早培养中小学教师的机构。1839 年，马萨诸塞州建立了第一所师范学校；19 世纪后期美国各地都建立了师范学校。在地方政府建立和扩大公立学校系统的情况下，这些师范学校满足了对师资的迫切需要。一所师范学校可能有 1 年制、2 年制或 3 年制课程，在某些地方学制更长，“学生们进进出出……因为这些机构服务于他们的需要和兴趣”。在教师行业中，人员的招聘往往是由那些对教育知之甚少的地方官员随意决定的。一般来说，在师范学校就读并不是教师这一职业就业的必要条件，而且事实上，绝大多数教师也都没有上过师范学校。[20]

在 20 世纪上半叶，师范学校演变为教师学院，授予 4 年制学士学位，通常都由国家给予资助。后来部分教师学院发展成了大学。例如，1885 年在亚利桑那州坦佩建立的一所师范学校，在 1925 年变成了坦佩州立教师学院，1945 年变成了亚利桑那州立学院，1958 年变成了亚利桑那州立大学。该大学现拥有 8 万多名学生、四个校区，拥有自己的医学院和法学院，还有一个教育研究生院。

在师范学校变成学院的同时，学士学位正成为中小学教师就业的先决条件。学士学位的课程包括学生将在毕业后要讲授的科目，如数学或历史。教师在教育研究生院完成学业后，将获得证明其已经掌握教学技能的硕士学位。通常，学区会聘请一名拥有学士学位的人在小学或中学任教，此人随后将在在职期间攻读并取得硕士学位。到 1986

---

[20] James W. Fraser, *Preparing America's Teachers : A History* (New York: Teachers College Press, 2007), 47, 59, 115.

年时，这已然成为规范化的门槛：美国半数以上的中小学教师已经拥有了硕士学位。

至少自20世纪80年代以来，美国的教育学院（包括大学里的教育学院和教育系）受到了强烈的批评和贬低，它们很容易因人们指责其教师准备差和学生成绩低而成为攻击的目标。戴维·拉巴里认为，这种批评妨碍了教育学院吸引高质量的学生和教师，干扰了公众对教育学院研究与教学的反应方式，也冲击了教育学院对K-12教育的影响。此外，教育学院在教师培养方面也面临严峻挑战，因为教学是一个复杂的过程，需要教育从业者激发“一群非自愿且经常抗拒的客户，促使其认知、道德和行为发生改变”。在寻找其合法性和地位的努力当中，教育学院找到了与其他非精英专业学院的共同点，如护理学院和社工学院。[21]

这种拿教育学院当替罪羊的做法，是20世纪六七十年代全美范围内针对学校教育的焦虑情绪日益高涨的一部分。1983年，联邦政府发布了一份措辞严厉的报告——《国家处于危机之中：教育改革势在必行》，报告指出，教师培训计划要进行实质性的改进。此后尝试进行了一些改革。一种方法是推动实施大学教师培训计划的替代方案，例如，
让科学家和数学家无须接受教育学培训就直接进入学校任教。另一个 330
办法是建立教师专业发展学校，在大学和中小学之间建立强有力的伙伴关系，加强教师的岗前培训。这模仿的是医学院的教学医院，由霍姆斯小组（由全美教育学院院长组成）和卡内基教学专业工作组等知名组织提出的这种理念，重点关注教学内容和教学方法，同时也包含了提高教师标准、促进职业阶梯形成、建立问责措施的建议。在改革努力中，人们的一致意见是，教学专业的地位应提高到与法律和医学

---

[21] David Labaree, *The Trouble with Ed Schools* (New Haven, CT: Yale University Press, 2004, 3-13).

等专业同等的水平。[22]

在其他国家，20 世纪的教育改革措施同样影响到了教师培养机构。20 世纪八九十年代，英国通过学校管理中既集权又分权的相互矛盾的手段来提高教学质量。规定国家课程，同时由国家对学生成绩进行评估，这是中央集权；采取措施推动赋予学校决策权，这是权力下放。其结果是造成了有关教师培养的改革工作缺乏连贯性和整体构想。教师培养控制权问题在日本也存有争议，20 世纪 50 年代至 80 年代，教师教育改革使文部省与强大的教师工会陷于对立。经过长期斗争，政府在 20 世纪 80 年代末成功地在教师资格认证和其他有关教学和教师教育的事务上获得了更大的权威。20 世纪中期才实现独立的新生国家中，教师教育改革还不是最重要的事情。例如，在 1949 年完全获得独立的印度尼西亚，国家关注的是增加人们进入初等学校的机会，而在这方面所做的努力直到 20 世纪 60 年代后期才开始。到了 20 世纪八九十年代，扩大受教育机会的努力上移到了中等和高等教育机构。在这种情况下，改进教师培养计划的问题直到 20 世纪 90 年代才得到人们的密切关注。从那时起，教师素质、低工资以及由于预算削减所导致的教学岗位减少等问题，都对教师培养计划产生了负面的影响。[23]

㉒ Alison Rutter,"Purpose and Vision of Professional Development Schools,"*Teachers College Record* 113,no. 14(2011):289-305.

㉓ Meg Maguire and Stephen J. Ball,"Teacher Education and Education Policy in England," in *Teacher Education in Industrialized Nations : Issues in Changing Social Contexts*,ed. Nobuo K. Shimahara and Ivan Z. Holowinsky(New York:Garland,1995),225-254; Nobuo K. Shimahara,"Teacher Education Reform in Japan:Ideological and Control Issues," in Shimahara and Holowinsky,*Teacher Education in Industrialized Nations*,155-193;T. Raka Joni,"Indonesia," in *Teacher Education in the Asia-Pacific Region : A Comparative Study*,ed. Paul Morris and John Williamson(New York:Falmer Press,2000),75-106.

推荐书目

American Bar Association. "Section of Legal Education and Admission to the Bar." In *Legal Education and Professional Development—An Educational Continuum. Report of the Task Force on Law Schools and the Profession: Narrowing the Gap*. Chicago: American Bar Association, 1992.

Bliss, Michael. *William Osler: A Life in Medicine*. New York: Oxford University Press, 1999.

Bloch, Frank S., ed. *The Global Clinical Movement: Educating Lawyers for Social Justice*. New York: Oxford University Press, 2011.

Bonner, Thomas Neville. *Becoming a Physician: Medical Education in Britain, France, Germany, and the United States, 1750-1945*. New York: Oxford University Press, 1995.

Boyer, Ernest L., and Lee D. Mitgang. *Building Community: A New Future for Architecture Education and Practice*. San Francisco: Jossey-Bass, 1996.

Cuff, Dana. *Architecture: The Story of Practice*. Cambridge, MA: MIT Press, 1991.

Flexner, Abraham. *Medical Education in Europe*. Bulletin No. 6. New York: Carnegie Foundation for the Advancement of Teaching, 1912.

Flexner, Abraham. *Medical Education in the United States and Canada*. Bulletin No. 4. New York: Carnegie Foundation for the Advancement of Teaching, 1910.

Fraser, James W. *Preparing America's Teachers: A History*. New York: Teachers College Press, 2007.

Labaree, David. *The Trouble with Ed Schools*. New Haven, CT: Yale University Press, 2004.

Ludmerer, Kenneth M. *Learning to Heal : The Development of American Medical Education*. Baltimore, MD: Johns Hopkins University Press, 1985.

Ludmerer, Kenneth M. *Time to Heal : American Medical Education from the Turn of the Century to the Era of Managed Care*. New York: Oxford University Press, 1999.

O'Malley, C. D. , ed. *The History of Medical Education*. Berkeley: University of California Press, 1970.

Schön, Donald A. *Educating the Reflective Practitioner : Toward a New Design for Teaching and Learning in the Professions* (1987). Repr. San Francisco: Jossey-Bass, 1990.

Schön, Donald A. *The Reflective Practitioner : How Professionals Think in Action*. New York: Basic Books, 1983.

Stevens, Robert. *Law School : Legal Education in America from the 1850's to the 1980's*. Chapel Hill: University of North Carolina Press, 1983.

第5部分　不平等和歧视

第 21 章　教育中的不平等问题

朱迪斯·卡夫卡

有关教育不平等的历史记录在很多方面都很清楚。在全球，自从 335
正规教育出现以来，家庭较富裕的孩子通常比家庭不太富裕的同龄人有机会接受更多和更昂贵的教育。无论是用学习年限、所获学位、考试成绩，还是用毕业后的职业和收入来衡量，来自较富裕和地位较高家庭的孩子，其教育成果都要优于不那么幸运的同龄人。然而，在这一普遍的历史事实中，还存在着相当大的变数，即上述不平等是如何存在的，在何种程度上存在，以及因何种政治理由存在和持续存在的。教育史学者一直试图解释不平等在不同时空下的差异，并将这些不平等置于更大的社会历史背景之中——他们通常认为阐明过去将有助于理解当下，甚至可能为当下提供启示。这些大量而多样的研究得出了一个非常重要的结论：学校制度组织与实践的改革，往往是减少教育不平等的必要但非充分策略。

国家在扩大机会平等中的作用

基本上，教育不平等可以用教育机会的不平等来定义。在没有任何公立学校教育的社会中，教育不平等的现象往往相当严重：有钱人可以购买教育；其他人则依赖于家庭教育和（或）当地公民或宗教组织提供的慈善教育。历史学家们一致认为，在过去的两个世纪里，世界上大部分地区的受教育机会普遍有所增加。虽然最近的报告显示，当前在一些国家里，高等教育的入学机会可能正在减少，但在教育扩
336 张的历史长河中，这还是一个相对较新的情况；在全球范围内，每过十年，就有越来越多的年轻人上学，且受教育的时间越来越长。历史学家们对于以下问题形成了相对一致的看法：哪些国家和地区为大众提供了受教育机会，这些国家和地区又是从何时开始提供这种机会的。具体而言，美国和普鲁士的部分地区在19世纪处于领先地位，欧洲和北美洲其他地区奋起追赶，甚至在某些情况下超过了早期的领先者，亚洲和其他地区的发展中国家也纷纷效仿，而在拉丁美洲和非洲的大部分地区，正规教育的普及普遍要晚一些。①

然而，对于哪些文化、政治和经济条件有助于解释受教育机会在不同地区和国家间的差异，历史学家们的意见却远未达成一致。他们辩论的焦点是：国家在促进教育机会平等上的作用，以及民主统治与学校入学率之间的关系。在20世纪的大部分时间里，历史学家倾向于认为：教育的集权控制会导致教育机会的增加，因为自上而下的规章制定，尤其是在有资金支持的情况下，可以压倒来自地方上的抵制，杜绝歧视性做法。然而近年来，许多学者却对“从历史上看，教育集权化增加了入学机会”的观点提出了质疑。在利用大规模纵向数据集进行区域、国家以及少数情况下某些地方的比较研究后，学者们得出的结论却是：就普及教育而言，相比是中央集权还是地方分权，执政当局的类型及其在多大程度上代表普通民众可能更为重要。

一些历史学家认为，地方控制实际上为许多社群提供了更多的教

---

① Peter Lindert, "The Unequal Lag in Latin American Schooling since 1900: Follow the Money," *Revista de Historia Económica* 28, no. 2(2010): 375-405. See also Stanley Engerman, Elisa V. Mariscal, and Kenneth L. Sokoloff, "The Evolution of Schooling in the Americas, 1800-1925," in *Human Capital and Institutions: A Long Run View*, ed. David Eltis, Frank D. Lewis, and Kenneth L. Sokoloff(New York: Cambridge University Press, 2009), 93-142.

育机会，尤其是在那些拥有强大的公民组织和（或）对扩大教育机会不感兴趣的强大统治阶级的国家。例如，这些学者注意到，美国和普鲁士正是因为实行了教育的地方分权管理，才使得部分州在19世纪成为提供大众教育的领跑者，而法国和英国的中央集权制度则阻碍了教育平等，这主要是因为他们的统治精英反对增加民众的受教育机会。[②]

另一方面，一些学者坚持认为，历史上教育集权化对扩大教育机会至关重要，这部分是因为强大的中央集权政府拥有实施普及教育的政治与经济手段。例如，对19世纪的瑞士和瑞典进行的小规模深入研究发现，国家对教育的干预，特别是政府资金的注入，使得教育的机会与资源更加均衡。而另一些人则认为，建立一个集权化的教育体系，扩大人们受教育的机会，往往是国家建构过程本身的一部分。他们举

② Peter Lindert, *Growing Public: Social Spending and Economic Growth since the Eighteenth Century* (Cambridge, UK: Cambridge University Press, 2004); Miriam Cohen, "The National State, the Local and the Growth of Mass Schooling: History Lessons from England, France and the United States," in *Education and the State: International Perspectives on a Changing Relationship*, ed. Carla Aubry, Michael Geiss, Veronika Magyar-Haas, and Jürgen Oelkers (New York: Routledge, 2015), 17-38. See also John Boli, Francisco Ramirez, and John Meyer, "Explaining the Origins and Expansion of Mass Education," *Comparative Education Review* 29 no. 2 (May 1985): 145-170; Jurgen Herbst, "Nineteenth-Century Schools between Community and State: The Cases of Prussia and the United States," *History of Education Quarterly* 42, no. 3 (Autumn 2002): 317-341; Gabriela Ossenbach, "State Intervention in Backward Countries: Some Case Studies of State Education Systems in Hispanic America (c. 1870-1920)," in Aubry et al., *Education and the State*, 39-57. For the following paragraph, see Andy Green, *Education and State Formation: Europe, East Asia and the USA* (1990; repr. New York: Palgrave Macmillan, 2013); Suzanne Wiborg, *Education and Social Integration: Comprehensive Schooling in Europe* (New York: Palgrave Macmillan, 2009). On Swiss and Swedish examples, see Carla Aubry, "The Provision of Education and the State: From Equity to More Equality," in Aubry et al., *Education and the State*, 61-77; Johannes Westberg, "The Distribution of Government Grants in Sweden, 1865-1900," in *History of Schooling: Politics and Local Practice*, ed. Carla Aubry and Johannes Westberg (New York: Peter Lang, 2012), 15-37.

出了许多不同的例子，如 19 世纪的法国、普鲁士，美国北方地区，北欧的丹麦、挪威和瑞典，以及东亚的日本、韩国、新加坡和中国的香港、台湾地区。

还有一些比较历史学家认为，在扩大教育机会方面，国家的类型甚至比国家权力结构的强度更为重要，更具体地说，教育机会与民主治理之间的关系比其与国家自身力量的关系更为密切。例如，对拉丁美洲政治和经济不平等与教育机会之间的关系感兴趣的研究者们发现，在严重不平等的社会中，政治精英和经济精英几乎没有动力为大众提供公共教育，教育公共支出的增加往往与民主程度的提高有关，而财富（尤其是土地）的集中，则与大众的教育机会极低相关。

337 作为一个群体，这些学者的普遍观点是：种植园式土地的所有者认为没有必要像工业资本家那样培养受过良好教育的劳动力，因此拥有土地的精英不太可能将公共资金用于为穷人提供教育。正如彼得·林德特所解释的那样，“政治话语权只属于拥有大量财产的人，贫困儿童几乎得不到纳税人的帮助”。其他学者也将土地持有状况与学校教育联系起来，提出了类似的论点：不论是印度国内的地区差异，还是美国的州际比较，抑或是日本、韩国的土地改革历史，在各种背景下，土地改革或更广泛的土地分配都与教育机会的扩大相关。③

总之，对大多数发达国家和发展中国家的基本受教育机会进行的历史研究，指明了一系列复杂的相关因素，解释了为什么一些地区和国家向大众提供教育，而另一些地区和国家却没有。在某种程度上，所有这些研究都有一个共同的主线贯穿其中，即国家和地区提供并扩大公共教育，是因为其当权者认为这样做的益处会超过学生个人及家庭所得，无论这些益处是政治的、社会的，还是经济方面的。

上述研究大多使用了大规模数据集来跟踪不同时间、不同国家和地区的公共教育投资，并假定学校教育与经济生产力之间存在一种关系，而他们通常将所有学校教育（只要入学）视为平等的。然而，入学机会均等与国家经济之间的关系却并不明确，部分原因在于入学并不能保证学生就能获得劳动力市场所要求的特定技能。此外，并非所有入学后接受到的学校教育都是平等的。因此，许多历史学家并不把入学机会视为衡量教育平等与否的指标，而考察的是不同群体之间学

---

③ Lindert, *Growing Public*, 33; Engerman, Mariscal, and Sokoloff, "The Evolution of Schooling." On the relationship between landholding practices and education in India, see Abhijit Banerjee and Lakshmi Iyer, "History, Institutions, and Economic Performance: The Legacy of Colonial Land Tenure Systems in India," *American Economic Review* 95, no. 4 (September 2005): 1190-1213. On comparisons of regions and states in the United States, as well as Japan, Korea, Russia, and Taiwan, see Oded Galor, Omer Moav, and Dietrich Vollrath, "Inequality in Land Ownership, the Emergence of Human Capital Promoting Institutions and the Great Divergence," *Review of Economic Studies* 76 no. 1 (January 2009): 143-179. See also Latika Chaudhary Aldo Musacchio, Steven Nafziger, and Se Yan. "Big BRICs, Weak Foundations: The Beginning of Public Elementary Education in Brazil, Russia, India, and China," *Explorations in Economic History* 49, no. 2 (April 2012): 221-240; Ewout Frankema, *Has Latin America Always Been Unequal? A Comparative Study of Asset and Income Inequality in the Long Twentieth Century*. Global Economic History Series (Leiden: Brill, 2009); David Plank, *The Means of Our Salvation: Public Education in Brazil, 1930-1995* (Boulder, CO: Westview Press, 1996); Tim Wegenast, "Cana, Café Cacau: Agrarian Structure and Educational Inequalities in Brazil," *Revista de Historia Economica* 28 no. 1 (2010): 103-137.

生的经历和结果存在的差异。④

制度在构建不平等中的作用

在许多国家和地区，教育机会的扩大往往伴随着教育机构的进一步差异化，因此，即使入学机会的不平等减少，教育内部的不平等现象也在加剧。在某些情况下，形式上的差异化需要区分私立机构和公立机构；而在另一些情况下，最重要的差异则存在于农村学校和城市学校之间，或根据学生种族、族群、性别或宗教信仰划分的学校之间，或着眼于不同教育目的的学校之间。有关教育分化的史学研究同样也多种多样，且彼此之间争议不断，其原因主要有二。首先，至少自 20 世纪中叶以来，对教育结构差异的历史起源和影响的研究，是在努力减少“教育机会”不平等的背景下出现的。“教育机会”一词指的是在教育结果、教育投入、受教育内容，或进入最高水平或最高层级教育
338 机构方面的差异。因此，学校教育结构差异的历史在特定的政策和法律背景下得到了解释，并且围绕这些解释所展开的论战对当前社会也已然产生了明确的影响。

教育结构差异的史学研究争议如此之大的第二个原因是，该领域在很大程度上仍在回应 20 世纪六七十年代以及 80 年代世界部分地区的历史“修正主义者”，他们对将教育机构扩张视为一种社会公益的传统

---

④ The best-known recent example of scholarship on the relationship between a nation's economy and educational opportunity is Claudia Goldin and Lawrence F. Katz, *The Race between Education and Technology* (Cambridge, MA: Belknap Press of Harvard University Press, 2008). For critiques, see Daron Acemoglu and David Autor, "What Does Human Capital Do? A Review of Goldin and Katz's *The Race between Education and Technology*," *Journal of Economic Literature* 50, no. 2(June 2012): 426-463; Arnold Kling and John Merrifield, "Goldin and Katz and Education Policy Failings in Historical Perspective," *Econ Journal Watch* 6, no. 1(January 2009): 2-20.

观点提出了挑战。多年来，随着学者们将其置于殖民主义、种族压迫以及性别差异化背景下认识其不同含义，他们的观点已经被扩展、修改，并不断受到反驳。一些学者直截了当地驳斥了修正主义者的说法，认为公共教育是一种通过民主手段实现机会均等的努力，这种努力虽然不完美，但并非完全失败。另一些学者尽管在总体上赞同修正主义者的观点，但却拒绝接受"差异化的教育制度完全是由精英创造的，并顺利地强加给了大众"的观点。这些历史学家指出，教师、学生、家庭和普通民众通过拒绝教育组织结构体系，或使得教育制度适应其自身需求，从而帮助塑造了更广泛的学校教育制度。⑤

撇开这些争论不谈，很显然，虽然每个国家教育差异化的历史在很多重要方面都各不相同，但在全球大部分地区也存在着许多相似之处。在欧洲大部分地区，学校教育形式上的差异化始于 19 世纪末 20 世纪初"双轨制"的出现，普鲁士的文科中学和英格兰的文法学校等传统大学预科机构，主要为教育上层阶级的孩子服务，而那些更"现代"、传授技术、知名度较低的学校，则向更广泛的人群开放。

学者们围绕这些不同制度的起源，以及指导它们的原则进行了辩论。一些人从功能主义视角出发，认为不同的课程对应不同的职业要求，因为不断变化的产业和技术要求人们获得新的科学和应用知识，而这些知识最适合从技术教育甚至职业教育中获得。而另一些人则持传统的修正主义立场，认为无论是像欧洲大多数国家那样学生们在不同学校的分轨制，还是像美国综合高中那样在同一所学校里的分轨制，

---

⑤ On the impact of the revisionism and postrevisionism on the history of education in the United States, see Rubén Donato and Marvin Lazerson, "New Directions in American Educational History: Problems and Prospects," *Educational Researcher* 29, no. 8 (November 2000): 1-15. For an international take, see Gary McCulloch, *The Struggle for the History of Education* (Routledge: New York, 2011); Alan Sadovnik and Susan Semel, "Introduction: Education and Inequality. Historical and Sociological Approaches to Schooling and Social Stratification," *Paedagogica Historica* 46, nos. 1-2 (February-April 2010): 1-13.

都是有意在民主化的幌子下维持阶级特权且大体上获得了成功的做法。但还是有一些人坚持认为，正规课程体系在很大程度上与学校教育体系的差异化无关；差异化无非是为了给那些进入教育系统最高领域的人提供地位标志，而并非促进其任何特定技能或能力的习得。⑥

无论其起源如何，毫无疑问，学校差异化既是学生地位的反映，也意在塑造他们对未来的展望。例如，英格兰19世纪晚期发展起来的地方性准公立和私立学校教育系统，在《1902年教育法》中被纳入了国家控制范围。该法案建立了一个双轨的教育系统，在这个系统中，学生学业和职业的未来在很小的时候就被确定——几乎总是与他们父母的阶级地位和学费支付能力挂钩。1906年英格兰教育委员会的咨询
339 委员会解释说，学校为"各行各业"培养学生。"高级小学"面向那些将来要进入"较低的工商业阶层"的学生，他们在14岁时就毕业了；而中学则面向将要接受高等教育的学生，意味着"为更高的阶层和自

---

⑥ For functionalist arguments, see Robert Locke, *The End of Practical Man: Entrepreneurship and Higher Education in Germany, France, and Great Britain 1880-1940* (Greenwich, CT: JAI Press, 1984); Konrad Jarausch, ed., *The Transformation of Higher Learning, 1860-1930: Expansion, Diversification, Social Opening, and Professionalization in England, Germany, Russia, and the United States* (Chicago: University of Chicago Press, 1982). For examples of revisionist analysis, see Samuel Bowles and Herbert Gintis, *Schooling in Capitalist America: Educational Reform and the Contradictions of Economic Life* (New York: Basic Books, 1976); Michael Katz, *Class, Bureaucracy and Schools: The Illusion of Educational Change in America* (New York: Praeger, 1971); and Brian Simon's four-volume history of schooling in England, *Studies in the History of Education, 1780-1870* (London: Lawrence & Wishart, 1960); *Education and the Labour Movement, 1870-1920* (London: Lawrence & Wishart, 1965); *The Politics of Educational Reform, 1920-1940* (London: Lawrence & Wishart, 1970); *Education and the Social Order, 1940-1990* (New York: St. Martin's Press, 1991). On credentialing, see Randall Collins, *The Credential Society* (New York: Academic Press, 1979); Christopher Jencks Susan Bartlett, Mary Corcoran, James Crouse, David Eaglesfield, Gregory Jackson, et al., *Who Gets Ahead?* (New York: Basic Books, 1979).

由职业”做准备。[7]

在澳大利亚，19 世纪建立的混合中学（“corporate” secondary schools）有意模仿英国的男女文法学校。澳大利亚的一些州后来发展了公立的单一性别中学，这些学校通过竞争性的入学考试招生并收取学费，为发展中的中产阶级提供新的教育机会。然而，就像在英格兰一样，人们仍期望大多数的年轻人在小学阶段就完成他们的教育，而他们中较富裕的同龄人则进入私立中学或教会中学，为接受中等后教育做准备。在北欧大部分地区，19 世纪末建立的“现代”或“应用”中学，旨在为年轻人进入不断扩大的中产阶级工商业领域工作做准备，同时继续限制他们进入那些为学生升入大学和从事有学识职业做准备的“传统”精英机构的机会。

除了以班级为基础的划分外，许多早期学校制度还按性别区分学生，往往只允许男孩进入顶级学府，而禁止女孩学习同等课程。性别划分在道德上和实践上都是合理的：人们认为，女性所具有的气质及其所服务的社会目标都不同于男性，许多领导人都认为教育应该反映这些差异。尤其是天主教，往往在寻求维持这种性别差异方面扮演着保守的角色。正如 1903 年一位比利时天主教领袖在回应人们对美国男

---

⑦ Quoted in David Reeder, “The Reconstruction of Secondary Education in England, 1869-1920,” in *The Rise of the Modern Educational System : Structural Change and Social Reproduction 1870-1920*, ed. Detlef Müller, Fritz Ringer, and Brian Simon (Cambridge, UK: Maison des Sciences de l'Homme and Cambridge University Press, 1987), 147. For the following paragraph, see Nelleke Bakker and Hilda T. A. Amsing, “Discovering Social Inequality: Dutch Educational Research in the Post-war Era,” *Paedagogica Historica* 48 no. 2 (April 2012): 315-333; Craig Campbell and Geoffrey Sherrington, *The Comprehensive Public High School : Historical Perspectives* (New York: Palgrave Macmillan, 2006); Bregt Henkens, “The Rise and Decline of Comprehensive Education: Key Factors in the History of Reformed Secondary Education in Belgium, 1969-1989,” *Paedagogica Historica* 40, nos. 1-2 (April 2004): 193-209; Müller, Ringer, and Simon, *The Rise of the Modern Educational Systems*; Wiborg, *Education and Social Integration*.

女同校模式的兴趣时所说："在欧洲……我们永远不会把我们的神学院学生、我们未来的士兵和水手培养得像女孩一样，我们的女孩也不会培养成像他们那样。"但是，近年来的学术研究指出的一些例子也表明，天主教领导阶层在扩大女孩接受中等和高等教育的机会方面也发挥了作用，特别是在天主教学校与新教学校争夺学生的情况下，比如在爱尔兰。在一些殖民地，尤其是在中东地区，来自不同教派的修女和传教士为劳动阶层家庭的女孩们开办了以职业为导向的学校，也为精英们开办了一些大学预科机构。然而，即使精英阶层的女孩有机会获得与男孩相同的课程，但直到进入 20 世纪，世界上许多地方的女孩仍往往与男孩分开接受教育，至少在中学阶段是如此。⑧

美国教育差异化的历史有两个方面不同于欧洲模式。首先，在中西部和北部的大部分地区，公共教育早在 19 世纪初就开始了，"公立"小学不分家庭背景和性别对所有白人少年儿童开放。尽管 20 世纪初许多美国城市的学校领导改变了策略，开始根据学生的理解能力和（或）可能的职业前景来区分学生或给学生"分班"——这些区分与学生的家庭背景紧密相关——但却从来不像大多数欧洲和效仿欧洲做法的分流那么严格。美国的分轨倾向于在同一所学校（有时甚至在同一个教室）里共存，通常男孩和女孩一起入学，理论上允许学生选择和退出班组，或者跨班组上课，完成学业后即可获得相同的学位（中学文凭）。这样做并非意在减少美国学校过去已有的班级和性别分类。无论是通过使他们接触不同的课程，还是仅仅表明他们属于哪个班组，分班的作用是根据学生在社会中所感知的角色来标明他们，旨在限制那

⑧ Cited in James Albisetti, "Another 'Curious Incident of the Dog in the Night-time'? Intelligence Testing and Coeducation," *History of Education Quarterly* 44, no. 2 (Summer 2004): 189. See also James C. Albisetti, Joyce Goodman, and Rebecca Rogers, eds., *Girls Secondary Education in the Western World: From the 18th to the 20th Century* (New York: Palgrave Macmillan, 2010).

些被分配到较低班组的学生的受教育机会和就业机会。然而，与其他形式的差异化相比，美国的分轨既不像其他制度模式那样明显，也不像其他制度模式那样僵化。[9] 340

与其他国家相比，美国教育差异化的第二个独特之处在于，大多数美国教育系统会按种族（有时是族群）来区分学校和学生。这一点曾在法律上有所规定（如1954年之前的美国南部），或者在实践中存在（如美国的其他大部分地区）。与分轨不同的是，种族隔离和族群隔离在美国往往是非常刚性的。在美国，非裔、墨西哥裔、亚裔以及印第安人的孩子往往与他们的白人同龄人分开接受教育，并经常被安排进入旨在为他们从事农业或家务，以及非熟练劳动力工作做准备的项目和班级。

有时，这种隔离被合理化为是基于教学需要的，符合学生的最大利益。例如，一些教育工作者坚持认为，出于语言方面的原因，墨西哥裔儿童应该和其他墨西哥裔学生一起接受教育，即使他们的课堂只教授英语，即使有时这些学生的英语表达已经非常流利。在其他时候，教育工作者和学校领导也明确表示，种族或族群的区分仅仅是基于偏见。例如，纽约州布法罗市的一位校长解释说，“其他孩子不应该和有色人种混在一起，因为有色人种的道德标准要低得多”。1918年，印第安纳州加里市的教师们明确主张，不应该允许黑人和白人孩子之间的“混杂联系”，“尤其是在有大量外国学生的学校里，（不然）他们很快

---

⑨ David Angus and Jeffrey Mirel, *The Failed Promise of the American High School 1890-1995* (New York: Teachers College Press, 1999); Jeannie Oakes, *Keeping Track: How Schools Structure Inequality* (New Haven, CT: Yale University Press, 2005); Jane Bernard Powers, *The "Girl Question" in Education: Vocational Education for Young Women in the Progressive Era* (London: Falmer Press, 1992); David Tyack, *The One Best System: A History of American Urban Education* (Cambridge, MA: Harvard University Press, 1974).

就会对肤色界限视而不见了”。[10]

近几十年来，历史学家已经表明，即使美国学校教育中的种族隔离旨在维持种族压迫，也就是历史学家詹姆斯·安德森所说的“二等公民学校教育”的“基本传统”，相关社区的家庭、学生和教师也往往并不会接受这一假定。相反，他们认为教育是一种解放的手段，是改善个人和社区的社会与物质条件的工具。在这一方面，有关非裔美国人教育史的学术研究尤为活跃。历史学家们仔细研究了实行种族隔离的黑人学校（尤其是黑人中学）在课程设置、教学质量、社区价值观的推广以及“种族提升”的重要性等方面为学生所提供的服务。而其他一些学者关注的则是，那些处在种族和族群的边缘、来自被压迫社区的家庭，如要努力消除美国教育中的结构性不平等而应采取的方式。各个家庭和各社区的领导人都极力与种族隔离抗争，反对不平等的资

---

⑩ Davison Douglas, *Jim Crow Moves North: The Battle over Northern School Segregation, 1865-1954* (Cambridge, UK: Cambridge University Press, 2005), 155. See also David Adams, *American Indians and the Boarding School Experience, 1875-1928* (Lawrence: University Press of Kansas, 1995); James D. Anderson, *The Education of Blacks in the South, 1860-1935* (Chapel Hill: University of North Carolina Press, 1988); Victor Low, *The Unimpressible Race: A Century of Educational Struggle by the Chinese in San Francisco* (San Francisco: East/West, 1982); John Rury and Shirley Hill, *The African American Struggle for Secondary Schooling 1940-1980* (New York: Teachers College Press, 2011); Guadalupe San Miguel Jr., *Let All of Them Take Heed: Mexican Americans and the Quest for Educational Equality* (Austin: University of Texas Press, 1987); Eileen Tamura, "Introduction: Asian Americans and Educational History," *History of Education Quarterly* 43 no. 1 (March 2003): 1-9; Kim Cary Warren, *The Quest for Citizenship: African American and Native American Education in Kansas, 1880-1935* (Chapel Hill: University of North Carolina Press, 2010).

源分配、课程差异化，以及排斥他们参与其中的学校组织和管理形式。[11]

美国并不是唯一一个基于种族或族群分类对学生进行隔离的国家。殖民主义和帝国主义将欧洲关于种族和种族差异的观念带到了全球各地，学者们既记录也质疑了殖民主义和后殖民主义列强形成基于种族和阶级的差异化学校制度的各种方式。例如，在斐济，英国殖民政府为斐济贵族子女建立了精英寄宿学校，以便为他们将来担任公务员和地方领导人做准备，而针对斐济群众和印度移民子女的学校，则被期望侧重于培养学生的农业技能、职业技能和家政技能。与此同时，欧 341
洲的儿童也在完全隔离的学校里就读。在实行种族隔离制度的南非，1953 年的《班图教育法》明令公立学校实行种族隔离，并且各个学校的办学目的也要根据种族因素而加以区分。不仅是那些招收班图人（非洲人）的学校以把贫穷的黑人青年培养成南非社会中明显屈从角色作为办学目的，而且南非白人也常常将教育视为更大的社会政治和经济统治斗争中的公开工具。正如南非某省的教育官员在 1961 年所说的那样，“我们必须努力在课堂上赢得与非白人的斗争，而不是在这个战

---

⑪ Anderson, *The Education of Blacks*, 1; Vanessa Siddle Walker, *Their Highest Potential: An African American School Community in the Segregated South* (Chapel Hill: University of North Carolina Press, 1996), and "Valued Segregated Schools for African American Children in the South, 1935-1969: A Review of Common Themes and Characteristics," *Review of Educational Research* 70, no. 3 (September 2010): 253-285. See also Rubén Donato, *The Other Struggle for Equal Schools: Mexican Americans during the Civil Rights Era* (Albany: State University of New York Press, 1997); Jack Dougherty, *More than One Struggle: The Evolution of Black School Reform in Milwaukee* (Chapel Hill: University of North Carolina Press, 2004).

场上输掉”[12]。

然而，在这方面，近几十年来的历史学家们也对殖民和后殖民教育史那种自上而下或“从中心到外围”的传统叙述提出了质疑。在这种叙述中，学校教育结构或学生分类是从欧洲和美国迁移而来并强加于殖民地的。相反，学者们主张对这里学校教育结构差异化的发展，做一种混合的或“跨国”的理解。他们指出，不仅教育机构往往要与各种不同的环境相适应，而且思想的流动也不止一个方向。特别是，一些历史学家坚持认为，在殖民统治下人们并不总能接受次等的、职业导向的学校教育为合理的教育制度，即使这类学校是他们唯一的选择。例如，在 20 世纪 20 年代，许多海地人“用他们的脚投票”，拒绝让他们的孩子进入美国占领政府尝试建立的职业学校和农业学校。相反，这些海地家庭要求为他们的孩子提供只有精英才能学习的法式古典学术课程体系。

克莱夫·怀特黑德通过对 19 世纪及 20 世纪初英国统治下的印度和非洲大部分地区原住民家庭的观察，也提出了类似看法。他认为，他们认识到只有“英语学术型教育”才能导致“社会和经济的进步，于是拒绝了任何次等的教育”。怀特黑德更重要的论点是，英国人最终认识到“教育政策的命运，尤其是在混合环境下，往往不是由政府决定

---

⑫ Quoted in Jim N. Omatseye and Bridget O. Omatseye, *Going to School in Sub-Saharan Africa* (Westport, CT: Greenwood Press, 2008), 148. On Fiji, see Carmen White, "Historicizing Educational Disparity: Colonial Policy and Fijan Educational Attainment," *History of Education* 32, no 4 (July 2003): 345-365.

的，而是由被统治者的态度决定”。[13] 这并不是说东南亚或非洲（或其他地方）的原住民族在独立于殖民统治的情况下创建了自己的教育机构，而是说他们在已有（或有时还尚且没有）的发展过程中发挥了作用。

差异化的维持与测验的作用

无论差异化的学校制度是强加的还是共同构建的，无论它们是需求驱动还是政府行动驱动，由阶级差异和社会差异决定学生的分轨或制度设置的刚性程度，都可能存在相当大的差异。尤其是在大多数国家，基于阶级的差异化从来都不是绝对的。许多学校系统为少数极具天赋的下层阶级或地位较低的年轻人，提供了某种有限的途径来促进他们的学业发展。正确识别这些天才，用托马斯·杰斐逊的话说，就 342
是“从垃圾堆里翻出来的”，或者采用英国人的专门术语就是“赞助性社会流动”（sponsored social mobility）。这种做法已经成为全球范围减少教育不平等，或者至少是为那些值得称赞的穷人扩大教育机会的众多措施当中的核心，历史学家们投入了大量的学术精力来研究这些策

---

[13] A. J. Angulo, *Empire and Education: A History of Greed and Goodwill from the War of 1898 to the War on Terror* (New York: Palgrave Macmillan, 2012), 58; Clive Whitehead, “The Historiography of British Imperial Education Policy, Part I: India,” *History of Education* 34, no. 3 (May 2005): 321. For discussion of postcolonial and transnational perspectives, see Joyce Goodman, Gary McCulloch, and William Richardson, “Introduction: ‘Empires Overseas’ and ‘Empires at Home’: Postcolonial and Transnational Perspectives on Social Change in the History of Education,” *Paedagogica Historica* 45, no. 6 (December 2009): 695-706; Gabriela Ossenbach and Maria del Mar del Pozo, “Postcolonial Models, Cultural Transfers and Transnational Perspectives in Latin America: A Research Agenda,” *Paedagogica Historica* 47, no. 5 (October 2011): 579-600; Clive Whitehead, “The Historiography of British Imperial Education Policy, Part II: Africa and the Rest of the Colonial Empire,” *History of Education* 34, no. 4 (July 2005): 441-454.

略及其产生的结果。

学者们对于20世纪早期人们在识别学龄儿童的“优点”或“能力”的努力与新开发的标准测验之间的关系特别感兴趣。这些标准测验将智力定义为与生俱来的、可测量的，因而在低年级时就可以被识别出来。智力测验最初作为一种鉴别智力缺陷者和智力正常者的手段在法国发展起来，各种所谓的心智、智力或智商测验在许多学校制度中被用作对少年儿童及其应该接受何种教育进行划分的手段。历史学家们研究了使用标准化测验作为对学生进行分类的手段的合理性，并试图将这些合理性置于历史背景下，将智力测验的兴起定位在了优生学、心理学和心理测量学等领域不断发展的环境当中。历史学家们还指出了认为标准化测验是建立精英制度有效方法的固有谬误。具体来说，学者们已经证明，智力测验并不能测量其宣称所能测量的内容；相反，这些测验加剧了社会不平等，使经济分层具体化，让种族压迫和族群压迫合理化。而且事实也证明智力测验并不能证实性别的差异。

可能是想将智力定义为由生物学决定的这一愿望，使得美国特别看好一种看似客观的、对教育潜力进行分类的方法，尤其是当其结果证实不同种族、不同族群的教育潜力不一样的时候。最近的历史研究表明，美国人利用智力测验对群体和个人进行分类的做法如何影响到其他那些同样想在民主观念与维持种族或族群划分之间取得平衡的国家的考试制度。

例如，在20世纪早期的巴西，智力测验一度被当作一种关键手段，由此让人们相信种族是由生物学决定的，但也可以通过适当的社会政策加以改进。因此，这一时期在巴西各届政府针对原住民和非裔巴西人进行“白人化”努力的同时，一些学校系统开展了智力测验，这种测验采用精英统治的术语对种族类别加以了具体化。正如曾在美国接受培训的伊撒亚斯·阿尔维斯（里约热内卢测试与测量服务中心负责人）在1932年所解释的那样：“如果民主政治应该成为人类社会的政府形式……那么它就必须建立在新的教育秩序的基础上，让更有能力的人有机会晋升到领导岗位。”他认为，智力测验可以用来发掘国家支持型教育的民主潜力，同时摒弃平等主义的幻想：机会将被差异化，但它是基于智力，而不是社会指定的。随后的测验结果也让阿尔维斯和其他巴西教育领导者更加确信，学校应当区分能力较强和较弱的学生，而这些标签与当时的种族和经济分类恰好重叠。[14]

然而，历史学家也注意到，精英统治制度下的民主观念并不是将智力测验作为区分学生手段的必要条件。事实上，许多非民主政治的国家或地区也采用了这样的测试制度。例如，在东南亚，由普林斯顿大学培养的心理测量学家 C. 亨利 · 赖斯开发的智力测验，首先既被用来记录种姓之间的心理差异，也被用来提高教会学校教育的效率。赖斯认为，即使在殖民主义的范围内，智力测验也有助于“发现最有能

---

[14] Jerry Dávila, *Diploma of Whiteness: Race and Social Policy in Brazil, 1917-1945* (Durham, NC: Duke University Press, 2003), 144. For the role of intelligence testing in educational sorting and racial, ethnic, and gender stratification, see Albisetti, "Another 'Curious Incident' "; Bakker and Amsing, "Discovering Social Inequality"; John Carson, *The Measure of Merit: Talents, Intelligence, and Inequality in the French and American Republics, 1750-1940* (Princeton, NJ: Princeton University Press, 2007); V. P. Franklin, "The Tests Are Written for the Dogs: 'The Journal of Negro Education,' African American Children, and the Intelligence Testing Movement in Historical Perspective," *Journal of Negro Education* 76, no. 3 (Summer 2007): 216-229; Stephen Jay Gould, *The Mismeasure of Man* (New York: Norton, 1981); Roy Lowe, *Schooling and Social Change, 1964-1990* (London: Routledge, 1997); Ann Marie Ryan, "From Child Study to Efficiency: District Administrators and the Use of Testing in the Chicago Public Schools, 1899 to 1928," *Paedagogica Historia* 47, no. 3 (June 2011): 341-354; Gillian Sutherland, *Ability, Merit and Measurement: Mental Testing and English Education, 1880-1940* (Oxford: Oxford University Press, 1984); Richard Valencia and Sofia Aburto, "The Uses and Abuses of Educational Testing: Chicanos as a Case in Point," in *Chicano School Failure and Success: Research and Policy Agendas for the 1990s*. The Stanford Series on Education and Public Policy, ed. Richard Valencia (Bristol, PA: Falmer Press, 1993), 203-251; Adrian Woolridge, *Measuring the Mind: Education and Psychology in England c 1860 -c 1890* (Cambridge, UK: Cambridge University Press, 2006).

343 力的人，并把他们培养成为本国人民的领袖。”后来，赖斯测试的版本以及由苏格兰培养的文卡特罗·维塔尔·卡马特所开发的替代测试版本，被印度地方政府使用，并最终被印度中央政府采用，于是他们通过在智力测验结果基础上区分学生来建构其学校系统。

20 世纪 20 年代，苏联也在教育中广泛使用心理测验，目的在于鉴别学生能力，并为专门学校选拔学生。然而，由这些测试引来的争议却越来越大，因为测验结果继续与阶级差异和种族差异相关，而苏联的社会政策却本应是消除或至少减少这些社会差异的。于是，1936 年苏联禁止学校进行心理和智力测试，教育工作者们回归到“革命前的传统选拔方法”，包括用“学校分数和教师对学生行为的印象”对学生进行分类。[15]

正如苏联的例子表明的那样，虽然在某些领域，智力测验也许为有争议的过程提供了科学客观的光环，但它们却肯定不是学生分类所必需的。教育差异化先于智力测验的兴起，许多国家和地区继续依靠其他方法来对学生进行分类，即便智力测验已经在其他地方越来越流行。例如，在荷兰，一种被认为比智力测验更能预测学生成功的默读测验，在 20 世纪 30 年代被广泛应用于高级中学的入学考试。在苏格兰，智力测验兴起之前，旨在衡量知识而非能力的“资格”考试被用于选拔，在第二次世界大战结束前它都一直是最重要的选拔工具。法国的教育系统采用了一套类似的但是旨在证明教育成就而非智力水平的测验。事实上，在美国，心理测试的采用相比规范性测试可能更“反常”一些，甚至有许多学区继续在不采用任何形式测试的情况下对学生进行分类，而其他的学区则在测验结果与教师的判断发生冲突时

---

⑮ Shivrang Setlur,“Searching South Asian Intelligence: Psychometry in British India, 1919-1940,”*Journal of the History of the Behavioral Sciences* 50, no. 4(Fall 2014): 364; Irina Leopoldoff,“A Psychology for Pedagogy: Intelligence Testing in USSR in the 1920s,”*History of Psychology* 17, no. 3(August 2014): 199.

放弃采用测验结果。在正式实行种族隔离的美国南部以外的地区，这种情况尤为明显。在那里，不管测验成绩如何，黑人和墨西哥裔的少年往往都被置于较低教育层次或让其进入职业教育的轨道。[16]

因此，虽然优生学已被广泛质疑，而且如今大多数学者都拒绝使用心理测试来确定种族或族群的智力差异，但一些历史学家却认为，在那时的环境下，使用这种测验来识别个人能力可能比当时采用的其他选拔更好。从历史上看，许多智力测验的支持者都认为，采用智力测验远比当时已有的教育选拔形式更为平等。批评那些教育选拔形式的人认为，它们受到了社会和阶级因素（在许多国家还包括父母的支付能力）的过度影响，且无法预测学生的成绩。正如加利福尼亚州的学校管理者维吉尔·迪克森在1923年所宣称的那样，测验“比以前的制度更加民主，因为它为每个孩子提供了一个充分发挥其能力的更自

---

[16] John Carson, "Mental Testing in the Early Twentieth Century: Internationalizing the Mental Testing Story," *History of Psychology* 17, no. 3(August 2014): 254. For discussions about sorting using intelligence tests(or by disregarding them), see Carson, *The Measure of Merit*; Judith Kafka, "In Search of a Grand Narrative: The Turbulent History of Teaching," in *Handbook on Research on Teaching*, 5th edition, ed. Drew Gitmore and Courney Bell (Washington, DC: American Educational Research Association, 2016), 69-126; Judith Raftery, "Missing the Mark: Intelligence Testing in Los Angeles Public Schools, 1922-32," *History of Education Quarterly* 28, no. 10(Spring 1988): 73-93; John Stocks, "Objective Bees in Psychological Bonnets: Intelligence Testing and Selection for Secondary Education in Scotland between the Wars," *History of Education* 29, no. 3(May 2000): 225-238.

由的机会”[17]。

考试制度在许多国家和城市仍然存在，被认为是分配进入顶级教育层次、学校或专业课程的最好、最公平、最准确的手段。它们通常被定义为对知识和（或）成就的衡量，而不是对智力能力的评估。然而，由于考试结果仍然与阶级和种族差异密切相关，至少自 20 世纪 80 年代以来，许多国家都试图通过学校教育制度本身而非学校选拔方法的改革，来减少教育结果的不平等。

战后时期的学校改革

344 20 世纪中叶，在欧洲、美国和其他地方进行的大量研究，强调了与学校教育相关的社会不平等。显然，是阶级而非能力带来了更多的教育机会。历史学家指出，有几个因素可以解释自第二次世界大战以来人们对学校差异化的日益关注。其中包括人们开始重新关注社会正义，尤其是在以民主之名（至少在西方）赢得一场战争的背景下。此外还包括：在全球经济萧条之后社会主义的迅速发展；由于人口激增而带来的入学压力增大，以及中等教育需求的增加；人们对将智力作为一种先天的、可测量结构的观念提出了新的质疑。

第二次世界大战后，在大部分欧洲地区以及其他地方，寻求增加教育机会平等的主要手段，是改变对学生进行分类或挑选使之进入更

---

⑰ Sutherland, *Ability, Merit and Measurement*, 4; Dickson quoted in David Gamson, "From Progressivism to Federalism: The Pursuit of Equal Educational Opportunity, 1915-1965," in *To Educate a Nation: Federal and National Strategies of School Reform*, ed. Carl Kaestle and Alyssa Lodewick (Lawrence: University of Kansas Press, 2007), 185. 虽然优生学已受到广泛质疑，但智商测试揭示了智力能力方面的种族差异的观点仍然定期在学术界提出。For example, Richard Herrnstein and Charles Murray, *The Bell Curve: Intelligence and Class Structure in American Life* (New York: Free Press, 1994); Philippe Rushton, *Race, Evolution and Behavior: A Life History Perspective* (New Brunswick, NJ: Transaction, 1995).

高级教育阶段的方式或时间。具体来说，许多观察者和教育工作者都认为，由于既有的阶级偏见，一些非常有能力的男孩（可能还有女孩）从未获得过进入适当教育层次以发挥其潜能的机会。对许多国家领导人来说，他们关心的不是为个人社会流动提供机会，而是提高经济效益。这些领导人努力发掘和培养民众中尚未开发的潜能，这通常被称为“人才储备”，而不是让这些储备作为尚未被利用的资源被“浪费”掉。在1959年出版的名为《教育指南与能力储备库》一书的前言中，苏格兰教育学者威廉·麦克兰德非常清楚地阐述了这一观点：“在当今残酷无情的世界，各国要想保住自己在科学和其他领域竞争中的地位，就必须充分利用本国公民的人才资源；为此，他们必须采取措施，以确保有能力进入人才储备库的人能够尽享适宜的教育设施。”⑱

有些国家的对策是提供更多的中等教育机会，通常是通过设立新的公立中学。然而，扩大中学教育的机会，并不意味着扩大了作为大学预备教育的顶级中学教育的机会。例如，在英国，即使在《1944年教育法》规定实行义务和免费的中等教育之后，仍有研究表明，采用选拔性考试，再加上取消奖学金名额，意味着在被高级文法学校录取

---

⑱ Douglas McIntosh, *Educational Guidance and the Pool of Ability* (London: University of London Press, 1959), 6. The following discussion is from John S. Ambler and Jody Neathery, "Education Policy and Equality: Some Evidence from Europe," *Social Science Quarterly* 80, no. 3 (April 1999): 437-456; Bakker and Amsing, "Discovering Social Inequality"; Campbell and Sherrington, *The Comprehensive Public High School*; A. H. Halsey, Anthony Heath, and John Ridge, *Origins and Destinations: Family, Class and Education in Modern Britain* (New York: Oxford University Press, 1980); Bregt Henkens, "The Rise and Decline of Comprehensive Education: Key Factors in the History of Reformed Secondary Education in Belgium, 1969-1989," *Paedagogica Historica* 40, nos. 1-2 (2004): 193-209; Torsten Husén, *Social Background and Educational Career: Research Perspectives on Equality of Educational Opportunity* (Paris: OECD, 1975); Gregory Lee and Howard Lee, "Schooling in New Zealand," in *Going to School in Oceania*, ed. Craig Campbell and Geoffrey Sherrington (Westport, CT: Greenwood Press, 2007), 133-191; Wiborg, *Education and Social Integration*.

的学生中，工人阶级子弟的比例实际上有所下降。在澳大利亚，就读于免费公立中学的学生很少能完成学业，而在收费学校就读的学生的结业率和大学入学率则要高得多。由此可见，受教育“机会”似乎仍在很大程度上取决于家庭背景。

在许多国家，对“教育浪费”问题的另一种应对措施是推迟或完全取消选拔，从而向所有年轻人提供同样的教育，减少尚未开发的人才过早分流的机会。改革者们认为，如果更多的学生在更长的时间内获得同样或“共同”的教育经历，那么，他们就会有更平等的机会升入下一个学校教育阶段，无论是升入中学的更高阶段，还是随着全欧
345 洲中学入学规模的不断扩大而升入大学。在瑞典、挪威和丹麦，那些把青少年集中在一起学习直到他们青春期晚期的综合学校，是这种新模式的最极端版本，但是几乎每个西欧国家和许多其他国家最终也都推迟了把学生划分到不同类型学校的时间。在很多情况下，教育和政治的领导人都把美国综合中学视为榜样，并指出，即使在其内部进行了分轨，但是美国年轻人尤其是下层社会的年轻人，完成升入大学所需学校教育年限的比例，远高于其他地方的年轻人。例如，根据1967年的一项研究，美国63%的青年工人阶级完成了“大学前一年”（高中最后一年）的学业，而相比之下，英格兰只有3%，西德只有1%。

然而，在欧洲和其他地方推迟选拔时间——“走向综合中学”——的结果却令人失望。社会学家和经济学家采用了各种方法来计算与阶级和社会地位相关的“教育机会”，但总体上他们得出的结论是，获得更高水平教育机会的扩大，在很大程度上增加了各群体民众的参与度，但却并没有显著改变群体之间的不平等。也就是说，在20世纪下半叶，各种背景的年轻人中有更多的人上了中学，但来自相对拥有特权群体的年轻人的预测值却始终保持稳定：来自高收入和（或）高地位家庭的孩子，仍然更有可能进入更高一级的教育机构，更有可能完成学业。即使是在制定明确政策，要更普遍地减少社会不平等特

别是教育机会不平等的社会主义国家，情况也是如此。[19]

在美国，战后学校改革针对的不是基于阶级的教育分类，而是种族隔离。改革者们首先不准国家规定基于种族分类的学生隔离，然后试图在法律没有要求、但政府行为却纵容或促成这种做法的地区消除种族隔离。美国消除学校种族隔离的过程持续了大约20年，并采取了多种形式和组合方式，历史学家对于其成功与否一直争论不休。当来自不同背景的学生到同一所学校上学时，许多明显的、结构上的差异化迹象就消失了，其中包括资源分配和课程获取机会的不平等。然而，新的差异化结构也往往会被其他措施取代。例如，取消种族隔离的大型中学，经常开设补习班或较低水平的“通识”学术课程，这类课程并不寻求让学生为上大学或从事技术性工作做好准备，其中非裔和拉丁裔学生占的比例非常高。特殊教育项目增加，特别是针对已发现的行为和情感问题的项目，这是另一种形式的结构差异化，它使得相当多的穷人、非裔和拉丁裔少年从普通教室里消失了。排他性的纪律政策也导致了同样结果，特别是非裔男孩的停学率和被开除率更高。

此外，尽管在美国学校消除种族隔离的鼎盛时期，学生学业成绩上的种族不平等处在最低水平，但联邦法院的裁决将废除种族隔离令的范围限制在了美国大部分地区的城市，这便意味着许多社区的居住隔离，有助于学校教育种族差异化的维持。因此，后来的改革措施就较少聚焦在减少学校教育中的种族隔离了，而更多地集中于通过重新

---

⑲ Yossi Shavit and Hans-Peter Blossfeld, *Persistent Inequality: Changing Educational Attainment in Thirteen Countries* (Boulder, CO: Westview Press, 1993); Ambler and Neatherly, "Education Policy and Equality"; Carlo Raffo, "Barker's Ecology of Disadvantage and Educational Equity: Issues of Redistribution and Recognition," *Journal of Educational Administration and History* 43, no. 4(2011): 325-343.

分配资源或分权决策，在差异化的环境当中实现机会的均等。[20]

346 20世纪后期，欧洲大部分地区的学校教育中也出现了种族和族群差异化的现象。尽管总体而言，这种历史性的分化形式及其影响尚未得到很好的研究。宗教和种族歧视在欧洲早就存在。特别是罗姆人[1]的历史，可以作为第二次世界大战前国家资助跨民族学校以实现隔离和（或）排斥的典型例子。然而，直到战后，随着劳动力市场的不断变化和殖民主义的终结，越来越多的亚洲、非洲和加勒比地区的移民来到欧洲，大多数的欧洲国家才开始关注学生群体的种族和族群多样性问题。有关这些群体的教育史研究仍然相对缺乏。

在这方面最成熟的民族史学研究来自英格兰，克里斯·穆拉德于1985年发表的具有深远影响的论断认为，英国针对移民学生和非白人学生的政策经历了三个阶段：同化主义阶段（从战后到1965年）、融合主义阶段（从1965年到20世纪70年代初）和多元化阶段（从20世纪70年代到1985年）。其他学者也遵循或回应了这种阶段划分。例如，他们认为融合主义政策实际上只是同化主义的另一种形式，或者，他们追溯了那些正式颁布的融合主义政策被用来阻止少数族裔青年上学

---

[20] Gloria Ladson-Billings, "From the Achievement Gap to the Education Debt: Understanding Achievement in U. S. Schools," *Educational Researcher* 35, no. 7 (October 2005): 3-12; D. Brent Edwards Jr. and David DeMatthews, "Historical Trends in Educational Decentralization in the United States and Developing Countries: A Periodization and Comparison in the Post-WWII Context," *Education Policy Analysis Archives* 22, no. 40 (June 2014), 1-35, doi: 10.14507/epaa.v22n40.2014; Daniel Losen and Gary Orfield, eds., *Racial Inequity in Special Education* (Cambridge, MA: Harvard Education Press, 2002); Judith Kafka, *The History of "Zero Tolerance" in American Public Schooling* (New York: Palgrave Macmillan, 2011); Gary Orfield and Susan Eaton, *Dismantling Desegregation: The Quiet Reversal of* Brown v. Board of Education (New York: New Press, 1997).

[1] 吉普赛人。

的种种方式。[22]

一些学者还指出，在许多国家，社会地位较低家庭的孩子历来比其他家庭的孩子更有可能被贴上需要特殊服务的标签，这种标签往往从身体上和（或）分类上把他们与同龄人区分开来。这种通常被称为“特殊教育”的结构差异化形式的学校教育，在第二次世界大战后有所增加，需要教育史学家给予更多关注。然而，从不太多的史料里却可以清楚看到，这种学校教育为部分年轻人提供了更多的机会，但却只为另一部分人提供了有限的选择。

在整个19世纪和20世纪上半叶，将残疾儿童与普通人群在不同程度上进行隔离的现象十分常见。这种做法的理由因时因地而异，这些孩子受任意教育的程度也千差万别。最早的特殊学校通常是为听障儿童和盲童开设的，但许多国家和地区也存在校名里带有所谓“弱智”

---

[22] On the general absence of a historiography of the educational experiences of immigrant and minority communities in Europe, see Kevin Myers, "Immigrants and Ethnic Minorities in the History of Education," *Paedagogica Historica* 45, no. 6 (December 2009): 802. On the treatment of the Roma by European school systems, see Paul Bowen, "The Schooling of Gypsy Children in Surrey 1906-1933," *Journal of Educational Administration and History* 36, no. 1 (2004): 57-67; Maja Miskovic, "Roma Education in Europe: In Support of the Discourse of Race," *Pedagogy, Culture & Society* 17, no. 2 (June 2009): 201-220; Chris Mullard, "Multiracial Education in Britain: From Assimilation to Cultural Pluralism," in *Race and Gender: Equal Opportunities Policies in Action*, ed. Madeleine Arnot (Oxford: Pergamon Press, 1985), 39-52. For more recent works that use Mullard's frame, see Lorna Chessum, "'Sit Down, You Haven't Reached That Stage Yet': African Caribbean Children in Leicester Schools 1960-1974," *History of Education* 26, no. 2 (1997): 409-429; Mike Cole, "'Brutal and Stinking' and 'Difficult to Handle': The Historical and Contemporary Manifestations of Racialisation, Institutional Racism, and Schooling in Britain," *Race: Ethnicity and Education* 7, no. 1 (2004): 35-56; Ian Grosvenor, *Assimilating Identities* (London: Lawrence and Wishart, 1997); Roy Lowe, *Schooling and Social Change, 1964-1990* (London: Routledge, 1997); Sally Tomilson, "Diversity, Choice and Ethnicity: The Effects of Educational Markets on Ethnic Minorities," *Oxford Review of Education* 23, no. 1 (1997): 63-76.

“白痴”或“低能儿”名词的青少年教育机构，还有专为少年犯和被认为很难教的孩子开设的学校。通常只有那些父母有能力支付学费（有时还包括住宿费）的孩子才能上这样的特殊学校。否则，那些被贴上残障标签的人的教育，要么交由慈善组织提供，要么根本无从获得。在这种情况下，有特殊教育需要的孩子要么和父母待在家里，要么和同龄人一起上学，后一种情况下有时很成功，但更多的是结果相当消极。

在特殊教育与正规教育同时存在的地方，特殊教育往往被说成是为保护社会免受潜在传染和（或）有特殊需要儿童所造成的教育负担的一种手段。而与此同时，人们常常认为隔离环境也最符合他们所服务的儿童，因为这样的环境可以被有效组织起来，以提供适合特定类型学生的需要及能力的专门教育。用1907年密尔沃基学校总监的话说，特殊学校和特殊课堂可以“拯救这些孩子，使他们逃脱自身命运”，也可以“使国家免受这些孩子可能造成的伤害”。[23]

在第二次世界大战后的几十年里，全球各国的学校制度为各种身

---

[23] Cited in Barry Franklin, *From "Backwardness" to "At-Risk": Childhood Learning Difficulties and the Contradictions of School Reform* (Albany: State University of New York Press, 1994), 7. For the following discussion, see also Felicity Armstrong, "The Historical Development of Special Education: Humanitarian Rationality or 'Wild Profusion of Entangled Events'?," *History of Education* 31, no. 5 (2002): 437-456; Nelleke Bakker, "Identifying the 'Subnormal' Child in an Age of Expansion of Special Education and Child Science in the Netherlands (c. 1945-1965)," *History of Education* 44, no. 4 (2015): 460-479; Ted Cole, *Apart or a Part? Integration and the Growth of British Special Education* (Philadelphia: Open University Press, 1989); Michael Grossberg, "From Feeble-Minded to Mentally Retarded: Child Protection and the Changing Place of Disabled Children in the Mid-twentieth Century United States," *Paedagogica Historica* 47, no. 6 (December 2011): 729-747; Kenneth Poon, Shobana Musti-Ra, and Marissa Wettasinghe, "Special Education in Singapore: History, Trends, and Future Directions," *Intervention in School and Clinic* 49, no. 1 (September 2013): 59-64; Sally Tomilson, "The Expansion of Special Education," *Oxford Review of Education* 11, no. 2 (1985): 157-165.

体、认知和智力残疾的学生拓宽了受教育机会，同时也增加了需要特殊服务的学生的类别和名称。历史学家已经对特殊教育领域这种大规模的科层制扩张，提出了多种互补的解释。他们指出，在科学界对于 347
智力和残障的认识日益加深的同时，人们也愈加重视个人的权利，摒弃排他性的优生学，扩大了残障者的受教育机会。与此同时，随着战后人们对增加教育机会和延长义务教育年限的普遍关注，在大多数国家，被冠以“特殊教育”之名的机构、项目不断增加。许多学校系统的入学率都在上升，尤其是那些穷人以及传统上被剥夺了公民权的人的入学率，而来自相对贫困背景的学生和（或）少数族裔或移民群体的学生，在新增部分中比例非常高。

例如，在英国，依循《1944年教育法》出台的一些新规定，创设了11种特殊需要学生的类别，从盲人和视力缺损（现在被认为是两种不同人群），到心理失调和“教育低能”（educationally sub-normal，ESN)。“教育低能”是一个特别重要的新类别，比以前的“落后”或“智力缺陷”的标签更具技术性，并且包括那些在智力测验中被认为是“正常”、但在学习或行为方面却表现出问题的学生。在短短几十年里，被标记为ESN学生（后来更名为ESN-M，表示有中度或轻度的“亚正常状态”，以区别于经诊断更为严重的、被标记为ESN-S的学生）的百分比翻了一番多，而其中来自移民家庭的学生人数更是占比过高。类似地，荷兰政府在1949年为智商在正常范围内、但被认定为存在学习或行为问题的少年儿童开办了新型特殊学校。来自工人阶级家庭的年轻人在这一类型学校中所占比例过高，在接下来的几十年里，他们的人数呈指数级增长，即便是在同期荷兰建立了越来越多不同类型特殊学校的情况下，到1967年升至17❷。

一些历史学家始终认为，20世纪下半叶，通常以满足学生特殊教

---

❷ 原文如此。“17”疑为倍数或比例。

育需要的名义进行的特殊教育名称和服务的扩张，拓展了现有的教育差异化形式。在美国，战后特殊教育类型的扩大与学校消除种族隔离的努力同时并行，这反而使学校和地区可以通过提供旨在解决贫困和种族压迫所造成的社会和心理影响的“补偿性”服务，来阻止种族的融合。例如，在波士顿，20 世纪 60 年代的学校管理者和政府官员故意将“弱势”定义为一种残疾，部分原因是为了获得联邦资助，部分原因是因为他们认为孤立地在社会和经济中生活、家庭不稳定且与更大范围的美国社会少有联系的学生，确实就是“残疾人”，需要得到专门的教育。

除了将贫困和文化差异视为残疾之外，美国的学校和教育工作者经常将美国非裔和英语学习者误诊为学习障碍者。当诊断实践在法庭上受到质疑，尤其是用智力测验来标记和追踪学生时，一些学校系统转而开始将贫困和少数族裔学生认定为有行为或情感缺陷。许多欧洲国家采用了类似做法。即使他们通过推动普通人群更多地“包容”有特殊需要的学生，以努力减少隔离环境，但是越来越多来自少数种族和族群的学生被贴上了情绪或行为障碍的标签，并被逐出常规教室，以及（或）被排除在更高层次的教育之外。学者们指出，20 世纪末采取的学校“问责制”措施似乎加剧了这一趋势，因为学校根据标准化考试对学生成绩进行评估有一种实际的动机，那就是把成绩差的学生
348 转移到特殊学校，或者把他们完全排除在学校之外。因此，虽然战后特殊教育服务的扩张使人们对各式儿童的多样化教学需求给予了必要

关注，但是这种形式的结构分化可能也加剧了种族、族群和阶级的差异。[24]

近期的发展

近几十年来，在一定程度上是由于早期努力的失败，那些寻求通过学校改革减少教育不平等的活动家、慈善家和决策者们，已经将他们的关注点从减少结构性差异，转向了多数人所指的所谓增加“教育机会”，而不考虑制度设置的问题。他们的策略基本上可以分为两类：通过实施儿童早期教育和提供针对性补偿计划等补充服务、为贫困率高的学校提供额外资源而采取的“创造公平竞争环境”的措施；通过基于考试的干预措施和择校的市场机制，采取的旨在让学校和教育工作者对学生成绩负责的新自由主义政策。此外，一些倡导者和研究人员已经开始更密切地关注在课堂上发生的事情，以找到弱势群体学业成就相对较低的原因，并指出扩大获取学习内容的机会（有时称为“学习机会”）和（或）采取文化上适宜的教育方法，可能有助于减少教育结果的不平等。

尽管最近这些改革行动的完整历史还有待书写，但研究人员在对近期学校改革进行大规模比较，并对地方性案例进行研究后，指出了未来的历史学家可能会对此进行详细阐述的三种中心模式。首先，几

---

[24] Losen and Orfield, *Racial Inequity in Special Education*; Adam Nelson, *The Elusive Ideal: Equal Educational Opportunity and the Federal Role in Boston's Public Schools, 1950-1985* (Chicago: University of Chicago Press, 2005); Sally Tomilson, "Race and Special Education," in *Ideology and the Politics of (In)Exclusion: Counterpoints*, ed. Linda Ware (New York: Peter Lang, 2004), 76-88; Joseph Tropea, "Bureaucratic Order and Special Children: Urban Schools, 1950s-1960s," *History of Education Quarterly* 27, no. 3 (Autumn 1987): 339-361; Wayne Urban, "What's in a Name: *Education and the Disadvantaged American* (1962)," *Paedagogica Historica* 45, nos. 1-2 (February-April 2009): 251-264.

十年来的证据表明，以市场为基础的择校项目加剧而不是减少了学校之间的不平等，除非择校项目包含了有意识的以公平为目标的措施。具体来说，择校往往会导致种族和阶级隔离的加剧，而允许学校选择学生（通过竞争性招生）的择校模式，加剧了其他方面的学业不平等，包括入学机会和教育结果两个方面。第二，国家提供或补充的儿童早期教育项目似乎是一种有希望的手段，它可以削弱家庭背景对学生教育结果的预测能力，但项目的类型和质量却似乎相当重要。第三，虽然人们对于所有学生学习共同课程的价值仍有很大争议，但有证据表明，仅靠考试制度不大可能创造平等获取教育内容和教学的机会，而且加上会对低分学校、教师和学生进行惩罚的高筹码的“问责制”措施后，还会进一步助长学业不平等。

对教育不平等历史研究的回顾，揭示了旨在减少教育不平等的制度改革的潜力和局限性。虽然国家行动可以扩大一些人的学习机会，并可能削弱学生的种族、族群和阶级背景对其学业成绩和进步的预测能力，但历史表明，除非改革能够解决学校教育所处的更广泛社会和经济背景当中的不平等，否则，处于相对优势的人将可能继续会找到方法来保护其在教育领域的现有地位。[25]

推荐书目

Ambler, John S. , and Jody Neathery. "Education Policy and Equality: Some Evidence from Europe." *Social Science Quarterly* 80, no. 3 (1999): 437-456.

Anderson, James. D. *The Education of Blacks in the South, 1860-1935.* Chapel Hill: University of North Carolina Press, 1988.

Aubry, Carla, Michael Geiss, Veronika Magyar-Haas, and Jürgen Oelk-

---

㉕ Prudence Carter, "Student and School Cultures and the Opportunity Gap: Paying Attention to Academic Engagement and Achievement," in *Closing the Opportunity Gap: What America Must Do to Give Every Child an Even Chance*, ed. Prudence Carter and Kevin Welner (New York: Oxford University Press, 2013), 143-155; Pauline Musset, "School Choice and Equity: Current Policies in OECD Countries and a Literature Review," OECD Education Working Papers, No. 66 (Paris: OECD, 2012); OECD, *Economic Policy Reforms: Going for Growth 2010* (Paris: OECD, 2010); OECD, *Education Today 2013: The OECD Perspective* (Paris: OECD, 2012); William Schmidt, Nathan Burroughs, Pablo Zoido, and Richard Houang, "The Role of Schooling in Perpetuating Educational Inequality: An International Perspective," *Educational Researcher* 44, no. 7 (October 2015): 371-386; Christopher Tienken and Yong Zhao, "How Common Standards and Standardized Testing Widen the Opportunity Gap," in Carter and Welner, *Closing the Opportunity Gap*, 111-122; Mathias Urban, *Early Childhood Education in Europe: Achievements, Challenges and Possibilities* (Brussels: Education International, 2009); Juan Pablo Valenzuela, Cristian Bellei, and Danae de los Rios, "Socioeconomic School Segregation in a Market-Oriented Educational System: The Case of Chile," *Journal of Education Policy* 29, no. 2 (2014): 217-241; Janne Varjo and Mira Kalahti, "The Conceivable Benefits of Being Comprehensive: Finnish Local Education Authorities on Recognising and Controlling the Social Costs of School Choice," *European Educational Research Journal* 14, nos. 3-4 (2015): 312-330. 一些长期以在国际考试中取得高分而闻名的东亚国家，一直在寻求通过降低考试的重要性来解决教育不平等的问题。See Yong Zhao, *Lessons That Matter: What Should We Learn from Asia?* Mitchell Institute Discussion and Policy Paper No. 4 (Melbourne: Mitchell Institute for Health and Education Policy, 2015).

ers, eds. *Education and the State: International Perspectives on a Changing Relationship*. New York: Routledge, 2015.

Bowles, Samuel, and Herbert Gintis. *Schooling in Capitalist America: Educational Reform and the Contradictions of Economic Life*. New York: Basic Books, 1976.

Carson, John. *The Measure of Merit: Talents, Intelligence, and Inequality in the French and American Republics, 1750-1940*. Princeton, NJ: Princeton University Press, 2007.

Carter, Prudence, and Kevin Welner, eds. *Closing the Opportunity Gap: What America Must Do to Give Every Child an Even Chance*. New York: Oxford University Press, 2013.

Engerman, Stanley L., Elisa V. Mariscal, and Kenneth L. Sokoloff. "The Evolution of Schooling in the Americas, 1800-1925." In *Human Capital and Institutions: A Long Run View*, edited by David Eltis, Frank D. Lewis, and Kenneth L. Sokoloff, 93-142. New York: Cambridge University Press, 2009.

Franklin, Barry, and Gary McCulloch, eds. *The Death of the Comprehensive High School? Historical, Contemporary and Comparative Perspectives*. New York: Palgrave Macmillan, 2007.

Lindert, Peter, H. *Growing Public: Social Spending and Economic Growth since the Eighteenth Century*. Cambridge, UK: Cambridge University Press, 2004.

Müller, Detlef, Fritz Ringer, and Brian Simon, eds. *The Rise of the Modern Educational System: Structural Change and Social Reproduction 1870-1920*. Cambridge, UK: Maison des Sciences de l'Homme and Cambridge University Press, 1987.

Nelson, Adam. *The Elusive Ideal: Equal Educational Opportunity and the Federal Role in Boston's Public Schools, 1950-1985*. Chicago: University of Chicago Press, 2005.

Shavit, Yossi, and Hans-Peter Blossfeld, eds. *Persistent Inequality: Changing Educational Attainment in Thirteen Countries*. Boulder, CO: Westview Press, 1993.

第22章 教育史上的性别问题

露西·E.贝利 凯伦·格雷夫斯

355 在最近的几十年里，性别分析通过强调女性的角色和经验，探索教育行政力量、教育制度、教育实践和教育政策的性别维度，以及扩展该领域产生意义所需要的理论和方法论，极大地干预了教育史领域的知识生产。从广义上来说，性别分析领域囊括了女性史和女权主义史的相关研究，以及不同地区和时期的性别研究史，这些研究从性别的视角丰富了我们对于教育史的理解。尽管核心问题和关注的重点有所不同，但实际上，性别研究和史学研究的方法继续不断交叉发展、共同作用，产生出塑造这一领域的富有成效的张力。不同学者对女性和性别的关注，最初都源于想要更充分地了解历史上女性生活状态的愿望。他们批判了那些在社会、制度和政治领域上更关注男性力量而排除女性声音，却声称自己符合普遍性和客观性的传统历史和史学研究的做法。在知识生产的政治当中，从传统的意义上来说，是女性（而不是男性）标志着性别在历史中的存在。也就是说，是性别塑造了整个历史学，但这一点往往是不言而喻的。套用玛丽·安·祖巴克对高等教育史的评价：性别是教育的核心故事。

作为一个整体，这个领域如何依照性别来分类，在一定意义上取决于怎样划定该领域的边界。这既是一个理论问题，也是一个方法问题，对于很多性别研究者来说，这还是一个政治问题。正如帕蒂·拉瑟所建议的那样，诸如本文这样的综述是一个深刻的政治课题，它不可避免地建构了相关文献所代表的领域，而非只是一种简单反映。[①]

评估教育史中的性别模式，需要承认特定领域里知识形式有着不同的状态，而这些状态可以形成可见度、关联网络和信息流通的众多渠道。受学科孤岛、体现学术劳动的物质条件，以及国内外不同机构和背景下支持历史研究和教学的资源不均衡等因素的影响，性别史学的涉及范围和成果产出不可避免地具有选择性和不均衡性。在性别研 356
究、教育史、教育性别史和其他史学领域之间的互通并不平衡的情况下，这些领域之间的界限也是不固定的。

塑造性别教育史的跨学科理论，影响了在教育史期刊，以及在性别研究、女性研究、历史与民族研究、课程研究和社会研究等领域的专著和期刊中产生的一种分散而折中的史学。尽管教育史期刊表现出了对教育领域中的性别史最强烈的关注，但更广泛的研究范围也包括了传记、专著、汇编集和其他领域的期刊。此外，史学的内容和“敏感性”也为一系列当前的教育焦点问题限定了范围，比如对少女怀孕、啦啦队和校园选美比赛等现象的性别分析。在明确的性别研究中，对男性、男性气质和性别关系的分析也有所增加，即便其主要的研究者仍然是女性。

这些不同的理论转向塑造着该学术领域，影响了当前的性别教育史领域。这种影响体现为同时在女性研究和性别研究中使用的多样化方法。从事性别研究的学者可能对这类项目所涉及的内容有完全不同的概念，例如，到底是将研究重点放在历史上为女性服务的某一制度上，还是去以理论视角分析性别关系以及与之相关的各种制度。而这种方法的多样性是理解这一领域的重要组成部分。这些方法反映了不同的性别观念、对男性和女性多样性的关注、理论参与度和透明度以

① Patti Lather, *Getting Lost: Feminist Efforts toward a Double (d) Science* (Albany: SUNY Press, 2007), 3. See also Patti Lather, "To Be of Use: The Work of Reviewing," *Review of Educational Research* 69, no. 1 (Spring 1999): 2-7.

及方法的表达。也许能够证明有关性别与女性的教育史学已得到充足发展的证据，就是它的发展已经足以吸引学者们对以前的主张和指导性概念框架进行重新审视和重新理论化了。随着新的数据和问题出现从而为新的研究方向提供信息，性别分析的工具和潜在选题将不断地被重新解释。

然而，尽管自20世纪90年代以来性别研究已经在不同的维度和结构上均有所发展，但这一领域的研究潜力仍很巨大。研究的主题和时期仍不均衡，同时，有关世界各地区关键性教育历史的知识的可见度也存在着巨大差距。一个反复出现的问题是：哪些女性代表了这一领域，而这种历史观念带来的影响是什么？如果有关女性和性别史的描述仍然集中在某些群体上，比如亚裔或拉丁裔女性的身上，那么，这一领域的知识诉求和发展观又会有怎样的深度差异呢？女性之间的差异，以及性别、种族、性存在❶、阶级和民族之间的分析交叉点，都是至关重要但却仍在展开过程中的研究领域。2001年，琳达·艾森曼曾断言，虽然女性史学正日益成熟，但显而易见，它“依旧相对年轻”。② 整个教育史所面临的问题，比如教育学院历史课程选修量下降等，都对性别史的哪些方面被传播、在哪里传播以及向谁传播造成了影响。历史学家会接受这些不同的因素，或者说这些方法会保持其不同的地位吗？教育史是否会影响当下的学校教育实践，还是说只是历史学家之间的自说自话？而反过来，性别研究者们则反复询问：性别史在多大程度上塑造了教育史领域？

---

❶ sexuality，性社会学的核心概念。

② Linda Eisenmann,"Creating a Framework for Interpreting US Women's Educational History:Lessons from Historical Lexicography,"*History of Education* 30,no. 5(2001):453.

构建女性史和性别史的理论转向

受到20世纪70年代语言学转向的促进，以及近些年在叙事、空间 357
性和物质性诸方面研究转向的影响而出现的学术界的理论转向，已经成为推动历史学性别化进程的核心。参与这些理论转向的性别研究者，扩展了历史学家关于性别的可塑性、交叉性质、调查方法、可能存在的历史场所，以及性别与知识生产和表述的政治向度之间的联系等一系列概念。就像把一个领域的边界进行概念化一样，我们如何构想一个性别化历史的课题，这本身就是一种理论化尝试。一些需要进行分析研究的主题（比如家庭生活、教学、小学），向我们发出了“性别”的信号。与此同时，殖民主义、组织或课程中的性别因素，也可能需要做进行更多的梳理。

当代的性别研究领域反映了理论和方法论上的发展，包括分析历史事件的一系列方法，从沃尔特·本杰明的工具论到社会再生产理论和黑人女权思想，这些都从社会科学或哲学中汲取了灵感。长期以来，女权主义者一直在批判无所不在的宏大叙事和非具象化的观点，这些观点几乎塑造了所有的学术成果。由此，一些人认为历史学家是一种具象化、种族化、性别化和历史性的存在，其定位不可避免地影响了他或她想象和追求知识的方式。新的历史学观念已经出现，它们将历史叙述视为是间接的、局部的、情境性，尤其是性别化的，而非观察历史的窗口或镜子，并促使人们回到过去，从不同利益角度提出不同的问题，从彼此间的裂隙处获得新的见解，同时也将其他可能被叙述的故事考虑进来。③ 就在有人可能将这些变化定性为修正主义转向的同时，一些性别研究者对暗示先前的历史是真实或可信的修饰词，也持一种谨慎的态度。这一领域里这类张力关系的存在，有效地推动了历史研究中性别分析问题的不断涌现。

起源简述

女性史、女权主义史、性别教育史当中的不同侧重点，反映了这些更广泛的理论转向和在实践中同时存在的思想多样性。这些方法有一些共同点，但其公开选取的理论却有所不同，从历史记录中想象和寻求的性别化主题也各有差异。尽管从女性史到女权主义史、再到性别史的转变有时被看作是连续渐进的过程，但这种关于起源的有条不紊的叙事，却模糊了各种研究方法可能重叠和融合、在不同研究领域体现出不均衡的情况，以及它们可能在同一类研究中同时出现的多种
358 形式。例如，传记研究就经常展现出这些不同类型的方法。总体而言，这些传统都共同承担着一项纠正性和前瞻性的使命，那就是改造教育史知识，无论是通过还原或补充丢失的历史的方式，还是通过打破男权主义者认识论的方式，后者限制了一些本该是合法正当的方法和主题。④

---

③ See, for instance, Diane Vaughan, *The* Challenger *Launch Decision: Risky Technology, Culture, and Deviance at NASA* (Chicago: University of Chicago Press, 1997); Petra Munro, *Subject to Fiction: Women Teachers' Life History Narratives and the Cultural Politics of Resistance* (Buckingham, UK: Open University Press, 1998); Herbert Kohl, *She Would Not Be Moved: How We Tell the Story of Rosa Parks and the Montgomery Bus Boycott* (New York: New Press, 2005).

④ See Donna Haraway, "A Cyborg Manifesto: Science, Technology, and Socialist-Feminism in the Late Twentieth Century," in *Simians, Cyborgs and Women: The Reinvention of Nature* (New York: Routledge, 1991), 149-181.

从广义上讲，女性史研究主要集中于女性的生活、观点角度和活动；追踪那些为女性服务的政策、机构和课程的发展；从多元的地理及历史背景出发描述教育模式；和/或扩宽对女性作为受教育者的生活经历的认识。托马斯·伍迪关于美国女性教育史的两卷本著作是这方面的奠基之作，这部著作基于大量的文献资料对教育中的专题领域进行了研究。半个多世纪后，对美国女性接受高等教育的分析以及对维多利亚时代英国中等和高等教育的研究，通过分析女性在不同时期的经历和影响其发展的社会力量，扩展了人们的认识范围。[⑤] 总体而言，女性史的研究方法将女性这一范畴作为有意义的分析核心，对历史空白进行了重要的修正，并扩展了对女子学校教育、女性学校工作者和学生的认识。最近的学术研究仍然反映了这种精神。

女权主义史已经把20世纪六七十年代激进主义的理论贡献和政治承诺应用到了实践当中，并延伸了生物学上的性别定义与社会文化中的性别范畴之间的关键性区别。女权主义史研究了在一系列地点和时期塑造了社会角色、教育机会和体现经验的性别意识形态、性别规范和性别脚本，试图与其他力量一起，共同致力于打破隐含在“女性”这一类别中的同质性。女性的教育经历和机会及其历史知识的生产，深受种族、阶级、民族、国家等力量的影响，学术界也常常将女性的潜在含义建构成与“盎格鲁人”或“欧洲人”同义的隐性概念。伍迪的经典著作反映了这种排除种族和民族因素，并对其所处的阶级也只是有限关注的女性研究取向。女权主义者还发展了新的历史主体观念，

---

⑤ Joyce Senders Pedersen, *The Reform of Girls Secondary and Higher Education in Victorian England: A Study of Elites and Educational Change* (London: Garland, 1987); Barbara Miller Solomon, In *the Company of Educated Women: A History of Women and Higher Education in America* (New Haven, CT: Yale University Press, 1985); Thomas Woody, *A History of Women's Education in the United States*, 2 vols. (New York: Science Press, 1929).

将女性视为积极的行为主体，而非消极的受害者，她们在特定历史背景的限制下，积极就自身生活的意识形态和物质条件进行交涉。

琼·斯科特的开创性成果，将性别作为一个富有成效的分析范畴进行了详细介绍，扩展了普遍历史方法的性别理论化问题，她认为这些方法依赖于男性女性的基本分类，而以此来追溯和批判社会政治历史中的权力关系前景有限。“性别”一词的表象一致性掩盖了其多元含义和理论归属。深受社会建构主义和后结构主义思想影响的斯科特认为，性别在本质上是开放的、富有争议的和可变（而非静态）的，它是社会关系的构成要素之一，在话语中起着标记性别差异和权力的作用。这种对于女性史主题的颠覆，标志着性别史分析的一个关键转向，这反映在了如玛乔丽·西奥博尔德的著作《认识女性：19世纪澳大利亚女子教育的起源》和佩德拉·芒罗对教师生活史叙事分析的《无奈的虚构》等作品当中。[⑥]

尽管“性别”有时意指“女性”，但这个概念作为分析的一种范畴，其本身所蕴含的弹性也使之包含了其产生的过程、所处的场所及涉及的物体：建筑、组织机构、空间、进程、房屋、面纱、水桶、洗衣板，甚至是我们称之为信件的纸片，都可能成为具有性别特征的对象。就像其他社会定位和分析类别一样，性别的表达方式和侧重点也会随着时间和语境的变化而起伏波动。我们通常认为，两性的自然特
359 征就能反映特定历史时刻的文化和社会意义。理解这一含义的关键在于把握关联性，例如，男性气质和女性气质是共同产生、不断变化的，并常常与塑造教育机会和经验的其他社会定位维度交织在一起。女性主体的去中心化在该领域引发了激烈的冲突，且尚未停止。对一些人

⑥ Joan W. Scott,"Gender: A Useful Category of Historical Analysis," *American Historical Review* 91, no. 5 (December 1986): 1053-1075; Marjorie R. Theobald, *Knowing Women: Origins of Women's Education in Nineteenth-Century Australia* (Cambridge, UK: Cambridge University Press, 1996); Munro, *Subject to Fiction*.

来说，这些理论上的回避阻碍了他们恢复对那些尚未得到关注的、边缘化的历史进行探索；而对另一些人来说，它们却标志着与值得怀念的真实历史传统的彻底决裂。

发展中的史学

性别史学在关键领域的丰富和发展，反映了女权主义和性别史侧重点的多样性。然而，还是有一些极具紧迫性的学术空白。而其中的空白面和成就面差不多一样多。那么，学术研究在哪里集中着手和产出成果呢？当历史学家审视这一领域时，在哪里采用性别分析似乎才自然契合，或是说哪里才是有利于其发挥作用的地方？它总是存在于女性身体及其历史实践当中吗？人们认为它是从何处介入或又与何处无关的？性别话题和教育本身是如何随着整个教育史的变化而不断变化的？其中有多少是关于重构概念和颠覆主流观点的？谁是这一领域的主要发声者，他们是如何引导这个领域的？又有谁在倾听？还有哪些边缘化的声音，它们是在制造焦点、撰写论文，还是旨在为别处的政治承诺起引导作用呢？这些问题都是塑造了本领域内外观点的教育史话语中的一部分，它们为我们思考性别在多大程度上塑造了教育史的实践提供了信息。

在这方面，有一些重要的文献提供了信息丰富的检验标准。其中包括一本美国女性教育史词典，一部多卷本的科学界女性史，还有在《教育史》和《教育史季刊》上发表的部分精选论文。这些文献都强调了那些有必要汇集于此的见解：对一个历经重大变革的领域进行整合，并继续设想该领域新的解释框架，竭力形成性别史研究借以展开所依据的规范。这一任务是艰巨的，可能实现，也可能无法达成。[7] 这仍是一个十分活跃的领域。

2004 年，英国教育史学会会长露丝·沃茨发表了一篇题为“故事的性别化：教育史的变革”的演讲。当时她以批判的眼光回顾了该领域的变化，对 1976 年以来性别分析如何塑造教育史这一领域的情况进行了思考。她的分析主要以《教育史》杂志为中心，将其作为一个基本出发点和窗口，用以了解更广泛的进程。她注意到女性作为知识生产者的稳定存在、期刊论文的增加，以及各种各样的性别史形式，从而得出的结论是：该领域在一些关键方面已经得到了蓬勃发展。沃茨在演讲中提供了一份参考书目，其中包括有近百篇以 19 世纪和 20 世纪为重点的综述文章。

我们对在 1993—2014 年数十种期刊上发表的教育史论文进行了文献梳理，发现大约有 350 篇文章采用了性别分析。虽然在体现影响力和代表性上，计数是一个有限的概念性工具，但它确实也提供了一种范式感。和 2004 年的调查相类似，该研究发现，有关不同时期、不同地
360 理区域的文章，其所重点研究的学校教育处在不同的层次。正如可以料想的那样，性别史的重叠方法在处理性别问题上既明确又含蓄；而

---

⑦ Linda Eisenmann, ed., *Historical Dictionary of Women's Education in the United States* (Westport, CT: Greenwood Press, 1998); Margaret W. Rossiter, *Women Scientists in America: Forging a New World since 1972* (Baltimore, MD: Johns Hopkins University Press, 2012); Margaret W. Rossiter, *Women Scientists in America: Before Affirmative Action, 1940-1972* (Baltimore, MD: Johns Hopkins University Press, 1995); Margaret W. Rossiter, *Women Scientists in America: Struggles and Strategies to 1940* (Baltimore, MD: Johns Hopkins University Press, 1982); Alison Mackinnon, "Shaking the Foundations: On the (Im)possibility of Writing a History of Women in Higher Education," *History of Education Review* 28, no. 1 (1999): 1-16; Ruth Watts, "Gendering the Story: Change in the History of Education," *History of Education* 34, no. 3 (2005): 225-241; Eisenmann, "Creating a Framework"; Joyce Goodman, "Troubling Histories and Theories: Gender and the History of Education," *History of Education* 32, no. 2 (2003): 157-174.

19 世纪和 20 世纪的史学研究，也比其他任何历史时期更为广泛。旨在探索教育史上主要问题的文章中，有近一半探讨的是 20 世纪的教育。纵跨 19 世纪和 20 世纪的研究和专门针对 19 世纪的研究约占全部文章的四分之一。研究 1800 年以前时期的文章只有约 5%，其中大部分都以英格兰和爱尔兰作为信息来源。一些主题要比其他主题更有代表性，例如，有超过 70 篇的文章都以高等教育为重点。

如果说研究者在方法上尚有选择性，那么方法论的转向却是显而易见的；人物传记和生活史研究继续还原历史，并以理想化的传记和深入理论的方式增加了关于教育史上教育家、学生和活动家的知识；重新审视和建构性别知识，使史学研究变得更加复杂、微妙；对某些未被充分研究的女性群体的研究也有所增加，尽管差距仍然存在。将性别分析范式加以延伸的学术研究，包含了涵盖男性气质，交叉性，科学、技术、工程和数学（STEM），国际性和跨国性，后殖民主义，本土性，表现性，关联性，物质性，情感和空间，以及其他当代才出现话题在内的多个项目。这些多样化发展共同具有的是富有成效的张力，以及对于性别分析范围的折中接受。至于这些问题和贡献能在多大程度上改变了这一领域，则完全是另外一回事了。

性别研究中一个富有成效的方面，在于它激起了人们对于各种非实证主义、女权主义和后结构主义方法论的关注。方法论的转变也对教育史产生了重要影响，尽管这种影响是有选择性的，因为有些人认为这些研究属于现在中心观，与历史研究背道而驰，因而不予理会。不过一些教育史学者已经接受了方法论的转变，以此要么拓宽合法文献的来源，要么扩展调查探究的方法，要么打破那些反映启蒙运动进步叙事的线性叙述。由于跟踪一些女性生活的资料来源难以捉摸且变化不定，这促使女权主义者从通常受人推崇的文献来源，转向其他可以提供更多深入见解的来源（书信、日记、衣服、建议手册、建筑）；转向采用诸如生活史和传记等方法，有时还会带有研究者自己的自传色彩。近年来还转向一些更难以言说的工具和范畴，比如空间、记忆和情感。一些史学家依赖经典的史学研究方法，而另有一些史学家则已经在当前研究中转向了各种叙事研究、传记研究、空间研究、材料研究、跨国研究。

多样化的叙事形式也已浮现，打破了标准规范，并扩展了历史呈现的方法，如在叙述中插入历史学家或直接面向读者讲述等。此类呈现可能与线性和过程性叙述背道而驰。例如，2011 年对课程史的全新梳理，采用了递归累进而非线性的叙事方式，而教师兼诗人安妮·塞克斯顿传记的读者们，也受邀以任何他们认为适合的顺序来阅读各章节。[8] 在过去十年中，期刊文章和专著当中都出现了叙事实验，学者们将自传、传记和理论材料并列，邀请读者做出新的解释。在这样的记述中可以瞥见历史学家的新形象：一个处于历史情境中的人，他/她不可避免地通过其主体地位来观察这个世界，而不是作为一个透明的载体将历史的真相转化为文字。

361 曾一度容易被历史抹杀的女性，在现在的性别研究中，却通常以知识创造者和生产者的角色出现。传记方法继续为这一使命服务。尽管“女性杰出人物”这种女权主义的复兴项目有时会折射出理想化色彩，但既关注著名人物和群体，又关注普通人物和群体，这也一直是女权主义者工作的重要方面，扩展了对女性作为历史推动者的认识，把她们置于其所在的社会和政治背景之下，并提供了教育史上“人的能动性与社会结构的交集”的认识角度。[9] 从这个意义上来说，女权主

---

⑧ Petra Munro Hendry, *Engendering Curriculum History* (New York: Routledge, 2011); Paula M. Salvio, *Anne Sexton: Teacher of Weird Abundance* (Albany: State University of New York Press, 2012).

⑨ Barbara Finkelstein, “Revealing Human Agency: The Uses of Biography in the Study of Educational History,” in *Writing Educational Biography: Explorations in Qualitative Research*, ed. Craig Kridel, 45-61 (New York: Garland, 1998), 46.

义传记是一种完全民主性的努力。

然而，一些问题常在我们的记述当中出现，例如，在历史记录中寻求动力和抵抗意味着什么？我们代表的是哪个主体，目的是什么？哪些项目适合作为教育史的研究内容？性别的角色和理论、历史主体的概念化以及对教育背景的重视程度，在传记创作中都各有不同，这反映出该领域中性别之间的细微差异。研究方法包括从人本主义主体的视角出发，对教育事件、机构和人员的经典分析，以及纠缠于性别问题或者移除传记主体而聚焦话语的探究路线。

有关这种复杂性的例子很有参考价值。在有关公共教育与教师的主要倡导者、活动家玛格丽特·海莉的生平描述中，20世纪早期芝加哥的政治背景为她的一生提供了基本框架。文本资料重点反映了海莉在积极倡导学校改革，主张在组织劳工、学校管理和国家政治的男性化文化突出的背景下建立以女性为主的教师工会时，在复杂的地方政治中谈判所遭遇到的各种性别意识形态。在书中，海莉是一个激进的政治人物，她作为教师自治和民主学校教育的代表，与各种强大势力展开博弈。虽然她的努力只是在一定程度上获得了成功，而且她的行为充满了矛盾，但以时间为序对其职业生涯进行的记述，却牢牢地立足于背景，由此突出了她作为一个强有力的历史行动者所发挥的作用。其他的传记方法在构架和分析中更明确地体现了女权主义，积极寻求打破对于历史的主流性别的理解。例如，对美国男性主导的运动中涌现的两位女性进步教育家的生平分析，通过探讨二人作为政治行动者之间相互关联的生活，并将她们的亲密关系作为其政治角色中的一个关键点，这在一定程度上突出了进步主义的性别因素。其他类型的传记性描述，如人物传记、集体传记、生活史等，都提供了在多元文化背景下对女性群体的深刻洞见。例如，2004年出版的一部文集重点介绍了鲜为人知的英国活动家在19世纪和20世纪为改善公共生活所做出的贡献，详细介绍了教育工作者在其公共和私人世界里进行商讨的过程中所存在的性别张力，并且还在其中交织进了作者的自传（传记）和政治承诺。在前面提到的安妮·塞克斯顿的理论性和自传性描述中，出现了一个完全不同的主题：她通过关注性别话语，进一步构建了关于教师生活史和教学法的女权主义学术体系。在后结构主义的主体置换和精神分析理论的浸润下，这一研究呈现的是一个虚构而非真实的塞克斯顿形象，并基于她的教学生涯，探讨了第二次世界大战后关于教学、传记和女性的固化的惯例。与更为传统的传记作品一样，它为当前的实践提供了启示，并且与女权主义传记方法类似，作者在文中
362 加入了自己的经历。这些叙述加在一起便体现了可称为新的历史复原工作的多面性，这项工作影响了整个历史学领域，但却以完全不同的方式建构了女性/性别的主题。[10]

有些主题仍然很难复原。在杰姬·布朗特寻找教育史上关于女同性恋、男同性恋、双性恋和跨性别学校工作者证据的过程中，可以明显看到通过删除档案来建构历史知识的政治。对于教育史学者来说，所有性别史学家所面临的挑战都被放大了，因为教育史学者的研究对象包括未成年人和受到严格公共审查的教师。撰写女同性恋和男同性恋史的教育史学者在遇到一系列困难和麻烦的情况下，仍然继续努力地寻求历史证据。这些困难包括：教育工作者销毁与其生活有关的证据，档案管理员从档案中删除与性有关的资料，缺乏支持性少数群体档案保存的机构资源，以及在一个相对保守的研究领域中触及禁忌话题所遭遇的政治报复（如怎样的内容才能够发表、谁能够获得终身教职等）。对同性恋的恐惧和偏见而导致的对相关原始资料的掠夺，加上

---

[10] Kate Rousmaniere, *Citizen Teacher: The Life and Leadership of Margaret Haley* (Albany: State University of New York Press, 2005); Kathleen Weiler, *Democracy and Schooling in California: The Legacy of Helen Heffernan and Corinne Seeds* (New York: Palgrave Macmillan, 2011); Joyce Goodman and Jane Martin, *Women and Education, 1800-1980* (Basingstoke, UK: Palgrave Macmillan, 2004); Salvio, *Anne Sexton*.

研究对象自身的保护策略，使得可供研究的记录少之又少。在学校工作者的历史研究中，对于性作为学校实践中的一种结构性力量的动力机制这一问题，几乎没有任何分析性的强调。

与其他学科相比，教育史作为一个领域开始主动转向与性有关主题的时间较晚，所以还有很多基础性工作要做。大量的早期工作都关注了在历史景观中呈现出的主题，迄今为止，主要涉及了性别认同的分类、学生在寄宿学校和学院的经历，男女同性恋教师和教授受到的迫害，以及活动家们在20世纪后期社会政治运动中利用学校教育和教育概念的方式。考虑到性少数群体在学校里非常容易受伤害，这实际上是一项很重要的政治工作。即使学者们充分集合了有关性别和性存在的新概念，复原历史的工作仍然迫在眉睫。将性存在写进教育史的方法并不是单一的，一些研究也许需要在原始史料的关键叙述中进行一些延伸性解读，以追溯历史上存在的酷儿和跨性别者的生活。[11]

社会定位的交叉，即金伯莱·克伦肖所称的“交叉性”，为新近的研究提供了启发，它既是教育模式和经验的分析场所，也是塑造它们的力量。难以处理的档案沉默困扰着特定时期和特定群体的历史复原工作，这些群体包括有色人种女性、少数族裔和其他代表性不足的群体。这对注重复原和理解的史学提出了挑战，但却并没有中断处于发展当中的史学研究。那些可被冠以自主权、抵制和协商等名词的学术研究，追踪了19世纪末原住民抵制联邦和白人的教育措施的过程，后者想通过带有性别化意味的教育对他们进行殖民。有关加拿大、澳大利亚和美国原住民的研究，包括了那些来自享有自主权民族的学生，在部落学校或联邦政府开办的寄宿学校的就读体验，以及殖民化课程的性别因素。学校对女生进行家政技能培训以维持学校的运转，或培

---

⑪ See Jennifer Terry, “Theorizing Deviant Historiography,” *Differences: A Journal of Feminist Cultural Studies* 3, no. 2(1991): 55-74.

养女性成为家政佣工，而男生则可以学习一些农业技艺。[12]

很多历史学家指出，要汇编反映女性不同种族地位的教育模式和教育经历的内容存在诸多挑战，而人们对于它们的认识也存在很大的差距。例如，以亚裔美国人和拉丁裔美国人教育史为重点的研究正在兴起，但是往往只是简单提及了一些性别问题。因此在学术研究中美国亚裔女性和拉丁裔女性的代表性仍很不够，此外关于不同种族群体、
363 移民和性少数人群等其他群体的性别史也是如此。然而，交叉视角的重要性并不在于对既定性别规范和性别理解的累加推动力上，而在于促成教育知识的根本的构成性的转变，这种转变是多元而尖锐的洞见能够带来的。长期以来，在更广泛的女权主义学术研究中，女权主义学者一直对这种现象有所警惕和批评，即种族、性别、族裔、失能（或有能力），以及身份和社会定位的多重交叉轴线总是与性别有关，尽管人们可能并不总是承认，也不积极主动地将这种多维性和交叉性联系起来。对这一领域的概述也同样会掩盖这种联系，例如，将女性历史与族裔历史分开，而不强调这样一种置位政治（politics of location）会如何影响知识的生产。

处于发展之中的史学，其前景在于通过重新审视、反思和重构，使分层研究和微观差别研究成为可能。女性教育史和性别教育史的大部分内容，都反映了对历史学中人们认为理所当然的诸方面，以及历史实践当中人们认为历史学是一项中立的或本身积极的事业持有的批判立场。它还反现了人们为反对教育中基本性别排斥所做的档案证据的整理工作。祖巴克认为，性别是“美国教育机构、思想和实践的基本定义特征”，这一观点抓住了性别分析对颠覆既定理解，以及激发新

---

[12] Kimberlé Crenshaw, "Mapping the Margins: Intersectionality, Identity Politics, and Violence against Women of Color," *Stanford Law Review* 43, no. 6 (July 1991): 1241-1299; K. Tsianina Lomawaima, *They Called It Prairie Light: The Story of Chilocco Indian School* (Lincoln: University of Nebraska Press, 1994).

问题和新解释的产生所具有的潜力。[13] 其中一些分析活动与该领域的已有研究相结合，突显了历史生成的展开进而活跃的过程。

无论是文本、概念、时期，还是过程，女权主义著作中的重构都包括对已有思想领域中的性别话语、认识论或结构性要素进行解构，以及提出全新的阐释。佩德拉·芒罗·亨德里对课程史领域的“复垦”，就是本着这种精神进行了长达12年的尝试。她批判并取代了课程研究中的结构和宏大叙事，这种结构和叙事往往通过在现有的叙述中添加和渲染个人作用，来弥补历史学对于性别化的排斥。亨德里采用她称之为“生成”领域的分析立场，考虑了不同历史时期的思想领域，使特定的身份和类别成为可能，并按主题而非按时间顺序对历史过程进行分组，比如身体与进步主义的主题。与其他人一样，她也将性别批判引入了对殖民主义、实用主义和进步主义的研究之中。这些千差万别的历史研究是对话性的，而不仅仅是档案性的，它们有意延伸了性别化历史研究的意义。

与斯科特深刻分析性别的精神相呼应，过去被用来解释历史事件的概念框架可以成为重构的关键性部分。正如格尔达·勒纳在1975年所说：“这是不可能的——我们的角度太多了。没有单一的框架，没有单因素、四因素或八因素的解释可以囊括女性史的全部内容”。[14] 例如，教育史学者重新审视了一些熟悉的概念，这些概念在历史上曾被用来标注一系列性别化实践，如共和母性、两分领域、“浪潮”、私下/公开，还指出了这些概念中的阶级化和种族化假设，或者过度使用的情况。这些假设或过度使用可能会破坏分析结果或模糊历史的细微差别。许多研究都致力于在不同历史背景下跨越公开/私下二元结构的限制，

---

[13] Mary Ann Dzuback, “Gender and the Politics of Knowledge,” *History of Education Quarterly* 43, no. 2(2003): 174.

[14] Gerda Lerner, “Placing Women in History: Definitions and Challenges,” *Feminist Studies* 3, nos. 1-2(Autumn 1975): 12.

例如，在什么样的性别化场景里唤起的是私下称呼而非公开称呼？芭芭拉·所罗门曾发表过一篇文章，文中她用“入学机会”作为追踪女性进入高等教育的核心概念，而在文章发表10年之后，历史学家同样不经意地把这一概念搁到了一旁。[15] 尽管“入学机会”这一概念抓住了女性与教育之间关系的一个方面，并继续为一些研究提供有效信息，但其解释范围的局限性也限制了对其他动态机制的理解。即使经典的研究框架经久不衰，但更灵活的概念已经进入了历史想象，例如网络与组织建构的概念，以及后殖民地时期“中心-边缘式混乱”的概念。

364 随后这些概念又出现在后来的研究当中，这些研究聚焦的重点包括20世纪初美国女性志愿服务组织、国际教育领袖和活动家的传记、家政学、跨国和跨文化的交流，以及提高女性领导地位的支持系统等。而其他的重构，则动摇了男性哲学家在生成教育思想方面的显著地位，或是扰动了诸如科学领域或家政领域中严重性别化的概念，以考虑它们的多维含义。两个多世纪以来，卢梭的那种有严重缺陷的女性教育观引起了女权主义者的愤慨，不过一些学者仍把家政解读为培育女性自我意识的理想领域，甚至是18世纪和19世纪早期特权女性进行参与公民事务的阵地。此外同样清晰的是，在强调把女性的内在品质、穿衣风格和家庭手册作为分析对象的同时，也可以看到在历史学实践中发生的更广泛的在空间方面和素材资料方面的转向。还有人提出了关于历史时期的新概念。通过追踪那些塑造女性物质现实的性别意识形态，历史学家们也对20世纪中期激进主义及其主张的真相如何进行了重新考察。而在这方面，高等教育吸引了其他一些分析性关注。从历史上看，高等教育机构是在父权制的目标下形成的，目的是培养男性领导者和专业人士，并通过基于种族、阶级和性别的人口结构的排斥措施来予以强化。目前档案领域对上述史实的回应，包括追踪在特定

---

[15] Solomon, *In the Company of Educated Women*.

场所那些刻意限制女性机会的因素，并详细举例说明了改革与成就的动力与模式。在前期成果的基础上，现在这一领域的研究方向主要包括：关于单一性别和男女同校教育机构领导者和历史沿革的案例研究、政策的性别分析、宗教的话语和机构、塑造多元化女性入学机会的各种势力和意识形态、女性所受教育的结构和课程维度、对男女同校的抵制和女性接受男女同校教育，以及最近开展的关于男女学生接受性别化教育的体验研究等。对于性别模式、性别关系和性别意义的分析是显而易见的，例如，在现代英国大学史研究以及牛津大学和剑桥大学的机构案例分析当中，就形成了男女生不同体验的比较图。正如凯瑟琳·梅伦·查伦关于塞普蒂玛·克拉克的研究所揭示的那样，通过这些视野更为广阔的研究，那些在特定背景下为倡导教育改革发挥了关键作用的领袖、慈善家和活动家们的传记掠影便一一浮现了出来。[16]

交叉性

多样化的研究有助于抽丝剥茧地解构那种同质性女性主题的概念，这些概念在教育史中往往起到了标志的作用，强调了种族、性别和阶级在教育哲学、经验和实践里的多维度交叉。如前所述，正如教育在本质上是性别化的，它也是通过种族、阶级和性存在塑造形成的，而跨国研究的新方向同样需要努力解决跨国性别化主体的概念问题，这些概念超越了那些由民族-国家衍生的概念。通过对历史上的黑人学院

---

⑯ Jennifer J. Popiel, *Rousseau's Daughters : Domesticity , Education , and Autonomy in Modern France*（Lebanon：University of New Hampshire Press，2008）；Linda Eisenmann, *Higher Education for Women in Postwar America , 1945-1965*（Baltimore，MD：Johns Hopkins University Press，2006）；Carol Dyhouse, *Students : A Gendered History*（London：Routledge，2006）；Carol Dyhouse, *No Distinction of Sex ? Women in British Universities , 1870-1939*（London：UCL Press，1995）；Katherine Mellen Charron, *Freedom's Teacher：The Life of Septima Clark*（Chapel Hill：University of North Carolina Press，2009）.

与大学、主要倡导者和黑人学院领导人的传记、黑人女性进入公私立院校就读的机会，以及校内对白人暴政和严苛规范的抵制等方面的研究，
365 高等教育领域非裔美国女性的历史形象已经得以深化。琳达·珀金斯在研究中批判了占主导地位的种族假设和常见历史概念的含义，并提供了黑人女性领袖的传记以及黑人女性学生在精英院校中的经历。最近还提供了20世纪黑人女性研究生的经历。她的这些研究对发展多维度的历史学起到了助力作用。[17]

其他一些尝试在精英院校之外寻找有关性别化历史信息的研究，通过考察文实中学、师范学校和职业学校来追溯教育模式，并详述了阶级和种族如何塑造性别化课程或经验的情况，以此拓展了对性别化历史的交叉性认识。合众国早期以及南北战争前，美国的文实中学表现出一种充满阶级色彩的对主智主义的信奉，而这种信奉并不像当时白人中产阶级女性社会背景中其他方面那样具有决定性的性别化特征。类似的教育机构增加了这一阶层女性为个人和宗教利益以及民众目的而接受教育的机会，同时也强化了中产阶级区别于工人阶级及有色人种的身份认同。其他的交叉分析研究，还揭示了有关现代工人阶级出身学生的大学经历、新南方地区的教育改革，以及美国州立师范学校情况等内容。高等教育在塑造有教养的女性主体方面也发挥了一种有形的作用，无论是通过培养一种注重装饰和身体形象的氛围，还是通过提供分类和隔离的教育，或者通过提供职业课程和体育课程。关于

---

[17] Linda M. Perkins, "The History of Black Women Graduate Students, 1921-1948," In *The Sage Handbook of African American Education*, ed. Linda C. Tillman (Los Angeles: Sage, 2009), 53-65; Linda M. Perkins, "The African-American Female 'Talented Tenth': A History of African American Women in Seven Sister Colleges," *Harvard Educational Review* 67, no. 4 (Winter 1997): 718-756; Linda M. Perkins, "Lucy Diggs Slowe and the Self-Determination of African-American College Women," *Journal of Negro History* 81 (December 1996): 89-104; Linda M. Perkins, "The Role of Education in the Development of Black Feminist Thought, 1860-1920," *History of Education* 22, no. 3 (1993): 265-275.

特定女性主体的概念塑造了具体的课程体系。伴随着19世纪白人女性进入高等教育和20世纪学生参与体育运动而来的对于生殖和优生的恐惧，为教育工作者带来了关于课程设置的焦虑，比如学校的体育教学以及运动学校应该提供何种程度何种类型的体育课程。然而，美国原住民职业学校却没有出现类似的担忧。在这些强调对不同年龄学生进行职业培训的联邦寄宿学校中，其教学明显体现出了种族化和性别化的交叉。例如，在俄克拉荷马州奇洛科的学校中，女学生通过她们的体力劳动帮助维持学校的运转，并在她们练习家政技能时，学校在其诸如穿针引线和缝纫等行为当中，对她们的衣着、仪态和身体控制力进行严格检查。虽然这些课程模仿了其他地方的家政教育，但考虑到联邦政府有同化和殖民原住民的意图，这些课程与其他地方所产生的影响大不相同。而其他由部落开办的学校，则反映出部落认为女学生应当接受的价值观。[18]

男性气质

男性大学生一直是高等教育的焦点，这部分是因为，历史上高等教育在为政治和社会角色培养男性主体，严守制度性边界以防女性进入等方面发挥了重要作用。性别问题往往是通过历史上女性而非男性的主体角色得以明确的，因而近几十年来的研究有意识地将焦点转向了使男性气质性别化，这为分析男性在性别关系结构中的地位和实践开辟了新的路径。对于一些人来说，这样的关注转变也招致了一些怀疑，他们担心将历史学的目光重新投向主导群体和性别形态，将会取代那些在历史上一直被研究不足的群体。这样的疑问是有价值的，因

---

⑱ Margaret A. Nash, *Women's Education in the United States, 1780-1840* (New York: Palgrave Macmillan, 2005); Lomawaima, *They Called It Prairie Light*.

为知识生产具有当下性，其研究主题和阐释会随之出现地位上的波动。随着跨性别学术研究在这一领域获得更稳固的基础，运用跨性别的分析视角研究那些不同于标准的二元性别概念的教育主体或过程，就很可能会提升对历史的理解。

366 在社会和文化上，男性气质是偶然的、灵活的、变化的，并与女性气质相关联。它们包含了历史上处于主导地位和从属地位的各种形式，可以是地方的、国家的或全球的，并通过帝国主义、殖民主义和跨国主义的教育系统来加以引导。这些形式可以在帝国层面上运作，展示其性别、种族和性存在的交叉坐标，并指出了白人女性在防守种族边界和性别边界当中所起的作用。男性气质也可以通过男性或女性的身体来想象和加以训练。例如，19 世纪的大学官员需要在以下两个方面取得平衡：一方面要敦促白人女性进行身体锻炼，另一方面又要避免她们将身体活力升格为粗鄙的肌肉发达。关于贵族、体育、殖民地遭遇以及职业主义的研究，都表明了历史上受阶级影响的男性气质与受种族影响的男性气质之间存在怎样的关系流动。高等教育也通过显性和隐性的课程以及流行文化的方式，培养了男性的主体性和理想典范。这些研究的维度包括了在特定语境下具象的、智性的成分。这些成分可见于美国南北战争前的男性气质研究、牛津大学和剑桥大学（1850—1920）中的英国男性气质研究，以及大学男生新生的流行观念研究之中。男性气质的理想典范可以深入人心，影响深远，并嵌入到阶级提升的愿望当中。在州立大学就读的南方白人男性接受了一种智性主义的和自我提升的文化，并将其作为获得资产阶级男性气质的方法。作为性别身份的表现形式，男性气质也可以通过学校教育的习俗和实践来造就和捍卫，例如，当殖民地女性和有色人种进入牛津和剑桥大学时，两所大学中的英国精英男性就巩固了自身地位以对付这些外来者。这些研究还可以借助杂志、小说、广告等流行文化，将进入大学作为男性气质进取向上的文化表现来加以仔细研究。[19]

性别化空间

性别化的意识形态、手稿和人物是性别化历史的存在场地，而获得不同地位、履行不同社会职能的机构和研究领域也是如此。在功能上，学校是社会分类机制和阶级制度的守护者，而从女性在男女同校机构有时会接受不同的课程，以及她们在毕业后的生活前景角度来看，这些功能对她们有着多样化的影响。师范学校、文实中学和技术职业教育都是能覆盖成百上千学生并帮助其实现社会流动的机构，但它们的机构地位却各不相同。科学、技术、工程、数学（STEM）就是这样一个性别化的领域，它一直被性别化为男性，而对于女学生和女性的科学知识生产者，却有着多样化的含义。即使历史学家表明女性和女孩对生产和使用这类知识也有贡献，但该领域仍一直被顽固地解读为是男性化的。关于美容学校和家政学的研究强调了性别化学科迥异的地位，以及使上述领域合法化和专业化存在的挑战。抵制和交涉也是这些历史的特征，相关的研究详细记录了 20 世纪中叶种族隔离期间，在压迫性的种族限制下为非裔美国人提供学习机会的美容学校的授权

---

⑲ Roland Sintos Coloma,"White Gazes,Brown Breasts:Imperial Feminism and Disciplining Desires and Bodies in Colonial Encounters,"*Paedagogica Historica* 48,no. 2(2012):243-261;Timothy J. Williams,*Intellectual Manhood :University ,Self ,and Society in the Antebellum South*(Chapel Hill:University of North Carolina Press,2015);Paul R. Deslandes,*Oxbridge Men :British Masculinity and the Undergraduate Experience*(Bloomington:Indiana University Press,2005);Daniel A. Clark,*Creating the College Man :American Mass Magazines and Middle-Class Manhood ,1890-1915*(Madison:University of Wisconsin Press,2010).

空间情况。[20]

尽管教育史大多围绕着学校的核心来进行，但非正规教育的工具、教育过程和教育空间在历史上也是女性学习的关键场所。这些女性包括有色人种和劳动阶层的女性，她们的教育选择范围比上层和中层白
367 人女性更有限。多样化的课程包括圣经学习、说教式和宗教小说、家庭百科全书、女性俱乐部、志愿组织、读书会、书信、家庭室内空间和育儿。一种具有潜在解放性的非正式课程，也可以渗透进学校空间。在最近的学术研究中，大众传媒作为教学工具的强大作用日益显现出来。作为一种教学工具，大众传媒可以服务于有关男性气质与大学、青少年主体性、性教育等课程的教学。对 20 世纪 60 年代之前公立学校性教育的分析表明，同辈互动、参与课外活动和剪贴簿提供了正式课程之外的学习课程。[21]

国际与跨国场景下的性别研究

国际、比较和跨国场景下的性别分析，反映出作为本领域其他范围的研究所具特征根源所在的、在理论上的拥戴范围。值得注意的是，

---

[20] Christine A. Ogren, *The American State Normal School: An Instrument of Great Good* (New York: Palgrave Macmillan, 2005); Rossiter, *Women Scientists in America: Forging a New World since 1972*; Rossiter, *Women Scientists in America: Before Affirmative Action*; Rossiter, *Women Scientists in America: Struggles and Strategies*; Kimberley Tolley, *The Science Education of American Girls: A Historical Perspective* (New York: Routledge/Falmer, 2003); Watts, "Gendering the Story"; Julia Kirk Blackwelder, *Styling Jim Crow: African American Beauty Training during Segregation* (College Station: Texas A&M University Press, 2003); Penny Tinkler and Carolyn Jackson, "The Past in the Present: Historicising Contemporary Debates about Gender and Education," *Gender and Education* 26, no. 1 (2014): 70-86.

[21] Susan K. Freeman, *Sex Goes to School: Girls and Sex Education before the 1960s* (Urbana: University of Illinois Press, 2008).

在我们评估过的场景中，性别分析的地理可见度并不稳定，这凸显了知识生产和传播模式的不均衡，也凸显了仍在发展中的教育史性别理论化的轨迹和场所。总体上看，传播该领域学术成果的西方教育史期刊，对于世界各个地区的代表性还很不够。通过对1993—2014年出版的几十种期刊的论文回顾，可以发现三分之一的学术成果涉及英国和爱尔兰的教育史；有近三分之一涉及美国和加拿大；针对欧洲大陆、澳大利亚和新西兰、亚洲、非洲、中东以及墨西哥和中南美洲的研究仅占全部的37%。这其中研究模式差异很大，涉及中东地区的仅有5篇，非洲为10篇。而有关世界大部分地区性别和教育史的前沿成果，读者从这些期刊中几乎完全找不到。此外，这些笼统的分类名称也无法阐释这些场景内部的所有复杂性。当然，这种代表性模式并不能反映学者们在国际上产出历史知识的全貌，也不能反映其他的历史研究借以在本土和全球传播的其他重要期刊和口述传统的情况，但它们确实反映了关键场所信息的不均衡流动，还反映了这个研究领域内性别交叉理论的基本轮廓及其缺失情况，而这些情况正是知识建构政治学的一部分。

2000年以来，后殖民主义史学变得更为厚重和成熟，但仍然需要相当多的国际性研究。与其他历史学领域一样，本领域也出现了跨国论题和问题，以反映与性别化的教育主体、活动家、教师以及与塑造他或她教育情境的各种势力有关的概念所发生的变化。尽管女性显然已经作为民族国家的象征性代表，或民主社会的公民实现社会化的道德和美德工具发挥了重要作用，但毕业生、传教士、女教徒和其他类型教师的跨国流动，还是需要有不同的有关主体性及跨境教育交流所遭遇问题的概念。女权主义分析促进了跨国研究更广泛的理论化，但教育史领域的跨国研究却较少得到关注，而社区、地方、州和国家层面的跨文化教育史问题本身也处于不同的发展状态。

总　结

368 尽管在教育学术研究中，这些不同的发展路线都富有成效，但评估这一领域时仍有一个突出的问题，即追溯性别这一业已形成的结构性力量时，它究竟在多大程度上融入到了历史学家作为教师和学者的具身实践、课程和教学法以及相应的学生知识当中呢？可以肯定的是，这是一个多产并不断繁殖的思想培养基，但如何构思教育史，这种能力还是要取决于具体的研究成果、教学和实践，取决于关系网络和思想流动，还取决于课程设置，以及是谁在听课。它取决于琳达·艾森曼在10年前极力主张的、作为解读女性历史实践框架的那些非常制度化和个人化的网络。作为一个生动的例子，教育史上一些最高产的性别研究学者通过国际教育史常设会议的性别与教育常设工作组，其研究工作得到了完善。

像其他在不同时候评估这一领域的人一样，深入思考性别学术研究在多大程度上改变了该领域的总体面貌非常重要。随着新工具和新问题的出现，该领域是否有所作为，在一定程度上取决于它是如何概念化的，以及有哪些产出研究成果的场所，哪些实践和主题被认为是合法的。学者们在分析性别时采用的折中的概念与方法，不断为分析问题开辟新的空间，尽管它们妨碍了我们置身这一领域之中的资料编撰工作。这一工作随着技术发展、跨国研究和理论发展而有所变化。对这一领域详加审视后可以看出，并非所有的历史学家都在进行同样的对话或使用同样的工具，他们太过经常地将性别固化成了女性的同义词，并且不能仔细审视性别产生和性别化主体体验具有波动性的话语方式。当然，用女权主义者的话来说，试图描述性别塑造教育、历史和方法论的持续及多维度方法的尝试，将不可避免地成为一个可以进一步巩固说辞或改变说辞的政治计划。也就是说，越来越多的性别研究者正在设计新的研究领域，扫除陈旧的问题，并在我们如何思考性别与历史及教育领域其他关键性主体之间的交叉关系方面取得了进展。但是就像其他学科一样，教育史领域是由知识生产者引用所处时代可以利用的研究和话语塑造而成的，而致力于孵化性别史研究的机构，如温彻斯特大学的女性教育史中心，却少之又少。而人们的唯一疑问是：新兴的性别史知识体系如何才能广泛而彻底地转化为教育实践，不仅是高等教育还有中小学校的教育实践。

推荐书目

Blount, Jackie M. *Fit to Teach: Same-Sex Desire, Gender, and School Work in the Twentieth Century*. Albany: State University of New York Press, 2005.

Dzuback, Mary Ann. "Gender and the Politics of Knowledge." *History of Education Quarterly* 43, no. 2(2003): 171-195.

Eisenmann, Linda. "Creating a Framework for Interpreting US Women's Educational History: Lessons from Historical Lexicography." *History of Education* 30, no. 5(2001): 453-470.

Eisenmann, Linda. *Higher Education for Women in Postwar America, 1945-1965*. Baltimore, MD: Johns Hopkins University Press, 2006.

Goodman, Joyce. "Troubling Histories and Theories: Gender and the History of Education." *History of Education* 32, no. 2(2003): 157-174.

Goodman, Joyce, and Jane Martin. "Breaking Boundaries: Gender, Politics and the Experience of Education." *History of Education* 29, no. 5(2000): 383-388.

Hendry, Petra Monroe. *Engendering Curriculum History*. New York: Routledge, 2011.

Lomawaima, K. Tsianina. *They Called It Prairie Light: The Story of*

Chilocco Indian School. Lincoln: University of Nebraska Press, 1994.

Mackinnon, Alison. "Shaking the Foundations: On the (Im)possibility of Writing a History of Women in Higher Education." *History of Education Review* 28, no. 1 (1999): 1-16.

Martin, Jane. "Thinking Education Histories Differently: Biographical Approaches to Class Politics and Women's Movements in London, 1900s to 1960s." *History of Education* 36, no. 4 (2007): 515-533.

Nash, Margaret A. *Women's Education in the United States, 1780-1840*. New York: Palgrave Macmillan, 2005.

Popiel, Jennifer J. *Rousseau's Daughters: Domesticity, Education, and Autonomy in Modern France*. Lebanon: University of New Hampshire Press, 2008.

Rousmaniere, Kate. *Citizen Teacher: The Life and Leadership of Margaret Haley*. Albany: State University of New York Press, 2005.

Salvio, Paula M. *Anne Sexton: Teacher of Weird Abundance*. Albany: State University of New York Press, 2012.

Scott, Joan W. "Gender: A Useful Category of Historical Analysis." *American Historical Review* 91, no. 5 (December 1986): 1053-1075.

Watts, Ruth. "Gendering the Story: Change in the History of Education." *History of Education* 34, no. 3 (2005): 225-241.

第 23 章　历史上的教育与移民

保罗·J. 拉姆齐

从历史上看，学校教育侧重于传播文化的、社会的以及语言的规 372
范与传统。在政治和教育领袖看来，这种规范与传统对任何国家的发展、稳定和福祉都是至关重要的。移民，无论来自何地，都被期望接纳这些价值观，以便通过“消除文化多样性”来创建一个同质的社会。但对于那些不认同主流文化规范的移民儿童来说，创建一个有凝聚力社会的目标并不是一个好兆头。在世界许多地区，这些儿童及其家庭都被视为是一个问题，必须以各种方式加以解决，教育通常是最常见的方式。在美国，女教师的主要倡导者凯瑟琳·比彻在 1835 年指出，公立学校教育是必要的，因为“成千上万堕落的外国人及其家庭正通过种种途径涌入这个国家。所有这些无知的本地（通常是来自农村的移民）和外国的成年人现在都是选民，并且他们还在这个国家的政府中占有一席之地”。因此，总体而言，对移民及其子女的教育目标就是同化。人们普遍期望他们摆脱家族传统，接受所到之地的理想标准和文化习俗。①

在有记载的历史中，人类一直都在迁徙。作为一个人口统计学概念，迁徙包括若干人口的转移。在现代意义上，迁徙不仅指跨国移民，还包括国内流动，例如，在同一国家或地区内从农村到城市的流动。此外，移民并不总是自愿的。纵观整个历史，人类群体（例如原住民、非洲奴隶、战俘）被迫在国内和国际范围内迁移。从这个角度来看，世界上几乎所有地区都属于移民国家，而非仅是美国、加拿大、澳大利亚、阿根廷等通常被认定的移民国家。②

尽管教育的概念很宽泛，包括很多非正式的学习活动、机构和场所，③ 但在 19 世纪和 20 世纪世界很多地区的国家教育体系得以发展成熟之时，各国大都主要通过正规学校教育来关注移民学生。在 19 世纪和 20 世纪初的大部分时间里，虽然有个别明显的例外，但世界各地大
373 多数的移民儿童在学校里接受的都是同化教育。不过，到了 20 世纪下半叶，新的多元文化目标开始在一些国家的教育话语中占据主导地位，

---

① J. R. Lawry, "The Development of a National System of Education in New South Wales," *History of Education Quarterly* 7, no. 3(1967): 355; quote on eradicating cultural diversity from Carlos Newland, "The *Estado Docente* and Its Expansion: Spanish American Elementary Education, 1900-1950," *Journal of Latin American Studies* 26, no. 2(1994): 454; quote by Beecher from Catherine Beecher, "An Essay on the Education of Female Teachers for the United States," in *The School in the United States: A Documentary History*, ed. James Fraser, 3rd edition (New York: Routledge, 2014), 52; Paul J. Ramsey, *Bilingual Public Schooling in the United States: A History of America's "Polyglot Boardinghouse"* (New York: Palgrave Macmillan, 2014), 13-20.

② Leah D. Adams and Anna Kirova, eds., *Global Migration and Education: Schools, Children, and Families* (Mahwah, NJ: Lawrence Erlbaum Associates, 2006), 1-12; Michael H. Fisher, *Migration: A World History* (New York: Oxford University Press, 2014); "Migration," in *International Encyclopedia of the Social Sciences*, ed. William A. Darity Jr., 2nd edition (Detroit: Macmillan Reference, 2008), 156-159.

③ Paul J. Ramsey, ed., *Learning the Left: Popular Culture, Liberal Politics, and Informal Education from 1900 to the Present* (Charlotte, NC: Information Age, 2015).

从而部分地动摇了先前的同化进程。但是，这一转变并不代表一种目的论的历史观。也就是说，尽管以教育多元化为愿景的运动削弱了学校里严苛的同化目标，但它有时也意味着对特定文化（或某些文化的某些方面）的重视程度超过了其他文化。此外，比较明显的是，移民教育因国家（地区）而异，但也应注意到，即使在同一地区、同一时期，所有移民所受的待遇也并不都是一样的。换言之，某些移民在以他们为主的社区有较高的地位，而其他移民则常常由于宗教、民族、种族和语言的差异而受到粗暴对待。

尽管移民儿童的教育是一个重要的当代政策问题，但史学领域对该问题的关注却并未完全达到预期程度。这种史学上的差距在国际背景下尤为明显。虽然迁徙是一种全球现象，但在历史学中，它往往被当作某个国家的问题来处理，从而掩盖了其更广泛的层面。虽然移民是美国国家历史的一部分，从中引出了有关种族群体完全转变为“美国人”的神话，并产生了大量的学术成果，但世界其他地区的移民史却尚未得到充分发展。法国、阿根廷和巴西等国家的史学研究显示，“一旦移民成为公民之后，对他们的研究兴趣便很有限了”，而德国和瑞士则“完全否认它们是移民国家”。作为一个在国家层面考察的问题（如果要彻底考察的话），关于移民的历史文献在许多方面都存在潜在的问题。例如，历史学家经常探究特定的移民群体（有时会落入颂扬史的陷阱）或地区，因此会忽略了各移民群体的共同点和不同点。从更为全球化的角度对移民史及其教育史进行研究，会动摇某些国家的神话，如几乎毫不费力就彻底地同化了移民，而且会观照到世界上那些很少提及自身移民历史的地区。[④]

19 世纪的教育和移民

在世界上许多地区，19 世纪是一个集中体现民族主义、工业化和城市化的时期，而所有这些都密切相关。随着许多现代民族国家在 18 世纪末和 19 世纪开始出现，这些“想象中的社会”不仅试图界定新国家的传统和民族文化，而且还要寻求提高其国际地位和实力的机会，包括借助殖民主义。工业发展也是增强新兴民族国家影响力和实力的关键方面。1850—1900 年，法国工业产量翻了一番多；在同一时期，英国工业几乎增长了 3 倍，而德国 1900 年的生产水平是 1850 年的 6 倍。到 19 世纪末 20 世纪初，美国的制造业指数高于任何一个欧洲国家。[⑤]

---

④ Kevin Myers, "Immigrants and Ethnic Minorities in the History of Education," *Paedagogica Historica* 45, no. 6(2009): 801-816; Ana Bravo-Moreno, "Transnational Mobilities: Migrants and Education," *Comparative Education* 45, no. 3(2009): 419-433; Paul Spickard, "Introduction: Immigration and Race in United States History," in *Race and Immigration in the United States: New Histories*, ed. Paul Spickard(New York: Routledge, 2012), 1-12; quote from Donna R. Gabaccia, "Is Everywhere Nowhere? Nomads, Nations, and the Immigrant Paradigm of the United States," in Spickard, *Race and Immigration in the United States*, 30-52; Thijl Sunier, "Civil Enculturation: Nation-State, School, and Ethnic Difference in Four European Countries," *Journal of International Migration and Integration* 1, no. 3(2000): 316; Jacques F. A. Braster and Maria del Mar del Pozo Andres, "Educating Immigrants in the Netherlands: Migration Flows and Educational Policy in the Twentieth Century," *Paedagogica Historica* 37, no. 1(2001): 97. For a more detailed critique of the historiography, see Ramsey, *Bilingual Public Schooling in the United States*, 4-10.

⑤ Bravo-Moreno, "Transnational Mobilities," 421-424; Benedict Anderson, *Imagined Communities: Reflections on the Origin and Spread of Nationalism*, revised edition(New York: Verso, 1991), 47-65; Eric Hobsbawm, *The Age of Capital*, 1848-1875(New York: Vintage Books, 1996), 309-311.

随着越来越多的人在新兴制造业领域寻找工作，工业的崛起迎来 374
了城市化时代。例如在美国，19 世纪的头十年马萨诸塞州只有 3 个人口数量超 1 万的城镇，到 1860 年该州已拥有的城市中心已超过 25 个。19 世纪，柏林的人口从 17.2 万增加到 188.9 万；汉堡从 13 万增加到 70.6 万；利物浦从 8 万增加到 70.4 万；伦敦从 111.7 万增加到 655.8 万；巴黎从 58.1 万增加到 271.4 万；华沙则从 10 万增加到 63.8 万。类似的城市化模式也出现在了南北美洲、非洲和澳大利亚。墨西哥城的人口从 13.7 万增加到 34.5 万；纽约从 6 万增加到 343.7 万；布宜诺斯艾利斯从 4 万增加到 66.4 万；开罗从 29.5 万（1860）增加到 57 万；开普敦从 3.5 万（1860）增加到 17 万；墨尔本从 4.1 万（1850）增加到 49.6 万。⑥

国内移民和国际移民使得城市地区人口迅速膨胀，这些移民填充了新的工业岗位及日益增加的专业化的农业岗位。农村人口大批涌入城市，这些移民都聚在相同的地区寻找工作。在 19 世纪，来自欧洲的移民特别多。1850—1900 年，总计有超过 1000 万人离开了英国和爱尔兰；同一时期，有近 400 万德国人和近 300 万意大利人移民。这些移民的主要目的地是：北美洲的加拿大和美国，南美洲的阿根廷、巴西、圭亚那和乌拉圭，大洋洲的澳大利亚和新西兰。19 世纪美国接受的移民比任何其他国家都多。1850—1900 年，超过 1600 万人抵达美国。这些新移民大部分来自爱尔兰、英国、德国、意大利、俄国、挪威、中

---

⑥ Hobsbawm, *The Age of Capital*, 309-311; B. R. Mitchell, *International Historical Statistics: Europe, 1750-1993*, 4th edition (New York: Stockton Press, 1998), 74-76, 419-421; B. R. Mitchell, *International Historical Statistics: The Americas, 1750-1993*, 4th edition (New York: Stockton Press, 1998), 46-57, 307-310; B. R. Mitchell, *International Historical Statistics: Africa, Asia and Oceania, 1750-1993*, 3rd edition (New York: Stockton Press, 1998), 38-44; Ramsey, *Bilingual Public Schooling in the United States*, 15-16.

国和墨西哥。[⑦]

部分是为应对日益增长的民族主义、工业化、城市化和移民的原因，现代民族国家开始发展教育系统。在许多方面，德意志各邦，特别是普鲁士，是各国教育改革的典范。19 世纪初，来自法国、美国的学者和改革者访问了普鲁士的学校，这些人包括维克多·库森、贺拉斯·曼和卡尔文·斯托。普鲁士教育体系强调品格训练、读写和计算能力，国际访问者认为这些技能和特质对于将移民塑造成理想公民以及培养工业劳动力是必不可少的。美国俄亥俄州的改革家斯托在 19 世纪 30 年代参观了欧洲学校，他注意到“所有普鲁士学校都具有良好的秩序和严格的组织”。关注品德发展对 19 世纪社会保守派改革家尤其有吸引力，他们希望把学校教育作为一种机制来治愈与城市化有关的弊病，如贫困和犯罪活动。马萨诸塞州公共教育的主要倡导者贺拉斯·曼在 19 世纪 40 年代也表达了这一信念，他指出，学校教育将“发挥其强大的能量，来保护社会免受入侵带来的伤害，免受那些折磨社会的巨大恶习带来的伤害……在这些我们种族共同面对的敌人中，没有哪

⑦ Mitchell, *International Historical Statistics: Europe*, 129; Mitchell, *International Historical Statistics: The Americas*, 93-98; Mitchell, *International Historical Statistics: Africa, Asia and Oceania*, 87; John Bodnar, *The Transplanted: A History of Immigrants in Urban America* (Bloomington: Indiana University Press, 1985), 1-56; U. S. Immigration Commission, *Statistical Review of Immigration, 1820-1910. Distribution of Immigrants, 1850-1900* (Washington, DC: Government Printing Office, 1911), 4-24; Ramsey, *Bilingual Public Schooling in the United States*, 16, 20-27.

一个的高度是它无法企及的，也没有哪个庞然大物是它无法诛灭的”⑧。

普鲁士式的教育模式注重道德发展和基本学术技能，以此增强民族主义和社会凝聚力。这种模式在19世纪被许多殖民地区和国家改造与采用，尤其是那些经历了大规模国内和国际移民的地区和国家。随 375
着19世纪上半叶公立学校在澳大利亚的发展，文化统一性成为一项指导原则。在西欧和拉丁美洲，类似的教育议程赋予其19世纪学校教育的特征。例如，法国和意大利发展了正规教育制度，以促进语言和文化的凝聚力，作为国家建设事业的一部分。秘鲁的早期学校也强调社会稳定。阿根廷明确借鉴欧洲模式，在教育体系中反复灌输“致命的民族主义”。事实上，在整个拉丁美洲，学校教育是一项中心活动，“旨在实现全部人口心理（甚至身体）上的统一性”。被殖民地区，从英国殖民的南非到日本殖民的中国台湾，也利用这种教育模式使当地居民屈从。此外，通常还会为移居的殖民者保留专门的精英教育系统。在美国，公立学校传授基本的读写和其他学术技能，所有这些学校都注重道德训练。这种新教道德强调勤劳、诚实、服从和节俭，这些技

⑧ Paul J. Ramsey, “Toiling Together for Social Cohesion: International Influences on the Development of Teacher Education in the United States,” *Paedagogica Historica* 50, nos. 1-2(2014): 111-116; Karl-Ernst Jeismann, “American Observations concerning the Prussian Educational System in the Nineteenth Century,” in *German Influences on Education in the United States to 1917*, ed. Henry Geitz, Jürgen Heideking, and Jurgen Herbst(New York: Cambridge University Press, 1995), 21-41; Calvin E. Stowe, “Report on Elementary Public Instruction in Europe,” in Fraser, *The School in the United States*, 81; quote by Mann from Horace Mann, “Tenth and Twelfth Annual Reports to the Massachusetts Board of Education,” in Fraser, *The School in the United States*, 46.

能和性格被认为能同时促进社会控制、工业化和国家统一。⑨

正是在这种社会控制和强调统一性的教育背景下，19 世纪期间移民儿童才开始接受学校教育。毫不意外，移民学生的首要目标是同化，特别是在经历大规模移民的国家，如阿根廷、澳大利亚和美国。改革者认为，移民儿童的传统文化、习俗和语言是过时的，对社会团结构成威胁，为促进民族凝聚力、工业化和"秩序"，招收移民儿童的学校就要让他们摆脱这些内容，并接受与新兴的"想象中的"民族国家相

---

⑨ Ramsey, "Toiling Together for Social Cohesion," 111-116; Lawry, "The Development of a National System of Education in New South Wales," 354-356; G. Antonio Espinoza, *Education and the State in Modern Peru: Primary Schooling in Lima, 1821-c. 1921* (New York: Palgrave Macmillan, 2013), 3-17; Bravo-Moreno, "Transnational Mobilities," 421-423; Hobart A. Spalding Jr., "Education in Argentina, 1890-1914: The Limits of Oligarchical Reform," *Journal of Interdisciplinary History* 3, no. 1(1972): 33-36; Newland, "The *Estado Docente* and Its Expansion," 454; Mark D. Szuchman, "In Search of Deference: Education and Civic Formation in Nineteenth-Century Buenos Aires," in *Molding the Hearts and Minds: Education, Communications, and Social Change in Latin America*, ed. John A. Britton (Wilmington, DE: Scholarly Resources, 1994), 1-18; Ines Dussel and Marcelo Caruso, "Dewey under South American Skies: Some Readings from Argentina," in *Latin American Education: Comparative Perspectives*, ed. Carlos Alberto Torres and Adriana Puiggros (Boulder, CO: Westview Press, 1997), 106; David N. Plank, *The Means of Our Salvation: Public Education in Brazil, 1930-1995* (Boulder, CO: Westview Press, 1996), 63-66; Simphiwe A. Hlatshwayo, *Education and Independence: Education in South Africa, 1658-1988* (Westport, CT: Greenwood Press, 2000), 30-35; E. Patricia Tsurumi, *Japanese Colonial Education in Taiwan, 1895-1945* (Cambridge, MA: Harvard University Press, 1977), 18-22; Merle Curti, *The Social Ideas of American Educators*, revised edition (Paterson, NJ: Littlefield, Adams, 1959), 101-168; Michael B. Katz, *The Irony of Early School Reform: Educational Innovation in Mid-Nineteenth Century Massachusetts* (New York: Teachers College Press, 2001), 27-50; B. Edward McClellan, *Moral Education in America: Schools and the Shaping of Character from Colonial Times to the Present* (New York: Teachers College Press, 1999), 15-33; Ramsey, *Bilingual Public Schooling in the United States*, 16, 20-27; David Nasaw, *Schooled to Order: A Social History of Public Schooling in the United States* (Oxford: Oxford University Press, 1981), 74.

关的传统。1875 年，时任圣路易斯公立学校校长、后来担任美国教育专员的威廉·T. 哈里斯明确提出了公立学校的同化使命："人口的同质性是自由制度最为渴求之物。"同样，一位教育官员在 19 世纪 80 年代指出，他所在德克萨斯州的学校采用了"使新一代墨西哥移民实现美国化的最佳方式"。最终，美国各州通过了义务教育法，确保移民儿童进入同化机构。爱尔兰移民很快便意识到其子女被迫上公立学校带来的影响，他们认为义务教育的"最终结果"是"家庭和爱尔兰民族的毁灭"。[10]

虽然 19 世纪关于移民儿童的总体趋势是注重同化，但并非所有移民都得到了平等对待。那些因当时的种族和民族刻板印象被认为低人一等的人，尤其是有色人种和原住民青少年，往往受到极端形式的同化，并且常常受到的是种族隔离的学校教育。非裔在殖民时代被迫迁徙，他们接受的隔离学校教育不仅注重美国化，还包括为他们二等公民身份做准备的内容。与非裔儿童一样，美国的亚洲和拉丁美洲移民儿童就读的也是种族隔离学校，这些学校开设包含高度美国化内容的课程，在其中反复灌输英语语言和新教的价值观。而对于许多由于殖民者占领了他们祖先的土地、经常被迫移民的原住民来说，他们的学校教育则强调彻底的同化。为了最大程度降低父母的影响，澳大利亚、加拿大和美国的原住民儿童被定期带离家庭，送到工业寄宿学校学习

---

[10] Lawry, "The Development of a National System of Education in New South Wales," 354-356; Bravo-Moreno, "Transnational Mobilities," 421-423; Spalding, "Education in Argentina," 33-36; Newland, "The *Estado Docente* and Its Expansion," 454; Anderson, *Imagined Communities*, 47-65; quote by Harris from St. Louis Public Schools, "Annual Report of the Board of Directors," in *The Bilingual School in the United States: A Documentary History*, ed. Paul J. Ramsey (Charlotte, NC: Information Age, 2012), 33; quote by educational official from Oscar H. Cooper, "Report on the Public Schools of Texas," in Ramsey, *The Bilingual School in the United States*, 36; quote on ultimate outcome from Nasaw, *Schooled to Order*, 75-79.

主从关系；学习西方“文明”的原则，特别是基督教、私有制和英语；
376 学习体力劳动技能，如家庭佣人和农场工人的技能。最终，针对原住民儿童教育政策的目的，就是要实现文化的灭绝；澳大利亚甚至还寻求通过异族通婚和基因吸收策略，实现生物学意义上的灭绝。⑪

尽管非欧洲裔儿童是高度同化主义和种族隔离主义教育政策的主要目标，但欧洲移民的学校教育也绝不是完全一样的。到 19 世纪末，随着大批俄国犹太人和意大利人移居到美国和阿根廷，关于南欧和东欧移民是劣等人的种族主义态度开始流行开来。与农村人和爱尔兰人等那些早期被视为不如精英阶层的移民群体一样，南欧和东欧移民也遭遇到了一种强调文化同化的学校教育形式。对于在美国学校上学的东欧犹太人来说，“几乎不能奢望有什么文化熔炉……熔炉理想的本质更多在于熔炼的过程，这是一种遵守美国规范的无处不在的压力，这些规范所产生的巨大热量将会让一切的外来文化化为灰烬”。同样，在美国和阿根廷的意大利移民也经历了一种强调文化同质性的学校教育形式。尽管有同化的目的，但大量移民儿童进入公立学校还是改变了教育系统的性质。例如，在美国，南欧和东欧移民的到来迫使学校在许多情况下制定方案，以满足移民儿童独特的文化和语言需要。尽管目标仍集中于同化，但这些特别方案还是强调了一种认识，即为成功地教育多样化的人口，必须要做出相应调整。这些方案类似于今天的以英语为第二语言（ESL）的课程方案，如纽约推出的“C”课程和克

⑪ James D. Anderson, *The Education of Blacks in the South, 1860-1935* (Chapel Hill: University of North Carolina Press, 1988), 33-78; Ramsey, *Bilingual Public Schooling in the United States*, 77-94; quote on absorption from Katherine Ellinghaus, “Assimilation and Absorption in the United States and Australia,” *Pacific Historical Review* 75, no. 4 (2006): 563-585; Mark Francis, “The ‘Civilizing’ of Indigenous People in Nineteenth-Century Canada,” *Journal of World History* 9, no. 1 (1998): 51-87; quote on extinction from David Wallace Adams, *Education for Extinction: American Indians and the Boarding School Experience, 1875-1928* (Lawrence: University Press of Kansas, 1995), 28-59.

利夫兰的“汽轮”课程[12]❶。

虽然19世纪学校教育的总体趋势是同化，但许多移民群体还是建立了自己的教育机构，这至少部分地保持了他们的文化传统。私立教育是同化主义公立学校之外的普遍替代方案。例如，澳大利亚的天主教徒建立了为数不少的教区学校，以保护许多移民的宗教和文化习俗；在一些省份，这些机构直到19世纪的最后25年都还能得到国家的资助。在美国，教会教育十分丰富，因为旧路德会、天主教和犹太教的移民们都寻求保持他们的传统。虽然天主教教育在阿根廷很普遍，但那里的俄国犹太移民也开办了一些希伯来学校。除宗教机构外，移民还建立了私立民族学校来对抗同化。在阿根廷的德国、意大利和犹太移民都发展了自己的教育系统，通常是为了保护自己的语言和文化传统。在美国，民族学校或许最为普遍，它们分散于各地，到19世纪末已遍及全国，不仅服务于欧洲移民，也服务于亚洲移民，如迁入夏威夷的日本人。特别重要的是“四八年人”所进行的教育活动，他们是在1848年欧洲革命失败后移民到美国的自由派德国人。由于对美国教育的质量和同化主义目标不满，“四八年人”在美国建立了许多私立学校，利用最新的教学方法，灌输其进步世界观，并维护母语。作为没有将子女送入公立学校，而是让他们在促进双语和文化多元化的“数百所德国学校”注册的众多父母的一员，教育家阿道夫·杜艾曾在1868年表示，他们希望确保“他们的孩子和孩子的孩子（不）会失去

---

⑫ Eduardo A. Zimmermann,“Racial Ideas and Social Reform: Argentina, 1890-1916,” *Hispanic American Historical Review* 72, no. 1(1992): 23-46; Spalding,“Education in Argentina,” 31-61; quote from Stephan F. Brumberg, *Going to America, Going to School: The Jewish Immigrant Public School Encounter in Turn-of-the-Century New York City* (New York: Praeger, 1986), 12-16, 23; Ramsey, *Bilingual Public Schooling in the United States*, 112-139.

❶ 这两类都是专门面向非英语母语的移民儿童开设的课程班。

同时掌握世界两种主要语言——英语和德语的特权”[13]。

377 除了私立教育，移民还成功地游说将其文化遗产的某些方面纳入公立学校课程，这一任务在没有中央教育体系的国家更容易完成，如阿根廷、墨西哥，特别是美国。由于致力于地方管理学校教育，19世纪的美国在教育中培养了大量的文化多样性，有时令教育改革者感到懊恼。在美国中西部，移民帮助建立了新兴的学校系统，来自挪威、瑞典和德国的移民在当地社区发展了公立学校，保留了他们祖国的语言、宗教和文化传统。受过良好教育的德国“四八年人”，在美国中西部和其他地区建立公立双语学校方面尤为成功。根据当时的种族刻板印象，作为一个受欢迎的移民群体，德国移民在克利夫兰、印第安纳波利斯、密尔沃基和许多小城镇的公立学校中引入了他们的语言和文化。不过，堪称典范的德语-英语课程却是在辛辛那提设立的。在“辛辛那提计划”的课程中，低年级有一半课程的教学语言是德语，高年级的课程体系中则包含了若干时长为一小时的德语课程。1886年，该计划的德语部负责人指出，这一服务于18 000多名学生的项目，比单

⑬ Lawry, “The Development of a National System of Education in New South Wales,” 352-356; A. G. Austin, *Australian Education, 1788-1900: Church, State and Public Education in Colonial Australia* (Melbourne: Sir Isaac Pitman and Sons, 1961), 193-219; Ramsey, *Bilingual Public Schooling in the United States*, 18-34; James W. Fraser, *Between Church and State: Religion and Public Education in a Multicultural America* (New York: St. Martin's Griffin, 2000), 49-65; Brumberg, *Going to America, Going to School*, 64-69; Spalding, “Education in Argentina,” 42-44; Eileen H. Tamura, “The English-Only Effort, the Anti-Japanese Campaign, and Language Acquisition in the Education of Japanese Americans in Hawaii, 1915-1940,” *History of Education Quarterly* 33, no. 1(1993): 37-58; quote by Douai from Adolf Douai and John Straubenmueller, “German Schools in the United States,” in Ramsey, *The Bilingual School in the United States*, 9-10.

一语言、同化主义的学习课程"更有利于我们学生的智力发展"。[14]

20世纪的教育和移民

19世纪移民儿童教育的总体趋势是，社会控制的目标混杂着少量的阻力，特别是在当地对学校教育有较大控制力的地区。这一趋势一直持续到20世纪上半叶。不过19世纪末时，西方有越来越多的学者和教育改革家挑战了公立学校教育的同化目标。虽然这些抱有人道主义思想的进步主义者的影响充其量是有限的，但他们却开始有了阐明多元文化教育愿景的语言表达（这一愿景最终在第二次世界大战后的几十年里实现）。进步教育是一场复杂多面的国际运动，影响到了阿根廷、巴西、英国、德国和苏联等不同国家（这还只是其中的少数几个例子），而其在美国的社会重建主义者，强调利用学校教育来创造一个更加民主和人道的社会。例如，简·亚当斯受伦敦的汤因比馆启发，在芝加哥创立了赫尔馆，她认为，学校教育应该弘扬而非消灭移民儿童的传统。亚当斯的朋友、哲学家约翰·杜威也反对教育中严格的同化趋向，杜威的学生伦道夫·伯恩和霍勒斯·卡伦在20世纪初开始倡导多元性和世界性，反对同质性的社会观念。这些进步思想开始在一定程度上影响了全球的教育政策。例如，美国政府开始重新考虑其在 378
20世纪20年代和30年代针对美洲原住民的文化灭绝计划，转而对他

---

⑭ Newland, "The *Estado Docente* and Its Expansion," 457-458; Paul J. Ramsey, "In the Region of Babel: Public Bilingual Schooling in the Midwest, 1840s-1880s," *History of Education Quarterly* 49, no. 3(2009): 267-290; quote from Common Schools of Cincinnati, "Annual Report," in Ramsey, *The Bilingual School in the United States*, 19-21.

们的教育采取一种更加多元化的政策。⑮

虽然朝着更多元文化教育观点发展的运动，其早期表现正越来越为人所接受，但第一次世界大战在许多方面阻碍了人道主义的进步主义的全面发展，因为此时一种新的、强烈的民族主义热情正在世界许多地区蔓延。第一次世界大战和随后的世界经济大萧条遏制了向美国等常见目的地的移民。例如，进入美国的移民人数从 1914 年的 121.8 万下降到 1918 年的 11.1 万（直到 1990 年，移民人数才再次达到第一次世界大战前的峰值）。此外，随着全球冲突的发生，许多民族国家极端爱国主义盛行。战争在美国引发了一种狂热的仇外心理，助长了本土主义者长期以来对限制移民的渴望。1924 年，《约翰逊-里德法案》严格限制了允许进入美国的移民人数，尤其是来自南欧和东欧的移民。在这种战时背景下，强调完全同化美国规范的“美国化运动”成为许多美国学校的标准特征。此外，在战争期间以及战后，美国各州都禁止双语教育，特别是德语-英语教学，从而阻碍了少数民族在多元文化

---

⑮ William G. Wraga, “Condescension and Critical Sympathy: Historians of Education on Progressive Education in the United States and England,” *Paedagogica Historica* 50, nos. 1-2(2014): 59-75; Kevin J. Brehony, “From the Particular to the General, the Continuous to the Discontinuous: Progressive Education Revisited,” *History of Education* 30, no. 5(2001): 413-432; Hermann Röhrs, “Progressive Education in the United States and Its Influence on Related Educational Developments in Germany,” *Paedagogica Historica* 33, no. 1(1997): 45-68; Plank, *The Means of Our Salvation*, 64-66; Jeanne Sutherland, *Schooling in the New Russia: Innovation and Change, 1984-1995* (New York: St. Martin's Press, 1999), 7-10; Herbert M. Kliebard, *The Struggle for the American Curriculum, 1893-1958*, 3rd edition(New York: Routledge Falmer, 2004), 151-174; Jane Addams, *Twenty Years at Hull-House, with Autobiographical Notes* (1919), foreword by Henry Steele Commager (repr. New York: Signet Classic, 1961), 60-89; Jane Addams, “The Public School and the Immigrant Child,” in *On Education*, ed. Ellen Condliffe Lagemann(New Brunswick, NJ: Transaction, 2002), 136-142; Dussel and Caruso, “Dewey under South American Skies,” 107-114; David Hollinger, *Postethnic America: Beyond Multiculturalism* (New York: Basic Books, 1995), 92-98; Ramsey, *Bilingual Public Schooling in the United States*, 117-139, 163-185.

方面成果的取得。20世纪20年代，美国最高法院裁定上述禁令违宪。⑯

尽管第一次世界大战和大萧条在一定程度上关闭了国际移民的传统目的地（比如美国），但战争期间和战后移民仍在继续。实际上，由于战后的条件，包括国际边界的重新划定，国家内部、国与国之间的移民数量还是相当可观的。波兰在第一次世界大战后重新成为一个独立国家，由此见证了波兰人从美国、德国和其他国家的回流。随着波兰、法国和其他欧洲国家的重新划分或重建，大约100万德国人移民到了面积较小的新德国。这些新兴民族国家中有许多开始着手实施严格的同化计划（特别是通过教育），以确保其公民的同质性，前普鲁士地区的波兰化就是一个特别突出的例子。苏联经历了大规模的内部移民，因为新组建的联盟国家开始了快速的城市化和工业化计划，同时将邻近的共和国并入。例如，莫斯科的人口在1900—1930年翻了一番，从98.9万增加到202.9万。教育是向整个苏维埃联盟灌输苏联新意识形态的核心机制。针对农村移民和边远地区移民的“苏联化”措施，通

⑯ Mitchell, *International Historical Statistics: The Americas*, 95-95; Jeffrey E. Mirel, *Patriotic Pluralism: Americanization Education and European Immigrants* (Cambridge, MA: Harvard University Press, 2010), 21-47; Young-In Oh, *Struggles over Immigrants' Language: Literacy Tests in the United States, 1917-1966* (El Paso, TX: LFB Scholarly Publishing, 2012), 89-99; Ramsey, *Bilingual Public Schooling in the United States*, 141-161.

过强调遵从共同事业的需要，确保了在文化和意识形态上的同质性。[17]

美国国内的移民现象也很明显。在大萧条时期，经济不景气和农业条件恶劣促使许多大平原的农民向西迁移，特别是向加利福尼亚州迁移。同样，美国南方的经济崩溃和制度化的种族主义，也使得非裔美国人开始向北方城市大规模迁移。在底特律，黑人人口从 1920 年的 40 838 人增加到 1940 年的 149 119 人。由于人们对于他们在学业上处于劣势的刻板印象，在两次世界大战之间这些移民子女经常被安排到较低层次的课程班。这些课程是为年轻人将来从事手工和体力劳动做准备的。[18]

379 与第一次世界大战一样，第二次世界大战及其后果促进了全球的大规模移民。据估计，这场战争使亚洲和欧洲超过 1.34 亿人流离失所。在战争期间，许多人逃离或将其子女送到相对安全的地区。成千上万的芬兰儿童移民到瑞典和丹麦；纳粹上台后，德国和奥地利的许多犹太家庭将他们的子女送往英国。部分由于那里学校教育的同化性

---

⑰ Fisher, *Migration*, 106-107; Dorota Praszalowicz, "Poland," in *The Encyclopedia of Migration and Minorities in Europe: From the 17th Century to the Present*, ed. Klaus J. Bade, Pieter C. Emmer, Leo Lucassen, and Jochen Oltmer (Cambridge, UK: Cambridge University Press, 2011), 146-147; Klaus J. Bade and Jochen Oltmer, "Germany," in Bade et al., *The Encyclopedia of Migration and Minorities in Europe*, 70-71; Richard Hellie, "Russia and Belarus," in Bade et al., *The Encyclopedia of Migration and Minorities in Europe*, 182-191; Mitchell, *International Historical Statistics: Europe*, 75; Lisa A. Kirschenbaum, *Small Comrades: Revolutionizing Childhood in Soviet Russia, 1917-1932* (New York: Routledge Falmer, 2001), 34-49; Sutherland, *Schooling in the New Russia*, 10-14, 17-18; Jaan Pennar, Ivan I. Bakalo, and George Z. F. Bereday, *Modernization and Diversity in Soviet Education, with Special Reference to Nationality Groups* (New York: Praeger, 1971), 187-199.

⑱ Thomas J. Sugrue, *The Origins of the Urban Crisis: Race and Inequality in Postwar Detroit* (Princeton, NJ: Princeton University Press, 2005), 23; Jeffrey Mirel, *The Rise and Fall of an Urban School System: Detroit, 1907-81* (Ann Arbor: University of Michigan Press, 1993), 131-135.

质，这些“战争儿童”中的许多人很快便接受了新国家的文化习俗。战后，数百万人移民到新成立的以色列，这是联合国在1948年为大屠杀之后散居海外的犹太人建立的国家。由于苏联将东欧大部分地区置于其影响之下，数百万人向西迁徙。例如，在德国，在1961年修建柏林墙之前，苏联占领区及后来的德意志民主共和国共有300多万居民迁移到了西德。[19]

第二次世界大战还加速了从第一次世界大战后就已开始的美国南方黑人向北部城市的大规模迁徙。为了逃离南方的种族歧视，怀揣着到北方改善经济、获得教育机会的希望，非裔美国人大量迁徙。例如，从20世纪40年代到50年代，作为非裔美国人国内迁移主要目标城市的芝加哥，其黑人人口从27.8万增加到81.3万。然而，由于担心财产价值和教育质量会随着南方黑人的大量涌入而下降，许多北方的白人中产阶级搬到了城外郊区，随之带走的还有他们的税金。由于学校曾是（而且在很多情况下仍然是）由地方财产税资助的，因而这种“白人外迁”使得非裔美国移民就读的城市学校经费不足，条件远不如富裕郊区的学校。与美国一样，拉丁美洲的种族和社会阶层交织在一起，因此非裔巴西人通常在低收入地区的劣等学校接受教育。这些学

---

⑲ Fisher, *Migration*, 107-113; Aura Korppi-Tommola, "War and Children in Finland during the Second World War," *Paedagogica Historica* 44, no. 4(2008): 445-455; Claudia Curio, "German and Austrian Jewish Children Transported to Great Britain after 1938-1939," in Bade et al., *The Encyclopedia of Migration and Minorities in Europe*, 404-406; Helge Heidemeyer, "German Refugees and Immigrants from East German in West Germany," in Bade et al., *The Encyclopedia of Migration and Minorities in Europe*, 431-433.

校大体上就是为他们将来从事巴西社会最底层工作做准备的。⑳

与冲突带来移民潮具有同样重大意义的是，第二次世界大战和即将爆发的冷战也促进了人们对移民儿童教育态度的明显变化。在为结束纳粹政权的极端民族主义和种族主义而刚刚打了一场大仗后，世界上许多国家开始重新评估他们对少数民族（其中许多是移民）的态度，以及他们对公立学校同质性的关注。虽然与同化相对立的多元文化教育观念由来已久，但正是在战后时期，这些观念和理想才开始引发共鸣并得以扎根。在美国，“宽容”教育得到了扩展，他们鼓励儿童尊重所有的美国人，不论种族。1954 年，美国最高法院在“布朗诉教育委员会”一案中裁定，将少数群体教育设施分开的政策违宪。尽管这种对少数民族的尊重和保护的出现在一定程度上是为了对抗苏联集团认为美国是一个种族主义社会的观点，但这些变化却具有重大和持久的影响。这些早期的宽容表现和宪法的保护，是基于一种不分肤色的理想，即所有人不论种族或民族都应享有同样的教育机会。这种对少数民族群体待遇日益增长的兴趣，为更加多元化的教育观念铺平了道路。
380 例如，1968 年的《双语教育法》借鉴了布朗案的用语，承认母语非英语的儿童在美国学校受到了歧视，因此需要特殊服务，包括可能采用一种尊重并促进其母语发展的双语教学形式。㉑

当然，这些新的多元文化教育观念并不局限于美国，它还改变了

---

⑳ Nicholas Lemann, *The Promised Land : The Great Black Migration and How It Changed America* (New York: Knopf, 1991), 61-107; Sugrue, *The Origins of the Urban Crisis*, 33-55; John L. Rury, "Race and the Politics of Chicago's Public Schools: Benjamin Willis and the Tragedy of Urban Education," in *Urban Education in the United States : A Historical Reader*, ed. John L. Rury (New York: Palgrave Macmillan, 2005), 219-239; Plank, *The Means of Our Salvation*, 38-39, 176-177.

㉑ Zoe Burkholder, *Color in the Classroom : How American Schools Taught Race, 1900-1954* (New York: Oxford University Press, 2011), 137-170; Ramsey, *The Bilingual School in the United States*, 115-116, 141-142.

全球移民儿童的受教育方式。在拉丁美洲，20 世纪下半叶出现了对文化多元主义更为自由的态度。由于许多拉丁美洲国家允许地方更多地控制公立学校，少数群体的语言和文化传统越来越得到教育系统的认可，尽管总体而言，相比边缘化群体，精英阶层从 20 世纪下半叶的改革中还是获利更多一些。加拿大和澳大利亚也在战后朝着更加多元化的教育愿景迈进。尽管加拿大 1969 年的《官方语言法案》仅承认那些长期使用法语的人的地位，但 1971 年和 1988 年的《多元文化法案》就允许在公立学校里实施促进该国移民文化和语言的措施了。同样，澳大利亚也开始接受其多元文化的国家地位。[22]

自第二次世界大战以来，欧洲经历了大规模的移民潮，尤其是来自其前殖民地的移民。许多欧洲国家特别是荷兰和英国，对移民教育采取了多元文化自由的政策，尽管这些政策并不一定会立即对招收移民儿童的当地学校产生影响。德国，一个很大程度上忽略了其移民历史的国家，已将宽容确立为中心教育目标之一，“以防止任何民族主义倾向再现”，并且开发出许多双语课程方案，尽管这些课程往往会忽视其最大移民群体——土耳其人的需要。即使是以“厌恶外国人口”而闻名的日本，在一些城市也开始从严格的同化政策，转向承认移民学

---

[22] Moacir Gadotti, "Contemporary Brazilian Education: Challenges of Basic Education," in Torres and Puiggros, *Latin American Education*, 123-129; Carlos Newland, "Spanish American Elementary Education 1950-1992: Bureaucracy, Growth and Decentralization," *International Journal of Educational Development* 15, no. 2 (1995): 103-114; Ewout Frankema, "The Expansion of Mass Education in Twentieth Century Latin America: A Global Comparative Perspective," *Revista de Historia Economica* 27, no. 3 (2009): 359-396; Thomas Ricento and Andreea Cervatiuc, "Language Minority Rights and Educational Policy in Canada," in *International Perspectives on Bilingual Education: Policy, Practice, and Controversy*, ed. John E. Petrovic (Charlotte, NC: Information Age, 2010), 21-42; J. J. Smolicz, "Australia: From Migrant Country to Multicultural Nation," *International Migration Review* 31, no. 1 (1997): 171-186.

生的独特教育需求。[23]

影响到世界很多（但并非所有）地区的学校教育多元文化观念的趋势，无疑可以被认为是一种比之前狂热的同化更人道、更进步的教育形式，但随着它的发展，多元文化主义暴露出了许多缺点。例如，美国在两次世界大战后出现的宽容教育，其核心仍然包含着同化主义的目标；目的是促进对所有种族群体的尊重（或者至少是尊重他们的表面特征，比如他们的传统美食），以促进美国的团结。一般而言，多元文化教育通过将大量非常不同的民族群体分为几个通常是虚构的类别，简化了文化差异，从而掩盖了非常真实的文化差异。例如，美国的种族分类忽略了德裔和意大利裔之间的区别，因为这些群体都被归入"白人"类别。此外，尊重不同民族、不同种族群体的多元文化教育趋势，倾向于把某个特定群体（如北部意大利人或自由派的德国"四八年人"）的文化，抬高到众多不同的亚群体文化之上，使得某个群体成为民族文化的代表。作为典型代表的种族群体，通常会体现出那些推动多元文化主义（即围绕自由原则来统一社会）进程的特殊特征，
381 使多元文化主义成为"一种有着人类面孔的古老的野蛮主义"。此外，通过多元文化教育来促进文化的多元化和彼此尊重，虽然是一个崇高的目标，但未必如倡导者所希望的那样有效。种族主义和仇外情绪在学校中持续存在，甚至在英国等政策相当进步的国家中也是如此。许

---

[23] Gabaccia,"Is Everywhere Nowhere?," 45;Braster and del Pozo Andres,"Educating Immigrants in the Netherlands," 104-105;Sunier,"Civil Enculturation," 316;Lorna Chessum,*From Immigrants to Ethnic Minority :Making Black Community in Britain*(Burlington,VT:Ashgate,2000),161-195;quote on nationalistic tendencies from Christoph Führ,*The German Educational System since 1945:Outlines and Problems*(Bonn:Inter Nationes,1997),20-21,30-31,235;David Green,"Education of Foreign Children in Japan:Local versus National Initiatives,"*Journal of International Migration and Integration* 15,no. 3(2014):387-410. Also see Sigrid Luchtenberg,ed. ,*Migration,Education and Change*(New York:Routledge,2004).

多制定了多元化教育议程的国家，比如马来西亚，仍然还有公立学校以外的其他选择，后者直接挑战了主流教育的多元文化目标。㉔

总 结

虽然移民教育的历史学研究在许多方面存在问题，特别是世界许多地区缺乏历史文献，但总体模式的确出现了。随着民族国家及其教育制度在19世纪和20世纪初开始出现和发展，移民儿童的学校教育往往侧重于使他们同化到民族文化当中。在第二次世界大战后的几十年里，严苛的文化适应开始让位于更趋多元文化的学校教育理念，但在实践中，多元文化教育常常简化了文化差异，并继续要求在某种程度上符合新的国家多元文化规范（尽管方式不同），从而破坏了对所有移民人口的真正接受。战后时期也迎来了一个新的全球化时代。19世纪公路、运河、铁路、轮船等交通运输方式的发展促进了人口迁徙，20世纪则见证了航空旅行和新兴跨国公司对全球移民的加速。进一步探索这些人口流动的历史背景是非常必要的。墨西哥人向美国的北迁已经得到了深入的研究，但是其他大规模迁徙，例如中国从农村到城市的迁徙以及非洲国家的内部和外部的迁徙（即所谓的人才外流），却还

㉔ Nicholas V. Montalto, "The Intercultural Education Movement, 1924-1941: The Growth of Tolerance as a Form of Intolerance," in *Education and the European Immigrant, 1840-1940*, ed. Bernard J. Weiss (Urbana: University of Illinois Press, 1982), 142-160; Hollinger, *Postethnic America*, 23-50; Gabaccia, "Is Everywhere Nowhere?," 30-52; Russell A. Kazal, "Revisiting Assimilation: The Rise, Fall, and Reappraisal of a Concept in American Ethnic History," *American Historical Review* 100, no. 2 (1995): 437-471; quote on old barbarism from Slavoj Zizek, "Liberal Multiculturalism Masks an Old Barbarism with a Human Face," *The Guardian*, October 3, 2010; Chessum, *From Immigrants to Ethnic Minority*, 161-195; Santhiram R. Raman and Tan Yao Sua, "Ethnic Segregation in Malaysia's Education System: Enrollment Choices, Preferential Policies and Desegregation," *Paedagogica Historica* 46, nos. 1-2 (2010): 117-131.

没有得到历史学家同样程度的关注。[25]

关于特定群体和地区的史学研究空白，可能表明了历史文献中最严重的缺陷：迁徙是一种全球现象，但在历史文献中却被视为一个国家、地区或种族性的问题。当然，这在一定程度上是可以理解的。不能指望一位历史学家就能掌握影响全球移民模式的地方、区域和国家的历史背景，更不用说掌握要理解这些背景所需的多种语言了。比较历史学当然是朝着正确方向迈出了一步，但这样的史学往往局限于少数地理区域或移民群体。为了真正形成移民与教育的全球史及跨国史，需要开发（并资助）国际项目，由学者团队在其专业领域为更宏大的研究事业做出贡献。像“意大利人无处不在”这样的项目，尽管只关注了一个群体，但或许它是类似努力的典范。这是一个由不同知识领域的众多学者合作的项目，已经产出了不少专著和综合性成果。要使

---

[25] Zai Liang and Yiu Por Chen, "The Educational Consequences of Migration for Children in China," *Social Science Research* 36(2007): 28-47; Stephanie Buckland, "From Policy to Practice: The Challenges to Educational Access for Non-Nationals in South Africa," *International Journal of Educational Development* 31(2011): 367-373; Frederic Docquier and Abdeslam Marfouk, International Migration by Educational Attainment, 1990-2000," in *International Migration, Remittances, and the Brain Drain*, ed. Caglar Özden and Maurice Schiff (New York: World Bank and Palgrave Macmillan, 2006): 151-199. On Mexican American migration and education, see, for example, Manuel G. Gonzales, *Mexicanos: A History of Mexicans in the United States* (Bloomington: Indiana University Press, 2000); Ruben Donato, *The Other Struggle for Equal Schools: Mexican Americans during the Civil Rights Era* (Albany: State University of New York Press, 1997).

得移民与教育的跨国史研究更加发达，就迫切需要类似的合作努力。[26]

跨国历史的紧迫性不仅源于史学上的空白，也源于这样一个事实：如同19世纪一样，21世纪也普遍存在迁徙现象，这使得移民儿童教育成为教育领域最紧迫的问题之一。当然，历史并不一定指向正确的政 382
策或最佳行动方案，但它的确揭示了一系列的可能性和问题。尽管有限，但目前的史学研究表明，移民儿童的教育往往脱离了这些群体的需要，有时还会为二等公民的产生起到推波助澜的作用。各国都可以做得更好。在对移民与教育的历史有更细致入微的了解后，或许世界各国可以摆脱学校教育简单化的同化目标，将教育作为实现联合国"儿童权利"承诺的一种手段。20世纪90年代初，大多数国家签署并批准了由《联合国儿童权利公约》提出的宣言，该公约第30条规定："在那些存在有在族裔、宗教或语言方面属于少数人或原为土著居民的人的国家，不得剥夺属于这种少数人或原为土著居民的儿童与其群体的其他成员共同享有自己的文化、信奉自己的宗教并举行宗教仪式或使用自己的语言的权利。"学校教育可以在一定程度上帮助确保这些权

---

[26] Gabaccia, "Is Everywhere Nowhere?," 30-52. For examples of comparative analyses, see Gerald Friesen and Lucy Taksa, "Workers' Education in Australia and Canada: A Comparative Approach to Labour's Cultural History," *Labour* 38 (1996): 170-197; Bravo-Moreno, "Transnational Mobilities," 419-433; Frankema, "The Expansion of Mass Education in Twentieth Century Latin America," 359-396; Ellinghaus, "Assimilation and Absorption in the United States and Australia," 563-585; Sunier, "Civil Enculturation," 305-329; Joel Spring, "Research on Globalization and Education," *Review of Educational Research* 78, no. 2 (2008): 330-363; Michael A. Clemens, "The Long Walk to School: International Education Goals in Historical Perspective," Working Paper No. 37 (Washington, D. C.: Center for Global Development, 2004); Torres and Puiggros, *Latin American Education*.

利的落实。[27]

推荐书目

Adams, Leah D., and Anna Kirova, eds. *Global Migration and Education: Schools, Children, and Families*. Mahwah, NJ: Lawrence Erlbaum Associates, 2006.

Anderson, James D. *The Education of Blacks in the South, 1860-1935*. Chapel Hill: University of North Carolina Press, 1988.

Bodnar, John. *The Transplanted: A History of Immigrants in Urban America*. Bloomington: Indiana University Press, 1985.

Brumberg, Stephan F. *Going to America, Going to School: The Jewish Immigrant Public School Encounter in Turn-of-the-Century New York City*. New York: Praeger, 1986.

Chessum, Lorna. *From Immigrants to Ethnic Minority: Making Black Community in Britain*. Burlington, VT: Ashgate, 2000.

Fisher, Michael H. *Migration: A World History*. New York: Oxford University Press, 2014.

Hollinger, David. *Postethnic America: Beyond Multiculturalism*. New York: Basic Books, 1995.

Luchtenberg, Sigrid, ed. *Migration, Education and Change*. New York: Routledge, 2004.

Mirel, Jeffrey E. *Patriotic Pluralism: Americanization Education and*

---

[27] Adams and Kirova, *Global Migration and Education*, 1-2; James A. Banks, Marcelo M. Suárez-Orozco, and Miriam Ben-Peretz, eds., *Global Migration, Diversity, and Civic Education: Improving Policy and Practice* (New York: Teachers College Press, 2016); quote from United Nations, Convention on the Rights of the Child, available at http://www.ohchr.org/en/professionalinterest/pages/crc.aspx.

European Immigrants. Cambridge, MA: Harvard University Press, 2010.

Myers, Kevin. "Immigrants and Ethnic Minorities in the History of Education." *Paedagogica Historica* 45, no. 6(2009): 801-816.

Newland, Carlos. "The *Estado Docente* and Its Expansion: Spanish American Elementary Education, 1900-1950." *Journal of Latin American Studies* 26, no. 2(1994): 449-467.

Pennar, Jaan, Ivan I. Bakalo, and George Z. F. Bereday. *Modernization and Diversity in Soviet Education, with Special Reference to Nationality Groups*. New York: Praeger, 1971.

Ramsey, Paul J. *Bilingual Public Schooling in the United States: A History of America's "Polyglot Boardinghouse."* New York: Palgrave Macmillan, 2014.

Spickard, Paul, ed. *Race and Immigration in the United States: New Histories*. New York: Routledge, 2012.

Torres, Carlos Alberto, and Adriana Puiggros, eds. *Latin American Education: Comparative Perspectives*. Boulder, CO: Westview Press, 1997.

第 24 章　教育史上的种族与族群

朴允景

387 无论过去还是现在，民族国家如何对待不同的学生群体始终是学校教育中一个较大的问题。殖民政权和宗教政权往往确定了等级结构，将被剥夺权利的群体置于社会的较低阶层。在国家通过设计学校制度努力实现公民权利的过程中，基于种族、宗教、性别、能力和社会经济阶层等因素的分化与隔离，都是非常普遍的特征。在美国和其他国家，在它们反复灌输民主公民权规范的努力当中，同样也充满了针对少数族裔、移民和原住民的去文化化手段。通过法律和社会授权来维护政治权力，一直是统治阶级进入 20 世纪后的一个主题，尤其在移民人口不断增加，人们努力解决社会隔离问题的情况下更是如此。为应对民主公民权的目标以及彼此迥异的观念，各国采取了双轨政策，因而导致了相互竞争的不同意识形态。对许多教育改革者来说，在范围上看似相互矛盾的情形，不过是应对全球各国多样性的一种自然反应。法律面前人人平等的承诺仍然难以实现。

研究教育领域社会和文化多样性的历史学家，往往更多关注特定的少数民族群体是如何遭受白人群体压迫的，而较少关注种族、阶级与性别的交叉如何帮助形成了教育领域的身份多样性。社会和学校教育是建立在对少数人群体的隔离和不平等区分基础上的，它们与所谓的民主平等原则微妙共存。无论是通过直接或间接的隔离，还是通过对移民的限制，民主公民身份的框架通常会限制完全的接纳。

非裔美国人的教育历史，凸显了特意在美国南北方建立的一种内在不平等的教育制度与全球奴隶制度之间的直接联系。旨在为工业教育奠定基础的精心努力，却将会起到维护这种落后教育体系的作用。与非洲奴隶流向世界各地相伴随的，是对各种原住民文化的系统性侵蚀。例如，美国政府为了促进民主社会向西部的扩张，实施了印第安人教育政策和让他们搬离祖传土地的迁移政策。征用土地、政府对部落主权的控制以及所谓进步的种族化理论的共同作用，使得通过工业教育或奴役教育培养二等公民和临时公民的学校教育具有了合理性。移民群体的教育方式也将遵循类似的道路，特别是当宗教、语言的差 388
异和身体标记的差异（如肤色）使他们成为一个种族化阶层时。一般来说，那些来自非西欧国家的人会面临因感知到的差异性而带来的歧视和偏见。这些群体的学生通常会被教授不同的课程。

通过教育获得二等公民身份的情况，还包含女性和有特殊需要的个体。从建立正规教育制度之初开始，除了为使她们适应家庭生活而需要的基本内容外，女性获得识字技能的机会十分有限。对于女性而言，其典型的学校教育经历仍指向广义的家政教育，即使在有了培养女教师的更为专业的路径情况下依然如此。女教师被视为国家少年儿童的供养者和监护人，引导有才华的年轻男性成为商业和政治领袖，引导女性走向婚姻、成为母亲或进入适合自己性别的职业。而这些学校教育的基本层面却往往还排斥少数种族和少数族裔的参与。对于有特殊需要的学生来说，情况往往也是如此。不过，20 世纪上半叶儿童学习项目的发展，还是使得人们更加系统地关注课堂的接纳性问题。

民主代议制的挑战一直是权势精英们所关心的问题，具体而言是：如何最好地处理大众的问题，特别是如何压制那些渴望发言权但缺乏适当代表机制的人群，也即那些被排除在政体之外的人群。公民的理想通常被定义为信奉自由、平等和共和主义等价值观，而这与早期排他性政策及实践的现实是相矛盾的。完全公民身份和二等公民身份的双轨教育，清楚地反映了美国社会以及其他发达国家和发展中国家的发展历程。在对美国因种族、族群或性别而认定大多数人不符合完全公民资格而限制他们的投票权、不允许其入籍和移民的历史进行思考时，这种公民等级观是一个非常重要的考虑因素。①

1790 年《入籍归化法》仅向自由的白人男性开放，并排除了对契约仆人、受奴役非洲人、原住民群体和妇女的考虑。1882 年的《排华法案》是第一部基于种族限制移民的美国法律。这类排他性的法律体现了深植在社会政治、文化和社会规范当中的常规特征。在考察植根于种族政策的社会结构时，考虑种族构成在整个历史上教育政策的形成过程及其对政治经济的影响当中是如何演进的将大有裨益。

相比霸权体系，这样的种族计划更能够通过自身的经历而深入人心，包括在学校中的经历。换句话说，如何通过法律和社会习俗来定义及使用种族，取决于当权者在任意特定时间是如何定义种族特征的。从这个意义上说，种族呈现出一种身份和含义上的流动结构。然而，因种族而经历的现实却没有改变。例如，尽管荷马·普莱西的外表是白人，但其事实上的非洲血统，却使之在 1896 年普莱西诉弗格森案中被永久贬至二等公民地位。

从这个意义上说，种族计划与日常实践和政策的观点及意义相关联，从而使其变得真切且固定。将非白人置于从属地位的具体化方式，使他们的地位显得自然而然且不可改变，从而不断强化权力制度和压迫制度。种族的类别，以及受到被剥夺权利群体质疑的、他们被定义和利用的方式，仍然是由在特定历史时刻定义种族含义的那些人来决
389 定的。与此同时，被压迫的人进行了坚决抵抗，要求在政治上得到完全接纳和认可，并使部分原住民人群在他们自己的部落内部保持主权。

① Rogers M. Smith, *Civic Ideals: Conflicting Visions of Citizenship in U. S. History* (New Haven, CT: Yale University Press, 1997).

而欧洲文明的侵蚀也将改变学校教育体系的建立和管理方式。[2]

北美殖民地时期的改革者们，在努力形成一种脱离英格兰的、新的国家身份的过程中，意识到需要对他们认为不合适的人口进行严格控制。不幸的是，这导致他们立即就采取行动来限制接纳原住民儿童入学，并在接下来的200年里，完全排除了发展面向非裔学生的学校教育的可能性。从一开始，如何处理“印第安人问题”就取决于有关皈依基督教法规的制定。要建构一个人民主公民的身份，要求其以“文明”的方式成长，并且要剥夺其文化遗产和任何类似于“野蛮”的身份特征，即那些与西欧文化不一致的特征。早期的共和主义改革者对美德、道德和品格的痴迷，给印第安人和非裔美国人带来了严重的后果。虽然他们有可能在政治中获得有限的接纳，但他们所谓蒙昧与野蛮的本性，却将永远使他们处于社会的底层。

对于起到关键性作用的共和主义改革者来说，美德和公民身份相辅相成。他们采纳这些思想是在意料之中的，因为这些思想源自欧洲启蒙运动的传统。然而，新成立的美国要求（白人）男性具备与新政府相称的必要特征。有道德的公民身份意味着明确的自我约束和控制、文明的举止以及对基督上帝的信仰。这些特征被认为是所谓的“浅色种族”人类的自然禀赋。而肤色较深的种族，包括原住民部落和被奴役的非洲人，被认为是野蛮和愚昧的，因为他们粗俗天然的存在状态被认为是缺乏教养、文明和理性的。在一定程度上他们是可以找到通往美德的道路的，因为他们可以被社会化，从而接受作为合格公民的道德规范。他们身上那些非天然的东西必须靠一点一点地塑造、打磨，才能跟那些定义美德和公民标准的人一样。后来在18世纪约翰·弗里德里希·布鲁门巴赫的著作中得到巩固的种族分类理论，在全球都具

---

② Michael Omi and Howard Winant, *Racial Formation in the United States: From the 1960s to the 1990s*, 2nd edition (New York: Routledge), 55.

有吸引力。在世界范围内持续了400多年的非洲奴隶贸易，在美国和其他地方都对教育领域产生了影响。比如在巴西，那里非常典型的种族结构决定了受教育的机会。原住民也给英国的殖民地（如澳大利亚）带来了挑战，在那里，基督教被认为是有道德的公民身份的基础。

一些早期的教育格言通过阅读圣经基本段落的方式，可以建立起通往基督教皈依和读写能力的途径。例如，1646年马萨诸塞州法院颁布了一项法律，规定每年都要告知印第安人：他们可能会因否认基督上帝的合法性而面临死亡的结果。19世纪初，欧洲殖民政权在澳大利亚兴起，这也标志着通过政府和教会学校的去文化措施让原住居民皈依基督教时代的开始。不同的宗教教派在建立和延续美国原住民及被奴役非洲人口的“文明化”努力中发挥了越来越大的作用。英国圣公会在美国南方建立了基地，最著名的是在佐治亚地区，而天主教会及其西班牙传教团控制了美国西南部和西部地区。圣公会和天主教会分别在非洲、拉丁美洲和南美洲的控制，亦揭示出宗教和殖民主义在全球的影响。[3]

390 在美国新英格兰地区，殖民地时代占首要地位的宗教是加尔文教，它推动了早期教育改革政策的产生。马萨诸塞湾的殖民地意识到他们需要有文化的民众，至少要能读懂圣经和法律，于是在1642年制定了首部要求儿童会读写的法律。1647年，为回应当时有关不少家庭疏于送孩子上学的投诉，该地区通过了一项新的法律。马萨诸塞地区的《老骗子撒旦法》要求每个满50户人家的城镇都要提供一所学校，以颠覆“那个老骗子撒旦阻止人们学习圣经（的妄想）”。这些基本法律为公立学校的发展铺平了道路，于是督促儿童上学接受教育的责任，慢慢从家庭转到了由公共经费保障的地方社区。在这一时期，通常为男

③ Joel Spring, *The American School: 1642-2004*, 6th edition (New York: McGraw-Hill, 2005). See also Ronald Takaki, *Iron Cages: Race and Culture in 19th-Century America*, revised edition (New York: Oxford University Press, 2000).

孩进入政府部门而设的文法学校，以及采用《新英格兰初级读本》为穷人和女孩提供了读写方面基础课程的主妇学校，成为学校的主流。早期公立学校教育的供给范围并不普遍，因为它对女性、穷人以及北方各州有色人种学生有所限制。而向东北原住民群体灌输文明教育的种种尝试也均告失败。例如，为美洲原住民建立的亨利科学院，完全没有考虑到波瓦坦阿冈昆部落为年轻人提供的既有教育模式。殖民者们没有意识到他们所面临的阻力有多大，这个学院也很快就停办了。总而言之，将学校教育视为一种私人的、家庭的事务，但由当地资助的做法，至少还会持续一个世纪。④

殖民者担心，那些能读懂圣经的非洲奴隶会要求在上帝面前得到平等对待。白人奴隶主试图在使被奴役的非洲人皈依基督教（满足民主政治需要），与保持对作为其财产的奴隶的控制之间取得平衡。为他们提供识字的机会，就有可能为他们开辟获得公民身份的途径，从而让他们获得独立的人格，这引起了奴隶主的担忧。为了阻止这样的结果，南卡罗来纳地区在1711年通过了一项法令——《奴隶皈依基督教法》，允许奴隶皈依并受洗，但规定他们将永远被视为财产。尽管面临死亡的威胁，被奴役的非洲人仍积极寻求获得读写能力，因为这会带来自由的希望。⑤

在1779年《知识普及法案》以及《弗吉尼亚州纪要》中，托马斯·杰斐逊提出了早期的、被认为很激进的尝试确保普及教育的方案，由公众承担费用。根据上述方案，所有自由儿童（白人男孩和女孩）

---

④ Spring, *The American School*. More on this can be found in James W. Fraser, *The School in the United States : A Documentary History* (New York: McGraw Hill, 2001), 8; Maris Vinoskis, "Family and Schooling in Colonial and Nineteenth-Century America," *Journal of Family History* 12, nos. 1-3 (1987): 19-37.

⑤ Fraser, *The School in the United States*. See also Heather Andrea Williams, *Self-Taught : African American Education in Slavery and Freedom* (Chapel Hill: University of North Carolina Press, 2007).

都将接受为期 3 年的教育，仅够他们能识字（并计算成年后的税赋）即可。将学校教育目标与建立新共和国的目标联系起来是至关重要的。尽管早期的教育模式遵循的是英格兰模式，但与前殖民统治者相分离的、培养民族性格的新目标也逐渐形成。杰斐逊提议建立一种天然贵族制度，这是一种建立在天赋智力而非与生俱来的社会地位基础上的精英政治制度，这种天赋智力的培养应由公众承担费用。杰斐逊的方案是一种革命性的蓝图，旨在为所有自由的白人男孩和女孩提供一个普及的教育系统。他提议将女孩和来自较低社会经济阶层的男孩纳入免费教育的对象之中，这是最早的承认性别差异和社会阶层多样性的国家层面的尝试之一。然而，他为贫困男孩追求更高的学业水平而设立的奖学金制度，在他任职期间却并未稳固建立起来（但其中一些要素将会在 20 世纪时重新浮出水面，比如美国国家优秀学者计划的建立和发展）。

391 19 世纪 30 年代，随着美国公立学校运动的兴起，扩大学校教育机会的努力更加明显。这一运动的理念是让所有欧洲血统的白人孩子，与来自不同社会阶层、不同宗教信仰的男孩和女孩接受共同的教育，以减少他们之间可能出现的不和谐。改革者深受普鲁士学校制度的影响。在这种制度下，秩序和道德品质的培养是至高无上的，而教育由公共经费支持。也正是在这一时期普鲁士出现了早期的系统分轨形式，在这种形式下，普通阶层的人将接受国民学校教育（初等教育），他们的学业将在相当于 8 年级水平时结束，而文科中学（大学预科教育）则对寻求接受高等教育的精英开放。

当时解决欧洲移民和宗教多样性问题的一种方法是泛新教主义。本土新教思想的推广主要依据如下主张：极度强调个人主义、自由和美德的共和政体具有神圣性与脆弱性；塑造个人品格以促进社会公德；将个人勤勉作为定义美德的核心；将女性描绘成家庭中备受尊重但作用有限的角色；塑造可以改善家庭及社会环境的品格；拥有爱护财产的社会公德；相信美国经济机会的平等性和丰富性；内化美国新教文化的优越性和美国命运的伟大；教育的作用是对美国多样化人口进行融合。道德建设的任务在于形成体现财产所有权、自我牺牲和顺从这些价值观念的美德。不良性格是邪恶和贫穷的结果，其被视为个人选择而不是结构上的不平等造成的。学校教育应当强调团结、服从、克制和对智力的谨慎训练。为了推进这一使命，学校不得教授任何有争议的内容。⑥

共和主义也需要新教的这一核心信仰，因为经济进步和美德是其内在特征。公立学校新教思想的核心信条认为，人具有成为好人的潜力，人人生而平等，但有些人比其他人具备更好的天资，使他们更智慧、更能干、更有道德。因此，教育机构有义务规范地指导个人的适宜成长，有利于其成为恰当的社会角色。最后一个重要因素——资本主义，也会在学校中被强调为共和主义和新教伦理永恒的组成部分。对个性的强调源于学生们看到了努力工作和财产所有权的价值。懒惰被视为恶习，而勤奋则被看作能带来幸福、繁荣，并最终成为通往公平机会的道路。勤劳的人由于某种形式的个人灾难而暂时贫困，理应得到救济；但那些因懒惰而长期贫困的人，理应陷于困境。这些信念所具有的显著性会影响到下层阶级的教育，加重他们所选择的困境，并固化他们作为二等公民的地位。认为贫困之人的生活方式是他们应得或自主选择的这种观念，也影响到了20世纪的教育改革，这时的贫困文化被视为一种社会改革无从影响的病态状况。⑦

显然，公立学校教育排除了为美国印第安人和非洲奴隶提供教育的任务。在美国的其他地区，这也意味着在19世纪中后期亚裔和墨西哥裔同样被排斥在外。在“天定命运”时代，白人侵犯原住民部落领

---

⑥ Carl F. Kaestle, *Pillars of the Republic: Common Schools and American Society, 1780-1860* (New York: Hill and Wang, 1983).

⑦ Ibid., 95.

392 地，占有土地和大规模定居是合法正当的。1828 年，国会指定俄克拉荷马州为印第安人的领地，从而为各印第安部落建立了保留地制度。1830 年，国会通过了《印第安人迁移法》，强行将美国印第安人迁移到密西西比河以西地区。在这些土地上为文明让路就意味着延伸铁路和发展农业，尤其是在南方地区。该法案所透露的明确信息，就是将共和主义、文明以及学校教育与基督教的进步理念联系起来。

尽管传播民主和共和观念成为一项殖民计划，但针对政府关于谁应享有自由及关于个人自由的排他性定义，阻力也是存在的。有色人种发起了法律斗争，反对种族隔离和不平等的学校教育。主要案例之一是 1849 年萨拉 • C. 罗伯茨诉波士顿市案。在该案中，5 岁女孩莎拉的父亲对波士顿市提起诉讼，挑战该市的种族隔离政策。结果，1855 年马萨诸塞州立法机构成为第一个在法律上终止学校种族隔离的机构。而在加利福尼亚州，州最高法院 1874 年的沃德诉弗勒德一案，决定了整个西部以及其他地区公立学校种族隔离状况的未来命运。法院原则上同意该学校官员不能以种族为由禁止学生入学。然而，法官们的结论是，该州的黑人和其他有色人种学生可能会被迫进入单独的学校，由此开启了隔离和不平等的学校教育制度。这一制度经过 1896 年的普莱西诉弗格森案，一直延续到 1954 年的布朗诉教育委员会案。⑧

尽管从 17 世纪中期开始，殖民地就一直在努力通过教育改革和政策来解决“印第安人问题”，但美国独立后联邦政府在创建寄宿学校运动中的作用，才是为大规模教化一个种族所做的努力。教育印第安人更有经济意义，因为对他们发动战争的巨大成本将是每年教育 3 万名儿童的 4 倍。这种对待原住民的无情方式，与包含西进扩张和基督教化的共和主义意识形态当中所固有的文化帝国主义的终极目标相一致。教

---

⑧ Charles M. Wollenberg, *All Deliberate Speed : Segregation and Exclusion in California Schools , 1855-1975* (Berkeley: University of California Press, 1978).

育是为培养公民做准备，但对于美国印第安人将如何获得其公民身份的法律权利和社会权利这一问题，人们尚无答案。

美国印第安人寄宿学校是由联邦政府资助的，旨在同化和基督教化这些孩子，但是近年来的学术研究却对学生（甚至是年幼儿童）是如何积极寻求抵制压迫的方式方面的情况增加了具有重要细微差别的内容。寄宿学校提供的教育方式与那些旨在教育非裔美国人的教育方式一致，这并非巧合。非裔美国人的工业教育以 1836 年夏威夷建立的希洛寄宿学校为基础。夏威夷当地人（后来再加上少量的亚洲人和太平洋岛居民）在那里接受了服从的教育。这种从太平洋地区迁移过来的教育模式，显示出教育为造就差异化地位而做的精心努力。比如：卡莱尔印第安人工业学校是第一所由联邦政府资助的保留地之外的印第安人寄宿学校，曾在这样的学校授课的白人女教师到菲律宾和波多黎各的公立学校任教时，也移植了反映白人新教规范的课程。[9]

在公立学校运动时代，排斥特定群体的学生并不完全是因为种族问题，尽管种族是最为突出的特征。那些不符合新教规范的人也面临着挑战。天主教虽然属于基督教，但随着天主教徒占多数的爱尔兰移民开始在纽约、费城和波士顿定居时，天主教也受到了攻击。爱尔兰移民被当地的新教教徒以及流行文化种族化，被划归深色种族（即野蛮、不洁、缺乏美德的代名词），他们对天主教和教皇的信仰进一步把他们那种神秘的、被视为邪恶的信仰与更高贵的、真正的新教教派区分开来。美国的反爱尔兰和反天主教情绪正是英国悠久的歧视历史的体 393

⑨ William E. H. Tagupa, "Education, Change, and Assimilation in Nineteenth Century Hawai& apos;i," *Pacific Studies* 5, no. 1(1981): 57-70. See also Tsianina Lomawaima, *They Called It Prairie Light: The Story of Chilocco Indian School* (Lincoln: University of Nebraska Press, 1995).

现，特别是在社会偏见和政治偏见司空见惯的维多利亚时代。⑩

天主教徒觉得他们别无选择，只能建立自己的学校教育体系，而不是继续在公立学校里面对种种虐待。分别在1866年和1884年召开的第二、三次主教全体会议，奠定了发展天主教学校的基础。天主教会议认为，这种教区学校将使国家受益，并通过教育促进道德和基督教公民的培养。在他们看来，公立学校不能进行正确的宗教教育。

在加拿大，1836年的《教育法》正式规定建立普通学校系统，法案授权国家为各学区提供资金，为渔民家庭的孩子提供与宗教派别无关的小学教育。但由于整个加拿大东北部各新教教派与天主教徒之间存在争议，因而要保证教育的一致性和公平性非常困难。19世纪，天主教徒和非圣公会新教教徒的人数开始超过圣公会信徒，因此各省建立公立学校的改革虽然很受欢迎，却也很随意。更成问题的是，原住民和其他少数民族群体接受教育的方式，首当其冲地受到了同化和其他去文化化模式的影响。

整个20世纪，特别是随着新移民群体的到来，新教教徒与犹太人、印度教徒、穆斯林和其他宗教团体之间的矛盾关系继续在加拿大、美国和其他国家出现。也许在20世纪加拿大的背景之下有一个重要的不同之处，在于1947年《公民法》的演变和确立，以及其中围绕公民身份的论述如何将人们对文化多样性的关注纳入进来。早在该法通过之前，加拿大官员们就通过旨在认可移民群体和原住民的公民身份教育，将各种新的教育举措联系起来。⑪

---

⑩ See, for example, Noel Ignatiev, *How the Irish Became White* (New York: Routledge, 2008).

⑪ Paul Axelrod, *The Promise of Schooling: Education in Canada, 1800-1914* (Toronto: University of Toronto Press, 1997); Reva Joshee, "Citizenship and Multicultural Education in Canada: From Assimilation to Social Cohesion," in *Diversity and Citizenship Education: Global Perspectives*, ed. J. A. Banks (San Francisco: Jossey-Bass, 2004), 127-156.

19世纪末20世纪初，从南欧和东欧移民到美国城市的人数出现了前所未有的增长。城市变得拥挤不堪，生活条件和卫生情况都很差。从1850年到1930年，美国的外国出生人口总数增长了7倍，从2 244 602人增加到14 204 149人，其中1.9%的外国出生人口来自亚洲。移民政策很快出台，以控制那些将进入美国并有资格获得美国公民身份的人。实际上，亚洲移民受到了几项措施的限制：1882年的《排华法案》、1917年的《亚洲人禁区法案》和1924年的《移民法》。1907年，由于旧金山的一起针对日裔美国人的学校隔离案最终牵涉到联邦政府，美日两国政府达成了限制日本移民入境的君子协定，不过仍允许较早移民的日本人的妻儿入境。实际上，移民政策暗地里偏袒来自西欧的移民。1924年的《移民法》根据1890年的人口普查数据，对特定地区和国家设置了移民配额，这进一步证实并明确了这种偏袒的存在。移民法案的多位发起人与伪科学优生学（促进白人、盎格鲁种族的纯洁性）有关联，而他们的支持者也影响到了中学生物教科书的编写。

优生学的普及在当时蔓延到了许多其他国家。20世纪30年代，巴 394
西通过广泛的教育改革，促进现代进步的全体公民建设，培养“巴西人”，这是优生学在全球范围内影响力的重要案例。教育改革的关键因素是找到有效的方法，使非白人学生中的堕落人群朝着白人的完美标准方向发展。巴西人口普查组织对白人、棕色人种、黑人和黄种人（葡萄牙语分别为：*branco*，*pardo*，*preto*，and *amarelo*）等种族进行的调查，通常决定了教育实践将在多大程度上进一步提升白人精英地位。那些非白人阶层人士可以通过接受教育“变白”来获得有限的地位。

1931—1935年，在安尼西奥·特谢拉的领导下，里约热内卢的基础教育改革奠定了该国公共教育的基础，或明或暗地推动了针对一等和二等公民的教育政策和实践。公共卫生领域的社会卫生运动也有意通过欧洲移民使巴西人口“变白”。学校成为优生民族主义产生的主要载体。在巴西，优生学的支持者们成了主要的教育改革家，他们设计学校课程，以塑造一个狭隘的、更具欧洲特色的理想巴西公民的模型。要解决种族和社会堕落的问题，就需要仔细注意去符合白人的身心健康标准。从此，巴西对于种族以及种族分类的痴迷愈演愈烈。[12]

在美国，对移民以及那些被认为不受欢迎的人不断繁衍的持续恐惧，成为制定计划背后的驱动力，以使受过良好教育的中产阶级白人社会成员，不至于遭受种族自杀的命运。最初针对智障人士和穷人的强制绝育政策，在美属波多黎各相对普及起来。从 20 世纪 30 年代到 70 年代，那里有近三分之一的女性被强制绝育。虽然没有确切数字，但美国非裔和原住民妇女在进步时代期间及之后也成为受害者。在中学生物课本中，绝育政策常常被描绘成一种与社会弊病斗争的恰当纠正措施。[13]

那些与旨在限制移民的政治改革和旨在培养更好美国种族的社会改革相结合的教育改革，其目标是向年轻人灌输适应美国文化的适当模式。一般来说，这意味着采纳盎格鲁-新教的价值观。对于那些永远不能符合理想美国人形象的移民人口来说，与美国化措施相伴随的就是对其忠诚度的怀疑。第一次世界大战后夏威夷日裔美国人和移民人口所遭受的待遇，记录了政府在种族主义刻板印象推动下对日本人的不信任是如何影响学校政策实施的，而这些政策造成了日裔美国人对美国的不忠。

加利福尼亚州华裔学校的种族隔离经历，也表明了认为华裔是永

---

⑫ Spring, *The American School*, 177. 优生运动在第二次世界大战前及大战期间也得到了纳粹德国的支持。

⑬ See, for example, Steven Selden, *Inheriting Shame: The Story of Eugenics and Racism in America* (New York: Teachers College Press, 1999); Jerry Dávila, *Diploma of Whiteness: Race and Social Policy in Brazil, 1917-1945* (Durham, NC: Duke University Press, 2003).

久的外国人，其子女不适合与白人孩子一起上学的观点的存在。中国移民父母清楚地看到，他们的孩子作为美国公民的权利受到了侵犯，于是他们发起了法律斗争，为争取孩子们在公立学校的合法地位而战。1885年州最高法院的泰普诉赫尔利案是一场里程碑式的战斗，它将为维持普莱西诉弗格森一案中所确认的“隔离但平等”原则提供了一个先例。在1927年的鲁恭诉赖斯案中，美国最高法院维持了驳回原告鲁恭的女儿玛莎·鲁进入密西西比州罗斯代尔公立白人学校就读的判决。尽管美国南方有着根深蒂固的种族隔离传统，但鲁恭夫妇和他们的支持者却认为，公民身份必须至少在某种程度上克服法律面前的不平等待遇。⑭

处在美国西南部和西海岸的墨西哥裔面临着双重危险。1847年的《瓜达卢佩-伊达尔戈条约》赋予居住在美国割让领土上的墨西哥人公民权，但又通过一系列协调一致的措施，剥夺了他们平等的机会和权利。墨西哥裔学生在试图进入公立学校时所遇到的障碍与非裔和亚裔类似。在整个美国西南部，事实上及法律上的种族隔离使墨西哥裔美国人成了“法律上的白人，社会生活中的墨西哥人”。这种种族隔离的做法并没能阻止家长和学生为争取平等入学机会而进行的反抗。从加利福尼 395

⑭ Eileen Tamura, *Americanization, Acculturation, and Ethnic Identity: The Nisei Generation in Hawaii* (Urbana: University of Illinois Press, 1993). See also Wollenberg, *All Deliberate Speed*; Paula Fass, *Outside In: Minorities and the Transformation of American Education* (New York: Oxford University Press, 1989); Michael B. Katz, *The Irony of Early School Reform: Educational Innovation in Mid-Nineteenth Century Massachusetts* (New York: Teachers College Press, 2001); John L. Rury, ed., *Urban Education in the United States: A Historical Reader* (New York: Palgrave Macmillan); David B. Tyack, *The One Best System: A History of American Urban Education* (Cambridge, MA: Harvard University Press, 1974); George J. Sánchez, *Becoming Mexican American: Ethnicity, Culture and Identity in Chicano Los Angeles, 1900-1945* (New York: Oxford University Press, 1993); James W. Loewen, *The Mississippi Chinese: Between Black and White*, 2nd edition (Long Grove, IL: Waveland Press, 1988).

亚州莱蒙格罗韦市的暴力事件，到1946年的门德斯诉威斯敏斯特案，活动家们为实现普及公立教育的目标而斗争。1931年发生在圣迭戈郊区的阿尔瓦雷斯诉莱蒙格罗韦市案，被认为是美国第一起成功废除学校种族隔离的案件，为1954年具有里程碑意义的布朗诉教育委员会案提供了先例。可以肯定的是，德克萨斯、亚利桑那和其他西南各州，要么有明确的学校种族隔离政策，要么有允许实行种族隔离的传统。在莱蒙格罗韦，墨西哥裔父母和社区成员发起联合抵制，向墨西哥领事寻求帮助，并提起诉讼反对隔离和不平等的设施。与当时关于墨西哥裔学校隔离的其他判决不同，法院在莱蒙格罗韦案中裁定，学校董事会没有法律依据来隔离这些儿童，因为加利福尼亚州法律没有授权或允许为墨西哥裔学龄儿童开办单独的学校。

尽管取得了这一胜利，但墨西哥裔学童的教育仍继续受阻。直到1946年加利福尼亚州门德斯诉威斯敏斯特案，墨西哥裔在学校的种族隔离问题才在全美得到了更多的关注。法院站在墨西哥人社群一边，认为隔离是不平等的。判决还指出，种族隔离侵犯了根据宪法第十四修正案墨西哥裔儿童所享有的受平等保护的权利。门德斯案为在布朗案历史性判决中推翻臭名昭著的普莱西案提供了至关重要的先例。[15]

1954年5月17日，在堪萨斯州托皮卡市布朗诉该市教育委员会一案中，美国最高法院宣布全国范围内的学校种族隔离违宪。美国虐待非白人公民特别是非裔人士的伪善行为，成为苏联对美进行抨击的痛点，特别是它向世界传达了资本主义民主滋生着种族不平等现象的信

---

⑮ Rubén Donato and Jarrod S. Hanson,"Legally White, Socially 'Mexican': The Politics of De Jure and De Facto School Segregation in the American Southwest," *Harvard Educational Review* 82, no. 2(Summer 2012): 215. See also Carlos Blanton, *The Strange Career of Bilingual Education in Texas, 1836-1981* (College Station: Texas A&M University Press, 2007); Victoria-María MacDonald, ed., *Latino Education in the United States: A Narrated History from 1513-2000* (New York: Palgrave MacMillan, 2004).

息。布朗案的裁决成为全球的焦点，而这种并非所愿的关注也推动了美国学校种族隔离的终结。这表明，在美国乃至全球范围内，推进少数民族和其他受压迫群体权利的努力，取决于利益趋同将如何打破有利于白人的平衡。

布朗案的判决与1953年南非实行种族隔离制度时制定的一项更具压迫性的教育政策形成了鲜明对比。1953年的《班图教育法》有效巩固了南非白人政府的控制，让黑人接受劣等教育。南非的种族隔离制度实际上始于1948年国家党对议会的控制，他们对黑人的反感被蓄意地体现在一系列有关教育、住房和其他事务的政策中。统治阶层的白人精英认为，教育他们的黑人同胞毫无用处，这从他们系统性地拒绝提供资金、拒绝采用专业教学队伍、拒绝提供设施和教科书等诸多因素里可以明显看出。建立在显性种族基础上的社会和政治体系，决定了谁来实施奴役教育。虽然南非白人的统治体系并不新鲜，但将教育体系从一个主要以任务为基础的体系过渡到一个集中的体系，起到了巩固种族隔离的作用。尽管20世纪后期的多次骚乱取得了有限成果， 396
并最终导致了1994年的第一次民主选举，但南非的歧视传统仍然问题重重。[16]

在第二次世界大战后的澳大利亚，政府开始努力通过积极的移民运动增加人口，主要针对的是斯堪的纳维亚半岛和荷兰。然而，由于希腊、意大利、东欧和亚洲部分地区移民的到来，澳大利亚的人口从1945年到1965年几乎翻了一番，因而在种族方面带来了更多的多样性。从19世纪50年代开始实施、源于反华人劳工做法的“白澳”政策，到20世纪中期才逐渐放宽。但是，鉴于学校和社会之间不可分割的联系，从全球范围来看，学校教育的目标与澳大利亚原住民和种族

---

⑯ K. B. Hartshorne, *The Making of Education Policy in South Africa* (New York: Oxford University Press, 1999). See also Edward B. Fiske and Helen F. Ladd, *Elusive Equity: Education Reform in Post-Apartheid Africa* (Washington, DC: Brookings Institute, 2004).

化移民群体的丰富文化经验却并不相符。[17]

全球化种族主义的历史和当下的背景，都源自植根于差异和权力的特定的西欧传统。尽管可以提出相反的论点，但这种传统在很大程度上还是源于历史上殖民势力和帝国主义列强对社会和文化多元性的处理方式。在分析作为社会控制手段的教育制度时，现有证据表明，教育制度在充分融合各种学生人口（特别是与全球原住民相关的人口）方面，是不够成功的。新西兰 1877 年《教育法》虽然规定的是为所有学龄儿童提供义务教育，但其对毛利人口却有着特殊的影响。直到 20 世纪，更具包容性的学校系统和教育方法才开始浮出水面。在菲律宾等地的殖民政府，首先通过西班牙天主教会确定了教育体系，后来在 20 世纪中期又将其置于了美国的控制之下。学校教师、教科书和课程都是由美国本土学校系统中输出的，由此促进在美国规范之下的同化。

在当代，美国特别是其城市地区的学校种族隔离，近年来变得更加根深蒂固。无论 20 世纪后半叶（特别是 20 世纪 60 年代末 70 年代初"向贫困开战"时期）取得了什么成就，取消种族隔离政策和校车计划都发生了巨大逆转，非裔和拉美裔学生群体首当其冲地感受到了学校不平等的影响。亚裔学生通常也在高度隔离的环境中上学，尤其是在城市穷人占多数的地区，当然这也取决于其所属的亚群体如何。印第安和其他原住民学生获得了有限的自主控制权。然而，将他们的语言和文化传统纳入主流教育体系的工作仍未完成。无论通过部落教育取得了什么有限的成果，都并没有缓解其赤贫的状况。

未来对研究社会和文化多样性（尤其是在全球范围内）有兴趣的教育史学家，可以从询问特定的历史、背景和地区的教育不平等状况开始。民族国家在教育青年时如何定义和实施不同的民主和公民观念?

---

[17] Craig Campbell and Helen Proctor, *A History of Australian Schooling* (Sydney: Allen and Unwin, 2014).

人们对基于种族、性别、阶级和文化的差异的理解，有哪些相似之处？在解释每个国家独特的历史时，分歧点在哪里？全球化方法所面临的主要挑战之一是如何创造性地获取历史资料，特别是在那些饱受战争蹂躏的地区，在那里档案资料已不复存在，有时甚至还被故意销毁。通过使用技术，依靠史学研究方法的创新，可能会推动这种努力。

例如，将学术研究与种族和性别研究相结合，理论上的严谨性可 397
以帮助进一步加深教育经验的背景基础，从而可以进行其他分析。在社会和文化多样性的研究中，还有很多关于交叉的、相互关系的多种族形成的知识需要了解。虽然已经有对特定种族化和性别化人口的重要研究存在，但也需要更多的交叉和多种族的教育学术研究。此外，国际教育史上有关超帝国主义及其对教育实践影响的考虑，也将使人们对公民身份建设进程以及谁被允许参与这种努力产生新的认识。

在全民接受公立教育的理想下实现完全民主公民身份的承诺，仍还是一个正在进行当中的实验。历史证明了被合法化的种族隔离形式和社会实践传统是如何界定谁将接受更好的教育的。这往往意味着按种族界线进行了明确的划分。作为一个社会范畴，种族是如何定义清晰的等级制度并剥夺少数族裔群体机会的，这一问题时刻在提醒人们裂痕依然存在。然而，一个始终不变的事实是，为被剥夺者辩护的人们将继续在当地或全球范围内为所有公民争取充分的民主权利。

推荐书目

Adams, David Wallace. *Education for Extinction: American Indians and the Boarding School Experience, 1875-1928*. Lawrence: University Press of Kansas, 1995.

Anderson, James D. *Education of Blacks in the South, 1860-1935*. Chapel Hill: University of North Carolina Press, 1988.

Axelrod, Paul. *The Promise of Schooling: Education in Canada, 1800-*

1914. Toronto: University of Toronto Press, 1997.

Campbell, Craig, and Helen Proctor. *A History of Australian Schooling*. Sydney: Allen and Unwin, 2014.

Donato, Rubén, and Jarrod S. Hanson. "Legally White, Socially 'Mexican': The Politics of De Jure and De Facto School Segregation in the American Southwest." *Harvard Educational Review* 82, no. 2 (Summer 2012): 202-225.

Hartshorne, K. B. *The Making of Education Policy in South Africa*. New York: Oxford University Press, 1999.

Kaestle, Carl F. *Pillars of the Republic: Common Schools and American Society, 1780-1860*. New York: Hill and Wang, 1983.

Omi, Michael, and Howard Winant. *Racial Formation in the United States: From the 1960s to the 1990s*. 2nd edition. New York: Routledge.

Osgood, Robert L. *The History of Special Education: The Struggle for Equality in American Public Schools*. Westport, CT: Praeger, 2008.

Smith, Rogers M. *Civic Ideals: Conflicting Visions of Citizenship in U. S. History*. New Haven, CT: Yale University Press, 1997.

Tamura, Eileen. *Americanization, Acculturation, and Ethnic Identity: The Nisei Generation in Hawaii*. Urbana: University of Illinois Press, 1993.

Tagupa, William E. H. "Education, Change, and Assimilation in Nineteenth Century Hawai'i." *Pacific Studies* 5, no. 1(1981): 57-70.

Wollenberg, Charles M. *All Deliberate Speed: Segregation and Exclusion in California Schools, 1855-1975*. Berkeley: University of California Press, 1978.

第 25 章　非洲移民的教育

克里斯托弗·M. 斯潘　布伦达·N. 桑亚

奴隶制及其遗留问题彻底破坏了非洲大陆。在近 400 年（1500—1900）的时间里，非洲人被俘虏、绑架、偷盗、贩卖、驱散，并被逐出他们的家园到世界其他地方做奴隶。这一时期被奴役的绝大多数非洲人被驱散到了北美和南美，尤其是巴西、加勒比地区和美国。由于长达四个世纪的压迫和被迫迁徙，到 20 世纪初，全球每一块大陆上都有非洲后裔居住，几乎每一个由欧洲人建立的奴隶制形式的社会中，也都有非洲后裔的存在。非洲人被迫离开他们及其祖先称之为家园的空间和地点，这一现象逐渐被称作非洲人“大移居”❶。 399

无数的历史学家研究过非洲移民，但教育一直是其中一个被忽视的话题。在被奴役期间和之后的岁月里，非洲移民是如何学习、上学并提高他们知识水平的，这是一个引人注目的故事。直到 20 世纪，在跨大西洋奴隶贸易中被俘虏和奴役的非洲人及其后代，试图利用识字和学校教育作为一种手段，使自己从法律规定的奴役和隔离状态中解放出来，并在其新的家园中提升自己的公民地位。对于纵容奴役和迫害非洲人，系统剥夺其学习、上学和获取正式公民权的社会和人而言，非洲移民追求学习是对其发起的直接挑战。他们一旦有机会获得符合自身需要的教育，就能利用它来塑造自己的命运，无论在他们流离而

❶ 也称“大流散”或“大离散”，为便于表述，文中简译为“非洲移民”。

居的家园，还是在他们祖辈生活的故乡，来为自己的发展奠定基础。

奴隶贸易前的西非教育

可以说，非洲人对获取知识和教育的态度，决定了他们在被俘和
400 流落海外后对教育的需求。在非洲人被奴役和流离失所变得司空见惯之前的几个世纪里，在加纳、马里和桑海❷等国，教育是确保繁荣和财富所需的最重要的成就之一。1493 年，在克里斯托弗·哥伦布“发现”并征服新大陆一年后，桑海王国迎来了新的统治者阿斯基亚·穆罕默德。在 1493—1529 年，穆罕默德致力于巩固他的帝国，并鼓励他的子民学习。他创建了数量创纪录的学校，并敦促居民入学。到 16 世纪和 17 世纪，像加奥、瓦拉塔、廷巴克图和詹内这样的城市在穆罕默德的统治下成为知识中心，整个西非以及远道而来的亚洲和欧洲学者都到这些城市进行切磋和学习。[1]

位于非洲西北部和西部的加纳、马里和桑海，都不是唯一为普通公民建立教育体系的帝国。其他较小的西非王国，如卡诺、扎里亚和卡齐纳均发展了不同的教育理念，卡齐纳是其中最先进的。那里对法律和神学的研究非常深入，吸引了许多国外学者前来学习。同样，在卡诺和扎里亚，领导人希望公民能识字、会使用多种语言，以确保贸易持续蓬勃发展，并在扩大全球市场中保持竞争力。

这一地区普遍期望每个人都能识字和接受教育，以便提升本人及家庭的地位。虽然非洲这些地区存在奴隶制，比如穆斯林入侵者发展出一套奴隶制度，抢掠女人作为妻妾，把男人当作低贱的劳动力，但这种奴隶制并不是一种为了牟利而大规模生产商品的制度。它也不像

---

❷ 西非的古代王国之一。

① John Hope Franklin, *From Slavery to Freedom: A History of African Americans*, 8th edition(New York: McGraw Hill, 2000), 7, 8.

在美洲定居的欧洲人及其后代所建立的奴隶制那样苛刻、残忍、严厉或永久。即便如此，非洲人作为奴工被迫迁徙到阿拉伯半岛、欧洲、亚洲和美洲，引发了第一波非洲移民潮。它还导致非洲人被系统地剥夺了任何有意义的获得教育的机会，使他们及其后代无法在这些极其痛苦和困难的时期塑造自己的命运。

非洲人在美国受奴役时期的教育

虽然研究过奴隶制时期非裔美国人教育经历的历史学家，并没有将他们的工作定位于移民研究领域，也没有将被奴役的非裔美国人归类为流散人口，但他们的研究和学术在很大程度上仍然是非洲人在美洲更大范围内流散叙事的重要组成部分。这些学者阐明了许多法律和惯例，这些法律和惯例剥夺了被奴役的非洲人及其后代享有为白人保留的自由和特权。尽管非洲人可能生活在重视教育和提供教育的社会中，但那些在“航海中途”（数百万被奴役的非洲人横渡大西洋）幸存下来的人，却被剥夺了包括教育在内的所有与自由和公民身份相关的机会。在后来成为美国的英属美洲大陆殖民地，那些抵达其东部和南部海岸的非洲人经过两个多世纪的被奴役，从文化意义上变成了非裔美国人。到了 18 世纪末，在这场文化变革中，美国颁布了一系列禁止 401
引进奴隶的法律。第一部是《1794 年奴隶贸易法案》，该法案规范并限制了非洲人作为奴隶进口美国。此后，《1807 年奴隶贸易法案》结束了美国参与跨大西洋奴隶贸易的历史。因此，在 1860 年的人口普查中，在美国近 400 万被奴役的非洲裔美国人中，只有不到 1%的人被认定是在非洲出生的，或者是在美国境外出生或入籍的非洲人后裔。在 1860 年人口普查中，将近 50 万非裔美国人被列为“自由”人口，其中没有一人是在美国以外出生的。②

在奴隶制扩张和被奴役的非裔美国人横贯大陆的漫漫旅程中，几乎每一个支持奴隶制的州都有法律规定禁止或限制非裔美国人学习读写的权利。早在1740年，南卡罗来纳殖民地就颁布了一项法律，禁止任何人教被奴役的非裔美国人读书写字。30年后，佐治亚殖民地制定了反识字法，禁止向被奴役的非裔美国人传授基本的读写知识。在美国独立战争后的几十年里，随着奴隶制逐渐扩张并发展成为一种更加根深蒂固的制度实践，对非裔美国人识字的限制变得越来越严厉。地方法令在州法律的基础上补充更详细的内容，在一些地方为被奴役或身为自由民的非裔美国人提供教学成了一种犯罪。禁止教授非裔美国人读书写字的法律，源于各种恐惧和担忧。最直接的是，被奴役的非裔美国人会把识字作为一种获得自由的手段，通过伪造文件来摆脱奴役的身份，而自由的非裔美国人可以利用他们的学识来要求平等和获得更好的机会，并挑战奴隶制和种族歧视。③

1830—1845年美国出台了无数的反识字法，以确保被奴役（包括某些情况下作为自由民）的非裔美国人不能识字或上学。只有阿肯色、肯塔基和田纳西这三个支持奴隶制的州从未禁止为被奴役的非裔美国人提供教学。法律和文化习俗的严格限制，使得在所有被奴役的非裔美国人中，据估计只有5%—10%的人在内战之前获得了一定程度的读写能力。④

在废除或禁止奴隶制的美国北方和西部各州，生为自由民的非裔

② Helen Tunnicliff Catterall and James John Hayden, eds., *Judicial Cases concerning American Slavery and the Negro* (repr. New York: Octagon Books, 1926).

③ Christopher M. Span and James D. Anderson, "The Quest for 'Book Learning': African American Education in Slavery and Freedom," in *A Companion to African American History*, ed. Alton Hornsby Jr. (Malden, MA: Wiley-Blackwell, 2005), 296; Eugene Genovese, *Roll, Jordan, Roll: The World the Slaves Made* (New York: Vintage, 1974), 562.

④ Span and Anderson, "The Quest for 'Book Learning,'" 297.

美国人在努力学习或上学时也经历了类似的限制和歧视。到 1860 年，除南方蓄奴州以外的所有州（不含马萨诸塞）都限制、隔离或剥夺非裔美国人与白人一样送孩子上学的权利。主要原因是大多数白人无法想象非裔美国人与他们平等共处，也无法想象自己的孩子与其他种族的孩子一起上学。[5]

美洲其他地区受奴役的非洲人的教育

虽然关于在美国以外的非洲移民奴隶教育经历的学术研究很少，但历史记录中有一些例子还是说明了这类教育是如何提供（或没有提供）的。在奴隶制同样盛行的加勒比地区、中美洲和南美洲，就像在 402
美国一样，对于那些被奴役的人来说，教育成就往往被认为是不切实际的，甚至是危险的。尽管如此，还是与美国有不同之处，最重要的是，这些国家并没有制定法律禁止非洲后裔学习或上学。另一个不同之处在于人口统计数据。到了 1860 年，美国报告的被奴役人口基本上是在本国土生土长的，而在加勒比地区和中美洲和南美洲被奴役的人口，则是被偷盗并被贩卖为奴隶的非洲人与被定义为非裔加勒比人、非裔墨西哥人或非裔巴西人的非洲移民后裔的混合体。

当被奴役和流散的非洲人在这些地区获得上学机会时，他们得到教育的方式是被奴役的非裔美国人完全没有机会获得的。巴西就是一个很好的例子。在长达 400 年的跨大西洋奴隶贸易中，近 40％被贩卖为奴的非洲人到了巴西。殖民巴西的葡萄牙人和被他们奴役的非洲人之间的关系发展得很独特，特别是在教育方面。例如，直到 19 世纪 70

---

⑤ Leon F. Litwack, *North of Slavery: The Negro in the Free States, 1790-1860* (Chicago: University of Chicago Press, 1961); Davison M. Douglas, *Jim Crow Moves North: The Battle over Northern School Segregation, 1865-1954* (New York: Cambridge University Press, 2005).

年代，被奴役的非裔巴西儿童还可以与自由的葡萄牙儿童一起在种族融合的学校上学，尽管当时人们认为，教育被奴役的人是不切实际或危险的。据记载，“直到19世纪中期，当第一条铁路出现时，种植园里的习俗是让孩子在家学习，由牧师或私人教师教学。种植园的主屋里几乎总是有一间教室……（而且）通常家里的黑人幼儿和儿童与白人孩子一起学习，一起学习读写算术，一起祈祷”。被奴役的非裔巴西人获得的上学机会，不像是葡萄牙人建立的任何学校，倒更让人想起非洲西部的伊斯兰学校。经过了近400年的奴隶制阶段，人们仍然可以看到伊斯兰教和非洲在巴西的影响，特别是在巴伊亚这样的城市。在那里，奴隶的子女可以到要求背诵乘法表并开设拼写课的学校上学，就好像他们在西非某个伊斯兰帝国的一所“穆罕默德学校”上课一样。⑥

在加勒比地区的法国、英国和西班牙殖民地的非洲移民却没有接受正规教育的机会。例如，在牙买加、安的列斯群岛、古巴、海地和西印度群岛，19世纪中叶废除奴隶制之前，被奴役的非洲人及其后代被剥夺了接受正规教育的机会。在整个17世纪和18世纪，教会学校时而开办时而关闭，但并没有制定有关这些非洲移民教育问题的法律。一个主要原因是，那里被奴役的非裔加勒比人的数量远远超过当地的欧洲人。在美洲解放之前，被奴役的非裔古巴人占古巴人口的30%，而在安提瓜岛、格林纳达岛、巴哈马群岛、巴巴多斯岛、牙买加岛、海地和特立尼达岛等较小的岛屿上，被奴役的非裔加勒比人占到了居民总数的近90%。

---

⑥ Gilberto Freyre, *The Master and the Slave: The Study in the Development of Brazilian Civilization*, trans. Samuel Putnam (Berkeley: University of California Press, 1986), 406, 223.

解放后的非洲人教育

解放运动改变了非洲移民的教育机会。在加勒比地区，奴隶起义 403
导致了奴隶制的废除，海地从欧洲殖民统治下赢得了独立，要求为刚获得自由的非裔加勒比人建立由国家资助的教育体系的呼声迅速高涨。废除奴隶制后，中美洲和南美洲以及美国也出现了类似的普及教育的要求。1804年，海地成为第一个专门为流散美洲的非洲人建立教育体系的国家。在杜桑·卢维杜尔的领导下，被奴役了近十年的海地人针对奴隶主、法国王室及其军队以及白人民兵进行了反抗。这种对法国殖民统治和奴役的持续抵抗和攻击的结果，是他们赢得了独立。这个新主权国家的第一个承诺就是为其公民建立由国家资助的学校，而不分种族、社会经济地位或以前受奴役的状况。

在整个19世纪的北美和南美洲，一个又一个的国家废除了奴隶制。解放的到来使流散在这些地区的非洲人，有机会获得在奴役期间被系统剥夺掉的教育机会。当大多数人试图利用这些新机会时，教育却让大多数的非洲移民准备好迎接成为下层或低贱的劳动力（本质上就是二等公民）的生活。这种状况一直持续到20世纪。例如，在19世纪30年代，英国政府在加勒比地区针对以前的奴隶建立了中小学教育体系。从1833年到1900年间，无数非裔加勒比人能有机会上学，文盲率下降，教师培训机构也得到发展。尽管如此，在这些加勒比国家中，只有大约50%的儿童上过小学，而平均只有不到1%的中学适龄者能正常上中学。这些学校远远落后于为富裕的非裔加勒比人和英国人的子女建立的私立学校，而且大多数就读于这些学校的孩子都只能接受为将来从事体力劳动和工业劳动而准备的课程。[7]

关于解放后流散在巴西、阿根廷、墨西哥、波多黎各和古巴的非洲人教育状况的学术研究极少。只能找到一些零星的例子。例如，据估计，只有11%的非裔古巴人在解放后能够阅读和书写。种族、社会经济地位、性别和以前受奴役情况，都对这些社会中非裔儿童接受的教育类型与质量起到作用。新殖民主义，即欧洲对原住民和移民事务的持续影响和支配，还存在于这些加勒比地区与中南美洲的社会当中，直到20世纪中叶前，这一现实都还在许多方面决定着那里的教育系统如何发展。因此，古巴、牙买加、波多黎各和大多数其他加勒比国家都形成了自己的教育体系，倡导为刚获得自由的非洲移民及其子女开设职业或工业课程。[8]

无论是有意还是无意，美国照搬了为流散在其他地区的前奴隶们制定和采用的教育体系。在美国奴隶获得解放后的几十年里，职业或工业教育迅速成为教育南方被奴役的非裔美国人的首选课程或方法。无数的理论家和实践者就什么是教育南方出生的非裔美国儿童最合适的课程这一问题展开了争论，其中有两位特别突出，他们分别是布克·T. 华盛顿和杜波依斯。华盛顿是工业教育的倡导者，而杜波依斯

---

⑦ Ruby King and Carl Campbell, "Policy and Practice in Education in the Caribbean: Historical Perspectives," in *Proceedings of the 1990 Cross-Campus Conference on Education*, eds. E. P. Brandon and P. N. Nissen (Mona, Jamaica: Faculty of Education, University of West Indies, 1991).

⑧ Richard Cott, *Cuba: A New History* (New Haven, CT: Yale University Press, 2005), 88; Shirley C. Gordon, *A Century of West Indian Education* (London: Longmans, 1963); Millicent White, *A Short History of Education in Jamaica* (London: Hodder and Stoughton, 1977); Kassie Freeman and Ethan Johnson, *Education in the Black Diaspora: Perspectives, Challenges, and Prospects* (New York: Routledge, 2011); Robert L. Adams Jr., ed., *Rewriting the African Diaspora in Latin America and the Caribbean: Beyond Disciplinary and National Boundaries* (New York: Routledge, 2013).

则主张古典博雅教育。⑨

华盛顿于1856年出生在一个实行奴隶制的环境当中，他认为工业教育教会了非裔美国青年在南方从事农业和体力劳动所需的知识和技能。其目标是设计一种教育体系，教会非裔美国人一门手艺，这样他 404
们就可以找到工作，赚取和积累资产，并赢得白人的尊重。在汉普顿师范与农业学院读书时，华盛顿在该校创始人塞缪尔·查普曼·阿姆斯特朗的指导下，对工业教育产生了浓厚的兴趣。1881年，25岁的华盛顿创办塔斯基吉师范与工业学院，并成为首任校长。

当南方许多曾经被奴役的非裔美国人试图建立一个促进自由和进步理念的教育体系时，布克·T.华盛顿则致力于培训一批骨干教师，以"教育"和鼓励非裔美国儿童在种族隔离的社会中成为卑微的农业或工业劳动者。培训教师来为实现对非裔美国儿童的这种教育期望服务，这与大多数前奴隶的愿望背道而驰，他们希望通过接受教育来认识到自由和民主的含义。华盛顿的目标是避免这些问题，发展一种促进美国南方种族和平的教育学和思想观念，即使这意味着前奴隶要牺牲他们新获得的政治、社会和教育特权。

华盛顿也受到了他人的批评，其中最直言不讳的是杜波依斯。杜波依斯1868年出生于马萨诸塞州的大巴林顿，他在费斯克大学获得学士学位，并在哈佛大学获得博士学位。这两所大学都强调古典博雅教育。虽然杜波依斯确实同意工业教育本身是一种很好的课程体系，但他认为这不应该成为非裔美国人唯一的课程设置。他坚信非裔美国儿童应有权选择学校，并且如果他们想学习语言和西方艺术、历史、政治和哲学，他们也应该有选择的自由。他认为教育的主要目的不是把男人和女人培养成商人、工匠、佣人或普通劳动者，而是培养他们为

⑨ James D. Anderson, *The Education of Blacks in the South*, *1860-1935* (Chapel Hill: University of North Carolina Press, 1988).

成为领导者做好准备，使他们成为合众国有尊严、让人敬重的男人和女人。[10]

杜波依斯坚称，非裔美国学生在一所强调古典博雅教育的学校接受教育，可以为将来解决他们所面临的主要种族和社会问题做好充分的准备。这些学生将获得必要的知识、技能和信心，来挑战一个坚信非裔美国人在基因和文化上劣于白人、认为他们是二等公民、不配享有宪法保护的自由（如投票权和法律规定的平等保护和待遇），并且在公共生活的各个方面建立起隔离和贬低非裔美国人的法律和文化习俗的国家。

对杜波依斯来说，在这样一个压抑的时代，去学校学习一门手艺来赚钱或拥有一份自己满意的工作似乎是不切实际的。非裔美国人需要种族领袖，美国需要领袖来推进其民主理想的发展。杜波依斯认为，如果上学的目标是赚钱或仅仅是获得一项技术技能，那么非裔美国人在毕业时可以学会一门好营生，但仅此而已。然而，如果学校的目的是让非裔美国人了解他们自己以及他们在美国社会秩序中的存在，共情他人的需求，了解世界及其问题，那么这个国家不仅会培养出推进其民主理想的未来领导人，还会培养出能够应对和解决世界各地非洲人后裔所面临问题的领导人。杜波依斯还与其他对非洲移民的历史和
405 生活经历感兴趣的教育家和理论家一起，进一步阐述了这些观点。泛非主义就是这些思想和努力的产物。这是一种试图团结所有非洲人后裔进行自我教育并要求自由和平等的意识形态或运动。

---

⑩ W. E. B. Du Bois,"The Talented Tenth," in *The Negro Problem*: *A Series of Articles by Representative Negroes of Today*(repr. Miami: Mnemosyne, 1969).

泛非主义与20世纪非洲移民的教育

在19世纪末和20世纪初，早期泛非主义者形成了由来自非洲大陆的知识分子和政治活动家以及散居海外的知识分子和民权活动家组成的网络。特别是非裔美国人民权领袖的政治和教育思想，在非洲国家留下了不可磨灭的政治印记。从20世纪20年代开始，随着泛非主义的发展，美国民权运动和非洲独立运动的思想基础开始奠定。杜波依斯（被恰当地称为“泛非主义之父”）领导了泛非主义运动，明确了非洲黑人和非裔美国人种族经历之间的联系。这一运动将成为非洲反对殖民和争取独立斗争的核心。泛非主义增强了国际社会对种族主义和殖民主义的认识，从而形成了独立后非洲国家的领导层，包括泛非主义的国家元首如海尔·塞拉西（埃塞俄比亚）、夸梅·恩克鲁玛（加纳）、塞古·杜尔（几内亚-科纳克里）、乔莫·肯雅塔（肯尼亚）、纳姆迪·阿齐基韦（尼日利亚）和朱利叶斯·尼雷尔（坦桑尼亚）。

尽管有了这场关于种族团结、种族意识和种族提升的运动，但非洲大陆最早的一些教育政策提案还是深受华盛顿工业教育议程的影响。这源于菲尔普斯-斯托克斯基金会的非洲教育委员会与国际教育委员会合作资助的一项关于非洲教育的研究所得出的结论。白人工业教育家托马斯·杰西·琼斯曾指导汉普顿的“黑人（工业）教育”调查，他还领导了非洲教育委员会的研究，通过研究提出了两份委员会报告。由于这些报告建议按照在塔斯基吉确立的教育方针促进非洲人的工业教育，从而获得了关注。杜波依斯认为报告与琼斯对非洲发展的设想都意在殖民占领和征服所有非洲人后裔。杜波依斯对菲尔普斯-斯托克斯基金会进行了谴责，明确宣称该委员会旨在帮助欧洲人和美国人在非洲殖民，并使非洲成为白人的安全地。[11]

因此，杜波依斯继续致力于实现泛非主义的愿景，将结束非裔美国人从属地位的斗争与国外的反殖民运动和意识形态联系起来。他坚持一种截然不同的解放教育观。他把所有非洲人和非洲移民都定义为“黑人”，并因此提倡全世界的黑人进行自我教育，反思他们的历史，并一起为改善自己的生活而斗争。泛非主义虽然起源于所有非洲人后裔的斗争，但它却主要植根于美国、英属西印度群岛、英国、加拿大、海地和撒哈拉以南非洲地区。来自这些国家的泛非主义者的首要目标是让非洲人和非洲移民团结起来，共同努力促进非洲的自决权，并彻底颠覆世界上奴隶贸易、奴隶制和种族歧视的遗存。[12]

406 出生于牙买加的马库斯·加维是这一呼吁的坚定支持者。他坚信，任何一个奴役和种族歧视非洲人及其后代的社会，都不可能承认并将他们视为真正的公民。加维把关注点放在了美国以及学校“教育”非裔美国人的方式上。在解放近 60 年后，绝大多数非裔美国人仍然居住在美国南方，他们被要求上种族隔离的学校，而且这些学校远远不如白人就读的学校。虽然华盛顿和杜波依斯都认为，教育可以弥补非裔美国人在公民地位与经济地位方面所面临的挑战，但加维却不这么认为。在加维看来，学校才是问题所在，因为教师们接受并赞成对非裔美国人先入为主的刻板印象，而课程强化了现有的权力结构和白人至上主义的意识形态基础。简而言之，学校正在进行的教育，是让非裔

---

[11] Thomas Jesse Jones, *Education in Africa: A Study of West, South and Equatorial Africa, by the African Education Commission* (New York: Phelps-Stokes Fund, 1922); Thomas Jesse Jones, *Education in East Africa: A Study of East, Central and South Africa by the Second African Education Commission* (London: Edinburgh House Press, 1925); W. E. B. Du Bois, “Education in Africa: A Review of the Recommendations of the African Education Committee,” *The Crisis* 32(1926): xxxii.

[12] Clarence G. Contee, “The Emergence of Du Bois as an African Nationalist,” *Journal of Negro History* 54, no. 1(1969): 48-63.

美国人在思考和行动上都表现得好像自己比白人低一等。因此，加维认为对非裔美国人来说，最好的解决办法就是移民到非洲。

加维创立了全球黑人进步协会和“黑星航线”，后者是一支将非洲移民送回到他们祖先土地上的船队。他的“回归非洲”运动激励了成千上万的非洲裔美国人采取一种更具黑人民族主义的观点，并公开对美国社会认可奴役，使各种形式的种族歧视合法化，迫使非裔美国儿童上劣等学校，以为他们受奴役生活做好准备提出质疑。加维提出的口号是：“如果他们不善待你，你怎么能指望他们教你正确的事！”对许多非裔美国人来说，这是一个非常简单的逻辑，对于美国无法普遍接受他们作为公民在法律之下理应受到的平等考虑、待遇和保护，他们感到非常失望。[13]

加维对美国以外的黑人民族主义浪潮的影响，可以从处在曼彻斯特和伦敦学术环境中的乔治·帕德莫尔和T. 拉斯·马康南对非洲领导人产生的影响当中看出。后来导致了非洲人和非裔美国人政治激进主义的这样一些关联，也开启了在其他地方涌现一代接受过高等教育的非洲民族主义者的序幕。他们中有葡萄牙的阿米卡尔·卡布拉尔，法国的列奥波尔德·桑戈尔和谢赫·安塔·迪奥普，英国的乔莫·肯雅塔，乌干达马凯雷雷大学的朱利叶斯·尼雷尔和奥金加·奥廷加，以及美国的纳姆迪·阿齐基韦和夸梅·恩克鲁玛，或沉浸于卢梭和伏尔泰思想、寻求反帝国主义经验教训的帕特里斯·埃姆雷·卢蒙巴。1923—1950年，约有3200名非洲学生前往美国接受高等教育。虽然在这一时期美国已经取得了长足进步，但其学校教育仍然存在种族分层，来自非洲大陆和流散的非洲人在这里受到了种族隔离和歧视。大多数人被限制在传统黑人学院和大学就读，如林肯大学、费斯克大学或塔

---

⑬ Kevin Gaines, *Uplifting the Race: Black Leadership, Politics, and Culture in the Twentieth Century* (Chapel Hill: University of North Carolina Press, 1996), 103-105.

斯基吉大学。[14]

然而，非洲人在国外接受高等教育时受到的种族歧视并不是美国独有的。1954年，后来成为人类学家、历史学家、物理学家和政治家的谢赫·安塔·迪奥普，在巴黎大学时也面临着类似的歧视，他的一篇关于非洲文化统一理论的论文被他的指导教师否决了。但迪奥普并没有因此而放弃在这所大学攻读博士学位的念头，他在第二年将论文的部分内容发表在一本名为《黑人民族与文化》的书中。此后，他以一个新的主题写了第二篇论文，并在1960年毫无争议地获得了博士学位。实际上，迪奥普写了两篇论文，才在巴黎大学获得了一个博士学位。

407 在20世纪的大部分时间里，为延续对非洲后裔的边缘化和压迫而建立的教育结构，使得现行的学术政策往往限制了他们接受教育的类型和机会总量。然而，这个时代却开启了非洲人流散历史的新阶段，非洲人和非洲移民第一次可以自由地出入他们祖先被奴役的地方。许多学者为了教育目的而旅行，他们的目的地为泛非思想的进一步发展和寻求黑人跨国解放提供了交汇点。从殖民主义的各个方面及其残余中脱离，获得自由和经济独立仍然是其首要目标。

---

[14] George Padmore was a Trinidadian pan-Africanist who wrote on the impact of colonialism in the Caribbean and African independence. T. Ras Makonnen was a Guyanese pan-Africanist who worked closely with Kwame Nkrumah and George Padmore to found the Organization of African Unity following the independence of Ghana in 1957. He would later work alongside Jomo Kenyatta in Kenya during the mid-to late 1960s. Marika Sherwood, "Kwame Nkrumah: The London Years, 1945-1947," *Immigrants & Minorities* 12, no. 3 (1993): 164-194; International Institute for Education, *Education for One World: Annual Census of Foreign Students in the United States 1949-1950* (New York: International Institute for Education, 1950), 48-50. See also Olanipekun Laosebikan, "From Student to Immigrant: The Diasporization of the African Student in the United States" (Ph. D. diss., University of Illinois, Urbana-Champaign, 2012).

非洲人后裔之间的互利关系在教育和政治上都取得了成功。这一点在夸梅·恩克鲁玛、纳姆迪·阿齐基韦和海斯廷斯·卡穆祖·班达的领导中表现得很明显。他们作为非洲领导人，向领导自己国家反种族隔离斗争的非裔美国人寻求教育与专业知识。其中一个主要人物是瑟古德·马歇尔，他是美国布朗诉教育委员会案（1954）的首席律师。马歇尔曾是恩克鲁玛在林肯大学的同学，后来成为美国参加伦敦肯尼亚会议的代表团代表，也是非洲独立运动的坚定倡导者。20世纪50年代中后期，在美国接受高等教育的非洲学生无疑受到了布朗案判决和马歇尔领导的影响。继布朗案之后，肯尼亚工会主义者和民族主义者汤姆·姆博亚（他在1960年起草肯尼亚宪法时曾向马歇尔寻求法律建议）在肯尼亚声名鹊起，这得益于他与美国的关系。姆博亚和马歇尔的人生交集，开启了肯尼亚政治领袖与美国教育相结合的进程；它还促成了非洲空运计划，得以将一批批的非洲学生带到美国。1959年，有200多名肯尼亚人获得了美国高等教育机构的入学机会和学费奖学金。

在姆博亚、杰基·罗宾森、弗兰克·蒙特罗、科拉·韦斯、露丝·邦奇、威廉·沙因曼、保罗·罗伯逊、哈利·贝拉方提，美国城市联盟的西奥多·基尔，非裔美国学生基金会以及美国立法者的协调下，这些学生被“空运”出肯尼亚。对这些肯尼亚人来说，国际黑人政治和教育并不是一个遥远的神话。阿齐基韦、拉尔夫·邦奇、卡布拉尔、艾梅·塞泽尔、克劳迪娅·琼斯、杜波依斯、弗朗兹·法农、加维、洛林·汉斯伯里、C. L. R. 詹姆斯、杜桑·卢维杜尔、马丁·路德·金、恩克鲁玛、帕德莫尔、H. 西尔维斯特-威廉姆斯、马尔科姆·艾克斯和许多其他黑人民权领袖的名字和著作，都出现在了肯尼亚的政治精神当中。美国首位黑人总统的父亲老巴拉克·奥巴马和第一位获得诺贝尔和平奖的非洲女性旺加里·马塔伊，都是在非洲空运计划的影响下来到美国学习的。[15]

1965年以来非洲移民的教育

20世纪50年代和60年代的民权运动以及70年代的黑人权力运动，推动了包括学校在内的美国所有公共设施种族隔离制度的废除，408 并使得非裔美国人更充分地融入主流社会。公民的不服从、大规模的抗议、扩大的学校消除种族隔离运动，非洲裔美国学生提出要求更多的机会和包容性、开设反映他们大学校园文化和经历的课程的请求以及他们对于平等和自由的诉求，所有这些都迫使美国颠覆了长期以来剥夺非裔美国人公民权利的传统和法律。非裔美国人父母为确保他们的孩子得到高质量的学校教育和法律平等保护，也在做着不懈的努力，这为非裔美国儿童带来了新的教育机会，并推动了影响整个国家的新的法律的出台。

1964年和1965年对流散在美国的非洲人的教育尤为重要。1964年，国会通过了《民权法案》，重申了非裔美国人在拥有美国平等公民身份的前提下，所享有的责任与特权的权利。1965年，国会通过了《选举权法》和《移民和国籍法》。《移民和国籍法》（又称《哈特-塞勒法》）特别允许个人以自20世纪20年代初以来不可采用的方式移民至

---

[15] George Shepperson, "Notes on Negro American Influences on the Emergence of African Nationalism," *Journal of African History* 1, no. 2(1960): 311. These trips are interchangeably called the "African student airlifts," "East African airlifts," and sometimes the "Kenyan student airlifts." 这场空运主要出现在三次浪潮之中，分别为1959年空运、1960年的肯尼亚空运和1961年的最后一次空运。See Robert Fyfe Stephens, *Kenyan Student Airlifts to America 1959-1961* (Nairobi: East African Educational Publishers, 2013); Tom Shachtman, *Airlift to America: How Barack Obama, Sr., John F. Kennedy, Tom Mboya, and 800 East African Students Changed Their World and Ours* (New York: St. Martins Press, 2009).

美国，并为新的黑人移民提供更多的教育机会。"《移民和国籍法》不仅改变了新移民的数量，也改变了他们的品性……20世纪70年代，来自拉丁美洲和亚洲的移民数量开始增加。不久之后，非洲人也加入了他们的行列。此外，许多来自美洲的新移民也声称自己是非洲人的后裔，来自欧洲及其他地方的黑人也是如此。虽然这些移民只占全部移民大军的一小部分，但他们的到来引发了美国黑人的转变。"⑯

新黑人移民涌入美国，也给教育研究带来了新的文化和学术话语。美籍尼日利亚人类学家约翰·U.奥格布就是其中比较值得注意的例子之一，他的研究对于有关模范少数族裔研究及对立文化理论的论争产生了广泛影响。在对美国少数族裔和非少数族裔学生学业成绩进行的研究中，奥格布于20世纪70年代末提出了一种理论，试图解释在美国学校中和加勒比地区与非洲的黑人移民学生相比，非裔美国学生学业不佳的问题。这两者都属于少数族裔，但加勒比地区与非洲的黑人移民学生却取得了比非裔美国学生更大的教育成就。奥格布认为，非裔美国人在试图获得教育、就业和体面的生活水平时面临的代际、系统性和结构性的不平等，迫使许多人采取一种对抗的立场，这阻碍了他们个人及集体的进步。这些非裔美国人对任何与大多数人相似或被大多数人重视的东西，产生了一种文化上的厌恶，包括教育。而没有这种特殊历史或与美国白人没有这种特殊关系的加勒比地区与非洲的黑人移民，却并没有表现出同样的对立反应或文化反应。这些移民学生在学校表现优异，他们将教育看作是实现教育、经济和社会流动的主要工具。奥格布得出结论，认为这是黑人移民教育成功但非裔美国人

---

⑯ Berlin, *The Making of African America*, 3-4; Jemima Pierre, "Black Immigrants in the United States and the "Cultural Narratives" of Ethnicity," *Identities: Global Studies in Culture and Power* 11(2004): 149.

教育成就较低的主要因素之一。[17]

但通过上述这些概念和比较研究，却产生了具有严重缺陷的理论和误解。这些理论和误解认为，非裔美国人不看重学校的价值，或是
409 将学校教育视为白人的事情，而不是他们自己的事情。一些人认为，在学校表现良好的非裔美国人通常会被贴上“装白人”的标签。对这些理论的另一个误解是，加勒比地区和非洲的黑人移民是“模范少数族裔”，他们是努力实现教育和经济成功的非裔美国人的榜样。这些想法强化了长期以来的假设，即认为非裔美国人是有缺陷的，不愿遵守主流社会标准。具有讽刺意味的是，大多数说明美国学校如何变得更加民主和包容的例子，都涉及了非裔美国人的集体行动和诉求，他们要求为所有儿童而不仅仅是他们自己的孩子提供高质量的教育。大多数非裔美国人对学校的看法，与奥格布研究涉及的大多数加勒比地区和非洲的黑人移民学生并没有什么不同。他的研究没有强调的是，这些学生的老师和其他教育工作者，以及整个社会中的其他人，对这两个群体的看法是完全不同的。奥格布的理论无意中揭示了种族偏见的持续存在，即尽管非裔美国人在学校取得了进步，但他们仍被归类为成绩不佳、离经叛道、不如自己同龄人的学生。

最近关于世界各地非洲移民教育经历的数据进一步说明，奥格布等人所支持的理论和假设并不是在美国的非裔美国人所独有的。种族问题批判理论家戴维·吉尔伯恩指出，在英国，加勒比地区非裔学生（约占少数族裔人口总数的30%）被视为成绩不佳且是学校里一个长期存在的问题。这里被认为有太多情绪和行为问题的黑人学生，都会被安置在单独的学校或教室里。正如在美国那样，这个问题并不新鲜，只是有关加勒比地区非裔在英国为争取平等而奋斗，以及许多英国教

⑰ John Ogbu, editor, *Minority Status, Oppositional Culture, & Schooling* (New York: Routledge, 2008).

师和管理人员不承认其平等地位的冗长叙述的一部分。法国、西班牙、德国和葡萄牙的非洲移民也面临着类似的挑战，他们努力确保自己的孩子不会因为他们的非洲血统而在学校受到误解和边缘化。[18]

总　结

海外非洲移民的生活经历和教育既丰富又多样。这种叙事很是复杂。它始于被奴役，结束于非洲人民试图利用教育来作为解放和建立自己世界的一种手段。其中有一些故事是成功的。尽管面临挑战，但根据联合国教科文组织的数据，赤道几内亚（94%）、南非（93%）、布隆迪（88%）、纳米比亚（76%）和莱索托（75%）等国家的基本识字率随着这些国家独立后的发展而持续增长。1930—1970 年，前往英国和美国接受高等教育的非洲人获得了教育经历、新的理念和同仁关系网，为他们的国家摆脱殖民统治赢得独立奠定了基础。那些留居国外的人则利用教育来为他们自己及家人的自由与进步进行重新定义。到 1990 年，美国近 90%的非洲移民拥有中学文凭，超过 50%的人从高校毕业。非裔美国人忍受着奴役以及各种被合法化的种族隔离与歧视，而一旦获得平等的学习机会，他们也利用学校来提升自己，尤其是在1965 年之后。到 2000 年，在所有 25 岁及以上的非裔美国人中，有近 410
80%的人拥有中学文凭，并且有近 20%的人拥有学士学位。而在他们上一代人中，只有 50%的人拥有中学文凭，只有不到 8%的人从高校毕业。[19]

不过，其他很多人就没这么幸运了。在中美洲和南美洲的许多国

---

[18] David Gillborn,"Ethnicity and Educational Performance in the United Kingdom: Racism, Ethnicity, and Variability in Achievement," *Anthropology & Education Quarterly* 28, no. 3(1997): 380; Freeman and Johnson, *Education in the Black Diaspora*.

[19] Berlin, *The Making of African America*, 211.

家，基础设施和资源不像英国和美国那样发达和丰富，教育在很大程度上仍然属于富人和特权阶层，而不是为奴隶的后代和那些受到种族歧视的人所提供的。例如在文盲率接近50%的海地，只有不到20%的学校是由国家资助的。同样，在非洲的许多地方，如利比里亚、塞拉利昂、几内亚、刚果、安哥拉和阿尔及利亚，尽管都有学校教育，但却并不是所有希望上学的人都能轻松如愿。殖民主义使得许多非洲国家没有资源或基础设施，来对其人民的教育需求与期望给予适当的满足。

也许到了21世纪，海外非洲移民将受到激励去做他们的前辈在20世纪初所做的事情。也许他们会酝酿出一场新的泛非主义运动，来激发集体行动意识，以解决和克服持续阻碍和剥夺当代非洲人和海外非洲移民通过教育提升自己的压迫体制。

推荐书目

Anderson, James D. *The Education of Blacks in the South, 1860-1935*. Chapel Hill: University of North Carolina Press, 1988.

Berlin, Ira. *The Making of African America: The Four Great Migrations*. New York: Penguin, 2010.

Cott, Richard. *Cuba: A New History*. New Haven, CT: Yale University Press, 2005.

Douglas, Davison M. *Jim Crow Moves North: The Battle over Northern School Segregation, 1865-1954*. New York: Cambridge University Press, 2005.

Du Bois, W. E. B. "Education in Africa: A Review of the Recommendations of the African Education Committee." *The Crisis* 32, no. 2 (1926): 86-89.

Franklin, John Hope. *From Slavery to Freedom: A History of African Americans*. 8th edition. New York: McGraw Hill, 2000.

Freyre, Gilberto. *The Master and the Slave: The Study in the Development of Brazilian Civilization.*

Trans. Samuel Putnam. Berkeley: University of California Press, 1986.

Gillborn, David. "Ethnicity and Educational Performance in the United Kingdom: Racism, Ethnicity, and Variability in Achievement." *Anthropology & Education Quarterly* 28, no. 3(1997): 375-393.

King, Ruby, and Carl Campbell. "Policy and Practice in Education in the Caribbean: Historical Perspectives." In *Proceedings of the 1990 Cross-Campus Conference on Education*, eds. E. P. Brandon and P. N. Nissen. Mona, Jamaica: Faculty of Education, University of West Indies, 1991: 1-24.

Litwack, Leon F. *North of Slavery: The Negro in the Free States, 1790-1860*. Chicago: University of Chicago Press, 1961.

Ogbu, John, ed. *Minority Status, Oppositional Culture, and Schooling*. New York: Routledge, 2008.

Shachtman, Tom. *Airlift to America: How Barack Obama, Sr., John F. Kennedy, Tom Mboya, and 800 East African Students Changed Their World and Ours*. New York: St. Martin's Press, 2009.

Shepperson, George. "Notes on Negro American Influences on the Emergence of African Nationalism." *Journal of African History* 1, no. 2 (1960): 299-312.

Sherwood, Marika. "Kwame Nkrumah: The London Years, 1945-1947." *Immigrants & Minorities* 12, no. 3(1993): 164-194.

Span, Christopher M., and James D. Anderson. "The Quest for 'Book Learning': African American Education in Slavery and Freedom." In *A Companion to African American History*, ed. Alton Hornsby Jr., 295-311. Malden, MA: Blackwell Publishing, 2005.

第 26 章　殖民地教育与反殖民斗争

安娜·伊莎贝尔·马德拉　路易斯·格罗索·科雷亚

413 欧洲殖民帝国对原住民的征服经历了两个海外扩张阶段。第一个阶段是商业扩张，源于欧洲人的发现，由采掘和种植园经济维持，主要集中在安的列斯群岛、亚洲和美洲。第二个阶段是在工业革命开始并形成工业产品价值链之后的阶段，这种价值链是从殖民地提取原材料，再到在包括殖民地在内的传统市场和新兴市场进行销售的链条。拿破仑战争的结束和 1815 年后欧洲的稳定局势导致了国际竞争的变化，非洲成为殖民扩张的主要中心。柏林会议（1884—1885）建立起关于殖民（某些地区的领土占领和自由贸易）的国际新秩序，包括新近作为帝国主义势力而形成的国家，如意大利和德国（除此之外还有葡萄牙、西班牙、英国、法国、荷兰、美国、奥斯曼帝国和日本）。

经济或地缘政治的殖民化过程，意味着为了外国殖民者的利益而征用原住民的土地，需要设立一个特定的行政管理机构，以及平定被占领的领土。后两者引发了民族认同感的突然觉醒，或至少是领土归属感的觉醒，从 20 世纪 30 年代开始，这导致了所谓的反殖民主义。此外，卫生条件的改善使得原住民的人口数量呈指数级增长，从而导致西方殖民者所占人口比例下降。适应了新文化的原住民精英被培养起来，他们中有人在大都市接受过小学后教育，提高了对自由和民主价值观的认识，而殖民者却拒绝将这些价值观带到殖民地，再结合原住民的贫困状况，这揭露出殖民事业的文明骗局。

在第一次世界大战之后，帝国纷纷崩溃，欧洲边界发生了变化。新的欧洲和亚洲独立国家开始出现，俄国革命的爆发也播撒了冲突的种子，而 1929 年的经济危机进一步加剧了冲突。殖民国家和原住民都 414
深切感受到了这些事件的影响。然而，直到第二次世界大战结束，殖民体系才在两场全球性运动的推动下解体，一场是政治运动（联合国的成立和冷战的开始），另一场是经济运动（贸易的自由化和重新定位），这意味着要维持殖民帝国变得愈加困难。①

在过去的一个半世纪里，“本土性”一直是最具争议的概念之一，它有许多不同的含义。在这方面，1989 年国际劳工组织《关于原住民和部落民族的第 169 号公约》❶ 提出的定义有助于理解这一概念：“独立国家的民族，他们因作为在其所属国家或该国所属某一地区被征服或被殖民化时，或在其目前的国界被确定时，即已居住在那里的人口之后裔而被视为土著，并且无论其法律地位如何，他们仍部分或全部地保留了本民族的社会、经济、文化和政治制度。”②

殖民教育的概念指向的是欧洲在非洲、亚洲、大洋洲和美洲进行殖民的历史时期，从殖民教育体系建立开始，到殖民地独立之日止。殖民教育是一种特殊的教育与学校教育类型，它建立在一套哲学和意识形态原则的基础上，而这些原则正是旨在改造原住民以适应殖民事业的各项具体政策的基础。

---

① Brigite Waché,“Quatorze Points,” in *Le Dictionnaire Histoique et Géopolitique du 20éme Siècle*, ed. Serge Cordellier(Paris: La Découverte, 2007), 565; Bernard Droz, *Histoire de la décolonisation*(Paris: éditions du Seuil, 2006), 7-9.

❶ 即 1989 年《土著和部落民族公约》。

② United Nations International Labor Organization, Indigenous and Tribal Peoples Convention, Geneva, 76th ILC session, June 27, 1989, part 1, article 1, http://www.ilo.org/dyn/normlex/en/f?p=NORMLEXPUB:12100:0::NO::P12100_ILO_CODE:C169.

殖民教育：概念与理论

对殖民列强来说，原住民的教育是一种用来传播有关本土文化与西方/殖民文化的特定思维模式的手段。原住民被认为是脆弱的、需要保护的、无能的、原始的，而殖民者则被认为是强壮的、能干的、“现代的”且具有保护能力的。这种家长式的观点基于两个基本观念：一是殖民者将“启蒙”野蛮的原住民；二是原住民一旦能说基督教及西方文化所要求的语言，就将成为帝国机器上的高效齿轮。

这种文化帝国主义和符号暴力的过程，其话语和结构是单向的，这对强加给原住民的外语产生了重大影响。这一过程有两个彼此独立但又相互关联的做法：对殖民体系来说，正规教育被视为强加并强化其统治地位的一种手段；本土精英认为这是一种赋权的手段，可以借此在新的殖民行政机构中获得更好的地位。因此，本土精英是殖民地教育机构一个不可或缺的组成部分，即使在独立后，他们也在为殖民统治者和当地精英的霸权意图服务。[3]

自相矛盾的是，两次世界大战之间的时期却被称为殖民进程的黄金时代。尽管精确测量其范围（包括广阔的沙漠地区）存在困难，但可以注意到，到 20 世纪 30 年代末，欧洲殖民帝国覆盖的面积已达约 5650 万平方千米（占世界陆地面积的 42%），居住着 6.1 亿人口（约占
415 世界人口的 31%），其中一半以上集中在印度次大陆。三大殖民帝国（英国、法国和荷兰）控制了欧洲占领地当中约 85%的领土和 96%的人口。[4] 尽管这些数字都十分庞大，但在 20 世纪上半叶，国际视野下的

③ Pramod K. Nayar, *Postcolonialism: A Guide for the Perplexed* (London: Continuum, 2010), 48-49.

④ Jacques Frémaux, *Les Empires Coloniaux dans le Processus de Mondialisation* (Paris: Maisonneuve et Larose, 2002), 24-26.

殖民教育却在很大程度上被学者们忽视了。

第二次世界大战以后，联合国教科文组织等国际机构就不同国家的教育制度组织状况（1955）、小学教育（1960）和中学教育（1963）及其结构构成进行了广泛的研究。这些研究是把发展中国家人民视为“他者”的很好例证。在这样一种思维方式中占主导地位的是所谓的科学教育方法，它被认为是社会和经济发展的基础。⑤

随着包括托管国和保护国在内的前殖民地的政治解放，新的民族国家出现了。坦桑尼亚就是一个展示非洲国家后殖民政治生活的例子，它作为一个多元文化国家统一了坦噶尼喀、桑给巴尔和奔巴岛。坦桑尼亚在1961年获得自决权，当时该国由朱利叶斯·尼雷尔领导，他曾是一名在苏格兰受过教育的中学教师，致力于建设一个不分种族的民主国家，其经济和社会现代化政策受到瑞典模式的启发。在世界银行的财政支持下，尼雷尔启动了一些政策，让非洲人在新政府所有部门中担任关键性角色，新政府复制了其前殖民当局的结构。为了迅速培训数以千计的非洲人来填补政府职位所需，中等和高等阶段的学校教育得到扩张，斯瓦希里语成为通用语言。⑥

南非开普敦原住民事务专员C. T. 罗兰，曾在一份国际发行的教育杂志上介绍过20世纪初的殖民教育问题。一方面，比利时、英国、法国、日本、荷兰、葡萄牙、西班牙和美国等殖民列强的教育政策各不相同。殖民主义是一个高度特定背景下的过程，当地的机构、人民、团体、社会、文化和经济条件以及地貌，塑造了殖民统治及其教育制

---

⑤ A. Nóvoa and T. Yariv-Mashal, "Comparative Research in Education: A Mode of Governance or a Historical Journey?," *Comparative Education* 39, no. 4(2003): 424.

⑥ Jeff Unsicker, "Tanzania's Literacy Campaign in Historical-Structural Perspective," in *National Literacy Campaigns: Historical and Comparative Perspectives*, ed. Robert F. Arnove and Harvey J. Graff(New York: Plenum Press, 1987), 219-244; Bernard Nanté, "Nyerere, Julius," in *Le Dictionnaire Histoique et Géopolitique du 20éme Siècle*, ed. Serge Cordellier(Paris: La Découverte, 2007), 510.

度。例如，美国为印第安人制定了特定的教育方法，并用这些方式方法取代了菲律宾之前由西班牙人建立的教育体系。自 1895 年开始的文化日本话的剧烈进程，通过学校教育对朝鲜人进行文化教育。荷兰人在苏里南、爪哇和苏门答腊岛没有采用同样的教育策略。英国人支持在印度建立大学，但却不支持在津巴布韦或非洲其他地区建立大学。

另外，受殖民主义关于可教育性观点的影响，原住民对殖民教育的态度也因其社会地位不同而有所不同。本土精英在实施西方教育理念中扮演了协作的角色，其明确的目的是维护他们在当地的威望，并在适当的时候领导反殖民解放斗争。此外，根据罗兰的说法，关于课程设置的辩论往往围绕一个核心问题展开："原住民群体的文化有多少可以保留，又有多少需要抛弃或修改?"在学校教育规模的扩大所带来的解放希望，与学校为学生提供的获得个人和社区自决所需的强大知识的机会之间，存在着一种联系。这种融合了正规学校教育与非正规学习的知识，旨在提供一种更容易获得的、既与文化相关又与经济相关的课程。⑦

416 教学语言常常是一个有争议的问题。在肯尼亚，威尔士、爱尔兰和南非本土语言的顽强存在，影响了斯瓦希里语作为其通用语的使用，取代了小群体使用的众多方言。本土教师还接受了意在帮助改变社区

---

⑦ William N. Hailmann, *Education of the Indian* (New York: J. B. Lyon, 1899); J. H. Abendanon, "L'Enseignement des Indigènes de l'Alaska, des Indiens aux états-Unis et des Indigènes aux Iles Philippines," in L'Enseignement aux Indigènes, ed. Institut Colonial International (Brussels: Institut Colonial International, 1909), 241-285; Abe Shigetaka, "Education in Formosa and Korea," *Educational Yearbook* (1931): 679; M. J. Heilbron, "Quelques Renseignements Sur l'I struction Publique de la Colonie de Suriname," in Institut Colonial International, *L'Enseignement aux Indigènes*, 165-240; M. J. Hoekman, "L'Enseignement de Indigènes aux Indes Orientales Néerlandaises," in Institut Colonial International, *L'Enseignement aux Indigènes*, 17-163; Home Peel, "L'Enseignement de Indigènes dans l'Inde Britannique," in Institut Colonial International, *L'Enseignement aux Indigènes*, 287-364.

生活的培训。除此之外，学校资金不足的问题依然存在。早期，肯尼亚的学校由基督教会资助，慈善机构和个人捐赠者的捐款以及当地居民支付的学费作为经费的补充。后来，学校由政府接管并提供资金。在两次世界大战期间，这里的中等教育和高等教育日益成为人们关注的问题，因为需要在诸如医学、公共卫生、法律、教学和商业等职业学科方面进行专业培训，以使本土的专业人员能够满足原住民的需要。

非洲殖民背景下的教育政策

在那些比较英法两个欧洲大国政府的文献当中，有内容广泛的关于两国殖民政府在非洲教育政策的记录。[8] 其中最受推崇的观点是，批评法国那种本质上属于官僚主义、中央集权和同化主义的制度，而欣赏英国那种务实、分散和自由的制度。此外，据研究法国的殖民统治是建立在控制-顺从原则基础上的，与英国赋予殖民地自治权的做法正好相反。这些陈述似乎强化了这样一种观点，即法国人致力于形成本土精英阶层，以反映法国的道德价值观和文化传统。至于英国，他们关于殖民政策的论述，传达了因地制宜和尊重本土当局的思想，从而形成了一项旨在教育非洲人在英国人管理之下实现自决的放权政策。据研究，葡萄牙的殖民制度被认为是同化主义的制度，在非洲重演了他们以前已经在巴西形成的那种殖民进程。然而，以上三种殖民政策

---

⑧ Raymond Bets, *Assimilation and Association in French Colonial Theory, 1890-1914* (New York: Columbia University Press, 1961); Hubert Deschamps, "Et Maintenant Lord Lugard?," *Africa* 33, no. 4 (1963): 294-305; Michael Crowder, "Indirect Rule: French and British Style," *Africa* 34, no. 3(1964): 197-204; Remi Clignet and Philip Foster, "French and British Colonial Education in Africa," *Comparative Education Review* 8(1964): 191-198; B. Ipaye and Joseph Babatunde Ipaye, "Philosophies of Education in Colonial West Africa: A Comparative Study of the British and French Systems," *West African Journal of Education* 13(June 1969): 93-97.

都要根据每个地区固有的政治、地理和文化制约因素，加以重新演绎和调整。

盎格鲁-撒克逊模式：劳动福音

英国的教育模式是通过政府与传教活动相结合的方式传入非洲的，分为三个阶段。在第一阶段，从19世纪末到20世纪前数十年，传教活动独立发展，几乎不受英国君主制或地方政府控制。此阶段之后的第二阶段，一直持续到第二次世界大战，在这一阶段殖民政府对学校教
417 育的控制日益加强，教育工作也逐渐统一。最终，菲尔普斯-斯托克斯委员会在1922年和1924年分别发表了西非和东非报告。由此开始建设所谓适当的殖民教育体系，旨在加强国家与教会的合作，从而形成更加统一的教育服务，尽管地方仍有相当大的自治权。最后一个阶段，是从第二次世界大战结束到20世纪60年代，期间非洲爆发了独立斗争。

从19世纪开始，英国政府鼓励教会出资兴建学校。在这方面，必须强调伦敦会传道会、圣公会差会和卫斯理派循道宗宣教会主要在非洲的西部和南部所做的努力。到了20世纪初，学校教育已经广泛普及，因为非洲人越来越有兴趣把他们的孩子送到新教和天主教学校学习读和写。与此同时，教会学校坚持体力劳动的价值，将其作为改变当地人习惯、实现道德救赎的手段。以劳动能力和农业为基础的“活动课程”，含有某种适应与非洲生存相关的经济、社会和政治条件的“黑人教育”的意味。职业教育也被认为在殖民地经济体系的发展中可以塑

造人格，并起到“教化作用”。⑨

19世纪末20世纪初在欧洲和美国发生的宗教改革，为实现对原住民灵魂的基督教化而进行的斗争是其中的一部分。正当欧洲殖民帝国在世界范围扩大其统治地位的同时，一场宗教复兴也对传教组织产生了影响。新教传教使团将他们在海外的努力视为在社会进步基础上推行改革，并从中寻求个人转变的一次机会。基于个人发展原则皈依新教的教学法在非洲民众当中获得的反响，要比天主教会传教使团的方法所得到的反应积极得多。新教教徒不断追求人类的“新纪元”，而这种希望的实现，本质上取决于个人积极改造世界的能力。于是，英国和美国的加尔文派新教教徒相信：上帝之国是人人可到达的彼岸。

新教传教事业的成功有多种原因，包括传教组织的蓬勃发展，殖民地政府和欧洲传教会的支持，以及传教士使用当地语言进行传教的事实。就像英国殖民政府一样，传教士们把非洲视为一片“静待耕种的沙漠”。基督教在殖民地的扩张使他们梦想建立一个精神帝国——上

---

⑨ Barbara Yates, "African Reactions to Education: The Congolese Case," *Comparative Education Review* 15, no. 2(1971): 158-171; Ernst G. Malherbe, John J. G. Carson, and John D. Rheinallt Jones, eds., *Educational Adaptations in a Changing Society: Report of the South African Education Conference Held in Cape Town and Johannesburg in July, 1934* (Cape Town: Juta, 1937); Ronald Goodenow and Robert Cowen, "The American School of Education and the Third World in the Twentieth Century: Teachers College and Africa, 1920-1950," *History of Education* 15, no. 4(1986): 271-289; Patti Peterson, "Colonialism and Education: The Case of the Afro-American," *Comparative Education Review* 15, no. 2(1971): 145-157; Edward Berman, "American Influence on African Education: The Role of the Phelps-Stokes Fund's Education Commissions," *Comparative Education Review* 15, no. 2(1971): 132-145.

帝之国。[10] 为了建立这个精神帝国，传播基督教的道德价值观和圣经是至关重要的，而这项任务需要本土教师、传教员和领诵经文的信徒。实现这一目标的唯一途径就是为非洲人修建学校。

虽然教会学校是在殖民政府的批准下建立的，但它们并不受殖民政府管辖。传教士要服从帝国的管理，但却并不是帝国意识形态先锋的代理人。然而，他们被自己同胞视为“当地人的朋友和保护者”。[11] 在第一次世界大战结束后，直到20世纪20年代末，“教化使命”成为英国原住民政策的中心思想。教育扮演着双重却又自相矛盾的角色。一方面，它应该让非洲人民摆脱所谓的传统习惯，如懒惰和巫术，但
418 同时又要保持他们的社群-部落的性质。英国殖民部关于非洲教育的言论集中在宗教和职业教育上，它们被认为是品格形成的关键。教育学以“劳动福音”为基础，需要引导原住民取得进步是其合理性来源。

最终，在20世纪30年代中期，英国政府官员开始警惕在其殖民地发生的社会和经济变化，他们认为，这在很大程度上是由学校教育引起的。尽管没有完全控制殖民地的教育，他们还是引入了与原住民教育政策指导方针相关的法规。直到第二次世界大战前夕，在讨论国家干预的问题时，与原住民社会正朝着自治方向发展的理念结合起来的身份认同的概念，受到了重视。社会科学，特别是人类学和社会学，作为理解原住民的方式优先得到发展，取代了前人对于品格塑造的重视，与教育相关的问题则处在了次要地位。

---

⑩ David Killingray, “The Black Atlantic Missionary Movement and Africa, 1780-1920,” *Journal of Religion in Africa* 33, no. 1(2003): 3-31; Brian Holmes, ed., *Educational Policy and the Mission Schools: Case Studies from the British Empire* (London: Routledge and Kegan Paul, 1967); Daniel Tröhler, “The ‘Kingdom of God on Earth’ and Early Chicago Pragmatism,” *Educational Theory* 56, no. 1(2006): 89-105.

⑪ John Comaroff and Jean Comaroff, *Ethnography and the Historical Imagination* (Oxford: Westview Press, 1992), 184.

法语区模式：同化与顺应

和英国一样，法国在西非的存在经历了不同的阶段，一个是所谓的前殖民阶段（1815—1890），另一个是以“殖民统治”为特征的阶段（1894—1945）。在塞内加尔的前殖民时期，法国政府难以控制沿海地区商人社群的增长，也难以将其影响扩大到内陆地区。因此，行政当局授权一些公立学校采用当地语言（1816）教学，并接受天主教会的倡议和活动（1820—1830）。[12] 在上沃尔塔、科特迪瓦和塞内加尔北部的伊斯兰教地区的大多数学校里，法语学校教育的主要目的是培养那些将来能够承担传统领导角色的人，以及培养其他未来的翻译和行政人员，以处理商业关系，缓和当地民众与法国政府之间的对抗。

在殖民统治时期，同化成为殖民地当局的一项原则，这反映出实现政治和文化统一的愿望是“大法国”概念的一个标志。教育是将海外领土整合进入一个帝国的途径，也是将非洲人转变为“法国黑人”的途径。法国的同化目标也反映在其实行的高度集中的行政组织当中，这种行政组织体系将殖民地视为了宗主国母国的延伸部分。

然而，同化政策并非在所有殖民状况下都是通用的，也不是在所有教育问题上都有效。尽管1894年成立了殖民地部，但法国却还远远不能提供合格的教师以及资助学校办学，这加剧了协调一致的教育政策的失败。事实上，直到20世纪头一二十年，根据每个领地的实际需要做出相应政策调整，都是地方当局的责任。与此同时，法国的教育政策也深受英国殖民管理政策“间接统治”原则的影响，该原则是受到不同殖民统治风格的启发而形成的。例如，法属西非地区总督欧内

---

[12] Joseph Gaucher, *Les Débuts de l'Enseignement en Afrique francophone : Jean Dard et l'école Mutuelle de Saint-Louis du Sénégal* (Paris: Le livre Africain, 1968).

斯特·鲁姆认为，“法国化”政策对于广袤而多元的法属西非地区来说
419 并不充分，也很危险。[13] 他认为非洲人必须在自己的文化中发展自己，为了做到这一点，课程必须适应殖民地的需要。为此，乡村学校将培养未来的本地口译人员，地区学校将培养未来的本地办事职员，城市学校将培养未来的欧洲和本土殖民地行政助理人员。

1907 年，取代鲁姆担任西非总督的威廉·默劳德-蓬蒂，却带来了截然不同的观点。默劳德-蓬蒂赞成直接统治原则，这就减少了地方政府内部的中间人数量。在教育问题上，他深信法国的教育使命是同化非洲人，这也解释了为什么他呼吁要重新审视鲁姆以适应为目标的教育政策的原因。上述例子表明，法国的同化政策是一个基于特定殖民统治者视角的理解问题，而并不是法国在非洲领土上的一贯战略。

葡萄牙：从 A-B-C 福音到家长式民族主义

与英国和法国相比，葡萄牙花了较长时间来确定其殖民教育政策。该政策确立于 20 世纪 30 年代中期。其目的是将“大葡萄牙”的精神，像“大法国”理念那样延伸到海外各省。正是在这段时间里，伴随着葡萄牙独裁政权“新国家”的巩固，天主教会所发挥的教育作用开始

---

[13] Prosser Gifford and Timothy Weiskel, “African Education in a Colonial Context: French and British Styles,” in *France and Britain in Africa : Imperial Rivalry and Colonial Rule*, ed. Prosser Gifford and William Roger Louis(New Haven, CT: Yale University Press, 1971), 663-711; Matia Malumba Semakula Kiwanuka, “Colonial Policies and Administration in Africa: The Myths of the Contrasts,” in *The Colonial Epoch in Africa*, ed. Gregory Maddox and Timothy Welliver(New York: Garland, 1993), 295-315; Remi Clignet and Philip Foster, “French and British Colonial Education in Africa,” *Comparative Education Review* 8(1964): 191-198; Gustave Le Bon, *Les Lois Psychologiques de l'Évolution des Peuples*(Paris: F. Alcan, 1894); Léopold de Saussure, *La Psychologie de la Colonisation Françise Dans Ses Rapports avec les Sociétés Indigènes*(Paris: F. Alcan, 1899).

被正式承认，被认为对殖民进程至关重要，并有助于葡属非洲的“同化”。

早些时候，在19世纪末和20世纪初的一二十年里，有人认为对“黑人教育”进行投资是合理的，其理由是需要在非洲人中形成葡萄牙人那样的劳动观念，从而使非洲人熟悉殖民者的文化（特别是语言）。诸如“吸引原住民转向欧洲生活方式”“拯救黑人的灵魂并训练他们的身体适应劳动”“A-B-C的福音”等表述清楚地表明，教育与非洲殖民的更广泛目标息息相关。

自20世纪20年代起出现了另一种关于控制殖民地人口策略的看法。当时的观点是，在殖民地建立的那种公立的、义务的世俗学校，不能与欧洲学校模式差距太大。然而，欧洲的教育模式和课程，无论是简化的“3R”（读写算）内容，还是中学阶段的文学类型课程，都不适合培养臣服的殖民地人民。有必要找到改变非洲文化的替代方法，并通过调整和修改找到适合于非洲人群的方法。因此，新的教育文化而不仅仅是劳动文化的观念，对于殖民地人民的社会化至关重要。“劳动教育”论题的重构导致了一种新的思维方式的构建，标志着一种新的注重点的诞生，即将入学率与不同的生产力形式关联起来。

从20世纪20年代末和30年代初开始，人们讨论的话语从原住民的个体能力，转向了社群以及原住民作为一个“伟大集体”的概念。安哥拉高级专员维森特·费雷拉正是基于这一理念，宣布了一项以集体而非个人作为重点的教育目标。其理念是，学生们应当向“耐心、 420
善良和自尊的教师和优秀学生”楷模学习。[14]

20世纪30年代葡萄牙国内政治和经济萧条，造成了一种不稳定的社会气氛，影响了葡萄牙人对非洲教育的看法。基本上这种想法就是，

---

⑭ Alfredo Muacahila,“O Ensino Primário Rudimentar para os Indígenas em Angola, 1927-1956”(Master's thesis, Lusophone University, 2003), 113.

葡萄牙“不是通过武力、文化同化和教育扩张……而是通过对非洲原住民的仁慈”来行使其统治权力的。民族主义-家长式言论的构建，尤其是对于葡萄牙殖民主义特殊性质的执着，似乎重新引发了19世纪末关于葡萄牙文化的多元性、文化同化的持续性和卢西塔尼亚价值观普遍性的争论。这样一来，为原住民的同化提供理由的道德价值观主张被重新唤起，而随之复苏的是支持这种意识形态的学校模式和教学策略。[15]

尽管官方说得天花乱坠，但在1955年，联合国教科文组织在一份报告中对葡萄牙海外领地的殖民教育做出了极其令人沮丧的描述。该报告的影响之一，就是1958年阿维拉·德·阿塞韦多出版的《非洲教育政策》。阿塞韦多是葡萄牙海外研究委员会的学者，在1947年至1957年期间担任安哥拉教育办公室主任。他将葡萄牙的殖民地教育政策与英国、法国和比利时的殖民地教育政策进行了比较。与此同时，在分析从16世纪到1959年葡萄牙殖民教育计划的历史发展时，他还提请人们注意，葡萄牙殖民地缺乏一个连贯、有效且合乎当地社会、文化和经济发展需要的教育体系。

在做出诊断之后，阿塞韦多为葡属非洲地区提出了一个方案，该方案以如下目标作为指导：为葡萄牙殖民地制定统一教育计划；扩大公立小学网络，大量招收本地人口；深化国家与宗教使团之间的合作，特别是在公立学校很少或没有公立学校的地区；实施职业教育（预科、专科），创建职业技术学校；以及创建高等教育机构，即大学。不过这些目标从未完全实现，尽管在葡萄牙独裁统治期间，殖民地教育取得了重要进展，特别是中等教育和高等教育，但这些教育却并不是针对非洲民众的。与此同时，非洲民族主义运动演变成为针对葡萄牙的战

---

⑮ Ana I. Madeira,“Ler,Escrever e Orar:Uma Análise Histórica e Comparada dos Discursos Sobre a Educação,o Ensino e a Escola em Moçambique(1850-1950)”(PhD diss.,University of Lisbon,2007),233.

争，导致了20世纪70年代中期葡萄牙殖民地的独立。

教育和反殖民理论

在西方国家，识字通常被视为“3R”包含的技能，这些技能“直接影响某些认知和心理过程的发展。因此，读写能力获得了一种象征意义——因为它可以被看作是通常属于文人的许多能力，如分析和逻辑思维、抽象概念化、理性、批判性和怀疑性思维、对时间和空间等范畴的明确认识等”[16]。在殖民者看来，识字被认为是一种社会统治的手段，应当加以利用，以便使原住民遵守殖民地秩序，但不是让他们能够为抵制殖民统治和进行去殖民化的斗争奠定基础。

去殖民化是非洲各民族人民努力从他们的殖民者那里获得（政治、 421
经济和知识）自由的过程。尤其是在后殖民理论中，“去殖民化”一词也被用来描述对阶级、性别和种族压迫的抵抗，以及摆脱殖民思维方式，并通过质疑和推翻殖民主义范畴和认识论，来复兴本土的、地方的和当地的知识形式。作为一项知识工程，后殖民主义起源于有关反殖民运动的观点、思想和理论，而后者却又有赖于对前殖民文化的尊重。

这些反殖民运动唤醒了关于社会正义、解放和反对种族主义、歧视与剥削等压迫性结构的思想。关于教育问题的反殖民思想的贡献，来自不同的源头和地区——亚洲、非洲和拉丁美洲。圣雄甘地（印度）、弗朗茨·法农（阿尔及利亚）、艾梅·赛泽尔（马提尼克岛）和阿米卡尔·卡布拉尔（佛得角和葡属几内亚），这四位具有国际影响力的思想家的反殖民斗争，激励了那些在专制主义下寻求正义的人。

---

[16] Luís G. Correia,“Social Patterns of Literacy in the City of Porto at the End of the 19th Century,”*Paedagogica Historica* 44, nos. 1-2(2008): 83-84.

圣雄甘地策划了现代世界上最为广泛的反殖民斗争之一。甘地在殖民文化的中心——伦敦接受了法律教育，并在1893年到1914年见证了南非的种族隔离政权，他为反殖民斗争（他称之为“satyagraha”）带来了新的意识形态和政治实践，其基础是非暴力、消极抵抗、个人纪律和禁食的道德原则。

他关于本土文化、现代性和教育的思想，其基础包含：反殖民文化民族主义，相对于英国殖民者作为被殖民领土（印度）和被殖民个人的道德优势，由宗教人士（印度教徒、穆斯林、锡克教徒和当地基督徒）所发挥的相关作用，以及当地语言（梵语、阿拉伯语、波斯语和印度语，最后一种是全印度通用的语言）具有的重要性。甘地的教育愿景聚焦在文化复兴和印度的自治上：“在我们自己的文明中，自然会有进步、倒退、改革和反抗，但有一种努力是我们需要做出的，那就是驱逐西方文明。而其他的一切都会随之而来。”[17]

艾梅·塞泽尔出生在马提尼克岛，他致力于传播非洲的艺术和音乐，提倡黑人的观念和理论，反对主流的法国殖民同化理论。他在其主要的反殖民主义著作《论殖民主义》（1955）中指出，第二次世界大战结束十年之后，法国人还对诸如越南本土人被斩首、马达加斯加小女孩被强奸这样的暴行习以为常，听之任之。他宣称：“伴随着殖民化的，是殖民者丧失文明，变得极其残暴，变得堕落，曾经被深埋的本能被唤醒，那就是贪婪、暴力、种族仇恨和道德相对主义。”这种自相矛盾的殖民主义本质，在言辞上打着以教化“落后”民族为使命（由福音、慈善、教育、卫生、法律和民主目的引导）的名义，而实际上却是一个反教化的过程。殖民化进一步强调了殖民事业的有形成果。而事实上，这一事业不过是由“冒险家、海盗、大商人、船主、淘金

[17] Mohandas K. Gandhi, *Hind-Swaradj (Condition of India)* (1909), translated as *Leur Civilization et Notre Délivrance* (Paris: Éditions Denoël, 1957).

者和杂货商的果断姿态”来实施的而已。[18]

考虑到殖民前的非洲文化是建立在以社群为中心的结构基础上的，而这种结构在殖民者带来资本主义制度之前就已存在，由此赛泽尔认为，黑人文化认同是对殖民主义文化冲击的唯一回应。因此，黑人文 422
化认同理论是被殖民的黑人的一种尝试：一方面，从一种泛非主义的角度，要重新找回他们自己的文化遗产、历史和身份（与殖民者的文化相对立）；另一方面，要主动接受一种反殖民的政治计划。

弗朗兹·法农出生于马提尼克岛的法兰西堡，第二次世界大战期间加入了自由法国军队，为解放马提尼克岛以及法国而战。后来他在法国里昂成为一名内科医生，后又成为一名精神科医生。在阿尔及利亚布利达医院担任精神科主任时，法农参加了阿尔及利亚反殖民运动（1956），并以殖民主义对（黑人）原住民心理影响的观察者的身份，出版了关于殖民地状况的经典研究成果：《黑皮肤，白面具》（1952）和《全世界受苦的人》（1961）。

法农认为，黑人已经失去了自己的文化和历史，这导致了一种自卑情结，而殖民主义的非人性化背景又加深了这种自卑情结。黑色皮肤上的白色面具代表着原住民精神分裂的状态，这是殖民统治下剥削与残酷状况造成的结果。

正如法农所认为的，殖民者与被殖民者之间的关系是由前者所把控的辩证法及发展过程所带来的结果。“事实上，殖民者说他了解他们是对的。殖民者已经而且还在继续制造被殖民者。殖民者在殖民制度中寻求他的真理，也就是他的商品。”当地人心理上的自卑感（戴在黑色皮肤上的白色面具）导致暴力成为一种自我主张的形式，且这种暴力是指向自己同类的。正如普拉莫德·纳亚尔所言，法农认为：“部落

---

[18] Aimé Césaire, *Discours Sur le Colonialismo* (1955), translated as *Discurso Sobre o Colonialismo* (Porto: Editora Poveira, 1971), 7-11.

战争就是这种暴力的一个例子，可怜的原住民由于无法向殖民地的统治者求助而互相攻击。”[19]

法农试图将原住民之间的暴力引向另一条道路，为实施殖民主义之后的当地人构建一个合理的未来。为达此目的，他提出了实施文化民族主义项目的想法，这些项目由本土知识分子（包括本土教师）负责，并通过发展民族主义的文学、文化和历史来加以具体体现。他设想这些文化项目将导致反种族主义、民族意识，以及一种泛非主义的、对于文化与自我认同的敏感性的建立。

阿米卡尔·卡布拉尔的父亲是佛得角人，母亲是几内亚人。他在里斯本接受了农学高等教育，并在葡萄牙独裁政权“新国家”统治期间（1933—1974）参与了安哥拉、莫桑比克、佛得角和几内亚这几个葡属非洲领地的反殖民斗争。卡布拉尔的政治理论源于他在里斯本逗留期间对葡萄牙在非洲领地的研究，他于20世纪40年代末在里斯本创建了一个非洲研究中心。研究中心的建立源于他在几内亚担任农艺工程师的经历，尤其是他在几个反殖民运动（非洲人反殖民运动、安哥拉人民解放运动、几内亚和佛得角非洲独立党运动）中的积极行动。

卡布拉尔写到，任何解放斗争和反殖民运动都必须充分利用当地人口和文化的实际条件，以取代在非洲背景下实施的不适当的西方模式和做法。卡布拉尔在1972年联合国教科文组织关于种族、身份和尊严的会议上发言时说：“争取解放和人民进步的斗争也是或必须是，教育、科学和文化领域的一项永久性研究。”他领导几内亚的农民游击队运动，反对葡萄牙人的占领，并说服当地的行政管理人员和公民相信他的政治和社会观点：建立学校，提高妇女地位，以及推行各种社会

⑲ Frantz Fanon, *Les Damnés de la Terre* (1961), translated as *Os Condenados da Terra* (Lisbon: Ulmeiro, 1977); Nayar, *Postcolonialism*, 11-12.

政策。[20]

早些时候，即 1960 年，卡布拉尔以笔名阿贝尔·贾西撰写了《关于葡萄牙非洲殖民地的若干事实》一文。在这篇文章中，他分析了殖民地的自然财富，并批评了那些声称殖民主义的目的是为了对“有 40%文盲的最不发达国家”进行“教化和传播基督教”的谬论。他说，殖民主义加深了非洲人民的经济苦难（通过征用和开采自然资源、强迫劳动和对 15 岁以上的人征收所谓“土著税”），同时却不能满足他们最基本的需求（“380 名医生负责生活在 200 万平方千米领土上 1100 万居民的健康”，婴儿死亡率高达 40%），而且没有任何形式的本土教育。 423

根据卡布拉尔的说法，天主教教会垄断了所谓的非文明群体的教育，99.7%未入学的非洲人被禁止进入世俗学校。他指出：大多数中小学教师都是欧洲人（佛得角群岛除外），学校里禁止使用非洲语言，中学的学生几乎都是殖民者的孩子，而只有大约 100 名非洲人（殖民地总人口是 1100 万）进入了葡萄牙的大学。

关于小学的教学问题，卡布拉尔指出，殖民地征服者被描述为圣人和英雄，非洲的地理、历史和文化要么被篡改，要么未被提及，学生们被要求学习葡萄牙的历史和地理。借用法农的论点，卡布拉尔说：“非洲儿童在开始上小学时就产生了自卑情结。他们学会了害怕白人，并为自己是非洲人而感到羞耻。”卡布拉尔进一步表示，葡萄牙人自己也在被一个反民主的独裁政权“殖民”，他们自己就不符合政府对文明人的定义。为了获得文明人的地位，安哥拉、几内亚和莫桑比克的非洲人必须提供经济稳定的证明，并且必须过“欧洲生活方式”（比大多数葡萄牙人自己拥有的生活方式还要更好）、交税、参军、能够用葡萄牙语流利地读和写。卡布拉尔认为：“如果葡萄牙人民都必须满足这些

---

[20] Amílcar Cabral, *Documentário (textos políticos e culturais)* (Lisbon: Edições Cotovia, 2008), 206.

要求的话，那么，超过50%的人都将不会拥有‘文明’或‘同化’的地位。”[21]

总 结

批判性思维和社会历史的比较方法打破了人们看待世界体系的方式，同时也带来了一系列关于殖民教育过程的不同观点。后殖民理论和比较方法使我们能够把殖民主义理解为一个关于意图、背景和环境的过程。[22] 它们也有助于超越民族国家的单位，进入到更大范围的文化殖民过程和更为广泛的帝国层面进入考察。

基于这一理论视角，或许可以指出，殖民列强把教育（官方语言、课程、教学和考试等形式）作为了出于帝国主义目的干预本土文化和社会实践的一个领域。殖民国家引入的正规教育，被视为向野蛮的原住民带来“启蒙”的行为，代表着殖民教育模式向非洲、亚洲、美洲和大洋洲的传播，并通过许多关于原住民文化的成见、神话和传说而
424 获得进一步发展。以这种思维方式嵌入的主题、内容、规范和思想体系，通过教育掩盖了一种无形的社会、政治和意识形态的支配技术。这一技术被某些亚群体（如法农所说的戴着白面具的原住民）所默许，

---

[21] Ibid.，54.

[22] Edward Said, *Orientalism* (1978), translated as *Orientalismo* (Lisbon: Cotovia, 2004); Gayatri C. Spivak, "Can the Subaltern Speak?," in *Marxism and the Interpretation of Culture*, ed. Cary Nelson and Lawrence Grossberg (Urbana: University of Illinois Press, 1988), 271-313; Homi K. Bhabha, *The Location of Culture* (London: Routledge, 1994); Arjun Appadurai, *Modernity at Large: Cultural Dimensions of Globalization* (Minneapolis: University of Minnesota Press, 1996); Paul Gilroy, *The Black Atlantic: Modernity and Double Consciousness* (London: Verso, 1993); Arif Dirlik, *Postmodernity's Histories: The Past as Legacy and Project* (Lanham, MD: Rowman & Littlefield, 2000); Michael Hardt and Antonio Negri, *Empire* (Cambridge, MA: Harvard University Press, 2001).

从而加强了殖民地的权力结构与实践。

在这种情况下，原住民因其不同的熟练程度和技能水平，被划归到殖民地教育图表中的不同类别之中。尽管在有关殖民教育的叙事和实践中蕴含着教化，但其之于原住民的恰切性却带来了一些重要的社会后果。一方面，它为受过西方教育的当地人提供了一些权力和机会，从而使他们塑造了自己的社会身份；另一方面，它又为当地知识分子提供了培育文化民族主义的种子，这将强化反对殖民统治的思想斗争和政治斗争。

推荐书目

Bets, Raymond, *Assimilation and Association in French Colonial Theory, 1890-1914* (New York: Columbia University Press, 1961).

Cabral, Amílcar. *Documentário: Textos, Políticos e Culturais*. Lisbon: Edições Cotovia, 2008.

Césaire, Aimé. *Discours Sur le Colonialisme* (1955). Translated as *Discurso sobre o colonialismo*. Porto: Editora Poveira, 1971.

Dirlik, Arif. *Postmodernity's Histories: The Past as Legacy and Project*. Lanham, MD: Rowman & Littlefield, 2000.

Droz, Bernard. *Histoire de la Décolonisation*. Paris: éditions du Seuil, 2006.

Fanon, Frantz. *Les Damnés de la Terre* (1961). Translated as *Os Condenados da Terra*. Lisbon: Ulmeiro, 1977.

Hardt, Michael, and Antonio Negri. *Empire*. Cambridge, MA: Harvard University Press, 2001.

Killingray, David. "The Black Atlantic Missionary Movement and Africa, 1780-1920." *Journal of Religion in Africa* 33, no. 1 (2003): 3-31.

Institut Colonial International. L'Enseignement aux indigènes. Documents officiels précédés de notices historiques. Brussels: Institut Colonial International, 1909.

Gandhi, Mohandas K., *Hind-Swaradj*. (Condition of India) (1909). Translated as *Leur Civilization et Notre Délivrance*. Paris: éditions Denoël, 1957.

Maddox, Gregory, and Timothy Welliver, eds. *The Colonial Epoch in Africa*. Vol. 2. New York: Garland, 1993.

Nayar, Pramod K. *Postcolonialism: A Guide for the Perplexed*. London: Continuum, 2010.

Nóvoa, António, Marc Depaepe, and Erwin V. Johanningmeier, eds. "The Colonial Experience in Education." Special issue of*Paedagogica Historica* 31, suppl. 1(1995).

UNESCO. *L'éducation dans le Monde: L'Enseigment du Premier Degré*. Paris: UNESCO, 1960.

UNESCO. *L'éducation dans le Monde: Organisation et statistiques*. Paris: UNESCO, 1955.

第6部分 教育改革与机构变迁

第 27 章　教育史上冲突的童年建构与儿童

芭芭拉·贝蒂

1832 年，露西·拉科姆的生活在其父亲去世后发生了巨大变化。 429
这个原本倍受家庭保护、能够自由玩耍、接受学校教育的小女孩，在父亲去世后却肩负起帮忙养活整个大家庭的重任。1835 年，11 岁的拉科姆搬到了马萨诸塞州的洛厄尔，由于不愿成为所谓的“麻烦、负担或开销”，她想要去找工作。不过，洛厄尔的工厂主代理人在她完成法定上学月数之前，是不会允许她进厂上工的。根据 1836 年颁布的《马萨诸塞州为受雇制造企业的青少年提供更佳教育的法案》（美国最早的童工法之一），15 岁以下的儿童每年至少需要在学校里接受 3 个月的教育。最初，比起学校来，拉科姆更喜欢工厂的工作。在学校里，她觉得“自己只是在‘假装’学习，其实我并没有”。在工厂里，她能和其他女孩一起玩，并且知道这种工作是暂时的。但当拉科姆在接下来的 3 个月回到学校学习时，情况就不同了。现在她喜欢上学，并且想要全日制学习。但令人遗憾的是她不能这么做，因为她的薪水对她的家庭很重要。拉科姆开始厌恶在工厂的工作，并在为期十年作为洛厄尔工厂女童工的期间，尝试通过写作来让自己获得些许安慰。①

---

① Lucy Larcom, *A New England Girlhood* (Boston: Houghton Mifflin, 1889), 153-154; An Act to Provide for the Better Instruction of Youth Employed in Massachusetts, in *Laws of the Common wealth of Massachusetts , January 1834-April , 1836* (Boston: Dutton and Wentworth, 1836), 13: 950-951.

作为一名受保护儿童、一名学生和一名童工，露西·拉科姆经历了若干冲突的童年建构[1]之间的相互作用，以及童工与义务教育是如何交织在一起的。在美国的殖民地和独立战争时期能够被人们接受的童工现象（上层阶级的孩子除外），到19世纪初却开始受到广泛抨击，特别是受到义务教育和公共学校的支持者们的严厉批判。尽管有关义务教育和童工的法律影响不断扩大，但在人口增长、移民增多、废奴运动和工业化迅速发展的背景下，反而出现了越来越多的童工。学生的
430 平均上学天数和年数都有所增加，尽管南方地区远远落后于北方。到19世纪末，童工数量开始下降，20世纪初下降得尤为显著，对中产阶级改革者而言，将儿童视为劳动力的做法已经变得不可接受。人们认为儿童就该上学，尽管并非人尽如此。在其1889年所写的自传中，拉科姆写道：工厂的工作“不是也不可能是一个儿童恰当的生活方式”。

人们期望儿童应是学生而非劳工，这一转变是一场巨大的关于童年社会建构的全球革命，尽管不同地区的情况并不均衡。伴随着从农业社会到工业社会的变迁，西方从童工到义务教育转变模式的传播（至今这种模式依然还在世界部分地区传播着），是前现代童年观到现代童年观转变的一部分，但却并不是所有的儿童都经历了这种转变。于是，便有了各不相同的童年。正如历史学家们所述，19世纪现代童年观（即保护儿童上学权利）的建构，始于白人城市中产阶级的儿童。然而，尽管中产阶级的儿童越来越普遍地受到保护，但工业领域的童工却在增加，而农业领域的童工也居高不下。虽然来自较低阶层的儿童接受义务教育的时间有所增加，但由于地区和种族的差异以及各地执法力度的参差不齐，受保护的童年直到20世纪50年代甚至70年代才成为美国大多数儿童的常态，这时几乎所有5—17岁的少年儿童都能

[1] 所谓童年的“建构”，指的是人们对儿童应该是什么样的、童年又应该是什么样的基本认识，这种认识在不同时期、不同地区、不同群体存在差异，也会发生变化，由此导致了“建构”的冲突。

上学了。[②]

在20世纪早期，西方的义务教育模式和对童工现象的反对，再与科学理论和测量技术相结合，为童年的建构提供了依据。行为主义者绘制了刺激-反应的关联和习惯形成过程的图式。教育心理学家制定了标准化测试，根据年龄分级来量化儿童的智力和学业成绩。发展心理学家反驳了以往基于儿童年龄的评估，他们根据发展阶段，对儿童能够做什么事情、适合做什么事情进行了规范性描述。然而，并不是所有的父母、地区和文化都采纳了西方的发展阶段理论。

20世纪的后三分之一阶段，关于童年建构出现了一种后现代主义的说法，史学家史蒂文·明茨称之为“有准备的”的童年。一些父母开始为他们的孩子做好准备，以应对市场和技术的侵蚀、成人文化的影响以及对于性虐待和绑架等明显可知的危险的恐慌。随着成人文化与儿童文化之间存在的渗透性，以及儿童作为消费者的力量日益增强，儿童似乎成熟得更快，停留在青春阶段的时间也更长。在美国，随着儿童的生活越来越不受其年龄界限的制约并始终处在不断变化之中(至少对那些2—18岁的人群来说是如此)，因此围绕童年的未来这个问题的争论愈演愈烈。[③]

对于童年建构，以及对于童年与教育关系的不同解读之间，以非

---

② Quote is from Larcom, *New England Girlhood*, 155. Peter N. Stearns, *Childhood in World History* (New York: Routledge: 2006); Steven Mintz, *Huck's Raft: A History of American Childhood* (Cambridge, MA: Harvard University Press, 2004).

③ Stephen Lassonde, "Age, Schooling, and Development," in *Routledge History of Childhood*, ed. Paula S. Fass (New York: Routledge, 2017), 211-228; Mintz, *Huck's Raft*, 343-344; Stephen Lassonde, "Ten Is the New Fourteen: Age Compression and 'Real' Childhood," in *Reinventing Childhood after World War II*, ed. Paula S. Fass and Michael Grossberg (Philadelphia: University of Pennsylvania Press, 2012), 51-67; Paula S. Fass, *The End of American Childhood: A History of Parenting from Life on the Frontier to the Managed Child* (Princeton, NJ: Princeton University Press, 2016).

常复杂的方式相互冲突。社会学家维维安娜·泽利泽认为，19世纪浪漫主义的童年理念将其视为一个宝贵的、受保护的时期，这使得当时的一些孩子在经济上“无用”，但情感上却“无价”。另一种不同的观点认为，随着义务教育的普及，孩子们从校外有用的劳动力变成了校内有用的学生，其学业是对他们成年后未来的一种投资。尽管对于受保护儿童、学生和童工的建构模糊不清、相互重叠——就像露西·拉科姆那样，儿童可以受保护，可以是学生，也可以是童工，他们可以在同一年龄段内的不同时间上学和上班——但这些不同的建构和解释就会带来很多有趣的问题。④

作为情感上无价但经济上无用的儿童，作为无报酬但有用的学生，作为经济上有用的童工，这些相互冲突的童年建构在人们对于学龄儿
431 童的预期方面（包括校内外）是如何相互竞争的？童年建构之间的张力是如何与义务教育的发展相互作用的？全球经济竞争、收入差距和考试是如何正在改变今天的童年建构和教育的？

建构童年

童年的建构是由大众文化中呈现的儿童形象所塑造的。19世纪，欧洲和美国那些贫困、缺乏保护的儿童和童工形象，推动了义务教育的发展和反对童工的运动。狄更斯的《雾都孤儿》（1837—1839）、安徒生的《卖火柴的小女孩》（1845）和哈丽特·比彻·斯托的《汤姆叔

---

④ Viviana A. Zelizer, *Pricing the Priceless Child : The Changing Social Value of Children*(New York: Basic, 1985); Jens Qvortrup, "From Useful to Useful: the Historical Continuity of Children's Constructive Participation," *Journal of Sociological Studies of Childhood* 7(1994):49-76, and "Sociology of Childhood: Conceptual Liberation of Children," in *Childhood and Children's Culture*, ed. Flemming Mouritsen and Jens Qvortrup(Odense: University Press of Southern Denmark, 2002), 43-78.

叔的小屋》（1852）引起了人们对孤儿、流浪儿童和儿童奴隶困境的关注。雅各布·里斯和路易斯·海因分别在1889年和1908年拍摄的美国贫民窟儿童和童工的生动影像，吸引了公众对城市和工作场所中的儿童所受苦难的关注。诸如露西·莫德·蒙哥马利于1908年出版的《绿山墙的安妮》之类的书籍，强化了关于被忽视的儿童如何在有爱心的成年人帮助下克服障碍进而在学校和生活中取得成功的感性认识。

除了上述大众文化中的形象描述外，儿童研究的快速发展，还产生了有关儿童是什么样的、他们的需要是什么等所谓经验知识和专业知识。从儿童福利倡导者、政府机构、儿童心理学家、儿科医生以及其他儿童专业人士那里收集到的广泛数据，产生了大量的信息，基于此形成了有关童年观的不同学术观点和专业看法。这些专业知识，借助会议辩论、期刊发表、大学授课等渠道，得以应用于儿童身上并向公众传播。但童工研究却往往聚集在工厂中的白人童工身上，而忽视了农业领域，在那里工作的童工大多数都为有色人种。

1962年菲利浦·阿利埃斯出版了开创性著作《儿童的世纪》❷，此后数年里出现的儿童研究从一开始就具有国际性，揭示了全球对童年的理解以及贫穷对儿童和教育的影响。阿利埃斯指出，前现代时期的欧洲认为儿童是小大人，他的这种观点曾受到批驳，但后来又被重新审视，它为儿童和学校教育提供了一个新的视角。儿童心理史方面的暗示性研究使人们认识到义务教育是如何规范和解放学生的，但这类研究最后失去了吸引力。关于殖民主义、后殖民主义和多元文化童年的研究，以及对跨大西洋、跨太平洋、跨国、跨文化交流和全球化的相关调研，拓宽了人们对于童年建构和教育的认识。随着所谓“其他儿童”，包括贫困、被忽视、丧失亲人、面临生存危机、被奴役和身处

❷　全称为《儿童的世纪——旧制度下的儿童和家庭生活》，该书中译本由北京大学出版社2019年出版。

困境中的儿童，以及不同肤色、种族和语言背景的儿童的生活变得愈发为人所知，童年和教育上的不平等问题逐渐凸显。育儿、体罚和儿童的物质文化成为人们关注的焦点，这在一定程度上源于妇女和家庭研究。其中，普遍存在的性别差异是一个中心议题。有关儿童身体商品化和物化的研究，以及有关童年如何被视为是在家庭、学校和社会中的一种既定表演过程的研究，有助于揭示有关儿童的权力动态和社会控制状况。⑤

432 在展示童年建构变迁历程的主要资料来源当中，明显可见年龄、宗教、社会阶层、种族、性别和教育等因素的相互交织。在美国，18世纪初殖民地时期科顿·马瑟的日记，反映出一位上流社会父亲为教育其子女、拯救他们的灵魂所做的努力，在当时，婴儿诅咒还是一种盛行的教义。儿童援助协会（1853 年成立于纽约）的记录显示，该协会主要开展对白人孤儿和城市贫困儿童的保护工作，将这些儿童送到所谓更健康的乡村生活和西部教育环境当中，使他们不致沦为童工或免受城市生活带来的伤害。19 世纪下半叶的各种幼儿园期刊反映了关于游戏价值的新观点，也反映出保护儿童使其免受灌输教育的需求。众多法律的出台，记录了有关童年的政治，以及儿童、家庭、教育和国家之间相互作用的状况。不少的个人回忆录，也为孩子们如何与自己的代理人一起共同构建自己童年提供了佐证。尽管从成人的角度撰写或记录的自传或口述史存在偏见和记忆偏差等问题，但它们却提供了第一人称的叙述。尽管如此，儿童自身的声音仍然难以被听到，特别是那些农村儿童和母语不是英语的儿童，他们的童工和教育经历往

---

⑤ Andre Turmel, *A Historical Sociology of Childhood: Developmental Thinking, Categorization, and Graphic Visualization*(New York: Cambridge University Press, 2008); Barbara Finkelstein, *Regulated Children/Liberated Children: Education in Psychohistorical Perspective*(New York: Psychohistory Press, 1979).

往与其他儿童大不相同。[⑥]

美国进步主义时代的学校改革和20世纪不同心理学流派的发展，突出了在建构作为学生的儿童方面存在的冲突。杜威在芝加哥大学实验学校开展的以儿童为中心的体验式学习，与桑代克开展的基于教科书和测试的学科中心教学，两者的对比说明了心理学家在教育阐释上存在的巨大差异。发展心理学家斯坦利·霍尔在20世纪早期"发明"的青春期概念，将关注集中在一个新认识到的生命阶段，它延长了童年，并引发了人们的一些担忧，而这些担忧影响了校内外看待和对待青少年方式。20世纪20年代，发展心理学家皮亚吉和维果斯基提出了认知和社会发展阶段的理论，并反对标准化测试。根据杜威、维果斯基和皮亚杰的理论，儿童通过独立及合作地解决问题和获得经验来构建知识。布鲁纳在20世纪60年代初将皮亚杰和维果斯基的理论引入美国，在国际化和多元文化的样本中复制了他们的研究，并与其他学者一起将之应用于课程和教学。20世纪80年代末，美国颁布了关于教师如何帮助幼儿通过游戏和"动手"来学习的"发展适宜性教育实践"

⑥ Cotton Mather, *Diary of Cotton Mather*, ed. Worthington Chauncey Ford(Boston: Massachusetts Historical Society, 1911); Stephen O'Connor, *Orphan Trains: the Story of Charles Loring Brace and the Children He Failed*(Boston: Houghton Mifflin, 2001); Barbara Beatty, *Preschool Education in America: The Culture of Young Children from the Colonial Era to the Present*(New Haven, CT: Yale University Press, 1995); Allison James, "Giving Voice to Children's Voices: Practices and Problems, Pitfalls and Potentials," *American Anthropologist* 109(2007): 261-272.

的指导方针。⑦

作为劳动力与学生的美国儿童

19 世纪，尽管对中产阶级儿童的保护和义务教育都有所发展，但童工数量却也在增长，并在 1880 年至 1900 年间达到峰值。据美国一项人口普查估计，1880 年，10—15 岁的儿童中，约有 33％的男孩和 12％的女孩在从事有偿劳动；1890 年，这个比例是男孩约为 26％、女孩为 6％，这其中还不包括比例较高的农场劳动和家政工作。在另一项估计中，童工数量在 1900 年达到峰值，有 175 万儿童有偿就业。不同人群
433 这个比例各不相同。在一些地区和行业，外国男孩和女孩的务工比例高于本地儿童。非裔美国男孩和女孩的比率最高。1910 年，只有 4％的 10—13 岁的意大利裔美国女孩报告说在工作，而黑人女孩的比例为 32％。童工，无论其肤色和种族，都来自贫困家庭，且通常由单亲母亲承担养家重任。⑧

随着童工数量的增加，反童工运动也在加强。儿童权益倡导者组

⑦ Barbara Beatty,“Psychologizing the Third R: Hall, Dewey, Thorndike and Progressive Era Ideas about the Teaching and Learning of Arithmetic,” in *When Science Encounters the Child: Education, Parenting, and Child Welfare in 20th Century America*, ed. Barbara Beatty, Julia Grant, and Emily D. Cahan (New York: Teachers College Press, 2006), 35-55; Barbara Beatty,“Transitory Connections: The Reception and Rejection of Jean Piaget's Psychology in the Nursery School Movement in the 1920s and 1930s,” *History of Education Quarterly* 49(December 2009): 442-464.

⑧ Robert Whaples,“Child Labor in the United States,” in *EH. Net Encyclopedia*, ed. Robert Whaples, October 7, 2005, https://eh.net/encyclopedia/child-labor-in-the-united-states/; Colin Heywood, *A History of Childhood* (Malden, MA: Blackwell, 2001), 140; Hugh D. Hindman, *Child Labor: An American History* (New York: Taylor and Francis, 2002), 218; Brian Gratton and Jon Roger Moen,“Immigration, Culture, and Child Labor in the United States,” *Journal of Interdisciplinary History* 34(Winter 2004): 376-378, 391.

织了全国童工委员会，并在1907年获得国会特许后成立，但相关的立法却是在各州零散推进的。直到1938年大萧条时期《公平劳动标准法》颁布后，童工现象才在国家层面被正式宣布为非法，但却不包括农场劳动和某些特定工作。虽然并非一直有效，但童工立法还是逐渐帮助提高了允许劳动力工作的年龄，减少了儿童可以工作的时间，并限制了他们可以从事的工作类型。许多改革者认为，义务教育法比童工法更好施行，因为后者往往因行业而异。有关义务教育和童工的立法力度并不均衡，因地而异，其中以美国南方的法律最为薄弱。移民比例较高、非裔美国人较少、较富裕的州则往往倾向于通过更严格的法律。随着这些法律的制定，技术、经济、文化、家庭价值观以及童年建构的变化，导致了20世纪初童工数量的迅速下降。然而，非法童工仍然存在，孩子们在上学前和放学后工作，或是从事季节性的工作，工作时间往往还很长。例如，1980年时，纽约市第130小学11岁的在校生石伟（音），在放学后都要去唐人街一家不受监管的服装厂工作，每周工作时长20小时。

历史上，许多孩子所从事的有偿劳动的方式，都使他们很难成为学生了。通过家喻户晓的刘易斯·海因的照片，以及全国童工委员会的调查，正在煤矿分拣煤块的“碎煤男孩”成了标志性人物。由于年龄证明很容易伪造——按规定16岁以上方能从事矿井下工作，14岁可以从事地面工作——照片上这些满身煤尘、筋疲力尽的男孩们只会被要求上矿业公司开办的夜校。对于在制造业和轻工业（如玻璃厂）工厂工作的男孩来说，上夜班是他们上学的障碍，因为童工上夜班时很少甚至不能睡觉，因此白天在学校时很容易疲惫。在纺织业，南方的棉纺织厂仅为童工提供低质的工厂学校，工厂主还声称在没有施行义务教育法的州，有学校总比没有好。童工们经常在中午时要离开学校数小时，去工厂为家人送午餐，然后在那里帮忙。在家里做服装计件工作的童工，因太小没有达到接受义务教育的年龄因而没有上学。他们的姐姐和哥哥在上学前和放学后都要工作很长时间，因此在课堂上他们很难集中注意力学习。报童、信使、贩卖商品的童工和其他从事街头工作的人，都几乎没有受过教育，部分原因是因为他们的工作基本上是个体性质的，没有正式的雇主来促成或向他们提供义务教育。[9]

从事食品加工和农业工作的童工受到的教育最少。移民儿童尤其不大可能成为学生，南方的非裔美国儿童也是如此。非常年幼的孩子在家庭成员身边一起工作，后者被“包工头”雇佣，承包从事季节性的工作，比如夏天在新泽西采摘蔓越莓，冬天在墨西哥湾沿岸剥虾壳、牡蛎壳。全国童工委员会的一份报告显示，儿童在蔓越莓采摘者中占
434 近 50%，超过 50%的儿童年龄不足 10 岁，有的孩子仅有 3 岁。流动的农业童工从一个州搬到另一个州，逃避了义务教育法的约束。那些来自加利福尼亚州拉丁裔移民家庭的农业童工，因为要不断从种植一种作物的农场转战种植另一种作物的农场而错过了上学机会。和奴隶制时期一样，南方的非洲裔美国儿童从事摘棉劳动，往往没机会上学，因为直到 20 世纪的前 25 年，南方农村的许多地区都没有招收黑人儿童的学校。1920 年的人口普查数据显示，黑人男孩和女孩的童工率最高，其次是墨西哥裔男孩。

海因的照片、全国童工委员会的报告和其他消息来源所突显的童工的危险境况，激起了反童工运动。1911 年 1 月，当海因在宾夕法尼亚州昌西市的李-布里克碎煤场调查时，得知有两个碎煤男孩掉进了一辆煤车，一个“被严重烧伤，另一个因窒息而死”。窒息而死的男孩叫丹尼斯·麦基，年仅 15 岁。1918 年，10 岁的埃利斯·克罗斯比在佐治

---

⑨ Adriana Lleras-Muney, “Were Compulsory Attendance and Child Labor Laws Effective? An Analysis from 1913 to 1939,” *Journal of Law and Economics* 45(October 2002): 401; Samuel G. Freedman, “Working Children in Contemporary Chinatown,” in *Childhood in America*, ed. Paula S. Fass and Mary Ann Mason(New York: New York University Press, 2000), 275. Hindman, *Child Labor*, 73-185.

亚州的一家工厂工作时，因瓶子爆炸而失明。诸如童工在磨坊受伤、在街头被碾压、在务农时失去手指之类的致伤致残情况还有很多。[10]

中产阶级改革者还对家庭逼迫儿童工作的情况进行了谴责。儿童对家庭收入的贡献很大。1917—1919年美国劳工部的一项调查显示，在有童工的家庭中，儿童的平均收入约占家庭收入的23%。随着父母年龄的增长，这种收入变得愈发重要。有些孩子选择工作是因为他们喜欢挣钱，不喜欢上学，为家庭带来收入也能为他们赢得尊重。在纽黑文、芝加哥、费城和其他地区，来自爱尔兰、意大利、波兰、俄国的移民以及其他贫困家庭的儿童，由于他们成长在依赖童工劳动、不相信学校、重视工作而非学习的家庭之中，这些孩子都没有成为学生。19世纪末，大多数城市都有了惩戒逃学的法规。尽管大部分的城市和行业都有豁免证书，并且家庭也会千方百计地帮助自己的孩子获取工作许可，但仍有一些孩子因触犯上述法规被抓到，经由少年司法系统处理后被安置到特殊学校上学。[11]

与童工现象一样，地区、种族、语言、社会阶层及许多其他因素也会影响儿童是否上学、在哪里就读以及就读学校的类型。1870年，5—19岁的非裔美国少年儿童中仅有10%能够上学，其中绝大多数人还生活在北方。在全美范围内，5—19岁的非裔美国人和其他非白人的入学率直到1970年才与白人学生持平。由于在美国南方和其他一些地区种族隔离属于合法，有色人种的教育因而受到限制。许多亚洲和亚裔

---

⑩ *NCLC Investigative Report 205*, in Hindman, *Child Labor*, 193; Grattan and and Moen, "Immigration, Culture, and Child Labor," 378; Lewis W. Hine, *NCLC Investigation Report 408*, 5-6, in Hindman, *Child Labor*, 75; James D. Schmidt, *Industrial Violence and the Legal Origins of Child Labor* (New York: Cambridge University Press, 2010), 88.

⑪ Whaples, "Child Labor in the United States"; Stephen Lassonde, *Learning to Forget: Schooling and Family Life in New Haven's Working Class, 1870-1940* (New Haven, CT: Yale University Press, 2005); Julia Grant, *The Boy Problem* (Baltimore, MD: Johns Hopkins University Press, 2014), 73.

学生、墨西哥和墨西哥裔学生都只能进入“东方”学校或“墨西哥”学校（班级）接受教育。这些学生知道，他们被隔离对待了。1945 年，在门德斯诉加利福尼亚州奥兰治县威斯敏斯特学校取消种族隔离一案中（该案最终原告胜诉），一名 14 岁的学生用完美流利的英语作证，并问“墨西哥”学校校长，为什么“美国儿童和墨西哥儿童”要被“分开”。即便在种族隔离不再合法之后，由于收入和住所的原因，有色人种学生仍会置于与白人学生分开设置的、水平低下的学校。学生们也行动起来，与他们的代理人一起来对抗教育中的偏见和不平等。1957 年，伊丽莎白·埃克福德作为首位进入小石城中心中学上学的有色人种学生，遭到一群暴徒的诘问，这一场景被人拍摄了下来。1964 年，《看》杂志刊载了诺曼·洛克威尔插图作品，图中的小女孩是 6 岁的鲁比·布里奇斯，她在 1960 年由美国法警护送进入新奥尔良的学校。受白人种族主义的影响，鲁比由一名专门的教师教学，独自学习了一年。
435 芝加哥的非裔美国中学生组织了抵制活动，抗议公共机构中的不平等现象。1968 年，洛杉矶和德克萨斯州的奇卡诺学生❸组织了“井喷”运动，其间他们退出了自己就读的低水平学校。⑫

有些儿童很喜欢上学当学生。露西·拉科姆就曾写道：当她结束工厂工作后回到学校时，“学习令人无比欢欣”，况且老师还告诉她“她已经可以升入中学了”。许多有色人种儿童表现出了强烈的学习动机。南北战争前，南方的一些奴隶儿童想方设法私下学习或进入秘密学校读书，还要因此忍受可怕的惩罚。19 世纪 20 年代中期，巴尔的摩

---

❸ “奇卡诺”是 20 世纪中期以后墨西哥裔美国人的代名词。

⑫ Thomas D. Snyder, ed., *120 Years of Education: A Statistical Portrait* (Washington, DC: National Center for Education Statistics, U. S. Department of Education, 1993), 6; *Mendez v. Westminster*, "Reporter's Transcript of Proceedings," July 6, 1945, in Mark Brilliant, *The Color of America Has Changed* (New York: Oxford University Press, 2010), 100; Rebecca de Schweinitz, *If We Could Change the World: Young People and America's Struggle for Racial Equality* (Chapel Hill: University of North Carolina Press, 2009).

的一个家庭中有位名叫弗雷德里克·道格拉斯的奴隶，他曾贿赂白人孩子来教他阅读，后来他得到了一本诺亚·韦伯斯特编的通俗拼写书，如获至宝，他“几乎随时”随身携带。在 20 世纪初，在南方的一些非裔美国学生会步行数英里到设在乡村的黑人学校上学，这些学校通常是由他们的父母花费巨资修建的。⑬

有些学生在诋毁其出身的学校就读。在 19 世纪早期的纽约，爱尔兰天主教学生就受到了负面消极成见的影响。19 世纪下半叶和 20 世纪初，旧金山的华人和华裔学生被视为可鄙的异类。第二次世界大战期间，日本学生被监禁在拘留营里接受教育。19 世纪后期和 20 世纪上半叶，在印第安寄宿学校里，学生们对剪头发和其他旨在抹去其文化身份的做法表示了抗议。俄国移民玛丽·安丁曾回忆说，19 世纪 90 年代，13 岁的她在马萨诸塞州开始上学时，被安排进了“婴儿班”，不得不以这种屈辱方式学习英语。玛丽·卢娜还记得 20 世纪 30 年代她在美国西南部上学时的情景，老师不让学生们讲西班牙语，这让玛丽觉得很“愚蠢”。⑭

那些不喜欢上学，或者被认为不喜欢上学的男孩、女孩们，经常

---

⑬ Larcom, *New England Girlhood*, 155; Frederick Douglass, *My Bondage and My Freedom* (New York: Miller, Orton & Mulligan, 1855), 221-224; Heather Andrea Williams, *Self-Taught* (Chapel Hill: University of North Carolina Press, 2005); James D. Anderson, *The Education of Blacks in the South, 1860-1935* (Chapel Hill: University of North Carolina Press, 1988).

⑭ Charles M. Wollenberg, "Yellow Peril in the Schools (I & II)," in *The Asian American Educational Experience*, eds. Don T. Nakanishi and Tina Yamano Nishida (New York: Routledge, 1995), 3-29; David Wallace Adams, *Education for Extinction: American Indians and the Boarding-School Experience, 1875-1928* (Lawrence: University Press of Kansas, 1995), 102; Mary Antin, *The Promised Land* (Boston: Houghton Mifflin, 1912), 206; Mary Luna in Vicki Ruiz, "Star Struck: Acculturation, Adolescence, and Mexican American Women, 1920-1950," *in Small Worlds*, ed. Elliott West and Paula Petrik (Lawrence: University Press of Kansas, 1992), 61-80.

遭受的对待方式让他们也很难或者几乎不可能获得成功。许多非裔美国男孩受到纪律处分时往往偏重，他们或被送入特殊班级，或被停学、开除，或被送进改造学校。那些在性方面表现活跃的女孩，尤其是有色人种女孩，被贴上了“放荡”的标签，她们要么被学校开除，要么被分到单设的班级。因为学业“困难”而被视为有特殊需要的学生也有类似的遭遇。20 世纪 20 年代，芝加哥一个名叫卡特的意大利男孩是这样描述他所在的“低能班”的：在这间教室里，“那些家伙都很狂躁”，但实际上这些人“只不过是不顺从老师并惹了很多麻烦的学生”⑮。

还有一些学生（其中男生多于女生），他们自己拒绝学生身份，选择了辍学或被开除。他们往往觉得学校生活很是无聊或无用，想要自由地与同龄人一起共度时光。19 世纪 40 年代，俄亥俄州一个名叫威廉·迪恩·豪厄尔斯的学生回忆说，他喜欢“和其他男孩一起疯跑”，为了能下午不上学，他会装病。还有一些学生辍学是因为他们受到了虐待或欺负。19 世纪 90 年代，哈波·马克思被两个二年级的爱尔兰男孩从纽约市一所小学的窗户里扔了出去，从此他就再没有回来过。他后来写道，学校“并没有教会人如何才能一天天地生存下来，而这正是穷人过活必须面对的”⑯。

学生们也会对学校文化发起挑战，并建构起自己的身份认同和青年文化。有些学生迟到，拒绝端坐，和老师顶嘴，并违反学校的其他规定。一些有色人种学生刻意扮成“叛逆”的样子；而另外一些却冒
436 着遭朋友排斥的风险，在学校里“装白人”以获取成功。20 世纪 70 年

---

⑮ “The Cat,” Autobiography, Institute for Juvenile Research Papers, box 45, file 4, Chicago History Museum, quoted in Grant, *The Boy Problem*, 93.

⑯ William Dean Howells, *A Boy's Town* (New York: Harper and Brothers, 1890), 53; Harpo Marx with Rowland Barber, *Harpo Speaks!, quoted in David Nasaw*, *Children of the City* (New York: Oxford, 1985), 26.

代出现了嘻哈音乐，学生们把这种具有挑衅性的青年文化带进了学校。自认为成功的学生是那些亚洲新生代移民或第一代移民学生，尽管并不是所有亚洲和亚裔学生都符合这种“模范少数族裔”的刻板印象。在聋人学校里，手语的使用有助于营造一种听障文化，不过这种文化几乎完全脱离主流教育。⑰

随着19世纪儿童需受保护这种观念的建构，5岁以下儿童的教育有了显著变化。在美国殖民地与合众国早期，年幼的儿童上的是主妇学校，19世纪上半期上的是幼儿学校和小学。19世纪中期和20世纪初，幼儿园和托儿所在美国出现，这预示着一种新的针对儿童的教育类型的到来，这种教育让孩子们免受学业指导，而是帮助他们在游戏中学习。在发展心理学家们的支持下，学前教育工作者与学前教育的倡导者们坚持认为，学校是为年龄较大的儿童开办的。然而，关于儿童特别是低收入家庭出身儿童的早期教育的争论仍在继续。“开端计划”就既体现了玩中学的理念，同时又把为儿童做好上学的准备设定为目标之一。⑱

国际范围内的童年建构、童工和教育

由于童工现象仍广泛存在于世界许多地区，因此将儿童建构为学生成为大多数国家的共同目标，不过这还并非一个普遍的现实。和20世纪初的美国一样，目前全球范围内童工比例在下降，学生比例在上

---

⑰ John U. Ogbu, ed., *Minority Status, Oppositional Culture, and Schooling* (New York: Routledge, 2008); Min Zhou and Carl Bankston III, *Growing Up American: How Vietnamese Children Adapt to Life in the United States* (New York: Russell Sage Foundation, 1998); Stacey J. Lee, *Unraveling the "Model Minority" Stereotype: Listening to Asian American Youth* (New York: Teachers College Press, 2009).

⑱ Beatty, *Preschool Education in America*; *Edward Zigler and Sally J. Styfco, The Hidden History of Head Start* (New York: Oxford, 2010).

升。根据国际劳工组织的数据，在全部劳动力中，10—14 岁儿童的占比从 1950 年的 5.89%下降到 1990 年的 3.02%，尽管这些数字还存在争议。虽然在过去 150 年里，全球接受教育的儿童数量大幅增加，但各区域、各国之间及其内部仍然存在着巨大的差距。据估算，截至 2010 年，非洲撒哈拉以南地区未上过学的儿童占比超过 50%，而北美和西欧这一比例仅为 2%。2000 年时，非洲撒哈拉以南地区小学学龄段的童工比例最高，而亚太地区 10—14 岁童工的比例最高。北美和西欧的童工比例最低，2001 年美国有几十万童工，大部分从事农业，不过这一估计数字有可能比实际低。而在儿童们既上学又做工的情况下，二者结合的程度也有很大的差异。[19]

欧洲各国义务教育的发展主要受教派和民族主义的影响。17 世纪中期，马丁·路德对教育的倡导为许多信仰新教的国家和地区奠定了改革基调。作为义务教育的领跑者，普鲁士在 1837 年时 5—17 岁的孩子中就有超过 80%在学校就读，到 1871 年几乎实现了入学普及。而在天主教主导的意大利，入学率就要低一些。整体而言，在政府作用超
437 越宗教教义影响的地区，义务教育就更盛行。在义务教育方面，农村地区较为落后，少数民族文化地区亦然。受童工现象影响，下层阶级儿童接受的学校教育一直较少。1805 年出生在阿维尼翁的阿格里科尔·佩迪盖尔记得，自己因为要去工作就只上过两三年学，在学校学

---

[19] International Labour Organization, *Economically Active Population: 1950-2010* (Geneva, Switzerland: ILO, 1997), vol. 5, table 4, cited in Hindman, *Child Labor*, 237; David P. Baker, *The Schooled Society: The Educational Transformation of Global Culture* (Stanford, CA: Stanford University Press, 2014); UNESCO Institute for Statistics, "Opportunities Lost," in *Global Education Digest* (Montreal: UNESCO Institute of Statistics, 2012), 10; Ranjan Ray, "Education and Child Labor: A Global Perspective," in *The World of Child Labor: An Historical and Regional Survey*, ed. Hugh D. Hindman (Armonk, NY: M. E. Sharpe: 2009), 118-126; Phil Mizen, "Child Labor in the Developed Nations Today," in *World of Child Labor*, 62-66; Stearns, *Childhood in World History*, 119.

到了一些东西，“虽然不是很好”。一个名叫奥丽莉亚·罗斯的波西米亚女孩回忆说，1880年左右，她的工作几乎让她没有时间去上学，“更没有时间去玩”。和世界其他地方一样，一些欧洲学生也在学校受到了虐待。1898年出生在汉堡的路德维希·图雷克曾描述他的老师如何用棍子打他，并辱骂他“卑鄙、懒惰、不守规矩”。尽管在欧洲童年应当受保护这一浪漫主义的童年建构，从来就反对说教式的学校教育，但大多数欧洲国家最终还是采用了标准化的国家课程和考试，学生所受的学校教育旨在提升他们的国家认同感以及帮助他们获得经济收益。[20]

在非西方国家，引入义务教育的过程也往往伴随着对童年的重新建构，但其方式却不一定是西方的。原住民、殖民地与后殖民地、民族国家建国前与建国后等方面的差异，以及文化传统和种姓等因素，都会影响到哪些人能够成为学生。殖民主义及其遗产影响深远，但却并未抹去既有的文化教育模式。在中国和日本，基督教传教士在创办学校时，也带来了西方的教育和文化，但传教士的教育也会被加以改造，并适应当地文化传统。学校教育，尤其是面向年龄较大学生的学校教育，往往采用的是殖民者的语言，但本土语言并没有消失。在西孟加拉地区，早在英国统治之前，印度教上层种姓的教育模式所建构

---

⑳ J. A. Mangan, *A Significant Social Revolution: Cross-Cultural Aspects of Compulsory Education* (London: Woburn Press, 1994); Mary Jo Maynes, *Schooling for the People: Comparative Local Studies of Schooling History in France and Germany, 1750-1850* (New York: Holmes & Meier, 1985); Alec Fyfe, "Coming to Terms with Child Labor: The Historical Role of Education," *in World of Child Labor*, 50; Harry Haue, "History of Education in Europe: Schooling and Child Labor in Europe Since the Reformation," in *World of Child Labor*, 527-531; Agricol Perdiguier, *Memoires d'un Compagnon* (1854), English translation in *The French Worker: Autobiographies from the Early Industrial Era*, ed. Mark Taugott (Berkeley: University of California Press, 1993), 120; "Aurelia Roth, Glass Grinder" and "Ludwig Turek, Child Tobacco Worker," in *The German Worker*, ed. and trans. Alfred Kelly (Berkeley: University of California Press, 1987), 390, 316, cited in Heywood, *History of Childhood*, 166-167.

的理想儿童形象就是勤奋学习的学生，这也是富裕家庭保持其种姓传统的组成部分。英国占领孟加拉后，许多富裕家庭将孩子送至殖民者开办的用英语授课的私立学校。当政府在 20 世纪宣布向所有人提供教育后，那些富裕的孟加拉家庭就更强调学生的学业。印度素以推行义务教育不力而著称，因而许多下层阶级和低级种姓的儿童仍然是童工，和世界其他地方的孩子一样，他们的入学率会受到学费、校服及其他用品开支的限制。[21]

在很多国家和地区，女孩接受的教育远少于男孩。有些女孩在很小时就出嫁了，或是被送去打工来支持其兄弟们上学。日本在致力现代化的人士引入西方大众教育之前，男孩的识字率就很高，而明治时期入学率飙升，到 1905 年有将近 98%的男孩上学就读。然而，日本的文化传统影响仍然存在，尽管小学几近普及，但许多贫穷女孩还是在丝绸和其他行业做童工。1999 年时，菲律宾的男孩比女孩更有可能出现在劳动力市场上，入学率不高，但女孩里更多的人成了家佣而非学生，这种模式在菲律宾很常见。性童工和人口贩卖现象也使得很多女孩无法上学。在工业革命时期的俄国，工业劳动力市场上的女孩比例低于男孩，但当 1884 年一项限制童工、推行强制教育的法令颁布后，反倒是很多女孩被卖到圣彼得堡当妓女。在泰国曼谷，性产业里的从业女孩通常不上学。宗教强化了性别对女孩受教育机会的影响，这种情况在农村地区往往更为极端。在一些伊斯兰国家和有穆斯林人口的地方，开办了向男孩传授古兰经的学校。在巴基斯坦，获得 2014 年诺贝尔和平奖的马拉拉·优素福扎伊在前往斯瓦特上学的路上差点被塔

---

[21] Hia Sen,'"Being Good at Studies':The Bhadarok Culture and the Ethos of Education in Bengal," in Hia Sen,"*Time-out" in the Land of Apu :Childhoods ,Bildungsmoratorium ,and the Middle Classes of Urban West Bengal*(Wiesbaden:Springer,2014),107,121;Hugh Cunningham,"The Decline of Child Labour:Labour Markets and Family Economies in Europe and North America since 1830,"*Economic History Review* 53,no. 3(2000):416.

利班武装分子杀害。[22]

种族化的贫困现象会限制孩子成为学生，而政治革命往往会推进学校教育，减少童工数量。在巴西，1821年出台了一部免费公共教育法，但童工的数量仍然很高，贫困儿童的入学率依旧很低。1878年，在圣保罗部分地区，只有5%—7%的学龄儿童上学，而那些肤色较深做佣人的儿童以及被称为“佃户”的劳动者上学的概率最低。新政权往往会推动义务教育，以培养具有新的政治价值观、忠诚的一代公民。俄国革命后，禁止14岁以下童工，中小学的入学率迅速上升。在墨西哥，1929年革命制度党成立后，尽管童工数量仍然不少，但初等教育的入学率特别是城市地区的初等教育入学率却有所增加。在古巴，1959年菲德尔·卡斯特罗上台后，该国创造了几近普及的小学义务教育入学率。然而在某些其他国家，政治冲突却致使男女儿童无法上学成为学生。在塞拉利昂以及刚果民主共和国的内战中，应征入伍的男女儿童和志愿兵都不能上学。在中东很多不稳定的国家和地区，如伊拉克和叙利亚，因为教派冲突、政治暴力，很多家庭沦为难民，许多 438

[22] Richard Grabowski,“Japan,” in *World of Child Labor*, 877-880;Chris Sakellariou,“Education and Child Labor in the Philippines,” in *World of Child Labor*, 213-215; Yuko Kitada,“Child Domestic Work in the Philippines,” in *World of Child Labor*, 923-925; Boris B. Gorshkov,“History of Child Labor in Imperial Russia,” in *World of Child Labor*, 663; Anna Yakovleva,“Children in Sex Trades in Russia,” in *World of Child Labor*, 672; Malala Yousafzai, *I Am Malala: The Girl Who Stood Up for Education and Was Shot by the Taliban* (New York: Little, Brown, 2013).

学生也被迫辍学。㉓

在亚洲，尽管经历了政治革命和经济变革，但将儿童作为学生来建构的古代儒家传统一直都延续着。1912 年，曾在檀香山上过学的孙中山就任中华民国临时大总统后，开启了后帝制时代西方影响下的现代化进程，但并未抹除儒家的教育传统。1949 年中国共产党建立新政权后，曾对儒家思想有所争议。20 世纪 50 年代后，中国人接受中小学教育的普及率大大增加（20 世纪六七十年代“文化大革命”期间除外）。在现代中国义务教育领域，强调考试和学业成绩的儒家教育价值观仍很明显，但同时也呈现出巨大的城乡差异。21 世纪，儒家式家长的教育投资，尤其是较富有的父母对子女的教育投资有所增加。在韩国，从 20 世纪 50 年代起国家开始加大对义务教育的投资，由此减少了社会阶层的差异。1997 年经济危机后，贫富差距再次拉大，上层阶级家庭能够把孩子送到资源更好的私立学校，或是去上昂贵的补习班来备考，而这在以前是被禁止的。在韩国和日本的上层阶级家庭，被珍视的、受保护的儿童也被逼迫成为高分学生，而世界上许多地方的高

㉓ Elizabeth Anne Kuznesof,"The Puzzling Contradictions of Child Labor, Unemployment, and Education in Brazil," *Journal of Family History* 23(1998): 225-239; Marcos T. Aguila and Mariano B. Torres, "Mexico," in *World of Child Labor*, 411-415; Denise F. Blum, *Cuban Youth and Revolutionary Values: Educating the New Socialist Citizen*(Austin: University of Texas Press, 2011); David M. Rosen, *Armies of the Young: Child Soldiers in War and Terrorism*(New Brunswick, NJ: Rutgers University Press, 2005); James Marten, "Children and War," in *The Routledge History of Childhood in the Western World*, ed. Paula S. Fass(New York: Routledge, 2013), 142-157; Stearns, *Childhood in World History*, 110-119.

收入家庭都是这样来建构童年的。[24]

全球竞争、收入差距和童年的重构

随着全球经济竞争加剧和收入差距不断扩大，美国很可能正在以某种方式对童年进行重新建构，至少对部分儿童而言是这样。这种版本的童年观在很多国家已存在多年，它表现为，来自富裕家庭的儿童在家庭中被视为情感上无价、经济上无用的孩子，在学校则被视为经济上有用的学生。随着收入差距的增加，童年的差距也在扩大。在美 439 国，21 世纪 10 年代的收入差距达到自 20 世纪 20 年代以来的最高水平。富有的父母通过花更多的钱来提高学生的学业成绩，很多人都是这么做的；而收入处于最低水平的父母在教育上的支出则少得可怜。1983—2007 年，美国收入前 10% 的家庭，在儿童身上的支出增长了 75%，其中大部分用于教育及相关活动；收入后 10% 的父母对孩子的支出则下降了 22%。美国的儿童贫困率一直徘徊在 20% 左右，各州、地区、种族和族群之间的差异很大。非裔、印第安人和阿拉斯加原住民以及拉丁裔儿童的贫困率，是亚裔和白人儿童的 2—3 倍，这对教育

---

[24] Meiyao Wu, "Education and Social Selection in Ancient China: Semantics, Conceptual Transformation and Social Change," *Paedagogica Historica* 51 (May 2015): 247-263; Soo-yong Byun and Kyung-keun Kim, "Educational Inequality in South Korea: The Widening Gap in Student Achievement," in *Globalization, Changing Demographics, and Educational Challenges in East Asia*, ed. Emily Hannum, Hyunjoon Park, and Yuko Goto Butler (Bingley, UK: Emerald, 2010), 155-182.

机会的平等产生了负面影响。[25]

家长对经济竞争和不稳定的担忧加剧了在童年与教育建构中的张力。2015 年，位于加利福尼亚帕洛阿尔托的硅谷，这个激烈的全球经济竞争中心，家境殷实的父母经常在两个选择之间左右为难，他们一方面希望自己的孩子享有情感无价、备受保护的童年，另一方面又希望孩子学业优异。想要进入精英院校和大学的愿望可能会给孩子们带来错综复杂的信息。在帕洛阿尔托中学的家长们说，他们只关心孩子们是否“快乐”，但随后就会询问孩子们的数学考试成绩。学生们说，如果自己只得了 B，就会“实在不好意思”告诉朋友。收入差距和对学生成绩的追求也加剧了种族隔离，因为收入高的家长会搬到拥有高水平学校系统的学区。一些较为富裕的家长干脆让自己的孩子离开公立学校，从而导致更多来自低收入家庭的学生以及有色人种学生难以接触到这些条件优越的同龄人。[26]

美国政府为应对全球经济竞争而出台的政策，更加剧了童年建构上的冲突。在美国，标准化与绩效责任运动始于 1983 年发布的《国家处于危机之中》报告。随后，2001 年颁布的《不让一个孩子掉队法》、2009 年颁布的共同核心国家标准，以及美国学生在国际考试中相对位置数据的发布，强化了孩子们作为学生的人生经历。美国学生正在接受越来越多的考试，并在为准备校内外考试上所花费的时间也越来越多。考试成绩会影响学生何时毕业、能否毕业，进而影响其获得经济

---

[25] Drew DeSilver, “U. S. Income Inequality, on Rise for Decades, Is Now Highest since 1928,” Pew Research Center, December, 2013 http://www.pewresearch.org/fact-tank/2013/12/05/u-s-incomeinequality-on-rise-for-decades-is-now-highest-since-1928/; Robert D. Putnam, *Our Kids: The American Dream in Crisis* (New York: Simon & Schuster, 2015), 125; Annie E. Casey Foundation, *2017 Kids Count DataBook*, http://www.aecf.org/resources/2017-kids-count-data-book/? gclid=EAIaIQobChMIjITtyq6C2QIV1bXACh0PAANpEAAYASABEgLvxfD_BwE.

[26] Matt Richtel, “Push, Don't Crush, the Students,” *New York Times*, April 26, 2015.

成功的前景。从提高所有学生义务教育水平、缩小成绩差距的角度，一些人认为考试是无效甚至是有害的。部分美国家长急于保护他们的孩子免受自己所认为的过度测试的伤害，选择不让自己的孩子参加州规定的评估。部分学生自己也选择了退出评估。

冲突的童年建构已经影响到了更年幼的孩子。在世界各地的游戏倡导者和发展心理学家支持下，美国的父母以及保护与延长童年的支持者们，一同对政府迫使儿童过早成为学生的政策进行了抨击。研究表明，幼儿园已经变得像小学一年级一样，有很多识字和算术的教学，而游戏时间却减少了，这一研究结果使得那些“发展适宜性教育实践”支持者更加活跃起来，他们试图努力保护幼儿免受学业压力的影响。与此同时，许多父母（通常就是那些担心过早强调学业的父母）担心他们的孩子是否做好了上幼儿园和一年级的准备。为年幼孩子传授学习技能的新课程、新技术和新玩具已流传开来。受到影响的也包括来自社会底层的孩子，他们的词汇量在开始上学之前往往落后于其他儿童。支持普及学前教育观点的种种理由，恰恰就反映出在保护年幼儿 440
童与把儿童视为学生之间所存在的张力。[27]

对考试分数和年龄分级标准的强调表明，尽管存在阻力，但美国和其他一些西方国家，对发展阶段的接受度可能正在减弱。但发展不是线性的、不应该根据年龄来催促孩子成长或对他们加以评判，以及放缓发展进度或许对孩子更有益等观念，却与标准化的评估政策并不一致。在法律规定的年龄分级标准以及测试中，人们认为无论学生发展水平如何，他们都应达到年级水平，如果他们没能按计划达到相应水平，就会被视为落后学生。在公立学校，家长们会被告知他们的孩

---

[27] Daphna Bassok, Scott Latham, Anna Rorem, “Is Kindergarten the New First Grade?” *AERA Open* 1(January-March 2016): 1-31; Betty Hart and Todd R. Risley, *Meaningful Differences in the Everyday Experience of Young American Children* (Baltimore, MD: P. H. Brookes, 1995).

子是否符合所在年级的水平。分数被公布到网上，并且分数也成为许多人评价学校与师资以及家长择校的部分因素。单纯为了提高学生成绩的分年级学业测试分数，强化了所有儿童作为学生的身份构建，他们的学业如何会影响国家经济的繁荣和他们自己成年后的生活。

随着全球经济竞争的加剧、收入差距的拉大、考试影响力的增大、人们对发展阶段关注度的减退以及出生率的下降，一些家庭开始越来越强烈地逼迫他们的孩子尽快成才。纽约富裕家庭儿童的童年，在许多方面都越来越更像首尔富裕家庭的儿童，而不是本市底层阶级的儿童。由于需要他们关注的孩子数量越来越少，美国富裕家庭的父母就像其他一些国家高收入家庭那样，似乎正在用一种新的方式重新建构子女的童年，即一个被呵护备至但又充满压力的童年。孩子们在情感上是无价的，在经济上是无用的，但作为学生他们在学业上又是有用的，这种多重属性使得他们在家里要努力在情感上亲近家人，而在学校又刻苦学习。高收入阶层的家长担心孩子的安全、大学录取情况以及孩子们在未来世界里的激烈竞争，他们密切监督着自己的孩子，即那些经济上无用的儿童和在学校里有用的学生，为他们安排时间，并为他们丰富的学业活动买单。低收入家庭的父母同样希望自己在情感上无价的孩子能够成为有用的学生，也会给他们施加压力，但他们却没有足够的资源来庇护孩子，并为他们在教育上提升提供更多的支持。

作为童年的共同建构者，孩子们不堪重负，有关他们压力倍增、罹患焦虑症的报告呈上升趋势。对那些希望学业优异的学生来说，学校竞争愈发激烈，家庭作业的时间也越来越长；对那些不喜欢上学的学生来说，上学的压力也不断增加，这使得他们顺利毕业、找到并保持一份好工作的愿望变得更难实现。在一些仍普遍存在童工现象、收入差距巨大的地方，贫困家庭很难把孩子的童年构建为受保护的儿童和学业有用的学生，虽然在经济上有用的童工们在家庭里情感上也是无价的，但这些家庭的父母却还是不得不强迫自己的孩子去打工。

作为受保护的孩子和有用的学生（孩子们在这两种角色上都有压力），以及作为不受保护的童工，儿童们的地位和人生体验有着巨大的差异。19世纪，越来越多的中产阶级乐于看到受保护的儿童去上学，但同时也有越来越多的贫困家庭和工人家庭的孩子成为童工。童年，在其影响儿童教育的方式上，似乎出现了分歧。历史学家们应该注意到他们自己的童年价值观，人们应该认识到，不同儿童群体在不同的背景下，童年的建构是如何随时间推移而演变的。捕捉和聆听诸如露西·拉科姆以及世界各地儿童们更多的声音，或许会有助于我们更好地认识到在历史上儿童和教育是如何被冲突的童年建构（或重构）所影响的。

推荐书目

Ashby, LeRoy. *Endangered Children: Dependency, Neglect, and Abuse in American History*. New York: Twayne, 1997.

Bremner, Robert H. *Children and Youth in America: A Documentary History*. 2 vols. (1970). Repr. Cambridge, MA: Harvard University Press, 1974.

Clement, Priscilla Ferguson. *Growing Pains: Children in the Industrial Age, 1850-1890*. New York: Twayne, 1997.

Cunningham, Hugh. *Children and Childhood in Western Society since 1500*. 3rd edition. New York: Routledge, 2014.

Fass, Paula S. *Children of a New World: Society, Culture, and Globalization*. New York: New York University Press, 2007.

Fass, Paula S., ed. *Encyclopedia of Childhood in History and Society*. Farmington Hills, MI: Macmillan, 2003.

Fass, Paula S., ed. *The Routledge History of Childhood in the Western World*. New York: Routledge, 2013.

Gutman, Marta, and Ning de Connick-Smith. *Designing Modern Childhoods: History, Space, and the Material Culture of Children*. New Brunswick, NJ: Rutgers University Press, 2008.

Heywood, Colin. *A History of Childhood: Children and Childhood in the West from Medieval to Modern Times*. Cambridge, UK: Polity, 2009.

James, Allison, and Adrian L. James, eds. *European Childhoods: Cultures, Politics, and Childhoods in Europe*. New York: Palgrave Macmillan, 2008.

Lareau, Annette. *Unequal Childhoods: Class, Race, and Family Life*. Berkeley: University of California Press, 2003.

Macleod, David I. *The Age of the Child: Children in America, 1890-1920*. New York: Twayne, 1998.

Mintz, Steven. *Huck's Raft: A History of American Childhood*. Cambridge, MA: Harvard University Press, 2004.

Morrison, Heidi, ed. *The Global History of Childhood Reader*. New York: Routledge, 2012.

Stearns, Peter N. *Childhood in World History*. New York: Routledge, 2006.

第 28 章　宗教与教育史

詹姆斯·W. 弗雷泽　黛安娜·L. 穆尔

1927 年，9 岁的罗利赫拉赫拉·曼德拉开始在南非克拉基伯里的 445
一所卫理公会的教会学校上学，在那里一位老师给他起了“教名”——纳尔逊。小学毕业后，曼德拉就读于希尔德敦的一所卫理公会寄宿学校，毕业后进入黑尔堡教会学院，加入了学院的学生团体。在 20 世纪二三十年代，对于一位南非黑人来说，即使是来自像曼德拉出身的王室家庭，除了教会学校外，他几乎没有其他正规学校教育可以选择。20 世纪 20 年代，南非教会学校招收的非洲黑人共有 21.5 万，而政府开办的学校却仅招收了 7000 名黑人。在南非，事实上在世界很多被欧洲基督教殖民列强宣示过主权的地方，教会学校都是可供原住民就读的唯一学校。

教会学校并未将宗教和教育区隔开。教会学校的教师根据其特定的基督教传统，采用殖民国家的语言——英语、西班牙语、法语、德语或荷兰语——来传授新教或天主教，同时也教授文学、艺术、科学、数学和体育等。大多数教会学校的教师对于自己在与所接触的原住民相处时扮演的角色有着明显的矛盾感；而他们的学生，比如曼德拉，对于他们的感情则更为矛盾。不过，正是这些学校为非洲和拉丁美洲大部分地区的未来领导阶层提供了教育。

奥卢费米·塔伊沃是一位研究殖民主义破坏性影响的非裔学者，他曾对教会学校师资队伍中的内在张力进行过描写。一方面，教师是殖民制度的组成部分，是维护欧洲在政治、经济和文化上对非洲、拉丁美洲的土地和人民的统治所做的制度化努力的一部分。另一方面，塔伊沃又坚持认为："作为传教士他们有一种观点，认为黑人是可以成为现代人的。并且大多数的教会都不会站出来说有些人不属于人类。所以你或许会有一种高高在上的态度，但如果你认为非洲人不能从教育中受益的话，那你为什么要建学校呢?"而那样一种态度几乎总是会导致传教士教师与殖民当局之间关系紧张。[①]

446 许多学生很容易发现这种高高在上的态度。曼德拉曾自述过他在黑尔堡教会学院的经历，特别是他和学校负责人、苏格兰传道士亚历山大·克尔的冲突，他写道："我觉得，与其说克尔博士是一位施主，不如说他是一个并不怎么善良的独裁者。"不过，在回顾漫长而杰出的职业生涯时，曼德拉仍很是珍视自己所受过的教育，不仅包括他获得的学术知识，还有与不同部落和种族学生平等相处的机会。他认为，"对于像我这样年轻的南非黑人来说，这所学院是牛津与剑桥加上哈佛与耶鲁的合体"。不过曼德拉就读的学院更像是 20 世纪 20 年代的牛津、剑桥，而非当时的耶鲁、哈佛，这所学校是明显的宗教学校。宗教，包括宗教仪式，是所有教学内容中的关键元素。从这点来看，曼德拉接受学校教育的经历更像是历史上大多数时期大多数人的教育经历，而并非现代教育经历。

纵观大部分有记载的历史，大多数地方的大多数人都认为宗教和国家是结合而非分离的。在建有学校的地方，学校一直是这种结合最重要的象征。许多这种历史的见证者们都肯定地认为，从大学到小学，所有学校即便由政府开办，也必须是宗教性质的。

1648 年的《威斯特伐利亚和约》结束了"三十年战争"以及由此

---

① Olufemi Taiwo, *How Colonialism Preempted Modernity in Africa* (Bloomington: Indiana University Press, 2010).

导致的欧洲新教与天主教之间的尖锐对立。和约明确规定，任何国家都不得干涉另一个国家领导人对本国宗教的安排。这意味着，英格兰、荷兰以及许多讲德语的小国会有信奉新教的政府和学校，而法国、西班牙以及意大利半岛上的各国则会有信奉天主教的政府和学校。彼此之间不会再因为任何宗教方面的传统而发生争执，其中就包括所有的学校课程。在欧洲或当时的欧洲殖民地，不宣传宗教信仰的政府和不教授宗教内容的学校都是无法想象的。

除了基督教主导的欧洲，其他许多地方也适用于这一普遍原则。奥斯曼帝国的穆斯林为男孩和女孩建立了小学，为男孩建立了中学，学校与清真寺的建筑群相连，课程的重点是宗教训练、科学和数学。基督徒和犹太人在他们的教育体系中享有相对的主权，以此作为他们效忠帝国的交换条件。19 世纪，奥斯曼帝国领导人颁布了《1869 年教育法》，试图遏制日益恶化的民族分裂主义，该法案引入了一种中央集权式的义务教育制度，在推广伊斯兰教的同时，有选择地吸纳了一些世俗元素。②

18 世纪，在美国宪法刚出台不久，经詹姆斯·麦迪逊提议，国会就通过了一项修正案（即后来的宪法第一修正案），规定“国会不得立法确立国教或禁止信教自由”，这意味着他们正在一个新的方向上来建设国民政府。在 1791 年的世界各国中，这种情况很是罕见。在一定程度上，这是为了保护受公理会影响的康涅狄格州和马萨诸塞州，或信奉英国国教的马里兰州和南卡罗莱纳州等地的宗教机构，但又不仅限于此。任何政府都应提倡宗教的观点，对于麦迪逊这样的人而言是令人生厌的。他们主张政府，包括公办学校，都应该是公共性的；同时坚持认为，宗教是私人性的。麦迪逊曾成功说服弗吉尼亚州的立法机

② See Benjamin Fortna, *Imperial Classroom: Islam, the State, and Education in the Late Ottoman Empire*(Oxford: Oxford University Press, 2002).

447 构，停止为教会提供州一级的税收资助。到1830年，这个新生国度的每个州都照此办理。就美国和其他许多国家来说，在教会和国家之间，或是教育领域中公立私立之间，要找到一条分界线从来都不是一件容易的事。③

从使用口述传统和宗教仪式来传递文化价值的原住民习俗，到进行宗教教育和职业教育的正规学校教育，再到精英教育的发展以及早期的普及教育，直至今天在有关教育的正式和非正式决策中，宗教始终是一股重要的影响力量。宗教影响植根于人类文化，并不能被孤立到虚构的“私人”领域，而与充斥着社会、政治、经济或教育话语的“公共”领域相隔离。在推动对于传统的神学阐释及其附带价值观方面，宗教的作用或是明确或是隐晦，但它始终塑造着文化规范结构和道德规范（甚至在“世俗”社会中亦是如此）。此外，宗教以多元、动态的方式发挥作用，其含义往往在信奉不同宗教的社群内部和社群之间存在争议，在不信奉宗教的社群中也是如此。这种复杂性在宗教和教育的交叉领域尤其明显，因为教育也是一个颇受争议的领域，人们对于希望在特定社群或全社会重现何种身份认同和价值观上会有不同观点，并为此展开辩论。因此，在探究历史上不同团体如何就彼此相互竞争的世界观进行协商，以及社会力量如何以显性和隐性的方式发挥作用时，宗教与教育这一主题为之提供了一个丰富的研究框架。

人们普遍持有的许多关于宗教整体及具体宗教传统的假设，都反映出一些根本性的误解。研究宗教的学者清楚地认识到了这些假设，并阐明了一些有关宗教及宗教研究的基本事实，这些事实为相关研究

---

③ Leonard W. Levy, *Origins of the Bill of Rights*(New Haven, CT: Yale University Press, 1999), 79-102; Richard Labunski, *James Madison and the Struggle for the Bill of Rights*(New York: Oxford University Press, 2006); Akhil Reed Amar, *The Bill of Rights* (New Haven, CT: Yale University Press, 1998), 32-45.

奠定了有益的基础。④

首先也是最为重要的是，学者们强调了特定宗教信仰的“虔诚或忏悔表达”，与假定不同宗教信仰均具有合法性的无教派性“宗教学习”之间所存在的差异。这种区分在教育领域对于辨别如下现象非常重要：推广某种对于特定宗教传统的忏悔或虔诚认识的情况（如穆斯林宗教学校、福音派学校和罗马天主教派学校）；支持对社会上不同信仰的民众开展教派指导的学校（如许多欧洲国家和原殖民地区的宗教教育）；法律禁止教派指导的情况下，推广无教派性宗教学习的学校（如美国和法国）；以及在不同班级混合开展教派性学习与无教派性学习的学校。

另外三个重要的宗教论断，源于对宗教信仰表达和无教派性宗教学习之间区别的认识。第一个论断是，宗教在内部是多样化的。这一点之所以需要解释，是因为人们普遍地将宗教传统与习俗描述成统一的。除了不同教派或不同表达方式所代表的传统内存在明显的形式差异外（如基督教中的罗马天主教、东正教和新教；印度教中的毗湿奴教、湿婆教和性力派），同一教派或同一表达方式在不同的社会和政治背景下也存在差异。在教育领域，教派内外部差异常常会导致人们在关于学校应代表何种价值观的问题上发生冲突。

宗教研究者共同持有的第二个核心论断是，作为影响信徒所处的社会和政治环境并反过来又受其影响的活生生的传统，宗教会不断演进和变化。这一点之所以也需要加以阐明，是因为人们常常在抛开社 448
会或历史背景的情况下，仅仅（或主要）以仪式表达和（或）抽象信仰来作为宗教传统。宗教存在于时间与空间之中，并不断地被信徒和非信徒进行解读和再解读。

---

④ See *The American Academy of Religion Guidelines for Teaching about Religion in K-12 Public Schools in the United States*(Atlanta,GA:AAR,2010).

第三个论断是，宗教影响已融入人类经验的各个方面。宗教是思想、实践、价值观和故事的集合，而这一切都植根于人类文化之中并与之不可分割。正如理解宗教不能脱离其文化（包括政治）背景一样，理解文化也不能不考虑其宗教背景。

当人们针对某个特定的社会或历史经验提出“宗教问题”时，几乎总能发现宗教的影响，无论是显性的还是隐性的。世界许多地区因殖民地的经历而发生了根本性的变化，直到今天它们都还在努力就其社会性质、教育机构以及宗教在教育这一政府管辖的公共领域中的作用，探索出一条独立的路线，尽管其取得成功的程度不尽相同。

拉丁美洲：阿根廷和哥斯达黎加

拉丁美洲的学校往往是不同精英群体争夺宗教在教育领域地位的主要场所，他们对宗教在教育中的地位有着截然不同的看法。在拉美地区的许多地方，与罗马天主教会保守派有着密切联系的旧式精英坚持认为，祈祷和其他宗教活动以及宗教学习是公立学校课程的一个必要组成部分。这通常是为了巩固其占主导地位的现状的一种方式。他们的反对者往往由具有强烈反教权倾向的自由派精英领导，自由派不仅试图将天主教会的政治权力边缘化，还试图弱化宗教对公共生活的影响。对于后者来说，宗教活动和宗教教育都属于教会，而不属于公立学校。例如，在阿根廷，过去几十年间不同执政联盟的轮番上台、下野，就意味着宗教在学校里出现、消失或重现是相对可以预测的。2012 年，阿根廷法院发现，当时在学校开展的宗教教学形式违反了国家宪法。他们认为，这种教学形式基本上采用的完全是以天主教为基础的课程。从那时起，联邦教育部就要求开设一门更为通用的“道德与公民养成”课程，以人权、多元价值和中学公民教育为主要内容。[⑤]

在拉美这个饱受动荡蹂躏的地区，常常被视为稳定民主生活堡垒的哥斯达黎加，有着自己独特的方法来处理公立学校中的宗教地位问题。如今，哥斯达黎加的学校在开学日向国旗敬礼，随后往往是祈祷。只要能找到合格的教师，学校就会开设宗教课程（尽管也有找不到合格教师而不能开课的情况）。尽管在哥斯达黎加的学校里对待宗教存在信仰与学术两种方式是常态，但这样的安排也并不总是如此。1850—1890 年，随着咖啡成为国家主要产业，销售总额占到全国出口收入的近 90%，作为现代国家的哥斯达黎加逐渐形成。受法国自由主义理念 449
和向法国出售咖啡的影响，自由派的“咖啡精英”建立了一个强大的中央政府来处理有关出口业务的法律规范问题，并在 19 世纪 80 年代建立了一个旨在“教化”穷人的公共教育体系。依据法国的模式，该教育系统是完全世俗化和反教权的。然而到了 1942 年，该国的学校却发生了一次彻底变革。

1940 年，拉斐尔·安赫尔·卡尔德隆·瓜迪亚当选为哥斯达黎加总统，任期四年。卡尔德隆本人是一位虔诚的天主教徒，深受天主教会社会教义的影响，上任后便开启了雄心勃勃的社会改革，创办了哥斯达黎加大学，建立起社会保障体系，并赋予了参加工会的工人新的权利。当哥斯达黎加加入美国和苏联对纳粹德国的战争时，该国以德国为主的对欧咖啡出口贸易突然中断，出口收入锐减，加之国内通货

---

⑤　Alejandro Frigerio, “Outside the Nation, Outside the Diaspora: Accommodating Race and Religion in Argentina,” *Sociology of Religion* 63, no. 3(2002): 291-315; Silvinia Gvirtz, “Education in Argentina: Past, Present and Future Tendencies,” Center for International Economics, April 26, 2003; Sandra Chaher, “Educacion Religiosa: Una Sentencia Sin Fundamentos,” *Comunicar Igualdad*, July 22, 2013, http://www.comunicarigualdad.com.ar/una-sentencia-sin-fundamentos/; Ministerio de Educacion, “Núcleos de Aprendizajes Prioritarios: Formación ética y Ciudadana,” October 2011, http://www.educ.ar/repositorio/Download/file?file_id=8ed418f4-aa35-4d47-8f40-fba2493a743.

膨胀（尤其是政府的社会计划使其雪上加霜）的影响，由此催生出一个新的强大的反对派。为了保住政权，作为旧自由派精英一员的卡尔德隆本人与国内两个势力最大的工人阶级组织——天主教会和共产党进行了接触。1943年，哥斯达黎加共产党领袖曼努埃尔·莫拉和圣何塞天主教大主教维克多·曼努埃尔·萨纳布里亚与卡尔德隆达成了协议，同意支持政府。作为协议的一部分，政府要在公立学校中引入宗教教育和宗教仪式，以迎合天主教会。哥斯达黎加可能是唯一一个必须得到共产党支持才能将宗教祈祷和宗教教育纳入公立学校的国家。尽管这项事关国家政府的三方协议在20世纪50年代冷战期间分崩离析，但其在20世纪40年代所确立的宗教在学校中的新地位在70年后依然存在。⑥

非洲：尼日利亚和加纳

从英国殖民统治正式到来之前一直延续至今，宗教教育始终是尼日利亚教育中一个重要且常常引起争议的话题。从16世纪起，直至19世纪，横跨大西洋的奴隶贸易打乱了整个地区（包括现代尼日利亚在内）本土的社会体系与政治体系。该国南部沿海地区通过奴隶贸易等形式与欧洲的来往最为频繁，至1807年英国宣布奴隶贸易非法时，南部沿海地区已经成为与欧洲贸易往来十分密切的主要商业中心。19世纪初，英国承担了推行新颁布的奴隶贸易禁令的角色，并推动棉花和

---

⑥ Steven Palmer and Ivan Molina, *The Costa Rican Reader: History, Culture, Politics* (Durham, NC: Duke University Press, 1904): "Coffee Nation," 55-56, "Popular Culture and Social Policy," 99-100, "Democratic Enigma," 139-142, Rafael Angel Calderon Guardia, "A Governor and a Man Faces the Social Problem," 135-138, Ivan Molina, "The Polarization of Politics," 162-169; Ivan Molina and Steven Palmer, *The History of Costa Rica* (San Jose: University of Costa Rica, 2004), 85-118.

棕榈油等合法的商品贸易，从而加强了自身在尼日利亚南部地区的政治和经济影响力。

此外，英国还将南部地区向基督教传教士开放。这些传教士在19世纪早期开始建立学校，推广基督教以及商业贸易所需的西方语言和算术读写能力。在该地区的北部，社会高度分层和组织高度有序的索科托哈里发国❶到19世纪30年代日臻完备，同时还构建起成熟的伊斯兰教育体系，促进了伊斯兰文化的发展，同时也推动了某些欧洲语言及科学的传播。[7] 到1900年，英国已将整个现代尼日利亚作为自己的 450 "保护国"，这时该国南部地区已经建立起几所不同教派的基督教教会学校，由此导致许多人皈依了基督教。北部的穆斯林埃米尔寻求英国的支持，以约束传教士在穆斯林地区的传教活动，这就限制了基督教对该地区影响的扩大。

索科托哈里发时期建立的优质的伊斯兰教育一直延续到1906年，同年，阿贾米文（以阿拉伯字母拼写包括豪萨语在内的非洲语言的方式）正式被禁，取而代之的是罗马文字（称为博科文）。同时宣布英语为国家语言，用罗马字母书写的豪萨语被定为通用语言。由这种变化导致的结果是，数以万计用阿贾米文书写、讲豪萨语的伊斯兰学校的学生、毕业生和教师都被视为了文盲，这严重限制了他们在商业领域和殖民体系中获得重要职位的机会。

即便在1960年尼日利亚取得了独立斗争的胜利后，上述历史遗留问题仍然对其当代教育带来了挑战。官办学校被指定为非宗教学校，但学校也提供基督教或伊斯兰教的宗教知识，供有相应宗教信仰的学生选择。如果既有基督教学生也有伊斯兰教学生，学校就应该同时提

---

❶ 19世纪西非地区的一个伊斯兰国家，位于现尼日利亚北部。

⑦ See M. Last, "1903 Revisited" (2005), in *Northern Nigeria: A Century of Transformation, 1903-2003*, ed. A. M. Yakubu, I. M. Jumare, A. G. Saeed, eds. (Kaduna, Nigeria: Ahmadu Bello University).

供两种宗教知识，但实际上很多学校只为某一占多数的信教学生提供，这就在那些少数派信教学生中间造成了进一步的紧张，加剧了他们对被边缘化的恐惧。同样值得关注的是，原住民传统并没有得到应有的体现，并且这种传统往往在基督教和伊斯兰宗教课程中被当作负面内容描述。

虽然尼日利亚的国内生产总值排名较高，但教育基础设施却相对薄弱。2012 年联合国教科文组织发布的一份报告显示，尼日利亚是世界上小学入学率最低的十个国家之一，总体识字率约为 60%。⑧ 大多数没有接受过正规教育的人都生活在穆斯林人口密集的北部地区，尽管该地区将近 80%的学龄儿童都会接受不同形式的伊斯兰宗教教育。伊斯兰教的教学形式主要有两种：传统的《古兰经》学习，强调记忆和背诵；伊斯兰学校，开展《古兰经》学习的同时，还提供广泛的伊斯兰文化课程。有些伊斯兰学校也开设世俗课程。政府曾试图对上述教学形式给予资助，但教育基础设施的普遍匮乏严重阻碍了这些努力。

21 世纪初，在萨拉菲❷影响下，尼日利亚出现了伊斯兰激进组织——博科圣地。一般认为，这个名字是从豪萨语翻译过来的，意思是“禁止西方教育”或“西方教育是罪恶的”。他们声明自己的目标是将尼日利亚建成一个伊斯兰国家，主要攻击目标是世俗的尼日利亚政府（含教育系统）。2014 年，博科圣地在博尔诺州东北部的奇博克绑架了 200 多名正在参加高中考试的年轻女性，举世为之哗然。该组织继续声称对整个北部地区的自杀炸弹袭击等恐怖主义行动负责，并将其势力范围扩大到了乍得、尼日尔和喀麦隆等国。博科圣地的行动受到了穆斯林、基督徒和非洲传统宗教信徒的广泛谴责。然而，许多人还是将博科圣地解读为极端主义者对于政府宗教敏感性的缺乏以及普遍存

---

⑧ UNESCO,“EFA Global Monitoring Report 2012: Youth and Skills—Putting Education to Work”(Paris: UNESCO, 2012).

❷ 伊斯兰教的一个极端主义教派。

在的贫困、失业和文盲等现象的反应。这些问题困扰着整个国家，在穆斯林人口密集的北部地区尤为突出。⑨

在尼日利亚东部不远的地方，国土面积较小的加纳与之形成了鲜明对比。1471 年，葡萄牙商人在如今加纳所在地区建立了一个奴隶贸易殖民地，并带来了天主教传教士。当英国人驱逐葡萄牙人并接管了这块被他们称作黄金海岸的殖民地时，他们用新教传教士取代了天主教传教士。在独立之前，加纳建立的学校几乎都是各新教团体的教会学校。 451

1957 年，加纳成为第一个获得独立的现代非洲国家，这个新国家创办了政府控制的学校系统，由加纳教育署管理。学校的必修课程之一是宗教知识课，这种课程效仿的是当时英国的宗教教育，此后尽管稍有变化但一直延续至今。

这门名为“宗教和道德教育”的课程，经过几次重大修订和努力，更加直接地观照到加纳的现实情况，目前已成为必修课程，但不作为国家考试科目。在这个拥有 70％基督徒、15％—20％穆斯林和 9％—10％原住民的国家，所有的学生都要学习这三种传统，但有关的课程分析让一些人质疑原住民传统受到关注的程度。不过，与尼日利亚不同的是，加纳的课程设计旨在通过加深对该国不同宗教传统的认识，

⑨ Manos Antoninis, “Tackling the Largest Global Challenge? Secular and Religious Education in Northern Nigeria,” *World Development* 59(2014): 82-92; Rosalind I. J. Hackett, “Conflict in the Classroom: Educational Institutions as Sites of Religious Tolerance/Intolerance in Nigeria,” *Brigham Young University Law Review* 2(1999): 537-560; M. S. Umar, *Islam and Colonialism: Intellectual Responses of Muslims of Northern Nigeria to British Colonial Rule* (Leiden: Brill, 2006); Jacob Olupona, “To Save the Girls, the World Must Help Nigeria,” *Huffington Post*, May 12, 2014, http://www.huffingtonpost.com/jacob-k-olupona/to-save-the-girls-the-wor_b_5312078.html.

来促进民族团结。[10]

亚洲：日本和印度

1868年开始的明治维新推翻了幕府统治，日本现代学校教育也由此发端。这一时期的重点是现代化，学校在实现这一目标过程中发挥了关键性作用。1872年，政府实施了一项重大教育改革，建立了很多受西方影响的中小学系统以及一个大学系统。同时建立起来的还有一些私立学校，其中很多是基督教教会学校。教会学校与文化上根深蒂固的神道教传统价值观存在冲突，当时神道教是显学，受到政府宣传推广。尽管1889年颁布的《明治宪法》规定要保障宗教自由，但1899年发布的一项法令又禁止受政府监管的所有私立和公立学校传授宗教内容。随着日本民族主义者和军国主义者的掌权，1935年政府批准了一项政策，旨在通过基于宗教情感的道德教育来巩固国家统一，但宗教教育本身仍然被禁止。在第二次世界大战期间，日本在校学生被要求赞美他们的领袖，并在传统的神社中祈祷。1945年日本战败后，在美国占领下修改了宪法，将神社和宗教活动从官办学校中移除，允许私立学校开展宗教教育，从而强化了政教分离。在当代，日本学校普遍实行政教分离，官办学校不允许开展强调信仰的宗教教育，但是从非教派角度讲授宗教则受到法律的保护，只不过很少有学校开展这种教育。[11]

---

[10] Samuel Awuah-Nyamekye, "Religious Education in a Democratic State: The Case of Ghana," August 30, 2014, University of Cape Coast, Ghana.

[11] Li Narangoa, "Japanese Imperialism and Mongolian Buddhism, 1932-1945," *Critical Asian Studies* 34, no. 4(2003): 491-514; Eiichiro Takahata, "Religious Education in Japan," in *The Routledge International Handbook of Religious Education*, ed. Derek H. Davis and Elena Miroshnikova(New York: Routledge, 2013), 181-190.

当代印度是一个多元宗教团体的家园，包括印度教、穆斯林、锡克教、耆那教、佛教、基督教、帕西琐罗亚斯德教、犹太教和巴哈教。经过英国350年的统治后，印度于1947年赢得独立，建立起一个世俗 452
民主的国家。印度宪法没有明文规定政教分离，但规定宗教言论自由是一项基本权利，所有宗教都具有同等重要性。具体到宗教教育方面，宪法中有条款规定，禁止国家全额资助的学校开展宗教教育。然而，许多由国家管理的学校最初是受捐赠或信托基金资助建立的宗教附属机构。这些学校被允许进行宗教教育，但宗教教育课必须是选修性质的。印度还有许多代表不同宗教传统的私立宗教学校，这些学校各自提倡特定的宗教信仰。维迪雅-巴拉蒂学校系统就是当代印度一个典型的私立教育机构网络，它是由印度教民族主义党（印度民族卫队）的教育部门维迪雅-巴拉蒂开办的。

、在英国统治的最后一百年里，基督教教会学校在整个南亚次大陆蓬勃发展，并以不同方式与既有各种宗教团体进行了接触。英国圣公会开办的教会学校在印度殖民地北部占主导地位，由于这些学校有助于扩大教育机会，因而得到了教育部门的支持。许多印度教徒和穆斯林被吸引到了这些教会学校而非官办学校就读，因为教会学校不仅开展知识课程，还提供道德课程。不过它们所走的路线很是微妙，因为如果学生真正皈依基督教，往往会导致这些学校遭遇大规模的抵制、退学，甚至最终关闭。家长们希望学校关注生活中的道德层面，但也希望保留自己的印度教或穆斯林的传统。学生们在教室里找到了抵制基督教在课程中支配地位的方法，那就是同样向拉姆、奎师那和耶稣进行祈祷，同时对“巴克提[3]精神实践是基督教影响的结果”这种说法提出了质疑。学生们很直观地认识到：有不同的世界观在起作用，即

[3] 印度教的宗教虔诚。

使他们的老师并未理解这一点。[12]

如今，印度民族卫队崇尚一种民族主义的意识形态，主张印度教文化和宗教的至高优越性。这种意识形态在一定程度上是对殖民主义遗产的反动。一位历史学家断言，“维迪雅-巴拉蒂认为，学校教育应该以灌输印度教生活方式的自豪感为导向，这种生活方式在历史上曾受到了殖民统治者引入的外来西方教育体系的压制”[13]。这一观点的影响在《2000年国家课程框架》中波及了印度全国范围。该课程框架是由另一支民族主义运动力量——印度人民党在执政期间通过的，框架强调了在整个次大陆实现教育的“精神化、本土化和印度化”的必要性。在当代整个印度和世界各地印度教侨民社区的教育辩论中，印度教民族主义运动仍然是一股强大的力量。

不只是那些曾沦为欧洲殖民地的国家，在那些正在寻求真正文化独立的国家里，宗教也是公立学校中备受争议的话题。英国、法国和美国，这三个世界上主要的殖民大国就宗教在公立学校中的地位问题都展开过大规模的争论，但三个国家的争论结果却出乎意料地各不相同，实际上这些结论似乎是截然相反的。

西欧：英国和法国

453 英国和法国这两个西欧国家都有着包容和尊重不同观点（包括广泛多样化的宗教信仰）的悠久传统，但在全国公立学校的宗教科目上却实施着截然不同甚至几乎完全相反的政策。毫不奇怪，两国的政策都植根于悠久的民族历史中，带着各自民族文化的深深烙印。如果一

---

⑫ Hayden J. A. Bellenoit, “Missionary Education, Religion, and Knowledge in India, c. 1880-1915,” *Modern Asian Studies* 41, no. 2(2007): 369-394.

⑬ Nandini Manjrekar, “Hindu Girlhood: Reading Vidya Bharati's *Balika Shikshan*,” *Childhood* 18, no. 3(2011): 352.

个国家采取了另一个国家的政策，或者两个国家都接受了政教分离的理念（在美国，政教分离是一种规范，即便这一规范时常受到争议），这完全是无法想象的。

新教在英国人的观念中根深蒂固。粗略回顾一下英国历史：15世纪30年代，英王亨利八世与天主教会决裂，并宣布自己为英格兰教会领袖。15世纪后期，亨利的女儿伊丽莎白一世在与信奉天主教的西班牙的战争中捍卫了自己的国家，并试图将国民团结在一个广义的新教之下，即只要求信徒同意使用《圣公会公祷书》进行礼拜即可。在亨利和伊丽莎白之后的几个世纪里，英国国教会不仅界定了全国宗教信仰的广度，而且还实际上建立了一批该国仅有的一种大学预科学校。因此，美国人所称的那种公共教育，在英国从一开始就是国教会组织的学校教育。

1808年，不信奉英国国教的新教教徒，也就是非英国国教的新教教徒（通常是卫理公会成员），创立了英国和外国学校协会；1811年，英国国教会内部的一个团体也不甘示弱，创办了全国促进穷人学习国教信条教育协会。鉴于政府认为学校教育应当具有宗教色彩及新教色彩，两个协会都得到了政府的支持。1870年的《初等教育法》正式确立教会组织和政府援助相结合的制度，并设立了地方学校委员会，由后者决定其所管辖学校的宗教性质。

19世纪末及20世纪上半叶，英国的初等和中等教育还远未普及。第二次世界大战期间，在英国面临生死存亡威胁的情况下，议会仍将学校教育机会扩大到所有人。1944年颁布的教育法规定，所有英国学校在开学日必须进行宗教训导和集体祷告，但学生可以选择不参加。1988年，由保守党首相玛格丽特·撒切尔主导的议会通过了另一项教育法案，对教育进行了一系列改革：在所有英国学校增加必修科目数量；将英语、科学和数学作为核心课程；以牺牲地方教育当局和教师工会为代价扩大中央政府的控制权；批准宗教领域的长远规划。像此

454 前的法案一样，1988 年颁布的教育法也要求集体祷告和学习宗教。不过，后者的名称已经从宗教训导变成了宗教教育，反映了减少灌输、增加反思的承诺，或如法案所述，宗教教育课程“必须反映出本国宗教传统主要是基督教这一事实，同时顾及其他主要宗教的教义和实践活动”。

1988 年教育法颁布后的几年里，讲授宗教课程的教师一直担心其他学科的扩张和文化世俗主义的发展会使宗教科目边缘化，同时他们也努力丰富课程内容，指导学生理解和尊重国内及世界上存在的许多不同的宗教传统。在过去的几年里，英国教育政策受到了某种担忧的影响而有点摇摆不定，有人害怕一些学校正在利用地方自治权来传授一种激进的伊斯兰教，尽管研究人员并没有发现有关这种担忧的相关证据。如果你今天参观一所英国学校，可能会看到由教师或牧师带领的集体祷告，内容从广义的道德主题讲座到具体的圣公会祈祷，一排排的学生，包括一些戴着穆斯林头巾、锡克教头巾或犹太头巾的学生，都恭恭敬敬地坐着。你还可能会看到，从思想最为深刻的比较宗教课到最为传统的圣公会教义课，这些课上宗教课教师教的学生所具有的宗教学科知识背景越来越薄弱了。但你不会看到或听到的是，实际上有很多质疑的声音：宗教是私人事务，应从学校课程或任何限定宗教着装的规定中排除。[14]

经过穿越英吉利海峡的短途旅行，人们便会从一种截然不同的政治、文化和历史角度来看待宗教在国家公立学校中的地位。与法国其他很多情况一样，政府对学校中宗教的态度也明显受到 1789 年法国大

---

[14] Josephine Peace, lecture at New York University, March 2014; Terence Copley, *Teaching Religion : Sixty Years of Religious Education in England and Wales*, new updated edition(Exeter, UK: University of Exeter Press, 2008); Lois M. R. Louden, "The Conscience Clause in Religious Education and Collective Worship: Conscientious Objection or Curriculum Choice?," *British Journal of Religious Education* 26, no. 3(September 2004): 273-284.

革命的影响。从496年法兰克国王克洛维受洗成为基督徒开始，到大革命时期，法国作为天主教国家已有一千多年历史。在大革命前的一个世纪里，启蒙运动的哲学家们一直在抨击国家与宗教组成的强大政治联盟。随着大革命的到来，在自由、平等、博爱以及很快加入进来的第四种美德——世俗性的名义下，神职人员和贵族的权力被扫荡一空。1793年，在大革命刚刚结束之际，公众礼拜遭禁，基督教的明显标志被逐一移除，教堂被关并改作他用。虽然拿破仑很快就与天主教会达成了某种和解，并恢复了一些教会财产和公众礼拜的权利，但神职人员和教会的权力却再未恢复。

随着19世纪的到来，政教分离主义逐渐成为作为法国人的强有力的象征符号，这一点与19世纪七八十年代整个欧洲天主教会较为激进的立场形成了尤为鲜明的对比。19世纪80年代，法国颁布了一系列发展公立学校教育的法律，小学阶段为免费义务教育，并规定只允许世俗教师进入学校，尤其是将修女和牧师排除在外。1905年颁布的一项法律进一步规定："共和国保障信仰自由。它确保宗教自由……须受到一定程度的国家监管，将宗教表达限制在私人领域。"法国学者马里亚姆·哈比比认为，这项法律"将公民社会独立于宗教之外。国家管理着公民社会，拥有完全的政治权力而没有宗教权力，宗教当局没有政治权力但继续持有宗教权力"。尽管宗教看起来绝对独立，并局限于私人领域，但也有一些例外情况颇为有趣。在15个公共假日中（包括圣诞节和复活节），有6个是基督教节日。学生可以请假去接受宗教教育。教堂建筑，尤其是有重要历史意义的天主教堂，都是作为国家遗产由政府维护的。 455
尽管如此，在20世纪的大部分时间里，法国虽然包容了宗教信仰，但同时，在一个崇尚世俗主义、启蒙主义和现代思想的文化当中，宗教还是处于主流文化的边缘。

在上述文化背景下，公立学校很少涉及比较宗教之类的课程。历史或文学课上可能会简单提及宗教，但大多数教师很快就会转到其他问题的讨论上。1959 年通过的一项法律规定，政府为私立宗教学校提供一些资金，以此稍微缓解一些倡导在学校举行宗教仪式的人所施加的压力，不过几乎所有获得此类资金的学校都是天主教学校。

在这种情况下，谨慎遵守教规习俗的穆斯林人口的增长，导致法国社会许多地方（包括学校）出现了新的紧张局势。1989 年 10 月，克里尔一所中学的三名穆斯林女孩因拒绝摘掉头巾而被停学。最初，教育部宣布是否允许佩戴头巾将由地方学校层面根据具体情况决定。但到了 1994 年，在新政府的领导下，教育部发布了一项政策，规定允许包容“谨慎”的宗教符号，但禁止在所有的公立学校使用“夸张”的宗教符号。然而，教育部并没有给出“谨慎”和“夸张”的界定。2003 年，法国又爆发了一场新的危机。位于巴黎附近奥贝维利埃的一所中学开除了阿尔玛·利维和莱拉·利维两姐妹，学校宣称她们佩戴的头巾夸张。随即发生的一场骚动和公众辩论致使法国在 2004 年颁布一项法律规定：“在公立中小学，禁止学生穿戴明显表明其宗教信仰的标志或服装。”这个决定清晰地代表了绝大多数人的观点。议会投票结果是 494 票赞成、36 票反对、31 票弃权。虽然头巾事件是这项法律的明显推力，但其规定同样适用于犹太人的圆顶小帽、穆斯林包头巾、基督徒的十字架或犹太教的大卫之星，除非人们将其藏在其他衣服下面。

这场后来被称作 21 世纪头巾问题的事件，反映了法国文化的诸多侧面。毫无疑问，法国国内穆斯林人口的不断增长，包括许多来自阿尔及利亚好几代已经是法国公民的家庭，以及为满足法国劳动力需求来自中东地区的移民，引起了许多紧张局势，尤其是在 2001 年 9 月 11 日之后的所谓后恐怖主义时代。典型事件包括 2015 年 1 月在讽刺漫画杂志《查理周刊》总部发生的大规模枪击，同年 11 月在巴黎和 2016 年 3 月在布鲁塞尔发生的恐怖袭击。对于一个坚定维护民族统一的诸多象征符号（含政教分离的意识形态）的国家来说，存在着各种拥有非法国化宗教信仰，往往自给自足、与世隔绝的大型社群，着实令人不安。对于一个两个世纪以来一直将宗教置于私人领域的国家来说，在公立学校这一公共领域佩戴宗教符号是挑战民族核心价值观的不爱国行为。对于一个习惯上（若非法律上）倾向于轻视所有宗教表达的国家来说，很难接受那种怂恿信徒挑战社会规范的宗教信仰，即便在包容和互助同为重要国家准则的情况下也是如此。对一些法国穆斯林来说，在公立学校这样的场所佩戴头巾是个人谦虚的基本表现，也是在公众场合恰当表达个人信仰的一种方式。但对许多法国人来说，这种“夸张”的宗教信仰表达是对根深蒂固的国家准则的挑战。这些国家准则通过在公共领域强调一致性，将多样性驱逐到私人领域，从而维护对于这个国家所有人自由表达的包容性。但在未来要解决这一分歧绝非易事。[15]

美　国

1791年美国宪法第一修正案有关禁止“确立国教”或不得“禁止 456
信教自由”的禁令，并没有解决宗教在美国公立学校中的地位问题。当时公立学校的发展还处于起步阶段。而在220多年后的今天，在地方、州和国家的政治领域，也鲜有像学校中宗教地位这么具有争议性的问题。

19世纪30年代，当时美国扩大公立学校系统的主要倡导者贺拉斯·曼主张，从开学起就“不加注释或评论”地阅读圣经，让孩子和

---

[15] Mariam Habibi, lecture, New York University in Paris, March 2014; John R. Bowen, *Why the French Don't Like Headscarves: Islam, the State, and Public Space* (Princeton, NJ: Princeton University Press, 2007); Facing History and Ourselves, *What Do We Do with a Difference? France and the Debate over Headscarves in Schools?* (Boston: Facing History and Ourselves, 2008).

家长自行理解其中道理。对于天主教徒来说，他们相信根据教会的教义来阅读圣经，并指出学校使用新教版本的圣经是对天主教的直接挑衅。为应对这一挑战，天主教徒主张为发展自己的学校注资，并最终选择一种“双重征税”方式，即他们交纳的税金资助公立学校，同时使用其他资金来资助大规模的教区学校系统的发展，使之与公立学校系统平行。不过这一倡议并未取得成功。

从 19 世纪中期到 20 世纪 30 年代，大多数新教教徒认为扶持公立学校是维护美国新教主导文化的一种方式，反对为任何私立宗教学校尤其是天主教学校提供拨款。同时，公立学校虽然越来越世俗化，但还是反映出一种以新教为主导的文化，如通过讲授流行的《麦加菲读本》，提倡勤奋、诚实、守时和禁酒，或公开地庆祝宗教节日，其中最为重要的就是让许多犹太学生觉得特别厌烦的圣诞节。

1925 年，田纳西州代顿小镇发生了一场关于学校中宗教价值观地位问题的最具有象征性和真实性的斗争。当时一位年轻的中学生物教师约翰·T. 斯科普斯被指控违反本州法律，他通过该州授权的教科书讲授人类进化的知识，却直接违反了该州另一项禁止这种教学的法律。当时美国最著名的两大律师——代表控方的三届总统候选人威廉·詹宁斯·布莱恩和代表辩方的克拉伦斯·达罗——在法庭上激烈辩论，举国关注。最后，斯科普斯被判有罪，但田纳西州最高法院却驳回了这一判决。尽管许多人认为反进化论法导致了新教原教旨主义名誉扫地，但直到 20 世纪 50 年代，大多数教科书出版商都还在回避关于进化论的争论，大多数教师和学校负责人也是这样。在该案审判落幕 90 年之后，对于这些问题美国许多地区仍存在争议。[16]

第二次世界大战后，关于公立学校中宗教地位问题的辩论发生了

---

[16] Edward J. Larson, *Summer for the Gods: The Scopes Trial and America's Continuing Debate over Science and Religion* (New York: Basic Books, 1997).

变化。在与被视作邪恶的、信奉无神论的苏联进行“冷战”期间，美国的公立学校尝试采取新的举措来推广美国精神和宗教，其中许多学校强制校内祈祷，但此举在过去几十年里已经消失了。20世纪五六十年代，天主教主教们转而与新教领袖（通常不是与犹太教领袖）一道，支持公立学校祈祷，并谴责美国最高法院在1962年和1963年以禁止“确立国教”为由禁止此类祈祷的判决。而这些主教的前任们却曾经质疑公立学校中所有祈祷，因为学校使用的几乎都是新教的祈祷文。

直到2014年，关于学校祈祷、公立学校进化论教学以及向私立宗教学校提供公共资金的争论还远未结束。北卡罗来纳州和亚拉巴马州 457
最近通过了鼓励或要求教师参加学校祷告的立法。还有几个州的学校，都在为当前被称作创世论科学（或创造论）的内容，争取在生物课上与进化论内容“同等时间”的教学。现在美国已有14个州设立了所谓的“奖学金税收计划”，公民可以通过该计划将自己应纳州税的一部分钱转到一个私人奖学金基金，该基金向学生发放进入私立宗教学校的教育券，从而规避了不得使用国家资金资助宗教学校的禁令。与此同时，尽管美国最高法院明确声明允许在学校开展“客观的宗教教学”，但却鲜有公立学校开设此类课程，而且人们普遍反对将其纳入课表。到目前为止，无论是在宪法中还是在日常实践当中，宗教在美国公立学校中的地位都不甚明确。

总　结

在任何特定的社会或历史背景下，对宗教与教育之间的关系进行探究，将有助于深入了解围绕由学校负责呈现与再现的国家认同和价值叙事所展开的更大规模的意识形态辩论。长期以来，这方面的教育研究一直受到忽视，因为人们普遍认为宗教可以而且应该被归属到一个与“公共”世俗领域无关的“私人”领域。如今，这些假设在后冷战时代不再可信，宗教在人类事务中一直所扮演的复杂角色更加明显和明确。因此，研究宗教与教育在特定背景下的交叉点的机会非常多。显然，宗教研究者、宗教教育者和教育史学者之间的合作，在开发新方法以及国家和地方案例研究方面是富有成效的。这有助于建立一个重要的跨学科的新领域。如果要了解不同国家和文化的教育史，这种合作是非常有必要的。

推荐书目

Copley, Terence. *Teaching Religion: Sixty Years of Religious Education in England and Wales*. New updated edition. Exeter, UK: University of Exeter Press, 2008.

Davis, Derek, and Elena Miroshnikova, eds. *The Routledge International Handbook of Religious Education*. New York: Routledge, 2013.

Fortna, Benjamin. *Imperial Classroom: Islam, the State, and Education in the Late Ottoman Empire*. Oxford: Oxford University Press, 2002.

Fraser, James W. *Between Church and State: Religion and Public Education in a Multicultural America* (1999). 2nd edition. Repr. Baltimore, MD: Johns Hopkins University Press, 2016.

Souza, Marian de, Gloria Durka, Kathleen Engebretson, and Robert Jackson, eds. *International Handbook of the Religious, Moral and Spiritual Dimensions in Education*. New York: Springer, 2006.

第 29 章　进步教育

威廉·J. 里斯

“进步教育”在教育史学者的词典中仍然是一个熟悉的短语，但其起源、本质或对学校的影响却没有公认的确切定义或一致意见。尽管如此，在 19 世纪的上半叶，欧洲和美国的许多教育家和作家却都声称，“新教育”将不可避免地取代过时的教学方法和课程。大西洋两岸的男男女女从各种信息源头获得灵感，以一种新的视角来思考儿童的本性以及如何教育他们，从而预示了一场儿童史上的革命的到来。到了 20 世纪初，“新教育”一词逐渐被“进步教育”所取代。进步教育往往被简化为“做中学”或“经验性学习”等口号，在世界各地的许多学校通过课程改革和新型教学实践的方式得以体现。进步教育经常在教师培训项目中占有一席之地。然而，许多进步人士倡导的一系列理念往往未能像预期那样改变学校。至 21 世纪初，标准化考试、说教式教学方法和课堂竞争在许多国家仍然普遍存在。 459

1959 年，历史学家劳伦斯·A. 克雷明在哥伦比亚大学师范学院的一次演讲中断言，“早期的进步主义者更清楚他们反对什么，而非支持什么”[①]。他所指的是 20 世纪美国的教育改革者，这些人更容易批判传

① Lawrence A. Cremin, "What Was Progressive Education, What Happened to It?," *Vital Speeches of the Day* 25 (September 1959): 723; William J. Reese, *America's Public Schools: From the Common School to "No Child Left Behind"* (Baltimore, MD: Johns Hopkins University Press, 2011), chapter 3.

统学校，但却并不能在如何实施“自然的”教育方法或满足“全儿童”需要上面达成一致意见。克雷明的见解也同样适用于19世纪早期欧美国家许多抱怨学校、呼吁“新教育”的活跃分子。他们发现，既有的教育实践以及更大范围上社会对待儿童的整体方式令人憎恶，与当今的改革者一样，他们仍然梦想着为所有人带来更大的福祉，以及创建更多将师生自由置于优先地位的儿童友好型学校。

在19世纪初的整个西方世界，批评学校和传统育儿方法的人很容易找到令他们乐观或绝望的理由。美国和法国的革命都推翻了国王的
460 统治，承诺赋予更多公民以更大的平等和机会。然而，虽然废除童工运动不断发展、识字率不断提高、学校经费不断增加，以及妇女作为母亲和教师的角色得到重视（这是当时人道主义的组成部分），但童工、极度贫困、奴隶制、对妇女权利的压制等古老的罪恶依然存在。“新教育”的倡导者们批判学校长期以来的教育实践，包括让学生死记硬背教科书、圣经等阅读材料，必要时还需靠体罚来强制。这些改革者受到政治革命、启蒙运动和浪漫主义的影响，但从未形成一场连贯的运动，然而他们却秉持着共同的基本理念，包括对传统教育理论和实践的激烈批判。②

历史溯源和19世纪的发展

欧美的教育改革者们受到了众多前辈思想家的影响。因此，“新教育”的倡导者们在呼吁改善学校和加强关注儿童福利方面，采取了兼容并包的观点。虽然他们通常是虔诚的基督徒，但他们却拒绝接受儿

---

② Reese, *America's Public Schools*, chapter 3; Hermann Röhrs and Volker Lenhart, eds., *Progressive Education across the Continents: A Handbook* (Frankfurt am Main: Peter Lang, 1995); William J. Reese, "Progressive Education," in *The Routledge International Encyclopedia of Education*, ed. Gary McCulloch and David Crook (London: Routledge, 2008), 461.

童生而有罪这一根深蒂固的宗教主张。传统观点认为，就像驯马一样，顽固的意志必须通过身体约束和严厉的纪律来打破。一些改革者借鉴了摩拉维亚兄弟会牧师约翰·阿莫斯·夸美纽斯的观点。后者认为，儿童学习熟悉的、适合其年龄的材料（包括视觉资源）效果最佳。英国作家约翰·洛克的影响更为深远，彻底改变了教育理论。他坚持认为对儿童成长起到决定性作用的是教育，而不是遗传。洛克的理念提升了人类的能动性，突出了每个个体的独特性，且促进了人们进一步思考有效育儿的问题。

争议性更大且同样具有革命性的是让-雅克·卢梭的众多著作。他的政治激进主义和宗教观点令教会和国家的当权领袖感到震惊。卢梭还推动了浪漫主义的发展，强调儿童的纯真和成人制度的失败。和洛克的著作一样，卢梭的《爱弥儿》（1762）被译为多种语言，对传统提出了挑战。《爱弥儿》因描绘了一个富有教育意义的虚构世界而广为人知，在这个世界里，一位男教师通过“自然”的方式抚养一个孩子长大。卢梭提倡的是体验而非书本，他敦促成年人通过孩子的眼睛看世界。如果从字面上来理解的话，这是一个具有革命性的概念，因为学校长期以来都一直是以教师和教科书为中心，而非以儿童为中心。卢梭“把儿童当作儿童对待”的见解在今天看来是一个常识，但在当时却具有启示性。

19世纪，对学校的批评比比皆是，“新教育”的拥护者们旨在将教育和学校建立在一个更理性、更人道和更关注儿童的基础之上。他们的指导思想不仅来自于像夸美纽斯、洛克和卢梭这样的杰出人物，也来自于当时的浪漫主义思潮。18世纪晚期，英国宗教诗人威廉·布莱克创作了《天真之歌》（1789）和《经验之歌》（1794），将青少年的纯洁和天真与教会和国家（包括学校）对其成长带来的危害和毁灭进行了对比。布莱克同情烟囱清洁工和城市贫民所处的困境，并谴责使用体罚。和许多浪漫主义者一样，威廉·华兹华斯也同样哀叹正规教育

461 对灵魂的摧残。1804年，他宣称："襁褓中的我们，是天堂的所在！"但很快"监牢的阴影会慢慢笼罩那少年"。在美国，一神论牧师拉尔夫·瓦尔多·爱默生等超验主义者也将儿童与纯真联系在一起。对于欧洲教育家和理论家要求人们在家里、工作场所或学校中对待孩子更加仁慈这一主张，他予以高度的赞扬。他在《论自然》(1836)一文中写到，孩子是"永恒的弥赛亚"，号召成年人回归到一种纯真的状态。③

大西洋两岸的无数人都对诗人、哲学家、自由派牧师以及其他"新教育"倡导者的观点产生了共鸣。学校强迫学生学习课本上晦涩难懂的知识；学生们像鹦鹉一样背诵课文；老师们用体罚来威胁学生，而非增加学习的吸引力。按照许多浪漫主义者的说法，学校往往是不受欢迎的地方，但启蒙运动的领军人物也总结认为，人们可以理性行事（这与正统基督教信仰恰恰相反），并且能够不断进步。他们认为，人并不是命中注定要上天堂或下地狱，有些改革者梦想着建立一个人间天堂。至少，他们希望改善社会上那些最无助的个体（包括年轻人）的生活。

至18世纪晚期，百科全书、词典的出版，以及其他让学习水平超越精英阶层手段的出现，似乎预示着一个教育进步的时代到来。1792年，法国大革命领袖乔治·雅克·丹东说道："除了面包，教育是人民的第一需要。"而不那么具有革命性的人物也谈到了一个即将到来的和平与繁荣的新千年。至19世纪20年代，由于技术创新降低了出版的成本，报纸和杂志的读者群更为广泛，它们经常报道最新的教育思想。

---

③ Tal Gilead, "Jean-Jacques Rousseau," in McCulloch and Crook, *Routledge International Encyclopedia*, 497-498; William J. Reese, "The Origins of Progressive Education," *History of Education Quarterly* 41(Spring 2001):3,6,24; William Wordsworth, "Ode: Intimations of Immortality from Recollections of Early Childhood," in *The Portable Romantic Poets: Blake to Poe*, ed. W. H. Auden and Norman Holmes Pearson(London: Penguin Books, c. 1978), 199; Reese, *America's Public Schools*, 80-84.

因此，发展教育和改善学校的愿望得到了多渠道资源的支持，许多西方国家的识字率不断提高。

谴责学校是一回事，改善学校则完全是另一回事。虽然布莱克等一些浪漫主义者怀疑学校能否在社会中发挥积极的作用，但19世纪已然成为一个机构建设的时代，包括收容所、监狱、济贫院和学校的建设。其中有许多机构并没有推动人类事业的发展，历史学者一直以来也都对其失败之处给予了批评。不过，欧洲具有前瞻性的两位教育家，约翰·裴斯泰洛齐和弗里德里希·福禄培尔却提出了颠覆当时墨守成规的学校教育的创新方法，这为那个时代带来了希望。裴斯泰洛齐和“实物教学”永远联系在了一起，福禄培尔也成为其发明的幼儿园的代名词。他们成为那个时代所谓的“新教育”的中心人物，提倡一种浪漫、“自然”的教与学的方法。20世纪那些自称进步主义者的改革者们，其观点是站在他们的肩膀上发展而来的。

出生于瑞士的约翰·海因里希·裴斯泰洛齐，起初曾沉浸在法国大革命的狂热之中。他的生活在读过《爱弥儿》后发生了改变。他建立了模范学校，面向许多大陆战争的受害者——孤儿传授知识。裴斯泰洛齐成为一位圣人般的人物，他的画像被反复绘制，著作被广泛引用，所办学校也接待了许多前来访问的教育朝圣者。他认为，儿童通过处理其熟悉的物体自然而然地进行学习。鹅卵石可以用来教算术，通过深入研究大自然来揭示科学、地理和历史的奥秘。如卢梭所述，教育者应该通过儿童的眼睛看待世界，并充分利用儿童身处的周围环境，通过自然的方式向他们传授课程内容。正如裴斯泰洛齐的追随者们常说的那样，幼儿是通过具体事物而非语言学习的。书籍，尤其是 462
教科书，代表的是以成人为中心的对世界的认识，与儿童的经验相去甚远。在校外非常活跃的孩子们被要求安静地坐在教室里，且常常在未达到教师不切实际的期望时被鞭打。裴斯泰洛齐设想了一种不同的教学方法。他将农民母亲理想化，认为她们在教育孩子方面胜过那些靠教科书和体罚来教学的男教师。儿童需要一种和谐的教育，在这种教育当中，成年人在任何场合下都人道地对待他们，通过愉快的方式培养他们的双手、内心和头脑。④

裴斯泰洛齐成长在一个没有广泛建立起公立学校系统的时代。与许多知名教师一样，裴斯泰洛齐明显具有超凡的人格魅力，吸引了众多的学生和追随者，鲜有老师能拥有他这样的魅力。将一个拥有超凡魅力的人提出的想法转变成教育系统中的日常实践，向我们提出了一个严肃的问题：这种转变是可能的吗？裴斯泰洛齐学派的学者们在如何解读他的著作上一直争执不休，而他们往往不过是在报纸杂志上读到过这些著作的译本，或听过有关这些著作的讲座而已。于是，在描述一所真正的裴斯泰洛齐式学校上就明显产生了问题，尽管大多会采用所谓“实物教学”的方法。在欧美，这种方法被系统编入教师培训手册和教科书当中，且为基础课程配备了详细的分步教学计划。在美国，那些培训手册和教科书通常是由远离乡村世界的城市学校负责人撰写的。而正是乡村世界塑造了大师级的学校，在这样的学校里，教师使用实物而非言语开展教学。

许多杰出的教育领军人物将裴斯泰洛齐的理念推广到了欧洲以外。如19世纪30年代末和40年代美国主要的改革家贺拉斯·曼，在其著作和演讲中高度赞扬了裴斯泰洛齐的理念。他与志同道合的教育工作者们一起在一些前沿性期刊上——包括他自己主编的《公共学校周刊》——发表评论和文章，提请大家关注这位瑞士大师。然而，学校应该采用更“自然”的教学方法，这一点说起来容易，但要改变长期运行的传统教学方法却非常难。虽然实物教学的确成为美国教师培训的一部分，但历史学者发现，新建师范学校中的许多学生必须先集中

④ Quote is from William J. Reese, *Power and the Promise of School Reform: Grass-roots Movements during the Progressive Era* (New York: Teachers College Press, c. 2002), 188; Reese, *America's Public Schools*, 80-99.

精力掌握公共学校的科目，然后才有可能学习其他的教学方法。并且，大多数在任教师似乎还是按照他们所受教育的方式来开展教学，而这就意味着是要掌握好教科书上的知识，而非去探索大自然。

面对纽约、波士顿及其他城市与日俱增的学生数量，主流的教育工作者们都试图摆脱混乱，恢复学校秩序，故而他们采用的课程更具统一性而非灵活性，这种课程由教育管理者制定，并由当地学校董事会批准。19世纪中叶之后，许多城市还建立了规模更大、年龄分级更细的学校。越来越多的女性受雇担任小学教师，她们的工资比男教师低，所教班级往往有五六十名学生。虽然说关注到每一个个体不是不可能，但要做到这一点也是非常困难的，而且教师常常不能按照教学手册中的既定课程计划开展教学。越来越多的学校购买了地球仪和黑板，教师有时会借助手表、硬币和石头等“物品”来教授课程内容。许多学校常常人满为患，但却缺乏购买昂贵教具的资源。因此，在欧美各国常会看到这样的报告：学校仍然以教科书为基础，以教师而非儿童为中心。传统的做法是很难改变的。

欧美国家间或会出现一个具有超凡魅力的人高举“新教育”的旗帜，展示出其实用性。也许美国最好的例子是弗朗西斯·W.帕克。帕 463
克是一位深受欢迎的演讲者、作家和管理者，是“新教育”的化身。他曾亲自前往欧洲学习考察教育，批评死记硬背的教育方法、体罚和竞争性笔试，其中，笔试在19世纪50年代后的城市学校中变得愈发普遍。1875—1880年，内战退伍老兵帕克因其在马萨诸塞州昆西市担任学校督学期间所取得的成就而享誉全国。他推动建立了一个示范性的公立学校系统，在那里教师明显避免了让学生过度的死记硬背。昆西市学校董事会聘用的都是认同帕克以儿童为中心教学方法的教师。有远见的教育工作者和有抱负的教师纷纷来到昆西市寻求指导。不过帕克的任期很短。帕克被他的密友约翰·杜威称为“进步教育之父”，后来帕克到芝加哥领导了一所著名的教师培训学院。⑤

从裴斯泰洛齐和帕克时代开始到现在，最大的问题就是：当教师们自己在旧式学校里学成，又在类似的机构中找到工作时，他们能否接受“自然的”和以儿童为中心的教学方法。当然，判断“新教育”的标准，不应该只看它是否广泛地改变了某个特定社区或国家的学校。有时候，裴斯泰洛齐的追随者和其他教育革新者所拥有的一些观点，也会对传统教育系统产生明显的影响。

事实上，19 世纪 60 年代之后，许多缺乏具有号召性的领导力，或没有全力支持“新教育”的城市学校，还是采用了实物教学的部分内容。例如，在许多城镇学校课程体系边缘开设的手工培训班里，“做中学”的教学方法就得到了体现。观察研究自然也逐渐流行起来，成为以教科书为本的科学教学的有益补充。弗朗西斯·本杰明·约翰斯顿在 20 世纪初拍摄的一系列照片显示，华盛顿特区的许多白人和黑人学校都开设舞蹈、烹饪和手工训练课程，资助师生实地考察旅行，并开办了实验室课程，以活跃教学活动。但是，在详细研究内战后的课程后可以发现，在全美的城市和乡村学校里，重点都放在大部分学生所在的小学阶段的读、写、算等基础科目上，而少数人入读的中学所设置的核心课程，也采用传统方式进行讲授。19 世纪 90 年代出版的许多书籍和杂志文章都指出，即使学区采用了实物教学或手工培训，也仅占学校日常教学的一小部分。学校开设的课程大多与过去并无二致。教科书的地位至高无上，死记硬背以及越来越多的笔试很是普遍。手

⑤ Christine A. Ogren, *The American State Normal School*: "*An Instrument of Great Good*" (New York: Palgrave Macmillan, 2005), 35-38; Reese, "Origins," 19-22; Reese, *America's Public Schools*, 91-92, 112; Cremin, "What Was Progressive Education," 722. Bettina Berch, *The Woman behind the Lens*: *The Life and Work of Frances Benjamin Johnston, 1864-1952* (Charlottesville: University of Virginia Press, 2000), 42-46; Reese, *America's Public Schools*, 116.

工培训课的观摩者有时会发现，老师仍是在讲授，这证明了传统教学方式的顽固影响。[⑥]

美国教育专员威廉·T.哈里斯是学术课程的坚定支持者，常常贬斥"新教育"。他在1900年表示，教师应基本上是保守的。大多数的教师都是在传统课堂上取得成功的学生。哈里斯在《教育》杂志上撰文解释说，儿童通常"反复无常任性冲动"，教师应努力帮助他们社会化以达到成人的行为标准。他总结认为，教学"是除了牧师外，最为保守的职业。因为教师必须和那些没有发展成熟的人类打交道，教育他们文明生活的礼仪和习俗，最重要的是向他们打开人类智慧的宝库"。这样的表述让每个进步人士都感到不安。哈里斯承认教科书可能是无聊的，但却将其视为民主的工具。与美国的国父们一样，他认为有学识的公民需要获得相同的基本知识。对于许多自己的老师就很乏味、 464
缺乏激情的学生来说，教科书甚至更加重要。

在有关学校应教授哪些知识、采用哪种教学方式的争论中，哈里斯也是一个重要人物。哈里斯来自北方的康涅狄格州，从耶鲁大学退学后搬到西部，在1868—1880年间晋升为圣路易斯公立学校备受瞩目的督学。当那里的"新教育"倡导者们同其他地方一样敦促学校变得更加符合儿童友好理念时，哈里斯这位黑格尔派哲学家、德国文化的推崇者却拒绝了浪漫主义者关于实物教学价值的主张。不过，他却欣然接受了一项源于欧洲的重要创新——幼儿园。

美国的幼儿园最早于19世纪50年代建立，通常在一些德国移民较多的城市开办，而德国移民在圣路易斯市的教育委员会里有很好的代表性。虽然哈里斯怀疑幼儿园使用的教学方法，能否像许多改革者所希望的那样转变小学各年级的教学，但他还是建立了一个模范的教育系统，并吸引了来自全国各地的参观者。当地的一所培训学校培养了

---

⑥ Berch, *The Woman behind the Lens*, 42-46; Reese, *America's Public Schools*, 116.

数百名女教师，她们最终将幼儿园的福音传播到了许多社区。哈里斯认为，“儿童花园”❶ 不会带来学习的天堂，但它可以帮助儿童从家庭里的无拘无束过渡到适应小学里更为严格的要求。

与学校里的手工训练课一样，幼儿园让孩子们参加各种各样的活动。幼儿园为“新教育”可以进入学校系统提供了生动的证据，否则学校还依然会致力于维护教师的权威，强调学生掌握教科书。幼儿园的孩子们围坐成一圈，而非排成一排，他们坐在可移动的椅子上，而不是固定的座位上。幼儿园提倡合作学习，强调有组织游戏的教育价值，并提供一系列使用实物（球、线等）而不是将书本作为主要教学手段的有序课程。幼儿园的照片反映出它们具有像家一般的中产阶级环境，墙上挂着令人愉悦的图画，房间里点缀着明艳的植物和花朵。女性在幼儿园教学和监管中占据着主导地位，她们还通过发表文章、著作和演讲来促进改革的普及。与男性相比，女性享有温柔对待小孩的美誉，这使得她们成了幼儿园这一“新教育”的核心力量。⑦

幼儿园的创始人弗里德里希·福禄培尔曾在裴斯泰洛齐开办的一所学校中当过学徒，因此“儿童花园”成了“新教育”中最受欢迎、最为经久不衰的创新之一。因为与政治激进主义相关，幼儿园最初在普鲁士遭到禁止，后来才传播到世界的各个角落。福禄培尔的追随者与裴斯泰洛齐的追随者一样，常常会对他的教育哲学及富有象征意义的课程练习“恩物与作业”的具体含义存在分歧。许多国家的相应专业性协会就如何组织幼儿园展开了辩论。至 19 世纪晚期，只有一小部

❶ 指幼儿园。

⑦ Quote is from William T. Harris, "The Study of Arrested Development in Children as Produced by Injudicious School Methods," *Education* 20(April 1900): 454; Reese, *America's Public Schools*, 63-65; Barbara Beatty, *Preschool Education in America: The Culture of Young Children from the Colonial Era to the Present* (New Haven, CT: Yale University Press, 1995).

分的美国学校系统资助开办了幼儿园，不过在安置所、孤儿院和私立学校中也能找到幼儿园的踪迹。城市学校系统面临着支付教师工资和为容纳激增人口修建新校舍的挑战。19世纪90年代，纽约和芝加哥等许多大城市的公立初等学校人满为患，成千上万的儿童在学校中找不到一席之地。许多学区都开设了新的早教项目，向大众开放，但其昂贵的费用却令人望而却步，有些学区更是贵到离谱的程度。不过，随着“新教育”从欧洲传播到美国和其他国家，幼儿园长期存了下来。

由于“新教育”对书本外活动的强调，导致当时和后来的批评家们称其为一场反智运动。裴斯泰洛齐和福禄培尔可能会觉得这种指责 465
令人费解，因为他们明确表达过，他们理想的教育是一种培养头脑、心灵和双手的和谐教育。但一些实物教学的拥护者却认为，实物教学是职业教育的基础，尤其是针对受排斥群体——如美国原住民、非裔和贫穷的白人——开办的职业教育的基础。南北战争后建立的美国原住民寄宿学校，以及美国各地开办的非裔公立学校，都试图淡化学术性学习，转而支持行业培训。上述群体中的男性在寄宿学校等机构中，通常会接受一些过时的手工技能培训；女性则接受被认为适合未来持家的家政技能培训。大部分的学校仍然教授学术课程，并且无论是裴斯泰洛齐还是福禄培尔也都认为，在全面教育中仅有手工训练是不够的。⑧

到1900年时出现了一些与“新教育”相关的重要进展，这种教育逐渐以“进步教育”之名广为人知。教育理论家们关注的是年幼而非

---

⑧ Beatty, *Preschool Education*; Norman Brosterman, *Inventing Kindergarten* (New York: Harry N. Abrams, 1997), chapters 1-2; Kristen Nawrotzki, "Kindergarten," in McCulloch and Crook, *Routledge International Encyclopedia*, 338-339; David W. Adams, "Federal Indian Boarding Schools," in *Historical Dictionary of American Education*, ed. Richard J. Altenbaugh (Westport, CT: Greenwood Press, 1999), 137; Reese, *America's Public Schools*, 98-108.

年长的孩子，因为他们更有可塑性。在西方国家，12 岁以上的孩子常常都会间歇性地工作或上学，所以重点关注年幼的儿童似乎也是明智的。拥有超凡魅力的“新教育”人士纷纷建立了模范学校，吸引了大批致力于重建既有体系的有志之士。“新教育”的成本也很高，需要教具、商店和厨具，以及更多训练有素的教师，这给学校造成了压力。于是，即使改革者推动了职业教育这些革新项目，但也永远难以取代传统的基本课程，教师通常继续按照以往熟悉的方式讲授这些课程。

阻碍大规模改革的因素很多。19 世纪下半叶，经济衰退与萧条频繁发生，愤怒的纳税人向学校施压，他们抨击学校“追求时尚和虚饰”。让儿童而非教师和课本占据教育的中心位置，这种理念让许多家长、纳税人和教师感到不切实际。一个人支持一项教育创新，如幼儿园，并不意味着他就会对儿童抱有浪漫的看法，或者就希望其教学方法渗透到整个教育系统中去。尽管如此，实物教学、幼儿园和手工训练仍然是“新教育”在世界各地许多学校中留下明显标志的鲜明印记。

20 世纪的发展

约翰·杜威是 20 世纪上半叶美国杰出的哲学家。他不仅批判了包括卢梭、裴斯泰洛齐、福禄培尔在内的浪漫主义者，还在一系列的文章和著作中持续地批判了过度“以儿童为中心”的教育。19 世纪 90 年代末和 20 世纪前几十年里，他经常将“旧教育”与“新教育”进行对比：“旧教育”里孩子们坐成一排，背诵着他们并不理解的课文，学校强调秩序而不是学习的乐趣；“新教育”试图承认儿童的兴趣和需求，并据此重建教育方法和课程。然而，杜威认识到，随着实物教学在教学指南中被简化为公式化的规定，批评者对传统教育强调学生掌握学术科目嗤之以鼻，那些有趣的改革倡议本身可能也会变得僵化或达不到预期目的。杜威提醒以儿童为导向的教育者，学习需要学生付出大量的努力，大多数教师和家长都是这样认为的，因而教师试图粉饰教育过程是错误的。历史学家赫伯特・M. 克里巴德曾对此简要解释说： 466
“尽管杜威实际上试图创造性地将儿童的自发兴趣和倾向，与精炼的文化智力资源加以结合，但他关于课程问题的立场有时仍被人们粗略地描述为‘以儿童中心’。”

许多学校在 20 世纪开展了“新的”或“进步的”教育实践。新一代的改革者有时会对之前的活动家和空想家缺乏足够的了解，从而可能会导致他们更加谨慎地谴责现有学校和宣布新时代的到来。正如杜威等人观察发现的，进步学校各具特色，尽管它们通常都强调重视儿童的兴趣和需求，采用更具创造性的、学生友好型的教学方法，以及开展回避或淡化教科书、死记硬背和竞争性考试等学习活动的重要性。这样做的目的是要让学生积极参与到他们自身的教育中去。20 世纪早期的进步主义倡导者和前辈们一样，努力通过挖掘学生的好奇心，使学习具有吸引力。但据报告这些学生的智力成长和个人发展还是被在大多数学校中尚存的传统教学方法和课程扼杀了。

整个 20 世纪的教育实验，无非有如下我们所熟知的一些原因：对现状不满，认为当时巨大的社会变化势必要求教育变革，并假定社会进步和教育改革密不可分。至 19 世纪 90 年代，改革家们经常借鉴心理学这一新的学科知识领域，尤其是关于儿童和青少年发展的研究。随着教育和心理学成为大学的基础学科，儿童研究逐渐流行起来。斯坦利・霍尔是约翰・杜威就读于约翰・霍普金斯大学研究生院期间的一位教师，在 19 世纪 80 年代通过调查方式研究了“儿童心智的内容”，提供了早期的知识基础。产科和儿童疾病的研究得到了医学界更多的关注，20 世纪初通过最新的定量方法来测量学生的成绩也变得很普遍。大学的研究能力日益增强，有些城市还成立了自己的研究部门。尽管研究人员在对儿童进行科学研究所具意义的问题上还存在分歧，但他们却同样愈发质疑学校是否应该只关注学业而无视学生的生理或心理需求。[9]

教育实验在20世纪前几十年里蓬勃发展。如1896—1904年间，杜威和他的妻子爱丽丝便是这一潮流的典范。他们建立了举世闻名的芝加哥大学实验学校。入读学校的学生都是经过筛选的，大部分都是教师的孩子。他们学习标准的学术课程，也学习制造陶土模型，饲养绵羊、剪羊毛和纺织羊毛，以及建造房屋，这与裴斯泰洛齐的弟子们所推广的“实物教学”相呼应。学校开设的课程强调学习内容和日常生活之间的联系，反映出职业是如何随着时间的推移而演变的。但教育的目的并非职业性的，教师并不是在培养未来的木匠或牧羊人。教师的任务是引导并鼓励学生主动探求知识。例如，他们可以通过查阅烹饪书籍来学习如何煮鸡蛋，但如果通过自己反复试验来学习煮鸡蛋，效果就会好得多。正如杜威在《学校与社会》(1899)❷ 等著作中阐释的那样，教科书充满了抽象的概念，是基于成人对本学科的认识而编
467 纂的。教师应该为这些抽象概念注入生命力，并把它们与日常经验联系起来。

美国其他各地也都纷纷开展不同的教育实验。它们与芝加哥大学实验学校一样，成为教育者和关心教育的公民朝圣之所。这些朝圣者哀叹大多数学校传统教育理论和实践仍然非常强大。有志于教育改革的人会了解或是去参观玛丽亚·蒙台梭利在意大利创办的儿童之家、美国很多城市的分团学制❸、斯堪的纳维亚半岛的民众学校，以及20世纪20年代在苏联或其他地方建立的模范进步学校。20世纪三四十年

---

⑨ Herbert M. Kliebard, "John Dewey," in Altenbaugh, *Historical Dictionary*, 112; Robert B. Westbrook, *John Dewey and American Democracy* (Ithaca, NY: Cornell University Press, 1991); Herbert M. Kliebard, *The Struggle for the American Curriculum 1893-1958* (New York: Routledge Falmer, 2004), 11-12; O. L. Davis Jr., "Child Study Movement," in Altenbaugh, *Historical Dictionary*, 73.

❷ 该书中译本由人民教育出版社2005年出版。

❸ 即“葛雷制”或“二部制”。

代，在美国伊利诺伊州文纳特卡等地建立起私立性质的儿童中心学校和公立性质的郊区学校系统，都吸收了一部分杜威的教育思想。其间开展教育实验的还有道尔顿学校、华德福学校，在英国建立的幼儿学校，以及20世纪六七十年代美国建立的“开放教室”“没有围墙的学校”和替代性质的中学。

与19世纪的前辈一样，进步人士通过访问国内外学校、广泛深入的阅读，以及越来越多地进入大学学习来了解创新实践，他们通常获得了教育或社会科学领域的资格证书。一旦获得学位，那些毕业后成为教育学教授的学生，通常都会帮助他们的母校建立实验学校，无论他们曾经在艾奥瓦大学就读，还是在纽约市哥伦比亚大学师范学院学习。有些改革家，如杜威，则四处旅行，深入了解不同文化环境中教育思想是如何发展并得到体现的。从国外传播来的教育理念被重新塑造，以适应新的环境。反过来，美国进步人士也会去访问墨西哥等国的学校，深入了解广泛的教育课题，包括从使用与滥用智力测试到如何改进教学等。[10]

对于这一系列的实验学校，关于它们为何成立，以及它们在不同时代不同地方最终具有的重要性如何，我们很难进行概括总结。正如杜威和他的女儿伊芙琳在《明日之学校》(1915)[4] 中所述，富有革新性的学校在诸多方面都不尽相同。有些学校在乡村开办，有些学校在城市创办，有一些学校比其他学校更为宽松自由。学校的创办人和教师在给予学生多少自由、应该学习什么内容，以及为什么要学习这些内容等方面展开了诸多辩论。激进的教育者通常把大多数儿童就读的现有机构，定性为落后的、过于固守传统、与现在脱节的。相较而言，

---

⑩ Kliebard, *Struggle*, chapter 3; Röhrs and Lenhart, *Progressive Education*; Ruben Flores, *Backroads Pragmatists: Mexico's Melting Pot and Civil Rights in the United States* (Philadelphia: University of Pennsylvania Press, 2014), 3, 11, 107-115.

❹ 该书中译本由人民教育出版社2005年出版。

进步学校常常许诺会给予学生更多的自由，开设更丰富的课程，蔑视任何传统的东西。

无论是作为进步教师还是著名实验学校的创办人，女性继续发挥着至关重要的作用。20 世纪初，玛丽埃塔·约翰逊在亚拉巴马州费尔霍普创办了有机学校。正如历史学家约瑟夫·W. 纽曼评价的那样，这所学校吸引了大量认同其儿童中心教学观的教师。卡罗琳·普拉特在纽约市开办的城乡学校为公共教育系统中根深蒂固的传统教学方法提供了一种替代性选择。在 20 世纪开办的进步学校中，有些学校（如纽约市的道尔顿学校）具有很高的学术标准，逐渐发展成为选拔性教育机构，面向那些准备进入大学的精英学生。而在 20 世纪六七十年代美国城市开办的替代性中学，教学对象则是那些不适合传统教育的学生。有些进步教育的领军人物及教职员工和学生希望建立一个远离社会的庇护所，而另一些人则希望彻底变革学校教育。在 20 世纪 60 年代流行的浪漫主义话语中，许多理想主义者梦想着让一千朵（或更多的）鲜
468 花盛开，这听起来很像是最早的浪漫主义者说出的话。这在当时甚至是接下来的几十年里，在普通学校里似乎都是不可能发生的事情，因为那个时候许多国家的教育系统加入到了一场疯狂的竞赛当中，试图提高考试分数，力争登顶榜首。[11]

美国城市公立学校中有几所被当时许多人称为“进步教育”的学

---

[11] John Dewey and Evelyn Dewey, *Schools of Tomorrow* (New York: E. P. Dutton, c. 1962); Aaron R. Sadovnik and Susan F. Semel, eds., *Founding Mothers and Others: Women Educational Leaders during the Progressive Era* (New York: Palgrave Macmillan, 2002); Joseph W. Newman, “Experimental School, Experimental Community: The Marietta Johnson School of Organic Education in Fairhope, Alabama,” 80-81, and Susan F. Semel, “The City and Country School: A Progressive Paradigm,” 121-140, in “*Schools of Tomorrow*,” *Schools of Today: What Happened to Progressive Education*, ed. Susan F. and Aaron R. Sadovnik (New York: Peter Lang, 1999); Susan F. Semel, *The Dalton School: The Transformation of a Progressive School* (New York: Peter Lang, 1992).

校，它们的例子就说明了进步学校所具有的多样性。在印第安纳州的葛雷市，一场引人注目的教育实验悄然展开。葛雷市建于1906年，是世界上最大的钢铁厂——美国钢铁公司所在地。当地的学校董事会由一小部分商界精英和专业人士组成，他们普遍支持当地学校督学威廉·A. 沃特的创新性教育理念。沃特从1907年起担任督学，直到1938年去世。正如罗纳德·D. 科恩在其关于葛雷市学校的专题史中所述，沃特在芝加哥大学学习期间开始熟悉杜威的思想，并吸收借鉴了多种教育理论。与当时的许多改革者一样，沃特认为学校应该满足儿童的需要和兴趣，学校存在的目的不仅仅是为了满足那些为这个系统付费或工作的成年人。因此，沃特和其他地方志同道合的教育领军人物都对学校只应关注学术的观点提出了质疑，他们认为现代学校应该扩大视野，充分关照到儿童、青少年和当地社区所关心的问题。科恩说："学校不仅要为学生提供课内外的选择，而且还要提供医疗保健、婴儿看护、社会福利服务、家庭休闲娱乐、成人课程项目……残疾人设施，以及就业机会，并成为社区的支柱。"科恩总结指出，上述内容成了"进步教育"现代愿景的核心。[12]

沃特针对学校教育设计了一种"工作-游戏-学习"的教育方式，即众所周知的"分团"学制。该设计意在促进学生参与，而这是进步主义的特征之一。学生们将在校的一部分时间用于学习包括艺术、音乐在内的丰富课程，另一部分时间则转到商店和手工培训课开展学习，此外还留下一部分时间用于运动和体育。参观者将这些学校描述为活

---

⑫ Ronald D. Cohen, *Children of the Mill: Schooling and Society in Gary, Indiana, 1906-1960* (New York: Routledge Falmer, c. 2002), x, 1-2, chapter 8; also see Cohen's essay, "William Albert Wirt," in Altenbaugh, *Historical Dictionary*, 387-388; Arthur Zilversmit, *Changing Schools: Progressive Education Theory and Practice, 1930-1960* (Chicago: University of Chicago Press, 1993); Arthur Zilversmit, "Carleton Wolsey Washburne," in Altenbaugh, *Historical Dictionary*, 378-379.

跃的学习场所，有些学校配备了游泳池、广阔的运动场和成人夜校。沃特认为，工作、游戏和学习在理想情况下是相辅相成的。随着儿童和越来越多的青少年脱离全职劳动力市场，学校也增加了多项社会服务，如提供膳食、保健和牙科检查。最重要的是，沃特希望孩子们忙碌起来，找到他们喜欢做的事情，并在其中达到优秀水平。左翼激进分子和保守派都对这一学制表示赞赏，因为它不仅保证了工厂般的效率，还有利于建设一个更有凝聚力和更具文化内涵的社区。

美国有几十个城市都采用了分团学制。分团学制成为 20 世纪早期受到最广泛讨论和争论的教育创新之一。1929 年美国股市崩盘后，随之而来的经济萧条导致商界领袖减少了对分团学制的资助，该学制也在沃特去世后分崩离析。但不管沃特所建立的学制命运如何，进步教育在 20 世纪上半叶还是得以在许多公立学校践行。教育工作者通常欣然接受新教育或进步教育的言论和部分实践。自 19 世纪开启浪漫主义时代以来，越来越多的教育工作者宣称，儿童的需求（一直都难以界定）是至高无上的，传统的课程和教育方法令许多儿童望而却步，学校应努力提高自身对于他们的吸引力。虽然分团学制消失了，但葛雷市以及其他学区在第二次世界大战后都普遍提供了全方位的社会服务，其中包括增加针对特殊需要学生的服务项目数量。学校学术教学的使命不会消失，但学校履行了许多社会职能和职业职能，正如“新教育”倡导者早先所预期的那样。

469 20 世纪二三十年代，许多精英私立学校成为儿童中心教育的著名典范，而此时葛雷市的学校则证明，以独特方式构想的进步主义，可以在以工人阶级为主的城市和公立教育系统中得到蓬勃发展。进步思想在公立学校中蓬勃发展的另一个例子，出现在伊利诺伊州芝加哥郊区的文纳特卡。据科恩所述，沃特的许多同事都认为他很冷漠不合群。而与他同时代的卡尔顿·华虚朋则不同。华虚朋在 1919—1943 年间担任文纳特卡的督学。与 19 世纪许多“新教育”领军人物一样，华虚朋具有超凡的魅力。和沃特一样，他的任期也出乎寻常得长，但直到职业生涯接近尾声，他都得到了来自家长和当地学校董事会的大力支持。

文纳特卡是一个富裕的社区，在聘用华虚朋时就致力于建设一流的学校系统。华虚朋借鉴了包括杜威思想在内的一系列教育理念，提出了另一种被同时代人称为进步教育的观点。华虚朋曾就读于芝加哥具有进步主义特征的帕克学校，毕业于斯坦福大学。在中小学执教一段时间后，他进入了一所位于旧金山的师范学校，并在担任教职期间受到了一位同事的影响。这位同事曾是强调个别化教学重要性的斯坦利·霍尔的学生。作为浪漫主义核心的个人独特性，一直是华虚朋关注的问题，而许多社区的家长则担心随着学校规模的迅速扩大，孩子们可能会感到迷失。但是，教师如何才能在按照年龄分级的课堂上进行个别化教学呢？后来被人熟知的“文纳特卡计划”打消了家长们的顾虑，因为当地的学校都会在上午为学生提供扎实的学术课程。每个学生都要完成练习册上的作业，参加大量的考试，并按照自己的节奏成长进步。下午，学生们则有机会参加艺术、手工艺等更具有创造性的活动。他们本着“做中学”的精神开办信用合作社和邮局，以及搭建圆锥形帐篷。华虚朋培养了一支认同他想法的教师队伍。他在文纳特卡的教育系统内建立了一所教师培训学院，长时间地与教职员工待在一起，并经常表扬他们。与葛雷及其他学区一样，20 世纪 30 年代的经济大萧条导致文纳特卡学校预算减少，受到被指“追求时尚和虚饰”的抨击，学校体系重新开始强调学术课程，而这在华虚朋卸任后被进一步强化。不过，在其繁荣发展的鼎盛时期，文纳特卡计划成了进步教育的著名代表。[13]

与师范学校试图普及“新教育”一样，20 世纪新建立的教育学院和教师培训学院也试图推广“新教育”。许多州立大学以及拥有教育研究生院的私立大学，都和 19 世纪 90 年代的约翰·杜威和爱丽丝·杜威一样，创建了实验学校。未来从教的教师可以在实验学校中观摩资深教师的教学，研究学生如何才能取得最佳学习效果，而这通常就意味着他们要质疑基于记忆和回忆的考试方法。哥伦比亚大学师范学院等具有影响力的学院，聘请到了在进步教育不同方面做出贡献的教授前来任职。在哥伦比亚大学师范学院，杜威的忠实拥护者威廉·H. 克伯屈推广的“设计教学法”，打破了学科知识体系，在全国许多初等学校广受欢迎。孩子们可以用几天时间来独自或合作解决问题并完成设计，而不是记忆某个学科里的知识。伦敦大学教育学院的苏珊·艾萨克斯开创了幼儿园和小学新的教学实践。同样具有影响力和创新精神的教育家们，也在其他国家的一流教师培训机构里担任教职。

20 世纪上半叶，进步教育经常成为专业人士关注的焦点。进步人士出版了专门的期刊，刊登关于设计教学法、幼儿园、手工训练、艺
470 术和手工艺，以及多种打破牢固的教育传统锁链的方法的文章。他们在著名的专业团体中参与互动，如 1919 年在纽约成立的进步教育协会，以及一年后在欧洲成立的新教育协会。这些组织的成员通常希望为个人量身定制教学，提升儿童的自由度，并为学生开设丰富的课程。他们常常哀叹教育变革进展缓慢，并意识到其他的教育革新比他们自己

⑬ Zilversmit, *Changing Schools*; Robert A. Levin, “Laboratory Schools,” in Altenbaugh, *Historical Dictionary*, 206-208; Kliebard, *Struggle*, 135-140; Craig Kridel, “William Heard Kilpatrick,” in Altenbaugh, *Historical Dictionary*, 202-203; Richard Aldrich, *The Institute of Education 1902-2002: A Centenary History* (London: Institute of Education, University of London, 2002), 100-102; Craig Kridel, “Progressive Educational Association,” in Altenbaugh, *Historical Dictionary*, 303-304.

的革新更具影响力。大多数进步人士都努力地说服公众，以儿童为中心的教学与学术的高标准是并行不悖的，因为在20世纪的公共政策中，学术标准的提升变得愈发重要了。⑭

尽管心理学推动了儿童研究，但同时也塑造了现代考试运动，而后者却成了进步主义的污点。考试给现实的课堂教学实践留下了不可磨灭的印记，其影响力远远超过“以儿童为中心”的教育学的浪漫理念。此外，杜威和其他与进步主义有关联的知识分子、学者，在20世纪30年代被指受到“红色诱惑”，破坏了教师的权威，削弱了对资本主义的忠诚度。20世纪50年代冷战期间，反对自由主义和进步教育的声音变得更加强烈。一位其身份地位不亚于德怀特·D. 艾森豪威尔总统的人物曾声称，杜威的影响破坏了学校的学术标准。时至今日，许多观察者（不仅仅是保守派）仍然偶尔会宣称杜威当时对教学实践产生了巨大的影响。而杜威对于有关儿童的浪漫主义观念和儿童中心教育相当一致的批判，倒无关紧要了。当20世纪50年代后期苏联成功发射人造卫星时，公立学校遭到了人们的责难，而发现这一体系的缺陷也是很容易的事情。在中学入学人数激增的同时，攻读学术课程的中学生比例却低于20世纪之初。上生物课的学生人数上升，而选择物理课的人数则下降；社会研究课取代了许多历史课程；在第一次世界大战后选择外语课的人数也在急剧下降。造成上述变化的原因有很多，但鲜与杜威有关。尽管如此，人们还是会把这些归因于这个进步主义的

---

⑭ William J. Reese, "In Search of American Progressives and Teachers," *History of Education* 42(May 2013): 320-334. Also see Reese, *America's Public Schools*, 203-204; Westbrook, *John Dewey*, 543.

"恶棍"，因为大家总喜欢用单因素来解释复杂现象。[15]

20 世纪初以来，学校明显承担了许多新的职业和社会职能。批评美国"新政"的人士，尤其是共和党人，经常抱怨自由主义让社会及其制度染病，而这正是苏俄科学技术被公认取得了优势的原因。此外，公立学校无疑存在着一种这是福利制度的认识，而这又可能强化了人们认为学校已经变得"柔软"、缺乏严厉性的看法。福利项目不同程度地以早午餐计划、保健和牙科检查、体育和健康课程（其质量参差不齐），以及就业或大学升学咨询等不同形式存在。学校提供职业培训、体育项目、课外活动和其他形式的实践学习。在 20 世纪 70 年代之前，体育项目往往仅限男性参与，在各个社区中广受欢迎，许多中学的篮球或足球项目比学术课程更为知名。显然，体育狂热的始作俑者并不是学校，而是根植于社会这个更大的场域。在 20 世纪 50 年代，对进步主义的攻击无处不在。自由派人士亚瑟·贝斯特等著名历史学家，抨击大学的教育学院破坏了高等学府的卓越性，因为教育学院的录取标准很低，且支持开设更多的非学术性课程。同时，人们大声疾呼"回归基础"，基础教育委员会等团体试图恢复学术学习标准，削弱以儿童
471 为中心思想的吸引力。或许进步教育协会在 1955 年解散并不足以为奇，但就像旧燕归巢一样，倡导以儿童为中心的教育工作者在 20 世纪 60 年代又强势回归。他们所面对的是与前几代改革者同样的批评。

当外部评估人员发现印第安纳州葛雷市学校的学业成绩通常较低时，督学沃特表示这是可以理解的，他的回应是考试分数并不能恰当地衡量学校对学生和整个社区的贡献。这种回答在第二次世界大战后

---

[15] Reese, *America's Public Schools*, chapters 6 and 9; Charles E. Jenks, "Arthur Eugene Bestor, Jr.," in Altenbaugh, *Historical Dictionary*, 39-40; Cohen, *Children of the Mill*; Roy Lowe, *The Death of Progressive Education: How Teachers Lost Control of the Classroom* (London: Routledge, 2007); Larry Cuban, *How Teachers Taught: Constancy and Change in American Classrooms 1890-1980* (New York: Longman, 1984).

遭到了嘲笑，当时保守派将进步教育等同于“低标准，让孩子们随心所欲”。而批评者们对于进步人士给学校造成的变化，更是夸大其词了。例如，历史学者罗伊·洛发现，以儿童为中心教学法的采用在英国并不普遍。同样，拉里·库班也发现，虽然美国的初等学校比高中更容易接受关注儿童需要的教学法，但传统教学法往往仍占据主导地位。小组教学以及电视、幻灯片和其他创新技术的使用，本来号称有助于增加中学的活力。但讽刺的是，像课本一样，它们反而强化了学生的被动学习。至1960年，学校比几十年前增加了许多社会服务项目，并显著扩大了自己承载的使命范畴。不过，许多教室仍然布置的是用螺栓固定的课桌，允许体罚（大多数州的法律允许），课堂并没有变成儿童的花园。使用便携式课桌，也不能避免老师采取满堂灌这种在中学普遍存在的教学方式。[16]

在20世纪60年代美国民权运动和林登·贝恩斯·约翰逊总统在任时开创“伟大社会”期间，进步教育理念和实践再次出现，并吸引了大量的关注。至20世纪70年代初，着装规范放宽、师生之间相处更为随意、分数膨胀及其他改革措施，改变了许多公立学校的氛围。“开放式”教室、替代性中学、“没有围墙的学校”，以及其他自由价值观的表达，意味着教育领域的变化是实实在在的，尽管这些变化并没有像批评者有时宣称的那样广泛。联邦实施的一些新的重要项目，如“开端计划”，重提了如下理念，即幼儿教育通过让贫困儿童接受按中产阶级标准进行的社会化，能够帮助彻底改变他们贫穷的宿命。然而很快，一场强势的保守运动兴起，对20世纪60年代的“自由主义”予以回应，进而推动理查德·尼克松在1968年凭借“法律与秩序”的口号当选总统。此后，保守派运动便经常主导政策的制定。对于大多数进步

---

⑯ Jo Anne Anderson, "Accountability," 9-10, and Donna Marie Harris, "High-Stakes Testing," 291-292, in McCulloch and Crook, *Routledge International Encyclopedia*.

人士来说，这样的社会环境不甚友好。

总 结

测试，这一进步主义的宿敌，在2002年戏剧性地抬起了它丑陋的嘴脸。共和党总统乔治·W.布什和被誉为“自由之狮”的马萨诸塞州民主党参议员爱德华·M.肯尼迪，各自出于不同的原因，一同推动了《不让一个孩子掉队法》的颁布，促使联邦下大力气以标准化考试为依据，提高学校的水准。共和党人希望借助市场的力量来影响公立学校，并在这个过程中推动学校教育系统的私有化；自由派的民主党则更希望记录下少数族裔“力争上游”的优良表现。考试成绩目前在许多国家的学校系统中都是黄金准则。发布考试成绩就像发布体育比赛结果一样动人心弦。

472 至21世纪初，美国学校仍然保留了许多几十年来积累下来的、不断扩大的社会功能。儿童早期教育仍然很重要，“开端计划”得到了国会两党和公众的支持。小学教师仍然最好地践行了儿童友好型的教学方法，但对考试结果的重视又使重复训练、死记硬背以及填鸭式的教学方式得以保留了下来。用以应对各式各样测验的应试教学，引起了一些自由派人士的愤怒，但也得到了许多温和派和保守派人士的支持，后者希望学校能取得更好的、可测量的成果。学校还肩负着在体系内提升学生学业成绩的重任，根据法律规定，这个体系覆盖整个中学的所有人，包括身体和智力残疾的学生。

戴维·L.拉巴里曾写道：教育学院仍然在向未来的教师传授一种被重新命名为“建构主义”的进步教育。学院的学生被告知，教学应基于“儿童的需求、兴趣和发展阶段”来开展，运用小组协作和小组项目，以及推动给予学生更多学习“自主性”，学会“如何学习”的各种“发现”方法在教学中的应用。其目的是强化“批判性思维”和

"解决问题的能力"。[17] 虽然话语已经发生变化，但旧有的梦想依然存在：学校应该顺应儿童的发展，而非反其道而行之；学习应该是愉快的和令人兴奋的。而后一句正是两个世纪前浪漫主义者明确表达过的观点。

推荐书目

Allen, Ann Taylor. *The Transatlantic Kindergarten: Education and Women's Movements in Germany and the United States*. New York: Oxford University Press, 2017.

Altenbaugh, Richard J., ed. *Historical Dictionary of American Education*. Westport, CT: Greenwood Press, 1999.

Beatty, Barbara. *Preschool Education in America: The Culture of Young Children from the Colonial Era to the Present*. New Haven, CT: Yale University Press, 1995.

Brosterman, Norman. *Inventing Kindergarten*. New York: Harry N. Abrams, 1997.

Cohen, Ronald D. *Children of the Mill: Schooling and Society in Gary, Indiana, 1906-1960*. New York: Routledge Falmer, 2002.

Cremin, Lawrence A. *The Transformation of the School: Progressivism in American Education 1876-1957*. New York: Vintage Books, 1961.

Cuban, Larry. *How Teachers Taught: Constancy and Change in American Classrooms 1890-1980*. New York: Longman, 1984.

Kliebard, Herbert M. *The Struggle for the American Curriculum 1893-1958*. New York: Routledge Falmer, 2004.

---

[17] Anderson, "Accountability," 9-10; Harris, "High-Stakes Testing," 291-292; David F. Labaree, "Progressivism, Schools and Schools of Education: An American Romance," *Paedagogica Historica* 41(February 2005): 277.

Labaree, David F. "Progressivism, Schools and Schools of Education: An American Romance." *Paedagogica Historica* 41(February 2005): 275-288.

Lowe, Roy. *The Death of Progressive Education: How Teachers Lost Control of the Classroom*. London: Routledge, 2007.

McCulloch, Gary, and David Crook, eds. *The Routledge International Encyclopedia of Education*. London: Routledge, 2008.

Reese, William J. "The Origins of Progressive Education." *History of Education Quarterly* 41(Spring 2001): 1-24.

Röhrs, Hermann, and Volker Lenhart, eds. *Progressive Education across the Continents: A Handbook*. Frankfurt am Main: Peter Lang, 1995.

Semel, Susan F., and Aaron R. Sadovnik, eds. "*Schools of Tomorrow*," *Schools of Today: What Happened to Progressive Education*. New York: Peter Lang, 1999.

Zilversmit, Arthur. *Changing Schools: Progressive Education Theory and Practice, 1930-1960*. Chicago: University of Chicago Press, 1993.

第 30 章　学校教师与管理人员的历史

凯特·鲁斯曼尼尔

在过去，学校里的工作是何种情形？教师们如何开展教学，管理 475
人员又是如何管理学校的？哪类人群能够在学校工作，而他们又为这份工作做了哪些准备？为了开始回答这些问题，我们首先需要了解教师和学校管理人员的含义。这个问题比最初看上去要复杂得多。

当代的职业称谓“教师”是一个相对较新的概念，伴随着 19 世纪末和 20 世纪初公立学校制度的发展而出现。在此之前，教导学生的人有牧师、父母、女家庭教师、男家庭教师和职场导师，他们在各类教育机构中任职，包括私立学院、开在家里的主妇学校、教会学校以及由地区拨款和学费支撑的社区学校。即便在今天，教师的定义依然与他们在小学或者中学所教授的科目相关联，也取决于他们在私立学校、教会学校或者公立学校、幼儿园和托儿所、保育机构、走读或寄宿学校以及其他特殊机构中所从事工作的专业性。因此，“教师”一词包含了广泛而多样的职业经验和工作实践。

同样，人们普遍理解的“学校管理人员”，也包含校舍主管或校长，以及地区、州、联邦政府教育部门的管理人员这两个层面，后者还包括通过民选或任命的教育委员会成员、行政主管和督学，以及负责学生出勤、教师培训与资格认证、健康与安全保障、课程等法律与财务方面事务的官员。教育管理还可以涵盖志愿利益团体和社区群体，例如家长-教师协会、教育工作者协会及工会，以及致力于教育政策研究的专业和商业利益团体。作为在地方社区和经济中有着既得利益的政府资助机构，学校是一种复杂的科层组织，有很多不同的参与者置身其中，在共同为教育事业做出贡献。

研究的性质

476 公众对教育工作者的态度以及与教育工作者相关的历史解释会随时间变化而变化。要理解这种变化，有关教师和学校管理人员的历史编纂具有指导意义。早期关于教师和学校管理人员的教育研究是规定性而非描述性的，旨在改进教育实践。有关教师和学校管理人员最初的历史记载，属于涉及教育工作者就业、岗位说明、职业培训与特征等方面发展的年代学研究，目的是为了更好地了解如今的教师和管理人员如何才能弄清自身的角色。这些研究往往聚焦于地方、州和国家教育改革中的主要政治角色，突出了政策和政策提案。重点往往是这些政治活动家打算通过教育政策为教育和对教育做些什么，而不是这些行动的实际影响，或者教育政策在地方层面的具体执行情况。在 20 世纪中叶，此类史学研究往往是由那些想要改善教育系统的教育决策者或领导者撰写的，其反映了一种普遍的信念，即教育系统是组织精良的科层结构，在这其中的教师和管理人员只要能正确地学习和履职，就能够发挥效用。

从 20 世纪 60 年代初开始，社会科学研究者和历史学者对于学校在过去和现在的运作方式这一问题，逐渐提出了一种更为复杂的研究视角。这种修正主义的研究方法部分地源于当时的学术和政治活动：鉴于同时期观察到学校融合了现代社会中许多高度隐秘的倾向，教育研究者不再简单地将学校视为良性且高效运作的组织，而开始批判性地研究学校教育是如何复制阶级与种族的不平等以及传统的性别与文化角色的。

社会学家开始以更加批判性的眼光来看待学校，将之视作一个复杂的文化组织，富含个人的和权力的动力机制。此前的规定性研究以政策为中心，关注的是学校作为机构应该是怎样的，而新的研究有所超越，转而将重点放在学校作为一个组织的实然状况。尤为值得一提的是，这些研究观察到，学校并不是像早期决策者所设想的那样，是一个理想化的科层机构，其中每个部分都有相应的功能，相反，学校是一个"松散耦合"的组织，高度依赖并受到众多参与者的影响。这些研究表明，地方上的学校工作"与实证的行为与管理科学中那些齐整的概念设计相去甚远"，而这种设计正是早期规定性教育研究文献的特征所在。①

例如，哈里·沃尔科特在其研究成果《在校长办公室里的那个人》（1973）中表明，学校校长并不是一个在严格专制制度下工作的刻板官员，而是学校这一复杂的竞争性组织中的众多参与者之一。在学校里，文化是由管理人员、教师、学生以及其他职员共同协商的结果。丹·洛蒂的《学校教师：一项社会学研究》（1975）一书，对教师的职业道德、非正式工作传统、价值和惯常做法进行了周密研究，这也就是后来学者们所说的教师工作文化。这些研究视角提供了更加多维的理解，即教师的工作不仅仅是课堂教学，而学校管理人员的工作也不仅仅是下达指令。由此，学校作为受个人和集体文化及政治动力机制影响的一种动态、复杂组织的形象便呼之欲出了。

根据上述关于组织和政治的见解，教育史学者逐渐将研究重点置 477
于学校教育的社会史方面，开始关注到种族、阶级和性别在学校组织中的动力机制，以及经济因素、国家和地方文化、不断变化的目的、

① Richard J. Bates, "Toward a Critical Practice of Educational Administration," in *Leadership and Organizational Culture: New Perspectives on Administrative Theory and Practice*, ed., Thomas J. Sergiovanni and John E. Corbally (Chicago: University of Illinois Press, 1984), 269.

政治、哲学等是如何在一段时间内影响教育实践的。由此，学校史不再仅仅被视作立法和制度层面的发展史，而是涵盖了课程、学校设计、青年文化以及性别、种族和阶级动力机制等多方面内容的历史，出现了一大批围绕个体或社区过去教育经历的研究。然而，具有讽刺意味的是，即使在这个更宽广的新研究领域中，历史学家们仍然忽视了教师和管理人员在学校中工作经历的历史。

历史学家们指出，教师和管理人员的社会史研究所面临的挑战，部分来自于研究资料的匮乏：教师在课堂里的一般教学明显不属于历史记录的范围，极少留下的完整文件被保存在档案馆中，记录了典型上课日里常规内容与活动的材料同样极为少见。因此，关注教育工作者的修正主义历史学家们，往往倾向于将研究重心放在一些正规组织上，如教师工会和专业的教育协会。他们以官方文件为基础，叙述组织政策的历史，侧重于领导者和正式的政治与立法斗争。有关教育工作者的社会史研究面临的另一障碍在于，历史学家们倾向于将教育工作者的概念定义为一个由若干小群体构成的大群体，这个大群体涵盖了从官方的教育领导者到班级授课教师的所有人。于是在 20 世纪 70 年代，几乎没有关于教育工作者学校日常工作的历史阐释，包括：教师们在教室如何开展教学，管理人员如何在办公室里办公，或者其他职员如何进行学校的日常运作，等等。

在随后的几十年间，方法论和理论的发展为有关教育工作者的社会史研究提供了新的洞见。1984 年，拉里·库班出版的著作《教师如何教学：美国教室里的变与不变（1890—1980）》取得了重大突破。该书通过分析照片、建筑设计、学生报纸、针对学校的调查以及教师的自我报告，来考察过去教学的本质。依托于这些定性和定量的文献资料，库班探索了近一个世纪以来人们不断进行课堂改革而教学实践却没有发生显著变化的原因，提供了描述性和分析性两个维度的分析。1989 年，唐纳德·沃伦编著的《美国教师：工作中的职业史》一书，是首部新式历史研究的成果汇编，该书重点研究了美国历史上人口状况、政治经济状况、劳动与专业意识对教师的影响，并对很多领域的历史案例做了专门分析，如农村与城市学校的教学、教师教育的发展、教师聘任与晋升实践、教师行动主义、教学的女性化，以及非裔美国教师的独特历史等。1997 年，凯特·鲁斯曼尼尔出版的《城市教师：历史视角下的教学与学校改革》一书，将课堂外的研究重点扩展到了整个学校建筑，该书挖掘了大批原始文献，用以描述 20 世纪 20 年代纽约市学校改革举措下教师的工作体验。

这些以及后来的社会史研究，或“历史人种志”研究，考察了世界各地的学校组织在基层的运作方式，记录了历史上教育工作者的日常生活实践、生活经历和人物传记。这项工作借鉴了新的历史研究方法，包括口述史、生活史，对照片、建筑和语言的批判性解读，以及关于劳动、种族、阶级和性别的新的理论见解等。例如，长期以来， 478
女权主义史学家一直认为，专注于重要政治和立法事项的历史学者忽视了女性的生活，因为女性是被排除在这些事项之外的。从事非裔美国人经历研究的史学家，开始找寻此前被忽视的、讲述遭奴役非裔美国人历史的文献资料，而在此之前，人们认为针对这一群体的历史记载并不存在。研究劳工史的学者逐步认识到，工人行动主义的重要性不仅存在于领导者的政治活动中，也存在于车间工人的日常文化中。边缘群体的故事曾被排除在档案馆中的正式记载之外，随着全球各地的学者纷纷使用社会史方法为这些边缘群体的历史提供证据，这一新的研究方式在国际上被广为采用。

教育史学家紧随这一趋势，也开始撰写有关教师在教室里日常经历的历史，并关注到教师队伍女性化背后的性别动力机制，以及教师和管理人员随时间推移而变化的种族与阶级身份认同，还有教育工作者工作环境的硬件条件。20 世纪 90 年代起，教育史学者从这种社会史研究的角度，对不同国际背景下的学生、教师、地方学校管理者、父母、社区团体和大众文化等进行了相关研究。

这种历史研究将所有学校参与者（包括教师和学校管理人员）的当地和日常生活作为分析的中心对象，较少关注教育机构的年代发展，而更多侧重于学校不同参与者之间的复杂互动，他们的工作文化、经历、传记和实践，以及社会和政治态势是如何与其工作发展交织在一起的。其中许多研究都属于小规模的、微观的案例研究，但即便是最小的案例研究，也对理解学校组织运作性质提供了更为宽泛的含义。

总体而言，这种新的围绕教师和管理人员的跨国、跨文化历史研究，具有三个特色主题：创建国家教育体系给教育工作者所带来的影响；为教育工作者专业化而进行的斗争；教育工作者与国家教育宗旨和结构之间的关系。

国家构建与教育职业的创设

教师与学校管理职业的发展与国家公共教育体系的发展是相伴而行的。事实上，如果没有国家支持的大型公立学校基础设施的出现，那当前的教师和管理人员岗位就不可能存在。

在大多数西方国家，直到 19 世纪中叶，学校教育基本上仍处于不受监管的状态下，情况五花八门。只有富人（主要是有钱的男性）才能接受到系统的教育。穷人能够就读的学校大多是由教会和慈善组织赞助的。上述所有教育机构中的教学过程都各不相同，且缺乏监管。在没有一个组织化的、由公共经费支撑的教育系统的情况下，课程、
479 教学、教师培训或聘任实践都没有标准。即便是在特权机构中，教师的地位和薪资也不高，安全保障极低。由于大多数学校是由社区或私人组织资助和控制的，因此并没有什么稳定的学校管理结构，日常管理工作由教师们承担，他们被委以最基本的行政管理任务：保障学生出勤，维持清洁与秩序，以及上课。无论在哪里工作，教师们都是面

对混龄学生群体开展教学，他们的教学方法专制、纪律措施严厉，依赖反复练习和背诵来达到教会学生读写的基本目标。

19 世纪末 20 世纪初，大多数国家里都出现了更为系统的学校教育组织，这是中央集权的、有凝聚力的国家政府发展进程的组成部分。政治领袖将创建国家教育系统视作巩固政治秩序、民族文化和经济体系的方式之一。学校会带头接受自治，这种自治将带来“秩序、稳定、规范和可预测性，人们愿意把合法的政治权力让渡给议员代表，服从专家，愿意遵循具体规章和程序，留存记录，尊重他人的合法权益”②。将教育理论与政治理论联系起来的做法，通过 18 世纪的欧洲启蒙哲学家与一些教育家得到了跨国的传播，如让-雅克·卢梭和约翰·洛克等启蒙哲学家引入了关于人类能动性的新观念，瑞士教育家约翰·裴斯泰洛齐主张以儿童的兴趣作为教育的出发点，裴斯泰洛齐的学生、德国教育家弗里德里希·福禄培尔将这一理论应用到了儿童早期教育的概念当中。在上述新的教育理念的共同促使下，强调学生兴趣和动机的教育实践得到采用，这与传统教育截然不同，传统教育将教育视为一种规训活动，把一整套知识和行为强加给学生。与新的对儿童需求和兴趣的人性化认识交织在一起的，是这样一种观点：现代国家需要的是具有某种个人主动性的公民，而这是先前以农民和农奴为基础的社会所没有的情况。

因此，改革后的课堂教学法与民族国家的发展联系在了一起，新民族国家的教育改革家很快便意识到了这一点。美国 19 世纪的教育改革家贺拉斯·曼前往欧洲观察这些教育理念在实践中的表现后，倡导建立一个由公共经费支撑的学校系统，该系统有赖于对少年儿童教育的集体公共投入，教育的目标是培养他们的基本读写与计算能力，以

---

② Pavla Miller, *Transformations of Patriarchy in the West*, *1500-1900* (Bloomington: Indiana University Press, 1998), 204.

及独立、个人自治和创新的能力。贺拉斯·曼、亨利·巴纳德及其他19世纪美国的教育改革家们，共同促成了“公共学校”的创建，这是一个计划性的公立教育系统，有助于构建一种共同的美国文化与政治身份。这种将改革教育学与国家认同联系起来的做法并非美国所独有。在前英国殖民地加拿大，学校教给学生“不列颠加拿大人”的身份元素，以此将加拿大这个新的国家与其南方邻国美国区分开来。19世纪晚期，日本的改革家开启了国家教育系统现代化和集权化的进程，以巩固文化和政治权力。19世纪结束之时，类似的过程也并未止步：在新成立的苏联、新中国、新以色列，以及其他诞生于政治和社会革命的国家实体中，国家教育系统都得到发展，强制入学，培训和聘用新的教育工作者，以达到促进新的国家利益的目的。③

480 在南亚、东南亚、非洲、南美洲的大部分地区，教育发展在国家建构过程中并未发挥出应有的功能。这些地区的地方文化、地理、殖民地与地方偏见，都使得中央集权化的过程变得非常复杂。在很多以农业为主的发展中国家，官办教育系统的创立普遍面临挑战，包括入学机会、资金、地方支持，以及殖民当局和本土政权与原住民和少数民族文化之间的冲突，这种冲突对中小学的教育目的和内容提出了质疑。以墨西哥为例，反复的政治动荡将联邦教育系统的建立推迟到了20世纪30年代，即便在那时，教师培训机构、学校督导和管理系统仍然受到地方和城市居民持续不断的挑战。在被殖民的社区，大量致力

③ Bruce Curtis, *Building the Educational State: Canada West, 1836-1871* (London, Ontario: Althouse Press, 1988); Richard Rubinger, "Education: From One Room to One System," in *Japan in Transition: From Tokugawa to Meiji*, ed. Marius B. Jansen and Gilbert Rozman (Princeton, NJ: Princeton University Press, 2014), 195-230; Glen Peterson, Ruth Hayhoe, and Yongling Lu, *Education, Culture, and Identity in Twentieth-Century China* (Ann Arbor: University of Michigan Press, 2001); Tali Tadmore-Shimony, "Immigrant and Veteran Teachers of the 1948 Generation as Socialization Agents of the New State," *Israel Studies* 16, no. 3 (2011): 23-42.

于教育发展的不同参与者，造成了争议不断、复杂的政治局面。例如，在19世纪晚期的印度加尔各答，洛雷托天主教会的修女们对面向印度本土贫困女童开办的学校进行了调整，以适应错综复杂、充满冲突的环境，由此能够在大英新教帝国的制度要求、男性主导的天主教会以及当地关于女子教育的传统观念之间游刃有余。④

但国家教育系统一旦真正站住了脚跟，中央政府就会逐步宣称国家拥有为新建学校设立标准和实行监督的权力，政府官员建立起教育科层机构的基础架构，通过公共资金和监管立法来管理这一新的体系。19世纪初发轫于英国教育领域的导生制，逐渐发展为世界上首个学校管理和课堂组织的教育模式。特别是在英格兰及其庞大的帝国内，导生制承诺以最低成本在标准化的教学模式之下合理组织学生，从而同时促进个体和社会的发展。20世纪初，国际上大多数教育体系都采用了分级教育系统。这种系统吸收了德国教育家约翰·弗里德里希·赫尔巴特及幼儿心理和发展心理学家的理论成果，根据学生在逐步增多的、用以评估其知识掌握情况的测试中的成绩，组织他们进入有序的学习阶段。这种组织方案很受欢迎，且经费使用上也很高效。在这种方案里，教师和学生被划分为多个不同的等级单元，校长被任命为全权负责人，组织各科学习、掌管纪律，并监督指定校区内所有班级的系统运作。中央教育管理部门的人员负责制定、管理和传达新的国家教育政策、课程与指导方针，他们往往既要负责监督课堂实践，又要

---

④ Elsie Rockwell "Schools of the revolution: Enacting and contesting state forms in Tlaxcala, 1910-1930," in *Everyday Forms of State Formation: Revolution and the Negotiation of Rule in Modern Mexico*, ed. Ana Alonso, James C. Scott, Armando Bartra, Florencia E. Mallon, Marjorie Becker, Elsie Rockwell, Jan Rus, and Alan Knight (Durham: Duke University Press, 1994), 170-208. Tim Allender, "Transcending the Centre-Periphery Paradigm: Loreto Teaching in India, 1842-2010," in *Connecting Histories of Education: Transnational and Cross-Cultural Exchanges in (Post) Colonial Education*, ed. Barnita Bagchi, Eckhardt Fuchs, and Kate Rousmaniere (New York: Berghahn Books, 2014), 227-243.

负责监管管理过程。

上述组织层面的发展对学校就职人员产生了很大的影响。就教师而言，国家教育系统的发展意味着更正规的聘任、更多的薪酬以及更多的指导和规定。最后一项是新增项，由于早期私立学校教育中存在着典型的混乱和滥权现象，因而这一点也并非总是不受欢迎。在学校内引入校长一职，从根本上改变了这一新兴的、由国家控制的教育科层机构，因为地方学校管理人员充当了连接地方教育机构与国家行政机构的中间管理者，从而确保了中央教育政策的实施。通过这种方式，国家的教育权威经由国家的教育科层体系得以确认和巩固，这个体系由受到监管的雇员组成，他们受雇于国家，由国家支付薪水，通常属于国家的公务员。就其争取专业化和自身独立组织的尝试而言，教育工作者在历史上及当代所具有的公务员身份，具有着重大的意义。

为专业化的教学和学校管理而斗争

481 19 世纪末 20 世纪初，许多职业都经历了专业化进程，医学和法律领域尤为显著。这些领域的领导者是为了寻求进一步提高从业人员的社会地位、经济收入和职业自主权。专业化发展的核心是要建立起受自律性行业立法机构监督的竞争性资格制度。对教育工作者来说，其专业化的目标是将新的国家教育系统和由专家构成的教育职业联系起来（这些专家经过了科学培训和授权），从而为教育工作者谋求类似于医学和法律从业者所享有的那种更好的经济回报、更可观的文化资本和更高的社会地位。不过，以下两个因素使教育工作者的专业化道路变得更为复杂：首先，公共教育工作者仍属于由国家出资聘用的公务员，而不是独立从业者；其次，教育变得愈发女性化。这两点均削弱了专业化的目标。

教育工作者的培训和认证项目的发展，便是其专业化发展面临挑战的例证。在教育领域，此类培训最初由政府资助的教师教育机构提供。这些机构以德国的教学讲习所和法国的师范学院为蓝本，最终演变成了美国的通用术语“师范学校”。师范学校的倡导者围绕教育学科和博雅学科的主题，精挑细选出一套系统性的知识体系，以此让新教师在教育实践专门科学方面做好准备。教学也因而不再是成人与儿童共处一室的个人行为，而成为由经过科学训练的教育学、学习理论和课程方面的专家构成的专业领域。到 20 世纪初，由国家授权的教育学位要求和国家颁发的资格证书要求的出现，就是上述努力所导致的结果。

但是，在赋予专业地位方面，开展教师教育的学校很难与其他领域那些具有选拔性和竞争力的机构相提并论。首先，新的公立教育系统急需大量师资，因而培训项目无法进行精挑细选。事实上在 20 世纪初的大部分时间里，教师和学校管理人员往往都是在未经任何正式培训的情况下就被聘用的。其次，教师教育项目讲授的都是一般性的教育知识。在很多国家，这类项目因其容易获取甚至成了最受欢迎的高等教育形式。最后，或许也是最重要的一点，教师教育很快成为女性的天下。19 世纪，在很多国家的教育系统发展过程中，招募女性从事教学是教育改革家们刻意为之的一项策略。其首要原因在于，女性是现成的廉价劳动力。年轻的中产阶级女性在新的公立学校系统接受了教育；同时，受益于现代化，她们得以从最基本的家庭需求中解脱出来。对于那些需要受过一定教育、薪水不高的工作岗位来说，这些女性是最理想的受聘对象。无论工资多么微薄，教学工作都对女性很有吸引力，因为这通常是她们可以获得的报酬最高的工作，甚至往往比男性非技术工的报酬还高。女性也让当时刚刚出现的关于教育是一项人道的、关爱性工作的新愿景得以实现。受 19 世纪有关中产阶级女性和儿童发展理论的影响，人们认为女性对儿童具有“天然”的亲和力。在倡导节俭的学校管理者眼中，她们集关怀体贴与成本较低于一身，

482 令人满意。19 世纪中叶，倡导建立学校的人认为，女性天生就是儿童的看护者，她们不会要求太多的金钱、声望和权威，因而最大限度地降低了新教师的预算成本；与此同时，仍然可以为那些具有更高声望、报酬更为丰厚的岗位聘用男性，比如学校管理者。

教师队伍的女性化深刻改变了职业的性质。不过，虽然越来越多的女性加入到教学工作中，但这并不意味着她们作为一个群体的专业进步。20 世纪初期，整个西欧的大多数教师依然是男性，因为女性自身的受教育机会和职业抱负受到社会规范的严格限制，这些规范限定了女性开展教学的地区和方式。女性教师被圈定在低薪的小学课堂，文化规范和学校政策都阻碍了她们在高薪的中学和学校管理部门任职或晋升，同时她们还受到规范性社会习俗对其校内外行为的约束。例如，各国都存在对女性教师的婚姻限制，这就是女性教师受到社会约束的典型表现。在第二次世界大战之前，许多西方国家都禁止已婚女性从教，依据的所谓文化规范就是，女性不能同时服务于丈夫和校长这两个“主人”。后来此类禁令被取消，但颇具讽刺意味的是，取消禁令的部分原因是人们对女性性行为的心理学认知发生了变化：现代人对性别的预期和对性越轨的恐惧，都使得学校更倾向于雇佣已婚妇女，而将在性行为方面存疑的未婚女性拒之门外。

在教学工作女性化所有方面的背后存在着一种普遍的文化信念，即教学活动仅仅是母性的延伸：这就是“女性的工作”，很像是自愿的传教工作，而并不是竞争激烈、需要高技能的职业，而唯有后者才值得尊重、高薪和保护。这一宽泛的类比大大削弱了所有致力于教学工作专业化的努力。

在所有关于学校工作的组织和文化认同中，性别并不是唯一发挥作用的社会身份。在公立学校系统发展过程中，教育工作者要求有抱负的教师队伍应具有特定的阶级、种族和文化背景。这反映出国家培养和复制特定公民类型的持续努力。在不少国家，学校领导通常将特定人群排除在教学队伍之外，例如种族上和宗教上的少数群体、移民、残障人士或被打上社会“异常”标签的人，以及那些来自工人阶级或者具有政治激进背景的人。最重要的似乎是教师的身份，而不是他们在技能与实践上的知识基础。

和教师一样，管理人员的身份认同也受到社会身份尤其是性别的影响。学校越是官僚化，学校组织中的性别不平等也就体现得越显著，即女性在课堂教学，而男性则活跃于管理岗位。无论是男性气质和女性气质的文化建构，都会对哪些岗位招聘哪些人产生影响，而反过来又将塑造这些职位的特征和职业规范。相比于教师，学校管理队伍的专业化更为成功，部分原因在于，它是以男性为主导的组织。到20世纪初，就如同教师队伍所经历的“女性化”发展一样，各个国家的学校管理队伍都变得越来越“男性化”，并遵循相应的行为标准。此外，学校管理人员还成功地建立起了旨在制定和控制上述标准的监管机构。

那些由受过高等教育的白人男性领导组成的教育专业协会，越来越多地承担起教育的监督管理工作，赋予其成员专业地位，并将学校
管理和政府监管关联了起来。例如，在20世纪三四十年代的加拿大， 483
一些专业教育协会与政府官员结成联盟，通过立法将重要的监管权握在他们的手中。依据那些所谓的“教师职业法案”，公立学校的教师必须加入一个得到政府认可的教育协会，并向其缴纳会费。这些协会本身也必须成立“关系与纪律”委员会，对于任何被认定为以“非专业”方式行事的教师，委员会拥有调查和惩处的合法权限。[5] 由此形成了对整个教师行业特别是地位较低的女性教师队伍的监管层级。

然而，教师并非总是像教育管理者所期待的那样“被动”。具有讽刺意味的是，国家教育系统的集权以及巩固，并借由国家教师培训学

---

⑤ Harry Smaller, “The Teacher Disempowerment Debate: Historical Reflections on Slender Autonomy,” *Paedagogica Historica* 51, nos. 1-2(2015): 136-151.

校的发展和共同的职业体验，将教师队伍凝聚成为一个整体。这一状况鼓励教师将其对于当地社区的忠诚和身份认同，转换为一种作为国家雇员的教师从业者的集体身份认同。尤其是19世纪末20世纪初，西方国家城市地区的教师们组建了自身的协会，以争取同工同酬，改善工作条件。教师活动家们效仿产业工会，极力主张他们乃是致力于培养国家未来公民的专业人士，理应获得更多的公众支持与尊重。他们想要实现的不仅仅是薪资的上涨，也包括推动学校管理民主化，提高退休金，改进晋升和聘任程序，以及深化课程改革，等等。教师工会主义者基于工人阶级劳工组织的政治观点，认为在一个中央集权统治下的国家教育系统中，教师跟那些工厂的工人一样，其报酬和自主权都少得可怜。

英国教师联合会就是此类运动的一个典型案例。1870年英国《初等教育法》将初等教育确定为义务教育。法令出台后，英格兰和威尔士出现了许多地区教师协会。由小学教师们于1870年创立的英国教师联合会，其目的就是协调这些地区教师协会。因此，当国家在引入义务初等教育后试图合并、系统化和监管教师的工作时，教师们以有组织的方式力求明确、发展和维持一个积极的自我形象，保障自身权益。英国教师联合会的成员从一开始便在为自身定位问题进行斗争，即该组织到底是一个由技术工人组成的行业工会还是一个专业人士工会。具有讽刺意味的是，正是政府官员们通过达成妥协的方式帮助他们渡过了这一危机，包括实行了一系列行政改革，如建立国家间接管理的系统、开展适度的教师自治，以及在教师和地方政府管理人员之间建立合作伙伴关系。这些妥协成功地缓解了政府官员所担心的不同级别教师之间会有大的阶级冲突，不过这样做的代价却是牺牲了工会内部的团结，教师队伍越来越严重的性别不平等更是加剧了这一后果。性别不平等导致女性教师们形成了属于自己的政治代理机制和工会。在美国，教师工会内部也出现了在民族身份认同及种族上的类似裂隙，不同种族的教师群体往往将自身的工作权益凌驾于其他少数群体之上。许多这种文化、政治和社群冲突发展到极致便是教师罢工。其中最著名的当属1968年纽约市（大洋高地-布朗斯维尔）的教师大罢工，以非裔美国人为主要居民的大洋高地-布朗斯维尔社区、新成立的由社区控制的学校董事会与以犹太人为主的纽约市教师联合会之间进行了长达数月的对峙。⑥

在发展中国家，教师们常常在激进组织中扮演领导者角色。而在 484
殖民地国家，教师成了社区生活和政府之间的纽带，这是因为他们既具有公务员的身份，又是受过教育的社区知名人士。毕竟，教师们都接受过良好的教育，熟悉政府法规和意识形态，并且可以深入到各个层次的社区生活之中。结果便是，许多教师成了熟悉当地经济发展、可以胜任社区领导的行家里手。在撒哈拉以南的非洲、加勒比海和南亚以及东南亚地区，许多革命和独立运动的杰出领导人最初都是教师。墨西哥的女性教师在20世纪早期的革命运动中表现得极为活跃，成功地提出了有利于维护女性教师权益，有助于提高女性在全国工会中政治地位的多个方案。然而，在这些地区或其他地方，随着对国家的迎合以及与国家的结盟，教师工会不可避免地放弃了他们更为激进的使命，并将那些有更激进主张的教师排除在外，这些教师往往主张建设一个更加民主的组织来满足普通教师的需求。⑦

在工会之外，教师抵制某些教育政策的历史由来已久，即使这些教师在工作中与工会或其他有组织团体相隔绝。在日常工作生活中，

---

⑥ Jonna Perrillo, *UnCivil Rights: Teachers, Unions, and Race in the Battle for School Equity*(Chicago: University of Chicago Press, 2012).

⑦ Linda A. Dove, "The Work of Schoolteachers as Political Actors in Developing Countries," in *The Politics of Educators' Work and Lives*, ed. Mark B. Ginsburg(New York: Garland, 1995), 169-205; Regina Cortina, "Gender and Power in the Teacher's Union of Mexico," *Mexican Studies/Estudios Mexicanos* 6, no. 2(Summer 1990): 241-262.

教师们面临着国家法规、忠实于自身对教育实践的专业理念，以及对所处社区的承诺这三者之间的张力，他们常常要冒着很大的风险挑战不公平现象。在苏联的学校里，教师无法建立保护性的专业协会，然而在20世纪80年代反对苏维埃政权的政治动员中，很多教师仍然会利用自身作为地方知识分子的角色、接触政府信息的机会以及他们在社区中的声望，扮演领头角色。在南非，白人教师和黑人教师都是20世纪反种族隔离运动的先锋。在美国民权运动之前，非裔教师通过宣传、个人施压、地下组织和社区动员等战略战术，在地方上挑战种族主义教育政策。因此，教师在政治上的活跃并不总是与自身利益息息相关，也不总是以自身职业为中心，而是常常渗入他们工作所在的社区之中。⑧

教师要想作为劳动者、政治活动家或专业人士组织起来，这种努力是很具挑战性的，主要是因为教师们很难说是一个统一的群体。他们保留着传统的部门分类和不同的利益，按照等级、工作内容、职前培训和执业资格要求、工资报酬以及在教育科层体系中的地位等分为不同类群。即使在集权程度最高的国家教育系统中，不同群体的教师所享有的特权、尊重和自由也各不相同，而且教师本身也会被按民族、种族、性别、阶级和政治立场进行划分。所有这些差异都削弱了教师们搭建凝聚性政治平台的能力，无论是专业协会还是劳动工会。当然，即便存在上述区隔，历史上世界各地的教师也都采取过政治行动，无论是在正式的工会还是在小规模的社区组织中，很多教师都把这些工

---

⑧ Peter Darvas and Maria Nagy, "Teachers and Politics in Central Eastern Europe," in Ginsburg, *The Politics of Educators' Work and Lives*, 207-231; Alan Wieder, *Teacher and Comrade: Richard Dudley and the Fight for Democracy in South Africa* (Albany: State University of New York Press, 2008); Christopher M. Span, *From Cotton Field to Schoolhouse: African American Education in Mississippi, 1862-1875* (Chapel Hill: University of North Carolina Press, 2009).

作视作他们自身对于教师专业性定义的一部分。因此，在各国教育工作者的历史上，专业化具有独特的且常常引起争议的含义。

教育工作者和学校教育的目的

教师和学校管理者的工作都有一个独特之处，即被拉里·库班称为“政策-实践悖论”的东西，指的是教育政策是中央部门制定并实施，再由地方学校管理人员经转化后传达给课堂教师。[9] 所谓“政策-实践 485
悖论”指的就是“松散-耦合”组织的社会学概念，在这样一个组织中，多个高度独立的参与者共同参与一个项目，但却缺乏一致的协调与监管。这个概念对于理解教育工作者能够在多大程度上遵循国家机关颁布的具体规章及其明确表述的教育宗旨，具有重要意义。作为公务员，教师必须遵守国家教育官僚机构的规定。然而，学校生活中极为复杂的动力机制使得多种变化成为可能，也使得教师或学校办公室里的应然和实然状况之间存在了多种变化和解释。

在历史上，即便教师们在自己的课堂上保持了非正式的权威，但他们在接受培训的过程中，以及讲授官方规定的课程和教材的过程中，都体现出了政策-实践悖论的张力。历史研究记载了教师们是如何抵制、调整和适应某些工作条件的，方式包括通过正式的政治组织，也包括借助个人行为，如教师调整教学方案、忽视或回避日常行政指令等。无论教育政策有多权威和标准化，教师都会在不同的时间和地点，在自己的课堂上保持着自身的当下权威感。

即便在像苏联那种高度管制性的政府体制中，教师们也经历了公务员和社区成员双重身份所带来的张力。作为国家的代理人，苏联的

---

⑨ Larry Cuban, *Hugging the Middle: How Teachers Teach in an Era of Testing and Accountability* (New York: Teachers College Press, 2009), 6.

教师须讲授既定的、符合意识形态的知识体系，并执行政府的规定。在一个旨在灌输苏维埃意识形态的庞大教育系统中，教师作为受雇的政府官员享有特权，但同时他们也要受到政府的限制、监管和惩罚，因此他们既是政权的代理人，也是其受害者。[10]

作为行政体系的中间层，学校管理人员也起到了加剧政策-实践之间张力的作用。在日益密集的科层机构中工作的学校管理人员，仍旧可以自主采取一些小动作来破坏或调整中央部门的指示，在上级监管机构的规则与身为教育工作者的职业责任感之间游走。以德国为例：19 世纪末，在地方公立学校设置了校长职位，授权校长管理所在学校，这种做法首次挑战了天主教和路德宗神职人员评估当地教育事务的专属权力，并最终导致教会监管教育这一制度的废除。因此，德国中小学校长这一新兴权威的出现，削弱了神职人员在国家教育中的权威，并相应推动了具有凝聚力的公立教育系统的发展。[11]

同样，在 20 世纪初的墨西哥，校长职务的形成和发展，也进一步推动了国家教育系统的发展。就其存在而言，墨西哥的校长与巴伐利亚的校长一样，都代表着政府的权威。不过，基于其乡村学校社区这一独特背景，这里的校长不仅可以对遭遇到的权威进行抵制，而且他们具有的按政府对当地社区要求与社区进行协商谈判的个人能力，也提示出其作为学校管理者在回应社区与执行联邦政策时所拥有的“双重人格”。[12]

---

[10] E. Thomas Ewing, *The Teachers of Stalinism: Policy, Practice, and Power in Soviet Schools of the 1930s* (New York: Peter Lang, 2002).

[11] Marcelo Caruso, "Liberal Governance and the Making of Hierarchies: *Oberlehrer* in Munich's Elementary Schools, 1871-1918," *Journal of Educational Administration and History* 4, no. 3 (August 2009), 223-237.

[12] Elsie Rockwell, "Between Community and State: The Changing Role of the '*Director de escuela*' in Postrevolutionary Mexico," *Journal of Educational Administration and History* 4, no. 3 (August 2009), 267-283.

和教师一样，学校校长也并不总是国家的直接代言人。以苏联的校长为例，他们的工作岗位极为不稳定，在岗位中他们需要在对国家的责任与自身日益严重的政治脆弱性之间取得平衡：一个错误的或者不受欢迎的行为，便可能招致被解雇或被捕。对苏联校长的相关研究 486
揭示出，在面对盲目服从国家要求与自身基于学校情况解决问题之间的矛盾时，很多人采取了折中的办法。他们既是国家的代理人，同时也是成人与儿童社群的教育领导者。[13]

在教育工作者如何应对政策-实践悖论方面，20 世纪初美国的种族隔离学校是另一个典型案例。在这些实行种族隔离、物资匮乏、处在政治边缘地带的学校里，非裔校长不得不在白人领导团体带有敌意的监管之下，勉力维持学校的正常运行。这些隔离非裔美国学生学校的校长们，表面上执行种族主义政策，但又暗中对这些政策加以破坏或调整，以一种既包容又抗拒的双重思维领导学校。[14]

政策-实践的互动机制，也体现在塑造教育预期的特定社会和文化规范价值中。教育政策本身受大众文化规范的影响，后者形塑了同期的教育卓越和优质理念，而这些对行为的规范性期望又往往被嵌入到教育工作者的管理指南之中。20 世纪初丹麦的一项案例研究，概述了女性教师的工作是如何被一项本身与文化期待交织在一起的教育政策加以戏剧性塑造的。该案例为有关教育工作者在国家建构、专业化及其与国家教育宗旨保持一致方面的历史讨论，提供了有价值的结论。

在丹麦，19 世纪 90 年代的一系列教育方案旨在推动丹麦教师工作的专业化。在此之前，教师被认为是当地监管的、无组织的“农民中

---

[13] E. Thomas Ewing, “A Precarious Position of Power: Soviet School Directors in the 1930s,” *Journal of Educational Administration and History* 4, no. 3 (August 2009), 253-266.

[14] Vanessa Siddle Walker with Ulysses Byas, *Hello Professor: A Black Principal and Professional Leadership in the Segregated South* (Chapel Hill: University of North Carolina Press, 2009).

的农民”，新成立的丹麦教师协会与国家政府合作，改善教师的工作条件，并建立了一个公立化程度更高的教育系统。新教育政策的核心是提高教师培训的要求、提高课堂预期和加强对教师的监管，包括因不称职和犯罪行为而解雇教师。这些规定中交织着新的教学理念，强调对女性教师的某些性别期望，包括模仿理想化母亲行为的行为。这项关于“职业”行为的政策是在深刻的性别假设下制定和解释的。因此，许多女教师因被地方和州官员认定为缺乏关爱和善良、无法与父母合作、固执和“争吵”而被开除。[15] 在这种情况下，可以看到国家与教育工作者专业协会协调制定的国家政策、地方动态和文化规范相互交叉，从而改变了对女教师的期望和监管。随着政策转化为地方实践，它受到文化规范的调节。

总　结

关于教师和学校管理人员的历史和史学研究，揭示出有关教育工作者工作性质的一些见解。首先，我们今天所认识的公立学校的教师和管理人员的岗位，依赖于一个庞大的国家官僚体系。公立学校的教育工作者属于公务员，在这个意义上，他们对国家和地方政府要保持
487 忠诚和依赖。这种动力机制在不同国家有着不同的表现方式，但在不同时期、不同的背景当中，却都促进了一种教育状态的建立，后者不仅给教育工作者提供更为结构化的就业，同时往往也会对他们的角色、身份和行为加以限制。无论有何特殊性，所有由国家雇佣的教育工作者都由中央官僚机构管理，后者负责授予资格、制定学校规章、支付教工薪资。尽管过去20年间跨国性的新自由主义教育改革将私有化和

---

⑮ Hanne Rimmen Nielsen, “Teacher Dismissals and Local Conflicts in Danish Schools, 1908-1933,” in *Discipline, Moral Regulation, and Schooling: A Social History*, ed. Kate Rousmaniere, Kari Dehli, and Ning de Coninck-Smith (New York: Garland, 1997), 135-159.

分权化模式引入国家学校教育体系，但教育工作者仍然是国家公务员。

其次，在不同历史时期、不同国家，教育专业化对于教育工作者来说始终都是非常独特的。即便是作为受过良好教育的白领劳动者，教师的薪酬和特权仍是相对有限的，他们的地位始终依赖于性别、社区和公民身份等流行文化规范。与其他受过高等教育的劳动者不同，教育工作者对自己的工作几乎没有什么专业自主权或控制权，如果考虑到他们作为国家雇员地位的话就更是如此。教学队伍的女性化支撑了历史上的一种普遍信念，即教学是“与生俱来”的使命，而不是“靠努力赢得地位”的职业。工会和专业协会在政治上的活跃并没能缓解这一矛盾。同样，学校行政人员作为大型官僚机构中间管理层的地位也并不明确，他们需要平衡当地社区和上层中央管理者之间常常相互矛盾的期望。能够掌控自己的工作，是一名专业人员的典型特征，而地方学校管理人员能够在多大程度上控制自己的工作却仍存有争议。

再次，由于教师和地方学校领导既具有国家公务员的身份，也有着充满矛盾的专业地位，结果导致他们在历史上一直是政策-实践紧张关系的典型。他们在一个“松散耦合”的组织中工作，这种工作既不像工厂工人那样按部就班，也没有人们期待工人所具有的那种盲目服从。教师和学校管理者从不简单地遵循教育政策的官方指导方针，从某种程度上来说，关于教育的文化规范也使得这类灵活应变成为可能。一份书面的课程方案或教育测验试卷并不能告诉我们，教师们是如何引介课程或进行考试的，学生们的体验如何，或者校长是如何进行评价的。学校是复杂的、动态性的组织，其中的每个人每一天都在适应、迁就和抵制学校的规则，无论是学生传递违禁纸条、教师调整课业任务，还是校长对上述情形的视而不见。教育史告诉我们，这并非一个新的现象。

推荐书目

Albisetti, James C., Joyce Goodman, and Rebecca Rogers, eds. *Girls' Secondary Education in the Western World: From the 18th to the 20th Century*. New York: Palgrave Macmillan, 2010.

Bagchi, Barnita, Eckhardt Fuchs, and Kate Rousmaniere, eds. *Connecting Histories of Education: Transnational and Cross-Cultural Exchanges in (Post)Colonial Education*. New York: Berghahn Books, 2014.

Cuban, Larry. *How Teachers Taught: Constancy and Change in American Classrooms*. New York: Longman, 1984.

Duke, Benjamin. *The History of Modern Japanese Education: Constructing the National School System, 1872-1890*. New Brunswick, N. J.: Rutgers University Press, 2009.

Grosvenor, Ian, Martin Lawn, and Kate Rousmaniere, eds. *Silences and Images: The Social History of the Classroom*. New York: Peter Lang, 1999.

Ozga, Jenny, ed. *Schoolwork: Approaches to the Labour Process of Teaching*. Philadelphia: Open University Press, 1988.

Prentice, Alison, and Marjorie R. Theobald. *Women Who Taught: Perspectives on the History of Women and Teaching*. Toronto: University of Toronto Press, 1991.

Rousmaniere, Kate. *City Teachers: Teaching and School Reform in Historical Perspective*. New York: Teachers College Press, 1997.

Rousmaniere, Kate. *The Principals' Office: A Social History of the American School Principal*. Albany: State University of New York Press, 2013.

Toloudis, Nicholas. *Teaching Marianne and Uncle Sam: Public Education, State Centralization, and Teacher Unionism in France and *the United States*. Philadelphia: Temple University Press, 2012.

Tretheway, Lynn, "'Either You Have Misunderstood the Directions or You Are Not Playing the Game': South Australian Women in Educational Administration, 1900-1960." *Journal of Educational Administration and History* 38, no. 1(2006), 1-18.

Tschurenev, Jana, "Diffusing Useful Knowledge: The Monitorial System of Education in Madras, London and Bengal, 1789-1840." *Paedagogica Historica* 44, no. 3(2008), 246-264.

VanderVen, Elizabeth. *A School in Every Village: Educational Reform in a Northeast China County, 1904-1931. Vancouver*: University of British Columbia Press. 2012.

Warren, Donald, ed. *American Teachers: Histories of a Profession at Work*. New York: Macmillan, 1989.

Weiler, Kathleen, and Sue Middletown. *Telling Women's Lives: Narrative Inquiries into the History of Women's Education*. Philadelphia: Open University Press, 1999.

Wolcott, Harry F. *The Man in the Principal's Office: An Ethnography*. Walnut Creek, CA: Altamira Press, 2003.

第 31 章　从农村学校向城市学校的转变

戴维·A. 盖姆森

490 我们生活在一个令人神往的历史时刻。根据联合国的统计数据，约在 2008 年或 2009 年的某个时间，人类越过了地球的一个临界点，世界日益增长的城市人口在短暂地与农村人口持平后，超过农村人口继续上升。在可预见的未来，全球似乎会日趋城市化。

这一人口增长的里程碑，并不意味着我们对教育历史的认识发生了重大转变。事实上，地理学家和人口学家等长期关注人口变化的群体都相继发出了警告，不要将这一重大转变解读为世界正进入某种夸张的"城市时代"，进而将要受到前所未有的城市力量、挑战或"危机"的影响。不过，已有研究表明，这种变化在影响十分深远的同时，也为历史学者提供了独特契机，让他们进一步重新审视和反思人们公认的关于城市化国家（含工业化国家和发展中国家）中农村社区命运的叙事，并重新考虑由此带来的对全球农村学校的影响。

在 19 世纪和 20 世纪，随着世界各国有意或无意地从农业社会转变为可以容纳新型城市机构的更大、更复杂的国家，学校发生了怎样的变化？历史学者找到了哪些解释因素，我们对原因、结果和后果又了解多少？意识到当前全球人口结构（同时要注意避免现在主义）可能会促使学者们投入新的精力来理解城市化进程，重新理解农村地区、主要跨国经济贸易、国家城市化和公立学校之间的关系，现在正当其时。这可以为正在经历迅速变化的国家和城市提供宝贵的洞见。

19 世纪和 20 世纪初发生在工业化国家的城市化，正在过去的半个世纪里于亚洲、非洲和南美洲迅速开展。当然，诸多新近的工业化发展动态是截然不同的。世界人口在 20 世纪经历了前所未有的增长，整整增长了 10 倍。人口增长主要发生在低收入和中等收入国家，这些国 491
家在可预见的未来很可能会见证世界大部分的人口增长。以 1950—2000 年的增长速度来衡量，在规模增长最快的城市中，有四分之三集中在亚洲和非洲，而非洲的城市人口数量已经超过了北美的城市人口。如果从某种角度说，马尔科姆·艾克斯在 1964 年时曾宣称，哈莱姆区是“地球上非裔人口最密集的地方。哈莱姆区的非洲人比非洲大陆上任何一个城市都多”。但如今这种不平衡性已经逆转，深入了解这一转变的跨国发展动态，可能有助于我们重新分析一些根本性的教育变革。①

南非、拉丁美洲等第三世界国家和亚洲发展中国家的人口大量增长，属于研究人员所谓的“第二波”人口、经济和城市转型浪潮的一部分，比第一波规模更大、速度更快。之前的“现代”或“第一波浪潮”始于 18 世纪初北半球的欧洲和北美。1750—1950 年间，欧洲和北美大陆上的国家工业化和城市化的进程尽管相对缓慢，但最终发展却形成了主宰世界经济的资本主义社会。

上述的全球性变革表明，了解社会、经济和人口等宏观因素与发

---

① David Satterthwaite,“The Transition to a Predominantly Urban World and Its Underpinnings,” in *Human Settlements: Working Paper Series, Urban Change No. 4* (London: International Institute for Environment and Development, 2007), v; Neil Brenner and Christian Schmid,“The ‘Urban Age’ in Question,”*International Journal of Urban and Regional Research* 38, no. 3(2014): 731-755; Gordon McGranahan and David Satterthwaite, *Urbanisation Concepts and Trends* (London: International Institute for Environment and Development, 2014); “(1964) Malcolm X's Speech at the Founding Rally of the Organization of Afro-American Unity,”*Black Past*, accessed June 10, 2015, http://www.blackpast.org/1964-malcolm-x-s-speech-founding-rally-organization-afro-american-unity.

生在农村及其学校中的重大变化之间的相互关系，是十分重要的。无论是个案研究还是更广泛的跨案例分析，历史学者都积累了大量关于城市学校政治学以及欧洲、北美大城市中不同维度和类别的阶级、种族和人种方面的学术成果。历史学界也有关于农村学校教育特征的研究传统（虽然不那么广泛），以及越来越多研究郊区学校的文献。

然而，令人惊讶的是，学界鲜有学者直接关注农村学校向城市学校过渡的性质和动力机制。在 19 世纪和 20 世纪期间，这一转变几乎在每一个已经工业化或正在工业化的国家中进行，一直持续到 21 世纪初。学界也很少从国别或跨国角度全面概括农村学校的发展史。从乡村脱离，这种变革或许是很自然的，它是现代工业化世界的一部分，并且随着城市变得更加科层化、标准化，更加崇尚商业模式。学者们由此迅速进行分析，研究城市系统的这种复杂性。不管出于何种原因，学界都很少有专著尝试为长期以来的农村教育发展提供一个统一的阐释。

涉及农村学校的历史研究，探讨了关于农村学校入学人数增加、地方学校教育扩展，以及地方学校能否或何时与国家或州公共教育系统产生关联等问题。学者们通过质疑经济扩张和农村学校发展是否同时发生（抑或是一方受另一方推动），深入研究了农村学校发展、经济活动和工业化之间的联系。

人们长期对经济发展的兴趣反过来推动了跨国比较研究，探索包括封建、中央集权、（后）殖民和资本主义等在内的所有经济模式，是否都以同样的方式推动了农村学校的扩张，或在同一经济模式内部及不同模式之间出现了明显的差异。在进行经济分析时，学者们有时会将其他历史因素置于次要地位，而这些因素在理解总体办学质量方面
492 可能同等重要，如教师培训、性别和学生经历等。对这些问题的关注通常会出现在那些更为深入、更本土化的研究中，而这些研究又有助于说明发展环境是如何因时因地而变化的。

究竟是什么构成了“农村”或“城市”，这一直是人们持续争论和

不断重新解释的两个问题。研究人员指出，术语的不确定性和缺乏概念上的共识，给国际上的相关研究制造了障碍。例如，在美国，“城市”传统上意味着超过2500人的社区，而加拿大的基准则是1000人。如今，经济合作与发展组织考虑将城市界定为超过10万人的中心社区，低于10万人的则为村、镇或农村地区。唯一真正存在的共识似乎是：“农村”和“城市”这两个术语长期以来都是模棱两可、含混不清、具有误导性，是“认识上的沼泽地”。②

历史学者认为，存在几个可以区分城市学校和农村学校的一般性特征，且易于列举。例如，城市学校具有等级性、科层性且按年龄分级，倾向于关注大众教育。多年来，这些特点共同产生了一种标准性的学术叙事。对20世纪60年代和七八十年代的史学研究进行综合分析可以“清晰地发现，教育在19世纪和20世纪成了政治当局、文化传播、道德和社会规范方面的工具。这种大众化、官僚化、带有政治意义、有意识的工具，从北美、英国和西欧部分地区开始，并在两个世纪里逐渐扩展到了东欧、日本、中国、非洲和中东地区”。对20世纪末的历史学者来说，学校教育的快速普及本身就是现代化的一个特征。有些人甚至认为大众教育是“全世界上社会与政治规划者的发明，势不可挡且显然不可逆转”。大众教育的发展或许势不可挡，但并非不可避免。历史学家者仍然还在试图探究大众学校教育与农村学校兴衰之间的确切关系。③

许多学者都指出，对农村教育的研究以及对城市化与学校教育之间关系的考查，均源于欧洲和北美的研究传统。这为本文提供了一个

---

② Bonnie L. Stelmach, “A Synthesis of International Rural Education Issues and Responses,” *Rural Educator* 32(2011), 32.

③ Barbara Finkelstein, “Redoing Urban Educational History,” in *The City and Education in Four Countries*, ed. Ronald K. Goodenow and William E. Marsden (Cambridge, UK: Cambridge University Press, 1992), 175-176.

合适的起点。

欧　洲

影响整个欧洲农村学校发展的因素错综复杂，早期的自愿捐助学校、收费学校和慈善学校（无论是宗教性的还是世俗性的）与社会大系统之间的慢联动，以及国家教育部门的缓慢出现，都导致了农村学校研究的散乱，缺乏针对性。概言之，相关文献较为贫乏，所描绘的画面也往往不甚精细。还有其他一些因素也对此有所影响。

由于许多欧洲文化的早期城市化，大量的学术研究往往都隐含着城市倾向，而非农村倾向。事实上，有些人认为理解文艺复兴以来欧
493 洲社会变化的关键就在于城市化进程本身。城市化发生于欧洲的不同地区和不同时期，从 18 世纪之初集中出现于英国和低地国家，到 19 世纪缓慢地拓展到法国和德国，再到 19 世纪末扩展至意大利、西班牙和中欧地区。尽管如此，人们对工业化、分层和不平等的关注，却造成了对于城市以外和城市化程度较低国家发生的许多重大社会进展的忽视。④

对欧洲学者来说，20 世纪 80 年代是一个研究成果丰富卓著的时期。他们探索了学校与童年、家庭、识字率上升和民族主义之间的相互关系。欧洲历史学者所涵盖的特定研究主题中，至少有三个突出的核心问题：不同地区和国家扫盲的普及、地方学校入学率的提高，以及经济扩张与国家教育系统之间的联系。有一项系列调查考察了那些监管和规范学校入学率的法律，在多大程度上是在自愿捐助学校发展之后出台的，或者在多大程度上引导了这些学校的发展。在英国和法

④ Alexander Cowan, "Urbanization," in *Encyclopedia of European Social History*, vol. 2, *Processes of Change/Population/Cities/Rural Life/State and Society*, ed. Peter N. Stearns(Detroit: Charles Scribner's Sons, 2001), 237-248.

国，强迫教育立法似乎都是在自愿捐助学校教育扩张后实施的。例如18世纪晚期，英国大约有14 000所自愿捐助学校以及4000所面向穷人设立的捐赠学校，注册学生总数约为65万；至1833年，学校数量已经增长至约4万所，注册学生约有125万名。换言之，至少在英国和法国，学校的普及状况早在获得政府官方支持、批准和义务教育法出台的几代人之前，就已经非常可观了。

历史学者已经认识到，法国小学教师在第三共和国时期（1870—1940）发挥了特殊作用，尤其是在农村地区。尽管在农村地区天主教会仍保持了强大的影响力，但小学教师们却常常不顾教会反对，努力传播新建共和国的价值观。教师们将启蒙运动的成果——法国文明传播到农村省份，以世俗牧师的身份承担着类似宗教性的使命。因此，这里教师的社会地位比其他欧洲国家都要高，堪比医生和天主教牧师。法国在1881年颁布的《费里法案》规定初等学校教育免费，随后于1882年又增加了义务性和世俗性的立法条文，这时普及教育的斗争或许就已经取得胜利了。例如，在1876—1877年间，法国有450万名6—13岁的儿童（即学龄儿童），但注册入读某种初等学校的学生却有471.6万名学生（数字的膨胀是由于6岁以下或13岁以上的儿童入学所导致的）。⑤

与其他大部分国家相比，英国的工业革命开始得更早，但这似乎并不能解释英国农村地区为何会对教育有着日益高涨的热情，尤其是在当时获取学术知识缺乏明显的物质回报，而且许多欧洲人也可以通过其他途径获得技能的情况下。不过，工业化的影响非常广泛，历史学者多年来都把工业化描述为整个国家社会衰退的根源，因而19世纪的英国被描述为"受到世上有史以来最野蛮的城市化冲击"。学者们还

⑤ Mary Jo Maynes, *Schooling in Western Europe: A Social History*, SUNY Series on Interdisciplinary Perspectives in Social History (Albany: State University of New York Press, 1985), 142-143.

将城市化与教育资源的巨大差异联系起来。从这个角度来看，工业化改变了整个国家，使城市化成了无可争辩的事实，即便是小城镇，最终也都受到某种城市的影响。历史学者把社会的衰落与工业及相关非熟练工人“涌入”某个地区联系起来，“各行各业的工人迅速地占领了现有的不动产，租住进匆忙搭建起来的一排排廉价公寓之中，或者搬入公共宿舍”。⑥

494 英国历史学者将国家或城市体系理所当然地作为分析单位，忽略了它们与农村社区的重要联系，而这并非个例。欧洲大陆城市化的渐进性，或许可以解释为何学者们对城市以外和农村地区教育的研究缺乏兴趣，以及为何会担心对农村地区开展详细的研究可能会陷入“地方主义和狭隘主义”之中。然而，新近的研究成果出现了不同的情况。例如，历史学者对19世纪改革家奥塔维奥·吉利的活动进行了深入研究。在当时刚刚统一的意大利，吉利在乡村地区致力于开展幼儿识字的普及工作。1866—1873年间，吉利与意大利全国农村幼儿学校创办协会一道，努力将“农民大众塑造”为一个统一的意大利民族。意大利在国家建构方面的努力，也与当时建立国家统计局的尝试密切相关，导致一些学者认为，“盎格鲁-撒克逊”的商业、金融和教育模式，直接

⑥ W. E. Marsden, "Education and the Social Geography of Nineteenth-Century Towns and Cities," in *Urban Education in the Nineteenth Century*, ed. David A. Reeder (New York: St. Martin's Press, 1978), 49, 53; W. E. Marsden, *Unequal Educational Provision in England and Wales: The Nineteenth-Century Roots* (London: Woburn Press, 1987), 1.

影响了意大利的商业、政府项目和教育。⑦

近几十年来，爱好历史的社会学者对长期以来教育对社会和经济不平等的影响也愈发感兴趣。更具体地说，他们探讨了国民教育发展（社会学家称之为"扩张"）是否改善了历史上弱势群体（如穷人、妇女和少数族裔）的相对地位问题。许多尝试解答该问题的社会学研究都秉持着"工业主义假说"的指导原则，即工业化加剧了社会流动，且随着社会的发展，城市化、大众传播和工业化应该会导致社会更加开放，以及成就的特殊性基础向普遍性基础的转向。例如，爱尔兰在20世纪经历了稳步的学校扩张，其中最为剧烈的扩张出现在20世纪60年代后期。这一快速增长与1967年的一系列改革相呼应。这些改革旨在通过多种方式提供更多的教育机会，如取消中学学费。然而，学者们已经证明，学校扩张并不一定会使教育变得更加平等。他们用"最大限度地维持不平等"来描述在爱尔兰多子女人群社会地位的延续性，而其他许多国家亦是如此。⑧

除了较为传统的考察国民教育体系发展的研究外，从事历史比较研究的学者往往发现，他们不得不重新审视自己所理解的"农村"和

---

⑦ Phillippe Savoie, "The Role of Cities in the History of Schooling: A French Paradox (Nineteenth-Twentieth Centuries)," *Paedagogica Historica* 39(2003): 37-51; Anna Ascenzi and Roberto Sani, "Moulding the Peasant Masses to Make Our Italy into a Nation: Ottavio Gigli and the National Association for the Founding of Rural Infant Schools, from the Struggle against Illiteracy to Nation-Building (1866-1873), Part One," *History of Education & Children's Literature* 8(2013): 159-194; Anna Ascenzi and Roberto Sani, "Moulding the Peasant Masses to Make Our Italy into a Nation: Ottavio Gigli and the National Association for the Founding of Rural Infant Schools, from the Struggle against Illiteracy to Nation-Building (1866-1873), Part Two," *History of Education & Children's Literature* 9(2014): 509-558.

⑧ Adrian E. Raftery and Michael Hout, "Maximally Maintained Inequality: Expansion, Reform, and Opportunity in Irish Education, 1921-75," *Sociology of Education* 66(1993): 41-62; Claudia Buchmann and Emily Hannum, "Education and Stratification in Developing Countries: A Review of Theories and Research," *Annual Review of Sociology* 27(2001): 77-102.

“城市”的操作性概念，并认识到将概念框架从一个国家的语境翻译至另一个国家语境的危险性。欧洲历史学者已经恰切地批评了使用同一视角来阐释多个国家文化的做法。例如，将“城市教育”的完整内涵传达给西班牙读者就很有挑战性，因为很难将“盎格鲁-撒克逊国家中秉持杜威思想的教育家”所理解的城市教育确切含义翻译过来。近来关于欧洲的研究中，城市化和城市学校是公认的现象，但其含义可能会根据国家和背景的不同而大相径庭。在美国和英国，“城市”往往代表着贫困、种族歧视、不平等和大众学校教育，而它们的农村学校教育则很少用到这些形容词。但在西班牙情况似乎恰好相反，尽管并非如此普遍。[9]

德国学者在呼吁开展新的全球史研究、挑战传统边界和概念上常常走在前列。在很大程度上，对当今的学术持续产生影响的划分和分割都是 18 世纪的产物。他们断言，跨国史也许是研究导致现代全球化的世界史根源的最佳途径。
495 另一些历史学者则强有力地指出，教育史领域毫无疑问需要坚实的理论基础来解读全球和全球化进程，“以便深入地研究去辖域化和再辖域化、去国家化和再国家化的辩证关系，以及不同的、往往是对立的空间概念之间的重叠”。[10]

位于东欧地区的俄国，由于其幅员辽阔、地域和文化的多样性，

---

⑨ Xavier Rambla and Xavier Bonal, “The Limits of Compensatory Education in Spain: A Comparative Analysis of Some Autonomous Governments,” in *International Handbook of Urban Education*, ed. William T. Pink and George W. Noblit (Dordrecht: Springer, 2007), 505.

⑩ Eckhardt Fuchs, “History of Education beyond the Nation? Trends in Historical and Educational Scholarship,” in *Connecting Histories of Education: Transnational and Cross-Cultural Exchanges in (Post-) Colonial Education*, ed. Barnita Bagchi, Eckhardt Fuchs, and Kate Rousmaniere (New York: Berghahn Books, 2014), 3; Matthias Middell and Katja Naumann, “Global History and the Spatial Turn: From the Impact of Area Studies to the Study of Critical Junctures of Globalization,” *Journal of Global History* 5 (2010): 149-170; Ian Tyrrell, “Reflections on the Transnational Turn in United States History: Theory and Practice,” *Journal of Global History* 4 (2009): 453-474.

以及农民的不稳定地位，因而为农村教育的历史变迁提供了一个特别具有说服力的案例。20世纪80年代以前的传统史学研究大多以制度为主，强调的是由一个庞大的官僚机构向“一个桀骜不驯、浑浑噩噩和冒昧无知的社会群体”推行法令的遗留问题。在过去的几十年里，学者们通过展现俄国农民的主体能动性，与外人和乡村教师建立起复杂而精明的关系，颠覆了关于他们“狡黠、阴沉、无知”的标准叙事说法。在1861年农奴解放和1917年十月革命期间，俄国教育的发展不是由精英阶层推动的，而是由农民群体一致推动的。他们的努力得到了作为地方政府的地方自治会的定期协助。19世纪90年代后，帝国政府和地方自治会发起了一场重大而成功的教育运动，废除了由当地社区支付学费的做法，建立了成千上万所学校，并提高了教师的工资和福利。不过，即便在19世纪90年代，学校教育的大部分资金还是由社区主动提供的。地方农村学校的结构基础为以后的国家教育建设奠定了基础。至1914年，俄国有一半以上的学龄儿童（8—11岁）注册入学。

对教育在俄国作用的重新评估，导致很多领域的研究人员都认为：在现代欧洲史上的三次伟大革命，即英国革命、法国革命和俄国革命发生之时，各国的识字率都接近了50%。其他学者则指出：40%的识字率是现代经济发展的先决条件（相当于1914年俄国的水平）。如果不在农村人口中广泛普及学校教育，就不可能达到这么高的识字率。欧洲历史学者反对任何简化论倾向，即将学校描绘成简单的桥梁，简单地用更现代的世界观取代传统习俗。尽管如此，在第一次世界大战到来时，在一定程度上取得成功的俄国普及教育运动，还是意味着苏联当局继承了一个大规模的学校网络。⑪ 学者们在探究教育、经济发展和政治变革之间的联系时已经收集了大量材料，可供用于调查研究世界

---

⑪ Ben Eklof, *Russian Peasant Schools: Officialdom, Village Culture, and Popular Pedagogy, 1861-1914* (Berkeley: University of California Press, 1986), 3.

其他地区的情况。

北　美

居住在北美之外的人普遍认为，美国和加拿大的学校教育组织似乎是一团乱麻，是历史上学校治理的地方性和学校发展看似缺乏计划性的产物。美国常常因为尤为依赖地方学区而被单独挑出来，且有关美国农村教育发展的历史细节，最好是通过研究地方社区受到鼓动、督促或被迫将较小的学区合并到较大的学区，从而造成学区数量减少
496 来加以理解。美国学区总数从 20 世纪初估算的 20 万个下降到了今天的 13 567 个。加拿大的教育史与其南方邻国有一些相似之处。其教育发展鲜有联邦机构参与，而是由 10 个省份和 3 个地区通过选举产生的委员会来监督地方学区（20 世纪 90 年代加拿大的 800 个学区已减少至 250 个左右）。和美国一样，在加拿大定居的是把原住民赶出自己土地的欧洲殖民者。这两个国家现在越来越多样化。不过，美国的白人领导者还尚未完全解决奴隶制的遗留问题。

在过去的一个世纪里，教育研究者关注的是对美国国内人口和学校人口变化的一些标准叙事。其中最重要的是农村国家的概念，它最初是用来体现托马斯·杰斐逊的农业民主愿景的，即一个能干的农村公民群体将会明智地引领国家走向未来的成功。然而，美国最终形成了一种更加国际化的政治文化，这种文化往往采纳的是亚历山大·汉密尔顿经济计划中的集权措施，力求将制造业和商业作为前进的道路。正如理查德·霍夫施塔特曾总结的那样：美国“诞生于乡村，却走向了城市”。学者们经常会引用一组统计数据来诠释霍夫施塔特的格言：1790 年，95％的美国人居住在农村社区；1920 年，50％以上居住在城镇或城市；2010 年，80％以上生活在城市地区。当然，列举数字并没有捕捉到 20 世纪下半叶的许多动态变化：随着市民离开城市搬到郊区，

中心城市失去工业和税收基础，郊区化和“去城市化”得以推进。[12]

历史学者关注社会和经济的快速转型时期，尤其是19世纪初空前的转型时期，这是可以理解的。19世纪的前25年，欧洲人享受了几个世纪的旅行与航运网络在美国和加拿大都有所发展。之后，19世纪北美的发展，一个显著特征便是数十年的高速度，北方各州的经济发展经历了从农业向非农生产的重大转变，深刻影响到雇主对雇员技能类型的需求。学者们对1840年前发生的“市场革命”和此后以经济活动为特征的“资本主义转型”进行了区分。20世纪60年代至80年代，历史学者的许多分析都集中在工业化和城市化对教育的影响上面。

鉴于“城市危机”在20世纪中期吸引了众多大西洋两岸社会科学学者的目光，对城市的关注推动了一些研究的出现。它们试图揭示教育不平等的根源，而教育不平等往往通过种族歧视和人种歧视的方式长期存在。尽管如此，学者们沉迷于对城市历史的阐释，导致大量的农村地区教育史没有得到充分发掘。至20世纪80年代，研究人员利用新的分析技术有力地证明，19世纪农村地区的入学率远远高于大型的商业城市。事实上，小城镇的儿童入学率最高，而最大城镇的儿童入学率则最低。这种城乡差异在19世纪20年代的马萨诸塞州和纽约州便已存在，因为农村学校从17世纪80年代起注册入学的人数就开始显著增长。换言之，应该认识到，公共学校教育的普及是起源于农村而非城市。[13]

近年来关于经济和社会发展变化的学术研究往往会忽视学校教育 497

---

⑫ Richard Hofstadter, *The Age of Reform: From Bryan to F. D. R.* (New York: Vintage Books, 1955), 23.

⑬ Carl F. Kaestle and Maris Vinovskis, *Education and Social Change in Nineteenth-Century Massachusetts* (New York: Cambridge University Press, 1980); Nancy Beadie, *Education and the Creation of Capital in the Early American Republic* (Cambridge, UK: Cambridge University Press, 2010).

的地位，因此教育史学者认为，现在是时候将我们的目光从城市中心转移到农村地区了。例如，有关南北战争前财政制度的研究，指出了资本主义经济发展更为具体的时间顺序。而过分关注城市教育史，会分散教育学者的注意力，导致他们无法将类似这样的关键性发展与学校教育联系起来，使历史学者可以继而在这一史学领域开展富有成效的研究。[14]

在接下来研究中，最吸引人的研究路径之一或许是更为细致地阐释在公立学校建立之前或国家对学校进行管理之前地方上的教育需求。地方教育的扩展在很大程度上可以归因于越来越多的女性作为教师和学生参与到学校教育中来，且很多家庭一定发现了女孩的教育是值得投资的。推动这一迅速转变的可能是一系列的因素：如女性在家庭生产中变得更为重要；教育日趋成为社会地位的标志；学校教育对于社会与经济保障所具有的重要性日益显现。同样，也有必要更仔细地审视 1865 年后刚获自由的奴隶的教育需求。[15]

尽管经济模型的解释力很强，但社会史研究还是解开了其他的谜团。19 世纪公立学校的建立和扩张，预示了资本主义经济在美国众多地区尤其是在那些相对未受工业化影响的农村地区的发展壮大。如果工业化和城市化充分解释了公共学校的兴起和传播，那么在经济仍然靠重商主义模式或通过小规模创业运转的偏僻地区，就不会复制这种教育机构模式。此外，尽管许多研究人员把注意力集中放在城市学校上，但其他历史学者则重申，19 世纪的城市地区对于美国农村这个更大的主流来说只是支流而已。由此看来，19 世纪的教育从某种意义上来说更像是一场自愿的社会运动，是“美国历史上分权制建设的最大

---

⑭ Beadie, *Education and the Creation of Capital*; Kaestle and Vinovskis, *Education and Social Change*.

⑮ James Anderson, *The Education of Blacks in the South, 1860-1935* (Chapel Hill: University of North Carolina, 1988).

实例”。[16]

位于乡村地区的学校（一度被称为“地区学校”）在成为“农村学校”的过程中，并没有所谓的转换时刻，但是这一区别一旦得以明确（大致发生于20世纪初的某个时段），就很难翻转了。此后，农村学校及其社区发现自己越来越受到进步时代改革者的压力，后者要求彻底解决那些精英口中所谓的“农村学校问题”。研究农村教育史的学者指出，1896年全美教育协会成立的“声名狼藉的”十二人委员会是一个转折点。在此之后，农村学校被描述为“浪费和低劣的”，当地教育工作者被无情地敦促进行集权化和科层制等方面的改革，而这种改革只有通过学区和学校合并才能实现。[17]

20世纪70年代，农村修正主义者开始挑战解决农村学校问题的“传统思维”。他们认为，解决农村学校问题的这一传统思维，自19世纪末以来就扭曲了美国教育者的视域。令他们最为不满的是20世纪改革派的自视甚高，这些人罔顾农村学校的特色和传统，试图通过重新安排或替换的方式来“拯救”美国的农村学校。乡村主义者认为，特别有害的举措之一，就是将“城市改革模式”强加于农村学校和学区。换句话说，将农村学校“城市化”与其说是用新的数字征服它们，倒不如说是将一种外来的、不合适的教育形式移植到农村环境中去。

20世纪70年代中期，乡村主义者的回顾反思引起了一定的共鸣。 498
当时美国各地的大型城市学校系统因僵化、脱离实际和低效而受到抨击。因此，这项有力的重新评价既推翻了“越大越好”的逻辑，也否定了“规模经济”的财政效益，并使学校回到了规模小、个性化和紧

---

[16] David B. Tyack, “The Spread of Public Schooling in Victorian America: In Search of a Reinterpretation,” *History of Education* 7(1978): 173-182.

[17] Patricia J. Kannapel and Alan J. DeYoung, “The Rural School Problem in 1999: A Review and Critique of the Literature,” *Journal of Research in Rural Education* 15(1999): 67-79.

密联系社区的时代。这对许多教育工作者来说具有极大的吸引力。新一批农村修正主义者中最优秀的学者，并非试图重拾失去的过往，而是重新肯定了农村小型学校的积极品质。不过，他们开展研究工作的一个公认的政策目标就是减缓学区合并进度，学区合并这场改革运动一直持续到20世纪70年代及之后。乡村主义者认为，过去和现在主要的教育问题是，在20世纪普遍地采用城市教育模式改革农村学校，不让当地人参与决策，强制施行不合理的一致性，把"国家"文化置于地方文化之上。

尽管研究农村教育的学者做出了诸多贡献，但他们的分析却存在一些明显的缺陷，其中只有部分缺陷是在最近的学术研究中出现的。例如，城市化是多种因素合力的产物，其影响远远超出了对学校教育的狭义影响。在这方面，必须考虑到各州的作用。学校的"城市化"不是通过突然的授权来实施的，而是一种较为复杂、渐进和多方面的变革。州立法机构并不急于从自己的选民手中夺取地方控制权。此外，将"城市"模式应用到农村学校，只是将商业模式强加于美国学校的第二波浪潮。美国和加拿大的许多地方社区都找到了抵制这种外来强加的教育模式和改革的方法。⑱

最后，农村社区既没有像前辈农村研究者所描述的那样一成不变，也并非他们以为的没有内部冲突。各种各样的宗教信仰和阶级差异往往会破坏团结。学区学校既可以反映社区的宗教团结，也可能无奈陷入教派斗争。发生在地方（基层）学校的改革，往往在教育现代化过

---

⑱ Jonathan P. Sher and Faith Dunne, *Education in Rural America: A Reassessment of Conventional Wisdom*, Westview Special Studies in Education (Boulder, CO: Westview Press, 1977), 12; Mike Corbett, "A Protracted Struggle: Rural Resistance and Normalization in Canadian Educational History," *Historical Studies in Education/Revue d'histoire de l'éducation* 13(2001): 19-48.

程中起着至关重要的作用。[19] 对农村学校的重新考察产生的反响远远超出了美国史学领域，它还对许多工业化国家的学术界产生了影响。[20]

第三世界国家

在过去的半个世纪里，一系列重大的政治和经济变化对第三世界国家一部分地区的农村社区和入学率产生了深远的影响。随着殖民帝国的瓦解，被殖民人口获得独立（新的首都、政府和教育机构也同时得到发展），民主统治推翻极权政权，国内人口流动限制被取消（殖民国家常常限制公民在城市地区生活和工作的权利），这些变化对大部分人的生活都产生了重大影响。无论这些发展转变是多么令人感到自由 499
解放，或是令人不安，学者们对其原因尤其是对转变后果的研究，一直都因受到限制而进展缓慢，如数据收集不规范和标准性研究方法的缺乏导致大量知识空白的存在。有些研究人员还哀叹，许多研究发展中国家的学者并没有生活在他们所研究的国家。

自20世纪50年代以来，农村社区的衰落和城市化的发展主要集中在第三世界国家。已有的学术研究往往散见在人口学家、经济学家、地理学家、社会学家、发展学者和城市规划者等人的研究工作中，而不是全面性的历史研究。观察到这些学术发展趋势的历史学者指出，

---

[19] Benjamin Justice, *The War That Wasn't: Religious Conflict and Compromise in the Common Schools of New York State, 1865-1900* (Albany: State University of New York Press, 2005); William A. Link, *A Hard Country and a Lonely Place: Schooling, Society, and Reform in Rural Virginia, 1870-1920*, Fred W. Morrison Series in Southern Studies (Chapel Hill: University of North Carolina Press, 1986); Tracy L. Steffes, '"Solving the Rural School Problem': New State Aid, Standards, and Supervision of Local Schools, 1900-1933," *History of Education Quarterly* 48, no. 2 (2008): 181-220; Paul Theobald, *Call School: Rural Education in the Midwest to 1918* (Carbondale: Southern Illinois University Press, 1995).

[20] Stelmach, "A Synthesis of International Rural Education Issues and Responses," 32-42.

有必要更为谨慎地使用一手资料，明确其收集的时间和地点。

拉美教育史以其理论视角、研究方法、意识形态的多样性而著称。当它们与拉丁美洲的语言差异、区域差异和地理特殊性相结合时，研究工作便呈现出充满活力的新的概念方法。学者们断言，农村的生活方式不是单一的，而是多种多样的，可以根据其土地所有权类型、区域商业或生产实践、与城市中心的距离，以及人口的社会文化特征及其稳定性或流动性等因素加以区分。拉丁美洲的农村学校研究在地域上和学科（包括农村研究、地理学、历史人类学和社会学）研究视角上都存在不均衡性，故而更加难以进行全面的概述。[21]

近 20 年发表的较新研究成果，利用当地的原始资料，提出了一个比单纯记录农村地区发展和现代化的传统叙事更为复杂的理论视角。例如，近来关于墨西哥区域和地方历史的研究表明，墨西哥的教育从来没有像政府当局一度喜欢假装的那样普及、集中、世俗和由国家资助。通过分析新的原始材料，不仅有助于推翻墨西哥"普及学校教育的神话"，而且学者们还发现，世俗初等学校早在 1810 年墨西哥独立之前就已存在，农村学校在 1910 年革命之前就已经开始开办了。[22] 除了上述分析性进展，墨西哥的研究人员还对由革命导致的教育计划提出了质疑。该计划的推行曾经被视为一个连贯、集中和同质化的运动。除了教育部官方文件外，历史学者还查阅了州和地方档案资料，对一

---

[21] Alicia Civera, "Range and Limits of the Countryside Schooling Historiography in Latin America (Nineteenth and Twentieth Centuries): Some Reflections," in Bagchi, Fuchs, and Rousmaniere, *Connecting Histories of Education*, 61-82; Elsie Rockwell, "From Internal Unravelling to Transnational Assembling: Histories of Education in Mexico," *Paedagogica Historica* 50(2014): 797-804; Gabriela Ossenbach, "Research into the History of Education in Latin America: Balance of the Current Situation," *Paedagogica Historica* 36(2000): 841-861; Adrián Ascolani, "The Historiography of Education in Argentina during the 1990s: Theoretical Lines and Conceptual Contributions," *Paedagogica Historica* 36(2000): 869-908.

[22] Rockwell, "From Internal Unravelling to Transnational Assembling."

些地方声称自身有权获得免费教育，而另一些社区抵制联邦政府控制时所进行斗争的证据进行了仔细研究。

随着历史学者努力超越学界普遍接受的民族叙事，并挑战早先关于国家意识形态与再生产力量的论点，与上述相似的主题也会在关于其他拉丁美洲国家的研究中出现。这项新的研究工作的主要内容是弄清地方教育需求的模式，以确定其与由社会精英阶层和国家发起的改革计划相一致，还是相抵触。学界仍然未能较为深入理解农村社区为什么会对学校教育感兴趣，尤其是在教育收益很少的情况下。历史学者收集到的当地一手资料，继续颠覆了之前将学校描绘成是精英强加给抵抗人群的这一主流叙事。在玻利维亚，因为当局对办学不感兴趣， 500
那里的原住民和巴西移民都相继开办了自己的学校；在哥伦比亚，教会是负责在偏远地区开办学校的机构；而在智利和墨西哥，20 世纪的许多农村学校得以幸存，则是社区努力的结果。

在拉丁美洲的一些地区，农村地区的教育机会状况参差不齐，很不均衡。例如，在智利的塔拉帕卡地区，制盐作业点地理位置的时常变更，导致人口分散，儿童往往无法上学。在墨西哥，政客们常常根据政治动态来决定农村教师培训学院和农业学校的选址。在哥斯达黎加，农业扩张致使乡村人口流失，村民离开学校集中的地方，出现了一种“非学校教育”的状况。在 19 世纪的智利和墨西哥，有些土地所有者支持开办学校，有些则不支持，尽管原因尚不清楚。

教育不仅仅受到经济发展的制约，政治利益、种族歧视或文化偏见的影响可能比经济因素更具决定性。这取决于人口结构的变化或工作机会的多少。教育成果也有很大差异。例如，至 20 世纪初，哥伦比亚的识字率和入学率非常低；哥斯达黎加的教育水平在中美洲最高，尽管性别差异造成了男女生学业水平的分层。

对拉丁美洲现代农业社会运动开展研究，为探索农村教育的其他途径提供了极大的可能性。巴西的“无地工人运动”推动了一场旨在变革联邦政府开办农村学校教育方式的全国性运动，并在20世纪90年代赢得了创办自己的学校和教师培训项目的法律许可。研究这场运动的学者记载了运动取得成果的艰辛过程，社会改革者不断面临运动进展顺利所带来的挑战，比如运动发展太快且与官僚阶层形成对抗。研究人员还记录了中美洲多国一致将农民排斥在政策制定和决策之外的努力，是如何与20世纪90年代中美洲兴起的“农民之路”等国际性的农民和农业运动相伴相生的。通过发动基础广泛的教育运动，“农民之路”发展了与国际企业集团和跨国机构交往的能力，如世界贸易组织以及其他越来越多负责农业和粮食决策的多国性机构。近年来，“农民之路”为农民子女建立了自己的国际性大学，在那里他们能够受到农业生态学与组织技能的复合教育。这种关于跨国社会运动的形成与演变的研究，有助于我们理解农村教育可能采取的不同形式。[23]

非洲的教育史就像非洲大陆上数千种本土语言和方言一样多种多样。也许比其他大陆更为明显的是，非洲较少有综合性或全国性的研究；区域性和地方性教育史研究较多，其中许多都是以未发表的学位论文形式出现的。总体而言，非洲的教育史研究为城镇教育史、家园教育史、农村社区教育史和民族教育史这些专门史研究提供了诸多洞见，进而为持续开展的非洲史概述奠定了坚实的基础。学界提出了大量关于非洲大陆不同时代教育变革的论点，把这些论点放到一起，就

---

[23] Civera,"Range and Limits of the Countryside Schooling Historiography”;Rebecca Tarlau,“Education of the Countryside at a Crossroads:Rural Social Movements and National Policy Reform in Brazil,”*Journal of Peasant Studies* 42(2015):1157-1177;David Meek,“Learning as Territoriality:The Political Ecology of Education in the Brazilian Landless Workers’ Movement,”*Journal of Peasant Studies* 42(2015):1179-1200;Annette-Aurélie Desmarais,“Peasants Speak:The Vía Campesina:Consolidating an International Peasant and Farm Movement,”*Journal of Peasant Studies* 29(2002):91-124;María Elena Martínez-Torres and Peter M. Rosset,“La Vía Campesina:The Birth and Evolution of a Transnational Social Movement,”*Journal of Peasant Studies* 37(2010):149-175.

能清晰说明一些关于非洲农村社区教育史的共同主题。

有关过去两个世纪非洲教育的研究，起始于承认欧洲殖民主义对 501
非洲过去和现在生活的方方面面几乎都产生了深远影响。持续地奉行破坏性和限制性的政府政策，导致了整个非洲大陆“资金不足、人员不足和水平低下的教育系统”的存在。尽管殖民政府实行隔离政策，并且非欧式学校普遍缺少资源，但并不是所有的教育机构都被强制推行了帝国主义课程。

津巴布韦的情况说明了所遭受压迫性殖民教育计划影响的规模程度，以及计划针对的目标人口对这些政策的抵制。20世纪初，在国家教育部的指导下，津巴布韦与非洲许多其他殖民地政府一样推出了一种以职业为导向的教学形式，即所谓的“菲尔普斯-斯托克斯模式”。这是以美国一项专注于提高非裔美国人地位的私人慈善活动命名的。该教育方案的部分灵感来源于布克·T.华盛顿在塔斯基吉学院的实践培训理念。在美国以外采用该方案的前提是，将针对美国自由奴隶设计的职业教育进行本土化，以适应当地的“发展和环境需要”。该方案为非洲的殖民地人民提供了合适的学校教育模式。正如津巴布韦所建学校那样，其任务是避免“传统的较为学术性的教育系统”。这项充满种族主义假设、建立非洲农村种族隔离的职业教育方案，实施效果远远没有设计者预期的那样成功。非洲学生更倾向于到那些至少提供一些基本知识教学的学校就读。当地人还参与建立教会学校，后者许诺为学生提供更为前沿的教育。20世纪20年代初，学生们组织了针对官办学校的抗议、罢课，最终迫使殖民教育当局提供学术性更强、非工业性的学校教育。非洲南部其他大型非欧式教育机构，也开展了类似的针对菲尔普斯-斯托克斯课程的罢课和抗议活动。[24]

---

[24] Sybille Küster, ‘“Book Learning’ versus ‘Adapted Education’: The Impact of Phelps-Stokesism on Colonial Education in Central Africa in the Interwar Period,” *Paedagogica Historica* 43(2007): 79-97.

近来关于非洲农村教育史的研究，集中关注了长期存在的不平等、贫困问题，以及这些问题在现代化方案影响下的加剧，比如非营利组织和国际组织（包括政府性和非政府性）所发挥的作用。女性教育的不稳定性日益成为学术界和活动家关注的焦点：教师的角色以及农村与城市在教育方法之间的差异，也使人们将注意力转向女性的教育培训。全球化、城市化和工业化在过去 50 年中对非洲大陆的影响一直都更多是社会学学者的研究领域，不过历史学者正开始认识到这段晚近历史所提供的研究可能性。非洲研究者对西方学者传统上使用的著名分析模型提出了挑战，并对早期学术界关注点过于狭隘或过于集中于城市的倾向提出了质疑。历史学者呼吁更多地关注“人口、金钱、商品、思想和价值观在城乡之间的持续性双向流动。这些流动将非洲城镇与乡村紧密联系在一起，使乡村的发展模式形塑着城市的发展进程，反之亦然”。[25]

东亚和东南亚增添了历史研究路径的多样性。中国有效提供了另一种叙事的可能性，因为中国的教育一直是中央规划并有目的性地设计，以制定农村社区和城市社区之间及其学校之间一视同仁的政策。
502 学者们对 1949 年中华人民共和国成立以来的教育发展历程进行了回溯。这段历史表明，很难在一直贯彻建设公平社会的社会主义理念的同时推动经济的繁荣发展。不均衡的经济资源匮乏，就意味着旨在促进经济发展的政策，会直接与旨在扩大社会机会、惠及传统弱势群体（含农村社区）的政策争夺资源。

中华人民共和国早期的教育政策，反映出在政治上对经济发展与社会公平双重目标的重视。新成立的共和国有 80％的文盲人口，教育

㉕ Tsuneo Yoshikuni, "Linking Urban History with Precolonial and Rural History: From the Zimbabwean Experience," *Azania* 36-37(2001-2002): 157-171; Laura Phillips, "Principals, Chiefs and School Committees: The Localization of Rural School Administration in Lebowa, 1972-1990," *Journal of Southern African Studies* 41(2015): 299-314.

系统招收了 20%—40%的学龄人口。新中国试图解决教育不平衡的问题，并关注扩大教育，将其作为经济发展的第一步。新中国成功地在全国范围内扩大了基础教育的规模。从 1952 年到 1957 年，公共教育支出几乎翻了一番；从 1950 年到 1957 年，教育投入金额增加了 10 倍。从 1949 年到 1957 年，小学生注册总人数从 2440 万增加到 6430 万，中学生总人数从 100 万增加到 630 万。至 1951 年，全国共有 1000 万农民注册入学，还有更多的农民进入民办学校学习。民办学校由当地管理和提供经费，它们在中华人民共和国成立初期极大地扩大了农村儿童接受基本教育的机会。

1958 年以后，"大跃进"通过集体化、动员基层劳动力、大规模的教育与生产相结合等战略途径，在寻求经济快速发展过程中出现明显的"左倾"。"两条腿走路"战略是在 20 世纪 50 年代末制定的，表达了人们在发展中等教育和高等教育的同时，希望扩大大众教育的想法。农村小学和中学合并，学制缩短，同时扩大中等技术培训学校数量，如农业中学。"两条腿走路"政策最初的定位是一种扩大农村地区教育的手段，后在 20 世纪 60 年代初发生了变化。影响其变化的一个特殊因素就是"三年困难时期"（1959—1961），这使得人们怀疑"大跃进"的经济发展模式。领导人恢复采用不那么激进的经济发展战略，转而强调培养专业知识技能和提高教育质量。

1966—1976 年，中国爆发了"文化大革命"。这是一场影响深远、混乱不堪的社会运动，使中国再次回到了较为激进的政治进程上面，其核心目标之一是消除农民和其他人口之间的差异。教育分流被废除（至少在官方层面上废除了），培养精英的学校也被停办。常规叙事认为这一时期的教育质量无疑受到了影响，但有些学者却认为，这一时期的教育政策比学界之前认为的更有效，尤其体现在对受教育水平低下的群体（含农村人口）推广大众教育上。毕竟，小学入学率在 1975 年时达到了 96.8%。不过，1978 年后又出台了反转性的政策，官员们在很大程度上放弃平等主义精神，转而采取强调质量、竞争、个人才能，以及强调掌握对科学技术发展至关重要的概念和技能的政策。20世纪80年代，政府恢复了以考试为基础的学生升学制度，并将大量资源转移到全国各地的精英“重点”学校，而这些学校主要集中在城市
503 地区。这种资源的重新分配导致中国农村人口受教育机会减少。农村学校的质量低下以及对职业技术教育的日益重视，给农村学生的升学道路设置了重重障碍，他们常常难以进入城市学校继续深造。

概言之，学者们将1949年至20世纪90年代的中国政治史描述为在社会主义平等主义模式和自由竞争模式之间的摇摆。历史证据表明，教育政策政治背景的转变与城乡教育不平等密切相关。此外，中国城乡不平等问题的加剧，清晰地说明以推动经济发展为目的的改革可能带来的社会成本。学者们还认为，中国的这段历史在境外也产生了重要影响。例如，越南、柬埔寨、蒙古和老挝的发展趋势都与中国1978年后的改革直接相关，这些国家都日益倾向于市场经济。在许多东南亚国家，日益增长的教育成本越来越多地转移到个人和家庭身上。这与入学率的巨大城乡差异有关。最近，学者们将亚洲教育系统的发展变化置于一个更广泛的背景之下：整个世界都趋向于竞争力驱动的教育改革，以牺牲公平为代价追求效率和质量的目标。[26]

总　结

纵观上述国际农村教育史研究，尽管存在着一些重大差异，但有

[26] Rui Yang, “Urban-Rural Disparities in Educational Equality: China's Pressing Challenge in a Context of Economic Growth and Political Change,” in *International Handbook of Urban Education*, ed. William T. Pink and George W. Noblit (Dordrecht, The Netherlands: Springer, 2007), 231-248; Emily Hannum, “Political Change and the Urban-Rural Gap in Basic Education in China, 1949-1990,” *Comparative Education Review* 43, no. 2 (1999): 193-211.

几个共同的主题却将不同时代、地区的农村社区及其学校的研究联系了起来。还有一些有趣的问题有待解答，许多基本理论也需要在未来开展研究。第一，各个国家都出现的一个引人注目的问题是：为什么农民对教育感兴趣？在现代经济扩张的早期阶段，利用学术知识和技能的机会有限，为什么农民和农村社区对教育的需求早于工业化出现，而不是在工业化之后出现？换句话说，就是要探究地方学校教育是在何时、何地以及是如何具有完全独立于精英设计的内涵的。第二，当今国家内部、各国之间的经济不平等逐渐加剧，或许可以推动学者们深入挖掘一手资料，从而深入地了解教育在何时以及是如何帮助缓解或进一步加剧地方、地区或国家之间的不平等的。第三，在上述研究中生发的另一个主题是，运用跨国方式开展研究的历史学者必须面对学者们在尝试解读、翻译关键性概念和定义时所产生的质疑——“农村”和“城市”这两个概念最为重要——许多概念和定义在不同的区域和国家有着明显不同的含义和内涵。第四，历史学者可能会对当地文化面对课程统一的外部压力时出现的冲突开展更为具体详细的研究。第五，上文提到的共性和差异表明，学界仍然需要对农村教育历史开展跨各大洲的、令人信服的、全面综合的研究。当然，这样的研究需要历史学者坚持把他们擅长的事情做好：在阐明具体问题的同时，关注到更为宏大的故事。

推荐书目

Bagchi, Barnita, Eckhardt Fuchs, and Kate Rousmaniere, eds. *Connecting Histories of Education: Transnational and Cross-Cultural Exchanges in (Post-)Colonial Education*. New York: Berghahn Books, 2014.

Beadie, Nancy. *Education and the Creation of Capital in the Early American Republic*. Cambridge, UK: Cambridge University Press, 2010.

Eklof, Ben. *Russian Peasant Schools: Officialdom, Village Culture, and Popular Pedagogy, 1861-1914*. Berkeley: University of California Press, 1986.

Hannum, Emily, and Albert Park. *Education and Reform in China*. Critical Asian Scholarship. London: Routledge, 2007.

Kaestle, Carl F. *Pillars of the Republic: Common Schools and American Society, 1780-1860*. New York: Hill and Wang, 1983.

Kallaway, Peter, ed. *The History of Education under Apartheid*, 1948-1994. New York: Peter Lang, 2002.

Maynes, Mary Jo. *Schooling in Western Europe: A Social History*. Albany: State University of New York Press, 1985.

Rao, Parimala V., ed. *New Perspectives in the History of Indian Education*. New Delhi: Orient Blackswan, 2014.

Sher, Jonathan P., and Faith Dunne. *Education in Rural America: A Reassessment of Conventional Wisdom*. Westview Special Studies in Education. Boulder, CO: Westview Press, 1977.

Theobald, Paul. *Call School: Rural Education in the Midwest to 1918*. Carbondale: Southern Illinois University Press, 1995.

第 32 章　近现代识字史

戴维·文森特

1915 年，英格兰与威尔士总登记官宣告了一个胜利时刻的到来：507
“结婚时不能在婚姻登记册上签名的丈夫人数占比，已从 1841—1845 年间的 32.6%逐渐下降到 1913 年的 0.9%，不能签名的妻子人数占比则从 48.9%下降到 1.0%。”[①] 欧洲在深陷战争之时，实现了名义上的全民扫盲。从统计学角度来看，读写能力几乎在任何地方都是一种进步的表现。近代以来，不同国家的识字水平起点不同、发展速度也不尽相同，但它们始终都拥有一种共同的意识，即要努力实现国人掌握基本书面交流技能的目标。

19 世纪时，欧美各国或已完成大众扫盲，或已将大众扫盲作为一个目标。第一次世界大战之前，英国是北欧和西欧各国中少数宣告扫盲运动结束的国家之一。美国各地的扫盲表现差异很大，但全国平均文盲率在 1910 年达到了 19 世纪 90 年代以来的最低点。南欧和东欧国家，以及世界上新近被殖民的国家，距离达到扫盲的目标尚远，但看上去却都在同一轨道上。虽然死亡率或犯罪率等其他文明指标在现代化的多重压力下出现了令人惊惧的波动，但读写能力却并没有出现时代性的崩塌，基本的书面交流技能也没有出现代际性的倒退。毫无疑

---

① *Seventy-Sixth Annual Report of the Registrar-General of Births, Deaths, and Marriages, in England* (London, 1915), xiii.

问，这一挑战最终会迎刃而解。甚至是本身对维多利亚进步时代的诸多观念提出了挑战的第一次世界大战，对于读写能力的获得或运用也鲜有影响。②

16 世纪和 17 世纪的印刷革命在稳定繁荣的欧洲各国逐渐生发出日益强烈的识字愿望，中上阶层的大多数男性和少数女性都希望获得读写能力。阅读学习先于写字，并且传播得更广。在北欧和西北欧，像丹麦和芬兰这样的国家，以及像日内瓦这样的城邦，估计在近代结束之际，大部分男性都能够阅读基本文本了。美洲的新英格兰地区也取得了类似的成就，但其母国英国却还未完成这一事业。17 世纪中期，英国大约 33％的男性具有签名能力；18 世纪中期，这一比例提升至接
508 近 66％。具有签名能力的女性比例则从 10％增长到了 40％。工业革命开始时，已经在低至男性工匠的层面都有了一种普及识字的传统；甚至在贫困劳动人口中，不接触或不使用书面文字而是完全通过口头交流的社群也早已消失。18 世纪末，欧洲其他地区的社会群体都不能获得读写能力，以塞尔维亚为例，甚至连君主本人都不识字。在可以被统计的地方，男性平均识字率不超过 25％，甚至百分比是个位数。在经历了一阵相对停滞的时期后，最为发达的国家开始在 19 世纪中期对男性和女性开展扫盲运动。起点较低的女性和贫穷的男性劳动阶层，识字率在不到一代人的时间里便翻了一番。只有在那些基本上没有受到经济增长或城市化影响的欧洲边缘地区，识字率的上升才比较缓慢。俄国、西班牙和巴尔干半岛的扫盲进展缓慢，但即使在这些地方，中上阶层的人们也能相互之间通信，以及与现代世界中其他地区的亲友

---

② David Vincent, *The Rise of Mass Literacy. Reading and Writing in Modern Europe* (Cambridge, UK: Polity Press, 2000), 8-18; Edward E. Gordon and Elaine H. Gordon, *Literacy in America: Historic Journey and Contemporary Solutions* (Westport, CT: Praeger, 2003), 265; David Vincent, "The Progress of Literacy," *Victorian Studies* 45, no. 3 (2003): 408-409.

互通书信。[③] 旨在推动全球范围内的扫盲工作的万国邮政联盟于1874年成立，到第一次世界大战爆发时，该联盟已拥有135个成员国（含殖民地国家）。

“识字”的发明

早在文字书写历史出现之时，人类就具备了创建和解读文本的能力。但从另一个角度来说，作为一个词语和一个概念，“识字”是晚近时期才产生的。1840年，成立不久的英格兰与威尔士登记总局发布了一份半页纸的表格，改变了人们对读与写的理解方式。表格上有三列数字，表示“截至1839年6月30日的一年里，在伦敦及英国各郡和南北威尔士登记结婚的人群中，使用记号进行签名的人数比例”。[④]

这些数据来自于对婚姻登记册中相关信息的重新核算。根据1836年颁布的法案规定，婚姻登记册成为强制的统一性文件。新娘、新郎和两个证人必须在表格上签上他们的名字或标上一个记号。登记处的工作人员意识到，如果将这些条目进行累计叠加的话，或许有可能在一张纸上就反映出整个社会的沟通能力，体现出其中的地方差异以及教育供给的混乱状况。这是在全国范围内将即将被视为重要文化指征的东西进行可视化的一种手段。令官员们吃惊的是，后来的反馈显示，

---

③ Kenneth A. Lockridge, *Literacy in Colonial New England* (New York: Norton, 1974), 13-19; David Cressy, "Levels of Illiteracy in England 1530-1730," *Historical Journal* 20, no. 1(1977): 1-23; Helen Jewell, *Education in Early Modern England* (Houndmills, UK: Macmillan, 1998), 146-154; István G. Tóth, *Literacy and Written Culture in Early Modern Central Europe* (Budapest: Central European University Press, 2000), 208; R. A. Houston, *Literacy in Early Modern Europe: Culture and Education 1500-1800* (London: Longman, 1988), 130-154.

④ *Second Annual Report of the Registrar-General of Births, Deaths, and Marriages, in England* (London, 1840), 5.

从诸如决定结婚这样的偶然行为中获得信息，却产生了一个稳定的时间序列，为描述识字的发展变化动态提供了可能。这一发现与当代“统计学”的发明有关，“统计学”一词不再像之前那样指的是与国家相关的信息，而是对社会和经济行为的量化描述。不能写字似乎是一种绝对情况，迅即就被冠以“文盲”（或“无知”）的称谓。不过，文盲和无知这两个词明显包含多种程度的书写能力，因此评论家们考虑简化的反义词时行动较为缓慢，故而“识字”一词并没有在接下来的40年里成为一个被广泛使用的术语。⑤

从这个意义上说，识字和文盲，以及欧洲不同语言中对应的术语，
509 都是现代国家发展的产物。这些数据源自于记录与公布整体人口特征的新能力，无论是通过有关人口统计事件的信息、人口普查（有些国家的人口普查涵盖读、写问题），还是通过大规模征兵时的军事记录。在1825年之前，这种量化信息仍然零散地隐藏在公开文件之中，如法庭证词或保管完善的教堂档案。这些数据都必须有待历史学者进行重新分析之后，方能揭示出国家的长远发展轨迹。最早开展此类研究的是法国。1877年，在政府资助下，路易斯·马吉奥罗校长在退休后根据过去几代教区牧师的登记簿，首次对法国人的识字能力进行了大规模的历史研究。20世纪后期，学界对欧洲各地地方文化资源进行了一系列的仔细考察。其中最知名学者的是埃吉尔·约翰森，他根据教区牧师按照《1686年教会法》要求所做的记录，再现了瑞典人的识字状况。⑥

---

⑤ David Vincent,“The Invention of Counting:The Statistical Measurement of Literacy in Nineteenth-Century England,”*Comparative Education* 50,no. 3(2014):271;Ian Hacking, *The Taming of Chance*(Cambridge,UK:Cambridge University Press,1990),2.

⑥ François Furet and Jacques Ozouf,*Reading and Writing :Literacy in France from Calvin to Jules Ferry*(Cambridge,UK:Cambridge University Press,1982),4-9;Egil Johansson,“The History of Literacy in Sweden,” in *Literacy and Social Development in the West*, ed. Harvey J. Graff(Cambridge,UK:Cambridge University Press,1981),165-174.

自学成才、尝试使用新兴统计学方法的人士，对于他们收集得来的数据并没有把握。如果使用婚姻登记或征兵的记录，他们主要是以近二十岁到二十几岁的群体为基础来描述人口的整体情况。在识字水平稳定发展的时期，这些数字既低估了学龄人口的识字能力，又高估了整体人口的识字情况。重新分析婚姻登记册反馈的信息表明，英格兰和威尔士等地的识字水平在19世纪中后期得到稳定提升，父母一代的识字率比他们子女低20%，但同时又比自己的父辈高20%。在比例陡然提升的地区，如19世纪晚期的比利时，代与代之间的识字水平差距可能会更大。1914年之前西北欧地区识字率的明显提高，主要得益于年轻人识字水平的增长。在两次世界大战之间，文盲仍以年长的男女人口为主，这显示出他们早期教育供给的不足。

统计人员也意识到，单纯的签名行为并不足以全面反映人的读写能力。对囚犯及后来的学龄儿童等被限制在一定空间内的人群开展的微观研究发现，他们在对所读内容的理解上以及书写的流利程度上都存在着很大差异。但学者们和资助其研究工作的政府却都相信，细微差别的存在作为掌握普遍特征的代价是值得的。无论用签名来衡量识字有多么粗糙，但这个标准至少是连续一致的。而且与许多人口普查反馈的自主性报告不同，签名是用于其他目的而建立的二级数据，受目击者或观察者偏见的影响较少。这种计数方式首次让人们能够描述沟通能力不足的问题，而且还能够用来衡量干预所带来的后果。识字率成为第一批公共投资关键绩效指标之一。随着教育预算逐渐成为仅次于扶贫的国家第二大类非军事支出，于是增税的必要性及其结果就都可以被呈现出来了。此外，英国在1840年实行统一费用、预付邮资的政策，邮政系统的现代化导致了一种新的量度方式的采用。随着私人邮政网络最终走向衰落，国家得以垄断通信数据，首先是信件数据，然后是电报数据。识字率在各地都显示出上升趋势。在现代西方，识字成了可以借以将19世纪形容为一个发展进步时代的方式。

对于识字的发现，至今依旧影响着当代人对待这一主题的态度。新闻媒体总是寻求建构各国的识字成果表，在这种成果表上不再自动由像英、美等世界领先国家占据前列位置。受此影响，人们对于拥有
510 识字能力存在着一种二元理解。直至19世纪末才被发现的更为经济的抽样技术，使得人们可以对识字能力进行更为深入的调查研究。但是，在已发表的报告中，调查结果呈现的全国识字率数据却往往是基于个体成绩的汇总而非社会实践。维多利亚时代的统计学家们偶尔还会斟酌一下数据背后的东西。总登记官在1857年写道："每桩婚姻都构成了一个家庭，而对这个家庭来说，家庭成员之一能读会写这一事实，要比夫妻双方都能读写的事实更为重要。"⑦

人们曾断断续续地尝试在统计分析中体现这一观点，但算法复杂，结果也难以解释。如果采用上述提法，相关数据表明，在19世纪英国、普鲁士、法国、瑞典、荷兰、美国东北部等有着悠久识字传统的国家和地区，识字水平远远高于官方数据。即便那些据称是文盲的穷人，也能轻而易举地找到一个会签名的证人、一个能阅读印刷字片的家庭成员或一个能帮助读写信件的邻居。他们通过教堂分发的基本宗教文本和乡间兜售的充满有想象力的廉价文学作品，就能熟知那些以文字进行交流的材料。书签、蓝皮书和小册子为人们提供了在公共场所喝杯酒的工夫就能获得和使用识字技能的机会。这些文字内容由那些会阅读的人读给那些有时间听的人，就能让印刷品在大众文化中发挥作用。不过，从统计口径可以看出，识字被视为了一种拥有与否的财产形式，而不是在需要和机会出现之时，可以被恳求、借用或挪用的生活技能之一。

⑦ *Eighteenth Annual Report of the Registrar-General of Births, Deaths, and Marriages, in England*(London, 1857), v.

识字和学校教育

经济现代化及推动经济现代化的国家基础设施，这两者的共同发展强化了个性化的读写概念。就业逐渐被视为一种契约，通过契约个人出售劳动以换取每周的现金工资，而不再是一种家庭成员为只能部分变现的集体收益而集中工作的家庭事业。同时，教育是一个过程，在此过程中，学生个体被聚集在一个正规的教室里，他们远离家庭的社会化，并在关键方面与家庭社会化相抵触。

伴随全民识字这一社会愿望的，是建立一个全面的基础教育体系的愿景。两者都是启蒙运动的梦想。18 世纪，一些较为先进的欧洲国家提出了自己既负担不起也无法管理的国民教育蓝图。早在 1717 年，普鲁士人就领先开启了这条道路，紧随其后的是瑞典人（1723）、丹麦人（1739）、巴伐利亚人（1771），甚至还有波兰人（1783）。随着法国大革命奠定了建立新社会的基础，人们不可避免地将注意力转向初等学校教育，国民公会在 1794 年 11 月颁布《拉卡纳尔法》，并在 1795 年 10 月公会会期的最后一天通过了《多诺法》。两个法案规划了全面的国家世俗教育系统，其最终立法法案还规定：学校应当教授读、写、算和共和国道德。

与 1815 年后大革命时代国家的出现相伴而生的，是欧洲和北美识 511
字培训项目的发展。各国开始将自己所取得的成就与他国进行对比衡量，并就如何解决面临的挑战彼此交换意见。各国相互模仿复制创新性举措，撰写和翻译宣言，开展实地考察。英国教会协会发明的导生制受到了各国的赞赏和竞相效仿。1831 年瑞士的一位教师发明的穆勒豪斯书写教学法，成了欧洲多种语言的教学方式。

1843 年，时任马萨诸塞州教育委员会负责人的贺拉斯·曼造访欧洲，他随后撰写的报告深受普鲁士教育制度的影响，在大西洋两岸都被广泛传阅。其影响的结果是促成了一种立法模式，旨在将初等教育阶段的教学发展为一项职业，国家则成为开展识字培训的主要提供者。在英格兰，人们希望通过补贴、督查和测量的方式，将教会所做的教育工作转化为事实上的国家结构。至1870年，鉴于婚姻登记册上的数据显示出工人阶层子女的文盲状况依然顽固存在，英国最终承诺确保在每个地方都开办教育，并在10年后实施义务教育。1833年，法国政府通过颁布《基佐法案》，要求各个基层行政区面向男童开办学校，但直到1881年或1882年才实行免费义务教育。瑞典早在1842年便尝试推广普及义务教育，这种全面资助开办教育的理念是由当地教会率先提出的，不过直到1875年之前，这种教育都一直拒绝由国家提供全额资助。

其他国家和地区的教育改革进程，反映出教育改革者的愿望与中央政府无法持续提高税收并推行政府意志之间存在鸿沟，后者的制约因素包括教会的阻挠，以及家长与其他既得利益者的抵制。美国于19世纪30年代就建立起了世俗公共学校的模式，但在19世纪下半叶各州通过并重新制定全面的教育立法后，却并未形成全国性的法规体系。在南欧和东欧，每个国家都必须制定教育法，就像它们必须有铁路和邮局一样。不过，经济越不发达，理想与现实之间的差距就越大。西班牙于1857年颁布的《莫雷诺法》体现了当时最佳的教育实践，但该法却用了一个世纪的时间才得以真正贯彻落实。俄国在几十年里颁布了一些教育法令，但到1917年罗曼诺夫王朝垮台时，教育体系仍是支离破碎。面对薄弱的国家基础设施，想识字的农民必须尽可能地接受教育。19世纪末，俄国的沃罗涅日省只有16%的男性能够读写，其中39%的人在服兵役期间学会读写，34%的人是由其他村民教授的，

21％的人靠自学，只有 6％的人在正规学校接受过教育。[8]

19 世纪各国对识字率重要性的发现，与官方教学机制的建立之间，存在着不平衡的关系，这导致人们对围绕读写及现代化进程的两个相关假设产生了疑问。第一个假设体现在人们对新识字表格的评论中，认为普遍识字能力的进展是由外部的教育供给来衡量的，供给者最初是教会，后来则是政府。总登记官在介绍英格兰和威尔士的第一份记号与签名表时写道："在考虑如何让存放于登记局的记录有助于描绘人民的生活状况时，我发现婚姻登记册有助于阐明英格兰和威尔士成年人在书写方面的受教育情况。"[9]

随后识字情况的改善完全归功于该领域公共投资的增长。可以想 512
见，文盲儿童的文盲父母既不会怀有教育子女的雄心，也不具备提供教育的手段。能够读懂文本和书写哪怕最简单的信息，这些技能是工业化经济的基本要求。它们对于创建一支灵活、自律、能够适应工厂生产新方式的劳动力队伍至关重要，同时也是更普遍性地向城市化人口灌输理性大众文化的手段。

第一个假设受到了强迫义务教育这一基本问题的挑战。大多数职业教育家都希望能强迫父母送孩子上学。但在 19 世纪末之前，除普鲁士外，很少会有家长能做到这一点；即便到了 19 世纪末，很多父母还常常迫于当地经济的要求以及相关预期，尤其是人们对女孩在家务劳动中作用的预期做出妥协。在此之前，每个学习读写的儿童之所以可以这样做，说到底是因为得到了他们父母的允许。父母要么直接支付学费，要么拿子女的收入支付学费，要么在家庭或邻里安排某种非正式的教学。

---

⑧ Ben Eklof, *Russian Peasant Schools: Officialdom, Village Culture and Popular Pedagogy, 1861-1914* (Berkeley: University of California Press, 1986), 85.

⑨ *Second Annual Report of the Registrar-General of Births, Deaths, and Marriages, in England* (London, 1840), 4.

鉴于19世纪以前有关学校教育的各国统计数据缺失，人们不可能准确描述是谁从谁那里买到什么教育，但只要简单地用识字数据由后往前推断，也就会一目了然了。19世纪所有关于识字问题的官方叙事，都把注意力集中在还需要做什么上面，过了一段时间后又集中在已有教育改革的有效性上面。但统计数据却显示，19世纪40年代时，北欧和西欧的主要国家下至劳工阶层的国民，都已经达到了可以签名的识字水平。

几代人以来，有文化的工匠培养了有文化的儿子，虽然他们的女儿受教育程度要低一些。这些子女有相当大的概率在这一社会阶层拥有婚姻，于是婚姻中就有两位都至少可以为对方读书的伴侣了。随着国家开始着手推进自己制定的教育计划，其进展仍然取决于贫困劳工父母送子女上学的数量。如果允许将10或11岁左右结束正规教育到大约15年后的平均结婚年龄之间的时间间隔纳入考虑范围，只有在那些先进国家的大多数儿童在这个间隔阶段都在上学的情况下，国家才敢开始惩罚那些仍然顽固抵制让子女接受初等义务教育的少数父母。义务教育是在人们先同意的情况下实现的，而非先强制推行，后寻求同意。

读写的学习

从本质上讲，在国家决定垄断教学、实现名义上的普及识字之前，读写的学习都是由市场需要推动的。在19世纪之前，各地学生都是各自在有序地学习读写技能。学习阅读被认为较为容易。它可以由妇女
513 传授给年龄尚小、在家庭经济中没有多大贡献的孩子。儿童们没有必要学习书写，十来岁或更大之后才有这个必要，作为会计事务所和其他商业职位的预备性学习。在阅读方面，18世纪初出现的专业男教师所产生的影响，主要是通过他们制作的拼读书籍体现的。

印刷术发明不久，英语阅读的第一个初级读本便于1538年问世。随后扩展出版的文本又规范了一种固定的教学模式。单词是由声音组成的，从单个的字母开始，经过共同的音节，逐渐发展到越来越复杂的单词，尤其那些圣经中出现的单词。1707年，伦敦斯特拉福德堡一位名叫托马斯·戴奇的校长出版了《英语发音指南》。学生们熟悉字母表后，再学习一系列不连贯的音节：*ba*、*be*、*bi*、*bu*、*ca*、*ce*、*co*、*cu*。学生通过不断重复发音以及对字母进行不同组合的方式进行学习。虽然石板、黑板和粉笔开始进入教室，但掌握理解文本的过程是通过有声方式进行的。直到19世纪末，默读才成为正规课堂的一种选择。孩子们大声朗读音节片段，最后再独自或一起读出完整单词。

教科书是独立的教学辅助工具，提供了教学方法和学习材料。教科书条目清晰、编排有序、价格低廉且销量巨大，很快就形成了一个庞大的二手市场。在18世纪三四十年代，伦敦一位出版商就可以在大量廉价读物相互竞争的情况下，出版一本发行量超过25万册的书。戴奇编写的《英语发音指南》就先后印刷发行了几百个版本，并于18世纪中叶传到大西洋彼岸，直到19世纪三四十年代美国开始出现由公共资助的初等教育时仍在印刷。另一个具有竞争性的手册是威廉·马卡姆编写的《英语拼读入门》，1728年首次出版，1885年时仍以名义上的新版本发行出售。在欧洲其他地方，撇开宗教信仰活动因素不谈，技术的发展和公众学习阅读人数的增长推动了出版业的繁荣发展。

教学方面的出版物变得与作为其解读对象的宗教文本一样常见了。17世纪20年代早期，瑞典的一项研究发现，一个乡村教区中的600个家庭拥有400本识字读本，650—750本教义问答，1000多首诗篇，以及包括圣经在内的200多本宗教书籍。印刷行业并不只局限在欧洲文化程度较高的地方。17世纪下半叶，超过33.3万的斯拉夫语识字课本在莫斯科出版。

1810年，乔治·克雷布在他的诗歌《村庄》中描写了孩子们放学离校后的教室：

> 我们的日间学校多种多样，这里便有一所，
> 空荡荡，静悄悄。上午的任务完成了，
> 泥块、碎布、破烂的东西扔成一堆又一堆，
> 里面有学生们的书，他们的困惑在那里沉睡。[10]

无论书本的破烂程度如何，对于如下这些人来说都可以接受并使用：只收几便士招收学生的主妇学校或日校老师，18 世纪后期起便在工作之余开展教学的主日学校老师，补充付费学校教育或在没有学校、负担不起学费的条件下自己教育孩子的家长，以及那些有志于自学的儿童或成年人。在这一水平上来说，富裕家庭的孩子所学的课程与工匠的孩子、一部分劳工的孩子都差不多，女孩所学课程内容也逐渐和
514 男孩一样多。18 世纪，那些有钱人还可以购买一系列的学习辅助工具，如字母骰子、阅读卡、拼图和棋盘游戏。而将学生聚集在教室里开展教育，是最有效的教学方式。

总体而言，学校教育的扩展推动了识字率的增长。但这一时期学习识字的劳工所留下的记录却反映出，当时的识字教育缺少任何形式的系统和顺序。殖民地时期的美国也是如此，人们“有多种途径可以学习识字”。当地的主妇学校和日间学校，往往随教师的健康状况和精力以及当地需求的波动而开课或停课。学生也可能会受到季节性劳动、疾病、恶劣天气和家庭经济状况的影响而中断上学。詹姆斯·莱金顿曾回忆道：“我在一位老妇人开办的日校上了两三年学，但我的学习生

---

⑩ George Crabbe, *The Borough* (1810; repr. Paris: A and W Galignani, 1829), 119.

涯很快就结束了，因为我的母亲很穷，支付不起每周两便士的学费。”[11]

如果受过教育的哥哥姐姐、亲戚或邻居有时间的话，那么他/她便有机会获得额外的教育机会。去市场一趟就有可能买到一本初级读本，以便私下自学。在18世纪，初级读本对于学习读写来说，是连接不同学习环境的纽带。但我们也不能高估初级读本在普及阅读能力上的重要性。[12]

学习顺序可以印在教学手册的书页上，但在手册使用的场景当中就是另一回事了。父母的需求与失业工人或贫穷寡妇所有因素的交叉作用，催生了欧洲非官方学校教育的出现。在俄国，很多私人性质的“野生”学校，主要面向农村儿童开办；法国农民在冬天晚上组织课程，由他们中间识字最多的人授课；爱尔兰的“树篱学校”往往没有校舍，孩子们被聚集在一块田地的边缘或临时空置的谷仓里接受教育。在普鲁士和奥地利，退役士兵、流浪的牧师和穷困潦倒的工人创办了没有执照的私立学校或街角学校，为城市贫民的孩子提供教育。他们的吸引力在于专注于识字而排斥其他无关知识，包括宗教教育的

---

⑪ David Vincent, *Literacy and Popular Culture: England 1750-1914* (Cambridge, UK: Cambridge University Press, 1989), 66-72; first quote from John L. Rury, *Education and Social Change: Contours in the History of American Schooling*, 4th edition (New York: Routledge, 2013), 38; second quote from James Lackington, *Memoirs of the First Forty-Five Years of the Life of James Lackington... Written by Himself: In a Series of Letters to a Friend* (London: For the Author, 1791), 14-15.

⑫ Jennifer E. Monaghan, *Learning to Read and Write in Colonial America* (Amherst: University of Massachusetts Press, 2005), 231.

内容。⑬

从 18 世纪后期开始的教育变革进程，立即确立并继而挑战了这种多样化的教学模式。一方面，受技术创新、政治危机、城市人口日益增长和较高的基本阅读能力等因素的推动，大众印刷品的激增进一步增加了非官方教学和自学的机会。练习初学的技能变得较为容易、有趣，而积极帮助那些对自己识字能力尚缺乏自信的人的读者也越来越多。书商出售的书目既有戴奇或马卡姆最新版的读本，也有销量达数万册的畅销书。只要花一分钱，一个未来的读者就可以在书里为不会阅读的人士所配插图的帮助理解下，练习自己的戏剧叙事技能，同时书里还会附上一首简单的诗，帮助他们记住内容。英国的威廉·科贝特是议会改革运动的主要代言人，他通过编写《科贝特语法》将人们的反抗和教育自助联系了起来。该书于 1818 年首次出版，至 1834 年销量已超过 10 万册。

从另一方面来说，先是法国大革命危机，然后是新兴工业社会的出现，对道德和政治秩序构成了威胁，促使国家和教会对各种形式的
515 非官方学校教育发起了攻击。随着欧洲开始展望后拿破仑时代的发展前景，1814 年丹麦颁布的系列学校开办法规就抓住了新的教学体系的双重目标。法律规定：初等学校的职能是“根据福音派基督教会的教义，教育儿童成为善良正直的人；并给予儿童必要的知识和培训，使其成为国家有用的公民”。⑭

---

⑬ Eklof, *Russian Peasant Schools*, 84; J. R. R. Adams, *The Printed Word and the Common Man: Popular Culture in Ulster, 1700-1900* (Belfast: Institute of Irish Studies, Queen's University of Belfast, 1987), 12-15; James Van Horn Melton, *Absolutism and the Eighteenth-Century Origins of Compulsory Schooling in Prussia and Austria* (Cambridge, UK: Cambridge University Press, 1988), 11; Karl A. Schleunes, *Schooling and Society. The Politics of Education in Prussia and Bavaria 1750-1900* (Oxford: Berg 1989), 12.

⑭ Willis Dixon, *Education in Denmark* (London: G. G. Harrap, 1958), 48.

即便是严格意义上不带有宗派色彩的学校教育，如贺拉斯·曼所在的马萨诸塞州开办的公共学校，新教牧师也予以了大力的支持。他们为其提供资金、领导力和教学资源。在大多数情况下，教育这一新兴的公共领域非常感激能得到教会资源、能量的支持，教会也在教室里看到了抵抗世俗化浪潮的最后的重大机会。国家干涉教育发展的力度以普鲁士最为突出，但其教育仍是按照宗派派别进行组织的。至1862年，普鲁士仅有1%的新教教徒和3%的天主教徒没有上过自己所在教会开办的学校。国家或地方层面的政府仍然缺乏单独完成其教育目标的基础设施建设力量。于是，国家联合那些重新焕发活力的宗教团体，推动小学教师职业的专业化，建立教师培训学院或“师范学校”，将一些来自工人阶层、悟性较高的学生培养为公共雇员，并建立起官方检查制度以确保他们新界定的技能获得合理的运用。

传统的识字读本既促进了识字过程制度化的发展，也对其造成了一定的阻碍。从不连贯的字母组合到多音节单词的学习过程，为小学阶段的学生提供了一个渐进性的结构体系。大声朗读适合在单个教师监管下一大群学生开展学习。1848年时，在广受赞誉的普鲁士学校体系下，平均班级的规模已达80人。不断增长的教育需求和有限的公共资金，导致班级规模持续扩大。1861年西里西亚的班级规模达到91人，威斯特伐利亚则达到103人。进入19世纪最后25年，奥地利和荷兰的班级规模一直是70多人，英国则高达92人。

读写的融合是一大创新。正如解读文本时首先要把它们分解成组成元素逐个解码一样，米尔豪斯教学法将字母分解为直线、曲线和钩线，然后再在精心绘制的水平网格上进行重组。但学校教育也面临难题，随着各种印刷材料日益增多，那些希望减少上学时间和学校规训的家长们就越来越容易地自行安排教学了。

在传统的教育史叙述中，随着欧洲和北美现代课堂的建筑与教学方法的确立，19世纪被视为课堂的基础建设时代。在实践中，这个时代却呈现出受官方监察的课堂和非官方课堂之间的长期冲突的形式。19 世纪中叶，伦敦教会协会所开创的具有机械效率性质的大规模教学方式导生制已近半个世纪，而在非官方的主妇学校和日间学校中学习识字的学生仍然比受官方监察的课堂里的学生更多。在 19 世纪末，具有一系列监管手段的政府（教育）机构才取得了某种胜利。[15]

19 世纪人们对于识字进展的意识与人们有限的识字抱负是契合的。
516 早期的初级读本意在让学生们通过圣经和其他宗教文献能够学会拼写。很少有人期望孩子们能够探索他们所读内容的含义，或开启他们独自探索当时文学作品的旅程。书写，从本质上讲，是一个抄写的过程，且只有当结合足够的算术能力得以从事商业活动时，它才能成为一种具有创造性的技能。

我们不仅可以在社会中产阶层的书信中追溯到识字的出现，也可以从偶有急需的工匠甚至是请求救济的贫民的书信中看到。不过这些技能不是在教室里学来的，而是从成人手册中学来的。官方课程早期对阅读理解的重视，以及人们为培养创造性写作能力所做的努力，被过分强调培养大量的基础读者和抄写员的做法所掩盖。“作文”一词实际上意味着起草一封简单的书信，直到 1871 年才成为《英语规则》课程的内容，且只适用于达到 6 阶标准（最高标准，平均 50 个孩子中仅有 1 个能够达到）的学生。这样，有能力的学生就可以在课堂上阅读诗歌和散文选集，在某些情况下这些选集还会激发他们毕生对文学的热情。

---

[15] Marjorie Lamberti, *State, Society, and the Elementary School in Imperial Germany* (New York: Oxford University 1989), 19; Anthony J. La Vopa, *Prussian Schoolteachers: Profession and Office, 1763-1848* (Chapel Hill: North Carolina University Press, 1980), 92; Andy Green, *Education and State Formation: The Rise of Education Systems in England, France and the USA* (London: Macmillan, 1990), 23; Mary Jo Maynes, *Schooling in Western Europe: A Social History* (Albany: State University of New York Press, 1985), 76; Vincent, *Literacy and Popular Culture*, 69.

同年，统一后的德国针对初等学校颁发了《通用规范》，为创作和研究民族诗人创造了空间。就建立教育和积极运用识字能力之间的桥梁而言，最显著的变化发生在课堂之外。自 19 世纪中叶开始，1 便士或相当于 1 便士的钱就可以买到周日出版的报纸以及后来的日报，而且只要花上一块面包或一品脱啤酒的钱，就可以购买到完整的经典小说重印版私下阅读。纸、墨水和钢笔尖的大量生产，使人们越来越容易去练习自己所掌握的基本书写技能。19 世纪后期，由于邮政规章制度的改变，带图的明信片得以发行。因为在明信片上只需撰写或阅读简短文字，所以有大量人口通过明信片开始加入邮政通信方式当中，哪怕每年就只有那么几次。

识字与经济

在鉴定正规学校教育对普及大众识字的作用时，人们对初等教育与经济增长之间的关系假设产生了质疑。从表面上看，二者之间存在直接的因果联系。18 世纪后期，那些名字为男性的签名率超过 40%的国家，都是最早开展工业化的国家。到 19 世纪末，那些最成功的国家经济体通常拥有的识字劳动力也最多。受到官方监管的教室的秩序和规模，似乎预示着大规模生产体系的形成，并在为学生们适应纪律严明的工厂劳动新制度做准备。对于这一模式的批判，始于人们对识字数据的首次现代性分析。有证据表明，读写能力可能是经济变化的受害者，而非其原因。迈克尔·桑德森等人指出，在工业革命的早期“起飞”时期，处在发展扩张中的欧洲经济体的名义识字率充其量是持平的，而地方的识字率却持续几十年都处于下降趋势。一系列研究表明，在 19 世纪的第二个 25 年之前，识字率都是停滞不前或被迫倒退的。随后在那些现代化的经济体中，识字率才开始持续提升，直至进 517

入普及阶段。[16]

新的劳动方式的出现和城市社区的迅速发展，为基础教育的混乱现象提供了充分的理由。对于劳工阶层来说，识字一直都是奢侈品。人们在购买好生活必需品后才会为识字学习付费，或者在会识字的家庭成员可以在日常生产和家务劳动中找到一些空闲时，才会教孩子学习字母表。因此，学习识字显然是可以推迟的。在那些 19 世纪早期学习识字的人的叙述当中，无论他们的学习方式如何，也都充满了断断续续的情况。与其说他们是在某个时间点离开学校，倒不如说是一连串的中断当中，最终有一次是永久性的。

新的劳动方式产生的直接影响，是对人们需要做出的投资决定施加了更大的压力。接受学校教育所需支付的直接成本与机会成本之间的平衡发生了变化。在工业革命早期，儿童劳动价值的变化，增加了将他们置于经济生产领域之外而进入教室的损失。在此之前，年幼的男孩或女孩只能对家庭经济状况做零星、微薄的贡献，而此时的童工却可以获得现金工资，于是识字获取变成了一项日益昂贵的开销。此外，原来资助开办结构复杂的非正规和正规教育的社区，本身也因经济的快速发展而遭到破坏。对英格兰和普鲁士识字率表中的职业和居住构成所做的分析表明，造成识字率短期下降的一个主要原因是城市社区迅速扩张，吸引了许多来自识字水平较低的农村腹地的劳动者及其家庭。比如，在纽约，19 世纪早期识字率下降可能就是受教育程度低的移民的大量涌入和劳动力数量迅速扩张、供大于需的合力作用的

---

[16] Michael Sanderson, "Educational and Economic History: The Good Neighbours," *History of Education* 36, nos. 4-5 (2007): 443; Jane Humphries, *Childhood and Child Labour in the British Industrial Revolution* (Cambridge, UK: Cambridge University Press, 2010), 306.

结果。⑰

然而，如果仅是工业革命“起飞”期威胁到了识字率的提升，那么也就不太容易对工业化的漫长过程持悲观看法。识字率的下降很少会持续超过一代人的时间，通常只是停滞不前或下降几个百分点。例如，最近一项关于莱斯特原初工业化的研究发现，男性的识字率在1810年之前一直在上升，而在接下来的20年里则从68.6%下降到61.8%，之后又恢复了上升态势。⑱

大约在1830年以后的一个重大发展变化是，城市人口的教育程度不再受经济波动的影响。显然，社会框架结构的快速形成一度破坏了学习读写的机制，但考虑到从上学到通过结婚登记判断其是否识字之间存在的时间间隔，这种影响在1815年左右就结束了。如果把结构复杂的正规教育和非正式教育，置于本时期乡镇、城市整体的社会条件和便利设施的总体背景下看，如婴儿死亡率、娱乐设施、犯罪和去教会做礼拜等，识字的发展势头甚至在下降时期也似乎相对较为强劲。此后，工厂生产模式的改变，儿童保护法的颁布，以及19世纪后期名义上免费的公立初等学校教育的提供，使得人们将10或11岁之前的儿童置于劳动力市场外的成本降低。如前文所述，在国家试图强迫父母送子女上学之前，识字率就已经迅速上升了。

在经济的某些领域，激发人们学习读写的新元素出现了。主要由 518
邮差、铁路工人和警察构成的穿制服的劳动阶层，在19世纪下半叶迅速增长。他们有稳定的收入，甚至享有养老金，这些都是对他们显著

---

⑰ Rainer Block, *Der Alphabetisierungsverlauf im Preussen des 19. Jahrhunderts: Quantitative Explorationen aus bildungshistorischer Perspektive* (Frankfurt am Main: Peter Lang, 1995), 197; Vincent, *Literacy and Popular Culture*, 97-100; Gordon and Gordon, *Literacy in America*, 102.

⑱ Elaine Browne, "Gender, Occupation, Illiteracy and the Urban Economic Environment: Leicester 1760-1890," *Urban History* 31, no. 2(2004): 191-209.

教育成就的回报。19 世纪后期，出现了面向女孩的打字员和护士职位。从较为普遍意义上来说，基本的识字能力对于人们在不断扩大的服务人员阶层当中获得一个职位是有价值的。然而，尽管经济和识字的发展增长趋势之间存在一定的一致性，但其中的因果关系程度和方向仍然难以确定。这在一定程度上是一个计数的问题。19 世纪，识字作为一种可量化的条件，用以衡量官方开办的学校教育情况和邮政、电报等通信使用情况。这一发明吸引了经济学者纷纷将人力资本理论用于阐释工业革命。这种解释经济发展方法的实质是，将经济效益与工人对技能的投资放在同一个等式里是可行的。但是，目前尚不清楚这一时期的教育数据是否经得起这样的分析。

戴维·米奇对这一主题开展的研究从理论上和统计上最有见地。他认为，“鉴于直到 20 世纪中期才开始有涉及成年人受教育方面的系统性人口普查数据，对 1900 年以前劳动力受教育程度的估算应该保持怀疑态度”⑲。他在自己的研究中使用识字数据作为学校教育的替代品，但正如我们所看到的那样，学习签名的途径并没有连续一致性，签名代表交流技能的价值也不是恒定不变的。

迈克尔·桑德森最近在有关职业界限的评论中指出：“这些研究中存在的困难有时对历史学者来说比经济学者更为明显。”⑳ 那些潜心研究所有正式学习和非正式学习复杂性以及签名所附带全部含义的学者，会警惕已有数据各方面的可靠性。他们拒绝接受早期统计运动的假设，即不能被计数的行为本质上是没有价值的。缺乏可以从中得出数字的制度本身就被视为一种不充分的衡量标准。也正是因为这样，大量的主妇学校和私立日间学校才没有被记录在案。

---

⑲ David Mitch,“Education and Economic Growth in Historical Perspective,” in *EH. Net Encyclopedia*, ed. Robert Whaples(July 26,2005):6, http://eh.net/encyclopedia/education-and-economicgrowth-in-historical-perspective/.

⑳ Sanderson,“Educational and Economic History,” 440.

历史学者还将挑战官方统计表二元划分的固有观点，即识字总能带来经济机遇，反之，文盲则是一种无知、无能的状态。自 1979 年其《识字神话》出版以来，哈维·格拉夫一直强烈反对 19 世纪教育者和评论者的观点，即识字逐渐消除了阶级、种族和性别的不平等，不会签名就必然意味着被排除在有偿经济活动之外。[21]

早在印刷术发明之时，基本的地位和身份等级就已经成为衡量识字水平的主要指标，正规学校教育的发展在很大程度上再现了这些不平等。对 19 世纪社会流动的研究表明，大多数在结婚时才会识字❶的人，他们的职业与他们文化程度较低的父母所在的职业层次大致持平。19 世纪后半叶，虽然利用学校教育经历晋升到白领职位的人数增加了两倍，但工人阶级的子女仅占总人数的 3.8%。其原因是尽管初等学校教育发展了，但关键是未能为除少数幸运者之外的所有人建立一座通往中学教育的桥梁。

19 世纪的一个转变是，在受官方监管的教室里，女孩第一次享受 519
到与男孩几乎相同的教育经历，并表现出几乎相同的学习效果。不过其学习成绩对于未来参与经济生产的影响仍然与男孩大不相同。此外，将学校教育与工业化场所的工作技能画等号也是一种误导。正如简·汉弗莱斯所指出的那样，工人阶层父母育儿的主要内容并不是识字（至少在工匠家庭里儿童识字被视为理所当然的事情），而是能否在孩子 14 岁时找到一位合适的师傅并做他的学徒。对工厂雇主而言，他们一般把挑选新员工的工作委托给现有的雇员，因为他们的兴趣不在于那些可考查的品质，而在于新员工的出身，即从父母和年长亲属身上

㉑ Harvey J. Graff, *The Literacy Myth: Literacy and Social Structure in the Nineteenth-Century City* (New York: Academic Press, 1979). For the most recent restatement of his view, see "The Literacy Myth at Thirty," in *Literacy Myths, Legacies, and Lessons*, ed. Harvey J. Graff (New Brunswick, NJ: Transaction, 2011), 50-71.

❶ 指会签名。

可以看到良好纪律和行为习惯的保障。

总 结

有关识字和经济增长的宏大叙事被分解为众多的间接性联系和较小范围的互动。如果识字可以被纳入工业革命早期起飞阶段的因果关系框架的话，那么，它是与西北欧社会里中等阶层男性长期从事商业活动需要文案工作能力有关联的。早期的工厂鲜有对工人的受教育程度提出要求。人们对印刷的熟悉加速了对纸币的接受，进而推动了贸易和投资的发展。一旦经济开始腾飞，政府至少可以从不断崛起的中产阶级那里增税，这就与增加公立初等学校教育经费之间有了联系。但是，区域性识字水平与当地工业化程度之间并没有直接的联系。

例如，巴伐利亚具有良好的学校教育基础，但在19世纪后期仍是以农业经济为主。拉尔斯·桑德伯格通过研究瑞典指出，虽然提高识字率并不能保证经济增长，但如果经济由于外部因素推动开始扩张时，即便没有突然到来的投资，已有的高识字水平也有助于经济的增长。19世纪下半叶，直接需要学历的体力劳动职位数量的增长速度快于整个劳动大军的增长速度，但最为详细的职业要求研究表明，英国1891年有“识字要求”的部门只涵盖了九分之一的男性雇员和一半的女性雇员。在第一次世界大战之前，最终推动名义识字率提升的因素的最为显著的特点是：首次获得识字能力的男性主要是那些结婚时自称为非技能型劳工的人。而这些进入到书面交流世界的人，却注定要从事与他们的新技能几乎无关的工作。[22]

从统计数据上看，欧洲和北美在19世纪后期只有一个一致的联系。邮政流量的等级是衡量当时读写能力运用的最佳指标。它与签名的水 520
平或入学率都没有直接的联系，而是与所有现代化国家拥有的铁路系统的客运里程有直接关系。识字在那个时代的通讯革命中占有一席之地。它属于人、货物和思想的流动，而不是物品和金钱的生产制造。

推荐书目

Eklof, Ben. *Russian Peasant Schools: Officialdom, Village Culture and Popular Pedagogy, 1861-1914*. Berkeley: University of California Press, 1986.

Furet, François, and Jacques Ozouf. *Reading and Writing: Literacy in France from Calvin to Jules Ferry*. Cambridge, UK: Cambridge University Press, 1982.

Gordon, Edward E., and Elaine H. Gordon. *Literacy in America: Historic Journey and Contemporary Solutions*. Westport, CT: Praeger, 2003.

Graff, Harvey J. *The Literacy Myth: Literacy and Social Structure in the Nineteenth-Century City*. New York: Academic Press, 1979.

---

[22] David Mitch, "Education and Skill of the British Labour Force," in *The Cambridge Economic History of Britain*, ed. Roderick Floud and Paul Johnson, 3 vols. (Cambridge, UK: Cambridge University Press, 2004), 1, 354; John E. Murray, "Literacy and Industrialization in Modern Germany," in *The Industrial Revolution in Comparative Perspective*, ed. Christine Rider and Michéal Thompson (Malabar, FL: Krieger, 2000), 24; Lars G. Sandberg, "The Case of the Impoverished Sophisticate: Human Capital and Swedish Economic Growth before World War 1," *Journal of Economic History* 39, no. 1 (1979): 227-231; David Mitch, *The Rise of Popular Literacy in Early Victorian England: The Influence of Private Choice and Public Policy* (Philadelphia: University of Pennsylvania Press, 1992), 14-18, 200-201.

Houston, Robert A. *Literacy in Early Modern Europe : Culture and Education 1500-1800*. London: Longman, 1988.

Johansson, Egil. "The History of Literacy in Sweden." In *Literacy and Social Development in the West*, ed. Harvey J. Graff, 151-182. Cambridge, UK: Cambridge University Press, 1981.

Kaestle, Carl F. *Literacy in the United States : Readers and Reading since 1880*. New Haven, CT: Yale University Press, 1993.

Lamberti, Marjorie. *State , Society , and the Elementary School in Imperial Germany*. New York: Oxford University Press, 1989.

Lockridge, Kenneth A. *Literacy in Colonial New England*. New York: Norton, 1974.

Maynes, Mary Jo. *Schooling in Western Europe : A Social History*. Albany: State University of New York Press, 1985.

Mitch, David. *The Rise of Popular Literacy in Early Victorian England : The Influence of Private Choice and Public Policy*. Philadelphia: University of Pennsylvania Press, 1992.

Monaghan, Jennifer E. *Learning to Read and Write in Colonial America*. Amherst: University of Massachusetts Press, 2005.

Schleunes, Karl A. *Schooling and Society. The Politics of Education in Prussia and Bavaria 1750-1900*. Oxford: Berg, 1989.

Vincent, David. *Literacy and Popular Culture : England 1750-1914*. Cambridge, UK: Cambridge University Press, 1989.

Vincent, David. *The Rise of Mass Literacy : Reading and Writing in Modern Europe*. Cambridge, UK: Polity Press, 2000.

第33章　课程史

丹尼尔·特罗勒

教育史学创立于19世纪的前25年，然而课程史研究在20世纪的 523
最后25年之前很是罕见。此外，作为一个学术领域的教育史最先出现在19世纪的德国，是由受过路德神学和（或）德国哲学训练的学者发展起来的。然而除了极少数特例，作为一个学术领域的课程史却根植于美国和当地盛行的（新教）加尔文主义。而且，尽管自19世纪末“教育史”这一学术类别便从德国传播到了法国，而后传播到了英语国家，但无论是课程史还是一般性的课程研究在很大程度上仍然局限于英语国家。直到20世纪90年代末，课程史和课程研究才通过提供一种研究框架开始走向国际化。在该框架下，研究者们开展了不同的国际案例研究。这些研究通常是出于比较的目的。①

作为一个学术领域，课程史并不是凭空出现的，它需要以大学或者学院的制度环境为前提，即课程和教学系部（或类似机构）的出现。这些部门是在20世纪六七十年代大学开展教师教育的大背景下设立的。设立这些机构的目的，是为了所谓的课程建设或课程研究，当然还包括探索课程理论。课程理论在20世纪二三十年代的美国就已经开始蓬勃发展，这与欧洲形成了鲜明对照。在欧洲，相关讨论主要集中于学科教学法；德国还包括一般教学法，主要指的是"教化"理念，该理念在很大程度上与所学知识无关，旨在使人的心灵达到内在的审美和

① F. H. C. Schwarz, *Erziehungslehre. Bd. 1, Abth. 2: Geschichte der Erziehung nach ihrem Zusammenhang unter den Völkern von alten Zeiten her bis auf die neueste* (Leipzig: Göschen, 1813). For an earlier mention of history of education in the context of higher education, see Hieronymus A. Mertens, *Hodegetischer Entwurf einer vollständigen Geschichte der Gelehrsamkeit : Für Leute, die bald auf Universitäten gehen wollen oder kaum dahin gekommen sind* (Augsburg: bey Eberhard Kletts sel. Wittwe, 1779), 275. David Hamilton, "On the Origins of the Educational Terms Class and Curriculum" (1980), in *Towards a Theory of Schooling* (repr. London: Falmer, 1989), 35-55, archived as ERIC paper ED 183 453. Earlier mentions date back to 1971. History of Education Society, eds., *The Changing Curriculum* (London: Methuen, 1971); Samuel J. Eggleston, ed., *The Changing School Curriculum in Europe / Le changement des programmes d'études en Europe / Curriculumreform in Europa* (Hertogenbosch: Malmberg, 1971); Ivor F. Goodson, *School Subjects and Curriculum Change : Case Studies in Curriculum History* (London: Routledge, 1982); Ivor F. Goodson, "Subjects for Study: Aspects of a Social History of Curriculum," *Journal of Curriculum Studies* 15, no. 4(1983): 391-408; Ivor F. Goodson. *Defining the Curriculum : Histories and Ethnographies* (London: Falmer, 1984); Daniel Tröhler, *Languages of Education : Protestant Legacies, National Identities, and Global Aspirations* (New York: Routledge, 2011); Daniel Tröhler, "The Formation and Function of Histories of Education in Continental Teacher Education Curricula," *Journal of the American Association for the Advancement of Curriculum Studies* 2(2006), https://ojs.library.ubc.ca/index.php/jaaacs/article/view/187646; Stefan Hopmann, *Zugänge zur Geschichte staatlicher Lehrplanarbeit* (Kiel: Institut für die Pädagogik der Naturwissenschaften, 1998); Moritz Rosenmund, Anna-Verena Fries, and Werner Heller, *Comparing Curriculum-Making Processes* (Bern: Peter Lang, 2002).

谐。由此导致关于课程的国际比较讨论变得异常困难，特别是在面对文化上不容妥协的"教化"背景时，情况尤甚。在德国，有关学校教育、课程或教学大纲的问题，在学术界一直难以站稳脚跟。因而，在欧洲大陆上，或多或少以"课程"为名的持续研究传统从未真正存在过，甚至对于跨大西洋有关研究的兴趣也相当边缘化。这与瑞典、挪威等部分北欧国家形成了鲜明对比。在这些国家，开展课程研究的学者们与英国的相关研究，尤其是美国居于领先地位的课程研究保持着较为紧密的联系。②

因此有必要怀疑，课程研究或课程史这一学术领域，在很大程度上是美国对学校教育和教学组织的特殊理解方式的分支，是一种培养未来公民的最为重要的本土化手段。它的出现是对大规模移民和现代 524

---

② Bjorg B. Gundem, "Understanding European Didactics," in *Routledge International Companion to Education*, ed. Bob Moon, Sally Brown, and Miriam Ben-Peretz (London: Routledge, 2000), 235-262; Tero Autio, *Between and Beyond the German Didaktik and Anglo-American Curriculum Studies* (Mahwah, NJ: Lawrence Erlbaum Associates, 2006); Ulf P. Lundgren, "When Curriculum Theory Came to Sweden," *Nordic Journal of Studies in Educational Policy*, no. 1(2015): 5-15; Rebekka Horlacher and Andrea De Vincenti, "From Rationalist Autonomy to Scientific Empiricism: A History of Curriculum in Switzerland," in *International Handbook of Curriculum Research*, 2nd edition, ed. William F. Pinar (New York: Routledge, 2013), 476-492; Stefan Hopmann and Kurt Riquarts, *Didaktik und, oder Curriculum: Grundprobleme einer internationalen vergleichenden Didaktik* (Weinheim: Beltz, 1995); Ian Westbury, Stefan Hopmann, and Kurt Riquarts, *Teaching as a Reflective Practice: The German Didaktik Tradition* (Mahwah, NJ: Lawrence Erlbaum Associates, 2000); see also William F. Pinar, *The Character of Curriculum Studies*: Bildung, *Currere*, *and the Recurring Question of the Subject* (New York: Palgrave Macmillan, 2011); Rebekka Horlacher, Bildung *or the Cultural Conceptualizing of Education: German Origins and International Misunderstandings* (New York: Routledge, 2016); Ulf P. Lundgren, *Frame Factors and the Teaching Process: A Contribution to Curriculum Theory and Theory on Teaching* (Stockholm: Almqvist & Wiksell, 1972); Thomas Englund, *Curriculum as a Political Problem: Changing Educational Conceptions, with Special Reference to Citizenship Education* (Uppsala: Acta Universitatis Upsaliensis, 1986).

化（体现为生活商业化与大城市日益膨胀）挑战的反应，也是对此后的第一次世界大战经历的反应。这些经历引发了一些倡议，进而导致纽约市教育委员会的一位成员出版了《公立学校爱国主义教学方法》一书，还引发了更为广泛的社会运动，例如：组织科学博览会和俱乐部，以推动与（美国）公民身份有关的校外活动；成立美国爱国者联盟，该机构在20世纪初推出了包括《吉尔道德和公民培训体系》和《新公民：民主的体系化的道德和公民培训》在内的诸多出版物。同时，现代研究型大学中设立了社会科学系科，以应对各种社会挑战，教授们开发了诸如“民主社会的公民教育”等研究项目，并出版了一些著作，来满足“日益增长的对学校中更为适当的道德教育的需求，尤其是涉及培养优秀公民方面的需求”。美国内政部教育署以“改善这片国土上的公民认同”为己任，鼓励各个学校开始落实“社会研究”课程，以强化作为民主社会所要求的公民意识和社会责任。诸如《如何制定社会研究学习课程》等书籍得以出版，以帮助课程制定者在学校开设社会研究课。③

---

③ George T. Balch, *Methods of Teaching Patriotism in the Public Schools* (New York: D. Van Nostrand, 1890); Sevan G. Terzian, *Science Education and Citizenship: Fairs, Clubs, and Talent Searches for American Youth, 1918-1959* (New York: Palgrave Macmillan, 2013); Wilson L. Gill, *A New Citizenship. Democracy Systematized for Moral and Civic Training* (Philadelphia: American Patriotic League, 1913); Frederic P. Woellner, *Education for Citizenship in a Democracy: A Text-book for Teachers in the Elementary Schools* (New York: Charles Scribner's Sons, 1923); Charles Fletcher Dole, *The American Citizen* (Boston: D. C. Heath, 1892), v; Arthur W. Dunn, *The Social Studies in Secondary Education: A Six-Year-Program Adapted Both to the 6-3-3 and the 8-4 Plans of Organization. Report of the Committee on Social Studies of the Commission on the Reorganization of Secondary Education of the National Education Association* (Washington, DC: Government Printing Office, 1916), 5; Michael Lybarger, "Origins of the Modern Social Studies: 1900-1916," *History of Education Quarterly* 23, no. 4 (1983): 455-468; Marion E. Herriott, *How to Make Courses of Study in the Social Studies* (Urbana: University of Illinois, 1926).

在人们的理解中，课程是一种核心的公共教育或教学手段，目的是在变化和不稳定的时代，推动国家一体化、强化美国人的公民身份。课程研究则是以学术方式来研究这些公共手段，使之效用更强、效率更高。全美教育研究学会（NSSE）1927 年年鉴专门探讨了课程制定的相关问题：第一卷《课程制定：过去与现在》力图提供一份历史的、系统的考察；第二卷《课程建设的基础和技术》旨在构建“一份围绕课程制定基本原理的共识性声明”。这一对于民主（美国所解读的民主）的明确承诺盛行了超过一个世纪的时间，甚至也出现在一些历史叙述中。在丹尼尔・坦纳和劳伦・N. 坦纳合著的一本极受欢迎的著作《学校课程史》❶ 中，可以找到相关的证据，该著作主张“课程史是有用的”“具有建设性的”，并致力于将“进步理念”作为“民主理想力量”的体现。按照课程研究和课程作为学校教育秩序主角的主流观点，课程史似乎具有彻底的实践性，因为它的使命都是要给实际的课程开发者和改革者提供建议。④

然而，作为一个学术领域，课程史的“程序-建构”特征已经步入了危机的境地，这可以从课程史研究学会（SSCH）自 1977 年在哥伦比亚大学师范学院创立后便一直停滞不前中初见端倪。学会的活动似乎步履蹒跚。⑤ 正如威廉・F. 皮纳尔所指出的，课程史极为脆弱的制度

---

❶ 该书中译本由教育科学出版社 2006 年出版。

④ Harold Rugg and Guy M. Whipple, eds. , *Curriculum-Making : Past and Present : Part I [of] The Foundations of Curriculum-Making* (Bloomington, IN: Public School Publishing, 1926); William F. Pinar, William M. Reynolds, Patrick Slattery, Peter M. Taubman, *Understanding Curriculum* (New York: Peter Lang, 1995), 121; Daniel Tanner and Laurel Tanner, *History of the School Curriculum* (New York: Macmillan, 1990), 6, 8-9; John I. Goodlad, *The Changing School Curriculum* (New York: Fund for the Advancement of Education, 1966); Arno A. Bellack, "History of Curriculum Thought and Practice," *Review of Educational Research* 39, no. 3(1969): 283-292.

⑤ Society for the Study of Curriculum History, http://ssch.cehd.tamu.edu.

化发展可以在被称之为"概念重建运动"的美国课程辩论的大背景下进行解释，这场运动旨在"理解课程，而不是仅仅开设或者评估课程"。对于"理解"的探寻直接指向了一种课程分析，即将课程视为一种文化建构，其中包括对于（理想）儿童、（理想）社会秩序和（理想）公民的特殊愿景。因此，在"理解"方面所做的努力，也就较少
525 参与倡导，而是更多地对课程进行批判性分析。通过坚持对课程的批判-分析，以及通常是从国际-比较角度对课程的理解，学者们自 20 世纪 90 年代以来为一场特定的讨论做出了贡献，从而能够在某些方法论前提下，摆脱局限于美国国内的研究视野，进行一种更为国际性的讨论。[⑥] 这一课程研究和课程史的批判-分析运动及其在国际合作中的潜力，主要涉及以下两个问题：国别史与全球史之间的挑战、宪法与课程之间的历史联系。

认识论的陷阱：全球史、国际史或者跨国史

自 20 世纪 90 年代以来的流行理论以新兴的世界文化为基础，主张一种全球化的发展模式，而课程史（和课程理论）的国际化则是对这种流行理论的替代。从上述观点中可以发现课程同构的历史进程。在

---

⑥ Craig Kridel, ed., *Curriculum History: Conference Presentations from the Society of the Study of Curriculum History* (Lanham, MD: University Press of America, 1989); William F. Pinar, "Introduction: A Farewell and a Celebration," in *Contemporary Curriculum Discourses*, ed. W. F. Pinar (New York: Peter Lang, 1999), xiv. See, for instance, Michael W. Apple, *Education and Power* (Boston: Routledge & Kegan Paul, 1982); William F. Pinar, ed., *International Handbook of Curriculum Research* (Mahwah, NJ: Lawrence Erlbaum Association, 2003); Pinar, *International Handbook of Curriculum Research*, 2nd edition; Thomas S. Popkewitz, *A Political Sociology of Educational Reform: Power/Knowledge and Power in Teaching, Teacher Education, and Research* (New York: Teachers College Press, 1991); Thomas. S. Popkewitz, *Cosmopolitanism and the Age of School Reform: Science, Education and Making Society by Making the Child* (New York: Routledge, 2008).

这个历史进程中，课程的历史发展是全球课程史宏大叙事的一部分，其数据资料局限于宏观社会学层面，“简单的课程大纲，罗列教学科目，通常注明每周或每年的课时数”。[⑦] 然而，正如艾弗·古德森所言，学校科目并不是“单一的实体，而是由亚群体与传统组成的、不断变化的融合体”，受到因地而异的理性、规范和价值观等主流体系的影响。[⑧]

因此，在课程史（也包括课程理论）研究中，要替代对单一国家的研究偏爱，最有效的方案并不是由全球史叙事提供的，这种叙事只是用一种普遍化的方式描述全球化现象，而不对其进行分析。相反，真正的替代方案来自于尊重文化差异、分析跨国流动的国际史研究。以交叉史研究方法为例，该方法聚焦于有关“接受”的多层次的（文化的）模式，以及融入不同文化价值体系的“转译”。这样一种理解，在一百多年前似乎更为普遍。罗伯特·爱德华·休斯在其著作《公民的塑造：一项比较教育研究》中，对 1902 年法、英、美、德四国的学校教育和课程进行了比较，书中写道：“学校是国家为培植和传播国家理想而设立的政治机构”，因此“每一所学校都是一部为生产公民而精心设计的机器”；强调“每个国家都有……最适合其特质的系统”，“只有在其所处背景中才能理解”这种系统，因为它表现了“本国的精神、人民的特性”，是一种“本土的产物”，“不可能用一个国家的教育系统

---

⑦ John W. Meyer, "Introduction," in David H. Kamens, *Beyond the Nation-State: The Reconstruction of Nationhood and Citizenship* (Bingley, UK: Emerald Group, 2012), 4.

⑧ Ivor Goodson, *School Subjects and Curriculum Change: Case Studies in Curriculum History* (London: Routledge, 1982), 3.

去全面衡量另一个国家的教育系统”。[⑨]

贺拉斯·曼的著作提供了另一个例子。贺拉斯·曼在书中报告1843年欧洲之行的印象并宣扬普鲁士教育体系的一些核心要素时，指出他从未想过要支持一个像普鲁士那样极端保守的王国；这样的王国里没有任何政治宪法，学校系统实行高度隔离。他并不是建议要完全照搬，而是主张更多地去理解不同的教育系统及其极具差异的课程得
526 以运作的方式和原因。教育系统及其课程“融合了国民生活中一些隐秘的运作方式”，这一点是明确的，但问题在于：我们如何从研究其他国家的教育系统中学到任何有实用价值的东西？贺拉斯·曼以自身的民主共和主义理念框架“解读”了普鲁士，并认为相关的组织和课程模式能够服务于他的文化、社会和政治理想。同样，瑞士改革家约翰·裴斯泰洛齐在德国的推崇者们也致力于推广其教育方法，并试图在全德境内建立裴斯泰洛齐式学校，然而却没有一个推崇者曾尝试去实现裴斯泰洛齐所设想过的“美德共和国”。如果不能够被“转化”为本国自身的意识形态或文化“语言”，那么并不是所有在世界上其他地方受到推崇的事物都能够在本国被采纳，就像休斯在1902年所指出的：“德国学校的纪律是令人钦佩的，其针对德国儿童的一般培养体系也是如此。然而，毫无疑问，这样一种体系对于英国或美国的儿童来说却

---

⑨ Daniel Tröhler, “Globalizing Globalization: The Neo-Institutional Concept of a World Culture,” in *Globalization and the Study of Education: 2009 Yearbook of the National Society for Studies in Education*, ed. Thomas S. Popkewitz and Fazal Rizvi (New York: Wiley, 2010), 108: 29-48; William F. Pinar, “Curriculum Research in the United States: Crisis, Reconceptualization, and Internationalization,” in Pinar, *International Handbook of Curriculum Research*, 2nd edition, 521-532; Michael Werner und Bénédicte Zimmermann, “Beyond Comparison: *Histoire Croisée* and the Challenge of Reflexivity,” *History and Theory* 45 (2006): 30-50; Robert E. Hughes, *The Making of Citizens: A Study in Comparative Education* (London: Walter Scott, 1902), 4, 12, 387.

将是最糟糕的。”[10]

不管是“最佳”还是“最差”，课程在过去和现在都应被置于各种社会主流观念的背景中来加以理解，即关于理想或公正的社会、理想公民以及作为学习者与即将成为一个公民的（理想）儿童的观念。学校科目的相关定义、单个科目的内容及其在所有学校科目中的地位，都体现了特定文化与“炼金术”（将儿童转变为公民的一系列有组织的实践）的期望与策略——即便是诸如数学等毋庸置疑的学校科目——通过这些学习科目，使儿童在各自的文化框架和价值体系中转化为有价值的或者忠诚的公民。因此，只有一个全球化发展的假设，对于克服偏向单个国家的研究几乎没有什么帮助，而唯有同时尊重国家/文化特殊性和跨国流动才能做到。为了理解课程的文化框架及其发展过程中的跨国流动，课程（或至少是课程制定）实际上的形式基础可以说至关重要，确切而言就是指关于学校的法规。从历史上来看，这些法规通常是在新宪法颁布之后才通过的。这绝非巧合，因为宪法既体现又认可了现代公民权的整个规范基础，这就须对大众教育、进而对课程提出需求。

宪法与公民塑造

众所周知，大众学校制度的繁荣发展得益于民族国家在漫长的 19

---

⑩ Horace Mann, *Seventh Annual Report of the [Massachusetts] Board of Education, Together with the Seventh Annual Report of the Secretary of the Board* (Boston: Dutton and Wentworth, 1844); Michael E. Sadler, *How Can We Learn Anything of Practical Value from the Study of Foreign Systems of Education?* (Guildford, UK: Surrey Advertiser, 1900), 11; Rebekka Horlacher, " 'Best Practice' around 1800: Johann Heinrich Pestalozzi's Educational Enterprise in Switzerland and the Establishment of Private Pestalozzi Schools Abroad," *Encounters on Education* 12, no. 1(2011): 3-17; Hughes, *Making of Citizens*, 11.

世纪的兴起，这个过程始于美国立宪和法国大革命，结束于第一次世界大战后芬兰的独立。令人惊讶的是，只有少量已发表的研究重构了（民族）国家的建立与现代学校制度崛起之间密切的文化关联。宪法是一套基本的准则，国家依据这些准则进行治理，并被授予了组织社会、经济、体制和政治互动的合法权利。在此背景下，各种宪法（国家实体的宪法，或者诸如美国、德国或瑞士等中央集权相对薄弱国家的宪法，或者诸如州、联邦州、郡等地区实体的宪法）界定了一种公正社会秩序的各种（主流）愿景，并赋予军警等机构合法地位，以实施和
527 捍卫这些愿景的实现。同时，它们也赋予学校教育机构合法地位，使之成为培养符合宪法定义的理想公民的场所，因为公民不只是天生的，还是后天培养形成的。学校教育可以被视作“不仅传授知识，而且指导品行以及监督、评估和纠正儿童种种病态的教育机器”[11]。

宪法与学校法规，进而也是与课程之间具有三重关系：法律关系、行政关系和文化关系。从法律视角来看，学校法规和课程必须遵循宪法规定的基本准则，因为任何法律都不允许违反宪法。从行政视角来看，学校法规或课程旨在实施宪法所规定的内容：宪法界定了构想中理想社会秩序下的理想公民，而学校法规和课程则贯彻实施。而从文化视角来看，宪法与学校法规及其课程更为“平等”，因为它们均体现了有关社会秩序的主流信念和价值观，并力图将之付诸实践。宪法和课程反映了一些基本的、有关“美好生活”和一个由理想公民构成的公正社会秩序的、被认为是毋庸置疑的“文化-认知”假设。[12]

---

[11] William R. Scott, Institutions and Organizations, 2nd ed. (Thousand Oaks, CA: Sage Publications, 2001), 577.

[12] Thomas S. Popkewitz, "The Alchemy of the Mathematics Curriculum: Inscriptions and the Fabrication of the Child," *American Educational Research Journal* 41, no. 1(2004): 3-34; Nicolas S. Rose, *Governing the Soul: The Shaping of the Private Self* (London: Routledge, 1989), 122.

这些关于美好生活和社会秩序的假设因在不同的国家而有所区别，相应地，教育理论也在很大程度上各不相同。此类整体性的文化视野对课程带来了影响，一些课程的发展从表面上看似乎关系密切、有着相似之处，然而实际上却大不相同，这一点可以从古典语言的案例中得到佐证。举例来说，休斯在1902年主张民主与古典语言之间是无法相容的，而这也是以本杰明·拉什和托马斯·潘恩为代表的民主共和主义长期持有的一个论点。在1890年于柏林举办的一次学校会议上，年轻的德皇威廉二世对古典语言也提出了同样批评，但原因却截然不同。基于在卡塞尔一所文科中学（高中）的亲身经历，威廉二世认为，他有资格对古典教育以及拉丁语和希腊语这两门学校核心科目提出质疑："那些曾经亲自在文科中学就读过的人，能够看到幕布后面的场景，从而知道这种学校缺少了什么。缺少的是一个国家的基础。文科中学的基石必须是德语，因为我们必须培养年轻的德国人，而非什么年轻的希腊人或者罗马人。"除了增加德语课程的学习时间外，威廉还要求优先学习爱国史，重视曾被忽视的体育，并减少高等教育机构和大学毕业生的数量。[13]

因此，以古典语言缓慢从课程中消失为例，形式上相似的课程发展背后可能有着极为不同的解释体系，而这就再次对课程史中全球化

---

⑬ Daniel Tröhler, "The Construction of Society and Conceptions of Education: Comparative Visions in Germany, France, and the United States around 1900," in *The Reason of Schooling: Historicizing Curriculum Studies, Pedagogy, and Teacher Education*, ed. T. S. Popkewitz (New York: Routledge, 2014), 21-39; Hughes, *Making of Citizens*, 390; Benjamin Rush, "Thoughts upon the Mode of Education Proper in a Republic" (1786), in *Essays on Education in the Early Republic*, ed. F. Rudolph (repr. Cambridge, MA: Belknap Press of Harvard University Press, 1965), 9-23; Thomas Paine, "The Age of Reason" (1794), in *Thomas Paine, Political Writings*, ed. Bruce Kuklick (repr. Cambridge, UK: Cambridge University Press, 1989), 296; Wilhelm II, "Eröffnungsrede" (Opening Speech), in *Verhandlungen über Fragen des höheren Unterrichts. Berlin, 4. bis 17. Dezember 1890. Im Auftrage des Ministers der geistlichen, Unterrichts-und Medicinal-Angelegenheiten* (Berlin: Hertz, 1891), 72-73.

运动的目的论解释框架提出了质疑。在英国和美国，对古典语言的质疑主要来自于对民主的关注，但在德国，民主却被认为是非德国的。托马斯·曼曾在1917年指出："民主"起源于外国，却被翻译为德语的"volkstümlich"（意为传统的或大众的），而把德国视为民主与共和的愿景是一种"恐怖"。因此，当彼得·彼得森将（美国）设计教学法的一些核心理念翻译为德语时，他提到约翰·杜威的"民主化"概念与德国的解释体系并不兼容："民主应该被译为'民族社会'，这正是我们今天（即1935年）所能定义的概念。"[14]

528 宪法界定了公民及其权利和义务。但是，宪法又不仅仅是宪法，因为在不同的司法体系中，宪法所处的位置在形式上是有所不同的。通过对法国、美国和英国的比较，我们可以看到这一点。在美国，宪法在所有法规中具有绝对的优先权；在法国，立法机关通过的所有法规拥有和宪法几乎同等的地位；在英国，根本不存在成文的宪法，法院的判决传统占据了宪法的地位。而以上这些都会导致根本的区别。此外，鉴于美国的宪法从根本上来说属于联邦宪法，而法国的宪法在很大程度上属于中央集权制下的宪法，这两个国家的"自由公民"之间，以及这两种共和制度之间，其差异简直就是天壤之别了。美国公民在宪法中的法律地位主要由地方界定，通过制衡来保护其免遭过度的国家权力；法国公民的法律地位是由作为法兰西共和主义缩影的国会所批准的法律集中界定的。这也就继而解释了，为什么美国的联邦法律很难直接规范学校教育和非专业人士的组织，因为地方学校董事会的成员在很大程度上控制着学校，并充当了地方课程制定者的角色；相比之下，在法国，教育政策和课程制定几乎完全处于中央政府的专

---

[14] Meyer, "Introduction," 2f.; Thomas Mann, *Betrachtungen eines Unpolitischen* (1917; repr. Frankfurt: Fischer, 1983), 270-271; Peter Petersen, "Nachwort. Entwicklung eines eigenen Schulwesens in USA: Ablösung von Europa," in *John Dewey/William Heard Kilpatrick: Der Projekt-Plan: Grundlegung und Praxis* (Weimar: Böhlau, 1935), 207.

家掌控之中，这些专家通常都在高度精英化的高等师范学校接受过培训。

对比法国、英国和美国可以发现，宪法不仅在内容上（赋予更多或更少的权利，限定互动的方式）也在形式上（在整个法律体系中的位置）存在差别。它们塑造着不同类型的公民，从而导致无法构建一种关于课程的全球化叙事，即便我们从学校学科形式上的存在（或消失）中能够观察到课程似乎有趋同的趋势。法国的公民不同于美国的公民；美国的公民不同于英国的公民；英国的公民不同于德国的公民；德国的公民不同于瑞士的公民。尽管法国、美国、英国、德国和瑞士事实上都是宪政民主国家，而且“公民”一词在上述任意一国的字典中都是一一对应、可以互译的。

着眼于跨国流动的国际课程史，首先需要将公民这一概念界定为一个内容上有所浮动的标识物：它处于不同的文化解释体系中，从而在不同的课程体系中以不同的方式得以具象化；它始终体现了各自关于社会秩序和公民身份的主流观念，而这些观念也反映在宪法当中。在 19 世纪这一漫长的时间段内，欧洲的民族国家非常明显地展现了这一现象，因为每一次修宪试图为各自的民族国家阐明一种新的社会理想时，通常就会在五年之内出台新的学校法规。

民族国家与对忠诚公民的需求

民族国家的产生是一个复杂的过程，跨越了整个 19 世纪。“民族国
家”有力而持续性地融合了“民族”和“国家”的含义。如果说国家 529
的概念在一定程度上是清晰的，那么民族的概念则要复杂得多。在拉丁语中，*natio* 一词源自 *nasci*，意为“出生”，包含有出身、血统的概念；但也包括部落的概念，表示的是共同的经历，主要是共同的语言。不过最初的时候，被他人视为属于这个或那个民族的那些人，却并不

关心民族的概念。与自然权利观相似，民族观是一种知识现象，而且直到 18 世纪末以前，它都尚未与国家观及其影响范围的概念联系起来。根据 1748 年时孟德斯鸠的说法，独特的“一个民族的普遍精神”是存在的，它由“气候、宗教、法律、施政准则、典故、风俗习惯、待人方式”等共同塑造，是不能够变更或在不经意间变化的：显然，它是持久且可持续的。关于民族的上述特性从经济层面进行的另一种表述，出现在亚当·斯密的《国富论》（1776）当中，而对于本章内容而言，更为重要的是，他于 1777 年首次提出了“民族文学”的观点；这一观点在几十年后的中学（高年级）语言课程建设中发挥了重要作用。⑮

1788 年美国宪法及 1791 年法国宪法，这两部最早塑造现代公民的现代宪法，以及后来根据 1814—1815 年维也纳会议重新划定的新的领土实体的出现，使得“民族”这一持久且可持续的知识理念与政治结构有了结合起来的需要。到 19 世纪末，几乎整个欧洲大陆都被划分为若干由宪法界定的、合法化的民族国家。这些民族国家除了在经济和军事领域寻求实力外，还在忠诚的公民中间找到了力量来源，但忠诚的公民并不仅是天生的，还必须要由后天造就。

在欧洲的某些地区，讲同一种语言是成为忠诚公民的先决条件。这种“语言民族主义”尤其针对的是那些居住在领土之内，但讲的是方言甚至是另一种语言的人，如刚刚建国时意大利的大多数居民，或是法国的布列塔尼人以及阿尔萨斯和洛林地区的居民。1859 年，斯特拉斯堡学院的院长声称，阿尔萨斯人事实上是法国的爱国者，但其“缺陷”在于说的是（一种）德语（方言）：“他们无论从哪种可能性来

---

⑮ Daniel Tröhler, "Curriculum History or the Educational Construction of Europe in the Long Nineteenth Century," *European Educational Research Journal* 15, no. 3(2016): 279-297; Charles-Louis de Montesquieu, *The Spirit of Laws* (1748; repr. Cambridge, UK: Cambridge University Press, 1989), 326, 310; 314; Helmut Rücker, "Nationalliteratur," in *Historisches Wörterbuch der Philosophie*, *Band* 6(Basel: Schwabe, 1984), column 414.

说都是法国人，不过，我希望他们成为彻底的法国人。但在博须埃和拉辛❷所讲的语言成为他们表达喜爱、私密想法的语言和用来审视以及祈祷的语言之前，这一愿望是无法达成的。”在民族国家建构的过程中，法国的语言、宗教和文学是塑造忠诚公民的基石，而正规学校教育的扩大在这一过程中发挥了至关重要的作用。⑯

同样的意识形态也适用于他民族国家，例如德国。德意志帝国在 1870—1871 年击败法国后，四个曾经属于法国的地区被更名为“阿尔萨斯-洛林帝国直辖领”，自此归属于德意志帝国。因此，当地居民们需要懂得，他们现在事实上是德国人而非法国人，因为他们的实际语言是德语。在占领（在另一种解读中，也被称为“解放”）之后，德国官员迅速在该地区建立了德国学校，以灌输“对德意志帝国的忠诚”。学校的课程体系是从 1854 年的普鲁士法规中复制而来的，在很大程度上侧重于宗教。因为那里的法国教师们缺乏德语能力，强力推动德语作为唯一教学用语的尝试往往未见其功，不过还是引入了新的课程内容，例如面向男生的体育课和面向所有学生的唱诗课。此前在法国统治下的学校中，基本见不到这些科目。体育的目的旨在让男孩子成年 530
之后变为勇敢坚强的士兵，而唱诗在整个新教世界则是人们成为（新教）社区成员的预备工作之一。在瑞士，1800 年前后，超过 60％的新教小学开设了唱诗课，而在天主教小学中却仅有 15％。⑰ 然而，阿尔萨

---

❷ 博须埃是 17 世纪法国著名演说家，拉辛是 17 世纪法国著名剧作家。

⑯ Eric Hobsbawm, *Nations and Nationalism Since 1780*, 2nd edition (Cambridge, UK: Cambridge University Press, 1990), 96; as quoted in Harp, *Learning to Be Loyal*, 38; Ernst Weber, *Peasants into Frenchmen: The Modernization of Rural France 1870-1914* (Stanford, CA: Stanford University Press, 1976).

⑰ Harp, *Learning to Be Loyal*, 57 62; Daniel Tröhler, “Schulfächer und Lehrpläne der Schweizer Volksschule um 1800,” in *Volksschule um 1800. Band 2: Neue Studien im Umfeld der Helvetischen Stapfer-Enquête von 1799*,” ed. D. Trögler (Bad Heilbrunn: Klinkhardt, 2016), 76.

斯-洛林帝国直辖领的德国化在1918年走向了尾声，直到1940年纳粹占领法国后才得以恢复，但1945年又再次被弃。课程建设对于该地区的居民来说成了一种反反复复的过程，公民忠诚不断变动，小学教育则通过改变课程来为之服务。这里改变的与其说是作为正式教学单元的学校科目，不如说是教学内容以及学校教育的行政管理，其中就包括教师教育。

到19世纪末，“民族”既成为一种指引，也成为人们的希望所在，甚至是一种世俗的救赎愿景。受到生活在阿尔萨斯-洛林帝国直辖领土地上的居民们所面临国籍问题的刺激，法国知识分子欧内斯特·勒南将“民族”界定为其表象背后的种种精神元素：“一个民族就是一个灵魂，亦即一种精神准则。过去和现在，这两者构成了这种灵魂和精神准则。准确地说，这两者其实是一回事。过去是共同拥有的丰富记忆，而现在是当下对共同生活的认可与渴望。”

欧洲的悲剧在于，民族的神圣化不是统一的或同质化的。诚如德国社会学家维尔纳·桑巴特在1915年所说的，在德国人自己的观念中，他们天生就是“英雄”，而他们在英国人身上看到的却只是无家可归的“商人”。因此，德国学校的课程设计旨在培养德国的英雄，“英勇的男性和英勇的女性”。英国人偏爱运动，倾向于记录成绩；与此形成鲜明对比的是，德国人强身健体的目的，是为了造就能够生育出“得力武士”的“宽臀”女性，是为了培养忠诚的爱国主义精神和英雄情怀。在桑巴特提出上述主张的前一年，后来成为德国教育理论界领袖人物的爱德华多·斯普朗格向德国年轻人发出了呼吁：“有些东西值得为之献身!”这就是祖国——德意志。1915年，斯普朗格抨击约翰·杜威的教育理论是“厨房和杂役的功利主义”，必须用（德国的）“理想的教化理论”予以反击。第一次世界大战后，斯普朗格提出：要把作为一门学校课程的乡土研究，连同德语一起当作课程的核心要素。因为在他看来，生活的全部无法用现代科学看到，也就不能通过专门的学校科目来教授，而乡土却能够反映世界中的有机统一性。[18] 从某种意义上来说，有关乡土课程的反思，反映了一种独特但又无明确指向的课程理论（以及并非针对某特定学科的教学法），该理论致力于提供塑造德国个性的课程，即德意志民族所固有的整体个性。

在德法两国之间，上述差异尤为突出。也正是这些差异，使得“民族”像“社会”和“公民”等概念一样，成为一个浮动的标识物，被具体物化为特定的国家。就教育而言，“新的民族模式”构成了“更广大的世界环境”。这一认知可能适用于高等教育，但是却很难适用于属于义务教育阶段的中小学教育。“民族”将特定文化或特质性的内容 531
捆绑进了勒南所提出的正式定义中：“大量理性和热情的人集合在一起构建了一种自称为一个民族的道德良知。”为了在“理性和热情”“人的集合”中构建出“自称为一个民族”的“道德良知”，所需要的不仅仅是关于“同样”的定义，还需要以辩证的方式对“他者”加以定义，并且在不同的民族国家，当代大众学校体系的一个崇高使命，都在于为特定的民族培养出特征鲜明、清晰可辨的公民。

不同的文化、教育系统和课程

民族国家观在概念上把宪法和课程联系了起来，希望培养出新的公民，一个在家庭、社会、经济、政治以及可能的军事领域都表现出

---

⑱ Ernest Renan, *Qu'est-ce qu'une nation ? Conférence faite en Sorbonne, le 11 mars 1882* (Paris: C. Lévy, 1882), 28; Werner Sombart, *Händler und Helden : Patriotische Besinnungen* (Munich: Duncker & Humblot, 1915), 120-122; Eduard Spranger, "An die Jugend," *Der Säemann : Monatsschrift für Jugendbildung und Jugendkunde*, no. 5(1914): 386; Eduard Spranger, "Letter Sent to Georg Kerschensteiner on 11 March 1915," in *Georg Kerschensteiner-Eduard Spranger. Briefwechsel 1912-1931*, ed. L. Englert (Munich: Oldenbourg, 1966), 37; Eduard Spranger, *Der Bildungswert der Heimatkunde* (1923; repr. Leipzig: Reclam, 1943), 22-23.

忠诚的公民。在这方面，瑞士的伯尔尼州根据1831年宪法在1835年制定的新小学法很有代表性。该法开宗明义道："对于整个祖国而言，没有什么比小学更加重要"。因为年轻人在这里获得了未来职业所需的"知识和技能"。法案进一步规定，学校必须促进思想和情感的发展，使得每个人都能够实现他或她"作为基督徒和公民的决心"。[19] 因此，未来的公民应当是经济上负责任、可以维系家庭、合乎基督教道德并且能够参与政治的公民。

学校教育对于民族国家的构建不但重要，而且是决定性的，这一认知展现了一种根本的文化转变——"世界的教育化"，而在那个时代促成这种转变的，瑞士改革家裴斯泰洛齐是当之无愧的英雄。尽管在国家开始资助学校教育的情况下，从军事和基础建设上重新分配给教育的资金仍然受到限制，但利益相关者对于小学的普遍认同却不再流于口头。就连宪法也明确了教育的重要性，1831年瑞士图尔高州就是这种情况。1831年图尔高州的学校法在提到以培养未来公民为目标的课程建设时规定："通过教育和教学来培养年轻人，是父母和国家都关心的一项公共事务，由公民协会借助公共教育机构来加以支持和推动。这些机构的总体任务在于发展儿童的能力与优势，培养他们在资产阶

---

[19] John W. Meyer, "Reflection: Institutional Theory and World Society," in *World Society: The Writings of John W. Meyer*, ed. Gili S. Dori and Georg Krücken (Oxford: Oxford University Press, 2009), 36-37; Renan, *Qu'est-ce qu'une nation?*, 31; Grosser Rath der Republik Bern, *Gesetz über die öffentlichen Primarschulen* (Bern: Carl Stäm, 1835), 3.

级生活中所需的技能，使他们成为道德优良、有宗教信仰的人。”[20]

但是，现代学校教育从一开始便被划分为了多个层次。一般来说，根据不同地区的情况，初等教育一般始于5—6岁，持续时间介于2年（如意大利）到6年（如德国和瑞士）之间。对大多数儿童来说，学校教育在小学阶段就结束了，也许有人此后还会上课程重复设置的“复读学校”。很少有儿童会继续学业；大部分儿童会接受小学后教育，属于中等教育水平，通向所谓的底层职业。这些学校不同于那些享有盛 532
誉的中学，后者是为那些想要从事更具挑战性的职业，以及极少数想要就读法式国立中学或德式文科中学的年轻人准备的。他们从这样的高中或“文法”学校毕业之后，就能够升入大学。

教育系统的组织因地而异：它们都有不同的层次，通常划分为不同的年级，同一个阶段有时会出现多轨制（随时间推移，这种情况有增加的趋势），所有轨道又都有各自特定的课程。对于15—18岁年龄段的人来说，在高中以外，最有前途的替代选择就是在完全学徒制或职业培训制度下接受教育。这种形式在德语区国家发展最为迅速，直至今天仍然在发挥作用。由年级、阶段、轨道所组成的学校系统的不同架构的创建，以及它们之间不同衔接方式的制度化，形成了特定的学校制度。这种制度就是政府教育部门总体课程的代表。它不仅确保能够培养出作为国家范畴的忠诚公民，将归属感和排他感融为一体，同

---

[20] Daniel Tröhler, “Educationalization of Social Problems and the Educationalization of the Modern World,” in *Encyclopedia of Educational Philosophy and Theory*, ed. M. A. Peters (Rotterdam: Springer, 2016); Daniel Tröhler, *Pestalozzi and the Educationalization of the World* (New York: Palgrave Pivot, 2013); Grosser Rath des Schweizerischen Kantons Thurgau (13. März 1833), “Gesetz über die Einrichtung der Schul-Anstalten und die Organisation der Schulvorsteherschaften,” in *Kantonsblatt, enthaltend die seit der Annahme der Verfassung vom Jahr 1831 erlassenen Gesetze, Dekrete und Verordnungen des Grossen und Kleinen Rathes des Eidgenössischen Standes Thurgau. Zweiter Band* (Frauenfeld: Johann Kolb, 1833), 5.

时也确保了人们能够接受民族国家内部的社会分层。因此，对统一民族的忠诚是教育结构的一个方面，对社会差别的承认则是另一方面。

以普鲁士的学校系统为例，该系统为富裕的父母及其在小学阶段就读的孩子准备了与免费小学平行的一类学校，即收费学校。这是一种“预备学校”，是为学生升入文科中学（高中）准备的，它将所有在免费公立学校接受教育的学龄儿童几乎全部排除在外。与免费小学不同的是，这些收费学校教授拉丁语，拉丁语是进入文科中学必备的关键知识，而文科中学又是升入大学的前提条件。大学学位是成为更高级别官员或公务员的先决条件，这些人可以赚取更多的报酬，而让他们的孩子能够再就读“预备学校”。

基于不同学校轨道的不同课程来实现社会分化，这种国家策略在中等教育阶段最为明显。例如，当卢森堡在1968年对中等教育进行重组时，定义了古典中学和技术中学两条平行的教育轨道，两者都叫中学。不过，古典中学声望更高，而技术中学声望较低。古典中学的教学语言是法语，技术中学的教学语言则是德语。这一点与以下这个事实相关：卢森堡是一个多语种国家，虽然卢森堡人的日常用语是卢森堡语（摩泽尔法兰克方言，也即德语方言），但该国唯一的官方法律用语却是法语。因而卢森堡的宪法和其他法律法规都是用（相当生硬的法律语言的）法语写就的，而没有采用卢森堡公国所认可的其他任何官方语言，这一点与瑞士、比利时、芬兰等其他多语言民族国家的情况截然不同。显然，与那些在以德语作为教学语言的技术中学就读的学生相比，在以法语为教学语言的古典中学就读的学生更易于成为未来具有参与性的公民，也更易于进入像公务员等具有声望的职业。因而以下数据就不足为奇了，就读于声望更高的古典中学的学生中，80%是卢森堡人，只有20%是外国人；而就读于声望较低的技术中学的学生中，本国人和外国人在各个年龄段几乎都各占50%。[21]

迫切需要研究的课程史

整个教育系统的所有课程，包括被分在各个年级、阶段和轨道的 533
所有学校科目的具体课程，被加以组织，使得年幼的学生能够从一个年级升至另一个年级，从一个阶段过渡到另一个阶段，而且还能在不同的教育轨道之间进行转换。所有这些课程为未来忠诚的公民提供了预设的教育路径。此外，它们还展现了在确保社会分层方面明显而微妙的机制。学校系统的构架是在历史中逐渐生成的，这些学校的特定课程，以及这些课程的组合机制，为学生们提供了一系列的教育机会。以上这些并不是偶然出现的，它们事实上代表了一种教育手段，旨在实现有关社会秩序的主流观念，以及在这种社会秩序中与忠诚公民相对应的文化建设。

当然，我们有理由认为，第二次世界大战和冷战结束之后，在制定各自的课程方面，国家意志可能不再发挥重要的作用。经济合作发展组织和世界银行等跨国组织就证明了这一点，这些组织阐述的是全球性而非国家性议程。但是，这些“全球性”议程或许并不是真正面向全世界的，而是至少在部分层面的一种帝国化的国家议程，即从某一特定文化背景来推测其他地区，甚至整个世界。这一点在国际学生评估项目（PISA）中体现得尤为明显。该项目的目标非常明确，就是

---

[21] Ministère de l'éducation nationale, de l'Enfance et de la Jeunesse, Service des Statistiques et Analyses & Université du Luxembourg, Faculté des Lettres, des Sciences humaines, des Arts et des Sciences de l'Education, *Bildungsbericht Luxemburg 2015. Band 1: Sonderausgabe der Chiffres Clés de l'éducation Nationale 2013/2014* (Luxembourg: MENJE/Service des Statistiques et Analyses et Université du Luxembourg, 2015).

“要培养出”它所希望的“那一类人”。㉒

因而，课程史需要比较，而比较又需要一些形式范畴和概念，这些范畴和概念可以被用作方法论上浮动的标识物。比如作为两种忠诚载体的公民概念——即对统一国家的忠诚和对社会差别的忠诚——同时还需要社会的概念、民族的概念乃至宪法的概念。围绕公民的不同文化建构体现了不同的社会秩序愿景，因此对历史上形成的不同机制进行比较研究，一方面要平衡民族统一与认同，另一方面要平衡社会差别。这样的研究似乎既是可能的，也充满希望。用以实施社会理想的实际课程，不仅能体现而且还会强化这些文化理想。就此而言，课程应当从“文化”和课程的历史等角度来加以认识，简言之，课程史就是文化史。尽管某些文化似乎是同构的，因而课程之间也相应地逐渐趋同，但在欧洲，刻意讲授欧洲大陆而非讲授本民族的历史、地理和价值观，这种做法却实际上增强了民族情感。这可能与欧洲并未批准欧盟成员国（当时是 25 个国家）代表于 2004 年签署的欧洲宪法草案有关。在法国和荷兰相继于 2005 年 5 月和 6 月否决该宪法之后，捷克、丹麦、爱尔兰、波兰、葡萄牙、瑞典和英国也取消了原定的全民公决，出台一部体现社会秩序及其公民理念的欧洲共同宪法的构想就此夭折。
534 考虑到欧洲对 2015—2016 年难民潮的反应，即尽管违反《申根协定》也要竖起城墙和篱笆以保护各自的国家，那几乎没有经验基础来支撑

㉒ Daniel Tröhler, “The OECD and Cold War Culture: Thinking Historically about PISA,” in *PISA, Power, and Policy: The Emergence of Global Educational Governance*, ed. H.-D. Meyer and A. Benavot (Oxford: Symposium Books, 2013), 141-161; Daniel Tröhler, “Change Management in the Governance of Schooling: The Rise of Experts, Planners, and Statistics in the Early OECD,” *Teachers College Record* 116, no. 9, (2014): 13-26; Regula Bürgi and Daniel Tröhler, “Producing the ‘Right Kind of People’: The OECD Education Indicators in the 1960s,” in *Education by the Numbers and the Making of Modern Society: The Expertise of International Assessments*, ed. Sverker Lindblad, Daniel Pettersson, and Thomas S. Popkewitz (New York: Routledge, 2018).

以下假设：即将重塑“跨越边界的国家机构”的“民族身份和公民身份的新模式正在出现”。㉓

毫无疑问，欧洲大陆式的全球社会秩序及生活在该秩序之中的未来公民，对此存在着一些愿景，而且这些愿景也有可供使用的工具。比如，通过基于非文化差异指标的比较，对表现不佳的国家进行指责。但是，它们却处在与解释系统的激烈竞争中，这些解释系统处于文化与民族国家的交叉点上，并借助宪法权力、教育政策主权和悠久历史的支持而得以巩固。在全球和国家之间存在着一个空间，在这里，一些全球性的诉求被转化为国家的特质。国家的优势可能恰好在于它能够披着全球统一性的外衣，但实际上是按照国家的诉求和叙事来行事。这些诉求和叙事确实会随时间而改变，不过其步伐却比具有全球志向的政策制定者和知识分子的希望要慢得多。正是这些差异的存在，使得比较本身成为开展历史研究的一个条件，反之亦然。另一种选择则是与约翰·迈耶一样，相信“整个世界都可以是一个硅谷”，其导向的“将来，是所有的社群、种族、宗教和社会阶级都能够进步向前，迈向自己未来的伊甸园”。这种信念在文化上绝不是中立的，因为它深深地根植于美国的新教，相关表述首次出现在1630年。当时，清教徒约翰·温思罗普在其布道演说《基督徒仁爱的典范》中，盛赞了作为世

㉓ Daniel Tröhler, Thomas S. Popkewitz, and David F. Labaree, eds., *Schooling and the Making of Citizens in the Long Nineteenth Century: Comparative Visions* (New York: Routledge, 2011); Pamela Bolotin Joseph, "Understanding Curriculum as Culture," in *Cultures of Curriculum*, 2nd edition, ed. P. B. Joseph (New York: Routledge, 2011), 22-35; Hanna Schissler and Yasemin Nuhoglu Soysal, eds., *The Nation, Europe, and the World: Textbooks and Curricula in Transition* (New York: Berghahn, 2005); Solvejg Jobst, *Profession und Europäisierung: Zum Zusammenhang zwischen Lehrerhandeln, Institution und gesellschaftlichem Wandel* (Münster: Waxmann, 2010); Solvejg Jobst and Jan Skrobankek, "Migration und Ungleichheit: Objektkonstruktionen im sozialwissenschaftlichen Feld," *Soziale Probleme* 19, no. 1 (2008): 6-19; Kamens, *Beyond the Nation-State*, 1.

界典范的“山巅之城”的愿景。[24] 将一种文化特质推及全球的想法，与其说是全球性的，不如说是霸权性的，而且最重要的是它并不是国际性的，因此也就成了以重构不同发展轨迹为目的的历史研究的障碍，以及重构课程史及其理解的障碍。

推荐书目

Autio, Tero. *Between and beyond the German Didaktik and Anglo-American Curriculum Studies*. Mahwah, NJ: Lawrence Erlbaum Associates, 2006.

Baker, Bernadette, ed. *New Curriculum History*. Rotterdam: Sense Publishers, 2009.

Goodson, Ivor. *Defining the Curriculum: Histories and Ethnographies*. London: Falmer, 1984.

Goodson, Ivor, ed. *International Perspectives in Curriculum History*. London: Croom Helm, 1988.

Goodson, Ivor. "Towards a History of Curriculum." *History of Education Society Bulletin* 35(1985): 47-53.

Harp, Stephen L. *Learning to Be Loyal: Primary Schooling as Nation Building in Alsace and Lorraine, 1850-1940*. DeKalb: Northern Illinois University Press, 1998.

Kliebard, Herbert M. *The Struggle for the American Curriculum 1893-1958*. Boston: Routledge, 1986.

Meyer, John W., David H. Kamens, and Aaron Benavot. *School Knowl-*

---

[24] Daniel Tröhler and Thomas Lenz, eds., *Trajectories in the Development of Modern School Systems: Between the National and the Global* (New York: Routledge 2015); Meyer, "Introduction," xiii; John Winthrop, "A Modell of Christian Charity" (1630), Hanover College, http://history.hanover.edu/texts/winthmod.html.

edge for the Masses :World Models and National Primary Curricular Categories in the Twentieth Century. Washington,DC:Falmer Press,1992.

Pinar,William F. ,ed. *International Handbook of Curriculum Research*. 2nd edition. New York:Routledge,2014.

Pinar,William F. ,William M. Reynolds,Patrick Slattery,and Peter M. Taubaum. *Understanding Curriculum :An Introduction to the Study of Historical and Contemporary Curriculum Discourses*. New York:Peter Lang,1995.

Popkewitz,Thomas S. "The Alchemy of the Mathematics Curriculum: Inscriptions and the Fabrication of the Child." *American Educational Research Journal* 41(2004):3-34.

Popkewitz,Thomas S. *Rethinking the History of Education :An Intercontinental Perspective on the Questions ,Methods and Knowledge of Schools*. New York:Palgrave Macmillan,2013.

Tröhler,Daniel,"Curriculum History or the Educational Construction of Europe in the Long Nineteenth Century." *European Educational Research Journal* 15,no. 3(2016):279-297.

Tröhler,Daniel. *Languages of Education : Protestant Legacies , National Identities ,and Global Aspirations*. New York:Routledge,2011.

Tröhler ,Daniel,Thomas S. Popkewitz,and David F. Labaree,eds. *Schooling and the Making of Citizens in the Long Nineteenth Century :Comparative Visions*. New York:Routledge,2011.

第 34 章　非正规教育和非正式教育的历史

安德鲁·格鲁茨克

539 1971 年，联合国教科文组织成立了国际教育发展委员会，协助各国政府制定国家教育战略。1973 年发布的《富尔报告》❶ 总结了委员会的调查结果，将教育分为三类：正规（formal）、非正规（nonformal）和非正式（informal）。该报告将正规教育定义为主要由国家教育机构开展的教育类型。报告还试图将非正规教育定义为一套旨在对正规教育过程进行完善、补充或提供一种替代选择的教育系统。① 相较而言，非正式教育涉及的是没有计划性或组织性的日常经验，从中个体可以进行伴随学习。非正规和非正式教育开展的空间和方式，实际上与参与者的日常生活几乎难以区分。

从这点来说，非正式和非正规教育的类别远比正规教育更加多样化。总体而言，正规教育只包括国家开办或经国家认证的学校。非正规和非正式教育则可以有多种形式。有些非正规教育机构组织严密，具有明确的教育努力方向，比如招收男女幼童的童子军，为员工提供的在职培训和研讨会，社区中心在下午和晚上针对不同年龄群体开设的各种专题课、实习和学徒训练等。这些机构本质上像学校一样运作，

---

❶ 即《学会生存——教育世界的今天和明天》。另，该报告正式发布于 1972 年，中译本由教育科学出版社 1996 年出版。

① Diana Silberman-Keller,"Toward the Characterization of Nonformal Pedagogy," paper presented at AERA,Chicago,April 2003,7-9.

但可能只是没有正规教育机构那样的监管、统一使命或官方认可罢了。

有些非正规机构可能把教育作为一项重要但非主要的使命。图书馆，尤其是学术研究性质的图书馆，可以与正规教育机构开展密切的合作，甚至为其主顾提供受教育的机会，例如对其进行研究和学习技能方面的指导。不过，图书馆主要是作为知识、文献和出版物的存储库而存在的。其中的档案管理员不一定接受过正规的教育培训，可能也不会认为自己在很大程度上是一名教师。类似地，科学、艺术和历史博物馆也为其主顾提供了某种或许具有教育意义的体验，但大体而言它们却并不提供正规的教学。还有一些非正规教育机构的功能在很 540
大程度上是不具有教育性的。围绕特殊兴趣和爱好成立的私人俱乐部，可能会将自己首先定位成社交性俱乐部，但仍然可以为其成员提供具有教育性的经验。一个针织俱乐部会为人们提供学习先进工艺技术的机会，即使它并不认为自己具有教育性或担负着教育的使命。

非正式教育甚至比非正规教育更具有多样性。人们在与朋友、长辈、同龄人、同事、偶遇的人以及恋人的互动当中可以学到很多东西；人们可以从游戏中学习，孩子们可以在和玩具、洋娃娃的互动中学到很多；人们从他们听到的歌曲和故事，读过的书和杂志，看过的电影和电视节目中学习；他们还从安静的沉思和自我反省中学习。教育渗透到了人类生活的方方面面。

然而，奇怪的是，非正式教育成为一个概念却是比较新的事情。关于是谁创造了“非正式教育”一词，还存在一些争论。尽管20世纪70年代初，《富尔报告》和一些教育学者（如罗素·克利斯和艾伦·塔夫）才让这一概念流行开来，但从20世纪40年代末以来教育思想家们就一直在使用“非正式”一词来指称教育了。约瑟芬·布鲁的《非正式教育》（1946）常常被认为是第一本使用这一术语的著作。有些人则认为马尔科姆·诺尔斯在1950年出版的《非正式成人教育：管理者、领导者和教师指南》一书中首次使用了“非正式学习”一词。有迹象表明，这两个词在此之前都被使用过。例如，美国教育委员会在1940年批准了一个实验性的教育电影项目，说它是一种“大致被称为‘非正式成人教育’”运动中的一部分。②

“非正式教育”一词在20世纪40年代之前究竟使用了多久尚不清楚。当然，它已经通过不同的术语被讨论了很长时间。约翰·杜威在强调经验、环境、持续性及终身学习和社群的同时，肯定也讨论过非正式教育，尽管在他生前这个概念尚未形成。无论如何，教育思想家们直到20世纪中期才真正开始正式地思考非正式教育的概念。

有人认为非正式教育是一种较为古老、普遍的教育形式，但这一认识却与学者们近年来才对其予以讨论形成了鲜明对比。这种看似矛盾的情况，导致把非正式教育与正规教育对立起来加以定义成为一个有趣的想法。非正式教育远远早于正规教育出现。早在国家（甚或私人利益集团）建立学校对青少年开展正规教育之前，年轻人就通过观察父母和社群内其他成年人来学习成年后需要承担的任务。③ 在人类历史发展的大部分时间里，狩猎、采集、耕作、领导技能都被以一种天衣无缝地融入大多数社会成员日常活动中的方式，被传授给儿童。因此，非正式教育的历史要比正规教育长得多。即使在今天，绝大多数人还是通过非正式的教育过程来学习说话的。

尽管如此，正规教育至上的观念还是已经在现代文化中根深蒂固了。尽管大多数人在很小的时候就完成了正规教育，但他们的大部分学习仍然是在正规教育之外进行的。正规学习只是一个人一生中全部

---

② G. L. Freeman, “The Motion Picture and Informal Education,” *Journal of Educational Sociology* 13, no. 5(1940): 257-262.

③ Saul Carliner, “How Have Concepts of Informal Learning Developed over Time?,” *Performance Improvement* 52, no. 3(2013): 6.

所学内容的一小部分。[4] 虽然非正式教育往往被界定为与学校和其他教 541
育组织开展的教育类型相对的那部分，但它却是最自然的学习形式，最为彻底地融入了文化生活之中。

总体而言，这种把正规教育放在首位的态度是工业革命的产物。在工业化之前，年轻人通常是借助学徒制从工匠师傅那里习得其职业技能的。这些学徒项目通过各种非正规和非正式的途径传授工作技能。工业化及其对专业知识和科学管理的重视，激发了人们培养高效劳动力的愿望。[5] 伴随这种愿望而来的，是旨在使教育过程正规化和标准化的教育改革——将文化教育的中心由非正规和非正式教育过程转移到了正规的教育机构。

由于上述原因，对于教育史学者来说，比起非正规和非正式教育组织，对正规教育组织的研究会更为清晰明确。正如《富尔报告》所指出的那样，教育方面的专业文献在界定非正规教育学的概念方面明显沉默。而非正式教育虽然可能是一种更自然的教育活动，但它的教学法却缺乏标准性，导致历史学者更难以对它进行界定、考察、收集证据和得出结论。

根据国家要求，大多数正规教育机构都有义务记录归档，达到规定标准，开展特定教育实践、开设课程，并颁发国家认可的文凭和学位。这些文献为教育史学者提供了大量的原始证据。而即便是像青少年组织、社区中心、夏令营以及艺术、科学和历史博物馆等这样的非正规教育机构，通常也都没有义务保存任何记录档案。研究这些组织的教育史是一个远未达到标准化的过程，而且文献记录较为零散。而

---

④ Phillip C. Candy and R. Gay Crebert, "Ivory Tower to Concrete Jungle: The Difficult Transition from the Academy to the Workplace as Learning Environments," *Journal of Higher Education* 62, no. 5(1991): 570-592.

⑤ Victoria J. Marsick, "Toward a Unifying Framework to Support Informal Learning Theory, Research, and Practice," *Journal of Workplace Learning* 21, no. 4(2009): 265-275.

非正式教育活动，如民间和大众媒体、街头学习、社会磨砺，甚至就是些偶然事件，则更缺乏正规教育或非正规教育所具有的学术考察结构。因此，已有的学术文献对正规教育和正规程度略低的非正规教育的历史考察，远比对非正式教育的考察更为普遍。

非正规和非正式教育史学的发展水平也高度依赖于地理位置。在非工业化地区，人们对正规教育的重视程度往往较低。有很多地区，人们没有太多机会接受正规教育，而关注这些地区的学者们，他们对于非正式和非正规教育的研究要成熟得多。随着人们对非正式和非正规教育活动的依赖增加，学术界对这一问题的关注也逐渐增加。

将非正式和非正规教育过程纳入到更广泛的教育史之中，学界的历史学者们最近取得了显著进展，其中一个领域就是美洲原住民的教育史。历史学者开始探索非正式教育学的方式，如体验式学习、讲故事、参加宗教典礼和仪式、做梦以及艺术创作，这不仅可以扩大教育史研究领域的范围，还可以将它们的贡献与故事纳入其教育史当中。[6]唐纳德·沃伦甚至认为，这种扩展改变了教育史的性质；把这些类型的教育过程纳入进来，将使教育史“在本质上更多地成为由方法组成的家族，而非某个专题的研究范畴”。[7]

542 类似地，西方学界对非正规和非正式教育的研究也相对更富有活力，尤其是由教育决策者开展的或者为其所用的研究，涉及非洲、亚洲、太平洋岛屿和世界其他地区。[8] 其中许多研究采取的形式是对非正

---

⑥ Adrea Lawrence,“Epic Learning in an Indian Pueblo: A Framework for Studying Multigenerational Learning in the History of Education,”*History of Education Quarterly* 54, no. 3(2014):286-302.

⑦ Donald Warren,“American Indian Histories as Education History,”*History of Education Quarterly* 54, no. 3(2014):255-285.

⑧ For one of many examples of Pacific Islanders, see Malcolm Naea Chun, *A' o Educational Tradition*(Honolulu, HI: Curriculum Research and Development Group, 2006).

规教育机构（包括成人教育机构）的教学效果进行考察。[9] 非正规和非正式教育史的研究相当零散。这些研究往往关注的是地理范围狭窄、文化极为独特的对象。一项研究考察了被殖民前东非地区的传统游戏被用来教授打猎和作战技能的现象。[10] 另一项研究考察了第二次世界大战后日本被美国占领期间，女性杂志在改变人们对传统性别角色的文化心态方面所做的尝试。[11] 还有一项研究可能将土耳其监狱作为一个政治教育场所进行了考察。[12] 非正式和非正规教育以各种各样的方式促进了文化的连续性或是推动了社会变革，而上述研究在这方面为人们提供了极具吸引力的见解。事实上，这一领域还有很大空间来开展更多的类似研究，而且在这一领域中也迫切需要对众多地理区域的非正规教育进行元研究和历史研究。

即便是教育史学者对非正规和非正式教育的重视程度都低于正规教育，普通的教育学者（除少数学者外）就更可想而知了。大量的教育研究关注的都是正规教育。只有少数几个教育研究领域重点关注的是非正规和非正式教育。

具有讽刺意味的是，非正式教育研究关注的一个重点领域是工作

---

⑨ For example, see Saylina Fevziye, "Some Critical Reflections on Lifelong Learning Policy in Turkey," *Journal for Critical Education Policy Studies* 12, no. 3(2014): 156-170; Sarah Bexell, Olga Jarrett, and Xu Ping, "The Effects of a Summer Camp Program in China on Children's Knowledge, Attitudes, and Behaviors toward Animals: A Model for Conservation Education," *Visitor Studies* 16, no. 1(2013): 59-81.

⑩ Hamad S. Ndee. "Pre-Colonial East Africa: History, Culture and Physical Activity," *International Journal of the History of Sport* 27, no. 5(2010): 780.

⑪ Hiroko Matsuda, "America, Modernity, and Democratization of Everyday Life: Japanese Women's Magazines during the Occupation Period," *Inter-Asia Cultural Studies* 13, no. 4(2012): 518-531.

⑫ Kariane Westrheim, "Prison as Site for Political Education: Educational Experiences from Prison Narrated by Members and Sympathisers of the PKK," *Journal for Critical Education Policy Studies* 6, no. 1(2008): 1-18.

场所的学习。在工作场所的预备教育为正规教育的兴起提供动力的同时，企业管理者对研究非正规教育过程也有着特殊的兴趣。正规教育的时间特性使其倾向于对年轻人开展，并在他们进入劳动力市场之前完成。这就意味着雇员在正规学历教育过程中学不到任何工作所需的技能，而必须从雇主提供的非正规教育中获得。[13] 因此，那些研究工作场所学习的人往往更关心非正规和非正式教育。然而，这必然导致非正规和非正式教育研究往往会将这些教育过程视为边缘教育或缺口教育。在一个正规的教育环境中，学生学习一套标准的知识，这些知识为某个特定就业领域所必需，并以文凭为据。而态度、品味、道德价值观的培养，以及那些一个人不能在正规教育机构习得的技能，往往都被视为非正规和非正式教育范围内的事情。

总体而言，我们有必要对成人教育和非正式教育之间的密切关系进行更进一步的具体历史研究。正如约瑟夫·凯特在《困难之中的知识追求》中所指出的那样，正规成人教育的现代概念是从男性女性的自我完善，以及其他非正规教育机会的历史前身中发展而来的。过去，教会、报纸、政治组织及其他非正式和非正规教育机构一度主宰着成人教育领域，但近来成人教育活动已经变得正规化，并且与职业问题的关系也变得更加密切。因此，虽然商业领域已经开始研究如何利用非正式教育的手段来促进成人在职培训，但历史学者仍有空间更充分地考察正规成人教育从之前的非正式和非正规教育活动发展而来的过程。

543 有观点认为，价值观和品味是由非正规教育活动适当形塑的，而职业技能则是正规教育的范畴。这一观点倾向于把正规/非正规/非正式教育的不同类型划分视为一个连续的统一体。这种观点在某种程度

---

⑬ Kaela Jubas, "Hard/Soft, Formal/Informal, Work/Learning," *Journal of Workplace Learning* 20, nos. 7-8(2012): 415-425; Silberman-Keller, "Toward the Characterization of Nonformal Pedagogy," 21.

上是合乎逻辑的。公立学校的标准化程度通常最高，教育目标也最为明确；大众传媒的标准化程度往往要小得多，教育目标也要模糊得多。

不过，将上述不同类型教育视为单一的连续体，却忽略了一个重要的观念，即非正式教育是以一种融入人们日常生活的方式进行的。因此，即使一个人进入正规教育机构，他在那里也会以非正式的方式学到很多东西。在公立学校上学会让你和他人接触，从他们那里可以非正式地学到一些审美品位、道德价值观、说话方式，以及许多其他不属于学校正规课程的内容。换句话说，我们不能仅仅说非正式教育是发生在教室门外的教育类型。事实上，不管是正规教育过程还是非正式教育过程，正规教育机构都经常积极参与其中。举例来说，杜威哲学强调控制教室环境，至少在某种程度上可以被看成是对既定教育空间的非正式教学进行正规化的尝试。因此，将不同的教育类型视为一个连续体，往往会掩盖掉那些与正规教育活动同时进行的非正式教育活动。

将不同的教育类型视为一个连续体还会掩盖另一个观念，即个体所参与的非正式教育过程的类型会影响他在正规教育中的表现。儿童的经历大不相同，这取决于许多影响因素，尤其是种族、性别和社会阶层因素。父母教养方式、育儿方法和选定的家庭活动，往往受到地理、阶层和种族的影响。反过来，这导致了安妮特·拉鲁在《不平等的童年》[2]一书中所描述的现象，即差异性的生活优势的传递。实际上，一个家庭的社会阶层身份对其子女的经历有着深刻的影响，不仅会导致正规教育经历的差异性，还会导致非正式和非正规教育经历的多样性。反过来，这些不同的教育经历又会影响孩子们在礼仪、词汇、肢体语言以及其他方面的文化和教育资本的发展。非正式和非正规教育的经历，对孩子们在正规教育中取得成功具有显著影响。

---

[2] 该书中译本由北京大学出版社2010年出版。

从实用主义的角度来说，把不同的教育类型看作是一个连续体，为历史学者考察不同教育类型开创出了相对独立的学术领域。于是，一些学者便成为正规学习类型或非正式学习类型的倡导者。将教育类型概括为一个连续体，而非将教育领域看作是兼具正规和非正式性质的空间，若遵循其自身逻辑进行推论，就会造成教育类型理解的二元对立，导致学者们将特定的教育实践归类成正规教育或非正式教育。这就导致了下列情形：一个人有可能会成为其中一种教育类型的支持者，他强调这类教育的优势，就会同时强调（甚至夸大）另一类教育的弱点。

上述情况在教育史领域并不像在其他领域那样普遍。研究工作场所学习的学者可能会倡导改革正规教育，将一些常见的在职培训技能纳入其中。教育哲学家可能会宣称完全融入学生日常生活的教育过程的优势，或建立一种能够精心控制所有随机性非正式元素的教育系统
544 的好处。有理论家可能会反对将教育过程正规化，因为正规教育倾向于创建一种奖励顺从或抑制个人选择的系统；而另一方面，他们也可能会反对非正式教育，因为认为它过于依赖机遇，或受变幻莫测的个人偏好的影响。

另一方面，教育史高度依赖于原始证据的存在。这本身就导致了教育史领域过分强调正规教育的倾向，因为正规教育往往更有可能保存着记录文献。而探讨非正规和非正式教育的发展趋势和分期也比较困难。非正规教育在很大程度上取决于参与者的个人选择和兴趣。参加童子军活动、参观博物馆，或者在当地社区中心上课学习，培养一项新的爱好，对个人来说可能是一种重要的教育经历，也可能只是将之视为打发下午时光的有趣方式。与正规教育组织相比，要追踪参与者的数量、参与者生活受此种教育经历影响的程度、这些教育活动是否支持或违背社区的教育目标和教育者的动机，从非正规教育组织中得到相关档案记录的可能性都更低。

非正式教育可能极为个人化，有着高度的特异性（如果不是的话，那么有时就是相对随机的），因而有关记录甚至往往比非正规教育还要少。除非个体参与者选择把某种特定非正式教育经历如何改变其观点或态度的过程记录下来，或者开展非正式教育实践的个人记录了其中的互动，否则这种非正式的教育实践对于历史学者来说就是完全遗失的。因此，与正规或非正规教育相比，非正式教育的历史记录往往更罕见、更不完整。

从某种程度上来说，非正式教育研究的相对缺乏和不完整性是教育史研究中一个比较特殊的问题。教育人类学家针对特定文化的人种开展研究时，能够通过观察或参与观察，记录正规的和非正式的教育互动。而从事非正式教育研究的教育史学者，则要受到主要由参与者自己留下的文献的限制。在教育史领域探讨非正式教育时，往往是将其作为更大领域的学术研究的脚注或附录，为正规教育中的某个主题提供丰富的层次或更广阔的视角。在教育史领域，正规教育总体而言是蛋糕，而非正规和非正式教育则是蛋糕上面的糖霜。

伊万·伊里奇在他的教育理论著作中假设，或许有一天，计算机可以将想要学习某一特定学科的人的名单与有能力且愿意教授该学科的人的名单进行匹配。他设想了一个愿景：这些非正式的教育关系有一天可能会取代正规教育系统，后者之前取代了更为有机的、非正式的教育活动。如今，互联网创造了许多连接人们的渠道，用以传播和分享知识、信息和技能。[14]

目前，许多知识库正在由世界各地的个体行动者利用像 wikis 这样的工具，通过彼此互动共同来建设。像可汗学院❸系列视频课程那样的诸多教育视频，将非正规的教育技术手段发布到了 YouTube 等网站。

---

⑭ Rebecca Z. Grunzke, "Pedagogues for a New Age: Childrearing Practices of Unschooling Parents" (PhD dissertation, University of Florida, 2010), 43-45.

❸ 一家利用网络影视进行免费授课的教育性非营利组织。

任何一个有网络摄像头的人都可以在互联网上发布自己制作的关于任
545 何话题的教学视频，供世界各地的人们访问。各种类型的社交媒体都可以塑造公众态度，影响政治话语，并改变人类事件的进程。简言之，技术创造了一种局面：即任何特定的非正规或非正式教育实践的影响范围，都大大超出了其在10年或20年前可能影响的范围。

教育史迟早都要适应不断变化的教育方式，其中非正规和非正式教育是更为突出的特征（尤其是在那些学界集中关注正规教育的发达国家）。鉴于网络文本存储具有短暂性、缺乏系统性，这项研究对历史学者来说将是一项特别困难的工作。将学界更多的注意力放在非正规和非正式教育史研究上，并磨炼教育史学者开展研究时所用的理论工具，将有助于教育史领域迎接这些新的挑战。

虽然大部分教育史研究关注正规教育，但非正规和非正式教育研究的加入却丰富了这一领域。首先，非正规和非正式教育的性质使它们成为教育史领域中许多本体论问题的核心。其中第一个问题是：教育史研究的合理课题是什么？尽管学校和其他正规教育机构可以轻松地处于话语体系之中，但非正规和非正式教育（无论是以民间文化、流行文化的某种元素形式，还是以其他非正规和非正式过程开展的）往往需要证明自己被纳入教育史研究的合理性。

延伸教育史研究合理课题的界限，可以使其话语更为全面、准确地覆盖人类整个教育历史中的多样化现象。如果不能在教育史研究中涵盖大量的非正规和非正式教育，则有可能扭曲教育的发展历史，给人一种正规教育机构具有一种超出自身实际能力作用的感觉。询问哪些机构应该被纳入教育的历史，也使我们敏锐地认识到该领域的真实局限和功能。这场争论可能看起来很深奥，或者至少是具有学术性的。然而，回答这些本体论问题的历史话语会对较为广泛的教育问题产生明显的影响，因为既有某些教育机构和组织试图被当作教育力量纳入教育史的研究范围，也有另一些机构和组织则寻求被排除在其研究范围之外。

不同教育类型是一个连续体吗？

早期的有关图书馆的期刊往往都提倡图书馆只收藏非小说类书籍，以促进公共图书馆作为“教育”机构的理念。例如，1879 年查尔斯·弗朗西斯·亚当斯在写给《图书馆杂志》的一篇文章中指出：“提供任何形式的娱乐和消遣……都不是政府的恰当职能。”[15] 亚当斯的观点具有一定的讽刺意味，因为如今的美国公共图书馆恰恰就是用来娱乐和消遣的。在这里，我们正是把构成非正规和非正式教育问题基础的、关乎其存在意义的问题，当作了教育历史学者的一个研究课题。

将教育的不同类型概念化为一个连续体，一端是严肃认真的学习，另一端是纯粹的娱乐，这样做就掩盖了某个特定现象实际所产生的教育影响。以早期图书馆改革者为例，他们试图通过远离小说收藏来促 546
进其机构具有教育功能的理念。也就是说，他们认为娱乐和消遣不能和教育关联起来的观点中隐含着一种见解，即为了使一个机构具有教育意义，它所提供的学习类型必须是正规化的。图书馆管理员试图让他们的机构被公众和资助者视为正规教育机构。然而，这样一来，他们便将非正式教育与轻浮无聊的行为联系在了一起。我们从中可以看出，关于什么是正规（相对于非正规或非正式）教育机构，以及非正规和非正式教育过程是否应被视为合理的教育形式方面的辩论，会影响到教育机构的自我定位、其教育价值的衡量以及寻找资金的难易。

不过，就融入教育史领域而言，图书馆已经被证明是基本上不成问题的。有关图书馆史的研究势头还非常强劲。图书馆作为跨越正规

---

⑮ Charles Francis Adams, “Fiction in Public Libraries and Educational Catalogues,” *Library Journal* 4(1879):330.

和非正规教育领域界限的机构，在保留其作为教育机构的历史方面，受益于这种地位。再加上图书馆管理员有保存和维护文献的习惯，教育史学者在很大程度上都欢迎图书馆史作为他们研究领域的一部分。稍微不那么受欢迎的是那些明显的非正规教育机构：博物馆、动物园和植物园、水族馆和夏令营。这些机构并不完全属于教育机构的传统概念。将它们纳入史学研究，就会迫使历史学者提出一个本体论的问题：一个机构，对其部分主顾来说是纯粹的娱乐，而对另一部分主顾来说则是科学的学习体验，那它应该归为正规教育还是非正规教育？教育史学者是否应该借鉴19世纪时许多图书馆员所秉持的连续体概念，将正规、严肃的教育放在连续体的一端，将非正式的教育娱乐放在另一端？抑或是这种概念对于有意义的历史研究来说是否太过局限了？

诸如马戏团和广告公司等机构则使上述问题变得更加复杂，它们参与塑造公众的态度和品味，但其教育活动却介于非正式和非正规之间。这些机构值得被纳入教育史研究领域吗？如果值得的话，那么在非正式教育者及其用户（我敢说就是学生）都不认为它具有教育性的情况下，教育史学者该如何对非正式教育机构开展调查研究呢？

非正规和非正式教育史的独有难题

自20世纪60年代以来，非正规和非正式教育一直都是教育学界的一个重要研究课题。伯纳德·贝林在1960年出版的开创性著作《教育与美国社会的形成》中，将美国早期殖民者的孩子学习生存和职业技能以及文化和宗教价值观的非正规、非正式教育过程，与美国早期学校发展之后出现的明确正规化、有意识、有目的的学习类型，进行了并列陈述。

547 直至20世纪80年代前，都很少有学者认真听从贝林关于扩大教育史研究范围、将非正规和非正式教育纳入研究之中的呼吁，于是那时劳伦斯·克雷明再次呼吁要拓展教育史，去研究那些定义较为宽泛的教育机构。他认为，“新闻广播向人们传递了信息，纪录片提高了人们的意识，肥皂剧传达了解决家庭冲突的途径，《袋鼠船长》教人们认识周围的游戏和世界，广告刺激了人们对消费品的欲望和需求”⑯。在贝林之前，基本上不存在对非正规和非正式教育史的研究，甚至在克雷明的三卷本《美国教育》❹ 出版之前，该领域也基本上没有关于非正式教育过程的研究（而对非正规教育的关注度更低）。教育史很晚才将非正规和非正式教育主题纳入研究领域，这使得对二者的研究处于相对劣势地位。与其他被纳入教育史领域并发展成熟、地位稳固的主题相比，有关非正规和非正式教育的研究规模都更小。

尽管如此，相对于非正式教育组织，非正规教育组织的历史研究在许多方面都更类似于正规教育机构历史的创建。熟悉相关历史时期类似机构的历史编纂，就为研究既定的非正规组织提供了框架。例如，如果一个人有兴趣研究作为非正规教育机构的图书馆或博物馆的历史，那么查看一下同时代的学校历史研究，了解这些正规教育机构可能与非正规教育机构共享的教育目标，以及二者存在的教育文化背景，是很有价值的。在确定任何可用的原始资料并进行收集后，研究非正规教育的历史学者就可以在二手研究所提供的历史背景下进行原始证据的分析了。

然而，对非正规教育开展调查研究却带来了额外的责任。关心非正规教育研究的读者会期待学者探讨：一个特定的非正规教育机构在多大程度上可以被认为是教育机构。他们想知道这个非正规教育机构是否有教育使命、非正规教育者的动机及其所用教育方式的类型。一篇关注一所正规中学历史的文章可能不需要详细讨论它在多大程度上

---

⑯ Lawrence A. Cremin, *American Education: The Metropolitan Experience, 1876-1980* (New York: Harper and Row, 1988), 360.

❹ 该书中译本由北京师范大学出版社于2002—2009年陆续出版。

应该被认为是一所教育机构，但读者在阅读一篇关注休闲俱乐部或剧院的教育史文章时，则会期待这样的讨论。

此外，非正规和非正式教育史的研究还存在着其他研究领域所不存在的困难。教育史学者用于开展这类研究的工具尚不够完善。虽然书写一所高等教育机构中某一方面学术生活史的过程或许相对清晰，但用于考察作为非正式教育媒介的肥皂剧的理论工具却就不那么明确了。传奇电影制片人塞缪尔·高德温曾说过："如果你想发送一个信息，就使用西联汇款❺。"这种看法在某些方面切中了非正式教育历史研究一个主要难题的核心，在较小程度上对非正规教育也是如此。

548 例如，看肥皂剧可以成为一个具有深刻教育意义的经历。肥皂剧可以影响一个人的风格，影响家庭互动的方式和行为，提供语言教学，教授叙事结构，并为其他很多正当合理的（即便是非正式的）教育功能服务。然而，针对一部肥皂剧开展教育史研究却是一个难题。肥皂剧的制片人、导演、演员和推广者可能并不认为自己是教育者。肥皂剧的观众可能也不会认为自己在参与一项教育活动，而且即便他们这样认为，也不太可能对自己的学习进行记录。教育史学者或许不得不使用肥皂剧的剧本来推测制片人的教育意图，或是观众从中学到的经验教训。在一定程度上来说，这种证据与教育史研究中通常使用的证据标准是不同的。这种研究必然会更为关注显性和隐性的文本信息，而较少关注那些可衡量的、已明确的教育目标、政策等。

当一个特定的历史文本交给教育史学者后，后者可能会分析其作为某种非正式教育的潜力如何，但如果高德温的说法是可信的，那么非正式教育的施行者，尤其是那些参与大众媒体制作的人，甚至可能会断然认为自己承担的角色并不具有教育性。而对于正规教育机构的人来说，让那些潜在的非正式教育媒体看上去不具有教育性，甚或具

❺ 美国一家全球知名的特快汇款公司。

有负面的教育影响，一度（现在也是如此）还被他们视为其教育使命的一部分。

廉价小说的作者们眼睁睁地看到他们的作品被图书管理员完全拒绝了，后者不遗余力地让他们的书籍远离读者。早期的电影制作者通过提供一个新的、更有吸引力的对象，消除了在反廉价小说运动中累积的一些仇恨。因被指怂恿年轻人纵情堕落，漫画书作者们受到了激进人士的谴责，如弗雷德里克·魏特汉在1954年出版的《诱惑无辜》[6]一书中所做的那样。现代电子游戏制作人发现他们不得不为自己的产品辩护，以免受到有关他们对青少年进行负面道德教育的指控。大众媒体的生产者和其他非正规教育的提供者常常有一个天然的优势，即他们看起来并没有提供什么教育材料。（就大众媒体而言，这种保持非教育立场的愿望更是合乎情理的，因为该领域希望尽可能地扩大受众，故而常常提供纯粹的娱乐体验，既没有教育性的潜台词，也没有可能会引起争议的信息。）

无论如何，学者们在开展非正规和非正式教育史研究时，都经常会遇到一些教育界人士要么主动地、要么默默地将自己置于教育事业之外的情况。鉴于教育史学者研究非正规和非正式教育活动较晚，这也就不足为奇了。即便如此，这种张力还是导致了非正规和非正式教育史研究的举步维艰。历史学者正在对那些经常明确要求自身不要被视为具有教育性质的教育机构开展研究。

历史学者规避上述困难的方法之一，就是采用传记的方式开展研究。在创作传记时，历史学者可以关注那些或许会对个体身份认同产生影响的非正式教育因素。确定一段非正式教育经历对个人的影响更为简单，这既是因为一个人可能会留下这类的记录文献，也因为确定

---

[6]《诱惑无辜》是美国精神病学家、改革作家魏特汉的代表作，该书对当时大众传媒和漫画书中出现的所谓戕害儿童成长的有害画面进行了批判。该书的出版直接导致了美国国会对漫画产业的调查以及漫画道德规范委员会的创建。

549 一段经历对个人的影响要比确定对一群人的影响更为容易。在探讨一个人可能会受到哪些非正式教育的影响时，传记对于研究非正式教育的历史学者而言也是一个有用的工具，因为个体的历史行动者更有可能记录自己活动的教育意图。

不过，教育史学者在研究非正规和非正式教育时最终还是会面临更多的问题。历史学者（尤其是研究大众传媒的历史学者）如何协调作者打算（或不打算）传达的信息与作品在改变个体受众看法上实际产生的影响之间潜在的脱节？如果受众（或个别受众）在和给定文本的互动中学到了一些东西，而文本制作人却并没有传授这些东西的初衷，那么这是否重要？作者的教育意图是否与媒体有关？或者我们是不是只关心它是否产生了明显的影响？记录这种影响的方式是什么？最后，上述问题的答案又会如何改变教育史的研究方式呢？历史学者是否应将他们的策略转换为口述史的研究方法，从而使梳理非正规和非正式教育活动的影响更容易一些？

非正规和非正式教育的意图和影响

对非正式教育现象开展历史研究所用的方法，与正规教育和非正规教育史研究大不相同。这在教育过程中参与者的教育意图未知的情况下尤是如此。学者们通常很难确定一段可能具有教育性的经历是否实际发挥了教育作用。因为一个人可能会因为受邀到朋友家吃饭而学习到一些礼仪，但这并不一定就意味着这样的学习实际发生了。年轻人与社区里较有经验的成员进行交流对话，可能对双方都是一次教育经历，但在这种互动中并不意味着必然会有教育发生。

在学校和其他正规教育机构中，个体学生达到教育目标的情况往往会被测量并被记录保存。而非正式教育却带有如下特点：偶然发生，凭个人兴趣和个人努力，人与人的互动无记录，以及具有其他使得这一过程更具整体性而较少计划性的因素。因此，通常更难以确定某一个特定现象是否真正符合非正式教育的条件，除非有人明确知道该现象的意图或产生的影响。一般来说，学者们在研究正规和非正规教育时对于这些问题可以搪塞过去，但在非正式教育过程的教育史研究上，探索教育的动机和影响在研究中却占据了更大的部分。非正式教育史研究者必须要在多大程度上为自己选择的课题辩护，这从很多方面来说都是一个没有定论的问题。

上述情况在将民间和大众媒体作为教育文本进行探讨时尤其如此。有时，研究人员会发现文本制作人所采取的立场，并未有意通过其作品传递出去。你可能会发现，在大西洋两岸关于漫画书和廉价读物的 550
听证会上，媒体制作人会大声争辩说他们所选择的媒体并不是教育性媒体。尽管这样的论点是不切实际的。不一定是从文本作者的角度出发来看是这样，从非正式教育史研究者的角度出发来看却肯定是这样。人们在与媒体、他人的互动中，往往会不经意地发生改变。因为某个并不带有作者教育意图的文本，并不意味着每位读者就没有从中学到任何东西。制作人或作者宣称自己的文本中没有教育信息，其本身并不会将该文本从非正式教育史的考察范围中剔除。

非正式教育文本的制作者有时也会对自己的意图保持开放态度。例如，影视剧《吸血鬼猎人巴菲》的创作者乔斯·韦登[7]在谈及作品时曾说："如果我能让十几岁的男孩在不知内情的情况下，与一个掌控局面的女孩相处融洽，总比让他们坐下来，向他们兜售女权主义更好吧。"尽管这样的陈述使得媒体的教育意图更为明显，但可能还是不足以证明将某个特定的文本纳入非正式教育史研究中的正当性。这个理论问题有点棘手：教育的意图是将特定现象纳入教育史研究中的充分条件吗？有人可能会认为，除非有人证明《吸血鬼猎人巴菲》的确对

---

[7] 美国好莱坞著名编导，代表作有《复仇者联盟》《神盾局特工》等。

性别观念产生了显著的影响，否则就不能把它视为一种非正式教育。

不过如果这样说，人们可能会对非正式教育比正规教育抱有更高的标准。研究正规教育史的学者可能会制作课程目录、班级名单和课程表，来说明一所学校意欲教授的科目，但很少会有读者会要求历史学者证明，名单上的学生们在其开展研究之前曾实际学过这门科目。因此或许能证明韦登曾试图让他的电影具有教育意义就足够了。然而，通过分析受众及记录他们对剧情的反应，再结合时代更广泛的性别文化历史语境，韦登的说法和非正式教育史研究者选择这一课题的显而易见的策略，就会变得更有说服力。

最后，非正式教育史的研究最好能同时对教育生产和教育接受两个方面都进行分析。有几种研究路径可以达到这个结果。其中最常见的就是把非正式教育简单地视为正规教育研究的补充。[17] 学者们在对一个特定的正规教育机构开展详细的调查研究时，可能会遇到某些历史主体关于其非正式教育经历的叙述。将这些内容与受众联系起来可能会有助于更全面、完整地了解该机构或组织的历史。在正规教育研究中添加非正式教育的细节是一个积极的举措，因为这往往会增加历史叙事的丰富性。尽管如此，这些内容的加入并没有促进非正式教育史研究本身成为教育领域的一个重要组成部分。

另一种研究路径是通过观察学校外部因素如何塑造个体历史人物的身份认同，提供非正式教育经历对个人影响的直接证据来解决理论问题。历史人物常常会留下大量的证据，说明自己受到了哪些影响才最终成为杰出人物。这些影响形塑了他们的态度和思维过程，并对其
551 性格的塑造起到了重要作用。这类研究将非正式教育置于特定的历史背景中，并提供证据来证明其教育影响，从而更好地突出了非正式教

---

[17] See, as an example, Anna D. Jaroszynska-Kirchmann's "Between Polish Positivism and American Capitalism, 1889-1914," *History of Education Quarterly* 48, no. 4(2008).

育本身。[18]

最后一种研究路径是直接关注非正式教育文本或过程本身，将其置于一个历史时代的语境之中，分析其（有意或无意的）教育信息，并讨论其影响，无论是从它的普及性（取决于受众、地理分布等因素）角度入手，还是从那些思想、感情被原始证据资料记录下来的个人所宣称的其重要性的角度展开。这种研究路径使得非正式教育成为学术界关注的一个焦点，但它也是最依赖于现存历史证据（有时可能会被证明不充分）的途径。

2012年5月6日，时任美国副总统乔·拜登在周日早间的电视新闻节目中表示："我认为《威尔和格蕾丝》[8] 在教育美国公众（关于同性婚姻）上所做的工作可能比迄今为止所有人都要多。"[19] 几十年之后，历史学者将会评估拜登关于《威尔和格蕾丝》的非正式教育影响力说法的真实性。教育史学者将如何应对这部作为一种喜闻乐见的非正式教育形式的美国电视情景喜剧呢？显然，电视节目受众范围之广足以让政治要员感受到它的影响力，反过来，他们又怪罪它改变了选民们的政治信仰。对于学者而言，分析节目中每个单独剧集的文本可能是一个很好的开始。在考察节目的非正式教育功能时，阅读这些文本将代表学术工作的一个重要方面。

然而，对于非正式教育史学者来说，这种分析只是一个起点，而非结论。虽然非正式教育史可以（并且应该）从文学和电影研究中获取信息，教育史学者的特殊关注也使得利用文化和媒体研究领域的成果具有了必要性，但这些还不完全足够。将《威尔和格蕾丝》作为同性恋权利发展史中非正式教育的文本，需要进行文本分析，同时在探

---

⑱ See, for example, Eileen Tamura, "Value Messages Collide with Reality: Joseph Kurihara and the Power of Informal Education," *History of Education Quarterly* 50, no. 1(2010): 1-33.

❽ 1998年起开始播放的一部以同性恋为主角的情景喜剧。

⑲ *Meet the Press*, NBC Broadcasting, May 6, 2012.

讨文本时要结合当时的政治和教育背景，并要以在这种背景下其对行为者态度的影响作为佐证。如何协调历史、文化和媒体研究这几个领域复杂多样的理论方向，进而有效地创作一部非正式教育史，可能是令人望而生畏的。这也可能是教育史领域重点关注非正式教育的研究相对较少的原因。

作为教育史的学术共同体，我们需要扩大如何应对整个教育与娱乐领域（假定我们选择这个词来概念化这一课题）教育性制度的讨论范围，以便在契合克雷明广义的教育史范围概念的同时，拓宽和丰富这一领域的研究。

推荐书目

Bailyn, Bernard. *Education in the Forming of American Society*. New York: Norton, 1960.

Brew, Josephine Macalister. *Informal Education: Adventures and Reflections*. London: Faber, 1946.

Candy, Phillip C., and R. Gay Crebert. "Ivory Tower to Concrete Jungle: The Difficult Transition from the Academy to the Workplace as Learning Environments." *Journal of Higher Education* 62, no. 5 (1991): 570-592.

Carliner, Saul. "How Have Concepts of Informal Learning Developed over Time?" *Performance Improvement* 52, no. 3 (2013): 5-11.

Cremin, Lawrence. *American Education: The Metropolitan Experience, 1876-1980*. New York: Harper and Row, 1988.

Freeman, G. L. "The Motion Picture and Informal Education." *Journal of Educational Sociology* 13, no. 5 (1940): 257-262.

Jubas, Kaela. "Hard/Soft, Formal/Informal, Work/Learning." *Journal of Workplace Learning* 20, nos. 7-8 (2012): 415-425.

Kett, Joseph. *The Pursuit of Knowledge under Difficulties: From Self-Improvement to Adult Education in America, 1750-1990*. Stanford, CA: Stanford University Press, 1994.

Knowles, Malcolm. *Informal Adult Education*. New York: Association Press, 1950.

Lareau, Annette. *Unequal Childhoods: Class, Race, and Family Life*. Berkeley: University of California Press, 2011.

Lawrence, Adrea. "Epic Learning in an Indian Pueblo: A Framework for Studying Multigenerational Learning in the History of Education." *History of Education Quarterly* 54, no. 3(2014): 286-302.

Marsick, Victoria J. "Toward a Unifying Framework to Support Informal Learning Theory, Research, and Practice." *Journal of Workplace Learning* 21, no. 4(2009): 265-275.

Tamura, Eileen. "Value Messages Collide with Reality: Joseph Kurihara and the Power of Informal Education." *History of Education Quarterly* 50, no. 1(2010): 1-33.

Warren, Donald. "American Indian Histories as Education History." *History of Education Quarterly* 54, no. 3(2014): 255-285.

第35章　技术和教育的历史

塞万・特齐安

554 技术与教育似乎是一个无法穷尽的主题。讨论这个主题的一个显著维度就是各种学习设备和工具，如插图文本、电影、广播、电视、计算机、移动技术和社交媒体。另一个维度则是教学的技术，是“教育理论与实践的一个分支，主要研究对控制学习过程中的讯息进行设计与应用”。此外，教育传播与技术协会对“教育技术”的定义引入了明确的规范性立场，强调审查与应用“适当的技术过程和资源”时的“伦理”问题。由此而知，技术和教育涉及学校内外教与学的几乎所有方面。尽管教育技术看起来是一个有无限可能性的研究领域，但相对而言涉足过这个多元而富饶的研究领域的教育史学者却并不多。[1]

当然，也有少数开创性成果做出了可贵的尝试。拉里・库班在其著作《教师与机器》中追溯了美国学校中电影、广播和电视参差不齐且短暂被应用的过程。马丁・劳恩和伊恩・格罗夫纳主编的《学校教育的实体性：设计、技术、实物、惯例》，将教育技术描述为关乎机构权威、知识、公共卫生的一种“社会建构”和“强势话语”。斯蒂芬・

[1] Alan Januszewski and Kay A. Persichitte, "A History of the AECT's Definitions of Educational Technology," in *Educational Technology: A Definition with Commentary*, ed. Alan Januszewski and Michael Molenda (New York: Lawrence Erlbaum Associates, 2008), 260.

佩特里纳的系列论文则探讨了教学的技术维度和教学机器的起源问题。②

教育技术领域研究人员所开展的历史研究，构成了技术和教育这一主题的大部分学术成果主体。最为人瞩目的是保罗·塞特勒，他编写的教科书《美国教育技术的演进》具有广泛的影响力，详细完整地描述了美国教育技术领域的发展情况。罗伯特·赖泽的文章更加简明地追溯了教育媒体和教学设计的历史。赖泽认为这两个领域应该分别加以理解，因为“同教育媒体相关的大多数实践都是独立于教学设计发展之外的”。塞特勒和赖泽的论述都表明，教育技术领域最初主要关注教学的机器和媒体（如电影、广播、电视），没有太多考虑教师如何应用这些资源，以及学生如何与这些资源进行互动。到 20 世纪中叶， 555
教育技术领域吸收利用心理学、传播学和系统工程这些相关学科的理论，使其研究取向更加多样化。在随后的几十年里，教育技术研究人员更加注重学习环境的系统设计以提高绩效，而较少强调教育媒体和

② Larry Cuban, *Teachers and Machines : The Classroom Use of Technology since 1920*(New York: Teachers College Press, 1986); Martin Lawn and Ian Grosvenor, introduction to *Materialities of Schooling : Design , Technology , Objects , Routines*, ed. Martin Lawn and Ian Grosvenor(Oxford: Symposium Books, 2005), 9; Stephen Petrina, "Getting a Purchase on 'The School of Tomorrow' and Its Constituent Commodities: Histories and Historiographies of Technologies," *History of Education Quarterly* 42(Spring 2002): 75-111; Stephen Petrina, "Sidney Pressey and the Automation of Education, 1924-1934," *Technology and Culture* 45(April 2004): 305-330.

实体工具本身了。[3]

与之类似，大多数关于技术和教育的历史叙述更多地关注教育媒体和技术工具，而不是教与学的过程意义上的教学技术。这些历史描述也主要关注北美的发展，大多倾向于构建进步取向的叙述，即表现人们对新技术产物和新教学范式相对不加批判的接受。这些作品通常是某个专业组织的历史回顾，其中有些作品对更宏观的社会、政治、经济和文化因素并没有充分重视，而正是这些因素才催生了各种技术革新并影响了这些技术的实施。一般而言，教育技术的历史研究往往忽视了在不同的历史时期技术的应用如何影响特定的儿童和成人群体，在很大程度上也缺乏对种族、性别、社会经济地位等因素的清晰考量。这些研究上的遗漏往往会掩盖技术对不同群体产生的不同后果。因此，对历史学者来说，他们有很多的研究机会去审视和考察那些鼓励或是抑制新教育技术发展和实施的更宏大的社会背景，并探索教育技术的发展如何缓解、延续或加剧了那些教育中长期存在的问题。

---

③ Paul Saettler, *The Evolution of American Educational Technology* (Englewood, CO: Libraries Unlimited, 1990); Robert A. Reiser, "A History of Instructional Design and Technology: Part I: A History of Instructional Media," *Educational Technology Research & Development* 49, no. 1(2001): 54; Robert A. Reiser, "Instructional Technology: A History," in *Instructional Technology: Foundations*, ed. Robert M. Gagne(Hillsdale, NJ: Lawrence Erlbaum Associates, 1987), 11-48; Robert A. Reiser, "A History of Instructional Design and Technology: Part II: A History of Instructional Design," *Educational Technology Research & Development* 49, no. 2(2001): 57-67; AECT, "Expanding Theory—Historical Perspectives," in *Educational Technology: Definition and Glossary of Terms*, ed. Association for Educational Communications and Technology(Washington, DC: Association for Educational Communications and Technology, 1977), 27-53.

教育媒体和教学工具

很难明确指出哪些是最早的教育媒体，或许可以追溯到史前洞穴中的野牛壁画。古希腊和古罗马时期，人们偶尔会使用地球和星座模型、象牙字母和书写板以及类似于算盘的计算工具。插图文本是电化教学工具更近代的前身，其中最著名的是捷克神学家和教育家约翰·阿莫斯·夸美纽斯的《世界图解》。这是一本用于讲授拉丁文和科学知识、附有插图的教科书，于1658年首次出版。随后，各种形式的教科书出现在欧洲和美国的正规教育环境当中。尽管有学者认为，技术对北美殖民地时期的教育影响甚微，但众多证据表明，这一时期的教师和学生采用了大量的教学技术，如拼写课本、角帖书以及《新英格兰初级读本》和《世界图解》等教科书。插图文本反映了当时新兴的夸美纽斯和卢梭关于儿童和发展的教育哲学思想，旨在为抽象概念提供直观展示。到19世纪，插图文本的批量生产和发行加速了其在美国学校的广泛应用，包括诺亚·韦伯斯特的《蓝皮拼字书》、威廉·霍姆斯·麦加菲的《读本》、约翰·W. 德雷珀的《人体生理学》。[4]

集体教学的出现以及儿童通过操作具体实物能够提高学习效果的 556
新兴观念，都促进了在正规教育环境中辅助性视觉媒体的应用。例如，19世纪早期，在美国导生制学校相对短暂的鼎盛期，鉴于缺乏较为昂贵的书写工具和书籍，手持石板、沙盘、挂图、黑板等技术应用得以让数百名学生同时练习书写、拼读和计算。黑板起源于19世纪早期的苏格兰，其对于集体教学和学生诵读都起到了不断推进的作用。在美国的数学教学中，促进数学概念理解的教学工具有算盘和立方根块，

---

④ Peggy Aldrich Kidwell, Amy Ackerberg-Hastings, and David Lindsay Roberts, *Tools of American Mathematics Teaching, 1800-2000* (Washington, DC: Smithsonian Institution, 2008).

提高计算效率的设备有量角器和计算尺。拼字棒是“一块有凹槽、带把手的木头”，学生可以用它排列字母组成单词或短语。与此同时，到19世纪末地球仪、地图、挂图已经变得不再那么昂贵，学校可以更广泛地加以应用。其他教学材料还有包含字母或单词的语言学习盒、几何积木块、黏土或蜡制模型、小钉板、刺绣设计卡、折叠纸、数字卡片、时钟表盘、玩具钱币、用于分数学习的彩色圆盘等。⑤

西方社会的大规模生产和工业化导致了新的教育技术与工具的产生，并为新型教学实践的合理性提供了依据。其中最显著的是，批量生产与供应的廉价纸张和铅笔取代了原来的石板和粉笔，并对标准化测试实施起到了推动作用。19世纪末20世纪初，考试成为美国教育领域的一种新的探索，旨在统一美国形形色色的学生能力测评与成就认证。标准化测试本身就是一种新的教育技术，其基于心理学家提出的新观点，即学生的智力是能够被精确测量的。1916年，美国心理学家刘易斯·推孟创立了斯坦福-比奈量表，使智商（智力年龄和生理年龄之间的量化关系）这一概念被广为接受。第一次世界大战期间，美国陆军采用了新的智商测试来测评招募的近200万士兵的入伍资质。战后不久，美国心理学家就修订了这些测试，以便在全国学校中推广应用。

一些教育者认为，这些智力测试的结果证明了对学生进行分组教学的合理性，即根据学生智商测量的不同结果，区分“资质优异”和“资质平庸”的学生，施加不同的课程内容和不同等级的学业要求。多项选择题的测试能够借助机器快速给出等级评价，这种高效率评价也

---

⑤ Charnel Anderson, *Technology in American Education 1650-1900* (Washington, DC: Government Printing Office, 1962), 43; Kidwell, Ackerberg-Hastings, and Roberts, *Tools of American Mathematics Teaching*; Michael Molenda, "Historical Foundations," in *Handbook of Research on Educational Communications and Technology*, ed. J. Michael Spector, M. David Merrill, Jeroen van Merrienboer, and Marcy P. Driscoll. (New York: Lawrence Erlbaum Associates, 2008), 3-20.

吸引了学校管理者的注意。随着20世纪全球学校教育的扩张，各种形式的标准化考试变得司空见惯。20世纪末21世纪初，计算机的普及和多样化也促进了新的教育测验形式的出现。在许多国家，诸如此类的评价机制深刻影响了几代年轻人的教育机会与职业生涯。⑥

国际展览会和世界博览会经常宣传、推广各种教育创新发明和工具。圣路易斯、芝加哥、纽约、克利夫兰和费城等美国城市的儿童和教育博物馆成为较为固定的教育资源，它们都非常倚重促进学习的视觉工具。这些博物馆的教育应用进而促成了美国第一个巡回学校博物馆在20世纪10年代的出现。学区可能会制作可移动的展览物品、立体照片、幻灯片、电影、印刷学习材料和图表，然后轮流分发到各个学校，作为学校课程的补充。学校博物馆则着重展出生物标本、透景画、绘画和模型。城市和人口密集地区的学校通常更容易获得这类专门学 557
习资源。⑦

19世纪末20世纪初，动态影像开始进入学校。通过电灯泡提供光源，早期幻灯机和立体投影仪将影像投射到了教室里。20世纪早期无声电影的迅速普及，使一些人认为电影可以促进学生的学习。有些学校改革者认为，教育电影作为一种直观、方便、引人注目且高效的媒体资源，有可能取代课堂讲授和印刷材料。1913年，托马斯·爱迪生

---

⑥ William J. Reese, *Testing Wars in the Public Schools: A Forgotten History* (Cambridge, MA: Harvard University Press, 2013), 229; Henry L. Minton, "Lewis M. Terman and Mental Testing: In Search of the Democratic Ideal," in *Psychological Testing and American Society*, ed. Michael M. Sokal (New Brunswick, NJ: Rutgers University Press, 1987), 95-112; Nicholas Lemann, *The Big Test: The Secret History of the American Meritocracy* (New York: Farrar, Straus and Giroux, 2000).

⑦ Saettler, *The Evolution of American Educational Technology*, 124; F. J. Blaisdell, "Historical Development of Computer Assisted Instruction," *Journal of Educational Technology Systems* 5, no. 2 (1976-1977): 155-169; Reiser, "A History of Instructional Design and Technology: Part I," 53-64.

宣称："学校里的书籍将很快被淘汰，学生们很快就会通过眼睛来接受教育。电影可以教授所有分支的人类知识。"他自信地预言道："我们的学校系统将在未来十年内发生彻底的改变。"20 世纪 10 年代，英国和美国出现了教育电影目录，法国的一所学校在科学教学中使用了无声电影。众多由教育机构、基金会和商业组织发起的电影制作活动，催生了新型的视觉教育图书馆，这些作品被寄予厚望在美国学校广泛发布和采用。20 世纪 30 年代早期，美国许多较大的学区都对这种形式的视觉教育进行投资，至 1931 年，已有 25 个州设立了教育电影与媒体办公室。对视听教学在课堂中有效性的初期研究标榜其具有许多优势，包括能够激发学生学习动机、能以更直观和可接受的方式有效地呈现抽象概念。而一些人则认为，教育技术领域的一些研究与资本的取向和企业利益密切关联，往往是不加批判地倡导在课堂上使用新技术。

尽管有上述技术革新，但事实证明电影对教育的影响是有限的。鉴于教育电影通常成本高昂，并且被娱乐业视为不乐见的竞争而受到攻击，因此人们对教育电影的需求很低。此外，在教育电影上的风险投资往往会出现财务问题，因此它们的可用性也难以预料。还有，由于这些技术被认为过于负有营利动机和娱乐价值取向，许多教育者对在课堂上使用它们表示出担忧。后来有声电影的出现也使一些教师感到不安，他们担心电影这种叙述方式会削弱教师的教学权威。另外，由于胶片和放映机价格昂贵，质量不可靠且难以获得，教师对教育电影的使用仍然非常少。20 世纪 30 年代的大萧条时期，严峻的经济形势使得这些问题更为突出。

除学校外，美国政府部门也越来越多地开发和利用教育电影。其目的之一就是争取公众对 20 世纪 30 年代美国各种农业计划和罗斯福新政项目的支持。军队参与了其中一项非常著名的计划。这一计划由第一次世界大战期间的海军部门和陆军部门开始推进，到第二次世界大战开始时基本成熟。1941 年，作为战时全面动员的一部分，美国联邦政府成立了战时训练视觉教具部，为训练平民从事军工厂的工作做准备。美国军方制作了400多部培训影片和600多卷幻灯片，以快速训练数百万士兵能够胜任各种专业角色。军方还率先将各种新技术应用到培训，如幻灯放映机（用于教授飞机和船舶的识别）、音频设备（教授外语）以及飞行模拟器。同时，联邦政府还委托好莱坞导演和电影公 558
司制作了一系列战争宣传片，其中最著名的是弗兰克·卡普拉的《我们为何而战》。加拿大国家电影委员会发行的系列纪录片《加拿大不退缩》[❶]，也达到了类似的目的。

第二次世界大战期间，教育电影得到了前所未有的应用与发展，促进了战后教育电影在学校领域使用的合法化。战后美国新的联邦教育法案，如《国防教育法》和《初等与中等教育法》激发了教育电影制作的积极性。战后，对青少年犯罪的普遍关注也推动了心理卫生电影的出现。通过教导人们正确的社会行为，指出应该规避的问题行为，这些资源承担起了一种社会工程的重任。在冷战这一更大的政治背景下，美国新闻总署旗下的电影管理机构制作了宣扬民主和资本主义优越性的电影，并在世界各国广为宣传。最终，闭路电视和新型的公共广播媒体形式将取代教育电影。[⑧]

第一次世界大战后，无线电广播的迅速普及为学校课堂教学和成

---

❶ 或译为《加拿大前进》。

⑧ Cuban, *Teachers and Machines*, 11; Saettler, *The Evolution of American Educational Technology*, 98; Ann De Vaney and Rebecca P. Butler, "Voices of the Founders: Early Discourses in Educational Technology," in *Handbook of Research for Educational Communications and Technology: A Project of the Association for Educational Communications and Technology*, ed. David H. Jonassen (New York: Simon & Schuster, Macmillan, 1996), 3-45; Devin Orgeron, Marsha Orgeron, and Dan Streible, "A History of Learning with the Lights Off," in *Learning with the Lights Off: Educational Film in the United States*, ed. Devin Orgeron, Marsha Orgeron, and Dan Streible (New York: Oxford University Press, 2012), 15-66; Ken Smith, *Mental Hygiene: Classroom Films, 1945-1970* (New York: Blast Books, 1999).

人教育提供了新的可能性。20 世纪 20 年代中叶，学校广播教学节目发轫于加拿大和英国。到 20 世纪 30 年代中期，各种形式的教育广播已经出现在欧洲大部分地区、澳大利亚、日本、南非和印度。1935 年日本启动了全国范围内的学校广播教学。美国许多非商业性的大学广播电台开办了“空中学校”。家庭自学课程和广播函授课程也应运而生。赠地学院曾将这些广播课程作为农业推广、促进农村经济发展的手段之一。例如，艾奥瓦州立大学创办了一个长期连播的电台节目《家庭主妇半小时》，试图向女性听众传授新型家用电器的机械原理、操作方法和维修知识。相关例子还有公益讲座和音乐演奏会的广播，它们让地处偏远的听众也能有机会接收到“高雅文化”的熏陶。这些基于广播节目的教学活动提供了一种建立在无线电波上的正规学校教育。

美国学校领域也有很多将广播整合到课堂教学的尝试，旨在为传统教学提供补充。俄亥俄州空中学校的创始人本杰明·达罗宣称，广播“能把世界带进教室……（并且）能向全世界提供最好的师资、最伟大领袖的鼓舞……而通过广播透露的世界事件还可能成为一本充满活力和挑战性的空中教科书”。1923 年，纽约市哈伦中学率先尝试通过广播教授会计课程。加利福尼亚州奥克兰市的学校开设了关于英文书法的广播课程，芝加哥电台开设的《小小红色校舍》节目则是以儿童和教师讨论汽车、农业和科学话题为特色。许多科学和艺术博物馆也开设了广播节目，介绍它们为学龄儿童准备的藏品。同时，商业广播电台的教学节目也向学龄儿童和成人播放，如美国全国广播公司的《音乐欣赏时间》、哥伦比亚广播公司的《美国空中学校》、波士顿短波电台的《世界广播大学》等。随着收音机变得越来越可靠和廉价，在课堂中应用广播技术的前景似乎变得无限广阔。

尽管如此，还是有许多因素制约了广播在学校里的影响力。美国无线广播电台强大的商业性质，使许多非营利教育广播项目变得脆弱不堪，倏忽即逝。至 20 世纪 30 年代末，许多教育电台都在大萧条的经

济危机中被迫关闭。大众广播的商业性和娱乐性使许多专业教育工作 559
者感到忧心忡忡。这种紧张关系就像科学家和商业广播电台运营商之间的持续斗争，最终损害了通过广播媒体向大众宣传科学的种种努力。最后，广播节目的形式和时间安排也很少会适应学校（特别是中学）教学日的日程，为后者提供方便。到20世纪40年代，商业广播电台和广播网停播了绝大多数的教育类节目。[9]

在第二次世界大战后的几十年里，随着电视逐步取代了广播，又出现了一系列将这种新媒体应用于学校课堂（电视教学）和民众启蒙（教育电视）的举措。在学校课堂应用（电视教学）方面，20世纪50年代初，加拿大广播公司就开始了学校电视广播。到20世纪70年代中叶，在英国有超过八成的学校采用了英国广播公司（BBC）开发的电视教学节目。在美国，在学校师资匮乏和冷战引发政治气氛紧张的时代背景下，联邦政府和基金会的支持促成了一系列关于教学电视方面的对照实验，其目的旨在寻求更严谨的教学新方法。其倡导者认为，借助课堂电视和程序教学手段，学校中数百万的学生都可以接受优秀模范教师的教学了。典型案例包括《中西部空中电视课程》，马里兰州黑格斯敦市的学校和芝加哥的初级学院采用的闭路电视教学，美属萨摩亚的学校中大规模实施的电视教学，等等。然而，所有这些尝试的结果却十分有限。教师很少在电视教学的开发和传递中发挥建设性的作用。许多专业教育工作者认为，电视教学的质量一般，削弱了教师的权威，并且和实际课程与课堂管理实践并不匹配。结果是，到20世纪

---

⑨ Amy Sue Bix, "Equipped for Life: Gendered Technical Training and Consumerism in Home Economics, 1920-1980," *Technology and Culture* 43 (October 2002): 728-754; Hugh R. Slotten, "Radio's Hidden Voice: Noncommercial Broadcasting, Extension Education, and State Universities during the 1920s," *Technology and Culture* 49 (January 2008): 6; Cuban, *Teachers and Machines*, 19; Marcel Chotkowski LaFollette, *Science on the Air: Popularizers and Personalities on Radio and Early Television* (Chicago: University of Chicago Press, 2008).

60 年代中期，基金会对电视教学的资金支持逐步削减，大多数学校对于继续维持电视教学，都缺乏资源支持和强烈意愿。

教育电视被更多地理解为是目标指向学校以外普通大众的电视节目。其节目形式包括涉及各种主题的讲座、访谈、纪录片和电视剧。联合国教科文组织和福特基金会试图利用教育电视帮助发展中国家实现现代化。教育电视可以使边远地区的以及处境不利的学习者获取并参与到相对优质的教育中。例如，在印度，受资助的教育电视项目用来推广农业技术和科学知识。1952 年，美国政府还保有 242 个教育电视频道。15 年后，《公共广播法》的颁布推动了公共电视台的建立，使人们积极探索制作教育电视节目的可能性，并创建了一家非营利性的教育公司，即后来的美国公共广播公司（PBS)。在推动这项立法的过程中，林登·约翰逊总统将教育电视看作是“重要的公共资源，它可以丰富我们的家庭生活，教育我们的家庭成员，并为我们的课堂教学提供辅助”。随后，美国公共广播公司的电视台和儿童电视工作坊推出了新形式的儿童电视节目，其中就有著名的《芝麻街》和《电力公司》两档节目。[10]

可联网、能移动、易获得的电子计算机整合了许多早期教育媒体的功能，如课本、挂图、电影、广播和电视。事实上，计算机已经成为现代学校教育中不可或缺的一部分，以至于我们很难想象没有计算机的时代，也很难追溯计算机最早应用于教育的历史。20 世纪二三十年代西德尼·普莱西的“自动教学机器”可以说是课堂中计算机应用
560 的先驱。该设备能够给学生呈现难度不断递增的多项选择题，学生需要按四个键中的一个来作答。普莱西希望他的教学机器能够帮助教师减轻日常教学任务，让学生能够自主练习和测验。尽管普莱西对教学

[10] Robert J. Blakely, *To Serve the Public Interest : Educational Broadcasting in the United States*(Syracuse, NY: Syracuse University Press, 1979), 138, 147; Molenda, "Historical Foundations," 11.

机器寄予了厚望，但它仍被证明是一个失败的商业案例。

在第二次世界大战后的几年中，第一批大型电子计算机出现在了美国的几所大学里。随后，新的计算机教育应用很快出现。20 世纪 50 年代，IBM 公司应用 650 型计算机（查询工作站）教授二进制算法。10 年后，斯坦福大学的研究人员研发了 IBM1500 型计算机辅助教学系统，用于教授学龄儿童和军事人员阅读和数学。伊利诺伊大学开发了 PLATO 系统（自动教学操作程序逻辑系统），其提供的教学程序能够为多个用户提供同时访问同一计算机终端的线上授课时间。最初的 PLATO 系统由键盘和闭路电视显示器构成，后者可以呈现教学内容（作为电子教材）和学生对问题的回答（作为电子黑板）。20 世纪 60 年代末，联邦政府通过国家科学基金持续对教育中的计算机应用研究提供支持，推动建立了 30 个区域计算机网络，涵盖了 300 个学术机构。然而，由于大型计算机主机费用昂贵并相对难以获取，这些早期的计算机教育应用计划对课堂教学影响甚微。

20 世纪 70 年代微型计算机的出现，由于其便携性、存储器容量增加和成本降低，为计算机辅助教学提供了新的可能性。杨百翰大学开发出 TICCIT 系统（即分时、交互、计算机控制的信息电视），其为学生提供了有独立显示器的微机终端。便携式电子计算器作为计算工具逐步取代了计算尺。20 世纪 80 年代，计算机程序能够促进学生学习的普遍观念推动了微机在美国中小学的普及。据估计，到 1983 年，美国至少有 40％的小学和 75％的中学将计算机应用于教学的某方面。20 世纪 80 年代末，卢森堡、瑞士、荷兰、法国、美国和加拿大部分地区，实现了平均每间教室有一台计算机。

在互联网迅猛发展之前的那些年，计算机在课堂教学中的实际应用并不理想。特别是，学生将大部分时间花费在如何操作计算机，而不是应用计算机学习课程内容上。此外，计算机的典型教学应用仅限于支持操作练习型的简单教学形式，或者帮助中学生学习文字处理技能。在英国，政策倡导者与专业教师之间在关于什么是教学优先事项上的矛盾，也阻碍了计算机在学校的应用。尽管政客开始鼓吹学生使用计算机与国家福利、国际竞争力和学习收益有密切联系，但大多数教师对此仍持怀疑态度，不愿从根本上改变他们的教学方式。

1986年，库班在一篇文章中指出，计算机与那些早期课堂中应用的技术，如电影、广播、电视，在某些方面有着本质上的差异。但鉴于计算机教育相对有限的实施应用情况，他预测最终应用计算机教学的时间不会超过5%。而随后计算机网络、万维网和移动设备的普及，最终使类似库班这样的预测全部落空了，并以前所未有的方式在世界
561 许多地区改变了计算机在教学中的地位。然而，技术创新在多大程度上从根本上改变了传统的学习环境，无论是实际课堂还是网络媒体，这仍然是一个问题。正如比尔·费斯特所指出的，尽管在过去的一个世纪里，机器从根本上改变了人们日常生活的方方面面，但即使“一个来自19世纪访客身处现在的教室，他仍然不会感到陌生”。[11]

教学技术

除了各种实体工具和媒体的演进外，教育技术的历史还涉及教学

---

[11] Louis A. Pagliaro, "The History and Development of CAI: 1926-1981, An Overview," *Alberta Journal of Educational Research* 29, no. 1(March 1983): 75-84; Douglas D. Noble, *The Classroom Arsenal: Military Research, Information Technology, and Public Education*(London: Falmer Press, 1991), 104; Andrew Molnar, "Computers in Education: A Brief History," *Technical Horizons in Education*, June 1, 1997, http://thejournal.com/Articles/1997/06/01/Computers-in-Education-ABrief-History.aspx; Molenda, "Historical Foundations," 16; Reiser, "A History of Instructional Design and Technology: Part I," 60; Terry Haydn, "The Book versus the Screen: Educational Media in the Digital Age," *Paedagogica Historica* 38, no. 1(2002): 387-401; Bill Ferster, *Teaching Machines: Learning from the Intersection of Education and Technology*(Baltimore, MD: Johns Hopkins University Press, 2014), 1.

环境的设计和学习发生过程的研究。20 世纪早期，教育技术的研究大多集中在媒体对学生学习的影响上，如电影（和放映机）与广播（和收音机）。教育传播与技术协会在 1977 年的报告中指出，早期视觉教育运动的缺陷之一就是“过于强调媒体材料自身，而不注重对媒体材料的设计、开发、制作、评价和管理”。在两次世界大战之间的数十年里，教育媒体研究主要集中在教育电影的可能用途、视觉形象对儿童记忆的影响，以及广播教学对学生理解的有效性等方面。换言之，很少有研究探索教师如何在课堂上利用教育媒体，虽然其是影响学生参与度和学习的重要潜在变量。

到 20 世纪中叶，这种单一研究视角有所扩大，部分原因是美国军方在第二次世界大战期间和战后进行了一系列实验，主要研究对军事人员所进行的视听训练的相对有效性。例如，1949 年，《大众传播实验》一书研究了电影《我们为何而战》对士兵的说服影响力。社会心理学家进行了有关宣传、民意调查和收视率调查等方面的研究，强调了教和学的传播过程。教育技术研究人员开始研究信息如何从各种信源（包括教师和媒体）传播到信宿（学习者），而不是仅仅研究实体教具。在这一新研究取向下，学者们将教与学定义为关于讯息传递的过程。1963 年，全美教育协会的视听教学部对教学技术的新定义就更多强调教育环境中的讯息和媒体工具，而较少强调教学机器设备和材料了。根据传播学的观点，通过分解和修复传播通道中的薄弱环节，同时反复和改进反馈来强化讯息，就能够提高学生的学习效果。

到 20 世纪中叶，教育技术领域越来越重视教与学的过程。在美国，行为主义心理学影响尤为深远。20 世纪二三十年代普莱西发明的教学机器，以及之后其在心理学家斯金纳思想的影响下再次复兴，都十分关注利用媒体来强化学习者行为。这种受控制的学习环境可以塑造学生行为的理念，为教育领域带来众多影响。正如斯蒂芬·佩特里纳所阐释的那样，对一些人来说现代学校的特征影响深远，“新地板有助于集中注意力；新课桌能够延长注意力持续的时间；供暖和通风系统能够保持较高的出勤率；营养午餐能够让学生保持头脑清晰”[12]。

562 在操作式条件反射备受认同的氛围中，第二次世界大战后程序教学运动在美国蓬勃兴起。对于斯金纳这样的动物行为主义者而言，学习是以小而循序渐进的步骤相连的过程。因此，新的教学材料应该以一种独特的“结构”加以呈现，以诱导学生适当的“反应”，并通过“反馈”得以“强化”。反过来，这意味着行为目标必须从教学开端就被明确地确定，不断对学习者的反应进行教学指导，并评价学生的理解水平。程序教学也更利于实现在培养和测量学生进步方面有优势的个性化教学。到20世纪60年代初，教育技术领域许多方面都采取了行为主义的立场。其最突出的研究方向是探索如何更好地应用刺激-反应-强化的学习模型，来确保取得特定的学习结果。因此，通过应用科学学习理论指导教学，以及传播媒体与技术的应用，教育技术扩展了其研究领域。

然而，行为主义心理学的影响不是太普遍，并且也受到了严峻挑战。和北美相比，行为主义在西欧的影响力要小得多。一些学者批评教育技术中的行为主义取向过度忽视了学习者的主动性，以及文化语言背景的突出作用。此外，程序教学所宣称的个性化学习在实践上被证明是难以实现的。学校的组织和管理通常是面向以教师为中心的集体教学。教学机器为学习者量身定制的、按照自己步骤进行的教学，在这样的环境下常常显得格格不入。到20世纪60年代末，行为主义运动明显开始衰落。与传统教学方法相比，程序教学并未显现出显著的有效性。对程序教学，许多学生还明显地显得心不在焉，觉得教学过程枯燥乏味。部分学生日益增强的、希望确定自身学习目标的需求，

---

[12] Saettler, *The Evolution of American Educational Technology*, 286; Petrina, “Getting a Purchase on ‘The School of Tomorrow,’ ” 76.

也可能削弱了行为主义的学习目标。新的教与学的理念开始质疑操作性条件反射理论。[13]

20世纪七八十年代，认知心理学作为一股替代行为主义的强大力量在教育技术领域显现。认知学习理论认为刺激-反应理论不足以描述人类行为的复杂性，转而更加关注积极的思维过程。不只是可观察的行为，认知心理学家的目标还在于了解人是如何加工信息和建构知识的。根据刺激-反应理论，行为主义错误地将学习者的学习过程描述为：以可预测的方式被动地吸收和回应刺激。与此相反，认知主义则将学习者视为主动的信息交流者，他们通过经验、语言和其他理解技巧来解决问题。认知主义者认为，心理加工的要素包括感觉寄存器、短期记忆和长期记忆。所有这些要素都对人们如何确定意义、回忆相关信息和形成归纳概括产生影响。大脑中知识的组织既不是线性的，也不是顺序的（如行为主义者所假设的那样），而是分层的，并指向问题的解决。因此，认知学习理论将教育技术引向了以下问题：学习者如何利用知识来解释他们所学的内容，学习者已具备怎样的心智结构，以及教学应该如何相应地进行设计. 同时，功能更为强大的数字计算机 563
的出现，为模拟人类解决问题的复杂过程提供了新的工具。[14]

20世纪末21世纪初，建构主义兴起，成为认知主义和行为主义学

---

⑬ De Vaney and Butler, "Voices of the Founders," 8; AECT, "Expanding Theory," 42; Wesley C. Meierhenry, "A Brief History of Educational Technology," in *Educational Media Yearbook 1984*, ed. James W. Brown and Shirley N. Brown (Littleton, CO: Libraries Unlimited, 1984), 3-13.

⑭ Erik de Corte, "Historical Developments in the Understanding of Learning," in *The Nature of Learning: Using Research to Inspire Practice*, ed. Hanna Dumont, David Istance, and Francisco Benavides (OECD, 2010), 38; Joost Lowyck, "Bridging Learning Theories and Technology-Enhanced Environments," in *The Handbook of Research on Educational Communications and Technology*, ed. J. Michael Spector, M. David Merrill, Jan Elen, and M. J. Bishop. (New York: Springer, 2014), 7-8; Saettler, *The Evolution of American Educational Technology*, 323.

习理论的重要替代者。建构主义并不关注学习者内部心理表征，而是强调知识和技能的主动构建，这个建构过程通过学习者与所在环境的互动并相应修正自身心理模型来实现。激进的建构主义者和社会建构主义者都否认知识是某个普遍客观现实相对应，或学习者独立于其所处环境而存在的观点。相反，他们认为学习者是基于其所处特定背景来赋予意义的。换言之，知识取决于个人的一组特定经验，而不是一组静态的、普遍真实的事实。[15]

建构主义将学习者视为积极主动地探求和建构知识的主体，由此为各种以学生为中心的教学法提供了依据，并鼓励应用新技术实现这些目的。例如，近几十年来，数字媒体爆炸式的发展，为教育技术领域的学者们提供了模拟和促进协作问题解决的新工具。其中包括WebQuest、基于问题的学习、模拟学习环境、教育游戏、互动博客等。这些新技术有望促进师生之间的社会磋商，以多种形式呈现知识，鼓励学生在学习中扮演主动的角色，同时增强他们对知识是如何建构的这一问题的认识。

需要注意的是，上述这些学习理论没有哪一个被认为是权威的。行为主义、认知主义和建构主义观点背后的许多基本假设都仍然显著有效，教育技术领域的研究人员还在继续运用这些假设来理解人们学习的方式及其对教学的影响。

通信技术的发展消除了学习上的物理阻隔。教育技术史学者认为，19 世纪 40 年代英国艾萨克·皮特曼爵士的速写函授课程是远程教育的最早案例。19 世纪后期在德国和美国也出现了其他函授课程。20 世纪 20 年代末，新生的苏联将函授教育作为其所有大学的一部分。在美国，芝加哥的初级学院在 1956 年开设了电视广播课程。1969 年，英国开放

---

⑮ De Corte,"Historical Developments," 39; Lowyck,"Bridging Learning Theories," 14,8.

大学首次将印刷的课程材料与电台广播和电视节目结合起来。开放大学和英国广播公司合作，面向所有人开放，能够授予学位，招收了数万名学生。指定的导师通过电话以及不时进行的面对面小组会议与学生进行交流。随后，中国香港、孟加拉国和韩国都竞相尝试模仿开放大学的办学模式。20 世纪七八十年代，欧洲又创办了 4 所开放大学，世界其他地区则有 20 余所。

20 世纪 70 年代，商业卫星的发射，建立了更可靠的远距离通信渠道，从而加速了开放大学的发展。开放大学模式最终催生了规模空前的学校系统，包括中国广播电视大学、法国国立远程教育中心、印度的英迪拉·甘地国立开放大学和印度尼西亚公开大学等。仅土耳其的阿纳多卢大学就同时拥有 50 多万名在校生。传统的高等教育系统也开发了远程教育项目，主要通过函授方式来拓展其覆盖范围。到 20 世纪 564
末，美国大约有四分之一的高等教育机构提供了可授学位的远程教育课程。

20 世纪末 21 世纪初，随着互联网开始兴起，在远程教育漫长发展历程中，通过数字计算机进行的远程学习得以迅速推广。不过，新兴的电子通信网络、远程数据库和学习管理系统再结合移动计算设备，还是为学生与教师之间、与学习材料之间以及他们彼此之间的交互提供了新的可能性。高等教育机构开始开发网络课程，而且学位课程越来越多。在北美，博伊西州立大学和不列颠哥伦比亚大学是其中的先行者。同时，也出现了营利性的专门在线教学机构，它们为争夺招生市场份额而展开竞争。对于美国的一些学龄儿童，国家资助的虚拟学校为方兴未艾的家庭学校教育领域提供了新的选择。在世界范围内，远程学习学生的比例急剧增加。

这些技术发展对教育产生了一系列影响。正如 1990 年塞特勒所指出的，新的教学系统需要一支由非教学人员，“咨询师、心理学家、课程顾问、研究人员、图书管理员及媒体专家”组成的团队。远程教育的兴起扩大了对远程教育课程开发人员和设计人员的需求，并进一步将教育技术领域和信息论结合在一起。无论是在正式教育还是非正式教育环境下，正如尼古拉斯·布尔布勒斯所阐明的那样，学习的可能性变得“无所不在……在任何意想不到的时刻”。学习变得“泛在”，因为新技术允许人们几乎在任何时间、任何地点展开学习，它们以前所未有的方式将人们彼此联系起来，打破了工作与休闲、公共领域与私人领域的界限。布尔布勒斯认为，由于在线教育通常是非同步教学，而且可以为方便学习者而提供定制，因此“在线教育不仅是一种新的教学传递系统，而且是一种师与生之间关系、学习者与学习内容之间关系的变革”。远程教育领域中这些引人注目的创新在多大程度上能够证实或驳斥教育技术史上的流行观点，这还有待于未来学者的进一步研究。⑯

总　结

诸多学习理论与各种媒体为塑造技术增强的学习环境提供了无数的方法。但与此同时，学习理论与教育技术的领域之间却并没有充分地相互了解。考察技术对教育不同影响的主要是心理学家和认知科学领域的学者，而非那些研究教育社会基础的学者（历史学者就更少）。一些人已经呼吁在教育的社会基础的框架下探寻如数字鸿沟、新技术如何塑造社会行为、互联网的商业维度以及此类技术发展的反乌托邦

⑯ Saettler, *The Evolution of American Educational Technology*, 470; Diane Matthews, "The Origins of Distance Education and Its Use in the United States," *T. H. E. Journal* (*Technological Horizons in Education*) 27, no. 2 (September 1999), http://www.1105media.com; Nicholas C. Burbules, "Ubiquitous Learning as a Social Foundations Issue," in *Handbook of Research in the Social Foundations of Education*, ed. Steven Tozer, Bernardo P. Gallegos, Annette M. Henry, Mary Bushnell Greiner, and Paula Groves Price. (New York: Routledge, 2011), 527-528.

性等新的研究方向。历史学者则可以将课堂作为一个有意建构的学习
环境，对其进行认识和分析来开始自己的研究。作为技术工具的设置
场所，教室本身就是一种技术设计的人造物。技术创新所产生的印刷
文本、粉笔、电灯和教室挂图，对教师的教学方式和学生的学习方式
都产生了深远的影响。因此，透过不同的教学方式，各种教学工具促 565
进和界定了教师和学生之间特定的教学与社会关系。[17]

教育史研究者可以从上述建议中获益。大多数关于教育技术的历史研究都主要集中在教育媒体和教学机器上。其倾向于关注北美地区（特别是美国）的发展趋势，尽管有一些有价值的成果，但基本上都属于缺乏批判性的进展叙述。因此，对于教育史学者而言，考察政治、经济和文化这些重大因素从过去到现在是如何推动技术研究和各类技术在学习过程中应用的，正当其时。通过这种方式，历史研究有望更准确地凸显出教育技术发展和实施过程中所面临的风险，以及对全世界不同的儿童和成人群体所造成的不同后果。

推荐书目

Blakely, Robert J. *To Serve the Public Interest: Educational Broadcasting in the United States*. Syracuse, NY: Syracuse University Press, 1979.

Cuban, Larry. *Teachers and Machines: The Classroom Use of Technology*

---

[17] Lowyck, "Bridging Learning Theories," 12; Martin Lawn, "Designing Teaching: The Classroom as a Technology," in *Silences and Images: The Social History of the Classroom*, ed. Ian Grosvenor, Martin Lawn, and Kate Rousmaniere (New York: Peter Lang, 1999), 65-82; Massimiano Bucchi, "Images of Science in the Classroom: Wallcharts and Science Education, 1850-1920," *British Journal for the History of Science* 31 (June 1998): 161-184; Jakob Evertsson, "Classroom Wall Charts and Biblical History: A Study of Educational Technology in Elementary Schools in Late Nineteenth-and Early Twentieth-Century Sweden," *Paedagogica Historica* 50, no. 5 (2014): 668-684.

since 1920. New York: Teachers College Press, 1986.

Ferster, Bill. *Teaching Machines: Learning from the Intersection of Education and Technology*. Baltimore, MD: Johns Hopkins University Press, 2014.

Lawn, Martin, and Ian Grosvenor, eds. *Materialities of Schooling: Design, Technology, Objects, Routines*. Oxford: Symposium Books, 2005.

Lowyck, Joost. "Bridging Learning Theories and Technology-Enhanced Environments: A Critical Appraisal of Its History." In *The Handbook of Research on Educational Communications and Technology*, eds. J. Michael Spector, M. David Merrill, Jan Elen, and M. J. Bishop, 3-20. New York: Springer, 2014.

Molenda, Michael. "Historical Foundations." In *The Handbook of Research on Educational Communications and Technology*, eds. J. Michael Spector, M. David Merrill, Jeroen van Merrienboer, and Marcy P. Driscoll, 3-20. New York: Lawrence Erlbaum Associates, 2008.

Noble, Douglas D. *The Classroom Arsenal: Military Research, Information Technology, and Public Education*. London: Falmer Press, 1991.

Orgeron, Devin, Marsha Orgeron, and Dan Streible, eds. *Learning with the Lights Off: Educational Film in the United States*. New York: Oxford University Press, 2012.

Petrina, Stephen. "Getting a Purchase on 'The School of Tomorrow' and Its Constituent Commodities: Histories and Historiographies of Technologies." *History of Education Quarterly* 42, no. 1 (Spring 2002): 75-111.

Reiser, Robert A. "A History of Instructional Design and Technology:

Part I:A History of Instructional Media."*Educational Technology Research & Development* 49,no. 1(2001):53-64.

Reiser,Robert A. "A History of Instructional Design and Technology: Part II:A History of Instructional Design."*Educational Technology Research & Development* 49,no. 2(2001):57-67.

Saettler,Paul. *The Evolution of American Educational Technology*. Englewood,CO:Libraries Unlimited,1990.

第36章　跨国教育史和比较教育史

马塞罗·卡鲁索

568 西奥多·弗里茨是法国斯特拉斯堡大学神学系的教授，也是一名当地小学督学。1843年时，他出版了多卷本教育通史。在书中，对于他所处时代出现的那种国家与教育之间的紧密联系，弗里茨并未讳莫如深。在详述了各个国家的教育发展后，弗里茨宣称："在我们生活的时代，在为改善大众教育的状况而做出了最值得称道努力的国家中，法国当跻身最杰出的行列。"弗里茨遵循了教育史的写作与相当自信的民族主义之间的紧密联系，这种联系早在18世纪末就已经在弗里德里希·恩斯特·鲁科普夫等学者的著作中就表现出来了。鲁科普夫的《自基督教传入至今德意志学校和教育史》[1] 一书出版之时，作为一个现代国家的德国的诞生不仅言之尚早，也不符合实际。不过，鲁科普夫已经在书中明确提出了一个名叫"德意志"的政治和文化实体。从教育史开始成为一项学术活动，国家和教育之间的联系就伴随其中。即便是在美国，教育史的出现也成为一项国家任务，1887—1900年美

[1] 国内通常简译为《德国学校教育史》。

国教育局出版的36卷《美国教育史丛书》就反映了这一点。[①]

现代民族国家在教育史研究中占据中心地位，这种状况的直接结果便是引导人们去关注其他“国家”的发展。可以肯定的是，最早一份关于对教育制度、机构和实践进行比较研究的系统性纲要，就是朱利安在1817年发表的《关于比较教育的研究计划和初步意见》。不过，它聚焦的是瑞士各州，而非国家。自19世纪末开始，比较研究往往采用国家作为比较的主要参考单位。对其他国家教育制度进行历史研究 569
的传统由来已久，当然它们并不算是严格意义上的比较研究。不过，对其他背景下的教育机构与实践发展进行的研究往往暗含着比较，因为很多成果都将外国史作为分析本国教育史的一种途径。和一般的比较教育一样，教育史中的国际研究也被当作了教育改革的动力之一。20世纪下半叶，越来越多的研究采用更加典型的比较研究框架来分析他国的发展。在社会科学研究设计的启发下，这些成果仍然将国家作为教育史分析的核心单位。无论是更具隐蔽性的国际教育，还是更为复杂的社会学比较研究，比较教育学都强化了国家作为分析框架的作用。

20世纪后半叶，无论是一般意义上的历史学，还是具体到教育史，均对国家作为分析单位的价值产生了怀疑。这是由一系列相互关联的变化所导致的。第一，第二次世界大战后的发展清楚地表明，国际组织已经成为塑造全球教育的主导者。尽管国家仍扮演着核心角色，但

① Fritz's quotation in Théodore Fritz, *Esquisse d'une histoire de l'éducation depuis les temps les plus reculés jusqu'à nos jours* (Strasbourg: Schmidt et Grucker, 1843), 696f. The pioneering German work in Friedrich Ernst Ruhkopf, *Geschichte des Schul-und Erziehungswesens in Deutschland von der Einführung des Christentums bis auf die neuesten Zeiten* (Bremen, 1794). On the development of the U. S. historiography, see Milton Gaither, *American Educational History Revisited: A Critique of Progress* (New York: Teachers College Press, 2003), 65-77.

它们的合法性，以及越来越多的对教育政策优先事项的采纳，都涉及了国家间的相互理解。第二，与教育相关的政治与社会进程的同步出现，也都表明了跨国关联性的重要，例如亚洲和非洲的去殖民化、拉丁美洲的暴动、工业化国家的青年解放运动以及新自由主义改革的兴起等。第三，全球通信革命极大地促进了数十年前电视所预示出的连接和同步效应，并且使这种效应成倍增长。生产和贸易方面的新型相互关联带来了新的可能性，导致了对于民族国家作用和意义的重新评估。②

这些变化的直接影响是历史研究中一种与跨国史有关的新趋势。国家仍是解释教育连续性和变迁的关键背景，在不丢弃这一前提的情况下，跨国性发展引起了学术界前所未有的高度关注。19 世纪和 20 世纪初跨国性发展的先声，如国际会议、早期的教育传播形式、旨在探索教育改革模式的旅行以及国内外的跨文化进程等被重新发掘，成为教育史的重要组成部分。跨国史和全球史与国家联系的方式略微不同于比较的方法。它不仅涉及跨国性的现象，而且还明确寻求超越国界的解释。这既包括全球性的宏观进程，也包括离散侨民等现象，这些现象通常可能是地域性的，但又难以从国家的角度来加以理解。

国际研究和比较研究的视角都关注某个国家，这最终导致（并非总是有意为之）将国家作为了解释教育发展的核心框架。然而，较新的跨国史在某种程度上明确挑战了国家这一概念。比较史/国际史研究方法与跨国史研究方法之间的区别，固然还不十分清晰，但却可以用来区分刻意采用不同研究方法的智力尝试，其出现的背景以及它们对学术话语的影响。

---

② See Harold Silver,"Comparative and Cross-Cultural History of Education," in *Education as History*, ed. Harold Silver(London: Routledge, 1983), 267-278; Marcelo Caruso, "Within, between, above, and beyond: (Pre)Positions for a History of the Internationalisation of Educational Practices and Knowledge,"*Paedagogica Historica* 50, nos. 1-2(2014): 10-26.

比较研究和国际史：过程与方法

长期以来，对异域文化的非随机观察一直是文学传统的一个惯有 570
特征，而对他者的描述则是建构自身认同的一部分。尽管旅行者们的见闻报告不仅涵盖了文化和服饰内容，也会提及动物和技术，然而在早期的游记中几乎完全没有关于教育方面的内容。虽然第一位来到今天埃塞俄比亚地区的中国旅行者描述了当地医学实践的各个侧面，然而他在很大程度上忽视了医学教育。同样，14 世纪摩洛哥探险家伊本·白图泰在其游历广泛的亚洲之旅中，有关学校和教育印象的记录也少之又少。似乎只有在特定情况下，教育实践和学校才会出现在旅行者的记述中，例如墨西哥殖民初期贝尔纳迪诺·迪萨哈冈修士的著述，以及耶稣会传教士在中国的观察报告等。所有这些报告都呈现了大量“他者化”的叙述，其中包含了贬低的和理想化的不同版本。[③]

尼克拉斯·卢曼指出，早期的观察形式与真正的比较视角之间存在显著区别。在 18 世纪末诞生的比较方法看来，其他文化与观察者的自身文化一样，都是社会组织的偶然形式。文化与背景的相对性成为系统的比较研究的一个核心特征，但本土文化仍然被赋予了优越地位。在此背景下，对其他文化和群体的观察，也即对那些越来越多地被称为“国家”的观察，让位给了许多领域里的系统比较方法。在语言学、

---

③ On early non-Western travelers: Wolbert Smidt, "A Chinese in the Nubian and Abyssinian Kingdoms (8th Century): The Visit of Du Huan to Molin-guo and Laobosa," *Chroniques Yéménites* 9 (2001): 17-28; Ibn Battuta, *Travels in Asia and Africa, 1325-1354* (Abingdon, UK: Routledge Curzon, 2005), 230. On pioneering ethnographies: Susanne Spieker, "An Early Research in the Field of Education: Bernardino de Sahagún in Sixteenth-Century Mexico," *History of Education* 37, no. 6 (2008), 757-772. On the Jesuits' observations and idealizations in China: David E. Mungello, *Curious Land: Jesuit Accommodation and the Origins of Sinology* (Honolulu: University of Hawaii Press, 1989), 81-87.

法学和宗教学领域，比较方法对于它们作为现代学科的地位至关重要，其学术研究在一定程度上受到了自然科学的影响。特别是，比较方法的出现使经验研究得以改进和扩展。可以说，比较方法有助于构建一个不断增长的知识系统。朱利安的《关于比较教育的研究计划和初步意见》便是这一趋势的典型例子。一方面，该著作的结构便是一项对常见环境下和机构背景下教育现实状况的详细调查。在这个意义上，他提议以“科学”的眼光来看待教育，强调实证研究。另一方面，他又试图进行归纳概括提出理论见解，并以此作为一种建构理论的新方法，以超越单纯的推测和规范的目的。不管这一开创性成果曾如何被誉为作为一种学术努力的比较教育学的诞生标志，但 19 世纪盛行的对教育改革更加务实的兴趣，还是将这种方法的更为系统化作为了代价。④

至少有两种趋势加快了有关学校和教育实践的国际报告的发展，这些报告均以国内教育改革为目的。其中，一种趋势发生在瑞士的教育学界，那里不仅有享誉世界的裴斯泰洛齐，还有诸如菲利普·埃曼努尔·冯·费伦贝格和让-巴蒂斯特·吉拉德等众多教育改革家。从更宏观的视角来看，英国教育中的导生制及其在法国和其他国家的传播，掀起了一股真正贯穿整个欧洲大陆的、直观观察相关教学改革的浪潮。其中最有趣的一个事件来自于俄国化学家约瑟夫·哈梅尔，他参观了伦敦的师范学校后，向当时的沙皇亚历山大一世汇报了这些学校的优

---

④ Niklas Luhmann,“Kultur als historischer Begriff,” in *Gesellschaftsstruktur und Semantik*, ed. Niklas Luhmann(Frankfurt: Suhrkamp, 1999), 4: 31-54. On the epistemological context of modern comparative studies: Jürgen Schriewer, “World System and Interrelationship Networks: The Internationalization of Education and the Role of Comparative Inquiry,” in *Educational Knowledge: Changing Relationships between the State, Civil Society, and the Educational Community*, ed. Thomas Popkewitz(Albany: State University of New York Press, 2000), 305-343. On Jullien de Paris: Marie-Claude Delieuvin, *Marc-Antoine Jullien de Paris, 1775-1848: Theoriser et organizer l'éducation*(Paris: L'Harmattan, 2003).

势，随后他受命开展进一步的研究。这促使哈梅尔对互教互学制的历 571
史和特征进行了综合研究，其成果于1818—1819年以德语、法语和俄语相继出版，1819年还被译为意大利语，并试图译为西班牙语。此外，在不同国家出版的多种著作也记录了导生制“势不可挡”的发展趋势，进一步促进了它的传播。⑤

19世纪30年代之后的国际观察，虽然大部分仍然属于旅行见闻，但关注的主题已经超越了教学创新的范围。这第二股浪潮考察了教育政策领域。它还将焦点转移到了中欧和西北欧国家，特别是普鲁士，这些国家在结构和管理方面沿用了相对连贯的教育改革政策。为了给国内中小学推出政策建议，法国哲学家维克多·库辛考察了德意志和荷兰。库辛报告在欧洲广为流传，其中有关普鲁士的报告被翻译成了德语和英语，英译本很快又在纽约再版。其后的一系列教育文献均广泛地引用了该报告，在美国，这些文献被认为是密歇根州和其他地区建立公共学校系统的主要灵感源泉。考虑到意大利和西班牙的精英们热衷于阅读这类法语文献，因此，德意志特别是普鲁士作为教育模范

---

⑤ About the Swiss pedagogical scene, see Daniel Tröhler and Rebekka Horlacher, “Die Professionalisierung des Weimarer Lehrerseminars in der Folge des Wiener Kongresses und im Kontext des Marktes pädagogischer Konzepte: Ein Reisebericht aus dem Jahre 1819 zu Pestalozzi, Fellenberg und Girard,” in *Studien zur Pestalozzi-Rezeption im Deutschland des frühen 19. Jahrhundert*, ed. Fritz Hager (Bern: Haupt, 1995), 77-175. On the transcontinental diffusion of monitorial schools see Marcelo Caruso, “Weltweiten Enthusiasmus aufbauen: ‘Typisierte Akteure’ in der transkontinentalen Verbreitung des wechselseitigen Unterrichts am Anfang des 19. Jahrhunderts,” in *Mehrsprachigkeit—Diversität—Internationalität: Erziehungswissenschaft im transnationalen Bildungsraum*, ed. Sarah Rühle, Annette Müller and Philip Dylan Knobloch (Münster: Waxmann, 2014), 243-266.

国家的愈发明显的优势地位，可以在一定程度上被视为是由法国缔造的。⑥

数十年间的各类教育报告都显示出对普鲁士的极大偏爱。德意志各邦国也在很长一段时间里成为有效的国家监管的典范。即使是 19 世纪时常与这一新兴的大陆强权势力关系紧张的法国，仍然不可避免地去借鉴德意志。法国公共教育部从 1842 年到 1914 年共向其他国家派出过 100 个教育使团，其中有 20 多个使团被派往德意志。贺拉斯·曼呼吁在美国马萨诸塞州引入相似的治理办法，这是德意志在当时具有强大吸引力的另一证据。贺拉斯·曼全面报告了他在 1843 年的欧洲之旅，抛开普鲁士君主专制政府不谈，他对于普鲁士制度的看法都极为正面。他的报告对于建立一套以税收为基础的学校体系，同时配置专业教师培训制度，建立教育委员会，甚至马萨诸塞州于 1853 年开创性地引入义务教育等方面可能都提供了助力。在为这一改革计划进行游说时，贺拉斯·曼的报告主要以普鲁士为参照，建构了一个可行且势在必行的去背景化的进步模型。

然而，并非所有的访问者都以如此积极的态度看待普鲁士系统。多明戈·福斯蒂诺·萨米恩托是一个为智利政府服务的阿根廷人，曾任南美洲第一所教师培训机构的校长，他极为欣赏德意志的学校和教育发展现状。但与此同时，他对于可能引入的普鲁士改革和政治体制却嗤之以鼻，认为它们与共和制无法相容。不过，新英格兰地区的教育管理与结构受到了普鲁士的启发，进而也将影响延伸到了实行共和

---

⑥ Victor Cousin, *Rapport sur l'état de l'instruction publique dans quelques pays de l'Allemagne et particulièrement en Prusse*, 2 vols. (Paris: Impr. Royale, 1832); Victor Cousin, *Etat de l'instruction secondaire dans le Royaume de Prusse pendant l'année 1831* (Paris: Levrault, 1834); Victor Cousin, *De l'instruction publique en Hollande* (Brussels: Société Belge de Librairie, 1838). See a resumed American reprint in *Review of Victor Cousin's Report on the Prussian Schools* (Albany, NY: Packard & Van Benthuysen, 1833).

制的南美洲。萨米恩托于1847年见到了贺拉斯·曼，并成为北美公共学校的仰慕者，萨米恩托盛赞公共学校，认为这种新型机构是共和制改革模式的典范。⑦

1868年后日本开始西化，这成为它从其他国家寻求改革动力的一个转折点。此前在非西方国家里也有过输入教育的案例，不过日本的改革关乎的是构建一个全方位的现代教育系统。明治天皇引入了一整套改革方案，包括强制入学、扩展学校教育、通过法律和法令进行全面规范、在内阁设立高效的管理机构、建立现代大学、开展现代科学研究等。所有这些都体现出在国际经济与政治竞争日益激烈的背景下， 572
国家与教育之间战略关系的强化。上述政策一直在寻求海外的模式。最初，日本官员偏爱北美的公共学校和教师培训模式，他们不断从美国聘请专家学者。不过，政府中的保守派却回避了美国体制的民主与共和取向。这反过来恰恰激发了日本人对德意志和普鲁士学校的兴趣，这些学校被认为是实现民族主义进程的更好载体，与儒家理学传统也更兼容。

这种在模仿和自我主张之间摇摆不定的尝试，往往导致西式教育引进过程中的冲突和混杂，埃及就是这种情况。19世纪，埃及是奥斯曼帝国一个高度自治的省，它系统引入了西方的知识和技术，并致力于高等教育的更新。1826—1863年，近500名学生被派往巴黎、伦敦和柏林，以更多地了解现代科学的各个学科。在基础教育层面，开罗开办了很多导生制学校。不过，这些举措被分散到各地后，推行力度却未能始终如一，与建立一套完整的现代教育体系之间还有很大的差

---

⑦ For the competing power of Britain: David Phillips, "Beyond Travellers' Tales: Some Nineteenth-Century British Commentators on Education in Germany," *Oxford Review of Education* 26, no. 1(2000): 49-62. For French reporting: Damiano Matasci, "Le système scolaire français et ses miroirs: Les missions pédagogiques entre comparaison internationale et circulation des saviors(1842-1914)" in *Histoire de l'éducation* 125(2010): 5-26.

距。直到今天，这些引进的新式教育机构还与当地的传统教育机构并存，形成了史学家所谓的“双元制”教育（这种说法或许过于简单）。在上述案例及其他一些案例中，那些处在边缘位置的国家的政府组织了这些制度性知识的转移，并为此支付了费用。与此同时，一种性质完全不同的、现代教育结构的进一步西化进程也正在进行当中，特别是在亚洲和非洲殖民地。⑧

19 世纪中叶出现了另一种观察其他民族国家发展的形式，丰富了比较的视野：世界博览会。首届世界博览会于 1851 年在伦敦举办，这种博览会将成就与进展的主题和“国家”特色的展示相结合，并且经常设有专门的教育展。1873 年在维也纳举办的世界博览会甚至将侧重点之一确定为文化和教育。随着时间推移，此类展览以及其他更为强调地域性的展览成倍增加。这些活动激发了更多的跨国旅行和报道，这种盛大的社交活动吸引了广泛的观众。关于教育进展的主题展示，包括特别报告、实物材料和教室的重建，表明了在一个“压缩”的时空内是有可能对不同系统做直接比较的。这超越了隐晦的游记和其他有关他国教育的报告，使得比较更为明确。即便展览带有正面报道和

---

⑧ On Japan: Benjamin Duke, *The History of Modern Japanese Education: Constructing the National School System, 1872-1890* (New Brunswick, NJ: Rutgers University Press, 2009); Richard Rubinger, "Education: From One Room to One System," in: *Japan in Transition: From Tokugawa to Meiji*, ed. Mario B. Jansen and Gilbert Rozman (Princeton, NJ: Princeton University Press, 1996), 193-230. On Egypt: Timothy Mitchell, *Colonizing Egypt* (Berkeley: California University Press, 1991); Hoda A. Yousef, "Seeking the Educational Cure: Egypt and European Education, 1805-1920s," *European Education* 44, no. 4 (2012-2013): 51-66.

大力鼓吹的基本特征，但仍有助于使大规模比较显得具有某种务实色彩。[9]

在国际化的背景下，有关机构和教学的一系列概念走出了其发源"国"。其中包括福禄培尔的幼儿园、英国和美国开发的实物教学、赫尔巴特的教学法、斯堪的纳维亚半岛建立在互教互学基础上的斯洛依德手工教育制度、英国的大学推广，以及德国大学的研究活动和习明纳。当然，在它们的传播和本土化过程中，出现了重新解读、曲解与变形。这种多元化趋势为更加强有力的国际化铺平了道路，与之相伴随的就是所谓"新教育"在20世纪的兴起。

尽管推动以儿童为中心的教学法的努力具有普遍性，但一些进步 573
主义的理念仍然与其国家根源紧密相连。这方面的一个案例便是杜威的教育理论和全世界的读者都能联想到的一些概念，如设计教学法。事实证明，美国独特的民主传统，以及独特的进步教育理论所持有的特定认知假设，使得他们对杜威著作及进步学校的赞赏很难被推广到其他文化背景当中。杜威思想在德国的传播无疑就属于这种情况，当时，民主这一概念在20世纪20年代的德国被广泛诟病。在其他背景下，即便民主不一定被视为一个关键问题，但民族适应性却成为一个关乎解释的问题。比如在民国时期的中国，一批颇具影响力的现代共和主义者接受了杜威的思想，但传统人士却质疑北美实用主义和中国传统文化的兼容性，于是共和主义者不得不与这种论调相抗衡。就其他一些教学理念而言，如蒙台梭利的儿童早期教育法，其教育概念和

---

⑨ See different approaches on international exhibitions in Martin Lawn, ed., *Modelling the Future: Exhibitions and the Materiality of Education* (Oxford: Symposium Books, 2009), Volker Barth, ed., *Innovation and Education at International Exhibitions* (Paris: International Bureau of Expositions, 2007). Even subaltern groups could use international exhibitions as places of empowerment; see Michele M. Strong, *Education, Travel and the "Civilisation" of the Victorian Working Classes* (New York: Palgrave, 2014).

国家框架之间的联系则要松散得多。[10]

20 世纪初，比较教育响应了先前朱利安的倡议，不再仅限于报道外国的教育制度。当然，19 世纪时就有人做过这种尝试，不过他们的研究要么不属于教育领域的研究，要么在本质上仅仅是纲领性的。洛伦兹·冯·施泰因于 1868 年发表了一项系统比较小学和职业学校的研究成果，不过他所做的研究主要是针对法律和管理的比较。同样，威廉·T. 哈里斯于 1889 年呼吁建立"比较教育学"这门学科，但这只是一个美好愿景罢了。直到 19 世纪末 20 世纪初，学者们才针对系统的比较研究提出了建议。1900 年，在牛津大学的一次演讲中，迈克尔·萨德勒爵士警告人们不要仅仅用教育的术语来考察教育，而这往往被视作比较和国际教育进入科学时代的标志。萨德勒主张，在对不同的教育系统、机构和实践进行比较和系统分析的过程中，要联系其所处的

---

[10] For the kindergarten: Robert Wollons, ed., *Kindergartens and Cultures: The Global Diffusion of an Idea* (New Haven, CT: Yale University Press, 2000); James C. Albisetti, "Froebel Crosses the Alps: Introducing the Kindergarten in Italy," *History of Education Quarterly* 49, no. 2 (2009): 159-169. For object lessons: Parna Sengupta, *Pedagogy for Religion: Missionary Education and the Fashioning of Hindus and Muslims in Bengal* (Berkeley: University of California Press, 2011), 69-80. For Herbartianism: Harold B. Dunkel, *Herbart and Herbartianism: An Educational Ghost Story* (Chicago: University of Chicago Press, 1970). For *slöjd*: Michael Knoll, "Das 'russische System': 'Slöjd' und die Entwicklung der Projektmethode in Amerika," in *Gesammelte Aufsätze zur Geschichte der Projektmethode*, ed. Michael Knoll (Würzburg: Egon-Verlag, 2004), 5-25. For university extension: Mark. J. van Aken, "University Reform before Córdoba," *Hispanic American Historical Review* 51, no. 3 (1971): 447-462. For the German model of research universities: Anja Werner, *The Transatlantic World of Higher Education: Americans at German Universities, 1776-1914* (New York: Berghahn, 2013). For Deweyan pedagogy: Rosa Bruno-Jofré and Jürgen Schriewer, eds., *The Global Reception of John Dewey's Thought: Multiple Refractions through Time and Space* (New York: Routledge, 2012); Thomas S. Popkewitz, ed., *Inventing the Modern Self and John Dewey: Modernities and the Travelling of Pragmatism in Education* (New York: Palgrave, 2005).

社会和文化背景。多年之后，艾萨克·康德尔在纽约提出，比较教育的特征应归结为对原因的探究；而尼古拉斯·汉斯则认为，系统的比较法应着眼于“因素”和“传统”，这两者在很大程度上带有民族的烙印。他们的著述仍然表现出了对数据收集的极大重视，不过相比于当代的比较教育，他们在问题导向方面偏弱，但他们力求克服的是单纯收集他国资料（通常指向某个“国家”框架），而这恰恰是那个时代研究的特征。[11]

国际组织的出现强化了国家在上述发展中的角色。国际联盟
（1920—1946）的首任主席莱昂·布儒瓦在其著名报告《智力工作的组
织》（1921）中断言：“教育体系、科学和哲学的研究也许会带来巨大
的国际成就，然而，如果它们不是和最深层次的民族情感捆绑在一起，
就压根不会被启动，也永远不会繁荣。”还有一些在非政府组织就职的
活动家，如让-雅克·卢梭研究所的研究员们和其他新教育运动的支持
者们，于1925年在日内瓦协助创办了国际教育局，并在界定诸如儿童
权益范围等广泛的议程中发挥了作用。然而仅4年后，国际教育局还是
成了首个跨国政府间的教育组织。如果离开各国政府的支持，这一带
有明显地域性的日内瓦新机构是无法长期生存的。尽管在两次世界大 574
战期间国际联盟在影响国家间论争和政策方面的重要性可能很有限，
但联合国教科文组织建立之后，作为联合国文化、科学和教育的代表
机构，它却在形成政策目标和确立优先事项方面发挥了更大的作用。
其他一些关心教育政策的跨国组织，如世界银行和经济合作发展组织，
对于发达国家和发展中国家也产生了重大影响。民族国家所具有的优
势，即便在拒绝国家框架的意识形态下，也未能被打破，比如共产主
义国家阵营就是这种情况。此外，大多数的发展援助（一种教育传播

---

⑪ Harris's quotation in Val D. Rust, Brian Johnstone, and Carine Allaf, "Reflections on the Development of Comparative Education," in *International Handbook of Comparative Education*, ed. Robert Cowen and Andreas M. Kazamias (Dordrecht: Springer, 2009), 1: 121-138.

的有效方式）仍主要是以国家为基础的。从1947年印度独立开始，亚洲和非洲掀起了大规模的去殖民化浪潮，很多曾经的殖民地被增列到了“国家”的名单当中。[12]

国际与比较教育的史学研究显著地反映了在国际教育史上的这一强大趋势。对于整个比较教育领域而言，一种“方法论上的民族主义”影响了很多研究。这一趋势遍布比较史和国际史的许多分支。它尤其适用于如下这种关于他国教育史的研究，这些研究虽然顶着“国际史”的名头，但不涉及真正的国际发展，比如研究跨境过程、交缠的历史等，而仅涉及某个“其他”国家。方法论上的民族主义或隐晦或明确地将国家框架设定为解释教育过程延续与变迁的关键背景，同时也催生出教育史领域中重要的国际与比较研究成果。

为了证明或者证伪某些研究假设，经典的历史比较研究需要将一

---

⑫ Bourgeois's quotation in Daniel Laqua, "Transnational Intellectual Cooperation, the League of Nations, and the Problem of Order," *Journal of Global History* 6(2011): 238-239. On the International Bureau of Education and children's rights: Eckhardt Fuchs, "The Creation of New International Networks in Education: The League of Nations and Educational Organizations in the 1920s," *Peadagogica Historica* 43, no. 2(2007): 199-209. On UNESCO's impact: Joseph Watras, "UNESCO's Programme of Fundamental Education, 1946-1959," *History of Education* 39, no. 2(2010): 219-237; Christina Lembrecht, *Bücher für alle: Die UNESCO und die weltweite Förderung des Buches 1946-1982* (Berlin: De Gruyter, 2013). On the OECD and the World Bank: Daniel Tröhler, "Truffle Pigs, Research Questions, and Histories of Education," in *Rethinking the History of Education. Transnational Perspectives on Its Questions, Methods, and Knowledge*, ed. Thomas S. Popkewitz (New York: Palgrave Macmillan, 2013), 75-92; Stephen P. Heyneman, "The History and Problems in the Making of Education Policy at the World Bank 1960-2000," *International Journal of Educational Development* 23(2003): 315-337. On communism and education as an international phenomenon: Yinghong Cheng and Patrick Manning, "Revolution in Education: China and Cuba in Global Context, 1957-1976," *Journal of World History* 14, no 3(2003), 359-391. On the neglected field of education and decolonization: Corinna Unger, "The United States, Decolonization and the Education of Third World Elites," in *Elites and Decolonization in the Twentieth Century*, ed. Jost Dülffer and Marc Frey (Houndmills, UK: Palgrave Macmillan, 2011), 241-261.

定数量的国家纳入研究范围。研究人员通常选取更少量的国家作为研究对象来达成此目的，而在这些国家中，所谓关键解释变量和因素的价值或重要性却大相径庭。从这个意义上来说，不同的历史叙事也就有可能来评估特定变量和因素在解释教育发展方面的独特影响。以玛格丽特·阿彻有关现代教育制度起源的著作为例，该著作极力强调了诸如教会和地方势力等社会力量与中央政府正崛起的力量之间的缠斗。根据她的分析，在现代教育制度的形成过程中，这些行为者之间的不同权力态势在国家教育系统的不同结构中烙下了深深的印记。安迪·格林也分析了现代教育制度的起源问题，但他强调的是，教育是国家建构宏大战略的关键要素。在这部有着明显史学缺陷的著作中，格林分析了国家教育体系的不同发展路径，但这些论述始终都是他关于制度化的教育是现代国家构成要素这一基本观点的变体。

在这些成果中，国家作为分析的关键框架得以持续存在，其主要的一个原因是，相关档案同样经历了国家化的进程，而获取相关文献的路径也强烈地依赖于国家。然而，即便档案没有与特定国家绑定，比较研究在界定研究问题时还是会从国家角度出发，例如克里斯蒂安·德·贝莱格有关法国和英国女子私立学校创办人的著作，以及马塞罗·卡鲁索有关导生制学校在西班牙和“德意志”的命运的著作。甚至更新的教育史研究方法，如有关教育模型和知识的教育传播和接受，无论是隐晦的还是明确的，均理所当然地将国家视作分析的主要
背景。聚焦于全球现代性的那些更具理论开创性的成果，如新制度主 575
义的国际社会学，就把国家报告放在了其实证研究的中心位置。它们令人信服地详述了“全球政体”与国家之间的具体联系，认为这种联系是日益增加和普及的文化方案制定及其制度化实现的关键动因，如学校教育的强制性，国家负有的对学校的管理责任，甚至是教育扩张的趋势等。在这个最后的版本中，国家被视为理性的神话而非具体的现实。尽管如此，这一类的国际社会学仍然把被建构出来的国家置于

中心位置。[13]

国家作为解释历史上教育发展的关键背景，其有效性无论在国际史还是比较史领域均得到了极力强调。国家是通过身份形成的长期过程和国家建设而被建构起来的，但这并不意味着国家是脆弱的参照和辨识框架。国家框架经受住了各种政治挑战，尤其是“社会主义国际主义”的考验，仍得以保留，并在某种程度上参与塑造了教育和学术文化。声称致力于产出普世性知识的学术工作，并没有摆脱国家传播框架无所不在的影响。与这一结构性范式相呼应，教育领域的国际与比较史研究也大多聚焦于国家，这一事实并非缺乏想象力的历史学家一味重复传统智慧的结果。尽管去除国家属性始终是历史批判的一个核心宗旨，然而无视国家这一框架，简单摒弃比较史与国际史的做法

---

[13] Major comparative analysis: Margaret Archer, *Social Origins of Educational Systems* (London: Sage, 1984); Michalina C. Vaughan and Margaret S. Archer, *Social Conflict and Educational Change in England and France, 1789-1848* (London: Cambridge University Press, 1971); Andy Green, *Education and State Formation: Europe, East Asia and the USA* (New York: Palgrave, 2013). Recent comparative work: Christina de Bellaigue, *Educating Women: Schooling and Identity in England and France 1800-1867* (Oxford: Oxford University Press, 2007), Marcelo Caruso, *Geist oder Mechanik: Unterrichtsordnungen als kulturelle Konstruktionen in Dänemark (Schleswig-Holstein), Preußen und Spanien, 1800-1870* (Frankfurt: Peter Lang, 2010). Transfer and reception for the case of China in Barbara Schulte, "Unwelcome Stranger to the System: Vocational Education in Early Twentieth-Century China," *Comparative Education* 49, no. 2 (2013): 226-241; Barbara Schulte, "Wenn Wissen auf Reisen geht: Rezeption und Aneignung westlichen Wissens in China," in *Weltkultur und kulturelle Bedeutungswelten: Zur Globalisierung von Bildungsdiskursen*, ed. Jürgen Schriewer (Frankfurt: Campus, 2007), 151-185. Neo-institutionalist international analysis in Francisco O. Ramirez and John Boli, "The Political Institutionalization of Compulsory Education: The Rise of Compulsory Schooling in the Western Cultural Context," in *A Significant Social Revolution. Cross Cultural Aspects of the Evolution of Compulsory Education*, ed. J. A. Mangan (London: Woburn Press, 1994), 1-20; John Meyer, David Kamens, and Aaron Benavot, *School Knowledge for the Masses: World Models and National Primary Curricular Categories in the Twentieth Century* (Washington, DC: Falmer Press, 1992).

似乎也并非一个有效的替代方案。

跨国史：过程与新兴史学

国家在教育史研究中的优势地位，对跨国史研究领域产生了直接影响。“跨国”，即把跨越国界作为解释教育发展与变迁的主要背景，大部分的跨国研究尤为侧重于近代以及近年的教育史。在第一种历史背景下，欧洲的国家尚不能称之为民族国家，尽管“国家”这一表述早在中世纪就已有流传。尤其是，进入现代后所谓的民族国家与单个的政体国家之间并不存在紧密的联系。在第二种历史背景下，移民、交流以及新的传播可能性带来了相互联络和跨国活动者激增的一种全新现实，这使得人们对于超越国界的跨国进程产生了更大的兴趣。

就早期的跨国教育史而言，基督教传教士在世界各地的早期经历便是典型的案例。在中世纪的教会内部，“国家”一词仅仅用来指涉主教会议成员的出生地域，而在海外的天主教传教士本身则往往都是“跨国”（即来自基督教世界的不同地区）社群的一部分。此外，这些跨国的社群还面临着跨文化的挑战。最近的研究也强调，发生在某些 576
地区（尤其是日本）的传教经历，影响了传教士在世界其他地区的教育活动。这证明了传教领域的一种跨区域的动态。概言之，耶稣会传教活动中遍布四大洲的教育工作，是近代早期最重要的案例，是一种真正跨国的努力。同样，当18世纪新教传教士的活动开始在印度拓展时，他们的使命是“多国”定居点和学校的“多国”空间。这不仅仅是因为当地居民与欧洲人之间的文化碰撞，也由于“欧洲人”本身就是混合构成的。在18世纪晚期和19世纪，国家背景日益增长的优势也影响了这些最原初的跨国教育空间。正如印度这一著名案例所表现出的那样，传教士本身也变得越来越国家化。在那里，尽管他们总是不忘采用传教工作的一般说辞，但其基督徒身份与国籍之间却常常会相互交叉。此外，一些与国家教会有关的传教工作，特别是19世纪俄国东正教在中亚和西伯利亚的传教活动，从本质上来说便带有明显的国家性。⑭

大西洋世界，指的是一个近代早期紧密纠缠在一起的跨大陆地域，很难评估这一地域概念是否对教育领域产生了影响。乍看之下，自中世纪晚期开始，通过商业、奴隶贸易，以及西班牙、葡萄牙、法国、荷兰和英国的殖民地开拓，欧洲、非洲和美洲之间的相互联系日益紧密，但这似乎并没有对教育实践和教育机构产生重大影响。只有19世纪头几十年出现的“革命的大西洋”，才对教育产生了明显影响。已有的历史研究详细阐述了不同革命进程之间的多方位联系，包括美国独立、法国大革命、海地和拉丁美洲独立所带来的连锁反应，以及发生在西班牙、葡萄牙和意大利部分邦国的立宪运动。在一个启蒙运动拥护者、自由主义者和革命斗士一致将教育奉为实现社会进步不可或缺手段的时代，有关教育机构和实践的知识得到了广泛的传播。杰米里·边沁拥有广泛的通信联系网络，他在信中涉及的内容包括提出的基础和高等教育改革方案，都在许多国家得到了具有影响力的人物的支持。以相互教学和指导为特征的导生制和兰卡斯特学校在大西洋世界迅速扩张，将诸如伦敦、加的斯、费城和布宜诺斯艾利斯等不同传

---

⑭ Takao Abé, *The Jesuit Mission to New France: A New Interpretation in the Light of the Earlier Jesuit Experience in Japan*(Leiden: Brill, 2011); Heike Liebau, *Cultural Encounters in India: The Local Co-workers of the Tranquebar Mission, 18th-19th Centuries* (New Delhi: Social Science Press, 2013). For the nationalization of missions, see Karen Vallgarda, *Imperial Childhoods and Christian Mission: Education and Emotions in South India and Denmark*(Basingstoke, UK: Palgrave, 2015). For the explicit nationalist purposes of Russian Orthodox missions: Eugene Smirnoff, *Russian Orthodox Missions* (Welshpool, Wales: Stylite, 1986); Yuri Slezkine, "Savage Christians or Unorthodox Russians? The Missionary Dilemma in Siberia," in *Between Heaven and Hell: The Myth of Siberia in Russian Culture*, ed. Yuri Slezkine and Galya Diment(New York: St. Martin's Press, 1993), 15-31.

播区域连接了起来。有关教育和政治现代性的问题在这一跨国空间里得到了广泛传播，比如说有关人民主权和成年男性选举权仅限于能读会写的人的新原则。⑮

一些地区尚未被政治和国家边界所界定，也没有被认定为物质和文化交流场所。对这些地区的历史研究，目前尚未特别深入到教育机构和实践的传播与扩张这一主题上面。近代的印度洋和中亚地区便是这种情况。这其中包括丝绸之路，当时大量的知识和发明通过旅行者们得以广泛传播。

殖民地教育很可能是19世纪和20世纪跨国教育史上最广泛、最强劲的潮流。殖民地教育定义了一种权力和行动者的系列组合，即一种非常清晰的非对称跨国类型。一方（通常是）来自某一个欧洲国家的殖民教育家和管理者，另一方则是各式各样的原住民和当地居民，而后者的极大复杂性挑战了拥有同质民族文化的国家原则。研究表明，这种不对称性开启了关于教育实践和机构在行动和规章制度方面不同的发展进程。尤其是，大英帝国和法属殖民地的不同发展路径，在很 577
长一段时间内吸引了学界极大的关注。跟随当代对于去中心化的和相当自由的英国间接治理和集权化、理性化和官僚化的法国模式的一种自我描述，学者们重建了这两种理想的模型。重建得以实现，部分依赖于翔实的研究，部分在于忽视了这两种在描述和解释殖民地教育方面截然不同甚至对立的范畴所具有的缺点。显然，在将西方的教育和

---

⑮ Miriam Williford, *Jeremy Bentham on Spanish America: An Account of His Letters and Proposals to the New World* (Baton Rouge: Louisiana State University Press, 1980), 99-113; Eugenia Roldán Vera and Thomas Schupp, "Bridges over the Atlantic: A Network Analysis of the Introduction of the Monitorial System of Education in Early-Independent Spanish America," *Comparativ* 15, no. 1 (2005): 58-93; Marcelo Caruso, "Imperial Connections, Entangled Peripheries: Cadiz and the Latin American Monitorial Schools," in *South-South Cooperation in Education and Development*, ed. Linda Chisholm and Gita Steiner-Khamsi (New York: Columbia University Press, 2009), 17-38.

学校模型推广到世界大部分地区的过程中，法国和英国的殖民主义扮演了关键性角色。

但是，聚焦于这几个主要国家的同时，也就意味着在某种程度上忽视了一些更具差异性的殖民经验，而这些经验也涉及了教育和学校。这种相对忽视对于葡萄牙（1974 年成为最后一个放弃其殖民帝国的欧洲国家）的殖民统治经历尤其如此，类似的还有荷兰、日耳曼、比利时和斯堪的纳维亚帝国的殖民地，以及短暂存在的意大利殖民地。殖民教育中的跨国因素在 19 世纪末得到强化，当时系统的调查研究和会议表明，殖民列强们对于相互学习具有强烈的兴趣。日本殖民计划的出现，以及美国 1898 年之后对菲律宾实施的新殖民主义，都增加了殖民主义与现代教育之间关系的复杂性。[16]

西方教育模型和殖民教育政策曾一度被广泛地认为巩固了殖民统治，但它们所带来的结果却被证明是极为矛盾的。首先，对许多管理者而言，制度化的教育是巩固殖民秩序最为昂贵的策略之一，因而他们在扩展教育服务方面都极为谨慎。其次，尽管出发点不一样，但当地精英和社会边缘阶级都寻求接受学校教育。当地精英将西化教育视为在新环境下重建旧时等级制度的一种手段。例如，19 世纪初马达加斯加某王国的国王将自己的儿子们送往伦敦的一个教师培训机构，把成为教师的使命与深入了解西方的知识和科学结合起来。对西方学校和教育的接受程度固然是不均衡的，这在增强文化依附性的同时，也导致了新结构中传统精英的特权化。但对于部分被排斥的群体成员而

---

[16] On the classical opposition between policies of major colonial powers: Prosser Gifford and Timothy C. Weiskel, "African Education in a Colonial Context: French and British Styles," in *France and Britain in Africa: Imperial Rivalry and Colonial Rule*, ed. Prosser Gifford and Roger Louis (New Haven, CT: Yale University Press, 1978), 663-711; Ana Isabel Madeira, "Portuguese, French and British Discourses on Colonial Education: Church-State Relations, School Expansion and Missionary Competition in Africa, 1890-1930," *Paedagogica Historica* 41, nos. 1-2 (2005): 31-60.

言，西化教育机构和实践却为他们提供了前所未有的可能性。在印度的达利特人或者“贱民”的案例中，西方教育及其关于英才统治和鼓励个人进步的承诺，可能已经打破了像种姓（亚种姓）这样的传统结构。

殖民地教育对于精英发展的影响尤为明确，印度精英阶层和英国化群体当中受过西方教育的成员成为独立的有力倡导者。同样，许多亚洲和非洲的独立领导人都有在欧洲受教育的经历。许多领导人，如来自几内亚的阿米卡尔·卡布拉尔，都曾在他们各自殖民地的大都市读书。其余的领导人，例如缅甸的昂山素季，则拥有西方大学的学位（昂山读的是英国文学专业），部分人甚至在西方国家的高等教育机构中从事过学术职业，例如来自莫桑比克的爱德华多·蒙德拉纳。去殖民化进程不仅在本质上具有跨国性，而且还进一步部署了教育项目的跨国传播，例如坦桑尼亚总统朱利叶斯·尼雷尔或巴西人保罗·弗莱雷的教育项目，前者在教育政策领域创造了一些当时流行的概念。有趣的是，这些跨国的因素并不仅限于在第三世界国家中传播，还对工业化国家的相关讨论和教育运动产生了影响。在所有涉及独立和去殖 578
民化的重要跨国政治运动中，泛非主义在教育领域引发了一系列影响，尤其是就推进改革方案甚至提出不同教育理念层面而言，而类似影响在泛阿拉伯主义中则似乎很难找到。[17]

自19世纪下半叶以来，工业化国家出现了另一种跨国发展：围绕教育、教育政策和教育研究的国际会议，其中大多是科学大会。在1860—1869年，平均每年召开了10场国际会议。随后的几年里，这一数字还在持续攀升。1910—1913年，国际会议年平均数量已经达到230场。在教育领域，不仅举办了一般性的教育大会，随着时间的推移还出现了主题上的区分。有关艺术教育、道德教育、大众教育、职业与农业教育、学校卫生和儿童保护等主题的大会展现出教育主题前所未有的多样性。成立于1921年的（世界）新教育学会在两次世界大战之间组织了多次会议，极大促进了信息和人员的交流及进步教育知识的巩固。不仅是学者和“专家”，很多在教育系统工作的行动者的组织，诸如教师协会等也开始组织国际会议。由国家牵头的队伍和代表团可能在组织这些会议的不同位置上发挥了重要作用，但无论是科学会议还是政治会议，人们都通过谈判达成了超越国家框架、只关乎真理和

---

⑰ On classic interpretations of colonial education as domination: Laadan Fletcher, "Early British Colonial School Inspectors: Agents of Imperialism?," *History of Education* 11, no. 4(1982): 281-290; Bob W. White, "Talk about School: Education and the Colonial Project in French and British Africa(1860-1960)," *Comparative Education* 32, no. 1(1996): 9-25. James A. Mangan, ed., *"Benefits Bestowed"? Education and British Imperialism* (Manchester: Manchester University Press, 1988); James A. Mangan, ed., *The Imperial Curriculum: Racial Images and Education in the British Colonial Experience* (London: Routledge, 1993). On the impact of Third World movements in industrialized countries: Sandra Richards and Sidney J. Lemelle, "Pedagogy, Politics, and Power: Antinomies of the Black Radical Tradition," in *Black Protest Thought and Education*, ed. William H. Watkins (New York: Peter Lang, 2005), 5-32. For pan-Africanism and education: Kenneth James King, *Pan-Africanism and Education: A Study of Race, Philanthropy and Education in the Southern States of America and East Africa* (Oxford: Clarendon Press, 1971); John Karefah Marah, "Educational Adaptation and Pan-Africanism: Developmental Trends in Africa," *Journal of Black Studies* 17, no. 4(1987): 460-481.

公共福祉的一致表述和立场。⑱

随着教育领域内国际（或一些国家内州际）组织的快速增长，民间社会活动家与组织所发出的跨国呼吁也在20世纪迅速增加。这一类型的跨国现象通常与涉及普遍人权的、波及更广的社会运动联系在一起，在1989年达成《儿童权利公约》的漫长历史中尤为突出。近期的学术研究令人信服地将这类全球规模的成就归功于各大非政府组织。儿童权利的历史能够追溯到1890年召开的首届有关儿童保护的国际大会。在1924年表决通过《日内瓦儿童权利宣言》的过程中，非政府组织的代表们便发挥了至关重要的作用。多年后，在联合国教科文组织/联合国儿童基金会这一跨国框架下所取得的成就，最终促成了联合国全体大会于1959年通过了无约束力的《儿童权利宣言》。这在很大程度上是非政府行动主义的产物。1977年，非政府组织联合建立了一个委员会，该委员会很快便发展成了一个以支持具有约束力和更为扩展的儿童宣言为己任的密集网络。在与联合国代理机构长达十多年的紧密合作之后，联合国大会最终于1989年通过了具有约束力的《儿童权利

---

⑱ On congresses about education: Eckhardt Fuchs, "Educational Sciences, Morality and Politics: International Educational Congresses in the Early Twentieth Century," *Paedagogica Historica* 40, nos. 5-6(2012): 759, Table 1; Marco Cicchini, "Un bouillon de culture pour les sciences de l'éducation? Le Congrès international d'éducation morale(1908-1934)," *Paedagogica Historica* 40, nos. 5-6(2004): 633-656. For the New Education Fellowship, see Steffi Koslowski, *Die New Era der New Education Fellowship: Ihr Beitrag zur Internationalität der Reformpädagogik im 20. Jahrhundert* (Bad Heilbrunn: Klinkhardt, 2013); Kevin J. Brehony, "A New Education for a New Era: The Contribution of the Conferences of the New Education Fellowship to the Disciplinary Field of Education, 1921-1938," *Paedagogica Historica* 40, nos. 5-6 (2004): 733-755. On the field of child studies: Marc Depaepe, *Zum Wohl des Kindes? Pädologie, pädagogische Psychologie und experimentelle Pädagogik in Europa und den USA, 1890-1940* (Weinheim: Deutscher Studien Verlag, 1993). On "experts," see Martin Lawn, ed., *An Atlantic Crossing? The Work of the International Examination Inquiry, Its Researchers, Methods and Influence* (Oxford: Symposium Books, 2008).

宣言》。这些非政府机构自发地提出普遍准则，并在后续推行这一公约过程中持续发挥着监督的关键作用。这两点无不彰显了一种超越国家框架的国际框架的新高度。

可以肯定的是，由民间社会活动家所建构的跨国性机制仍然会涉及单个的民族国家，不过它也同时在后国家主义的层面组织了宣传联
579 盟，当然这并不仅限于争取儿童权利方面。这一点在一般的发展援助领域，尤其是在与普及教育倡议有关的世界教育论坛方面特别明显。在这上述案例中，包含各非政府组织在内的不同行动者之间的互动已经达到了一个前所未有的水平。大量的证据表明，在教育领域内出现了一股新的、不同的跨国非政府的倡导浪潮。自19世纪以来民间社会活动家所创建的属于自身的跨国空间已经大大拓展了。这其中便包括女权活动家的网络、童子军与其他青少年运动，以及教师工会等。⑲

在经济和文化交织日益稠密的背景下，超国界的交流、运动和空间所带来的诸多进程成为新兴的研究领域。例如，离散侨民也许可以用来重新定义分析的相关背景。尽管新爱尔兰移民对纽约市的非教会公立学校的抵制，绝非“爱尔兰教育史”的一部分，不过它也许可以和在澳大利亚、阿根廷及印度的教育发展一起被界定为跨国“爱尔兰人”教育史的一部分。语言的共性也可能为研究相互交织的教育史提

---

⑲ Eckhardt Fuchs,“Children's Rights and Global Civil Society,”*Comparative Education* 43, no. 3(2007): 393-412. For a local study: Donna L. Perry, “Muslim Child Disciples, Global Civil Society, and Children & apos; s Rights in Senegal: The Discourses of Strategic Structuralism,”*Anthropological Quarterly* 77, no. 1(2004): 47-86. On transnational civil society and multilateralism in education, see Eckhardt Fuchs, “The Evolution of Educational Multilateralism from 1945 to 2005,” in *Bildung International: Historische Perspektiven und aktuelle Entwicklungen*, ed. Eckhardt Fuchs(Würzburg: Ergon, 2006), 181-199. For education and the international women's movements: Joyce Goodman, “International Citizenship and the International Federation of University Women before 1939,”*History of Education* 40, no. 6(2011): 701-721.

供一个相关的语境。葡萄牙语国家和地区便是这种情况，不仅葡萄牙和巴西之间在教学知识上的频繁交流得到了确认，而且南南国家之间的传播也得到了确认，例如在巴西与葡萄牙在非洲的殖民地之间的传播。这同样适用于诸如泛斯拉夫主义等运动，相比于传统中如宗教等更具分裂性的元素，其共性更多地建立在同一语系的基础之上。有关教职员工、大学生和中小学生流动的多方向进程，以及这些进程在塑造世界性教育文化中所发挥的作用，亦有可能成为一部真正的跨国教育史里的一个中心领域。[20]

教育史研究中这些比较新的领域得益于近年来历史研究领域的概念创新。其中一个新概念便是“联结的历史”所代表的直言不讳的机动灵活的理念。正如“大西洋史”这一概念意味着拥有共享的历史经验一样，“联结的历史”的概念也要依赖于联系和碰撞（不一定仅限于国家框架下发生的联系和碰撞）。“联结的历史”这一观念也进入到了教育史的领域，地域性社会进程通常被视为由不同文化力量所塑造的。另一个在某种程度上与之相竞争的概念是“纠缠的”历史。尽管乍看之下，纠缠的概念貌似与联结的概念几乎并无二致，但对纠缠的历史

---

[20] On the Chinese diaspora: Ting-Hong Wong, *Hegemonies Compared: State Formation and Chinese School Politics in Post War Singapore and Hong Kong* (New York: Routledge Falmer, 2002); J. K. P. Watson, "A Conflict of Nationalism: The Chinese and Education in Thailand, 1900-1960," *Paedagogica Historica* 16, no. 2 (1976): 429-451. On Portuguese-speaking countries as educational space: Antonio Nóvoa, Luis Miguel Carvalho, Carlos António Correia, Ana Isabel Madeira and Jorge Ramos d'ó, "Flows of Educational Knowledge: The Space-Time of Portuguese-Speaking Countries," in *Internationalisation: Comparing Educational Systems and Semantics*, ed. Marcelo Caruso and Heinz-Elmar Tenorth (Frankfurt: Peter Lang, 2002), 211-248. For Slavic space in education: Noah W. Sobe, *Provincializing the Worldly Citizen: Yugoslav Student and Teacher Travel and Slavic Cosmopolitanism in the Interwar Era* (New York: Peter Lang, 2008). A pioneering work on student mobility: Victor Karady, "La migration internationale d'étudiants en Europe, 1890-1940," *Actes de la recherche en sciences sociales*, no. 145 (2002): 47-60.

感兴趣的历史学家却更加强调殖民主义纠葛及其给首府（宗主国）所带来的影响，表现出去欧洲中心主义和去工业化国家中心主义的取向。尽管联结的历史作为一个概念也许过于笼统，但纠缠的概念却侧重于各方的相互影响以及相互认知与交换的过程，所有参与者在整个纠缠的历史进程中相互塑造。新全球史也强调相互作用和纠缠，不过这一理论视角还是指向了那些与世界范围的结构和社会进程相关联的现象。为了理解这些现象，就迫切需要一种能够应对多样化的、甚至是相互矛盾的社会进程和发展的理论化框架。

在这方面，新制度主义的学术研究也为应对跨国行为者与跨国进程贡献了开创性的著作。正如这些研究所表明的那样，这些跨国行为者仍然是在由民族国家大力推动的世界文化的大图景下发挥作用的。不过这些行为者的特殊性在于，他们是在民族国家之外被组织起来的，比如国际组织。新制度主义研究在其超凡的理论化著作中，为可以将国家这一基本单位的持久性和超国家层面（即“世界政体”）教育传
580 播的高效率加以结合，提供了一个强有力的例证。超国家层面包含了一系列合理化的“神话”，这些“神话”定义了基于现代的（在这里还包括西方的）进步和个人理念的社会模型。在这一视角下，教育尤其被视为一种世俗的拯救形式，以及实现社会整合的终极的启动仪式。个人或者国家，两者都从教育及其发展进步当中寻求到了救赎。有关进步、个性和国家政治的神话并不是局限于国家层面的神话，而是可以跨越国界实现的神话。它们无处不在的文化规范性形成了一个真正的跨国力量，进而塑造了教育主体结构的发展，尽管民族国家仍然是这些变革的主要推动者。

相比于趋同，来自国际社会学的一些概念更加突出了差异和不均衡性，它们也进入了这一研究领域（关于趋同就包括伊曼纽尔·沃勒斯坦提出的“世界体系”的概念）。在这些概念中，核心的概念集中于霸权、从属关系、中心、半边缘和边缘，均是超国家的和超关联性的

概念。教育史研究，尤其是针对过去两个世纪的历史研究，尚未能以同样的力度全面开发出这些视角。近年来，联结的历史和跨国空间也许已经成为研究的新视角。但从不把“全球的”看作是“无处不在的”全球史观点出发的分析视角，仍属凤毛麟角。[21]

位于边缘：国际史和跨国史的前景

显然，国际史和跨国史研究领域正处于一个多元化和巩固的发展阶段。传统的比较研究已经在某种程度上萎缩了，而国际史和跨国史的研究视角却取得了逐步发展，这部分上要归功于跨国书目检索系统的简便性，且印刷品和档案资料实现了前所未有的数字化。然而，不仅是研究概念的可行性丰富了新的研究领域，而且概念和理论创新的吸引力也让参与研究的学者普遍感觉到需要从根本上修正以国家为框架的历史研究。

然而，许多新立场和概念的有效性仍有待评估，其中部分概念的史学意义甚至还尚未得到全面阐释。一些术语极具启发性，以“跨地域性”为例，在其中地域性的概念被重新界定为在多个“流”的交叉点上的一系列运作；再如“交织的历史”的策略，其中把相联结的实

㉑ Barnita Bagchi, Eckhardt Fuchs, and Kate Rousmaniere, eds., *Connecting Histories of Education: Transnational and Cross-Cultural Exchanges in (Post) Colonial Education* (New York: Berghahn, 2014); Esther Möller and Johannes Wischmeyer, eds., *Transnationale Bildungsräume: Wissenstransfers im Schnittfeld von Kultur, Politik und Religion* (Göttingen: Vandenhoeck & Ruprecht, 2013). On world systems: Gary McCulloch and Roy Lowe, eds., “Centre and Periphery: Networks, Space and Geography in the History of Education,” special issue of *History of Education* 32, no. 5 (2003); Christel Adick, *Die Universalisierung der modernen Schule: Eine theoretische Problemskizze zur Erklärung der weltweiten Verbreitung der modernen Schule in den letzten 200 Jahren mit Fallstudien aus Westafrika* (Paderborn: Schöningh, 1992). See also Jonathan Zimmerman, *Too Hot to Handle: A Global History of Sex Education* (Princeton, NJ: Princeton University Press, 2015).

体之间的比较与传播结合起来看待，这对于普通历史学而言也属新鲜事物。此外，教育史学几乎还没有注意到这些新术语。有关上述术语和其他一些概念在改变现代世界的兴起及其与教育的内在联系的叙述方面所产生的影响，仍是一个有待讨论研究的问题。

当然，类似复杂的表述方式还是对教育史学领域产生了影响。例如，关于教育和学校的特异性视野被认为在一定程度上是新兴的“世界级意识形态”教育的产物，换句话说，是由世界范围内具有相关性
581 和支配作用的某些独特潮流所带来的后果。尽管从事教育研究的历史学家越来越多地意识到纯粹国家层面解释的不足，但也很难评估什么样的核心解释框架能够替代国家。举例来说，部分学者将“欧洲”或者“西欧”设定为其研究的历史背景，如杰罗恩·德克尔有关 19 世纪危境下儿童再教育之家的著作，以及戴维·文森特有关大众识字兴起的著作。目前尚不完全清楚，为何欧洲应成为界定其研究范围的相关历史背景。在第一个案例中的相关联系和第二个案例中的平行发展，其实都没局限在欧洲范围。

这些著作应该有助于形成对单一国家背景的批判，指向纠缠的历史或类似的有关跨国层面上的延续性和变迁的研究范式。然而，他们所做的工作却相当消极，也就是说，他们也只是呈现出了无法限定在单一国家界限内的可见力量和社会变迁进程而已。出现在这些著作中的欧洲是否被作为了一个有意义的语境化形式，这仍然有待研究。另一个略有不同的案例是，将拉丁美洲视作一个重要的超国家背景的学术研究。阿德里安娜·普伊格罗斯关于拉丁美洲大众教育的著作和格雷戈里奥·魏因伯格有关共享教育“模式”的历史著作，可能都是建立在一段交织在一起的殖民历史和语言的共性基础之上。这种共性使知识和人员方面持续不断的流动成为可能，即便在 19 世纪出现了国家及其边界的情况下也是如此。然而即使在这些案例中，比如波多黎各和巴西的教育发展，共性和相对清晰的所谓“拉丁美洲”的概念仍然

可能产生误导和过于简单化了。在很多此类案例中，尤其是涉及欧洲的案例，民族国家作为主要解释框架的地位应当被取而代之，但不必排除其作为在更大范围的相互关联的视角下被重估的分析单位的功用。

关于现代学校教育在全世界的传播，新制度主义的研究推出了一个一致的（并非不成问题的）假设，即在“世界政体”中，民族国家在建立和改革教育的过程中发挥了特定作用。尽管这些研究并没有十分详细地分析国家化进程，不过它们的主要论点依然认为国家是现代教育史上的一个核心推动力。不过与此同时，它们也解构了民族主义者有关国家的观念，并重新将民族国家界定为超国家力量的代理人，而并非假定特性的表达和制度化。

比较史、国际史和跨国史领域的另一个关注点在于教育传播、引进和阐释过程的特质或文化本质。以芭芭拉·舒尔特对于西方职业教育进入中国的分析，或者赫克托·林多与埃里克·钦有关冷战期间美国在萨尔瓦多的教育电视项目的著作为代表，此类研究的主要原理在于，独特的文化含义和社会背景改变了在传播过程中据称是全球的或者说通用的模型和技术。在这方面，这些著作表达了对于简单的标准化，以及那些对文化不敏感的政策与改革草案的关注。然而，在输入和输出过程中这种“文化性”的本质这一关键点上，这些研究却并没有太多的分析和理论化。当然，文化也许不能简化为民族文化，但用以区分不同教育文化的合理标准却也罕见：这些标准是否与语言、宗教、经济和社会生活的结构方面，以及立法传统相关联呢？再次，摆脱宏大（且太连贯）的叙事的诱惑而进行的大胆思考，可能会为一种真正关注国际和跨国教育现象的教育史学的兴起带来额外的推动力和某种秩序。[22]

582 总体而言，教育史学对于研究他国的教育史以及超国家教育发展方面表现出了持续性的兴趣。在与经典比较研究相关的最初研究方式中，研究方法的国际性与突出国家在教育史叙事中的关键背景作用紧密相关。在更新的跨国史研究方法中，国家本身成为被审视和批判的对象。这两种研究方法各有优点和局限性，但是绝不相互排斥。出于聚焦和指定研究问题和难题的需要，导致了研究工作的模式化，而通常的做法是突出以上两个主要研究方向中的某一个。在过去的几十年中，随着新的经济、文化和政治环境的出现，教育史学家也细分了其研究方法；国际史和跨国史的整个研究领域正在高度全球化的背景下被重新布局，呈现出高广度、高强度、高速度和高影响力的跨国互联的基本特征。

许多历史学家习惯于个人承担研究课题、著书立说，他们应该更多地依靠共同协作来应对这种新史学的挑战。许多与跨国史和国际史相关的研究课题，其覆盖面和复杂性大都超出了单个历史学家甚至是小型研究团队的能力范围。当然，以编辑出版多卷本合辑的方式来应

[22] Jürgen Schriewer, "Multiple Internationalities: The Emergence of a World-Level Ideology and the Persistence of Idiosyncratic World-Views," in *Transnational Intellectual Networks: Forms of Academic Knowledge and the Search for Cultural Identities*, ed. Christophe Charle, Jürgen Schriewer, and Peter Wagner (Frankfurt: Campus, 2004), 473-533; Jeroen H. Dekker, *The Will to Change the Child: Re-education Homes for Children at Risk in Nineteenth Century Western Europe* (Frankfurt: Peter Lang, 2001); David Vincent, *The Rise of Mass Literacy: Reading and Writing in Modern Europe* (Cambridge, UK: Polity Press, 2000); Adriana Puiggrós, *La educación popular en América Latina: Orígenes, polemicas, perspectivas* (Mexico City: Editorial Nueva Imagen, 1984); Gregorio Weinberg, *Modelos educativos en la historia de América Latina* (Buenos Aires: Kapelusz, 1984). Barbara Schulte, *Zur Rettung des Landes: Bildung und Beruf im China der Republikzeit* (Frankfurt: Campus, 2008); Héctor Lindo-Fuentes and Erik Ching, *Modernizing Minds in El Salvador: Education Reform and the Cold War, 1960-1980* (Albuquerque: University of New Mexico Press, 2012).

对这一问题显得尤为具有吸引力，有着特定背景的专家应邀撰稿，这些章节集合后就可能呈现出更具普遍性的跨国论点。毫无疑问，这被证明是一个富有成效的办法，并且已经在近年来扩展到了新的主题。[23]我们现在迫切需要的是一种能够超越一系列地区/国家研究的总和的、更具跨国性和国际性的研究方法。对于教育史学领域而言，协同著书（而非个人负责独立章节）这一鲜见的形式也许是一种有效的选择，不仅挑战了单一文化和单一语言的研究方法，也突破了传统文本和知识的生产与传播方面的局限性。

推荐书目

Archer, Margaret. *Social Origins of Educational Systems*. London: Sage, 1984.

Bagchi, Barnita, Eckhardt Fuchs, and Kate Rousmaniere, eds. *Connecting Histories of Education: Transnational and Cross-Cultural Exchanges in (Post)Colonial Education*. New York: Berghahn, 2014.

Bruno-Jofré, Rosa, and Jürgen Schriewer, eds. *The Global Reception of John Dewey's Thought: Multiple Refractions through Time and Space*. New York: Routledge, 2012.

Caruso, Marcelo, ed. *Classroom Struggle: Organizing Elementary*

---

[23] Detlef K. Müller, Fritz Ringer, and Brian Simon, eds., *The Rise of the Modern Educational System: Structural Change and Social Reproduction, 1870-1920* (Cambridge, UK: Cambridge University Press, 1987). See also E. Thomas Ewing and David Hicks, eds., *Education and the Great Depression: Lessons from a Global History* (New York: Peter Lang, 2008); James C. Albisetti, Joyce Goodman, and Rebecca Rogers, eds., *Girl's Secondary Education in the Western World: From the 18th to the 20th Century* (New York: Palgrave, 2010); Daniel Tröhler, Thomas S. Popkewitz, and David F. Labaree, eds., *Schooling and the Making of Citizens in the Long Nineteenth Century: Comparative Visions* (New York: Routledge, 2011).

School Teaching in the 19th Century. Frankfurt: Peter Lang, 2015.

de Bellaigue, Christina. *Educating Women : Schooling and Identity in England and France 1800-1867*. Oxford: Oxford University Press, 2007.

Green, Andy. *Education and State Formation : Europe , East Asia and the USA*. New York: Palgrave, 2013.

Lawn, Martin, ed. *Modelling the Future : Exhibitions and the Materiality of Education*. Oxford: Symposium Books, 2009.

Phillips, David, and Kimberly Ochs, eds. *Educational Policy Borrowing : Historical Perspectives*. Oxford: Symposium Books, 2004.

Meyer, John W. , David H. Kamens, and Aaron Benavot. *School Knowledge for the Masses : World Models and National Primary Curricular Categories in the Twentieth Century*. Bristol, UK: Falmer Press, 1992.

Müller, Detlef K. , Fritz Ringer, and Brian Simon, eds. *The Rise of the Modern Educational System : Structural Change and Social Reproduction , 1870-1920*. Cambridge, UK: Cambridge University Press, 1987.

Ringer, Fritz. *Fields of Knowledge : French Academic Culture in Comparative Perspective 1890-1920*. Cambridge, UK: Cambridge University Press, 1992.

Roldán Vera, Eugenia. *The British Book Trade and Spanish American Independence : Education and Knowledge Transmission in Transcontinental Perspective*. Aldershot, UK: Ashgate, 2003.

Schriewer, Jürgen, Christophe Charle, and Peter Wagner, eds. *Transnational Intellectual Networks : Forms of Academic Knowledge and the Search for Cultural Identities*. Frankfurt am Main: Campus,

2004.

Tröhler, Daniel, Thomas S. Popkewitz, and David F. Labaree, eds. *Schooling and the Making of Citizens in the Long Nineteenth Century: Comparative Visions*. New York: Routledge, 2011.

Vincent, David. *The Rise of Literacy: Reading and Writing in Modern Europe*. Cambridge, UK: Polity Press, 2000.

索　引[1]

[1] 本部分各条目后的页码均为原英文版图书页码。

A

C

D

E

F

G

H

I

J

K

L

M

❷ 原文如此，疑似“minban”的笔误。

N

O

P

Q

R

S

U

V

X

Y

Z

后　记

《牛津世界教育史手册》是牛津大学出版社主持的“牛津手册”系列丛书之一。牛津手册系牛津大学出版社长期经营的知名丛书品牌，目前已出版约1200种，涉及主题遍及人文艺术、社会科学和自然科学领域的主要学科门类。手册旨在提供对特定学术领域的学科历史、知识结构和研究前景的权威性、前沿性阐释与批判性分析。参与手册编写的成员均系出版社从全球范围邀请的相关领域的知名学者，手册的学术水平和编撰质量得到了国际学术界的高度认可。

《牛津世界教育史手册》由美国堪萨斯大学约翰·L.鲁里教授和夏威夷大学马诺阿分校艾琳·H.田村教授主编，来自美国、加拿大、英国、德国、葡萄牙、奥地利、澳大利亚、新西兰、南非等国的43位学者共同参与了本书的撰写。主编鲁里教授和田村教授均是美国当代著名的教育史学者，都曾当选美国教育史学会（HES）主席；鲁里还曾担任美国教育研究协会（AERA）副主席。强大的编撰团队成为该书学术品质的重要保障。

为了将本书介绍给更多的国内学者，河北大学出版社决定出版本书的中译本，并委托我们承担翻译任务。翻译团队的成员多为国内学界外国教育史教学研究领域的青年学者。面对这项艰巨的任务，大家朝气蓬勃、密切合作，终于顺利完成了繁重且稍显枯燥的翻译工作。我们每个人也在这一过程中收获了成长。翻译团队各章分工情况如下：

中文版序、致谢、撰稿人：何振海
导论、第 1—4 章：何振海、陈露茜
第 5、6 章：何振海、张弛
第 7 章：张弛、何振海
第 8 章：张弛
第 9—11 章：张乐、周保利
第 12—15 章：张乐
第 16—19 章：孙益
第 20 章：孙益、张栋科
第 21、23—26 章：於荣
第 22 章：范明丽、於荣、杨晨
第 27 章：范明丽、高玲、张子瑛
第 28、29、31、32 章：高玲
第 30、33、36 章：罗小连
第 34 章：高玲、张栋科
第 35 章：段爱峰、高玲
索引：张弛

全书初稿由何振海统稿，孙益承担了部分章节的统稿工作；终稿由北京师范大学张斌贤教授、张弛教授审校。

感谢鲁里教授和田村教授对本书翻译和出版的大力支持，他们毫不犹豫地同意授权我们翻译本书，并专门撰写了中文版序。感谢中国教育学会教育史分会理事长、北京师范大学张斌贤教授的鼓励，他全程关注着本书的翻译进展，并欣然应允与张弛教授共同负责本书的审校工作，同时还为本书撰写了序言。感谢宁波大学贺国庆教授，从本书翻译工作启动之初，他就对这项工作给予了高度关注，并从各方面予以指导和关照。感谢河北大学出版社社长朱文富教授，他将本书作为重点项目，提供了全方位的帮助。感谢责任编辑翟永兴为本书编辑、出版付出的诸多辛劳。本书得到河北大学教育学院、河北大学高等教育与区域发展研究中心的出版资助。河北大学外国语学院侯晓舟博士在本书翻译过程中提供了耐心的专业协助，在此一并谨致谢忱。

有关本书翻译，需要说明的是，书中正文部分除个别之处外，涉及的人名、地名、著作（论文）标题等词汇均未标注外文原文。这样处理的原因，一是尽可能保持中文表述的完整性和阅读的流畅性；二是读者可在索引和各章的注释与推荐书目列表中很方便地找到相关词汇的原文（译者对索引条目进行了适当补充）；三是译者在翻译相关词汇过程中，均尽可能采用了学界公认的标准译法。此外，各章的注释，除少量说明性文字译为了中文外，也都保留了原文，以便读者进一步查阅。上述处理不妥之处，以及译文中存在的瑕疵和不足，尚祈广大读者批评指正。